BAEDEKER

ÖSTERREICH

»

Österreich ist eine kleine Welt, in der die große ihre Probe hält.

«

Friedrich Hebbel

baedeker.com

DAS IST ÖSTERREICH

TOUREN

LEGENDE

Baedeker Wissen
● Textspecial, Infografik & 3D

Baedeker-Sterneziele
★★ Top-Ziele
★ Herausragende Ziele

ZIELE VON A BIS Z

HINTERGRUND

ERLEBEN & GENIESSEN

PRAKTISCHE INFOS

ANHANG

PREISKATEGORIEN

Restaurants
Preiskategorien für ein Hauptgericht

€€€€	über 29 €
€€€	20–29 €
€€	14–20 €
€	unter 14 €

Hotels
Preiskategorien für ein Doppelzimmer

€€€€	über 220 €
€€€	160–220 €
€€	110–160 €
€	unter 110 €

MAGISCHE MOMENTE

ÜBERRASCHENDES

Die traditionellen Plätten sind die »Gondeln des Altausseer Sees« und das ideale Wassergefährt für eine entspannte Rundfahrt in idyllischer Landschaft.

D

DAS IST …

Österreich

Die großen Themen
rund um die Alpenrepublik.
Lassen Sie sich inspirieren!

Entschleunigung gefällig? Nicht nur rund um den Millstätter See ist Österreichs Bergwelt wie geschaffen dafür! ►

AM GIPFEL DER GENÜSSE

Superlative prägen den Skisport in Österreich. Um sich von der reichlich vorhandenen Konkurrenz abzuheben, gilt das Motto »Klotzen, nicht kleckern!« Besonders in Tirol verleihen ungewöhnliche Erlebnisse dem Pistentag das gewisse Extra.

◄ Das Ufo ist gelandet! Futuristische Architektur erwartet die Passagiere der Wildspitzbahn.

ES knackst in den Ohren, wenn die **Wildspitzbahn im Tiroler Pitztal** zum Hinteren Brunnenkogel hinauf saust. Im Nu ist der höchste per Seilbahn erreichbare Punkt Österreichs erklommen. Über den 3440 m hohen Gipfel stülpt sich eine futuristische Stahl-Glas-Konstruktion mit einer über den Abgrund schwebenden Terrasse. Von den zahlreichen Aussichtskanzeln, die in Österreich das Erlebnis am Berg noch mal aufpeppen, ist diese allein schon aufgrund ihrer Seehöhe nicht zu toppen. Doch damit ist es nicht getan. Integriert in die Bergstation der Wildspitzbahn ist Österreichs höchstgelegenes Kaffeehaus – das **Café 3.440**.
Durch die Panoramafenster geht der Blick auf Dutzende Dreitausender-Gipfel. Gegenüber glitzern die Eispanzer von Österreichs zweithöchstem Berg, der **Wildspitze** (3774 m). Den Skitag mit dieser Aussicht, einem perfekten Cappuccino und einer Sachertorte über den Wolken zu beginnen, das hat Klasse! An den Samstagen im Winter wird für Frühaufsteher ein reichhaltiges Buffet mit Tiroler Schmankerl angerichtet.
Die Höhenlage stellt die Küche allerdings vor Herausforderungen, erzählt Sepp Eiter, der das Café 3.440 führt. Alle Torten und Mehlspeisen müssen eine Etage tiefer, in der hauseigenen Konditorei auf 2840 m Höhe, zubereitet werden. »Hier oben könnte man nicht backen – wegen des Luftdrucks«. Und wer in noch höhere Sphären entschweben will: Im Café 3.440 kann auch geheiratet werden. Der Ansturm auf die Ja-Wort-Termine in **Österreichs höchstgelegenem Standesamt** ist enorm.

»Geschüttelt, nicht gerührt!«

Mit ultramodernen Seilbahnen, die einen flott in den siebten Skihimmel befördern, perfekt beschneiten Pisten und Gletscher-Skilauf bis weit ins Frühjahr hat sich Tirol den Ruf als Top-Skiregion Österreichs erarbeitet. Doch um sich von der Konkurrenz abzuheben, lassen

Drei kühne Aussichtsplattformen bilden Söldens Big 3: Der Panorama-Felssteg am Tiefenbachkogel ragt 20 m weit über den Abgrund.

sich die Touristiker gerne ein paar Special Effects einfallen. Auch der Ötztaler Wintersportort **Sölden** wenige Kilometer weiter östlich setzt ganz auf Gipfelerlebnisse mit Aha-Effekt. **007 Elements** heißt die 2018 eröffnete Erlebnisausstellung, die das coole Flair von James Bond in die Tiroler Bergwelt transferiert. Schauplatz ist die 3050 m hoch gelegene Bergstation der **Gaislachkoglbahn**, wo für Bond-Darsteller Daniel Craig im 007-Abenteuer »Spectre« (2015) eine turbulente Verfolgungsjagd ihren Ausgang nahm.
Die über 10 Mio. € teure Schau präsentiert sich mit aufwendigen Sound- und Videoinstallationen wie ein einziger Special Effect, garniert mit Original-Utensilien aus der Welt des Geheimagenten. Highlight ist der Kleinflieger, den 007 bei der Verfolgungsjagd hoch über dem Ötztal schrottete. Und natürlich hat das **Gipfelrestaurant ice Q** nebenan auch den passenden Drink im Angebot: einen stilgerecht zubereiteten Martini.

ÜBER MANCHEN GIPFELN IST RUH'

Etwas innehalten im Ski-Rummel – geht das überhaupt noch? Ja, auch im quirligen Sölden. Hoch über dem Ort bringen drei Panorama-Plattformen den Skifahrern die grandiose Natur der Ötztaler Bergwelt näher. Die ruhigste der BIG-3-Aussichtskanzeln ist die Naturplattform Schwarze Schneide (3340 m): Die Ski abgeschnallt und 90 Höhenmeter hinaufgestapft, und die halben Alpen liegen einem zu Füßen, ganz ohne Begleitgeräusche – außer vielleicht dem Säuseln des Windes.

JEDER WIENER IST EIN OPERN-DIREK-TOR

Wien, die Stadt der Musik! Schubert, Beethoven, Brahms, Haydn und natürlich Mozart füllen die Säle. Wichtigstes Aushängeschild des österreichischen Musikbetriebs ist die Staatsoper. Künstlerische Glanzleistungen und menschliche Niedertracht gehen hier Hand in Hand.

◄ Blick ins Parterre der Wiener Staatsoper: Die Kritiker nehmen Platz …

ALS die Oper am 25. Mai 1869 mit Mozarts »Don Giovanni« eröffnete, blieben zwei Ehrensitze leer. Diese Lücke unter den Ehrengästen hatte sich Kaiser Franz Joseph sicher nicht gewünscht. Die Hofoper sollte das Glanzstück der imperialen Ringstraße werden, die er ab 1865 Zug um Zug errichteten ließ. Entsprechend hoch hing die Latte für die Baumeister: Der Wiener Architekt **August von Sicardsburg** zeichnete für das Gebäude verantwortlich, **Eduard van der Nüll** für die Innendekoration. Steht man heute vor dem Prachtbau und bewundert die glanzvolle Innengestaltung, kann man nicht nachvollziehen, warum das Ganze zum Desaster geriet. Schon während des Baus zerrissen sich die Kritiker das Maul und auch der Kaiser selbst ließ sich zu abfälligen Bemerkungen herab. Das, so heißt es, verkrafteten die Verantwortlichen nicht: Van der Nüll brachte sich ob der Schmähungen um, von Sicardsburg erlag einem Herzinfarkt.

STEHPLÄTZE UND FÜHRUNGEN

80 Minuten vor Beginn gehen die Stehplätze für die jeweilige Abendvorführung in den Verkauf. Eine perfekte Möglichkeit für den spontanen Opernbesuch und für kleines Geld ein unvergessliches Wien-Erlebnis. Der Dresscode hat sich mittlerweile sehr gelockert. Frack und Abendkleid sind nur noch beim Opernball vorgeschrieben. Sie mögen keine Opern: Dann nehmen Sie doch an den Führungen durchs Haus teil! Tickets gibt's am Eingang (▶ S. 442).

Es kracht

Auch den Operndirektoren machten es die Grantler nie leicht. Gustav Mahler, begnadeter Komponist und innovativer Geist, musste sich als Jude erst taufen lassen, bevor man ihn ab 1897 ans Dirigierpult ließ. Während seiner zehn Jahre in Wien revolutionierte er das Opernwesen: Verkürzte Aufführungen schaffte er ab, er ließ Richard Wagners Opern als Erster in kompletter Länge spielen. Die Solisten, die bislang vom Rampenrand aus ihre Arien in den Zuschauerraum schmetterten, sollten nun auch schauspielern. Auch das Publikum erzog Mahler. Nach Beginn der Aufführung war kein Eintritt mehr möglich, **Herumlaufen während des Spiels** schon gleich gar nicht, Zwischenrufe, auch begeisterte, verbat er sich. Antisemitische Hetzkampagnen machten ihn mürbe, 1907 ließ ihn Wien ohne Abschied und ohne Dank nach New York ziehen. Auch **Herbert von Karajan**, der als künstlerischer Leiter von 1957 bis 1964 enorme Erfolge feierte, schied in Unfrieden: »In Wien hat jeder Operndirektor eineinhalb Millionen Mitdirektoren, die ihm alle sagen, wie die Oper geführt werden muss.«

1000 Mitarbeiter, 24 Lkws

Kein leichtes Pflaster also und gleichzeitig **eines der besten Opernhäuser der Welt**. 65 verschiedene Opern- und

Ballettaufführungen werden an 350 Abenden gegeben, ein gigantisches Pensum. Die Aufführungen sind stets ganz oder fast ausverkauft, eine **ungewöhnliche Erfolgsquote**. Rund 1000 Mitarbeiter beschäftigt die Oper, darunter 200 Bühnenarbeiter und Techniker. Vormittags laufen Proben in der einen Originalkulisse, diese weicht am Nachmittag der Kulisse für die aktuelle Abendvorstellung. Allein für »Carmen« kommen zwei Mal täglich 24 Lkws für den Kulissentransport von den Außendepots zum Einsatz. Die größte Leistung ist der Umbau des gesamten Hauses für den **Opernball**, wenn Bühne, Orchestergraben und Parkett in einen ebenerdigen Tanzsaal verwandelt werden. Dort schwingen Politik und Hochfinanz, Unternehmer und Kulturgrößen das Tanzbein und das Haus steht im Zentrum von Klatsch und Tratsch.

Plattenboss wird Opernchef

Im Dezember 2016 schlug wieder einmal eine Personalie hohe Wellen. Zur allgemeinen Überraschung wurde bekannt, dass der Vertrag von Operndirektor Dominique Meyer nicht verlängert wird. Mit Wirkung zum 1. Juli 2020 wurde Bogdan Roščić, bis dato Musikmanager bei Sony, zum neuen Opernchef bestellt – mitten in der Corona-Epidemie. Davon ließ sich der ehemalige Plattenboss aber nicht beirren, so ließ er Produktionen kurzerhand streamen, um auch während der Lockdowns präsent zu sein. Die unzähligen Wiener Operndirektoren waren sprachlos.

Pause! Bei Schampus und Canapés wird Lob und Tadel verteilt.

SEEN-SUCHT

Gut 200 Badeseen machen aus Kärnten eine der beliebtesten Sommerdestinationen Österreichs. Auf der sonnigen Südseite der Alpen gelegen, locken viele von ihnen mit angenehm warmen Wassertemperaturen und vielfältigem Sportangebot. Manche zeigen sich betriebsam, andere ruhiger. Der Millstätter See kann beides.

Eben und bestens ausgebaut präsentiert sich der 28 km lange Millstätter-See-Radweg. ▶

ES ist acht Uhr morgens. Spiegelglatt liegt der Millstätter See in seinem Trog zwischen den Nockbergen und dem dicht bewaldeten Seerücken. Noch bevor am stark verbauten Nordufer Strandbäder und Cafés ihre Tore öffnen, lädt Gottlieb Strobl zu einem See-Erlebnis mit nostalgischem Touch: dem **Buchtenwandern.**

Ein See, zwei Gesichter

»Die Ruder eintauchen, durchziehen und einfach laufen lassen«, weist der Millstätter Bootsverleiher die Teilnehmer an. Bald schon werden die Armbewegungen geschmeidiger, und der Konvoi gleitet hinaus. »Elfi«, »Susi« oder »Martin« heißen die für zwei bis drei Passagiere ausgelegten **Boote aus Lärchenholz**, die 50 Jahre oder mehr auf dem Kiel haben. Fast alle hat Strobl selbst gezimmert und hielt an ihnen fest, als Holzboote auch am zweitgrößten Kärntner Gewässer aus der Mode kamen. „Das sind Oldtimer, wie sie heute keiner mehr hat", sagt Gottlieb Strobl. In der Seemitte bilden die Boote eine Traube, und der Millstätter beginnt zu erzählen: von den zwei Gesichtern des Sees mit seinem **touristischen Nord- und dem ruhigen Südufer**, von der Sommerfrische-Ära um 1900, als elegante Villen entstanden, und vom einzigartigen Ökosystem, das der 14 km lange und nur 1 km breite See bildet.

Ein Motorboot gleitet vorbei. „Die weiße Fahne am Heck weist sie als Fischer aus", so Strobl. In **Kärntens wasserreichstem See** gedeihen die Kiemenatmer prächtig. Kapitale **Welse, Hechte und Seeforellen** gehen hier an die Angel und in die Netze. Am häufigsten jedoch **Reinanken** (Renken), sie sind die kulinarischen Aushängeschilder des Millstätter Sees. Und natürlich weiß Strobl, wo sie fangfrisch auf den Teller kommen – etwa im **Hotel Posthof** (▶ S. 278).

Noch ein paar Hundert Meter, dann ist das von Wäldern eingerahmte Südufer erreicht. Langsam gleiten die Boote unter riesigen Laubbäumen dahin. Ihre Äste recken sie weit über die Wasserlinie, als wollten sie mit dem grün schillernden Nass verschmelzen. Nur ein leises Plätschern ist zu vernehmen, wenn die Ruderblätter eintauchen. Den Seewanderern tun sich versteckte **Mini-Buchten und Badeplätze** auf. Eine beinahe unwirkliche Ruhe stellt sich ein.

Eineinhalb Stunden dauert das Rudererlebnis, dann geht es zurück nach Millstatt, das allmählich in den Rhythmus eines typischen Sommertages übergeht. Das erste Ausflugsschiff legt an, Segelboot-Besitzer, Kajak-Wanderer und Stand-Up-Paddler machen sich zu Ausflügen bereit. Bis zu **25 °C** erreicht die **Wassertemperatur** im Hochsommer. Die vielleicht schönsten Facetten des Sees hat man bereits vor dem Frühstück genossen.

Vom Ruderboot in den Sattel

Wer Lust auf weitere Entdeckungen hat, wechselt in den Sattel eines E-Bikes. Auf der 28 km langen Runde um den See kann man die eine oder andere Villa in Augenschein nehmen, die einem schon vom Wasser aus schöne Augen gemacht hat. Und vielleicht an einem der schönen Plätzchen, die es einem beim Buchtenwandern angetan haben, eine Runde schwimmen oder ein Picknick genießen. Wer zwischendrin müde wird, rollt zur nächsten Anlegestelle des jeweiligen Ufers und nimmt die Radfähre zurück.

AKTIV AM UND AUF DEM MILLSTÄTTER SEE

Wer den Millstätter See möglichst unverfälscht und in seiner ganzen natürlichen Pracht erleben will, ist mit einer Buchtenwanderung gut beraten. Angeboten werden sie von ca. Anfang Mai bis Ende September, der Start ist jeweils dienstags und donnerstags um 8 Uhr (Wassersport Strobl, Seemühlengasse 56a, 9872 Millstatt am See, Auskunft und Buchung über Millstätter See Tourismus, ▶ S. 278). Wer den See und seine Umgebung lieber radelnd erkunden will, hat die Wahl zwischen (E-)Mountainbike- und Rennradtouren (Infos unter »Urlaubsthemen« auf www.millstaettersee.com).

ALLE WEGE FÜHREN ZUM WEIN

Weinfeste, Weinwege, Besuche beim Winzer und die grandiose Erlebniswelt des LOISIUM: Nirgendwo wird Besuchern die österreichische Weinbaukultur so schwungvoll nahe gebracht wie in Langenlois im Kamptal.

Ein moderner Tempel zu Ehren des Weingotts Bacchus: das LOISIUM in Langenlois ▶

FRISCHES Grün überzieht die Rebstöcke, die sich in schnurgeraden Reihen über die Hügel bei **Langenlois** winden. Wenn der Frühling ins Land gezogen ist, öffnen die Traditionsweingüter ihre Kellertüren. Sie gehören zur größten Weinbaugemeinde Österreichs; diese wiederum ist Teil des niederösterreichischen **Kamptals**, einem von 18 ausgewiesenen Weinbaugebieten des Landes.

Nachhaltig erschüttert wurden diese 1985 durch den Glykolwein-Skandal: Einige Winzer hatten ihren Rebsäften mit dem Frostschutzmittel Diethylenglycol zu mehr Aroma verholfen. Es folgte ein Umdenken, das strengste Weingesetz Europas wurde verabschiedet. Heute setzen die Weingüter oft auf **Klasse statt Masse**, und so erwies sich der Skandal letztlich als Segen: Heute erzeugen Österreichs Winzer Weine, die die internationale Konkurrenz nicht fürchten müssen. Im Kamptal sind es hauptsächlich weiße Tropfen.

Das trockene und warme Klima im Kamptal verwöhnt die Langenloiser Reben mit viel Sonne.

GENUSSPAKET

Langenlois hat ein vielseitiges Genusspaket rund um Veltliner, Riesling und Co. geschnürt. Von April bis Oktober, jeweils freitags und samstags, steht zumindest ein Winzer-Betrieb für Besichtigungen mitsamt Verkostung offen. Der Besuch bei den insgesamt 35 Weinschaun-Winzern lässt sich mit Betätigung bestens verbinden: Am Weinweg kann man den »Arbeitsplatz Weingarten« erkunden (Infos unter www.langenlois.at/wein-genuss).

Erlebnis Wein

»Wir haben erstklassige Böden: Den Löss, den der Veltliner liebt, Gneis- und Sandsteinböden für den Riesling, mit Lehm durchsetzte Böden, die einen besonderen Grünen Veltliner hervorbringen«, erzählt die Winzerin Birgit Eichinger. Beste Lagen also – und das schmeckt man: Die Weißweine vom **Eichinger-Gut** im Langenloiser Ortsteil Straß zählen zu den besten Österreichs. Wie viele ihrer Kollegen bietet auch Eichinger Weinliebhabern längst nicht nur hochwertige Tropfen, sondern ein önologisches Rundum-Erlebnis. So ist sie u. a. beim »Kamptaler Weinfrühling« und der »Tour de Vin« mit von der Partie. Für Letztere öffnet sie ihre »Weinbibliothek«, sozusagen das Gedächtnis des Betriebs. In einem Kellergewölbe können Besucher bei einer »Vertikalverkostung« mit dem Gaumen nachspüren, wie sich der Charakter ein und desselben Weines, etwa eines Veltliners, über einen Zeitraum von mehreren Jahren oder Jahrzehnten ändert.

Vom Fass zum Edelstahltank

Langenlois selbst präsentiert sich in einem reizvollen Mix zwischen historischer und moderner Architektur. Wie ein Tempel zu Ehren des Weingottes Bacchus lugt aus den Rieden über Langenlois ein Würfel mit einer Fassade aus gebürstetem Aluminium hervor. Im **LOISIUM** hat Architekt Steven Holl die »Seele« des rund 12 km von Krems entfernten Weinbauortes in Baukunst übersetzt. Die labyrinthischen Weinkeller unter Langenlois spiegeln sich als Lichtschlitz-Muster auf der Fassade wieder, im Inneren setzen korkvertäfelte Wände stimmungsvolle Akzente.

Die unterirdische Weinerlebniswelt des LOISIUM ist Schauplatz einer Reise, die von der Traube zum edlen Wein und vom traditionellen Weinbau bis zur hochmodernen Produktion reicht. »Kommen's a bisserl näher, ich erzähl ihnen was über unseren Wein«, ertönt eine Stimme aus dem Audioguide. Sie gehört dem fiktiven Weinhauer Anton Loiskandl, der auf Ihrem Streifzug zum Begleiter wird. Er erzählt etwa über die Entstehung und Bedeutung der Lössböden. Ziegelgewölbe voll riesiger Fässer und altem Weinbaugerät präsentieren sich dem Auge. Filmclips und Installationen tragen zur Veranschaulichung bei. Die mannigfachen Aromen des Grünen Veltliners, etwa Apfelnoten, kann man an einer Duftstation erschnuppern. In der Mitte des Rundgangs steigen die Besucher aus den kühlen Gängen in einen Winzerhof empor, in dem das Alltagsleben einer Weinhauerfamilie der 1920er-Jahre lebendig wird. Klassisch klingt auch diese Tour mit einer Kostprobe aus. Und wer die Weinerlebnisse mit Gourmetküche und Wellness abrunden will, ist im **Wine & Spa Resort Loisium** an der richtigen Adresse.

Mit aufwendigen Installationen feiert das LOISIUM den Wein des Kamptals.

EINE PRACHT, DIESE TRACHT!

»Würde jede Frau ein Dirndl tragen, so gäbe es keine Hässlichkeit mehr« – niemand anderer als Vivienne Westwood, Ikone des schrillen Modedesigns, hat's verkündet. Gut zu beobachten ist das in Salzburg, der »Welthauptstadt« der Tracht. Noch mehr dirndlt es im steirischen Ausseer Land.

Ein Dirndl-Oberteil entsteht im Salzburger Heimatwerk. ►

TRACHTEN-SHOPPING IN SALZBURG

Lieberhaber traditioneller wie ausgefallener Trachtenmode werden sich in Salzburg im siebten Himmel wähnen. Gleich mehrere Adressen sollten auf Ihrem Shopping-Plan stehen: Trendsetter seit 1922 ist **Lanz** in der Schwarzstraße 4 (www.lanztrachten.at). Klassisch, aber mit innovativen Akzenten nähert sich das **Salzburger Heimatwerk** (Neue Residenz, www.salzburgerheimatwerk.at) dem Thema – sehenswert sind die wechselnden Ausstellungen im historischen Kellergewölbe. Bei **Jahn-Markl** gegenüber (Residenzplatz 3, www.jahn-markl.at) bildet elegante Wildlederbekleidung einen Schwerpunkt. **Trachten Stassny** in der Getreidegasse 35 ist eine weitere Top-Adresse für Salzburger Stil und Authentizität (www.stassny.at).

DIE bunten Tupfer, die elegante Dirndl, Trachtensakkos und Lederhosen im Salzburger Straßenbild setzen, sind eine Augenweide. Den Startschuss gaben in den 1920er-Jahren findige Modemacher wie **Josef Lanz**, die etwa zeitgleich mit dem Auftakt der Festspiele die ländliche Kleidung behutsam in die Gegenwart holten und sie »salonfähig« machten, etwa in Form festlicher Seidendirndl. Bald flanierten weltberühmte Künstler und Festspiel-Besucher in Tracht durch Salzburg. Marlene Dietrich etwa wurde zu einer Botschafterin des neuen Modestils und half dabei, auch die Salzburger wieder mehr auf Tracht einzustellen.

Trendsetter seit Festspiel-Beginn

Festspielmode aus dem Hause Lanz ist immer noch en vogue. Zu den illustren Kunden des Familienbetriebs in der Schwarzstraße zählen Königin Silvia von Schweden und Prinzessin Caroline von Monaco, Tommy Hilfiger, der Dirigent Christian Thielemann und Placido Domingo, erzählt Theresa Lanz. Die junge Absolventin der Esmod München entwirft die **jährlich zwei Lanz-Kollektionen**, die auch in Geschäften in St. Gilgen und Wien sowie über Partner in München, Kitzbühel, Schweiz und die USA vertrieben werden. Wer ein Dirndlkleid ausführen will, das es nur einmal gibt, ist im Lanz-Maßatelier in der Imbergstraße goldrichtig. Lanz fertigt ausschließlich in eigenen Werkstätten unter Verwendung heimischer Naturmaterialien – mit Ausnahme mancher Seidenstoffe, die es hierzulande nicht gibt.

Klassisch gibt den Ton an

»Ich bin eher für die klassische Variante. Ein Dirndl ohne Bluse finde ich furchtbar. Knieumspielend geht in Ordnung, aber alles was kürzer ist, geht nicht. Und durchsichtige Stoffe finde ich ganz schrecklich«, umreißt die Chefdesignerin die Philosophie des Hauses in Sachen Authentizität und

Fesch im Dirndl, fesch in der Lederhos'n …

Stilsicherheit. Um sich inspirieren zu lassen, studiert sie aktuelle Modetrends und recherchiert im hauseigenen Stoffarchiv. Sie selbst kombiniert gerne Materialien und schafft damit neue, reizvolle Synthesen zwischen Tradition und Moderne.

In **Maigrün und Lachsrosa**, trendig-verspielt präsentiert sich etwa ein Festtags-Dirndl, das Theresa Lanz gerade einer Kundin auf den Leib geschneidert hat. Über die Seidenschürze, ein Ausseer Handdruck, krabbeln Marienkäfer. Der Farbton des lachsrosa Oberteils findet sich auch auf dem dunkelgrünen Rock wieder. Ein Unikat – dementsprechend auch kostspieliger.

Der Markt ist umkämpft

Allein in der Stadt Salzburg buhlen mehr als zwei Dutzend Trachtengeschäfte um Kundschaft. Vom Traditionsbetrieb über junge Wilde, die sich dem Kulturgut nach dem Motto »Erlaubt ist, was gefällt«, schrill, keck und sehr bunt annähern, bis hin zu Billiganbietern erstreckt sich das Trachtenuniversum – da ist für jeden was dabei. Modische Attribute fließen auch über Accessoires ein. Ob Handtasche, Gürtel, Trachtenschmuck, eine Strickweste für wärmere Abende oder ein passender Hut. In den **Shops der Altstadt** wird man garantiert fündig.

Retrotrend oder urbane Realitätsflucht sagen die einen zur Trachten-Renaissance, die seit einigen Jahren in alpenländischen Breiten zu beobachten ist. Die Lanz-Chefdesignerin hat eine andere Erklärung. »Auch viele junge Menschen identifizieren sich mit Tracht. Im Dirndl oder in der Lederhose fühlt man sich einfach gut und tritt selbstbewusster auf.«

T
TOUREN

Durchdacht, inspirierend, entspannt

Mit unseren Tourenvorschlägen lernen Sie Österreichs beste Seiten kennen.

Easy Riding auf der Malta-Hochalmstraße: Eine Tour durch die Alpenrepublik verspricht spektakuläre Aussichten. ►

UNTERWEGS IN ÖSTERREICH

Mit seinen gewaltigen Landschaften und den sagenhaften Kulturschätzen hat die kleine Alpenrepublik Großes zu bieten. Die Wege sind dabei stets kurz. Das liegt nicht nur an der maximal 580 km langen Ost-West-Ausdehnung Österreichs, sondern auch daran, dass sich hier viele Attraktionen miteinander kombinieren lassen: Da findet man etwa kunsthistorische Kleinode inmitten von herrlichen Wäldern, die zum Wandern einladen.

In der Ruhe liegt die Kraft

Durch die geringe Größe des Landes tendiert man schnell dazu, sich den Urlaubsplan zu voll zu packen. Doch so kurz die Wege auch sind: Auf den kurvigen Berg- und den schmalen Landstraßen kommt man oft nur langsam voran. Vor allem sollte man bei der Planung aber ein Zeitpolster einbauen, weil Österreich auch im Detail sehr viel bereithält. Außerdem erschließt sich die Bergwelt viel besser mit geschultertem Rucksack und in Wanderschuhen als vom Autofenster aus, bereitet der See erst dann so richtig Vergnügen, wenn man die Muße mitbringt, einen halben Tag an seinen Ufern zu verbringen. Und auch an den unzähligen historischen Kleinstädten und nostalgisch anmutenden Bauerndörfern sollte man nicht achtlos vorbei eilen.

Gemütlichkeit

Auch, weil man sich an den Einheimischen orientieren soll, gilt: sich Zeit nehmen. Die sprichwörtliche Gemütlichkeit wird in Österreich gelebt – besonders, wenn es ums Essen und Trinken geht, kennen die Einheimischen keine Eile. An schönen Tagen, wenn die Menschen in die Gasthausgärten strömen, ist die Stimmung derart entspannt, dass man sich dem als Besucher nicht entziehen kann. Dass es meist auch noch vortrefflich mundet, tut sein Übriges, um Ferienseligkeit aufkommen zu lassen. Diese Erlebnisse machen einen Urlaub erst richtig schön.

Einfach kombinieren

Für Rundreisen mit dem Auto ist die Alpenrepublik optimales Terrain. Doch auch Gäste, die ihren Urlaub an einem festen Ort verbringen, etwa im Winter zum Skifahren, kommen voll auf ihre Kosten, denn sie können das Erlebnis Natur und kulturelle Sehenswürdigkeiten gut miteinander verbinden. Bei der Anreise mit dem Auto kann man etwa hin und wieder einen längeren Stopp einlegen oder man schnappt sich im Sommer einmal ein Rad für einen Ausflug. Zahlreiche gut beschilderte Radrouten in allen Schwierigkeitsgraden führen durch das Land, vor allem im flacheren Osten verbinden diese oft verschiedene kulturelle Highlights. Interessante Einblicke bietet auch eine Fahrt mit dem Schiff auf der Donau.

FACETTENREICHES ÖSTERREICH

Start und Ziel: Salzburg | **Länge:** ca. 1400 km | **Dauer:** 3 Wochen

Tour 1

Wie Perlen an einer Schnur reihen sich bei dieser Tour die kunsthistorischen Highlights – Städte, Stifte und Burgen – aneinander. Zudem erschließt die Route die äußerst vielfältigen Landschaftsformen zwischen Hochgebirge und pannonischer Weite. Wer sich drei Wochen Zeit nimmt, kann die Reise ganz entspannt und ohne Eile genießen.

Von Salzburg bis Wien

Von der Barockstadt ❶ ★★ **Salzburg**, die mit ihren Sehenswürdigkeiten jedes Jahr – und ganz besonders zu Festspielzeiten – Millionen von Besuchern anzieht, geht die Fahrt ins Salzkammergut über den ★★ **Wolfgangsee** bis nach ❷ ★ **Bad Ischl**. Hier zweigt man für einen Abstecher zum ❸ ★★ **Hallstätter See** und zum ★★ **Dachstein** nach Süden ab. Die Hauptstrecke führt weiter nach Norden am Westufer des ★ **Traunsees** und an der **Traun** entlang über **Lam-**

bach und **Wels** bis zur Donau und zur oberösterreichischen Hauptstadt 4 ★ **Linz**. Ein Abstecher nach 5 ★★ **St. Florian** ist für Bruckner-Freunde ein Muss. Donauabwärts folgen die Flussabschnitte Strudengau, Nibelungengau mit der Wallfahrtskirche **Maria Taferl** und schließlich das Benediktinerstift 6 ★★ **Melk**. Weiter in Richtung Wien erreicht man schließlich die berühmte 7 ★★ **Wachau**, die seit dem Jahr 2000 UNESCO-Weltkultur- und -naturerbe ist und darüber hinaus feine Weine hervorbringt. Über 8 ★★ **Klosterneuburg**, dessen Augustiner-Chorherrenstift den kostbaren Verduner Altar beherbergt, kommt man anschließend in die Bundeshauptstadt 9 ★★ **Wien**.

Weiter nach Graz

Von Wien aus folgt man der Donau in Richtung Osten durch den 10 ★★ **Nationalpark Donau-Auen**, eine der letzten intakten Auenlandschaften Mitteleuropas, um bei ★**Petronell-Carnuntum** eine Reise in die römische Vergangenheit zu unternehmen. Weiter südlich liegt inmitten der Puszta-Landschaft der 11 ★★ **Neusiedler See**, an dem sich gut Vögel beobachten lassen; auch Störche schlagen an dem Steppensee ihr Sommerlager auf. Die burgenländische Landeshauptstadt 12 **Eisenstadt** erinnert an Joseph Haydn, der hier 30 Jahre lang in den Diensten der Fürstenfamilie Esterházy stand. Über **Wiener Neustadt** kommt man westwärts zum 13 **Semmering** mit der ins UNESCO-Weltkulturerbe aufgenommenen ★ **Semmeringbahn**, einer technischen Meisterleistung des 19. Jahrhunderts. Der Mürz abwärts folgend, erreicht man 14 **Bruck an der Mur**, von wo man an der Mur entlang nach 15 ★★ **Graz** kommt, dessen Altstadt seit 1999 zum Weltkulturerbe der UNESCO gehört. Lohnende Abstecher führen weiter nach Osten ins **Steirische Thermenland** oder in die Weinregionen der **Südsteiermark**.

Quer durch Kärnten

Entweder fährt man direkt über die Autobahn A 2 nach 16 **Klagenfurt** oder man wählt die gut 20 km längere, aber überaus malerische Strecke entlang der Schilcherstraße nach **Eibiswald** und biegt dort nach Westen in Richtung Klagenfurt ab. In Klagenfurt empfiehlt sich ein Abstecher nach Norden ins **Zollfeld**, einen der ältesten Siedlungsräume Österreichs. Sehenswert sind hier die Wallfahrtskirche in 17 ★ **Maria Saal**, und die mächtige ★ **Burg Hochosterwitz** bei 18 ★ **St. Veit an der Glan**. Noch etwas nördlicher liegt die romanische Domkirche von 19 ★★ **Gurk**. Nimmt man wieder die Fahrt von Klagenfurt auf, am schönen Südufer des ★ **Wörther Sees** entlang, grüßt kurz vor dem Städtchen 20 **Villach** die äußerst eindrucksvolle **Ruine Landskron**, von wo sich ein kurzer Abstecher zum **Ossiacher See** anbietet. Hinter Villach folgt die Straße dann dem Drautal bis nach **Spittal an der Drau**. Von dort sind es nur noch wenige Kilometer bis zum Westufer des reizvollen 21 ★★ **Millstätter Sees**. Weiter drauaufwärts führt der Weg nach 22 **Lienz** in Osttirol am Fuß der

DEUTSCHLAND
ÖSTERREICH
Passau
★Linz
Wels
★★St. Florian
★★Salzburg
★Bad Ischl
★Hallein
Golling
★★Hallstätter See
★★Werfen
★Zell am See
★St. Johann
★Kapruner Tal
★★Großglockner-Hochalpenstraße
Lienz
★★Millstätter See
Villach
★★Gurk
★St. Veit a. d. Glan
★Maria Saal
Klagenfurt

30 km
©BAEDEKER
★★ Melk
★★ Wachau
★★ Kloster-neuburg
★★ Nationalpark Donau-Auen
★★ Wien
★★ Neusiedler See
Eisenstadt
Semmering
Bruck an der Mur
★★ Graz
Krems a.d. D.
Stockerau
Korneuburg
SLOWAKEI
Stupava
Tulln a. d. D.
Purkersdorf
Sankt Pölten
Schwechat
Perchtoldsdorf
Mödling
Bruck a. d. L.
Wieselburg
Wilhelmsburg
Amstetten
Baden
Traiskirchen
Bad Vöslau
Berndorf
Gutensteiner
Alpen
Ebenfurth
Wr. Neustadt
Frauenkirchen
Mattersburg
Sopron (Ödenburg)
Mariazell
Schneealpe
Rax
Neunkirchen
Ternitz
Gloggnitz
Mürzzuschlag
Bucklige Welt
Deutschkreutz
Leopoldsteiner See
Hochschwab
Kindberg
Kapfenberg
Trofaiach
Donawitz
Leoben
Kőszeg (Güns)
Pinkafeld
Oberwart
Szombathely (Steinamanger)
Weiz
Knittelfeld
Zeltweg
Gleinalpe
Körmend
Bärnbach
Köflach
Voitsberg
Fürstenfeld
Szentgotthárd
UNGARN
Zalaegerszeg
Wolfsberg
Deutschlandsberg
Leibnitz
Murska Sobota
Lenti
Slovenske gorice
Maribor
Pohorje
SLOWENIEN
KROATIEN

wild zerklüfteten Lienzer Dolomiten. Etwas östlich davon zweigt dann die Straße in Richtung Norden zum Großglockner ab. Die fast 50 km lange 23 ★★ **Großglockner-Hochalpenstraße** beginnt in **Heiligenblut**. Sie bietet Reisenden wahrhaftig herrliche Ausblicke auf die fantastische Bergwelt der Hohen Tauern, ganz besonders auf der Abzweigung zur Franz-Josefs-Höhe am Fuße des höchsten Berges des Landes Österreich, des 3798 m hohen Großglockners.

Zurück Richtung Salzburg

Vom nördlichen Ende der Großglockner-Hochalpenstraße bis nach 24 ★ **Zell am See**, wo an der **Schmittenhöhe** eine der schönsten Höhenwanderungen Österreichs, der **Pinzgauer Spaziergang**, beginnt, und ins 25 ★ **Kapruner Tal** mit dem Gletscherskigebiet am **Kitzsteinhorn** sind es nur wenige Kilometer. Man fährt weiter an der Salzach entlang nach 26 ★ **St. Johann im Pongau** mit seiner dramatischen **Liechtensteinklamm**. Weiter nach Norden kommt schon bald die majestätische Burg Hohenwerfen ins Blickfeld, die im Rahmen von Führungen zu besichtigen ist. Doch 27 ★★ **Werfen** hat noch mehr zu bieten, besonders ein Besuch der **Eisriesenwelt** lohnt. Über 28 **Golling** geht die Reise weiter, wo mit einer Wanderung durch die spektakulären **Lammer- und Salzachöfen** ein weiteres Highlight wartet. Bevor die Tour in Salzburg beim Ausgangspunkt endet, stehen als letzte Punkte noch das Keltenmuseum und das Salzbergwerk von 29 ★ **Hallein** auf dem Programm.

BEST OF THE WEST

Start: Zell am See | **Ziel:** Bregenzerwald | **Länge:** ca. 500 km
Dauer: ca. 2 Wochen

Tour 2

»Land der Berge« wird Österreich in seiner Bundeshymne genannt. Die Gipfel türmen sich in der Mitte des Landes im Nationalpark Hohe Tauern bis weit über 3000 m hoch auf. Folgt man den Alpen westwärts, zeigen sich dramatische Naturschauspiele, bis die Gegend hinter dem Arlberg sanfter wird. Auch für Kultur ist auf dieser zweiwöchigen Tour gesorgt.

Tage am Wasser

Von 1 ★ **Zell am See**, das Urlauber gleich zu Beginn der Tour zu einem entspannten Tag am Wasser einlädt, folgt man der Salzach in Richtung Westen. Bei der kleinen Stadt 2 **Mittersill** – ein Muss ist hier ein Besuch der spektakulären Nationalparkwelten – bietet sich ein nördlicher Abstecher nach 3 **Kitzbühel** an, das nicht nur als Wintersportort bei Urlaubern beliebt ist, sondern auch im Sommer

eine erstklassige Adresse für sportliche Unternehmungen abgibt. Fährt man von Mittersill aus weiter nach Westen, erreicht man die 4 ★★ **Krimmler Wasserfälle**. Sie stürzen in drei Stufen insgesamt 380 m in die Tiefe. Ein imposantes Naturschauspiel! Bei **Zell am Ziller** verläuft die Straße nach Norden und führt durch das untere Zillertal bis ins Inntal. Von hier aus geht es in Richtung Westen über 5 **Hall in Tirol** bis in die Tiroler Landeshauptstadt 6 ★★ **Innsbruck**, die mit ihrer Altstadt, dem Goldenen Dachl und der Hofkirche mit dem (leeren) Grabmal von Kaiser Maximilian I. ihre Besucher ebenso beeindruckt wie mit spektakulären Ausblicken von der Nordkette und vom Patscherkofel.

Natur und Festspiele

Dem Inntal aufwärts folgend, erreicht man hinter 7 **Landeck** – hier ist die gleichnamige Burg sehenswert – die Abzweigung ins schneesichere **Paznauntal**. An dessen hinterem Ende bietet die 8 ★ **Silvretta-Hochalpenstraße** fantastische Ausblicke auf die südlich gelegene Silvrettagruppe und die nördliche Verwallgruppe. Die **Bielerhöhe** markiert die Grenze zu Vorarlberg, Österreichs westlichstem Bundesland. Vom Hochtal **Montafon**, in dem schon Ernest Hemingway auf Brettern den Berg hinab sauste, führt der Weg entlang der herrlichen Bergwelt des **Rätikon** in das ehemalige Silberbergbauzentrum 9 **Bludenz** und weiter zur mittelalterlich wirkenden Grenzstadt 10 **Feldkirch**. Von dort lohnt sich ein Abstecher ins benachbarte ⑪ ★ **Fürstentum Liechtenstein**, das außer der reizenden Berglandschaft und schönen kleinen Ortschaften auch bedeutende Kunstmuseen in **Vaduz** vorzuweisen hat. Auf der Fahrt nordwärts durch das Rheintal bietet sich noch ein kurzer Abstecher nach **Dornbirn** an; in der ehemaligen Textilmetropole begeistert besonders das Museum inatura zur Vorarlberger Pflanzen- und Tierwelt. Schon bald danach erreicht man die Festspielstadt ⑫ ★ **Bregenz** im Dreiländereck am Bodensee. Von aus hier sollte man unbedingt noch einen Abstecher in den idyllischen ⑬ **Bregenzerwald** einplanen, denn dort wird der Gaumen mit köstlichem Bergkäse verwöhnt – und moderne Architektur sorgt für ungewöhnliche Ansichten.

SALZKAMMERGUT-SEENLANDSCHAFT

Start und Ziel: Salzburg | **Länge:** ca. 230 km | **Dauer:** ca. 3–4 Tage

Tour 3

Schöne Seen, Städte und Berge kombiniert diese Rundfahrt, für die man sich etwa vier Tage Zeit nehmen sollte. Urlauber begegnen hier nicht nur einer reizvollen Landschaft und vielfältigen Kulturzeugnissen, sondern auch alten Legenden.

Im Land der Seen

Man fährt von ❶ ★★ **Salzburg** auf der Autobahn A 1 nach Osten und verlässt sie bei der Ausfahrt zum warmen ❷ **Mondsee**. Der gleichnamige Ort bewahrt im Pfahlbaumuseum einige der ältesten Zeugnisse menschlicher Besiedlung im Alpenraum auf. Mit Blick auf die gegenüberliegende **Drachenwand** geht es dann am nördlichen Ufer des Mondsees entlang. Bis zum südlichen Ende des ❸ ★ **Attersees** ist es nur ein Katzensprung. Hier kann man zwischen der Fahrt am westlichen oder am östlichen Ufer wählen, bis am nördlichen Ende ❹ **Seewalchen** folgt. Der Ort bietet bis heute nahezu die gleichen Motive, die schon Gustav Klimt bezauberten; ein gemütlicher Themenweg ist ihm gewidmet. Von Steinbach aus führt eine aussichtsreiche Bergstraße nach Osten zum ❺ ★ **Traunsee**. Das hübsch gelegene **Gmunden** am Nordufer ist durch seine große Keramiktradition und das malerische Seeschloss Ort bekannt. Der Österreichischen Romantikstraße folgend, geht es am Westufer des Traunsees entlang über ❻ **Traunkirchen** nach Süden bis nach Ebensee und weiter nach ❼ ★ **Bad Ischl**, wo sich Kaiser Franz Joseph I. und Elisabeth, die berühmte Sisi, einst verlobten. Kaiservilla und Lehár-Villa sind nostalgische Zeugen der K.-u.-k-Zeit.

In Bad Ischl beginnt der lohnende Abstecher nach Süden zum **Hallstätter See** und nach 8 ★ **Hallstatt**, am nördlichen Fuß des gewaltigen ★★ **Dachsteinmassivs** gelegen. Die Region um den See samt Dachstein ist als »Inneres Salzkammergut« Teil des UNESCO-Welterbes. Der schon von Alexander von Humboldt gerühmte Blick auf das pittoreske Hallstatt, die Fahrt in das Salzbergwerk, eine Führung durch die Dachsteinhöhlen oder die Aussicht auf das Dachsteinmassiv: Jede dieser Attraktionen lohnt den Ausflug. Hallstatt selbst sollte man allerdings wegen der zahlreichen Busgruppen am besten außerhalb der typischen Stoßzeiten besuchen!

Inneres Salzkammergut

Von Bad Ischl führt der Weg westlich zum 9 ★★ **Wolfgangsee**, an dessen nördlichem Ufer **St. Wolfgang** und das aus Benatzkys walzerseliger Operette bekannte **Weisse Rössl** einen Abstecher lohnen. Wer einen Teil seiner Rundreise aus der Höhe nachvollziehen möchte, sollte eine Fahrt mit der Schafbergbahn unternehmen. Am südlichen Ufer entlang führt die Strecke dann weiter nach **St. Gilgen** mit seinen interessanten Museen und von dort – nach einem kurzen Stück am traumhaft schön gelegenen ★ **Fuschlsee** – zurück nach **Salzburg**.

Zum Weissen Rössl

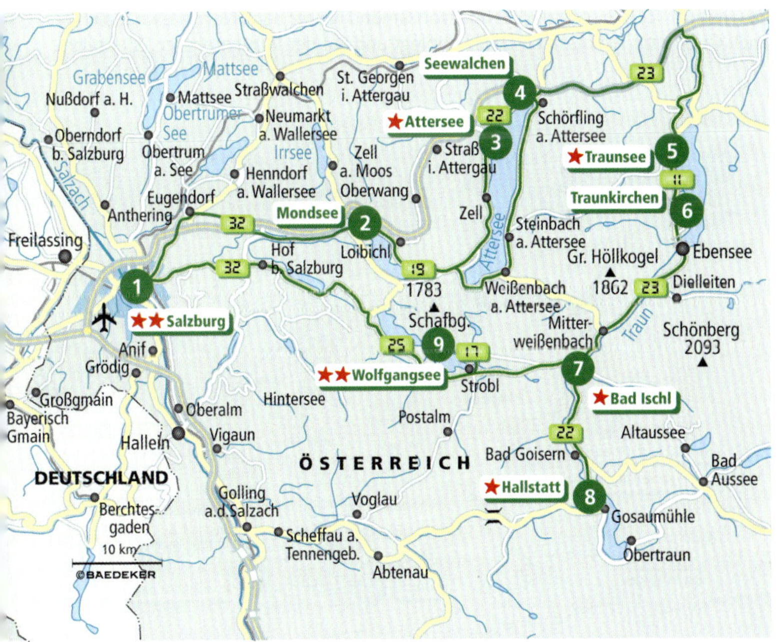

AB IN DEN SÜDEN!

Start und Ziel: Spittal an der Drau | **Länge:** ca. 270 km
Dauer: ca. 2 Tage

Tour 4

Wer noch nicht weiß, wo er seinen nächsten Badeurlaub verbringen soll, ist mit dieser Rundfahrt durch Kärnten gut beraten. Sie führt zu warmen Badeseen vor malerischer Bergkulisse und streift interessante Städte wie Klagenfurt oder Villach. Zwei Tage benötigt man mindestens dafür, es können aber auch leicht zwei Wochen oder mehr daraus werden.

Durch das Maltatal

Von ❶ **Spittal an der Drau** mit seinem entzückenden Renaissanceschloss Porcia fährt man zunächst im Liesertal parallel zur Autobahn nach ❷ **Gmünd**, wo das beeindruckende **Porschemuseum** Autofans anzieht. Das malerische **Maltatal** (Abb. ► S. 118) zweigt in Gmünd nach Nordwesten ab und endet nach Wasserfällen und einem Wildpark an der ❸ **Kölnbreinsperre**, einer der gewaltigsten Talsperren Österreichs.

Von Gmünd nach Gurk

Die Hauptstrecke führt von Gmünd weiter nach Norden, wo man hinter Krems nach Osten abbiegt und auf der kurvenreichen, 35 km lan-

gen und mautpflichtigen Nockalmstraße die 4 ★ **Nockberge** quert. Sie sind benannt nach den sanften Rundungen, die man hier Nocken nennt. Nach einem kurzen Stück am Flüsschen Gurk entlang biegt man in der Ebene Reichenau nach Osten in Richtung Deutsch-Griffen und 5 ★★ **Gurk** ab. Die zum UNESCO-Weltkulturerbe gehörende Domkirche in Gurk ist die bedeutendste romanische Kirche Österreichs. In Gurk geht der Weg dann wieder Richtung Süden und führt nach 6 ★ **St. Veit an der Glan**.

Richtung Klagenfurt

Hauptattraktion von St. Veit an der Glan ist die einige Kilometer östlich gelegene ★ **Burg Hochosterwitz**, deren Zugangsweg durch stolze 14 Tore gesichert wird. Auf dem Weg durchs **Zollfeld** nach Süden biegt man zum 7 ★ **Magdalensberg** ab; als eine der bedeutendsten keltisch-römischen Siedlungen Österreichs ist sie bis heute Betätigungsfeld der Archäologen. Nächstes Ziel ist vor dem Ort Maria Saal der neben der Bundesstraße stehende **Kärntner Herzogstuhl**. Das Kärntner Freilichtmuseum veranschaulicht die Lebensweise vergangener Jahrhunderte. In 8 ★ **Maria Saal** lohnt die Wallfahrtskirche einen Besuch. Danach folgt nach wenigen Kilometern die Kärntner Hauptstadt 9 **Klagenfurt**.

Wörther See

Westlich geht es nun zum viel besuchten 10 ★ **Wörther See**. An seinem Südufer liegt **Maria Wörth**, dessen malerischer alter Ortskern auf einer Halbinsel im See zu den beliebtesten Zielen der Region gehört. Danach fährt man am **Südufer** entlang weiter zum eleganten Kurbad 11 **Velden**, einem beliebten Treffpunkt des Jetset. Ein Bummel an der Strandpromenade gehört dazu. Wenige Kilometer südlich liegt der kleine **Faaker See**, einer der bekanntesten Badeseen Kärntens. Von dort führt die Straße über Warmbad Villach, wo man sich in der modernen Kärnten Therme eine Ruhepause gönnen kann, weiter nach 12 **Villach**. Eine schöne Variante ist auch die Fahrt am lebhaften **Nordufer** des Wörther Sees entlang über Moosburg und Feldkirchen zum **Ossiacher See**. Er zieht nicht nur Wassersportbegeisterte an seine Ufer, sondern auch Musikliebhaber, die den **Carinthischen Sommer** im Hauptort 13 **Ossiach** am Südufer genießen wollen; am Nordufer geht es hoch hinauf: Nach 12 km kurvenreicher Strecke bietet sich von der Gerlitzen ein wunderschöner Blick hinab auf den See und auf die im Süden aufragenden Karawanken.

Zurück nach Spittal

Die B 100 führt, parallel zur Autobahn, von Villach nach Nordwesten. In Feistritz biegt man nach Norden zum 14 ★★ **Millstätter See** ab, er liegt traumhaft zwischen dem Seerücken im Süden und den Nockbergen im Norden. Das schon zu römischer Zeit besiedelte **Millstatt** am Nordufer besitzt eine sehenswerte Stiftskirche. Von hier sind es nur noch wenige Kilometer bis **Spittal an der Drau**, dem Ausgangspunkt der Kärntenrundfahrt.

Z
ZIELE

Magisch, aufregend, einfach schön

Alle Reiseziele sind alphabetisch geordnet. Sie haben die Freiheit der Reiseplanung

Typisch Tirol, typisch Barock: Verspielte Lüftlmalerei schmückt das Schwarzinger-Haus in St. Johann. ►

ACHENSEE

Bundesland: Tirol | **Höhe:** 929 m ü. d. M.

Wie ein blauer Keil schiebt sich der Achensee zwischen die östlichen Ausläufer des Karwendelgebirges und das nur 10 km breite Rofan-Minigebirge. Grauer Kalk, dunkle Nadelwälder und hellgrüne Wiesen sorgen für ein Landschaftsbild, das dem Gewässer den Vergleich mit einem norwegischen Fjord eingetragen hat.

Ein Fjord in Österreich

Mit 9 km Länge, 1 km Breite und 133 m Tiefe ist er der größte der Tiroler Seen. Und für viele ist er auch der schönste. Besonders Seglern und Surfern bietet der See gute Bedingungen. Badefreunde müssen hingegen selbst im Sommer die Zähne etwas zusammenbeißen, 20 °C gelten selbst im Hochsommer als das Höchste der Gefühle. Ganz ohne Anstrengung und Bibbern genießt man das See-Erlebnis von Mai bis Oktober per Schiff – eine Seerundfahrt dauert ca. zwei Stunden (www.achenseeschifffahrt.at). Auch Wanderungen bieten sich rund um den weitgehend unverbauten See an, im Rofan-

Sichern Sie sich einen Fensterplatz – die Aussicht aus den Gondeln der Rofanseilbahn auf Achensee und Karwendel ist atemberaubend!

gebirge steht Klettern hoch im Kurs. Und im Winter zieht es Langläufer, Winter- und Schneeschuhwanderer nach Maurach-Eben, Pertisau und Achenkirch, wo zusätzlich ein beschneites Skigebiet für Pistenvergnügen sorgt.

Rund um den Achensee

Ob sie's schafft?

Jenbach

Es qualmt und zischt, ein schriller Pfiff ertönt, wenn die **Achenseebahn** ihre 6,7 km lange Reise von Jenbach im Inntal in den Vorhof der Berge antritt. Die über 100 Jahre alte, kohlebefeuerte Schmalspurbahn überwindet einen Höhenunterschied von 440 m. Für eine Berg- und Talfahrt braucht die Lok 350 kg Kohle. Für Eisenbahnfreunde ist eine Fahrt mit der ältesten dampfbetriebenen Zahnradbahn Europas ein Festtag. Übrigens: Jenbach ist der einzige Bahnhof Österreichs mit drei unterschiedlichen Spurweiten. Hier treffen sich die normalspurige ÖBB, die 760-mm-Schmalspur der Zillertalbahn und die Meterspur der Achenseebahn.

Bis auf Weiteres wurde der Personenverkehr eingestellt.
www.achenseebahn.at

Die Pracht der Knochen

Maurach-Eben

Von Jenbach kommend, zieht die Straße zunächst in aussichtsreichen Kehren aufwärts. Am südlichen Ende des Achensees erreicht sie den Ort Maurach-Eben (960 m; 3380 Einw.). Etwas außerhalb steht die barocke **Pfarr- und Wallfahrtskirche zur hl. Notburga** (15. bis 18. Jh.). Die fromme Magd aus Rattenberg und einzige weibliche Heilige Tirols (1265–1313) gilt als Schutzherrin der Dienstmägde. 1718 wurden ihre Überreste exhumiert, ihr Skelett zu einer Ganzkörperreliquie umgestaltet und in den Hochaltar der Kirche integriert.

Aussichtsplattform mit Kunsteffekt

Rofangebirge

Vom Ortsteil Maurach führt die gut 2 km lange Rofanseilbahn zur 1834 m hoch gelegenen, bewirtschafteten **Erfurter Hütte** auf dem **Mauritzköpfl**. Neben den prachtvollen Ausblicken bieten sich auch lohnende Gebirgswanderungen zu anderen Gipfeln. Einen ungewöhnlichen Kopfschmuck trägt der rund 45 Gehminuten entfernte Gschöllkopf (2036 m). Inspiriert von den Nestern des Tiroler Wappenvogels bog der Jenbacher Kunstschmied Manfred Hörl 15 t Metall für den »Adlerhorst« zurecht, das Geflecht legt sich um eine Plattform mit einem Durchmesser von 8 m. Der rostfarbene Adlerhorst dient als Visitenkarte für den Adlerweg, eine Weitwanderroute quer durch Tirol. Wer den Extra-Kick sucht, lässt sich mit dem Skyglider hochziehen und saust im Sturzflug mit bis zu 80 km/h talwärts.

www.rofanseilbahn.at

ACHENSEE ERLEBEN

ACHENSEE TOURISMUS
Achenseestraße 63
A-6212 Maurach am Achensee
Tel. 05 9 53 00
www.achensee.com

ESSBAR €€€€
Weit mehr als »nur« essbar: Ob hausgemachte Pasta, saftige Steaks, heimische Fische oder gebackene Camembert-Zucchini-Spießchen – das Gourmet-Restaurant im Neo-Alpin-Stil lässt auch verwöhnte Gaumen jubilieren.
Karwendelstraße 83
A-6213 Pertisau
Tel. 05243 54 54
www.hotelsonnenhof.at
So., Mo., Di. geschl.

FISCHERWIRT €€
Der kulinarische Reigen des Traditions-Gasthauses erstreckt sich vom Achensee-Saibling bis zum Gamsbraten »Wildmeister Florian« mit Rotwein-Wacholder-Specksauce, Apfelrotkraut und Kroketten. Zum See sind es nur wenige Meter.
A-6215 Achenkirch 15
Tel. 05246 62 58
www.fischerwirt.tirol
Tgl. geöffnet

HOTEL FÜRSTENHAUS €€€€
Das charmante Hotel mit großem Wellnessbereich ist das einzige Gasthaus vor Ort mit direkter Lage am See.
A-6213 Pertisau
Tel. 05243 5 44 26 78
www.fuerstenhaus.at

Wellness aus dem Stein
Pertisau

Rund 5 km nordwestlich von Maurach-Eben liegt am Westufer des Sees der Urlaubsort Pertisau (950 m; 746 Einw.). Im **Erlebniszentrum Tiroler Steinöl Vitalberg** wird die Gewinnung von Steinöl dokumentiert – so wie sie seit 1902 im Bächental betrieben wird. Die pechschwarze Flüssigkeit bildet die Basis für diverse Pflegeprodukte und spielt auch in den Wellnesshotels rund um den See eine große Rolle.
Mai–Nov. Mo.–So. 9–17.30, Dez.–April Mo.–So. 10–16.30 Uhr
Eintritt: 8,50 € | www.steinoel.at

Wo die Höfe Hof halten
Achenkirch

Das lang gezogene Dorf Achenkirch (930 m; 2230 Einw.) am Nordende des Sees verfügt über schöne alte Bauernhäuser. Der Sixenhof mit seinem **Heimatmuseum** lädt mit Originaleinrichtung und Veranstaltungen wie der Tiroler Bergweihnacht zu einer Zeitreise in das ländliche Leben von einst. Rund 9 km nördlich verläuft kurz vor dem Achenpass (941 m) die österreichisch-deutsche Grenze.
Mai–Okt. tgl. 13–17 Uhr, im Advent Sa., So. 13–17 Uhr | Eintritt: 7 €
www.sixenhof.at

Bundesland: Steiermark | **Höhe:** 639 m ü. d. M. | **Einwohner:** 4957

Admont, mitten in einem weiten Talbecken der Enns gelegen, besitzt als besondere Attraktion die wohl schönste und größte Klosterbibliothek der Welt. Doch nicht nur Kultur und Kunst warten auf Besucher: Die Marktgemeinde ist das westliche Tor zum wildromantischen Nationalpark Gesäuse, dessen Kalkklötze einst als »Universität des Bergsteigens« galten.

Rund 200 000 Bände – Folianten, rund 530 Inkunabeln (Drucke bis 1500) und mehr als 1400 Handschriften – umfasst der Bestand der Bibliothek, die sich als außerordentliches Gesamtkunstwerk des Barocks präsentiert. Nicht zuletzt ihr verdankt das Benediktinerstift Admont, ältestes bestehendes Kloster der Steiermark, den Stellenwert als geistliches, kulturelles und wirtschaftliches Zentrum der Region. Seine Betriebe (Forstwirtschaft, Gärtnerei etc.) beschäftigen rund 1000 (weltliche) Mitarbeiter. Gegründet wurde die Abtei 1074 vom Salzburger Erzbischof Gebhard. Die Stifts- und Pfarrkirche mit ihren über 70 m hohen Türmen wurde nach einem verheerenden Klosterbrand 1865 im neogotischen Stil wieder aufgebaut.

 Benediktinerstift Admont

Juni–Okt. tgl. 10–17 Uhr, April, Mai, Nov., Dez. Mi.–So. 10.30–15.30 Uhr | Eintritt: 16,50 € | www.stiftadmont.at

»Der schönste Bibliothekssaal der Welt«

Stiftsbibliothek

Dieses Prädikat verlieh der US-Fernsehsender CNN dem spätbarocken Büchersaal der Benediktinerabtei – sie ist der kunsthistorisch bedeutendste Teil der Anlage (auch ohne Führung zugänglich). Geplant vom österreichischen Barockbaumeister Josef Hueber und 1776 vollendet, trug sie einst das Prädikat »achtes Weltwunder«. Bronzierte Lindenholz-Skulpturen von Josef Thaddäus Stammel wachen über die kunstvoll geschnitzten weiß-goldenen Bücherschränke. Allein der Eindruck des 72 m langen, 14 m breiten und bis zu 13 m hohen Büchertempels ist gigantisch. Ganz im Zeichen der Aufklärung sorgen 48 Fenster für eine besondere Helligkeit: Licht wurde mit Erkenntnis gleichgesetzt. Die Gewölbekuppeln überzog Bartolomeo Altomonte, damals schon über 80 Jahre alt, mit Fresken, die die Verbindung zwischen Religion und Wissenschaft zum Inhalt haben. Führungen erschließen so manches »Geheimnis«. So öffnet sich z. B. hinter einer Front mit aufgemalten Bücherrücken eine Geheimtür. Und ein raffiniert gemusterter Marmorfußboden täuscht eine Treppe in die Unendlichkeit vor.

Fliegen-Vielfalt, Wachsobst und moderne Kunst

Stiftsmuseen

Das ist noch nicht alles – einige Pater des 19. Jh.s betätigten sich auch als nimmermüde Sammler und Naturforscher. Pater Constantin Keller etwa schuf die äußerst realistisch wirkende Wachsobstsammlung, heute ein Glanzlicht der Stiftsmuseen. Die 243 Stück große Früchtekollektion mit Schwerpunkt auf Apfelsorten geht auf die Bemühungen zurück, den Bauern die Vorzüge des Obstanbaus näher zu bringen. Die im Bossierverfahren gestalteten Früchte wirken hier in der Tat als Symbole der Verführung. Das Stift leistet sich auch Gegenwartskunst – sie wird in Wechselausstellungen präsentiert.

Rund um Admont

Eine Sinfonie aus Fels und Wasser

Nationalpark Gesäuse

Östlich schließt sich das Gesäuse an, ein Durchbruchstal zwischen Admont und dem östlich gelegenen Hieflau. Hier überwindet die Enns auf dem 16 km langen Abschnitt ein Gefälle von über 150 m und wird von bis zu 1800 m hohen Steilwänden flankiert. Der Name Gesäuse soll das Geräusch ausdrücken, das die Enns bei ihrem wilden Ritt durch den mächtigen Kalkalpenstock erzeugt. 2002 avancierte der eindrucksvollste Landschaftsteil der Ennstaler Alpen zum jüngsten Nationalpark Österreichs. 111 km² umfasst diese »Sinfonie aus Fels und Wasser«, wie das Gesäuse auch genannt wird. Den höchsten Punkt der Ennstaler Alpen und des Gesäuses bildet das Hochtor (2369 m). Für geübte Bergsteiger gibt es in dieser Region zahlreiche lohnende Touren.

ADMONT ERLEBEN

TOURISMUSVERBAND GESÄUSE
Hauptstraße 35, A-8911 Admont
Tel. 03613 2 11 60 10
www.gesaeuse.at

STIFTSKELLER ADMONT €–€€
Ob Admonter Klostersuppe nach barockem Rezept oder herrliche Kuchen, ob historische Stube oder Gastgarten – der Stiftskeller Admont bietet für jeden Geschmack etwas.
Kirchplatz 1, A-8911 Admont
Tel. 03613 33 54
www.stiftskeller-admont.at

HOTEL SPIRODOM €€€
Das ruhig gelegene Wellnesshotel verfügt über 67 modern ausgestattete Zimmer mit Balkon. Vom Spa mit Indoorpool blickt man auf Stift Admont. Dazu kommen ein Panoramarestaurant und eine stylishe Cocktailbar.
Eichenweg 616, A-8911 Admont
Tel. 3613 3 66 00
www.spirodom.at

BAEDEKER ÜBERRASCHENDES

6X UNTERSCHÄTZT

Genau hinsehen, nicht daran vorbeigehen, einfach probieren!

1. DER APFEL DER VERSUCHUNG ...

... lockt in der Wachsobstsammlung der Benediktiner von **Admont**. Ihr Kloster trumpft neben der schönsten Bibliothek der Welt auch mit spannenden naturkundlichen Sammlungen auf. (▶ **S. 49**)

2. STILLE ÖRTCHEN

Die Sanitärkultur ist ein faszinierender Spiegel der Gesellschaft, wie die **Klo & So-Sammlung in Gmunden** aufzeigt. Von getarnten bis zu hochherrschaftlichen Klos reicht die Sammlung. (▶ **S. 384**)

3. EISERNES RADELN

Eine Generation ist es nur her, dass der Eiserne Vorhang fiel. Was es hieß, an einer toten Grenze zu leben, das zeigt eine Ausstellung in **Schloss Weitra** im Waldviertel und eine Radtour auf dem **Iron Curtain Trail**. (▶ **S. 399**)

4. AKW ADE

Fix und fertig gebaut, durfte Österreichs Atomkraftwerk **Zwentendorf** nie in Betrieb gehen. Heute nimmt die eingemottete Industrieruine am Donau-Ufer Besucher mit auf eine Zeitreise in die Atom-Welt der 1970er-Jahre. (▶ **S. 89**)

5. DUFTE!

Bis weit über 2000 m Höhe ist in den Zentralalpen die Zirbe anzutreffen. Ihr feiner Duft fördert den Schlaf. Dies und noch viel mehr Erstaunliches über den ebenso zähen wie schönen Nadelbaum erfährt man im Pitztaler Zirbendorf **Jerzens**. (▶ **S. 322**)

6. WIE IM ALTEN ROM

Rekonstruierte Villen, eine Therme, eine Gladiatorenarena: Grandios aufbereitet ist Österreichs Geschichte an der Zeitenwende in der Römerstadt **Carnuntum**. (▶ **S. 299**)

Nationalpark in der Nussschale

Erlebniszentrum Weidendom

Unter dem Baldachin rasch wachsender Weiden bringt das Nationalpark-Erlebniszentrum Weidendom (B 146 an der Abzweigung nach Johnsbach) Besuchern diesen Mikrokosmos der Nördlichen Kalkalpen näher. Auch eine Route am Enns-Ufer und der **Wilde John**, ein Themenweg entlang des renaturierten Johnsbachs, sorgen für anschauliche Vermittlung.

Jederzeit frei zugänglich; betreutes Besucherprogramm: Mai–Sept. Sa., So., Juli/Aug. tgl. 10–18 Uhr | https://nationalpark-gesaeuse.at

Universität des Bergsteigens

Johnsbach

In der Frühzeit des alpinen Kletterns ab etwa 1880 strömten Bergsteiger aus Graz, Wien und München in Scharen heran – bald galten die zerklüfteten Gesäuseberge als »Universität des Bergsteigens«. Für einige Kraxler endete die Partie nicht gut – sie liegen begraben am **Bergsteigerfriedhof in Johnsbach**. Arnika und Edelweiß, berührende Inschriften sowie der Panoramablick hinauf zum Großen Ödstein verleihen dem unter Denkmalschutz stehenden Friedhof des Ägidius-Kircherls eine einzigartige Atmosphäre.

ARLBERG

Bundesländer: Tirol und Vorarlberg

Kaum eine andere Region Österreichs hat so viele Skistars und -Pioniere hervorgebracht wie der Arlberg. Heute bildet das Massiv an der Grenze zwischen Tirol und Vorarlberg das größte zusammenhängende Skigebiet des Landes. Reich und schön gibt sich gerne ein Stelldichein in St. Anton, Lech und Zürs.

Größer, komfortabler, luxuriöser

Arlberg ist eigentlich nur der Name des Passes (1793 m), der Tirol und Vorarlberg verbindet, im allgemeinen Sprachgebrauch bezeichnet man jedoch das ganze Massiv, das Teil der ▶ Lechtaler Alpen ist, schlicht und einfach als Arlberg. Er bildet sowohl die Wasserscheide zwischen Rhein und Donau als auch die Wetterscheide. Das hat zur Folge, dass Frau Holle regelmäßig große Schneemengen rund um den Arlberg mit der alles überragenden Valluga (2811 m) ablädt. Zur Sicherheit kann auch kräftig beschneit werden. Mit 305 km markierten Abfahrten und 200 km Varianten im freien Gelände bilden die Arenen von St. Anton, St. Christoph und Stuben sowie Lech, Zürs, Warth und Schröcken seit der Saison 2016/17 das größte zusammenhängende Skigebiet Österreichs. Das ultimative Skierlebnis heißt hier

Sonne und Schnee und eine Aussicht, so weit das Auge reicht – die Arlberg-Region lässt die Herzen von Wintersportlern höherschlagen.

Run of Fame: eine 85 Abfahrtskilometer und 18 000 Höhenmeter umfassende Runde durch das gesamte Skigebiet. Für die Skisafari benötigt ein durchschnittlicher Skifahrer fast einen Tag – und stramme Waden!

Im Sommer schlägt der Takt am Arlberg dagegen um einiges ruhiger; die besten Andockstationen für einen erholsamen Urlaub sind St. Anton und Lech mit ihren teils geöffneten Seilbahnen, die als Zubringer in abwechslungsreiche Wandergebiete dienen. Das kleine Zürs ähnelt im Sommer einem »Geisterdorf«.

Rund um den Arlberg

Einst gefürchtetes Alpen-Nadelöhr

Arlbergstraße

Die Arlbergstraße führt von St. Anton im Tiroler Stanzertal über den **Arlbergpass** und Stuben ins Klostertal. Wer in alter Zeit von Tirol nach Vorarlberg wollte, musste den Pass über einen Saumpfad bezwingen. Könige, Päpste und Jakobs-Pilger waren darunter. Oft rissen Lawinen Wanderer in den Tod. Erst Ende des 18. Jh.s ersetzte eine Straße die einfache Gebirgsroute. Wer den Arlberg schnell hinter sich lassen will, nimmt den 14 km langen Arlberg-Straßentunnel.

ARLBERG ERLEBEN

TOURISMUSVERBAND ST. ANTON AM ARLBERG

Dorfstr. 8, A-6580 St. Anton am Arlberg, Tel. 05446 22 69-0
www.stantonamarlberg.com

LECH ZÜRS TOURISMUS

Dorf 2, A-6764 Lech am Arlberg
Tel. 05583 21 61-0
www.lechzuers.com
www.skiarlberg.at/

FUX €€€€

Küchenchef Reinhard Daucher spannt einen Bogen zwischen asiatischer und europäischer Küche. Sushi, Maki und Sashimi sind von höchster Qualität. Für den größeren Hunger empfiehlt sich ein Wagyu-Steak.
Omesberg 587
A-6764 Lech am Arlberg
Tel. 05583 29 92
www.fux-mi.net

VERWALLSTUBE €€€

Die edle Gaststube auf 2085 m Höhe ist bekannt für ihre Fischspezialitäten. Donnerstagabend gibt's ein romantisches Dinner mit Piano-Livemusik. Hauben verdient auch der Blick auf die Bergwelt: die Hänge um Patteriol und Valluga, zum Greifen nah!
Kandaharweg 9/Bergstation Galzig, A-6580 St. Anton am Arlberg, Tel. 05446 2 35 25 10
www.verwallstube.at

ARLBERG HOSPIZ €€€€

Im kleinen St. Christoph (25 Gebäude) sorgt das Arlberg Hospiz Hotel für 5 Sterne-Wohnluxus in edlen Zimmern und Suiten. Das Hideaway abseits des Trubels von Lech und St. Anton erstrahlt seit Dezember 2022 in völlig neuem Glanz.
St. Christoph 1
A-6580 St. Anton am Arlberg
Tel. 05446 26 11
www.arlberghospiz.at

Mitunter im Griff von General Winter

Flexenstraße

Bei Stuben an der Westrampe der Arlbergstraße zweigt Richtung Norden die 1895 bis 1900 gebaute Flexenstraße ab; sie führt über Zürs und den 1784 m hohen Flexenpass nach Lech und weiter nach Warth. Zahlreiche Galerien schützen die Straße, die prächtige Ausblicke auf die Verwallgruppe eröffnet, vor Lawinen.

Eine Wiege des alpinen Skisports

St. Anton

Eine lange Tradition als Wintersportort hat St. Anton (Tirol, 1284 m; 2500 Einw.). Hier entwickelte Hannes Schneider die Abfahrtsskitechnik der Arlbergschule (erste Skischule Österreichs 1920/21) und Stefan Kruckenhauser 1953 das Wedeln. Das **Ski- und Heimatmuseum** (Rudi-Matt-Weg 10) in der Trier-Villa thematisiert die Erschließung für den alpinen Skisport. Hier gibt es auch ein gutes Restaurant.

Mitte Juni–Sept. Di.–So. 12–18 Uhr, Dez.–April tgl. geöffnet
Eintritt: 5 € | www.museum-stanton.com

Österreichs nobelster Wintersportort

Lech

Gehörte Lech (1450 m; 1600 Einw.) noch vor 100 Jahren zu den einsamsten Dörfern Vorarlbergs, so brachen für die alte Walsersiedlung mit dem Skitourismus goldene Zeiten an. Heute geben sich in dem Ort am Zusammenfluss von Lech und Zürser Bach im Winter High-Society und (Geld-)Adel ein Stelldichein. Bis weit ins Frühjahr kann man auf den sonnenverwöhnten Hängen Skilaufen. Fünf-Sterne-Resorts und knapp 20 Haubenlokale bedienen eine exklusive Klientel, zu der auch die niederländische Königsfamilie gehört. Inmitten von Hotelbauten behauptet sich die wuchtige, 1390 im gotischen Stil errichtete **Pfarrkirche**, die 1791 im Rokokostil umgestaltet wurde. Naturmystik der Gegenwart bietet seit Herbst 2018 in Oberlech der vom US-Lichtkünstler James Turrell gestaltete **Skyspace-Lech**. Das elliptische Gebäude im alpinen Gelände lädt dazu ein, das Zusammenspiel von Sonne und Wolken, Himmel und Erde mit allen Sinnen zu erleben.

Skyspace-Lech: Sommer tgl. eine Stunde vor bis eine Stunde nach Sonnenuntergang, Winter 12–20 Uhr | Eintritt frei | Die Lichtkunst von James Turrell kann man nur bei Sonnenauf- und Sonnenuntergang bzw. gutem Wetter erleben | Programmdauer 50 Min.
www.skyspace-lech.com

Touren im Hochgebirge

Verwall

Nach Süden hin lockt die Verwallgruppe zu zahllosen Hochgebirgstouren. Der Gebirgszug der zentralen Ostalpen zwischen Bludenz und ▶ Landeck zeichnet sich vor allem in seinem Vorarlberger Teil (▶ Montafon) durch weitgehende Ursprünglichkeit aus. Markante Gipfel und Karmulden mit kleinen Seen sind kennzeichnend für das Gebiet. Gut ausgebaute Wege verbinden die Schutzhäuser. Die Besteigung der höheren Verwallberge mit ihrem Hauptgipfel, der fünfzackigen **Kuchenspitze** (3170 m), und dem imposanten, 3059 m hohen **Patteriol** setzt jedoch einige Übung im Klettern voraus.

★ ATTERSEE

Bundesland: Oberösterreich | **Höhe:** 465 m ü. d. M.

Wenn im Sommer die Sonne von einem strahlend blauen Himmel scheint, glitzern und funkeln die Fluten des Attersees in Türkis- und Blautönen. Am Ufer setzen stattliche Villen architektonische und die schroffen Gipfel des Höllengebirges landschaftliche Akzente.

Der Attersee ist mit 20 km Länge und bis zu 170 m Tiefe der größte Alpensee Österreichs. Dank der unberührten, facettenreichen Natur

erkoren ihn viele Wiener Künstler des Fin de Siècle zur Sommerfrische. Gustav Klimt etwa und Gustav Mahler zogen die Idylle dem mondänen Bad Ischl vor. Heute bietet der Attersee Aktivurlaubern jede Menge Freizeitvergnügen. Im Sommer, wenn die Sonne das Wasser auf bis zu 25 Grad erwärmt, locken rund ein Dutzend Strandbäder rund um den See mit herrlichem Badespaß. Dank des glasklaren Wassers ist der Attersee aber auch ein beliebtes Taucherrevier.

Wohin am Attersee?

★ Schörfling

Mit den Augen eines Malers sehen
In Schörfling am Nordufer erinnert der **Gustav-Klimt-Garten** an den berühmten Jugendstilmaler (1862–1918), der mehr als ein Dutzend Mal seinen Sommerurlaub am Attersee verbrachte, oft mit seinem »Lebensmenschen«, der Künstlerin Emilie Flöge. Sechs Gartenansichten des Meisters waren die Basis für das Pflanzenkonzept der rund 100 m² großen und in quadratischen Beeten konzipierten Anlage mit Seerosenbecken und Rosenhecken.
Die Gartenanlage ist Teil des **Gustav-Klimt-Themenwegs,** der auf 1,1 km zum Flanieren an den Seepromenaden von Schörfling und Seewalchen einlädt. An Infotafeln mit quadratischen Ausschnitten

DEN ATTERSEE ERLEBEN

TOURISMUSVERBAND ATTERSEE-ATTERGAU
Attergaustr. 31, A-4880 St. Georgen im Attergau, Tel. 07666 77 19
www.attersee.salzkammergut.at

TRACHTEN TOSTMANN
Zeitlose Dirndl und Lederhosen – der Besuch in dem traditionsreichen Haus ist für Trachtenfans ein Muss. In der Bandlkramerey in der Hauptstraße 4 informiert die Firma über ihre Geschichte und zeigt zudem eine sehenswerte Hauben- und Hutsammlung. Ein Café gehört zum Museum dazu.
Hauptstr. 1, A-4863 Seewalchen
www.tostmann.at

AKTIVHOTEL FÖTTINGER €€€
Tauchbasis, Strand und Bootssteg am Haus – Aktivurlauber werden hier bestens bedient. Die Zimmer sind modern, aber behaglich eingerichtet und die Restaurant-Küche legt Wert auf frischeste Zutaten aus der Region. An der Rezeption erhalten Sie den Schlüssel zu Mahlers Komponistenklause.
Seefeld 14
A-4853 Steinbach am Attersee
Tel. 07663/8100
www.hotel-attersee.at

kann man sich, ähnlich wie Klimt, durch diesen Sucher seine eigenen Landschaften komponieren. Am Umkehrpunkt liegt die **Villa Paulick,** zu Klimts Zeiten ein angesagter Treffpunkt der Künstler.

Gustav-Klimt-Garten: Hauptstr. 30 | jederzeit öffentlich zugänglich
Gustav-Klimt-Themenweg mit Infosäulen: Start beim Garten, weiter entlang der Seepromenade nach Seewalchen bis zur Villa Paulick
www.klimt-am-attersee.at

Leinen los!

Seerundfahrten

Wenn der »Rosenwind« weht, treibt es nicht nur Segler und Surfer hinaus aufs Wasser. Auch auf den Ausflugsschiffen herrscht dann immer Hochbetrieb. Die **Attersee-Flotte** steuert alle wichtigen Ort rund um den See an. In dem 1500-Seelen-Ort Attersee am Westufer etwa bildet die Wallfahrtskirche **Maria Attersee** einen unübersehbaren Blickfang. Innen besticht das Gotteshaus durch einen prächtigen Hochaltar. Die charmante Ortschaft **Unterach** wartet mit einigen stattlichen Gründerzeitvillen direkt am Ufer auf.

Mai–Okt. | Fahrkarten: kleine Runde 16 €, große Rundfahrt 27 € (oder Teilstrecken) | www.atterseeschifffahrt.at

Ausflüge in eine wildromantische Natur

Höllengebirge

Im Südosten ragen die schroffen Kalkberge des Höllengebirges auf. Von Steinbach führen ausgewiesene Wanderwege in eine felsige Wildnis mit grandiosen Aussichtslogen und versteckten Bergseen.

www.naturpark-attersee-traunsee.at

AUSSEERLAND

Bundesland: Steiermark | **Höhe:** 659–1837 m ü. d. M.

Das Ausseerland ist eine Bastion des Brauchtums in der Alpenrepublik. Trachten gehören zum Alltag, Volksfeste gibt es rund ums Jahr. Zwischen Bad Aussee, Altaussee und Grundlsee können Feriengäste auf den Spuren berühmter Sommerfrischler wandeln und Romantiker einer großen Liebe nachträumen.

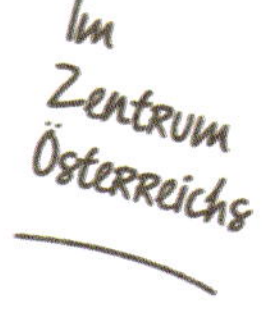

Vielleicht liegt es ja an der Topografie, dass die Bewohner des Ausseerlandes so traditionsbewusst, eigenständig und – wie manche munkeln – eigenwillig sind. Der Landstrich liegt in einem weiten, abgeschotteten Talkessel genau in der Mitte Österreichs (der »Mittelpunktstein« im kleinen Kurpark markiert die geografische Mitte). Im Westen rahmt ihn das Dachsteinmassiv und im Osten die Ausläufer des Toten Gebirges.

PLÄTTEN STATT GONDELN

In Venedig gleiten Gondeln über das Wasser, auf dem Altausseer See sind es Plätten. Während ein »Gondoliere« in Lederhose das Boot steuert, genießen die Passagiere bei einem Frühstück die Aussicht auf die imposante Bergwelt. Entspannter kann der Tag im Ausseer Land nicht starten! (www.seevilla.at, Tel. 03622 713 02)

Wohin im Ausseer Land?

Bad Aussee

Schauplatz einer verbotenen Liebe

Der beschauliche Ort hat im 19. Jh. vor allem durch die vom Wiener Hof misstrauisch beäugte Liebe des Erzherzogs Johann zu Anna Plochl (1804–1885) Berühmtheit erlangt. Die Postmeisterstochter war zarte 15 Jahre alt, als der 40-jährige Bruder Kaisers Franz I. am Toplitzsee ein Auge auf sie warf. Nach langem Katz-und-Maus-Spiel durfte er sie 1829 endlich heiraten. Anna Plochl, seit 1850 Gräfin von Meran, überlebte ihren Mann um 26 Jahre. Ihr Geburts- und Sterbehaus, das »Meranhaus« gegenüber der Spitalskirche ist heute noch im Besitz ihrer Nachfahren.

Ein Teil der Ausstellung im **Kammerhofmuseum** ist der mehrmals verfilmten Geschichte dieser Liebe gewidmet, befasst sich aber vor allem mit der Volkskultur des Ausseer Landes und dem Salzabbau. Besonders sehens- und hörenswert ist die Volksmusik-Schau. Das Museum residiert im Gebäude des ehemaligen Salzamtes, dem ältesten bis heute erhaltenen Profanbau der Steiermark.

Bad Aussee ist eine Hochburg von Brauchtum und Trachten. Fans von Dirndl und Lederhosen können zwischen mehreren Trachtenbekleidungs- und Stoffgeschäften, Hut- und Schuhmachern wählen.
Kammerhofmuseum: Chlumeckyplatz 1 | Mitte Juli–Mitte Sept. Di,. Mi., Fr.–So. 10–16, Do. 10–13 u. 17–20 Uhr, April–Mitte Juli u. Mitte Sept.–Okt. Di.–Fr., So. 10–13, Sa. 11 bis 16 Uhr | Eintritt: 7 €
www.kammerhofmuseum.at

Sommerfrische der Belle Époque

Altausseer See

»Dunkelblaues Tintenfass« wird der See nördlich von Bad Aussee auch genannt. Sein Wasser schimmert in der Tat tiefblau und ist doch glasklar. Seit der Mitte des 19. Jh.s zog diese Landschaft Aristokraten und Künstler an. Später verbrachten Schriftsteller und Gelehrte wie Arthur Schnitzler oder Sigmund Freud ihre Sommerferien dort. Den stattlichen Holzbauten in der kleinen Gemeinde Altaussee am Westufer haftet bis heute das Flair der vergangenen Tage an. Die **Via Artis Altaussee** rollt die Geschichte des Sehnsuchtsortes Altaussee auf einem Kunst-Spaziergang auf. Auch im **Literaturmuseum** kann man den Genius loci auf sich wirken lassen. Eine Fahrt mit dem Solarschiff ist eine besonders entspannende Art, die Landschaft zu genießen.
Ein Aufstieg zum 1838 m hohen **Loser** erfordert etwas Kondition. Die kurvenreiche **Loser-Panoramastraße** führt hinauf zum Bergrestaurant auf der Loser Alm in 1600 m Höhe. Von dort geht es in einer Stunde zum Losergipfel oder auf dem Geo-Erlebnisweg über bizarre Karstflächen zum Augstsee.
Literaturmuseum: Fischerndorf 61 | Juli–Sept. Mo.–Sa. 10–12, 14.30–18, Okt. Mo.–Sa. 14.30–17 Uhr | 4 € | www.literaturmuseum.at
www.altausseeschifffahrt.at, www.loseralm.com, www.loser.at

Dramatische Rettungsaktion

Salzwelten Altaussee

Das größte Salzbergwerk Österreichs, 2 km nordwestlich von Altaussee gelegen, ist seit 1319 in Betrieb. Ab 1943 versteckten die Nazis hier Beutekunst aus ganz Europa. Nur dem Bergwerksdirektor und mutigen Bergleuten ist es zu danken, dass die Kulturgüter, u. a. Gemälde von Michelangelo, Dürer und Rubens, den Krieg unbeschadet überstanden. Im **Schaubergwerk** informiert eine Multimediashow über die Rettung der Kunstschätze. Weitere Attraktionen der Führung sind zwei Bergmannsrutschen, eine Lichtshow an einem unterirdischen Salzsee und die Barbarakapelle mit einem Altar aus Salzsteinen.
Lichtersberg 25 | Führungen: April–Juni u. Mitte Sept.–Okt. tgl. 9, 11, 13 u. 15, Juli–Mitte Sept. 9–16 Uhr zur vollen Stunde; Dauer 2 Stunden | Eintritt: 20 € | www.salzwelten.at

Alpenblühen

Alpengarten

In einem stillgelegten Steinbruch am Fuß des Ischlbergkogels zwischen Altaussee und Bad Aussee liegt ein kleines Paradies: Etwa 2000

verschiedene Arten von Blütenpflanzen, Stauden, Gehölzen und pflanzlichen Raritäten gedeihen dort.
Ischlbergstr. 67 | Mai–Sept. tgl. 8–18 Uhr Eintritt: 5 € | www.neza.at

Drei Seen auf einen Streich

Grundl-, Toplitz- und Kammersee

Auf dem lang gestreckten Grundlsee östlich von Bad Aussee in einem von dicht bewaldeten Berghängen eingerahmten Wiesental bietet von Mai bis in den Oktober die **Schifffahrt Grundlsee** Ausflugsfahrten an. Natürlich gibt's am Grundlsee auch Bootsverleih. Von Gößl am Ostufer aus gelangt man auf einem kurzen Spaziergang zum geheimnisumwitterten Toplitzsee, von dem es lange hieß, dass die Nazis dort einen gigantischen Goldschatz versenkt hätten. Da ein Großteil des Ufers auf dem Landweg nicht zugänglich ist, lassen sich die meisten Ausflügler auf schmalen Lastkähnen, den Plätten, hinüber zum Ostufer bringen. Ein kurzer Anstieg, dann liegt ihnen der von hohen Bergwänden eingeschlossene Kammersee zu Füßen.
www.grundlsee.at, www.schifffahrt-grundlsee.at

DAS AUSSEERLAND ERLEBEN

TOURISMUSVERBAND AUSSEERLAND – SALZKAMMERGUT

Bahnhofstr. 132, A-8990 Bad Aussee, Tel. 03622 54 04 00
www.ausseerland.at

NARZISSENFEST

Im Spätfrühling verwandelt die Narzissenblüte die Region zwischen Totem Gebirge und Dachstein in ein einziges Blumenmeer. Zum Höhepunkt am Sonntag werden mit Abertausenden Narzissen geschmückte Riesenfiguren durch Bad Aussee paradiert, anschließend gibt es einen Seecorso.
www.narzissenfest.at

RASTL GWAND –TRACHTEN

Die Dirndlwerkstatt schneidert ihren Kundinnen die Trachten auf den Leib, hat aber auch fertige zum Mitnehmen im Geschäft.
Meranplatz 39, A-8990 Bad Aussee
www.rastl.info

GASTHOF ZUM HIRSCHEN €€€

Das Haus ist auf regionale Küche und fangfrischen Saibling spezialisiert. Im Juli und August spielen samstags steirische Volksmusiker auf.
Fischerndorf 17, A-8992 Altaussee
Tel. 03622 7 13 47
www.hirschen-altaussee.at

HOTEL SEEVILLA €€€€

In dem traditionsreichen Haus – schon Johannes Brahms residierte hier – genießen die Gäste privilegierte Seeblicke und Wellness.
Fischerndorf 60, A-8992 Altaussee
Tel. 03622 7 13 02
www.seevilla.at

BADEN (BEI WIEN)

Bundesland: Niederösterreich | **Höhe:** 220 m ü. d. M.
Einwohner: 25 800

»Ich hätte mein Leben nicht geglaubt, dass ich so faul sein könnte, wie ich es hier bin.« So schrieb Ludwig van Beethoven aus seinem bevorzugten Sommerdomizil Baden. Das Kur- und Villenstädtchen nur 30 km südlich von Wien hat sich sein beschauliches Flair gut erhalten. Für einen Besuch im Heurigen oder in der Konditorei ist hier immer Zeit!

Nomen est omen

Schon zur Römerzeit soll Baden, damals noch unter dem Namen Aquae Pannoniae, das bedeutendste Schwefelbad Österreichs gewesen sein, eine Tradition, die um 1800 neu belebt wurde. Kaiser Franz I. machte Baden zwischen 1803 und 1834 zu seiner offiziellen Sommerresidenz, die Wiener Gesellschaft folgte. Der Monarch schätzte die Schwefel-Heilquellen, deren bis zu 36 °C warmes Wasser u. a. rheumatische Leiden und Gefäßerkrankungen lindern. Im Schlepptau des Adels zog es vor allem Musiker an: Neben Beethoven (1770–1827) und Franz Schubert liebten auch Operetten- und Walzerkönige wie Strauß Vater und Sohn oder Josef Lanner die heiter-beschwingte Atmosphäre und die Nähe zu den oberen Zehntausend. Zusammen mit elf weiteren europäischen Kurorten (Great Spas of Europe) hat sich Baden 2020 um die Anerkennung als UNESCO Welterbe bemüht. Mit einer Entscheidung ist noch 2021 zu rechnen.

Wohin in Baden?

Die gute Stube Badens

Hauptplatz

Der Hauptplatz mit der monumentalen **Pestsäule** (1713) ist umgeben von einer weitläufigen Fußgängerzone mit zahlreichen Geschäften und Lokalen. Hier sieht man neben dem klassizistischen Rathaus (1815) auch das vergleichsweise bescheidene **Kaiserhaus** (1792), von 1813 bis 1834 Sommerresidenz von Kaiser Franz. Das Palais zeigt im Sommer Ausstellungen mit Schwerpunkt auf dem Haus Habsburg. Das Stadttheater (1909; www.buehne-baden.at) hat sich besonders der Operette verschrieben.

Kaiserhaus: ca. April–Okt. Di.–So. 10–18 Uhr | Eintritt: 8 €
www.kaiserhaus-baden.at

»Freude schöner Götterfunken«

Beethovenhaus

Beethoven wohnte wiederholt in der Rathausgasse 10, wo er Teile der 9. Sinfonie mit der »Ode an die Freude« komponierte – Baden

nennt sich heute auch »Stadt der Europahymne«. Die Schau im Beethovenhaus verbindet Einblicke in den Alltag des Musikgenies mit Klangerlebnissen der in Baden entstandenen Werke.

Di.–So. 10–18 Uhr | Eintritt: 8 € | www.beethovenhaus-baden.at

Neuer Glanz in alten Bädern

Arnulf Rainer Museum

Vor allem in der Biedermeierzeit entstanden etliche hübsche Bäder, die inzwischen anderweitig genutzt werden. Hinter der klassizistischen Fassade des Frauenbads ist das Arnulf Rainer Museum beheimatet, das dem in Baden geborenen und international anerkannten Malerfürsten gewidmet ist. Seine farbenprächtigen Riesengemälde entfalten vor Marmorhintergrund eine beeindruckende Präsenz.

Josefsplatz 5 | Di.–So. 10–17 Uhr | Eintritt: 8 €
www.arnulf-rainer-museum.at

Art Deco und Secessionismus als Vorbild

Römertherme

Zeitgemäß und architektonisch ansprechend interpretiert wird die Bäderkultur in der Römertherme am Brusattiplatz 4. Sie bietet riesige Wasserflächen und Saunalandschaften unter einem kühn konstruierten Glasdach. Von großem Charme ist das Thermalstrandbad (Helenenstraße 17–19), im Jahr 1926 im Stil von spätem Secessionismus und Art déco erbaut.

Römertherme: tgl. 10–22 Uhr | www.roemertherme.at

BADEN ERLEBEN

TOURIST INFORMATION BADEN

Brusattiplatz 3, A-2500 Baden
Tel. 02252 8 68 00-600
www.tourismus.baden.at

1 CUISINO – CASINO RESTAURANT BADEN €€€

Das Cuisino steht für gehobene Esskultur mit mediterranem Einschlag, das prachtvolle Casino Baden und die Terrasse im Kurpark bieten den stimmigen Rahmen dazu.
Kaiser-Franz-Ring 1
A-2500 Baden, Tel. 02252 4 35 02

1 HOTEL SCHLOSS WEIKERSDORF €€€–€€€€

Das Flair der Renaissancezeit ist mit prachtvollen Kassettendecken, eleganten Möbeln und viel Geweihschmuck präsent. Junger Anbau mit 64 weiteren Zimmern im modernen Stil. Dem Badener Kur-Thema angepasst gibt es auch einen riesigen Spa-Bereich.
Schlossgasse 9–11
A-2500 Baden
Tel. 02252 4 83 01
www.hotelschlossweikersdorf.at

Der »grüne« Daumen: Parks, Gärten und Rosenvielfalt

Kurpark

Kaiser Franz I. war ein großer Förderer der Gartenkünste – etwa wie Prinz Charles heute. Der »grüne Daumen« des Monarchen stand an der Wurzel einer großen Tradition an Parks und Gärten. Ein Highlight bildet der Kurpark mit kunstvoll angelegten Beeten und altem Baumbestand. Am Anfang trifft man auf das feudale **Casino Baden**. Die **Sommerarena** nebenan, ein Jugendstilbau, ist Schauplatz von Operettenaufführungen. An den Spazierwegen, die in den ► Wienerwald übergehen, erinnern Denkmäler an bedeutende Gäste, so z. B. die Komponisten Joseph Lanner und Johann Strauss.

Rosenpracht von Weiß bis Blutrot

Doblhoffpark

Florale Highlights setzt westlich des Zentrums das Rosarium im Doblhoffpark mit über 30 000 Rosenstöcken in mehr als 900 Sorten im Farbspektrum von Weiß bis Blutrot. Jedes Jahr im Juni zur Zeit der schönsten Blüte dreht sich während der Rosentage zwei Wochen lang alles um die königliche Blume.

Skurrile Schädelsammlung

Rollettmuseum

Das Rollettmuseum am Weikersdorfer Platz 1 fungiert als erweitertes Heimatmuseum – mit Einblicken in die Anfänge der Sommerfrische. Skurril ist die Schädelsammlung des Anatomen Josef Gall (1758–1828) mit über 200 Totenköpfen und Büsten.
Mi.–Mo. 15–18 Uhr | Eintritt: 6 € | http://rollettmuseum.at

Rund um Baden

Liebliches Flusstal

Helenental

Von Baden geht es westlich in das romantische, schon im 19. Jh. bei Badens Kurgästen beliebte Helenental, von dem es in dem berühmten Lied heißt: »Ich kenn' ein kleines Wegerl im Helenental, das ist für alte Eheleute viel zu schmal …« Links und rechts erheben sich die Ruinen der Raubritterburgen Rauheneck und Rauhenstein, bevor es entlang der Schwechat in den von riesigen Buchen dominierten Wald geht. Heute nimmt der Autoverkehr am Ufer gegenüber der Wanderung etwas von ihrer Beschaulichkeit.

Ein Badejuwel im Retrojugendstil

Bad Vöslau

Kurort-Charme und Badefreuden unter einen Hut bringt auch Bad Vöslau 4 km südlich von Baden. Ein Schmuckstück des Städtchens (12 400 Einw.) ist das 1926 im Retrojugendstil errichtete **Thermalbad Vöslau** (Maital 2) mit geschmackvoller Holzarchitektur, Fresken und Statuen. Sommers wird zum »Schwimmenden Salon« geladen – Thema der Literatur-Reihe ist die Jahrhundertwende. Der Weg durch würzig duftende Föhrenwälder auf den Harzberg wird mit einem herrlichen Panorama (Aussichtswarte) belohnt.

Ende April–Sept. | www.thermalbad-voeslau.at

BAD ISCHL

Bundesland: Oberösterreich | **Höhe:** 468 m ü. d. M. | **Einw.:** 14 100

In Cafés steht das Kaiserdessert auf der Karte und zum »Kaisergeburtstag« am 18. August scheint die Monarchie wieder aufzuerstehen: Die Habsburger sind auch gut hundert Jahre nach dem Untergang ihres Reiches das touristische Zugpferd von Bad Ischl.

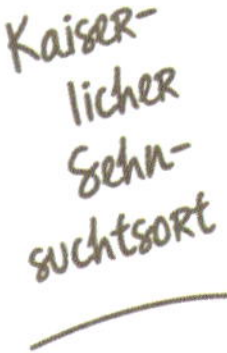

Bad Ischl verdankt seinen Aufstieg zum mondänen Treffpunkt der Aristokratie den salz- und schwefelhaltigen Quellen, deren gesundheitsfördernde Wirkung um 1820 die ersten Kurgäste anlockte. Ab 1827 nahmen Erzherzog Franz Karl und Gattin Sophie in Ischl Solebäder, weil es mit dem Nachwuchs nicht klappen wollte. Der Erfolg stellte sich ein: Am 18. August 1830 erblickte der ersehnte Thronfolger auf Schloss Schönbrunn das Licht der Welt. Der spätere Kaiser Franz Joseph hing sehr an dem »lieben, lieben Ischl«. Im Sommer sollte er sein Riesenreich meistens vom Salzkammergut aus regieren. Bad Ischl war es auch, wo sich der junge Monarch im Jahr 1853 in seine Sisi, die erst 15-jährige Bayern-Prinzessin Elisabeth, verliebte

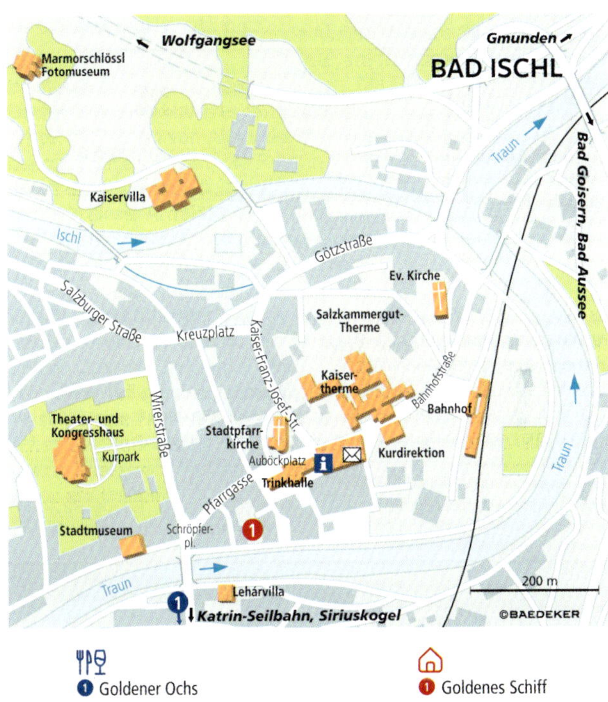

1 Goldener Ochs

1 Goldenes Schiff

(► S. 540). 2024 werden Bad Ischl und das Salzkammergut »Europäische Kulturhauptstadt«.

Wohin in Bad Ischl?

Schicksalsort der europäischen Geschichte

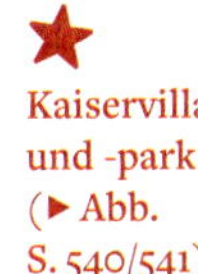

Kaiservilla und -park (► Abb. S. 540/541)

Edle Tapeten, Biedermeier-Möbel, knirschendes Parkett – in der Kaiservilla hat sich seit dem 28. Juli 1914, dem Tag, an dem Franz Joseph dort die Kriegserklärung an Serbien unterzeichnete, praktisch nichts verändert. Der Kaiser ließ das ursprüngliche Gebäude zu einem klassizistischen Schlösschen ausbauen und um die Seitenflügel erweitern. Trophäen im Stiegenhaus zeugen von seiner Jagdleidenschaft. Sein Urenkel Markus Habsburg wohnt und waltet heute hier.

Umgeben ist die Kaiservilla von dem als englischer Landschaftsgartens angelegten Kaiserpark mit Elisabeths Lieblingsplatz, dem Teehaus, wo die Monarchin ihr Turnprogramm absolvierte und Gedichte schrieb. Heute beherbergt es ein Fotomuseum mit Sisi-Schwerpunkt.

BAD ISCHL ERLEBEN

TOURISMUSVERBAND

Auböckplatz 5, A-4820 Bad Ischl
Tel. 06132 27 75 7
www.badischl.salzkammergut.at

SALZKAMMERGUT-THERME

Der moderne Wellness-Tempel bietet entspannendes Badevergnügen klassisch mit Salz und Sole oder orientalisch in der Alhambra-Oase mit Hamam und türkischem Dampfbad .
Voglhuberstr. 10
A-4820 Bad Ischl, Tel. 06132 20 40
www.eurothermen.at/bad-ischl

1 GOLDENER OCHS €€

Fangfrisch sind die Fische aus den Seen des Salzkammerguts, schussfrisch das Wild.
Grazer Str. 4, A-4820 Bad Ischl
Tel. 06132 2 35 29
www.goldenerochs.at

1 GOLDENES SCHIFF €€€

Das Haus punktet mit seiner Lage am Ufer der Traun gegenüber der Lehár-Villa und mit elegantem Innendesign.
Adalbert Stifterkai 3
A-4820 Bad Ischl, Tel. 06132 242 41
www.goldenes-schiff.at

April u. Okt. tgl., Advent Sa., So., Weihnachtsfeiertage 10–16 (Führungen stdl.), Mai–Sept. tgl. 9.30–17 Uhr (Führungen laufend)
Eintritt: ab 16 € | www.kaiservilla.at

Ortskern

Kaiserlich-königliches Flair
Im historischen Ortskern ist die goldene Ära Bad Ischls an jeder Ecke präsent. In der Trinkhalle an der Bahnhofstraße etwa trafen sich die Kurgäste. Zu Kaisers Zeiten war das in den 1870er-Jahren errichtete einstige Kur- und heutige Theater- und Kongresshaus im lauschigen Kurpark Schauplatz glanzvoller Feste. Das **Lehár Festival** im Juli und August führt dort diese Tradition fort.
Im **Seeauerhaus** südlich des Kurparks feierten Kaiser Franz Joseph und Elisabeth 1853 Verlobung. Heute residiert hier das **Stadtmuseum**.
Stadtmuseum: Esplanade 10 | April–Okt. Do.–So. 10–17, Mi. 14–19 Uhr, Jan.–März Fr.–So. 10–17 Uhr | Eintritt: 7,50 €
www.stadtmuseum.at | www.leharfestival.at

Lehár-Villa

Operettenseligkeit
Schräg gegenüber vom Stadtmuseum steht am rechten Ufer der Traun die Villa von Franz Lehár. Der Meister der Wiener Operette erwarb sie 1912 und lebte dort bis zu seinem Tod 1948. Die Räume präsentieren sich noch heute so wie zu Lebzeiten des Komponisten.
Bis auf Weiteres wegen Generalsanierung geschlossen

Mondäne Welten

Sisi-Park und historische Villen

Zu Kaisers Zeiten war die baumbestandene Esplanade am linksseitigen Ufer der Traun Flaniermeile für Adelige, Offiziere, Adabeis und Kurschatten. In ihrer Verlängerung mündet sie in die Kaltenbachau mit dem **Sisi-Park**. Weiter südlich schlummern ein monumentales Kaiserjagdstandbild und mondäne Villen vor sich hin. Sehenswert ist die Villa Blumenthal, ein Fertigteilhaus aus kanadischer Pechkiefer, das der Berliner Theaterbesitzer Oscar Blumenthal 1893 von der Weltausstellung in Chicago nach Bad Ischl transportieren ließ. Dort schrieb Blumenthal das Lustspiel **»Im Weißen Rössl**«, die Vorlage zur weltberühmten Operette von Ralph Benatzky.

Schöne Aussichten

Katrinalm, Siriuskogl

Vom Ortsteil Kaltenbach führt eine **Seilbahn** auf die Katrinalm in 1400 m Höhe. An der Bergstation wird man mit einem wundervollen Blick bis zum Hallstätter See und dem Dachstein-Massiv verwöhnt.

Winter tgl. 10–16, Sommer 9–17 Uhr | Berg- und Talfahrt: 24 € (Sommer), 17 € (Winter) | www.katrinseilbahn.com

Rund um Bad Ischl

Tradition, Volksmusik und altes Handwerk

Bad Goisern

Der Geburtsort des Alpenrockers Hubert von Goisern 10 km südlich von Bad Ischl ist eine Hochburg von Handwerkskunst und Brauchtum. Im Zentrum der 7530-Einwohner-Gemeinde setzen hübsche Holzhäuser Akzente. Das Handwerkhaus im **Schloss Neuwildenstein** südöstlich des Kurparks führt anschaulich in die Kunst lokaler Handwerker ein.

Handwerkhaus: Rudolf von Alt-Weg 6 | Mo.– Fr 9–12 u. 14–18, Sa 9–12 Uhr | Eintritt: 5 € | www.handwerkhaus.at

BREGENZ

Bundesland: Vorarlberg | **Höhe:** 395 m ü. d. M. | **Einwohner:** 29 300

Im Westen viel Neues – das scheint die Devise der kleinen Landeshauptstadt Vorarlbergs zu sein. Glanzlichter weit über die Region hinaus setzen etwa die Ausstellungen in den spektakulären Kunstmuseen und der neu gestaltete Bregenzer Hafen mit seinem mediterranen Flair. Und dann sind da noch die Opernaufführungen auf der Seebühne, die sogar schon James Bond besucht hat.

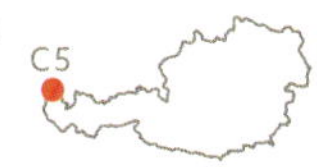

Jedes Jahr ein neues Spektakel

Die Anfänge des modernen Bregenz gehen auf den Grafen Hugo II. von Monfort zurück, der 1250 die Siedlungen auf dem Plateau der heutigen Oberstadt zu einer Stadt zusammenfasste. 1451 ging der Ort zusammen mit der Hälfte der Grafschaft Bregenz an die Habsburger. Heute ist Bregenz, das 1923 Landeshauptstadt von Vorarlberg wurde, ein wichtiger Verkehrsknotenpunkt im Dreiländereck Deutschland–Österreich–Schweiz. Die seit 1946 alljährlich stattfindenden **Bregenzer Festspiele** haben es überdies zu einem Treffpunkt für Musikfreunde aus aller Welt gemacht.

Wohin in Bregenz?

Seepromenade

Logenplatz am Wasser

An den zum Wasser führenden Sunset-Stufen an der Westseite des **Molo**, der Bregenzer Hafenmole, lassen sich die spektakulären Sonnenuntergänge über dem Bodensee besonders gut beobachten. Nebenan beginnt der Hafen mit den Anlegestellen für die Ausflugs- und Linienschiffe. Tickets für einen Bodenseetörn gibt es im gläsernen Hafengebäude »Die Welle«.
In westlicher Richtung liegen das **Festspiel- und Kongresshaus** mit der Seebühne. Die weitläufigen Parkanlagen zwischen der Mole und dem Festspielareal bieten viele angenehm schattige Plätzchen. In den See hinaus ragt der **Fischersteg** mit der Sunset-Bar. In den 1920er Jahren diente der Pavillon als Anlegestelle für Wasserflugzeuge.

Seebühne

Ein Mekka für Opernfans

Die Geschichte der **Bregenzer Festspiele** beginnt 1946 auf zwei Kieskähnen im Gondelhafen vor der Strandpromenade. Auf dem einen spielte das Vorarlberger Rundfunkorchester, auf dem anderen trällerten Sebastian Hauser und Else Böltcher als »Bastien und Bastienne« Lieder des jungen Mozart. Was zunächst als Notlösung gedacht war, geriet zu einem Riesenerfolg. Bereits 1950 fanden die Festspiele erstmals auf einer im See ruhenden Plattform statt. Und heute zählen die Bregenzer Festspiele zu den bekanntesten Musikfestivals der Welt. Anziehungspunkt für die meisten ist das »Spiel auf dem See«, eine aufwendige Opernproduktion auf der mit allen technischen Raffinessen ausgestatteten Seebühne. Die Musik – Hausorchester sind die Wiener Symphoniker – kommt aus dem Festspielhaus, der Sound wird nach außen übertragen. 2024 steht »Der Freischütz« auf dem Spielplan. 2008 jagte Daniel Craig als James-Bond in »Ein Quantum Trost« während einer »Tosca«-Aufführung hier ein paar Schurken hinterher.
www.bregenzerfestspiele.com
Führungen: Ende Mai–Mitte Juli Mo., Mi., Fr. 16, Mitte Juli–Ende Aug. 10.30–15.30 Uhr | Eintritt 7,50 €

OBEN: Vom Bregenzer Hausberg, dem Pfänder, liegt Ihnen der Bodensee zu Füßen.

UNTEN: Das Bregenzer Kunsthaus wartet Tag und Nacht mit spektakulären Licht- und Schattenspielen auf.

Nostalgie-Bad und Strandbad

»Mili«

Die »Mili«, wie die Bregenzer die älteste, noch in Betrieb befindliche Badeanstalt am Bodensee nennen, öffnete 1825 ausschließlich für Angehörige des Militärs ihre Pforten, heute ist sie für jedermann zugänglich. Das Nostalgiebad liegt an der Pipeline, einer befestigten Promenade, die vom Hafen bis zum Strandbad Lochau führt. Gleich hinter dem Festspielhaus liegt das **Strandbad** – eine zweite gute Adresse für herrliche Seebadetage im Stadtgebiet.

Mili und Strandbad: Mai–Mitte Sept. tgl. 11–18, Juni bis 19, Juli u. Aug. bis 20 Uhr (bei schönem Wetter) | Tel. 05574 44 24 20 | Eintritt: 5,70 €

Flaniermeile mit großer Kunst

★ Kornmarktstraße und -platz

Als »Kulturmeile« ist der Kornmarkt schon lange bekannt. Zwei der bedeutendsten Museen Österreichs und das Landestheater Vorarlberg haben hier ihren Sitz: Direkt am Kornmarktplatz bildet der 2013 eröffnete Neubau des **Vorarlberg Museums** einen spektakulären Blickfang. Geschichte und Kultur des westlichsten Bundeslandes werden mit Pep vermittelt – die 26 Objektgruppen von »buchstäblich vorarlberg« gliedern sich nach dem Alphabet. Der vom Schweizer Peter Zumthor entworfene gläserne Kubus des **Kunsthauses Bregenz** nimmt die ganze Nordseite des Platzes ein. Das Gebäude nimmt wie ein Leuchtkörper das sich verändernde Licht des Himmels und des Sees in sich auf und strahlt es zurück. Im KUB werden spektakuläre Wechselausstellungen der Gegenwartskunst gezeigt.

Vorarlberg Museum: Kornmarktplatz 1 | Di.–So. 10–18, Juli. u. Aug. auch Mo.; Do. bis 20 Uhr | Eintritt: 9 € | www.vorarlbergmuseum.at
Kunsthaus Bregenz: Karl-Tizian-Platz | Di.–So. 10 –18, Do. bis 20 Uhr | Eintritt: 11 € | www.kunsthaus-bregenz.at

Idylle mit Geschichte

Oberstadt

Die Oberstadt ist ein ruhiges und beschauliches Viertel mit viel historischer Bausubstanz und einigen Kuriositäten. Durch die Rathausstraße kommt man zunächst zum Leutbühel. Hier steht, am Anfang der Kirchstraße, die Statue des **Seebrünzlers**. Der »Manneken Pis aus dem Ländle« pinkelt bzw. »brünzelt« in ein Steinbecken. An der Kirchstr. 29 steht das schmalste Haus Europas: Gerade mal 57 cm bzw. eine Tür breit, weitet es sich allerdings dahinter aus.
Ebenfalls vom Leutbühel zweigt die kopfsteingepflasterte Maurachgasse ab, die über den Stadtsteig zunächst zum Unteren Tor führt, einem Teil der mittelalterlichen Befestigungsanlage. Hat man das Tor durchschritten, stößt man auf den **Ehregutaplatz** mit hübschem Brunnen, benannt nach der Bettlerin Guta, die während des Appenzeller Krieges das von eidgenössischen Truppen belagerte Bregenz vor einem Angriff warnte. Zur Erinnerung an die Rettung der Stadt rief die Nachtwache jeden Abend noch bis in die 1920er-Jahre »Ehret

die Guta!« vom **Martinsturm**, dem weithin sichtbaren Wahrzeichen der Stadt. Es ist das erste barocke Bauwerk am Bodensee. Seine schindelgedeckte Zwiebelhaube soll die größte Mitteleuropas sein. Der Martinsturm beherbergt eine Ausstellung zur Stadtgeschichte und die Martinskapelle mit aus dem 14. Jh. stammenden Fresken.

Martinsturm: Mai–Okt. Di.–So. 10–18 Uhr | Eintritt: 4 €

Rund um Bregenz

So weit das Auge reicht

Pfänder

Nirgendwo sonst bieten sich so fantastische Ausblicke über den Bodensee und die Bergwelt der Alpen als auf dem Pfänder, mit 1064 m höchste Erhebung am Bodensee. Die **Pfänderbahn**, eine Kabinenseilschwebebahn, bringt Ausflügler in nur wenigen Minuten nach oben. Das waldreiche Gebiet um den Pfänder ist von zahlreichen ausgewiesenen Wanderwegen durchzogen. Der gleich an der Bergstation angelegte **Alpenwildtierpark** ist bei Kindern besonders beliebt.

Pfänderbahn: ganzjährig (außer Nov.) tgl. 8–19 Uhr, jew. zur vollen u. halben Stunde | Berg- u. Talfahrt: 14,20 € | www.pfaenderbahn.at
Alpenwildpark: ganzjährig geöffnet | Eintritt: frei

Naturbühne zwischen Altem und Neuem Rhein

Rheindelta

Westlich von Bregenz mündet der Alpenrhein in den Bodensee und bildet ein einzigartiges Delta. Um 1900 hatte man begonnen, den Alpenrhein zu begradigen. Um zu verhindern, dass das Mündungsgebiet allmählich verlandet, verlegte man die Mündung in den 1920er-Jahren gut 1 km weit auf den See hinaus. Einige Kilometer westlich bildet der Alte Rhein die Grenze zwischen der Schweiz und Öster-

SEE IM RAHMEN

Nichts steht in diesem Raum im Obergeschoss des Vorarlberg Museums. Und dunkel ist er auch noch. Doch fast seine gesamte Breite nimmt ein riesiges Fenster ein. Wie in einem gerahmten Gemälde tut sich vor Ihnen ein phantastisches Panorama des Sees auf mit dem Bregenzer Hafen im Vordergrund.

❶ Burgrestaurant Gebhardsberg
❷ Goldener Hirschen

❶ Germania

reich und mündet dann nahe der Halbinsel Rheinspitz in den See. Die Uferbereiche zwischen Rheinspitz und der Neuen Rheinmündung sind als Naturschutzgebiet ausgewiesen und durch Wander- und Radwege gut erschlossen. Geführte Exkursionen bietet das **Rheindeltahaus** an. Das Flussbau-Museum **Rhein-Schauen** im Norden von Lustenau hat detaillierte Informationen über die Rhein-Regulierung parat und bietet überdies Fahrten mit dem **Rheinbähnle** an.

Rheindeltahaus: Im Böschen 25, A-6971 Hard | April–Okt. Sa., So. 11–17 Uhr | www.rheindelta.com, www.rheindelta.org

BREGENZ ERLEBEN

TOURISMUS UND STADTMARKETING
Rathausstr. 35 a, A-6900 Bregenz
Tel. 0043 5574 49 59-0
www.bregenz.travel

Auch das einzige noch betriebene Dampfschiff auf dem Bodensee, die 1913 in Dienst gestellte **»Hohentwiel«**, läuft regelmäßig zu Ausflugsfahrten aus. Ihr Heimathafen liegt in Hard westlich von Bregenz
www.hohentwiel.com

1 BURGRESTAURANT GEBHARDSBERG €€€
In dem Nobelrestaurant lässt sich die Aussicht über den Bodensee bei regionalen Spezialitäten aus dem Bregenzerwald genießen.
Gebhardsberg 1, A-6900 Bregenz
Tel. 05574 425 15
Okt.-April Mo., Di. Ruhetag,
www.greber.cc/gebhardsberg

2 GOLDENER HIRSCHEN €€
Die Traditionswirtschaft in einem alten Fachwerkhaus mit Innenhofterrasse serviert traditionelle österreichische Gerichte. Ihre Vorarlberger Käsknöpfle sind legendär.
Kirchstraße 8, A-6900 Bregenz
Tel. 05574 4 28 15, So., Mo. Ruhetag, www.goldenerhirschen.at

1 GERMANIA €€€
Für Individualisten: Das unweit von Hafen und Zentrum gelegene, moderne Haus bietet komfortabel eingerichtete Zimmer. Zum Relaxen gibt es ein Spa, und bei schönem Wetter kann man im Garten in der Sonne dösen.
Am Steinenbach 9, A-6900 Bregenz
Tel. 05574 4 27 66-0
www.hotel-germania.at

Museum: Höchster Str. 4, A-6890 Lustenau | Ende April–Mitte Juli u. Sept.–Okt. Sa. 13–17.30, Juli, Aug. Sa., So. 13–17.30 Uhr | **Bahnfahrten** an Museumsöffnungstagen um 15 Uhr | www.rheinschauen.at

BREGENZERWALD

Bundesland: Vorarlberg | **Höhe:** 398–2090 m ü. d. M.

Ein sanft geschwungenes Hügelland, anmutige Wäldchen, blühende Wiesen sowie beschauliche Bauerndörfer – der Bregenzerwald ist eine Landschaft wie aus dem Bilderbuch. Die Aushängeschilder der ländlichen Musterregion sind ihr herzhafter Käse und innovative Architektur.

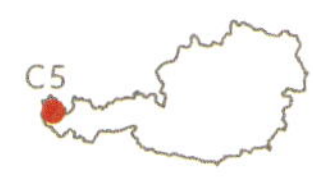

Sonnig, herzhaft, innovativ

Der Bregenzerwald bildet den Nordteil der Vorarlberger Alpen und steigt vom Bodensee zum ▶ Arlberg an. Seit um 1000 die ersten Siedler kamen, wird die Landschaft von Menschen gestaltet und geformt. Im nördlichen Teil zeigt sich der Bregenzerwald sanft hügelig mit weit zerstreuten, auf **Sonnenterrassen** gelegenen Siedlungen. Sein südlicher Teil hingegen weist Gebirgscharakter auf, dazwischen liegen die breiten Auen von Bezau bis Schoppernau. Etwa ein Viertel der Gesamtfläche ist heute noch bewaldet. Die Touren auf Almen und Berggipfel gehören nicht der schwierigsten Kategorie an, zudem gibt es Aufstiegshilfen in Form von Seilbahnen.

Musikalisch macht sich die geografische Nähe des Bregenzerwaldes zur Schweiz bemerkbar – hier wie dort gehört das Alphorn zum Repertoire.

Die von den Bauern betriebene Dreistufenlandwirtschaft, bei der das Vieh im Mai zunächst auf die Mittelalmen und Ende Juni dann auf die Hochalmen getrieben wird, steht seit 2011 auf der österreichischen UNESCO-Liste des immateriellen Welterbes. Diese Form der Weidewirtschaft trägt aber nicht nur zum Erhalt der Kulturlandschaft bei, sondern erlaubt auch den Verzicht auf künstliche Futtermittel, denn die Talwiesen liefern das Heu für den Winter. Die Milch wird größtenteils zu herzhaften Käsesorten verarbeitet. Die **KäseStraße Bregenzerwald** erschließt dieses Schlaraffenland. Verkosten kann man den Käse in beinahe jedem der 22 Orte, in Erlebnissennereien, in Käslädle, auf Almen – die in Vorarlberg Alp heißen – oder bei Festen in den Gasthäusern (www.kaesestrasse.at).
Zweites augenfälliges Merkmal im Bregenzerwald ist der Hang seiner Bewohner zu innovativer, mutiger Architektur. Der traditionelle Werkstoff Holz wird mit Glas und Stein kombiniert und die neuen Bauten stehen harmonisch Seite an Seite mit den jahrhundertalten Bauernhöfen.

Wohin im Bregenzer Wald?

Werkstatt für die Bregenzerwälder Tracht

Riefensberg

Im kleinen Riefensberg (781 m; 1100 Einw.) nahe der deutschen Grenze wird in der **Juppenwerkstatt** nach überlieferten Techniken die traditionelle Bregenzerwälder Tracht – die »Juppe« – gefertigt. Anders als die Dirndl-Tracht im Großteil Österreichs ist die schwarze Juppe von der historischen spanischen Mode beeinflusst. 170 Arbeitsstunden fließen in eine Bregenzerwälder Frauentracht. Die Herstellungsschritte erschließen sich am besten bei einer Führung.
Mai–Okt. tgl. 9–17, Öffentl. Führung jeden Sa. u. jeden 1. So. im Monat 10 Uhr | Eintritt ohne Führung: 8 € | www.juppenwerkstatt.at

Schöner warten

Krumbach

Ein riesiges Medienecho erntete das 5 km südlich von Riefensberg gelegene Krumbach (1100 Einw.), als es 2014 sieben internationale Architekten damit beauftragte, die Buswartehäuschen (»Buswartehüsle«) des Dorfs neu zu gestalten. Herausgekommen sind teils eigenwillige Unikate – aber jedes davon ein Hingucker!

Starke Frauen hat das Land

Hittisau

Das Bilderbuchdorf Hittisau (798 m; 2100 Einw.), 8 km südlich von Riefensberg, verfügt über eine in Österreich einzigartige Einrichtung: das **Frauenmuseum**. Für seine starken Frauen ist der Bregenzerwald seit Langem bekannt – auch ein Erbe aus jener Zeit, als Männer auswärts arbeiteten, um das Einkommen aufzubessern. Selbstbewusstsein zeigten sie auch in Zeiten der Gefahr. 1807 etwa griffen die Frauen von

DEN BREGENZERWALD ERLEBEN

BREGENZERWALD TOURISMUS

Gerbe 1135, A-6863 Egg
Tel. 05512 23 65
www.bregenzerwald.at

Mit dem Rucksack lässt sich die landschaftliche Schönheit des Bregenzerwaldes am besten erkunden. Eine schöne Tour führt von der Bergstation der Mellau-Bahn auf die Kanisfluh (2044 m). Eintauchen in die Almenkultur kann man auf der Tour, die von Hittisau auf die Rohnehöhe führt. Eine eigene Wanderkarte listet 50 Touren auf.

BREGENZERWÄLDER KÄSEHAUS

365 Tage im Jahr geöffnet ist dieses Aushängeschild der hiesigen Käsemacherkunst. 60 verschiedene Sorten stehen zur Auswahl. Im Restaurant kann man sich Käserahmsuppe und Käseknödel schmecken lassen. Am Sonntag (16 Uhr) findet Schaukäsen statt.
Hof 144, A-6866 Andelsbuch
Tel. 05512 2 63 46
www.kaesehaus.at

GAMS GENIESSER- & KUSCHELHOTEL €€€€

Alle Suiten sind mit Himmelbett, offenem Kamin, Whirlpool mit Sternenhimmel und Balkon ausgestattet. Und vom Candle Light-Dinner bis zu den Spa-Genüssen wird ein opulentes Menü für alle angerichtet, die auf Wolke sieben schweben wollen.
Platz 44, A-6870 Bezau
Tel. 05514 22 20
www.hotel-gams.at

GASTHOF HIRSCHEN €€€€

Von der einfachen Dorfwirtschaft wandelte sich der 260 Jahre alte Gasthof zu einem Vier-Sterne-Hotel. 36 Zimmer laden zum Verweilen im Bregenzerwälder-Ambiente ein. Unter prachtvollen Holzdecken wird exquisite Küche mit regionalem Charakter geboten.
Hof 14, A-6867 Schwarzenberg
Tel. 05512 29 44
www.hirschenschwarzenberg.at

Krumbach zu den Mist- und Heugabeln, um ihre Männer vor der Aushebung für Napoleons Militär zu bewahren. Die Wechselausstellungen setzen sich mit weiblicher Identität, dem Kulturschaffen von Frauen sowie Geschichte aus weiblicher Perspektive auseinander, wobei örtliche Kulturvermittlerinnen die Themen bregenzerwälderisch erden.
Di.–So. 10–17 Uhr | Führung: Mo. 18 Uhr | Eintritt: 9,50 €, mit Führung 12,50 € | www.frauenmuseum.at

Vollautomatisierte Käsepflege

Lingenau

Über eine 88 m hohe Brücke gelangt man nach Lingenau (685 m; 1560 Einw.). Etwas außerhalb des Dorfkerns steht ein monolithischer Baukörper aus Sichtbeton, in dem der Lingenauer Käsekeller untergebracht ist. Hier kann man einem Roboter bei der Pflege von rund 32 000 Käselaiben zusehen, Spezialitäten verkosten und Feines aus Heumilch kaufen.

Käsekeller: Mo.–Fr. 10–18, Sa. 9–17 Uhr, Winter: Di.–Fr. 10–17 Uhr, Sa. 10–16 Uhr | www.kaesestrasse.at

Zumthor-Hülle für gediegenes Handwerk

Andelsbuch

Im Nachbarort Andelsbuch (613 m; 2650 Einw.) dient seit 2013 das **Werkraumhaus** als spektakuläres Schaufenster für innovatives Bregenzerwälder Handwerk. Entworfen hat den Glaspalast der Schweizer Architekt Peter Zumthor. Unter einem weit ausladenden Holzdach beleuchten Ausstellungen und Vorträge Trends im Bau- und Einrichtungswesen.

Di.–Fr. 10–18 Uhr, Sa. bis 16 Uhr | Eintritt: 7,50 €
www.werkraum.at

Malerisches Dorf und eine berühmte Malerin

Schwarzenberg

Im weiten Talkessel des mittleren Bregenzerwaldes liegt die 2000 Seelen zählende Gemeinde Schwarzenberg, eines der schönsten Dörfer Vorarlbergs. Das denkmalgeschützte 260 Jahre alte Dorfzentrum gruppiert sich um einen malerischen Brunnen. Alte Bauernhäuser mit dem typischen »Schopf« beherrschen das Bild. Besonders auffällig sind die Fassaden aus kleinen Schindeln, die an eine Drachenhaut aus Holz erinnern. Viel besucht ist die barocke **Pfarrkirche**: Die Apostelbilder wurden von der damals erst 16-jährigen Angelika Kauffmann (1741–1807) angefertigt, die im Lauf ihrer Karriere Gründungsmitglied und erstes weibliches Mitglied der Londoner Royal Academy of Arts wurde. Dem Leben und Werk der Malerin widmet sich das in einem uralten Bauernhaus beheimatete **Angelika-Kauffmann-Museum**. Es zeichnet in Wechselausstellungen Leben und Werk der Künstlerin nach, die sich nur zweimal für kürzere Zeit in Schwarzenberg aufhielt, sich aber zeitlebens der Heimat tief verbunden fühlte. Auch dank der **Schubertiade**, einem gemeinsam mit Hohenems ausgerichteten Klassik-Festival, ist Schwarzenberg auf der Kulturlandkarte Vorarlbergs fest verankert (www.schubertiade.at).

Angelika-Kauffmann-Museum: Mai–Okt. Di.–So. 10–17, Mitte März–Mitte April Fr.–So. 14–17 Uhr | 9 € | www.angelika-kauffmann.com

Eine Runde mit dem Bähnle

Bezau

Bezau (2030 Einw.) ist der Hauptort des mittleren Bregenzerwaldes. Der Bahnhof war von 1902 bis 1980 Endstation des von Bregenz herführenden **Wälderbähnle**, das heute zwischen Bezau und Schwarzenberg als 5 km lange Museumsbahn verkehrt. Eine Augenweide ist auch der von Juni bis Oktober freitags abgehaltene Wochenmarkt mit allem, was Felder, Wälder, Gärten und Bäche der Region hergeben.

Mitte Mai–Anfang Okt. Sa., So., Juli u. Aug. auch Mi. | Hin- und Rückfahrt: ab 10,80 € | www.waelderbaehnle.at

DACHSTEIN

Bundesländer: Salzburg, Oberösterreich, und Steiermark
Höchste Erhebung: Hoher Dachstein (2995 m ü. d. M.)

Eisige Gletscher, die sich malerisch in Seen spiegeln, Aussichtsplattformen in schwindelerregenden Höhen, die grandiose Fernsichten über schneebedeckte Alpengipfel bieten, einsame verkarstete Hochflächen: Das Dachstein-Massiv ist von geradezu abweisender Schönheit. In seinem Inneren tut sich eine wahre Wunderwelt aus riesigen Höhlen auf.

Eine kleine Mutprobe ist's schon, die über einem 400 m tiefen Abgrund hinausragende Aussichtsplattform »5fingers« zu betreten. Die Aussicht auf Hallstätter See und majestätische Berggipfel lässt dann aber schnell alle Bedenken schwinden.

Von der steirischen Ramsau aus gesehen schraubt sich das Dachstein-Massiv senkrecht an die 3000 Meter-Marke, von Norden aus geben seine Gletscher und Schneefelder schon aus der Ferne gleißend ihre Visitenkarte ab. Wie ein scheinbar unüberwindbarer Block liegt die Urlandschaft im »Dreiländereck« Oberösterreich, Steiermark und Salzburg. Hüttenreste belegen, dass bereits bronzezeitliche Menschen vor 3000 Jahren am Dachstein Almwirtschaft betrieben. Erst 1834 erfolgte die Erstbesteigung des 2995 m aufragenden Hauptgipfels, des Hohen Dachstein. Heute ist das Massiv durch zwei Seilbahnen, Wanderwege und mehrere Skigebiete erschlossen. Das Massiv gehört zum UNESCO-Welterbe Hallstatt-Dachstein/Salzkammergut.

Grandiose Gipfel und Gletscher

Das Dachstein-Gebiet ist ein **Paradies für Wanderer und Kletterer**. Seilbahnen verkürzen den Anstieg, gut ausgebaute Wege führen

zu diversen Berghütten. Im Westen des Dachstein-Massivs bildet der lange Gosaukamm einen unverwechselbaren Blickfang. Die Umrundung des Vorderen Gosausees ist kinderleicht und lohnt an windstillen Tagen besonders, wenn sich die Eis- und Schneefelder des Gosaugletschers auf der Wasseroberfläche spiegeln.

Unterwegs am Dachstein-Plateau

Aussichts-plattformen

Majestätische Bergwelt
Die Seilbahn von Obertraun erschließt den 2109 m hohen **Krippenstein**. Von der Bergstation sind es nur wenige Minuten bis zur Aussichtsplattform **»Welterbespirale«**, von der man auf das bis zum Horizont reichende »Meer« aus Felsen und Gipfeln blicken kann. Am Aussichtspunkt **Welterbeblick** stellt eine Panoramatafel die Gebirgsmajestäten im Süden vor, vom Großen Koppenkarstein (2863 m) bis zum Hohen Dachstein (2995 m). Darunter liegen die Eisfelder des Hallstätter Gletschers, dem die Gletscherschmelze massiv zugesetzt hat. Die rund 20 Gehminuten von der Bergstation entfernte Aussichtsplattform **5fingers** (Abb. ▶ S. 78) ist ein Muss für Adrenalin-Junkies. Fünf Metall-Stege ragen hier über den Steilabfall der Krippenstein-Nordwand hinaus. Hallstatt und der Hallstätter See liegen von dort oben zu Füßen.

Dachstein Krippenstein-Seilbahn: Ende Dez.–Anfang April tgl. 8.30 bis 16.50, Ende April–Ende Okt. 8.40–17, Juli, Aug. bis 19 Uhr (letzte Talfahrt) | www.dachstein-salzkammergut.com

Heilbronner Rundweg

Wandern auf altem Meeresgrund
Von der Bergstation führt ein Lehrpfad in die urtümliche, von grünen Latscheninseln durchsetzte Karstlandschaft des Dachstein-Massivs. Er erschließt die ebenso schöne wie abweisende Hochfläche auch für Familien mit Kindern. Unterwegs informieren Schautafeln über Entstehung und Geologie des Dachstein-Massivs.

Koppen-brüllerhöhle

Wenn der Dachstein gurgelt
Die gewaltigen Höhlen am Nordabfall des Dachsteinmassivs sind ebenso imposant wie die Bergriesen. Den Auftakt bildet die Koppenbrüllerhöhle nordöstlich von Obertraun. Mit Höhlenführern geht es auf hochwassersicheren Wegen in die Unterwelt – eine spannende, auch für Familien geeignete Expedition.

Führungen: Mai–Sept. 9–16 Uhr ca. stündl., Anmeldung an der Höhlenkasse | Eintritt: 15 € | www.dachstein-salzkammergut.com

Rieseneishöhle

Gänsehaut garantiert
Die Rieseneishöhle ist von der Mittelstation der Dachstein-Krippensteinbahn auf der Schönbergalm in rund 15 Gehminuten erreicht.

GOSAUGLETSCHER IM DOPPELPACK

An windstillen Tagen lohnt sich ein Ausflug am Dachstein ganz besonders. Den Vorderen Gosausee entlang schmiegt sich der Weg an steile Felswände, gegenüber wogen die Zacken des Gosaukamms, doch die Sensation liegt taleinwärts: In Zahnpastaweiß grüßen die Eis- und Schneefelder des Gosaugletschers – und finden auf der Wasseroberfläche ihr perfektes Ebenbild. Ein Stück weiter liegen die Jagdhütten der Holzmeisteralm, wo der Roman »Die Wand« mit Martina Gedeck verfilmt wurde. (Gasthof Gosausee; Seeumrundung ca. 1 Std., Hinterer See 3 Std. hin und zurück)

Der märchenhafte Anblick von riesigen Eiszapfen und -vorhängen, von bizarren Eisformen und -figuren entschädigt die Besucher für alle Strapazen. Dank einer ausgefeilten Beleuchtung schimmert das Eis in changierenden Farben von Weiß bis Dunkelblau. Im August wird die Akustik des Parsifaldoms für die einzigartigen Eisklangkonzerte genutzt. Gänsehaut garantiert!

Führungen: Ende April–Juni u. Mitte Sept.–Anfang Nov. 9.20 bis 15.30, Juli–Mitte Sept. 9.20–16.30 Uhr (Anmeldung in der Mittelstation der Bergbahn) | Eintritt: 40,10 € (inkl. Hin- u. Rückfahrt mit der Seilbahn), Kombiticket mit Mammuthöhle: 47 €
www.dachstein-salzkammergut.com

Unendliche Tiefen

Mammuthöhle

Die dritte im Bunde der Dachsteinhöhlen verdankt ihren Namen ihrer immensen Größe. Bis heute sind rund 70 km der Mammuthöhle erforscht. Bei Führungen kann man Räume und Gänge auf einem rund 1 km langen Rundweg erkunden. Die Lichtinstallationen der Kunstuniversität Linz verleihen dem Höhlenerlebnis zusätzliches Flair. Die Mammuthöhle kann von der Mittelstation der Dachstein-Krippensteinbahn auf einem rund 15-minütigen Fußweg erreicht werden.

Führungen: Anf. Mai–Juni u. Mitte Sept.–Anfang Nov. 10–14 Uhr, Juli–Mitte Sept. 10–15 Uhr (Anmeldung in der Mittelstation der Bergbahn) | Eintritt: 40,10 € (inkl. Hin- u. Rückfahrt Seilbahn), Kombiticket mit Rieseneishöhle 47 €
www.dachstein-salzkammergut.com

BAEDEKER WISSEN

UNTERIRDISCHE WELTEN

Die Rieseneishöhle, die Mammut- und die Koppenbrüllerhöhle, südlich von Obertraun hoch über dem Trauntal gelegen, wurden schon bald nach ihrer Entdeckung für Besucher zugänglich gemacht. Mit ihren riesigen Hallen und Domen, bizarren Tropfsteinsäulen und faszinierenden »Eiswelten« zählen die Höhlen heute zu Publikumsmagneten im Salzkammergut.

▶ Höhlenarten

Schachthöhle
Eine Schachthöhle besteht aus schachtartigen, überwiegend senkrechten Gangpassagen. Schachthöhlen kommen in den nördlichen Kalkalpen häufig vor und sind auch in anderen Karstlandschaften der Erde verbreitet.

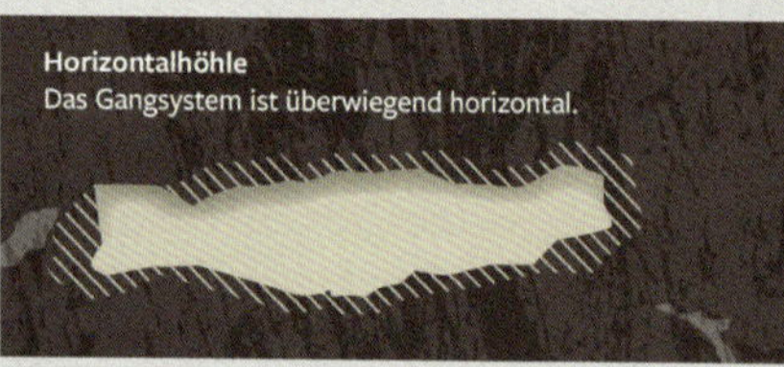

Horizontalhöhle
Das Gangsystem ist überwiegend horizontal.

Wasserhöhle
Wesentliche Teile der Höhle werden ständig von Wasser durchflossen. Das betrifft vor allem talnahe Höhlensysteme.

Eishöhle
In einer Eishöhle hält sich das ganze Jahr über Eis. Es entsteht im Winter durch kalte Luft, die in den abwärts gerichteten Zugang strömt.

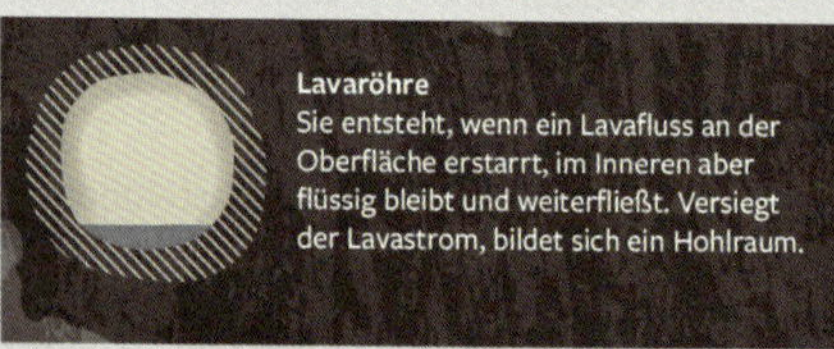

Lavaröhre
Sie entsteht, wenn ein Lavafluss an der Oberfläche erstarrt, im Inneren aber flüssig bleibt und weiterfließt. Versiegt der Lavastrom, bildet sich ein Hohlraum.

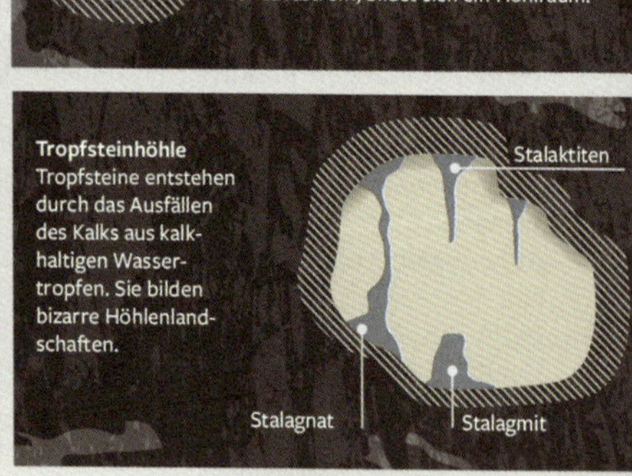

Tropfsteinhöhle
Tropfsteine entstehen durch das Ausfällen des Kalks aus kalkhaltigen Wassertropfen. Sie bilden bizarre Höhlenlandschaften.

Schönberg-Höhlensystem
bei Bad Ischl
Längste Höhle
Österreichs

130 km

Entdeckung	1921
Für Besucher nicht zugänglich	

Optymistytschna Petschera
Längste Höhle Europas
(in der Ukraine)

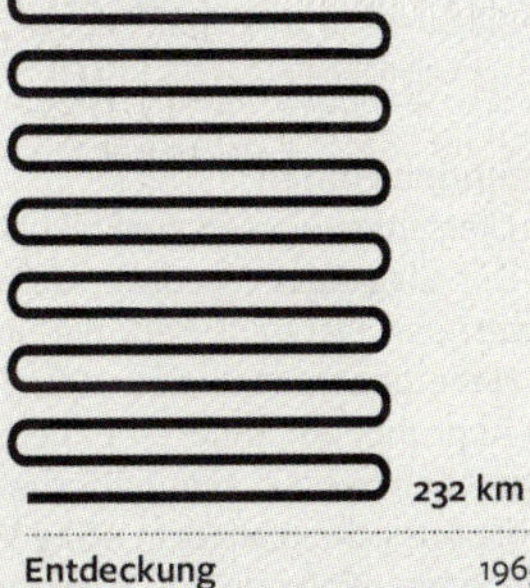

232 km

Entdeckung	1965
Für Besucher nicht zugänglich	

▶ **Dachstein-Salzkammergut**
www.dachstein-salzkammergut.com/sommer/unterirdisch/dachstein-eishoehlen/

▶ **Dachsteinhöhlen**

Rieseneishöhle (bei Obertraun)

	2 km
Entdeckung	1897
Für Besucher zugänglich	0,7 km

Koppenbrüllerhöhle (bei Obertraun)

	4 km
Entdeckung	1910
Für Besucher zugänglich	0,6 km

Mammuthöhle (bei Obertraun)

	65 km
Entdeckung	1910
Für Besucher zugänglich	1 km

DEN DACHSTEIN ERLEBEN

FERIENREGION DACHSTEIN SALZKAMMERGUT

Kirchengasse 4,
A-4822 Bad Goisern am Hallstättersee, Tel. 05950 95
www.dachstein.salzkammergut.at

DACHSTEIN TOURISMUS AG

Winkl 34, A-4831 Obertraun am Hallstättersee, Tel. 050 140
www.dachstein-salzkammergut.com

REGION DACHSTEIN-WEST

Die Ski- und Wanderregion Dachstein-West erschließen die Bergbahnen von Gosau, Annaberg und Russbach.
www.dachstein.at

GLETSCHERRESTAURANT €

Klassische Berghüttenkost – von der Ennstaler Kasrahmsupp'n bis zum Rindsgulasch vom Almochsen – gibt's direkt an der Bergstation über der Südwand. Besonders spekakulär sind Sonnenaufgangsfrühstück bzw. Sonnenuntergangsfondue (€€€€), die in Kooperation mit der Bergbahn angeboten werden (spezielle Termine).
Bergstation Dachsteingletscherbahn Ramsau
Tel. 03687 22042820
www.derdachstein.at

Unterwegs an der Dachstein-Südwand

Der Berg ruft

Dachstein-Gletscherbahn

Die Gondelbahn führt vom steirischen Ramsau bei Schladming (► S. 326) über 1000 stützenlose Höhenmeter zur Bergstation am Hunerkogel in 2698 m Höhe. Wer Lust hat, kann sich auf der offenen Dachkanzel den Wind um die Nase wehen lassen.

Ende Dez.–April tgl. 8.30–16 u. ab Mitte Mai tgl. 7.50–17.10 Uhr | Berg- u. Talfahrt 44 €, Kombi mit Eispalast u. Hängebrücke (s. u.) 52,50 € | www.derdachstein.at

Nervenkitzel in schwindelerregenden Höhen

Aussichtsplattformen

An der Bergstation am Rand des Gletschers warten spektakuläre Attraktionen auf Erlebnishungrige. Der **Eispalast** 6 m unter dem Gletscher führt in eine Welt aus glitzernden Eisskulpturen, die Sehenswürdigkeiten nachbilden. In der Nähe überspannt eine 100 m lange Hängebrücke einen 400 m tiefen Abgrund; am anderen Ende führen die zwölf Stufen der **»Treppe ins Nichts«** auf eine gläserne Plattform, die in der Luft hängt. Auch die Aussichtsplattform **»Sky Walk«** erfordert starke Nerven: Der 17 m lange »Balkon« aus Stahl ragt 4 m über die senkrecht abfallende Felswand des Hunerkogels hinaus.

DONAUTAL

Bundesländer: Oberösterreich, Niederösterreich und Wien

Österreich und die Donau – selten ist ein Fluss so eng mit dem Namen eines Landes verbunden. Und das, obwohl Österreich an der Gesamtlänge des Stroms nur rund 350 km Anteil hat. Wälder und Weinberge, stattliche Burgen und schöne Städte begleiten die Donau, ebenso wie Kraftwerksbauten (▶ S. 285), auf ihrem Weg durch die Alpenrepublik.

Von seinen Quellflüssen Brigach und Breg in Süddeutschland bis zur Mündung in das Schwarze Meer in Rumänien legt der Fluss rund 2900 km zurück. Die Donau ist nach der Wolga der zweitlängste Fluss in Europa und Hauptstrom Österreichs. Die Schlögener Schlinge, die Wachauer Weinberge und der Blick hinab auf die Donau-Metropole Wien zählen zu den Highlights eines Österreich-Urlaubs – und so etwas wie die inoffizielle Hymne des Landes ist der Donauwalzer von Johann Strauß (Sohn) mit dem Titel »An der schönen blauen Donau«.

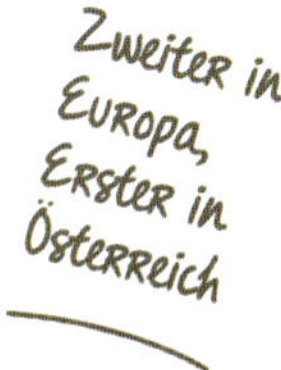

Europäische Wasserstraße

Geschichte

Als einzige von West nach Ost führende europäische Wasserstraße hat die Donau Jahrtausende hindurch eine wichtige Rolle in der Geschichte der Völker gespielt. Die Römer errichteten befestigte Lager an ihren Ufern (Vindobona, Carnuntum) und die sagenhaften Nibelungen zogen längs des Stroms ihrem Schicksal entgegen. Auch die Franken unter Karl dem Großen, die Kreuzfahrer unter Kaiser Barbarossa und Napoleon I. gingen diesen Weg. Donauaufwärts drangen Hunnen, Awaren und Ungarn nach Westen vor. Blutige Schlachten sind an den Ufern der Donau geschlagen worden. Zweimal (in den Jahren 1529 und 1683) hielt das Abendland bei Wien dem Ansturm der Türken stand.

Ellbogenfreiheit für den Strom

Naturschutz

Wie viele Flüsse Europas war auch die Donau Jahrzehnte lang durch die Einleitung von Abwässern und durch Kraftwerksbauten belastet. In Österreich hat der Strom heute eine vergleichsweise gute Wasserqualität, dennoch bereiten Keime, Mikroplastik, verbaute Ufer und das Vordringen fremder Arten Probleme und sorgen für den Rückgang der Fischpopulation. Im ▶ **Nationalpark Donau-Auen** und andernorts werden alte Mäander wieder geöffnet, um der Donau etwas Ellbogenfreiheit und Fischen geschützte Plätze zu verschaffen. Der Nationalpark ist zudem neben der Wachau das letzte verbliebene Gebiet Österreichs, in dem die Donau in ihrem natürlichen Bett fließt.

Zu Fuß, per Schiff, mit dem Rad – oder per Auto

Verkehrswege

Straßen, Radrouten, Wanderwege und streckenweise Bahngleise begleiten den Strom. Der Abschnitt zwischen Passau und Bratislava gehört zu den schönsten Radrouten Europas und verfügt über insgesamt rund 50 fahrradfreundliche Betriebe. Zur Infrastruktur am Donau-Radweg gehören auch E-Ladestationen und Radfähren. Auch zu Wasser kann man die Donau sehr gut erleben – auf Tagesausflügen oder auf Kabinenschiffen bis weit über die Grenzen Österreichs hinaus. Über Fahrzeiten und Preise informieren die Büros der verschiedenen Schifffahrtsgesellschaften (► S. 600).

Abwechslungsreiches Landschaftsbild

Der Strom im Kurzporträt

Zwischen der deutsch-österreichischen Grenze bei Passau und ► Linz verläuft die Donau streckenweise in großen Schleifen in dem waldumrahmten Tal zwischen dem Mühlviertel im Norden und dem Innviertel im Süden. Jenseits von Linz folgt der Strudengau, ein bewaldetes Engtal zwischen Ardagger und Ybbs, dann der Nibelungengau bis Melk. Am berühmtesten ist die Wachau zwischen Melk und Krems mit ihrer vom Weinbau geprägten Kulturlandschaft, weiter strömt der Fluss durch das Tullner Becken bis nach Wien. Die Donauniederung in Richtung der slowakischen Hauptstadt Bratislava lässt schon den Übergang zur ungarischen Pusztalandschaft erkennen.

Von Passau nach Linz

Nicht ganz zugezogen

Zur Schlögener Schlinge

Im italienisch anmutenden Passau ringen Inn, Ilz und Donau um die Wasserhoheit – obwohl der Inn etwas breiter erscheint, gewinnt die Donau die Oberhand. Einen ersten Stopp wert ist in Österreich **Stift Engelszell** am rechten Donau-Ufer. Das einzige Trappistenkloster Österreichs verfügt über eine schöne Rokoko-Kirche, andere Besucher kommen eher wegen Nivard, Benno und Gregorius – den in belgischer Trappisten-Tradition gebrauten Biersorten. Bald nach Engelhartszell

DONAUTAL ERLEBEN

WGD DONAU OBERÖSTERREICH TOURISMUS
Lindengasse 9
A-4040 Linz, Tel. 0732 7 27 78 88
www.donauregion.at

DONAU NIEDERÖSTERREICH TOURISMUS
Schlossgasse 3
A-3620 Spitz/Donau
Tel. 02713 3 00 60 60
www.donau.com

Schwungvoll legt sich die Donau bei Schlögen in die Kurve.

wird das Donautal enger, links ragen die Schlösser **Rannariedl** und **Marsbach** auf. Erster landschaftlicher Höhepunkt ist die Schlögener Schlinge, wo die Donau einen beinahe vollständigen Kreis beschreibt. Die Plattform »Schlögener Blick« bietet eine herrliche Sicht auf die hochaufragende und dicht bewaldete Landzunge.

Stift Engelszell: tgl. ab 8 Uhr (Kirche), Klosterladen Di.–So. 10–16, Mo. 14–16 Uhr | www.stift-engelszell.at

Städtchen, Schlösser, Stifte

Von Aschach nach Linz

Bald wechselt das Bild, freundliche Urlaubsorte säumen das Ufer. Das lang gestreckte **Aschach** verfügt über schöne Giebelhäuser aus dem 16. bis 18. Jahrhundert. Hier beginnt das fruchtbare Eferdinger Becken. Gegenüber von Schloss Ottensheim, das in Privatbesitz ist, sieht man den Gebäudekomplex von **Stift Wilhering** (▶ S. 257). Angekommen in ▶ Linz, vermittelt der Blick von der Schiffsanlegestelle den Besuchern einen Eindruck von der schönen Lage der oberösterreichischen Landeshauptstadt.

Von Linz nach Melk

Epizentrum des Nazi-Terrors

Mauthausen

Donauabwärts liegen gegenüber der Enns-Mündung die alte Zollstation Mauthausen und Schloss Pragstein (15. Jh.). Zu Mauthausen gehören auch Österreichs größte Granitbrüche. Von 1938 bis 1945 mussten hier Häftlinge des rund 3 km nordwestlich des Ortes gelegenen berüchtigten Nazi-Konzentrationslagers Zwangsarbeit verrichten. In dem Lager – die 49 Außenstellen eingeschlossen – wurden etwa 190 000 Menschen gefangen gehalten, von denen die Hälfte zu Tode kam. Heute ist hier die **KZ-Gedenkstätte Mauthausen** eingerichtet. Sie umfasst die baulichen Überreste mit Wachtürmen, Baracken, Appellplatz und Tötungsstätten, den Steinbruch mit der »Todesstiege« sowie Ausstellungen. Denkmäler weisen darauf hin, aus welchen Ländern die Inhaftierten stammten.

März–Okt. tgl. 9–17.30, Nov.–Feb. Di.–So. 9–15.45 Uhr | Eintritt frei
www.mauthausen-memorial.org

Römer und Frühchristentum

Enns

Etwa 4 km ennsaufwärts entstand auf den Resten des römischen Lagers Lauriacum die alte Stadt Enns (Stadtrechtsurkunde 1212; 12 000 Einw.). Ihr Zentrum ist mittelalterlich geprägt und für seine schmucken Bürgerhäuser bekannt. Der freistehende, 60 m hohe **Stadtturm** (1560) wird nach wie vor als Glocken- und Uhrenturm wie auch als Aussichtswarte genutzt.

Am Hauptplatz 19 beleuchtet das 2018 neu aufgestellte **Museum Lauriacum** die römischen Anfänge der Stadt. Gemmen, Ohrlöffelchen und Würfel zählen zu den unzähligen Funden, die das Alltagsleben von einst illustrieren. Unter der gotischen Basilika St. Laurenz (13. Jh.) wurden die Fundamente eines römischen Hauses und einer frühchristlichen Kirche (5. Jh.) freigelegt.

Museum Lauriacum: Mitte April–Okt. tgl. 9–17, Nov.–Mitte April Mo.–Fr. 9–15 | Eintritt: 6 € | www.museum-lauriacum.at

Große Schiffer- und Theatertradition

Strudengau

Östlich von Mauthausen erscheint das Habsburgerschloss **Wallsee** mit einem markanten Turm aus dem 14. Jahrhundert. Den Beginn des Strudengaus bildet der Ort **Ardagger Markt**. Das **MostBirn-Haus** vermittelt ganz modern Genuss, Kultur und Geschichte des volkstümlichen Getränks, das dem Viertel unterhalb der Donau den Namen ▶ Mostviertel gab. Am linken Donauufer folgt das malerische Schifferstädtchen **Grein**. In seiner mächtigen Burg logiert das **Oberösterreichische Schifffahrtsmuseum**, das die Ära der Zillen, Plätten und Flöße auf Habsburgs Flüssen vergegenwärtigt. Höhepunkte einer Besichtigung der **Greinburg** sind daneben die Sala Terrena mit Mosaiken aus Donaukieseln und der entzückende Arkadenhof (17. Jh.). Das **Rokoko-Theater** am Stadtplatz ist mit seiner Einrichtung aus 1791, u. a. seinen Sperrsitzen für Abonnenten, beinahe vollständig in der Gegenwart angekommen und präsentiert sich als herrlich verspieltes Universum der Schauspielkunst und als Museum. Den Sommer über bespielen Profiensembles die Bretter, die die Welt bedeuten. Aber auch die Greiner Dilettantengesellschaft lockt Publikum in das älteste Stadttheater Österreichs.

MostBirnHaus: Mitte März–April, Fr.–So. 10–17 Uhr | Eintritt inkl. Verkostung: 9,90 € | www.mostbirnhaus.at

Schifffahrtsmuseum: Mai–Okt. Di.–So. 9–17 Uhr | Eintritt: 7 € www.schloss-greinburg.at

Stadttheater Grein: Mai–Sept. Di.–Sa. 10–12 u. 15–18 Uhr, So. 14–16 Uhr | Eintritt: 5,50 € | www.stadttheater-grein.at

Wallfahrtsort mit Alpenpanorama

Nibelungengau

Persenbeug wird überragt vom gleichnamigen Schloss, in dem der letzte österreichische Kaiser Karl I. (1887–1922) geboren wurde. Hier beginnt der Nibelungengau, der – nomen est omen – im Nibelungenlied eine wichtige Rolle spielt. Wenige Kilometer jenseits der Ybbs-Mündung blickt hoch vom Berg linker Hand die Wallfahrtskirche **Maria Taferl** (443 m) ins Tal, nach Mariazell der bedeutendste Wallfahrtsort Österreichs. Das zweitürmige frühbarocke Gotteshaus (1660–1707) soll an der Stelle einer Eiche entstanden sein, an deren Stamm ein Gnadenbild (Taferl) der Muttergottes angebracht war. Am Hochaltar (18. Jh.) befindet sich das Gnadenbild. In der Schatzkammer der Basilika illustrieren Fresken im Stil des volkstümlichen Barock die Erscheinungen der Ursprungsgeschichte. Von der Terrasse bietet sich ein grandioses Panorama über das Donautal und das Mostviertel bis auf die Alpenkette im Süden.

Maria Taferl: April–Okt. tgl. 7–20, Winter bis 19 Uhr, Schatzkammer April–Okt. tgl. 10.30–16.30 Uhr | Eintritt: 3 € | www.basilika.at

Geburtsort eines großen Malers

Pöchlarn

Donauabwärts breitet sich am Südufer das Städtchen Pöchlarn (213 m; 4000 Einw.) aus. Der Maler und Grafiker **Oskar Kokoschka** (1886–1980), berühmter Vertreter des Expressionismus, wurde in der Regensburger Straße 29 geboren. Sehenswert sind die Sommerausstellungen in seinem Geburtshaus.

Kokoschka-Geburtshaus: Mitte Mai–Okt. tgl. 10–17 Uhr Eintritt: 7 € | www.oskarkokoschka.at

Weitere Ziele

▶ Wachau; ▶ Melk.

Von Krems nach Wien

Ein »Dornröschen-Atomkraftwerk«

Zwentendorf

Ab ▶ Krems weitet sich das Donautal, an den Ufern zieht sich das fruchtbare Tullner Feld hin. Kurz nach dem Kraftwerk Altenwörth erhebt sich am rechten Donau-Ufer der graue Block des nach einer Volksabstimmung 1978 nie in Betrieb gegangenen und eingemotteten Atomkraftwerks Zwentendorf über den Auwald. Ein Besuch ist eine faszinierende Zeitreise in die Technikwelt der 1970er Jahre. Die Touren sind allerdings rasch ausgebucht.

Führungen März–Nov. jeweils Fr. | kostenlos | Anmeldung unter www.zwentendorf.com

Viel Grün – die Gartenstadt

Tulln

Tulln (170 m; 16 600 Einw.) am Südufer hat sich den Ruf einer Gartenstadt »erpflanzt« – neben Gartenmessen und »grünen« Veranstaltungen zeugen auch Parks mit Myriaden von Blumen und schöne Privatgärten von großem Engagement für ein blühendes Stadtbild. Kunsthistorisch bedeutsam ist der spätromanische **Karner** (13. Jh.), ein elfeckiger Bau mit Trichterportal. Das Römermuseum dokumentiert mit Originalfunden und Modellen das Leben im Kastell Comagenis. An der Donaulände illustriert der imposante Nibelungen-Brunnen mit neun Bronzeskulpturen die sagenhafte Begegnung von Kriemhild, der Burgunderkönigin, mit dem Hunnenkönig Etzel in Tulln. Eine stimmungsvolle Open-Air-Arena bildet im Sommer die schwimmende Donaubühne.

Wegen seiner expliziten Darstellungen von Sexualität, Verfall und Tod war der Maler Egon Schiele (1890–1918) heftig umstritten – heute gilt der jung an der Spanischen Grippe verstorbene Künstler als Klassiker, seine Bilder erzielen Millionenpreise. Seine Geburtsstadt Tulln hat Schiele ein Museum im ehemaligen Stadtgefängnis (Donaulände 28) eingerichtet und zum 100. Todestag neu konzipiert. Zu sehen sind auch Originalwerke.

Römermuseum: April–Ende Okt. Mi.–So. 10–17 Uhr | Eintritt: 6 €
www.roemermuseum-tulln.at

Egon Schiele Museum: April–Okt. Di.–So. 10–17 Uhr | Eintritt: 6 €
www.schielemuseum.at

Weitere Ziele

▶ Weinviertel; ▶ Klosterneuburg; ▶ Nationalpark Donau-Auen

DORNBIRN

Bundesland: Vorarlberg | **Höhe:** 436 m ü. d. M. | **Einwohner:** 50 400

Ist Bregenz Vorarlbergs Aushängeschild für Kultur, so ist Dornbirn der wirtschaftliche Motor des Bundeslandes. Die Unternehmen, die seit der Mitte des 19. Jh.s in Dornbirn siedelten, hinterließen auch im Stadtbild ihre Spuren. Die Umgebung wartet mit fantastischen Schluchten, viel Wald und dem Bödele auf.

Dornbirn ist nicht nur die größte Stadt Vorarlbergs, sondern nach Hohenems auch die jüngste: Erst 1901 wurde das bis dahin größte Dorf der Donaumonarchie zur Stadt erhoben. Heute ist Dornbirn das wirtschaftliche Zentrum Vorarlbergs, eine Shopping-Stadt und ein Messestandort von internationalem Rang.

Wohin in Dornbirn?

Rot wie Ochsenblut

Marktplatz

Die Vorarlberger Familie Rhomberg ließ 1639 am Marktplatz 13 das **Rote Haus** erbauen, ein typisches Rheintaler Haus mit Außenstiege und Butzenscheiben. Seinen Namen verdankt es dem bis in das 18. Jh. üblichen Anstrich aus Ochsenblut. Heute residiert im Roten Haus ein Restaurant. Am Marktplatz 11 zeichnet das **Stadtmuseum** in einem 200 Jahre alten Patrizierhaus die Entwicklung Dornbirns nach.

Stadtmuseum: Di.–So. 10–17 Uhr | Eintritt: 7 €
www.stadtmuseum.dornbirn.at

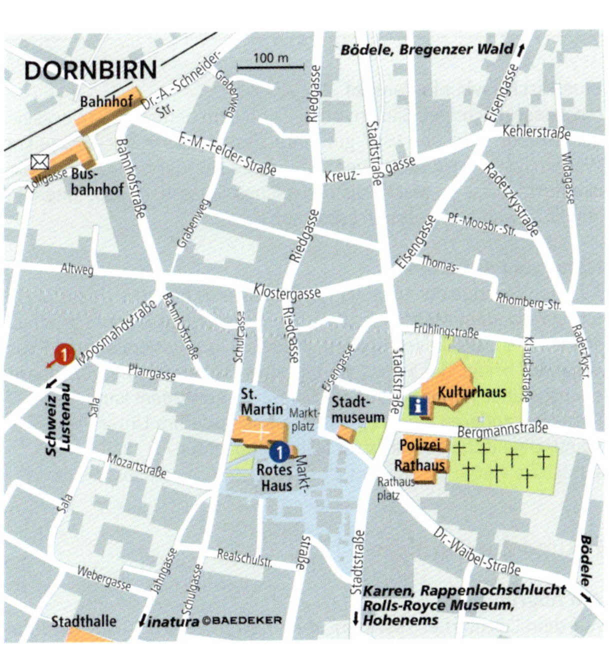

1 Rotes Haus

1 Four Points by Sheraton Panoramahaus Dornbirn

DORNBIRN ERLEBEN

DORNBIRN TOURISMUS & STADTMARKETING
Rathausplatz 1 a, A-6850 Dornbirn
Tel. 0043 5572 2 21 88
www.dornbirn.info

❶ ROTES HAUS €€€
Hier speist man in einem der ältesten Häuser am Ort hinter Butzenscheiben. Die Küche bietet gehobene Gastronomie mit regionalem Schwerpunkt.
Marktplatz 13, A-6850 Dornbirn
Tel. 05572 315 55
www.roteshaus.at

❶ FOUR POINTS BY SHERATON PANORAMAHAUS €€€
Die modern und großzügig eingerichteten Zimmer liegen wie das Skyrestaurant und das Spa in den oberen Etagen des rundum verglasten Hauses und bieten grandiose Aussichten.
Messestr. 1, A-6850 Dornbirn
Tel. 05572 38 88-0
www.fourpointsdornbirn.com

Eine Kirche wie ein Tempel

St. Martin

Mit seiner mächtigen Säulenvorhalle und dem bemalten Dreiecksgiebel darüber sieht der 1857 geweihte klassizistische Kirchenbau von Weitem fast wie ein römischer Tempel aus. Nur der freistehende Glockenturm weist St. Martin als christliches Gotteshaus aus. Innen fallen die gewaltigen Deckenfresken auf.

Natur zum Anfassen

Museum inatura

Auf dem Gelände der stillgelegten Rüschwerke nähert sich das Museum inatura dem Menschen und seiner Umwelt besonders anschaulich an. Mit interaktiven Spielen, Modellen in XXL-Version und Experimenten bringt die Schau die typischen Lebensräume Vorarlbergs ebenso näher wie das »Wunder Mensch«. Außerdem kann man 3-D-Reisen zu anderen Planeten unternehmen oder im Unterwasserkino heimische Fische aus nächster Nähe beobachten.
Jahngasse 9 | tgl. 10–18 Uhr | Eintritt: 11,50 € | www.inatura.at

Rund um Dornbirn

Am Abgrund

Karren

Auf dem Dornbirner Hausberg, dem Karren (975 m), lädt ein rundum verglastes Panoramarestaurant ein, das über das Felsplateau hinausragt. Das Lokal ist mit der Bergstation der Karrenseilbahn verbunden, die in fünf Minuten auf den Berg führt. Der Karren wird gern als

Ausgangspunkt für Touren zu den Schluchten der Region oder in das abgeschiedene Bergdorf **Ebnit** genutzt.

Karren-Seilbahn: Sommer Mo.–Sa. 9–23, So. bis 21, Winter Mo.–Fr. 10–23, Sa. ab 9, So. 9–19 Uhr | Berg- u. Talfahrt: 15 € (abends 12 €)
www.karren.at

Wildes Vorarlberg

Rappenloch-schlucht

Rund 4 km südlich der Stadt fließt die Dornbirner Ach durch die wildromantische Rappenlochschlucht. Ein Holzsteg führt entlang der Schluchtenwände entlang in etwa 30 Minuten zum Staufensee-Stausee.
www.rappenlochschlucht.at

Ab in die Roaring Twenties!

Gütle

Auf dem Gelände einer einstigen Textilfabrik am Eingang zur Rappenlochschlucht kümmern sich gleich zwei Museen um den Glanz der Luxus-Automarke Rolls Royce. Das **Rolls-Royce-Museum** stellt anhand von wenigen Exponaten, mit digitalen Präsentationen und dem Blick in die Werkstatt Erlebbarkeit in den Vordergrund. Im **Rolls-Royce-Automobilmuseum** lassen sich über 50 Exemplare der Nobelkarossen mit Fokus auf die »goldenen« 1920er- und 1930er-Jahre in Augenschein nehmen. Schräg gegenüber zeigt das **Krippenmuseum** 150 Krippen aus aller Welt.

Rolls-Royce-Museum: März–Nov. Di.–So. 10–18 Uhr | Eintritt: 6 €
www.rolls-royce-museum.at
Rolls-Royce-Automobilmuseum: Di.–So. 10–17 Uhr, im Winter 11–16 Uhr | Eintritt: 11,50 € | https://rolls-royce-automobilmuseum.at
Krippenmuseum: Mai–6. Jan. Di.–So 10–17 Uhr | Eintritt: 3 €
www.krippenmuseum-dornbirn.at

Von den Anfängen des Skisports

Bödele

Mit dem Skisport hat man sich auf dem Bödele (1148 m) schon zu Beginn des 20. Jh.s beschäftigt. Bereits 1904 gab es erste Sprunghügel zum Skispringen, und 1907 kam der erste Lift zum Einsatz. Das reizvolle Gebiet etwa 10 km östlich von Dornbirn gehört bereits zum ▶ Bregenzerwald und ist auch im Sommer dank des Moorsees, der Wiesen und Fichtenwälder ein ideales Naherholungsziel.
www.boedele.info

Musik liegt in der Luft

Hohenems

Eine Burgruine, zwei Schlösser und eine ausgeprägte Musikkultur sind die Gründe für einen Abstecher in die Rheintal-Stadt 6 km südwestlich von Dornbirn. 1976 wurde hier die **Schubertiade Hohenems** gegründet, Keimzelle für das bedeutendste Festival zur Musik Franz Schuberts (1797–1828), das wochenweise von April bis Oktober stattfindet. Vier Museen widmen sich in Hohenems der Musik: zwei davon zu Franz Schubert, der den Ort wohl nie besucht hat.

Im Palast der Hohenemser Grafen, einem renaissancezeitlichen Prachtbau aus der zweiten Hälfte des 16. Jh.s, fand man gegen Ende des 18. Jh.s zwei bedeutende Handschriften des Nibelungenliedes, die aus dem späten 13. Jh. stammen. Faksimiles sind heute im **Nibelungen-Museum** ausgestellt. Führungen erschließen den Renaissance-Rittersaal und das Kaiserzimmer.
Über 400 Jahre lebte in Hohenems eine bedeutende jüdische Gemeinde. Ihrem Erbe widmet sich das **Jüdische Museum** in der Villa Heimann-Rosenthal. Die Dauerausstellung beleuchtet die Beiträge der Hohenemser Juden zur Entwicklung Vorarlbergs und ihre Schicksale in und nach der NS-Zeit. Das ehemalige jüdische Viertel bildet zusammen mit der Marktstraße (ehemals Christengasse) den urbanen Kern von Hohenems. Die **ehemalige Synagoge** wurde nach ihrer Zerstörung durch die Nazis zu Beginn des 21. Jh.s wieder aufgebaut und wird nun als Veranstaltungssaal genutzt.

Musikmuseen und Nibelungen-Museum: nur während der Schubertiade geöffnet | Eintritt (für den Besuch aller Museen): 7 €
www.schubertiade.at

Jüdisches Museum: Schweizer Str. 5 | Di.–So., 10–17 Uhr
Eintritt: 8 € | www.jm-hohenems.at

EISENSTADT

Bundesland: Burgenland | **Höhe:** 182 m ü. d. M. | **Einwohner:** 15 200

Knapp 15 000 Einwohner, kein Kino, ein winziger Bahnhof und eine Altstadt mit dörflichem Charakter – Eisenstadt präsentiert sich zwar geruhsam, hat aber viel Kultur und vor allem eine großartige Musiktradition zu bieten. Allgegenwärtig ist in Burgenlands Hauptstadt der Geist Joseph Haydns.

Was Eisenstadt an Urbanität abgeht, macht es durch seine schöne Lage wett. Eisenstadt liegt am südlichen Fuße des dicht bewaldeten Leithagebirges auf einer allmählich zur Wulkaebene abfallenden Terrasse. Ringsum gedeihen Weinreben und Obst in rauen Mengen. Vom Trubel in der Millionenmetropole Wien (50 km) und am touristisch viel bedeutsameren Neusiedler See (15 km) bekommt die kleinste Landeshauptstadt Österreichs wenig ab.

Schnittstelle zwischen Österreich und Ungarn

Geschichte

1373 erhielt Eisenstadt das Stadtrecht. Von 1445 bis 1648 gehörte der Ort den Habsburgern. Um die ungarische Adelsfamilie Esterházy für das Haus Habsburg einzunehmen, wurde sie 1648 u. a. mit der Region Eisenstadt belehnt. Im selben Jahr erwirkte die Bürgerschaft die Erhebung zur königlichen Freistadt, die außer dem König niemandem untertan war, und bezahlte dafür 16 000 Gulden und 3000 Eimer Wein – immerhin 159 000 Liter. 1761 hob mit der Bestellung von Joseph Haydn zum Vizekapellmeister der Esterházyschen Hofkapelle eine 30 Jahre anhaltende Glanzzeit des Kunstlebens an. Nach dem Zerfall Österreich-Ungarns 1918 setzte ein Ringen zwischen Wien und Budapest ein, erst 1921 kam Eisenstadt fix zu Österreich und ist seit 1925 die burgenländische Hauptstadt.

Wohin in Eisenstadt?

Schloss Esterházy

Schauplatz großer Musikgeschichte
Beherrschendes Bauwerk des Städtchens ist Schloss Esterházy. Mit vier Ecktürmen und Innenhof errichtet, wurde die mittelalterliche Burg ab 1663 barock umgestaltet und erhielt Ende des 18. Jh.s ihre jetzige Form. Berühmt ist der freskengeschmückte **Haydnsaal**. Die

Mit viel Prunk und hervorragender Akustik begeistert der Haydnsaal im Schloss Esterházy die Konzertbesucher.

gepriesene Akustik kann man im Rahmen von Klassik-Konzerten genießen. Die Schlossführung zeigt u. a. die Räume der Fürstengattinnen Esterházy. Sehenswert ist die Ausstellung über das Leben der letzten Fürstin: Die 2015 im Alter von 95 Jahren verstorbene Melinda Esterházy war Primaballerina der Budapester Oper, bevor sie 1946 Fürst Paul V. Esterházy heiratete. Die Ehe blieb kinderlos. Nach dem Tod ihres Mannes 1989 wurde sie Alleinerbin und brachte das Familienvermögen in Privatstiftungen ein. Der Keller des Schlosses beherbergt das größte Weinmuseum Österreichs.

Di.–So. 10–17, Juli/Aug. tgl. 10–18 Uhr (im Winter Di.–Fr. nur im Rahmen einer Führung) | Eintritt: 15 € | www.esterhazy.at

»Guter Trunk macht guten Muth, …

Weinmuseum und Schlosspark

… beides kommt dem Land zugut.« So heißt es auf einem Riesenfass im reichhaltig bestückten Weinmuseum in den historischen Kellergewölben. Auf der Rückseite des Schlosses erstreckt sich mit dem Schlosspark im Stil eines Englischen Gartens ein Juwel Eisenstadts. Mit Blick auf den Leopoldinen-Tempel, Teiche und eine Orangerie lustwandelt man unter Platanen und Pinien wie zu Haydns Zeiten. Die Erzeugnisse der Esterházy-Güter – von Weinen bis Quittengelee – sind in der Schlossboutique erhältlich.

Schmuckes Städtchen

Altstadt

Zentrum der Altstadt östlich vom Esterházyplatz ist die Hauptstraße, die sich als schmucke Fußgängerzone mit barocken Bürgerhäusern, Cafés und zahlreichen Kleindenkmälern präsentiert. In der warmen

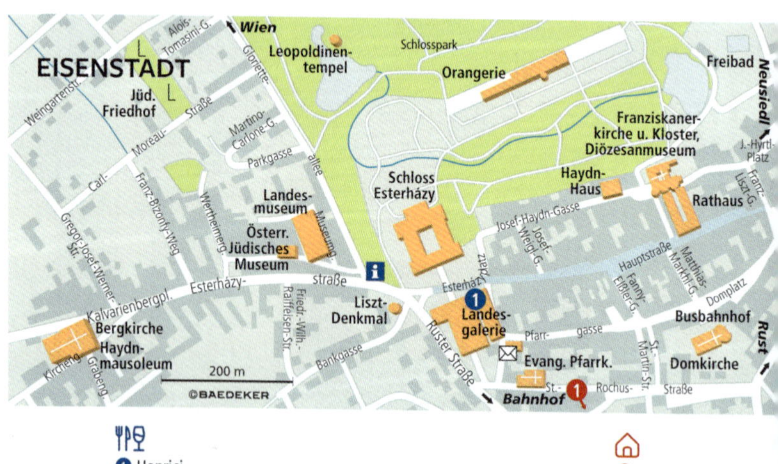

1 Henrici

1 Gasthof Ohr

EISENSTADT ERLEBEN

EISENSTADT TOURISMUS
Hauptstr. 21, A-7000 Eisenstadt
Tel. 02682 6 73 90
www.eisenstadt-tourismus.at

1 HENRICI €€€
Die ehemaligen Schlossstallungen beherbergen ein modernes Restaurant. Serviert wird gute neue österreichische Küche, dazu werden ausgezeichnete Esterházy-Weine ausgeschenkt. Auch Esterházy-Rostbraten und die Esterházy-Torte sind angeblich fürstlich inspiriert.
Esterházyplatz 5
A-7000 Eisenstadt
Tel. 02682 6 28 19, www.henrici.at

1 GASTHOF OHR €€–€€€
Ein recht ruhig gelegener Familienbetrieb, der sich auch durch seine gute Küche einen Namen in Eisenstadt gemacht hat. Fünf Minuten geht man ins Stadtzentrum. Für die Gäste stehen kostenlose Fahrräder zur Verfügung.
Rusterstr. 51
A-7000 Eisenstadt
Tel. 02682 6 24 60
www.hotel-ohr.at

Jahreszeit wird das blumengeschmückte Geviert zur Bühne für Live-Konzerte. Die Domkirche in der Pfarrgasse, ein dreischiffiger gotischer Hallenbau, ist dem hl. Martin geweiht.

»Meine Sprache versteht die ganze Welt«
Musikfreunde zieht es zum zeitgenössisch möblierten Haydn-Haus in der Haydngasse 19, wo der Komponist (1732–1809) zwölf Jahre lang lebte. Originalinstrumente, Bilder, Briefe und Hörbeispiele skizzieren Haydns Werdegang. Auch der Privatmensch kommt zur Geltung. Als er nach dem Tod seines Förderers Fürst Nikolaus im Jahr 1790 nach London aufbrach, zeigte sich kein geringerer als Wolfgang Amadeus Mozart wegen fehlender Sprachkenntnisse besorgt. Haydns berühmte Antwort: »Meine Sprache versteht die ganze Welt«. Haydn-Haus
Mitte März–Mitte Nov. Di.–Fr. 9–17, So. 10–17 Uhr | Eintritt: 6 €
https://haydn-haus.at

Zeitgenössische Kunst in allen Spielarten
Die Landesgalerie am Franz-Schubert-Platz 6 widmet sich vor allem zeitgenössischer Kunst. Sonderschauen beleuchten aber immer wieder auch die Kunstgeschichte des Landes von der Monarchie bis in die Gegenwart. Landesgalerie
Di.–Fr. 9–17, Sa., So. ab 10 Uhr | Eintritt: 5 €
https://landesgalerie-burgenland.at

Shalom!

Österreichisches Jüdisches Museum

Als die Juden im Jahr 1670 von Kaiser Leopold I. aus Wien vertrieben wurden, fanden 3000 von ihnen unter dem Schutz der Esterházys Aufnahme in Westungarn, dem heutigen Burgenland. So entstand im 17. Jh. auch nordwestlich des Schlosses ein abgegrenztes jüdisches Viertel. Seit 1972 dokumentiert das Österreichische Jüdische Museum das einst reiche jüdische Leben in den sog. »Siebengemeinden«. Nicht weit davon befindet sich ein alter **jüdischer Friedhof**.

Mai–Okt. Di.–Fr., So. 10–17 Uhr | Eintritt: 5 € | www.ojm.at

10 000 Jahre Geschichte

Burgenländisches Landesmuseum

Wer erfahren will, ob Martinigansl und Blaudruck typisch burgenländisch sind, macht sich im Landesmuseum in der nahen Museumsgasse schlau. Das Haus zeigt einen Querschnitt durch 10 000 Jahre Siedlungsgeschichte und widmet sich den pannonischen Naturräumen.

Di.–Fr. 9–17, Sa. u. So. ab 10 Uhr
Eintritt: 8 € | https://landesmuseum-burgenland.at

Ein Krimi um Haydns Schädel

Kalvarienberg

Weiter westlich erhebt sich der um 1700 künstlich aufgeschüttete Kalvarienberg mit einem **Passionsweg**. Mehr als 300 Holz- und Steinfiguren begleiten ihn in 24 Stationen. Auf dem höchsten Punkt steht die wuchtige **Bergkirche** (auch Haydn-Kirche) mit rundem Grundriss und niedrigen Türmen. Sie wurde in den Jahren 1715 bis 1803 errichtet. Auf der berühmten **Haydnorgel** (1797) gelangte so manches Werk des Komponisten zur Uraufführung. Heute beherbergt die barocke Bergkirche auch die letzte Ruhestätte des Meisters, der 1809 in Wien starb und später nach Eisenstadt überführt wurde. Haydns Schädel, nach dem Begräbnis in Wien von einem ehemaligen Sekretär des Fürsten entwendet, konnte erst 1954 mit dem Rest der Gebeine vereint werden.

Rund um Eisenstadt

Bollwerk gegen die Osmanen

Burg Forchtenstein

Zu den Besitzungen der Esterházy-Stiftung gehört auch Burg Forchtenstein etwa 16 km südwestlich von Eisenstadt. Bis 1652 ließen die Esterházys das aus dem frühen 14. Jh. stammende Bauwerk auf den Ausläufern des Rosaliengebirges wegen der drohenden Türkeneinfälle festungsähnlich ausbauen. Das martialische Äußere findet im Innern in den reichhaltigen Waffensammlungen seine Entsprechung. Zeugnis der Esterházy'schen Sammelleidenschaft ist die einzige am Originalstandort erhaltene barocke Kunstkammer Europas.

April–Okt. Mi.–Mo., Juli, Aug. tgl. 10–17 Uhr
Eintritt: 15 € | www.esterhazy.at

In der Burg Forchtenstein kann auch das Zeughaus mit Waffen und Beutegut aus den Napoleonischen und Preußischen Kriegen besichtigt werden.

Alles Liszt!

Raiding

In Raiding (895 Einw.) 40 km südlich von Eisenstadt erblickte der Klaviervirtuose und Komponist Franz Liszt (1811–1886) das Licht der Welt. Nahe seinem Geburtshaus steht seit 2006 das **Liszt-Konzerthaus** (hervorragende Akustik!), wo im März, zu Ostern, im Advent, im Juni und Oktober das Liszt-Festival veranstaltet wird.
www.lisztfestival.at

Unterwegs im südlichen Burgenland

Obwohl das Burgenland für seine steppenartigen Weiten bekannt ist, besteht es zu einem guten Teil aus waldreichem Hügelland im Wechselspiel mit sonnenverwöhnten Weinrieden. Burgen und Museen, traditionsreiche Kurorte und so manch edlen Tropfen gibt es im Süden des Bundeslandes zu entdecken (www.suedburgenland.info).

Von Templern und Blutsaugern

Burg Lockenhaus

Über dem Markt Lockenhaus, nahe der ungarischen Grenze, thront Burg Lockenhaus aus dem 13. Jh. Glanzvoll präsentiert sich der Rittersaal, eine zweischiffige, gotische Halle mit einem Kreuzrippengewölbe. Einige Elemente führten zur Annahme, dass Lockenhaus den Templern als Ordensburg gedient haben könnte. Eine Ausstellung informiert über die Geschichte des geheimnisvollen Ritterordens, der 1312 zerschlagen wurde. Wer etwas für seine Fitness tun will, erklimmt 9 km südlich den **Geschriebenstein**, mit 879 m höchste Erhebung des Burgenlandes. Die Aussichtswarte eröffnet einen Blick weit in die pannonische Tiefebene.

April–Okt. tgl. 9–16 Uhr | Eintritt: 10 € | www.ritterburg.at

Moor- und Thermalwasserschätze

Bad Tatzmannsdorf

Im nahen Bad Tatzmannsdorf (1630 Einw.) dreht sich alles um Kur, Wellness und Bewegung. Moorschlamm und kohlensäurehaltiges Thermalwasser dienen als anerkannte Heilmittel von »Tatz«. Zu Österreichs beliebtesten Wellness-Tempeln zählt die **Avita-Therme**.

www.avita.at, https://bad.tatzmannsdorf.at

Burgen-Methusalem

Güssing (229 m; 3580 Einw.) schmiegt sich an einen erloschenen Vulkankegel, auf dem die 1157 als Wehranlage errichtete älteste Burg des Bundeslandes thront. Das Burgmuseum zeigt ein buntes Potpourri von der Ahnengalerie der Fürsten-Familie bis zu einer Sammlung Zinnsoldaten. Empfehlenswert ist der Aufstieg schon allein wegen der umwerfenden Aussicht.

Mitte März–Okt. Di.–So. 10–17 Uhr | Eintritt: 7,50 €
www.burgguessing.info

Uhudler wird nicht gejodelt

Naturpark in der Weinidylle

Östlich von Güssing erstreckt sich die Weinidylle – ein beschauliches Fleckchen mit Auwäldern und Feuchtwiesen, Weingärten und Kellervierteln. Sie ist zudem das kleinste der burgenländischen Weinbaugebiete, in dem u. a. Blaufränkisch und Welschriesling gedeihen. Vor allem um Heiligenbrunn – mit seinem Ensemble strohgedeckter Presshäuser ein besonderes Kleinod – und Moschendorf begegnet man auch dem Uhudler. Er wird aus verschiedenen weißen und roten Rebsorten gekeltert, die ab 1860 aus Amerika eingeführt wurden, da sie reblausresistent waren. Der roséfarbige Wein schmeckt fein nach Waldbeeren. Kosten kann man ihn in den Vinotheken des Freilichtmuseums in **Moschendorf** oder in **Heiligenbrunn**.

Freilichtmuseum: jederzeit kostenlos zugänglich
Uhudlervinothek: Moschendorf Mai–Okt. Do.–So. 14–19 Uhr
www.weinidylle.at, www.weinmuseum.at

Pannonische Kultur

Freilichtmuseum Ensemble Gerersdorf

Westlich von Güssing hat man im Örtchen Gerersdorf ein sehenswertes Freilichtmuseum errichtet. Rund 30 Wohn- und Wirtschaftsgebäude samt Gerätschaften lassen die bäuerlich geprägte pannonische Kultur des 18. und 19. Jh.s wieder aufleben.

April–Mitte Okt. tgl. 10–18, Juli, Aug. ab 9, Mitte Okt.–Mitte Nov. bis 16 Uhr | Eintritt: 6 € | www.freilichtmuseum-gerersdorf.at

FELDKIRCH · GROSSES WALSERTAL

Bundesland: Vorarlberg | **Höhe:** 459 m ü. d. M. | **Einwohner:** 35 000

»Einen anmutigeren Flecken gibt es in ganz Vorarlberg nicht« – befand einst Sir Arthur Conan Doyle über das »stille Städtchen Feldkirch«, wo er im berühmten Jesuiten-Gymnasium »Stella Matutina« die Schulbank drückte. Die westlichste Stadt Österreichs hat sich in ihrem Kern viel von ihrem mittelalterlichen Flair bewahrt – 2018 feierte sie ihr 800-jähriges Jubiläum.

Feldkirch liegt etwa 35 km südlich von Bregenz am Austritt der Ill aus dem Walgau in die Rheinebene. Als zentraler Verkehrsknotenpunkt und aufgrund der Grenzen zu ▶ Liechtenstein und zur Schweiz wurde es zum Schicksalsort. 1919 wurde Stefan Zweig am Bahnhof Zeuge, wie der Zug mit dem entmachteten Habsburger-Kaiser Karl I. in die Schweiz rollte. »In diesem Augenblick war die fast tausendjährige Monarchie erst wirklich zu Ende«, schrieb er in seiner Biografie »Die Welt von gestern«. Als Österreich 1938 Nazi-Deutschland einverleibt

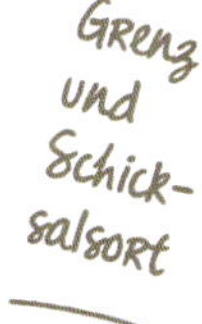

Ein weitgehend unberührtes und unbekanntes Naturidyll mit wundervoller Alpenflora erwartet Besucher des Großen Walsertals.

wurde, fielen an den Grenzstationen Entscheidungen über Leben und Tod. Dem Autor Carl Zuckmayer etwa gelang über Feldkirch die Flucht in die Schweiz, viele fliehende Juden wurden verhaftet und in KZs deportiert.

Wohin in Feldkirch?

Tore und Türme – Reminiszenzen an alte Zeiten

Altstadt

Für das Jahr 1218 ist unter Graf Hugo I. von Montfort die Erhebung zur Stadt urkundlich. Von ihrer Bedeutung als Handels- und Verkehrsknotenpunkt zeugt das sechsstöckige **Churer Tor** (13./15. Jh.), das Händler, Kreuzfahrer und andere Reisende auf dem Weg nach Süden passieren mussten. Die Wehrhaftigkeit der Stadt belegt der um 1500 erbaute **Katzenturm**. Hier befindet sich heute eine 8,5 t schwere Glocke – die sechstgrößte Österreichs lässt am Freitag um 15 Uhr ihren tiefen Ton erklingen.

Im Zentrum der Altstadt liegt die breite, geschäftige Marktgasse mit ihren stattlichen Patrizierhäusern, die im Erdgeschoss heute vielfach Geschäfte beherbergen. Die Cafés in den malerischen Laubengängen bieten sich für eine Pause an. Bemalte Fassaden, schmucke Giebel und enge Gassen versetzen in alte Zeiten – die werden auch beim Gauklerfestival im Juli heraufbeschworen. Vom Nordende der Marktgasse führt die Kreuzgasse zum vornehmen **Palais Liechtenstein** (1697), heute Stadtbibliothek und Ausstellungsort.

FELDKIRCH · GROSSES WALSERTAL ERLEBEN

STADTMARKETING UND TOURISMUS FELDKIRCH
Schlossergasse 8
A-6800 Feldkirch
Tel. 05522 9 00 90
www.feldkirch.travel

VEREIN GROSSES WALSERTAL TOURISMUS
Tel. 05554 51 50
www.vorarlberg-alpenregion.at

1 WIRTSCHAFT ZUM SCHÜTZENHAUS €€
Über den Dächern der Altstadt, mit Blick auf die Schattenburg und die Schweizer Berge, liegt das Schützenhaus, das heimische und saisonale Spezialitäten aus vorwiegend regionalen Produkten anbietet. Einen Blick wert sind die historischen Schützenscheiben im Museum.
Göfiser Straße 2, A-6800 Feldkirch
Tel. 05522 8 52 90
www.schuetzenhaus.at
Di. u. Mi. geschl.

2 BRAUGASTSTÄTTE RÖSSLE PARK €€–€€€
Vorarlberger und österreichische Evergreens von Käsknöpfle bis zum Wiener Schnitzel bestimmen die Speisekarte, dazu passen die süffigen Biere des Hauses. Eine Empfehlung sind die günstigen Mittagsmenüs. So. Mo. geschl.
Rösslepark 1, A-6800 Feldkirch
Tel. 05522 7 65 43
https://roesslepark.at

1 GUTWINSKI HOTEL & RESTAURANT €€€
Das elegante Stadthotel liegt in ruhiger Lage am Rande der Fußgängerzone. Im Bürgerhaus aus dem 16. Jh. steckt modernstes Innenleben, für geschmackvolle Akzente sorgen Biedermeier-Möbelstücke. Die Luxussuite bietet einen Außenwhirlpool und Blick auf die Schattenburg.
Rosengasse 4–6,
A-6800 Feldkirch
Tel. 5522 7 21 75
https://gutwinski.cc

Brücke in die Moderne

Dom

Über die Herrengasse kommt man zum Domplatz und zur 1478 nach einem Stadtbrand im spätgotischen Stil erneuerten Domkirche St. Nikolaus mit farbenprächtigen modernen Glasfenstern (1966). Mit dem Neubau des Montfort-Hauses am südlichen Rande der Altstadt leistete sich Feldkirch 2015 ein hypermodernes Kultur- und Kongresszentrum. Im Foyer ist die Tourismusinformation untergebracht, im Dach ein Restaurant.

Vorarlbergs besterhaltene Burganlage

Schattenburg

Über Feldkirch thront die größte und am besten erhaltene Burganlage Vorarlbergs, die um 1260 erbaute Schattenburg. Ihr Name leitet sich vom mittelhochdeutschen »schade« (= Schutz) ab. Im 13./14.

Jh. hatten hier die Grafen von Montfort ihren Sitz. Die Burg weist einen hübschen Innenhof mit Umgang auf. Im Schattenburg-Museum vermitteln historisch möblierte Räumlichkeiten wie das gotische Zimmer gediegene Wohnkultur von einst.

April–Okt. tgl. 10–17 Uhr, Nov.–März Di.–Sa. 13.30 bis 16, Sa. 11–16 Uhr | Eintritt: 8 € | www.schattenburg.at

Wildes Feldkirch

Ardetzenberg

Im Wildpark am bewaldeten Ardetzenberg tummeln sich Auerhühner, Gämsen, Wildschweine, Waschbären, Luchse, Wildkatzen und Wölfe. Steinbock Felix, anno 1963 erster offizieller Bewohner, ist bis heute dessen Wahrzeichen.

Jederzeit öffentl. zugängl. | Eintritt: frei | www.wildpark-feldkirch.at

Rund um Feldkirch

Biosphärenpark im malerischen Gebirgstal

Großes Walsertal

Zwischen Feldkirch und Bludenz (▶ Montafon) kerbt sich das Große Walsertal nach Nordosten in die Vorarlberger Gebirgswelt ein und schafft eine Verbindung vom Walgau, dem Tal der Ill im Süden, bis in den Bregenzerwald im Norden. Sechs Dörfer, 3500 Einwohner, keine Industrie, blumenreiche Almen – für Menschen, die sich abseits von Trubel in beschaulicher Natur erholen wollen, ist das Hochgebirgstal eine gute Adresse. Rund 40 Gipfel rahmen das als UNESCO-Biosphärenpark ausgewiesene Bergidyll ein.

Pioniere der Gebirgstäler – die Walser

Sonntag

Wie das ▶ **Kleinwalsertal** nördlich wurde auch dieses 25 km lange, von der Lutz durchflossene Tal zunächst von den Walsern besiedelt, die ab dem 13. Jh. jene Kulturlandschaft schufen, die sich heute dem Auge darbietet: verstreute Gehöfte und kleine Dörfer auf Wiesen hoch über dem Talgrund. Geschichte und Kultur der Kolonisten dokumentiert das **Museum Großes Walsertal** im Zentrum der Ortschaft Sonntag. Im **biosphärenpark.haus** gibt es den bekannten Bergkäse Marke Walserstolz und weitere Köstlichkeiten aus der Region.

Museum Großes Walsertal: Ende Mai–Anf. Okt. Fr. 16–19, So. 14–17 Uhr u. n. V. | Eintritt: 7 € | www.grosseswalsertal.at
biosphärenpark.haus: So.–Mi. 12–18, Do.–Sa. 10–18 Uhr

Der Weiße Tod

Blons

Montag, der 11. Januar 1954: Nach tagelangen Schneefällen lösen sich oberhalb von Blons zwei gewaltige Lawinen und rasen auf die 340 Seelen-Gemeinde hinab. 30 Häuser werden zerstört, mehr als 100 Menschen werden verschüttet. Für 57 Blonser kommt jede Hilfe zu spät. In anderen Orten des Großen Walsertals starben 23 weitere

Menschen. Ursachen und Verlauf werden im **Lawinendokumentationszentrum** im Gemeindeamt von Blons anhand von Originalberichten und Filmen fesselnd dokumentiert.
Jederzeit kostenlos zugänglich

Auf den Spuren der Walser
Auch auf dem Lawinenweg und weiteren Themenrouten zeigt das Tal seine Vielseitigkeit. Der historische Walserweg zwischen Thüringerberg und Damüls folgt den Pfaden, die die Dörfer vor dem Straßenbau miteinander verbanden. Unterwegs gibt es typische Walserhöfe zu sehen. In St. Gerold geht es auf dem Weg der Stille um Naturmeditation. Im Winter bieten drei familienfreundliche Skigebiete Pistenspaß.

Themenwege

FRIESACH

Bundesland: Kärnten | **Höhe:** 636 m ü. d. M. | **Einwohner:** 4890

Romantische Burgen, monumentale Kirchen, trutzige Mauern und der noch vollständig erhaltene Stadtgraben laden in Friesach zur Zeitreise ins Mittelalter. Ein spannendes Experiment in Kärntens ältester Stadt ist der Bau einer Burg mit dem Handwerkswissen aus längst vergangener Zeit. Fertigstellung? Etwa 2040!

Die Pfarrkirchtürme überragen Friesach, die älteste Stadt Kärntens.

Alle zwei Jahre Ende Juli trifft man sich hier zum Spectaculum, einem der größten Mittelalterfeste Österreichs. Wenn Schwert auf Schild prallt, Musik aus alten Instrumenten erklingt und Gaukler durch die Gassen ziehen, präsentiert sich Friesach wie in seiner besten Zeit. Erstmals als Stadt erwähnt, wurde Friesach im Jahr 1215. Wegen seiner strategisch günstigen Lage an der Handelsstraße zwischen Wien und Venedig und wegen des Bergbaus in der Umgebung erlangte das rund 40 km nördlich von Klagenfurt gelegene Städtchen schon früh Bedeutung. In seiner Blütezeit im 13. Jh. gab es mit dem Friesacher Pfennig sogar eine eigene Währung heraus, die als Zahlungsmittel mehr als 200 Jahre lang bis nach Ungarn Gültigkeit hatte und heute mitunter als »mittelalterlicher Euro« bezeichnet wird. Nach einer letzten Blütezeit im 16. Jh. folgte Stagnation – so blieben aber viele Bauten und Kunstdenkmäler, die andernorts dem Städtewachstum weichen mussten, erhalten.

Wohin in Friesach?

Altes Handwerk in alten Gemäuern

Altstadt

Zu den noch erhaltenen Teilen der mächtigen Befestigung um die Altstadt gehören die 1131 vollendete, 11 m hohe Ringmauer mit drei Tortürmen und der 800 m lange, wasserführende Stadtgraben. Schmuckstück am Hauptplatz mit seinen schönen alten Häusern ist ein Renaissancebrunnen (1563) mit Reliefs aus der griechisch-römischen Mythologie. Der gewaltige **Fürstenhof** mit riesigem **Getreidespeicher** (14. Jh.) im Norden der Altstadt dient heute u. a. der Tourismusinfo und dem Café Fürstenhof als Lokal sowie dem »Wohnzimmer Natur« als Ausstellungsraum der Kärntner Jägerschaft.

Wohnzimmer Natur Mai–Okt. tgl. 9–16 Uhr | Eintritt 5 €, Jetons erhältlich im Café Fürstenhof oder Gemeindeamt

Monumentale Kirchen und Klöster

Rund um den Hauptplatz

Nördlich vom Hauptplatz steht der größte Kirchenraum Kärntens: die ursprünglich romanische **Stadtpfarrkirche St. Bartolomäus**. Zu ihren Juwelen gehören mittelalterliche Glasmalereien und der Taufstein aus dem 12. Jahrhundert. Seit 1251 ist in dem Ort das Dominikanerkloster nördlich der Altstadt ansässig, älteste Niederlassung dieses Ordens im deutschsprachigen Gebiet. Die 1255 bis 1320 erbaute Kirche besitzt das mit 74 m längste Kirchenschiff Kärntens. Sie birgt zwei gotische Kostbarkeiten: ein Astkruzifix (14. Jh.) und eine Sandsteinmadonna (um 1300).

Ein Stockwerk höher

Am Petersberg

Über dem Ort erstreckt sich ein Kranz von Wehrbauten. In zehn Minuten erreicht man vom Hauptplatz aus zu Fuß die **Petersbergkirche**, von wo man den schönsten Blick über Friesach und seine Umge-

FRIESACH ERLEBEN

TOURISMUSINFORMATION FRIESACH

Fürstenhofplatz 1, A-9360 Friesach
Tel. 04268 22 13 40
https://friesach.gv.at

GASTHOF ZUM GOLDENEN ANKER €€

Uriges Kärntner Wirtshaus mitten im Zentrum mit regionalen und klassischen österreichischen Gerichten. An kühleren Tagen empfiehlt sich das traditionelle Ritschert (Rollgerstensuppe mit Bohnen und Selchfleisch).
Bahnhofstraße 3,
A-9360 Friesach, Tel. 04268 23 13
www.goldeneranker-friesach.at

KONDITOREI CRAIGHER €

Sündhaft gute Torten und dazu beste Wiener Kaffeehauskultur – dafür steht weit über die Region hinaus die Konditorei Craigher. In der angeschlossenen Erlebnismanufaktur wird der Weg von der Kakaobohne bis hin zur handgefertigten Tafel Craigher-Schokolade mit Verkostungen begleitet (Mo.–Sa. 9–13 Uhr, Erw. 14,90 €).
Hauptplatz 3, A-9360 Friesach
Tel. 04268 22 95
www.craigher.at

VILLA BUCHER €€

Das Haus stammt aus dem 16. Jahrhundert. Die komfortablen Zimmer sind im Kärntner Landhausstil eingerichtet. Das Hotel verfügt zudem über einen Wellnessbereich und ein gemütliches Restaurant.
Hauptplatz 11, A-9360 Friesach
Tel. 04268 2 51 00
www.metnitztalerhof.at

---

bung hat. Weiter oberhalb stehen die stattlichen Reste der Burg Petersberg, vom 11. bis ins 17. Jh. Residenz der Fürsterzbischöfe von Salzburg. Im Sommer richten die Friesacher hier ihre Burghofspiele aus. Wer das Treppensteigen nicht scheut, sollte das reichhaltige **Stadtmuseum** im sechsgeschossigen Bergfried besuchen.

Stadtmuseum: Mitte Mai–Mitte Okt. Mi.–So. 11–17 Uhr
Eintritt: 4,50 €

Erlebnis Burgbau

Burg »Siegfriedstein«

Ein spannendes Geschichtsexperiment ist der 2009 begonnene Bau einer »neuen« Burg nach alten Verfahren. Auf ca. 4000 m² entstehen eine mittelalterliche Höhenburg samt Ringmauer, Bergfried, einem gotischen Palas, einer Kapelle sowie Wirtschaftsgebäuden und einem Garten. Gebaut wird ausschließlich mit natürlichen Materialien wie Holz, Sand und Stein sowie mit Werkzeug und Methoden von damals – Motoren oder mit Strom betriebene Maschinen sind tabu. Wer die Baustelle besuchen möchte, fährt von Friesach aus die St. Veiter Straße stadtauswärts und folgt den Hinweisschildern.

Getreu dem Motto »Arbeiten wie im Mittelalter« erschaffen die Friesacher ihre Burg mit reiner Muskelkraft. Unterstützt werden sie von Norikerpferden.

Führungen April–Okt. mehrmals tgl. außer Mo.
Eintritt: 11 € | https://burgbau.at

Rund um Friesach

Norischer Stahl und Klein-Tibet

Hüttenberg

Über Neumarkt in der Steiermark gelangt man nach 25 km nach Hüttenberg, wo über 1000 Jahre, bis 1978, die Eisenerzgewinnung im Mittelpunkt stand. Schon die Römer bauten das vom Dichter Ovid gerühmte »Ferrum Noricum« ab, das zu Schwertern geschmiedet wurde. Die Arbeitswelt der Bergarbeiter dokumentieren im Ortsteil Knappenberg ein **Schaubergwerk** mit dem 900 m langen »Erb«-Stollen und ein **Bergbaumuseum**. Dass die Berge ringsum reich an seltenem Gestein sind, belegt die prachtvolle **Mineralienschau**. Wer seine Erfahrungen vertiefen will, kann auf der **Albert-Halde** auf Mineraliensuche gehen.

In der Bahnhofstraße 12 dokumentiert das **Harrer-Museum** das abenteuerliche Leben des in Hüttenberg geborenen Forschungsreisenden Heinrich Harrer (1912–2006; ▶ S. 538), der als einer der ersten Europäer in das abgeschottete Tibet Zugang bekam. Den Kern der Sammlung mit 5000 Exponaten bildet die Tibetabteilung, ihr buddhistischer Gebetsraum wurde 1992 vom Dalai Lama persönlich geweiht. Fotos und Artefakte zeichnen Harrers zahlreiche Expeditionen nach, die ihn u. a. nach Papua-Neuguinea oder auf die Andamanen-Inseln führten. Auf Harrers Grab in Friesach liegt ein Brocken aus der Eiger-Nordwand, die er am 24. Juli 1938 gemeinsam mit drei Bergkameraden als erster Mensch bezwungen hatte.

Museen: Mai–Okt. Do.–So., Juli, Aug. tgl. 10–17 Uhr | Eintritt: 17 €
www.huettenberg.at
Schaubergwerk: Führungen 11, 14 u. 16 Uhr

GAILTAL

Bundesländer: Kärnten/Tirol

Speck und Käse, Brot und Kräuter – und das bewusst und mit allen Sinnen genossen: Das lang gestreckte Gailtal im Südwesten Kärntens hat als Kulinarik-Region auf der Landkarte Österreichs einen festen Platz ergattert. Die bisher vom Massentourismus weitgehend verschont gebliebene Region bietet Erholung vom Feinsten, besonders am Oberlauf der Gail, im Lesachtal.

Das Tal verläuft zwischen den Gailtaler Alpen im Norden und den Karnischen Alpen im Süden und endet am Zusammenfluss der Gail mit der Drau bei ▶ Villach. Wanderwege und ein ansehnliches Skigebiet stecken den Rahmen für Bewegungshungrige ab. In der weltweit ersten »Slow Food Travel-Destination« (www.slowfood-kaernten.at) bringen Bauern, Köche, Bäcker und Kräuterexperten kulinarisch interessierten Besuchern die Geschmacksvielfalt der Region näher. Die Idee dahinter: Wer selbst Butter gerührt, Kärntner Nudeln gekrendelt oder Wildkräuter gesammelt hat, genießt bewusster!

Wohin im Gailtal?

Maler der Zwischenkriegszeit

Nötsch im Gailtal

Die Marktgemeinde Nötsch (569 m; 2320 Einw.) am Fuß des Dobratsch (▶ S. 391) war in der ersten Hälfte des 20. Jh.s Wirkungsstätte des Nötscher Kreises rund um die von hier stammenden Künstler Franz Wiegele (1887–1944) und Sebastian Isepp (1884–1954), zwei Wegbereiter der modernen Malerei in Österreich. Das **Museum des Nötscher Kreises** (Haus Wiegele Nr. 39) beleuchtet in Wechselausstellungen das Schaffen der Künstler.

Ende April–Okt. Mi.–So. 14–18 Uhr
Eintritt: 7 € | www.noetscherkreis.at

»Badewanne des Gailtals«

Pressegger See

Auf bis zu 28 °C wärmt die Sonne den 19 km westlich gelegenen, gerade einmal 1 km langen und 600 m breiten Pressegger See (560 m). Er lockt Badegäste, Fischer, Naturliebhaber und die Besucher eines **Erlebnisparks**. Am West- und Ostufer finden sich ausgedehnte Schilfbestände.

1. Kärntner Erlebnispark: Mai–Sept. tgl. 9–18 Uhr | Eintritt 40 €
www.erlebnispark.cc

Wanderung für Abenteuerlustige

Hermagor

Nach weiteren 7 km erreicht die Bundesstraße Hermagor (600 m; 6920 Einw.) im Herzen des Gailtals. Sie ist Mittelpunkt von etwa 30 Ortsteilen und Weilern sowie Ausgangspunkt für Wanderungen. Etwas Kondition ist erforderlich, um die 4 km lange **Garnitzenklamm** (3 km südlich von Hermagor) zu erwandern. Das Naturdenkmal ist durch eine Steiganlage erschlossen und mit Geo-Schautafeln lehrreich gestaltet. Nach Nordwesten führt eine Straße durchs Gitschtal an den ▶ Weißensee.

Ende Mai–Okt. (witterungsabhängig) | Wegerhaltungsbeitrag 6 €
https://garnitzenklamm.at

Kärntens größtes Skigebiet

Nassfeld

Das durch Seilbahnen erschlossene Nassfeld 20 km südwestlich von Hermagor beglückt Wintersportler mit Pisten in einer Gesamtlänge von 110 km in einer Höhe von bis zu 2000 m. Im Sommer erschließen Aufstiegshilfen ein abwechslungsreiches Wandergebiet.

www.nassfeld.at

Fenster zur Erdgeschichte

Karnische Alpen

Die Karnischen Alpen – sie bilden im Süden die Grenze zu Italien – sind für (Hobby-)Geologen eine Schatztruhe ersten Ranges. Ehemals grauen und rosafarbenen Kalkschlamm, weiße tropische Riffe sowie Pflanzen- und Tierfossilien, aber auch Bergwerke und Schluchten können Besucher im rund 830 km² großen **Geopark Karnische Alpen** erkunden. Gleich fünf Geotrails vermitteln Bauprinzipien aus 500 Mio. Jahren Erdgeschichte. Das Besucherzentrum befindet sich in Dellach, etwa 25 km westlich von Hermagor.

Juni, Mitte Sept.–Okt. Do.–Sa., Juli–Mitte Sept. Mo.–Sa. 10–16 Uhr
Eintritt: 6 € | www.geopark-karnische-alpen.at

Schrecken des Gebirgskriegs

Kötschach-Mauthen

Rund 7 km flussaufwärts liegt Kötschach-Mauthen (710 m; 3310 Einw.), Hauptort des oberen Gailtals. Der »Gailtaler Dom«, die spätgotische Hallenkirche **Unsere Liebe Frau** (1527), besitzt ein sehenswertes Netzrippengewölbe mit schlingpflanzenähnlichen Mustern. Im Rathaus vergegenwärtigt das **Museum 1915–1918** mit

OBEN: Der familienfreundliche Geo-Trail Zollnersee führt durch die vielgestaltige Almlandschaft des Gailtals.

UNTEN: Als Badewanne des Gailtals wird der bis zu 28 °C warme Pressegger See gerne bezeichet. Auch bei Seglern und Surfern ist er sehr beliebt.

DAS GAILTAL ERLEBEN

NLW KARNISCHE TOURISMUS MARKETING GMBH

Wulfeniaplatz 1
A-9620 Hermagor
Tel. 04282 31 31, www.nlw.at

GASTHOF GRÜNWALD €€

Feinschmecker pilgern zu Ingeborg und Gudrun Daberer, die sich dem Slow Food auf kärntnerisch verschrieben haben. Jedes Jahr im Oktober rufen die beiden Schwestern zum Nudl Kudl Mudl – einen ganzen Monat lang stehen dann ausschließlich Kärntner Nudeln, das dafür in zahllosen Variationen, auf der Karte. Ganzjährig wird montags fleischfrei gekocht!
St. Daniel 17, A-9635 Dellach
Tel. 04718 677
Di., Mi. Ruhetag
www.gruenwald.dellach.at

historischen Fotos, Exponaten und Nachbauten alpiner Stellungen den Gebirgskrieg, den sich Österreicher und Italiener zwischen Ortler und Adria lieferten. In Kombination mit dem **Freilichtmuseum am Plöckenpass** 12 km südlich, wo Stellungen der alpinen Frontlinie rekonstruiert wurden, werden Schrecken und Sinnlosigkeit des Krieges vor über 100 Jahren noch plastischer. Die alten Frontwege wurden zu »Friedenswegen«, die vom Frühjahr bis zum Spätherbst erwandert werden können. Als »Friedensweg« oder »Via della Pace« etabliert ist auch der **Karnische Höhenweg** (www.karnischer-hoehenweg.com). Er verläuft von Sillian in Osttirol entlang des Karnischen Hauptkamms gut 150 km nach Thörl-Maglern, Kötschach ist ein beliebter Einstieg.
Museum 1915–1918: Mitte Mai–Mitte Okt. Di.–Fr. 10–17, Sa. u. So. 14–18 Uhr | Eintritt: 5 €

Ursprünglichkeit ist Trumpf

Lesachtal

Nach Westen zweigt eine kurvenreiche Straße in das Lesachtal ab. Das Tal am Oberlauf der Gail ist eine der ursprünglichsten Regionen Österreichs. Beiderseits der Gail locken herrliche Wanderziele. Die Kuppen und Kämme der **Mussen** auf knapp 2000 m oberhalb von St. Jakob sind für ihre Blumenpracht bekannt. Wer am »Blumenberg Kärnten« eine Wanderung unternimmt, wird mit Ausblicken auf Orchideen- und Lilienwiesen belohnt. Der Weg zum **Wolayer See** in 1960 m Höhe an der Grenze zu Italien zählt zu den Paradetouren Kärntens.
Hoch über dem Talboden windet sich die Straße weiter bis nach Maria Luggau mit seiner Wallfahrtskirche. Auf dem **Mühlenweg** sind fünf wassergetriebene Mühlen, die einst das Korn für das Lesachtaler Brot mahlten, frei zugänglich.
Mühlenführung: Mai–Sept. Fr. 10 Uhr | 4 € | www.lesachtal.com

GASTEINER TAL

Bundesland: Salzburg | **Höhe:** 840–1200 m ü. d. M.

»Hier bin ich mitten in der erlesenen Schönheit unserer Alpen«, schrieb Sigmund Freud 1920 bei einem Besuch in Bad Gastein. Der Kurort liegt herrlich mitten im Nationalpark Hohe Tauern. Die reine Gebirgsluft und die radonhaltigen Thermalquellen zogen bereits im 19. Jh. Schöngeister, Aristokraten und Geldmagnaten aus ganz Europa an.

Die Thermalquellen im Gasteiner Tal wurden bereits im 14. Jh. genutzt. Doch erst gegen Ende des 18. Jh.s setzte ihre systematische Erschließung ein. Mit dem Aufkommen der Sommerfrische im Laufe des 19. Jh.s entdeckte Europas High Society Bad Gastein. Majestäten wie Franz Joseph I. und seine Sisi, aber auch Denker wie Arthur Schopenhauer und Komponisten wie Franz Schubert kurten in dem Alpenort. Als nach dem Ersten Weltkrieg die betuchten Gäste ausblieben, setzte der Niedergang ein. Nach wie vor liegt über den Grandhotels ein Hauch von Nachsaison, doch das ändert sich langsam.

Wohin in Bad Gastein?

Zeichen eines Aufbruchs

Der besondere Reiz von Bad Gastein verdankt sich auch der tollen Lage beiderseits der Gasteiner Ache, die mitten in der Stadt über drei Stufen talwärts fließt und einen beeindruckenden Wasserfall bildet. Mit der **Zipline Flying Waters** kann man das spektakuläre Setting Gasteins aus der Vogelperspektive erleben.

Direkt an dem donnernden Naturschauspiel ziehen sich die Belle-Époque-Paläste den Hang hinauf – wie ein Wolkenkratzerdorf in den Bergen. Lange standen die Luxusherbergen der Blütezeit leer und bröckelten vor sich hin – nun hat ein Münchner Unternehmen den Anfang gemacht und das alte Hotel Straubinger stilvoll revitalisiert, Eröffnung ist voraussichtlich im Sommer 2023.

Das **Grand Hotel de L'Europe** an der Kaiser-Franz-Joseph-Straße beherbergt neben Ferienappartments und Veranstaltungssälen auch das **Gasteiner Museum**. Dort können die Besucher die Geschichte des Kurbades Revue passieren lassen.

Flying Waters: Do.–So. 13–17 Uhr | Eintritt: 20 € | flyingwaters.at

Gasteiner Museum: Sommer Mi.–So. 14.30–18 Uhr, Winter Mi.–Fr. | Historischer Spaziergang jeden Mi. um 15.30 Uhr | Eintritt: 5 € www.gasteinermuseum.com

Wasserfall mitten im Ort: die Gasteiner Ache auf ihrem Weg durch Bad Gastein

Gasteins wertvollster Schatz

Thermal-quellpark

In dem lauschigen Park sprudelt das rund 40 °C warme Thermalwasser hervor, das Gastein weltberühmt gemacht hat. Wannenbäder, Unterwassertherapie, Dunstbad und der Gasteiner Heilstollen sind die wichtigsten Kurmittel, die gegen chronische Erkrankungen des Bewegungsapparates, der Atemwege und der Haut zum Einsatz kommen.

Junge Kunst in alten Mauern

Altes Kraftwerk

Bis 1996 wurde in dem 1914 in Betrieb genommenen Kraftwerk am Fuß des Wasserfalls Strom erzeugt. Heute werden die Hallen im Rahmen des Festivals **sommer.frische.kunst** mit zeitgenössischer Kunst bespielt. Bei der einwöchigen Kunstmesse art:badgastein zeigen internationale Galerien etablierte und weniger bekannte Künstler im Kraftwerk und im öffentlichen Raum. Für eine Pause gut: das Café Kraftwerk – man sitzt zwischen alten Turbinen.

Ausstellungen: Juli–Sept. Mi.–So. 14–18 Uhr | Café ab 11 Uhr
https://artbadgastein.com

Unterwegs im Gasteiner Tal

Nichts für schwache Nerven!

Stubnerkogel

Vor den Toren des Kurortes erhebt sich der **Nationalpark Hohe Tauern**. Eine erstklassige Aussichtsloge ist der 2246 m hohe Stub-

DAS GASTEINER TAL ERLEBEN

GASTEINERTAL TOURISMUS GMBH

Tauernplatz 1
A-5630 Bad Hofgastein
Tel. 06432 339 32 60
www.gastein.com

Im Sommer sind die Bergstationen Schlossalm, Stubnerkogel, Fulseck und Graukogel hervorragende Ausgangspunkte für Almwanderungen und anspruchsvolle Bergtouren. Der Gasteiner Höhenweg zwischen den beiden Hauptorten des Tals bietet Panorama-Höhepunkte ohne nennenswerte Steigungen. Schöne Seitentäler wie das Kötschachtal oder das Angertal wollen ebenso erkundet werden wie die Bergseen im Nationalpark Hohe Tauern. Die Skigebiete Schlossalm – Angertal – Stubnerkogel sowie Dorfgastein warten mit abwechslungsreichen Abfahrten auf. Im hochgelegenen Sportgastein am Talschluss finden Freerider ihr Mekka.
www.skigastein.com

SCHMARANZ GUT €€

»Alles hausgemacht«, lautet die Devise bei der Familie Viehauser. In der urigen Gaststube gibt es also eine Jause mit Verhackertem und Blutwurst zu Dinkelbrot, für den größeren Hunger Holzknechtgröstl oder Steak vom Bio-Rind. Fleisch und Bio-Weißbiere kommen vom Öko-Bauernhof.
Wieden 52
A-5630 Bad Hofgastein
Tel. 06432 67 19 40
www.schmaranz.at

ALPENGASTHOF HAUSERBAUER €€

Ob Erdäpfelsuppe nach Großmutters Art, Gasteiner Fleischkrapfen oder gefüllte Waidmannschnitzel: Das Restaurant serviert hoch über Dorfgastein Schmankerl der regionalen Küche in urigen Stuben oder auf der Sonnenterrasse.
Bergl 15, A-5632 Dorfgastein
Tel. 06433 73 39
www.hauserbauer.com

HINTERMANN BIO BAUERNHOF €

Hier urlauben Sie in gemütlichen Ferienwohnungen mit Naturholzmöbeln. Im Sommer können die Gäste Gemüse und Kräuter im hauseigenen Biogarten ernten.
Gadaunern 70
A-5630 Bad Hofgastein
Tel. 06432 25 61 (abends)
www.hintermann.at

---

nerkogel, auf den eine Kabinenbahn hinaufführt. Nahe der Bergstation bietet die **Aussichtsplattform Glocknerblick** bei schönem Wetter freie Sicht auf Österreichs höchsten Berg. Eine 140 m lange Hängebrücke lädt zu einer Mutprobe ein.

Stubnerkogelbahn: Mitte Juni–Okt. 8.30–16 Uhr durchgehend (bei Schlechtwetter zur vollen Stunde) | Berg- und Talfahrt 34 €

Verblasster Glanz

Altböckstein

Der Radhausberg bei Böckstein am Südende des Tals war eine der bedeutendsten Golderzlagerstätten der Hohen Tauern. Im 14. und 15. Jh. machte der Abbau des Edelmetalls einige Gasteiner Familien und natürlich die Salzburger Fürsterzbischöfe reich. Von Hochs und Tiefs des Goldabbaus seit damals kündet die historische **Montansiedlung Altböckstein** aus dem 18. Jahrhundert. Der alte Salzstadel und ein Säumerstadl beherbergen das spannende **Montanmuseum**, wo der Weg vom Golderz zum Gold verfolgt werden kann.
Wenige Hundert Meter weiter liegt der Eingang zum **Gasteiner Heilstollen** im Radhausberg. Die Kurgäste werden mit einem Stollenzug ins Berginnere gebracht, Neugierigen bietet das Zentrum Kennenlern-Einfahrten an.

Montanmuseum: Mai–Sept. Di.–So. 15–18 Uhr, Führungen Di., Do. 15 Uhr, Goldwaschen im Sommer: Mi., Fr. 10–14 Uhr | Eintritt: 4 € (Goldwaschen 4 €) | www.montanmuseum-boeckstein.at
Gesundheitszentrum: www.gasteiner-heilstollen.com

Thermalwasserseen als neue Attraktion

Bad Hofgastein

Ski, Berge und ein Wellness-Angebot der Extraklasse – dafür steht Bad Hofgastein. Hauptattraktion des Ortes ist die **Alpentherme**, einer der vielseitigsten Wellness-Tempel Österreichs. Schöne Geschäfte, Hotels und Restaurants säumen die Fußgängerzone im Zentrum. Einen Besuch lohnt auch die **Liebfrauen-Pfarrkirche**.
Im nahen **Angertal** vergegenwärtigt der Nachbau eines frühindustriellen Hüttenplatzes, die **»Knappenwelt«**, die »goldene« Vergangenheit Gasteins. Man kann sich dort im Goldwaschen versuchen.

Alpentherme: www.alpentherme.com
Erlebnisarena Angertal: Juni–Anfang Okt. Goldwaschen Mi., Do., So., Fischen u. Bogenschießen Di.–So. | www.angertal.at

GMÜND

Bundesland: Kärnten | **Höhe:** 749 m ü. d. M. | **Einwohner:** 2600
Tourist-Info: Hauptplatz 20, A-9853 Gmünd, Tel. 04732 22 15 14
www.stadtgmuend.at

Mittelalterliche Orte gibt es viele in Österreich, doch das kärntnerische Gmünd hat sich als Künstlerstadt eine Sonderposition geschaffen. Mit den sanften Nockbergen und den Hohen Tauern liegen zwei sehr unterschiedliche Gebirgslandschaften direkt vor der Haustür.

Das Städtchen am Zusammenfluss von Lieser und Malta verdankt sein Erscheinungsbild den Salzburger Bischöfen, die die wichtige Handelsstation an der Route Nürnberg-Venedig im Hochmittelalter befestigen ließen. In der Alten Burg oberhalb des Ortes ist ein Burgrestaurant untergebracht, zeitweise sind Ausstellungen oder Veranstaltungen im Programm. Eine kräftige Ringmauer mit vier Toren aus dem 16. Jh. umschließt die Altstadt, ein malerisches Ensemble mit engen Gassen rund um den langgezogenen Hauptplatz. Stattliche Bürgerhäuser, schmiedeeiserne Geschäftsschilder, Blumenpracht und Heiligenfiguren in Simsen verbreiten historisches Flair. Galerien laden zu einem Kulturbummel ein. Und der »artist in residence« im Stadtatelier am Maltator darf besucht werden, wenn das Gartentor offensteht.

Kleine Stadt, große Kultur

Wohin in Gmünd?

Die Wiege eines Kultwagens

Porsche Automuseum

Auch wer sich für Autos nicht sonderlich interessiert, wird hier bestimmt staunen: Die Wiege des **Porsche 356** – des ersten Autos mit dem Namen Porsche – stand in Kärnten! Kriegsbedingt verlegte Ferdinand Porsche 1944 sein Konstruktionsbüro von Stuttgart nach Gmünd. Dort entwickelte sein Sohn »Ferry« Porsche unter einfachsten Bedingungen den legendären Sportwagen. Bis 1950 wurden 44

In den Abendstunden kehrt in Gmünds beschaulicher Altstadt rund um den Hauptplatz und das Untere Stadttor Ruhe ein.

Coupés und 8 Cabrios in Gmünd gefertigt. 1982 entstand auf Initiative des Porschefans Helmut Pfeifhofer das private Porsche-Museum. Größter Stolz ist ein Porsche aus der allerersten Gmündner Serie mit handgehämmerter Aluminiumkarosserie.

Mitte Mai–Mitte Okt. tgl. 9–18, Mitte Okt.–Mitte Mai tgl. 10–16 Uhr
Eintritt: 11 € | www.auto-museum.at

Noch mehr zum Staunen

Pankratium

Im Haus des Staunens, dem Pankratium in der Hinteren Gasse, werden Besucher in eine visuell-akustische Wunderwelt entführt. Alles dreht und bewegt sich, fließt und rinnt; es klingt aus Rohren und aus Trichtern. Faszinierende Klangmaschinen wie eine Harfe mit Dopplereffekt und die größte begehbare Geige der Welt warten darauf, entdeckt zu werden.

Mai–Okt. Di.–So. 10–17 Uhr | Eintritt: 12 €
www.pankratium.at

Zugig!

Kreuzbichl

Eine Kuriosität ist am sogenannten Kreuzbichl an der Ortsausfahrt von Gmünd in Richtung Krems zu entdecken: eine durch eine Straße zweigeteilte Kirche! Auf der einen Seite der Straße ist der Altarraum und auf der anderen Seite sitzen die Gläubigen. Beide Teile sind nach der Straße hin offen, damit die Kirchgänger den Pfarrer auch sehen können. Gottesdienste werden allerdings nur mehr während der Bitttage und am Pfingstmontag gefeiert.

Rund um Gmünd

Eine runde Sache

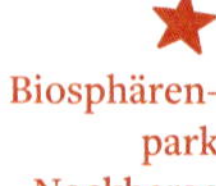

Biosphärenpark Nockberge

Die Nockberge östlich von Gmünd begeistern Wanderer mit sanft gerundeten, bis 2300 m hohen Kuppen (die Nocken), weiten Almen, stillen Seen und schönen Zirbenwäldern. Gut erschlossen sind sie im Sommer durch die rund 35 km lange, mautpflichtige **Nockalmstraße** zwischen Innerkrems und der Ebene Reichenau. Vom Dreiländerberg Königstuhl (2336 m) auf der Grenze der Bundesländer Kärnten, Steiermark und Salzburg genießen Wanderer einen fantastischen Blick auf die von der Eiszeit rund geschliffene Nocken-Landschaft.

Mai–Okt. | Tagesmaut Pkw: 21,50 € | www.nockalmstrasse.at
www.nockberge.at

Vom Bauch der Staumauer ins Herz der Hohen Tauern

Maltatal

Völlig konträr das Landschaftsbild, das sich nordwestlich von Gmünd im Maltatal auftut. Der rund 30 km lange Einschnitt zwischen der Reißeckgruppe, der Ankogelgruppe und der Hafnergruppe zählt zu den großartigsten Gebirgstälern Österreichs. Die allerorts über steile Felswände sprudelnden Bäche haben ihm den Beinamen »Tal der stürzenden Wasser« verliehen. Rekordhalter ist der fast 200 m hohe **Fallbach-Wasserfall** mit einem Wassererlebnispark an seinem Fuß. Die mautpflichtige **Malta-Hochalmstraße** windet sich über 14,4 km hinauf bis zur Kölnbreinsperre. Wer nicht an Platzangst leidet, begibt sich auf eine Führung in den »Bauch« der mit 200 m höchsten Staumauer Österreichs. Noch spektakulärer ist der Blick auf die Talsperre und die Hohen Tauern von der Aussichtsplattform **Airwalk** mit ihrem Glasboden. Den Stausee entlang gelangt man in zwei Stunden auf die **Osnabrücker Hütte** (2022 m), die Ausgangspunkt für viele Hochgebirgstouren ist.

Malta-Hochalmstraße und Airwalk: Mitte Mai–Okt. tgl. 7–18 Uhr, Führungen zur vollen Std. | Tagesmaut Pkw: 22 € | Eintritt: 8 €
www.verbund.com

GRAZ

Bundesland: Steiermark | **Höhe:** 368 m ü. d. M.
Einwohner: 298 500

Graz präsentiert sich seinen Gästen mit einer attraktiven Mischung aus Tradition, Aufgeschlossenheit fürs Neue und steirischer Lebensfreude. Im Mittelalter und in der Renaissance eine glanzvolle Residenzstadt der Habsburger, besitzt die steirische Landeshauptstadt als Erbe aus dieser Zeit eine der besterhaltenen historischen Altstädte Mitteleuropas – und gehört daher seit dem Jahr 1999 zum Weltkulturerbe der UNESCO.

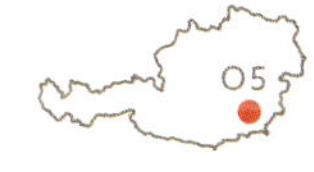

Überragt vom weithin sichtbaren Schlossberg, säumt die Stadt die grünen Ufer der Mur, die hier aus einem engen Durchbruchstal in das fruchtbare Grazer Becken tritt. Graz ist die zweitgrößte Stadt Österreichs – doch sie hat einen provinziellen Charme im besten Sinn des Wortes. In der Donaumonarchie als »Pensionopolis« bekannt, hat Graz heute eine sehr junge Bevölkerung. Besonders lebendig ist die studentische Szene – etwa jeder sechste Einwohner ist an einer der vier Universitäten eingeschrieben! Farbe in die Stadt bringt zudem eine vitale Kunstszene, die sich in modernen Museen, Galerien, Kunstprojekten im öffentlichen Raum, innovativen Theaterbühnen und in der Kunstuniversität Graz manifestiert. Zu den Höhepunkten in Österreichs Kulturkalender gehören das Musikfestival styriarte und der Steirische Herbst, ein Festival der Avantgardekunst.

GRAZ ERLEBEN

GRAZ TOURISMUS

Herrengasse 16, A-8010 Graz
Tel. 0316 80 75-0
www.graztourismus.at

ERMÄSSIGUNGEN

Die wichtigsten Museen in Graz werden vom Joanneum verwaltet. Mit einer **24- oder 48-Stunden-Karte** (16/23 €) kommt man erheblich günstiger weg (www.museum-joanneum.at). Freie Fahrt in Straßenbahnen und Bussen inklusive Schlossbergbahn sowie Rabatte für alle Museen des Joanneum umfasst die Graz Card (24/48/72 Stunden für 26/34/39 €: www.graz-card.com).

Beim **Aufsteirern-Festival** Mitte September steht die Innenstadt drei Tage lang ganz im Zeichen von Volkskultur, Tanz und Trachten.

Designaffine Shopper besuchen die Viertel um das Kunsthaus am Lendkai und um den Jakominiplatz südlich der Herrengasse. Dort hat etwa die **Trachtenkönigin Lena Hoschek** (Joanneumring 3) ihren Flagship-Store.

❶ STAINZERBAUER €€€

Das beliebte Restaurant in Domnähe gibt sich klassisch: Dunkles Holz betont die weißen Gewölbebögen des Hauses aus dem 16. Jh., auf der Speisekarte stehen steirische Spezialitäten wie Flecksuppe und Weizer Lamm.
Bürgergasse 4, A-8010 Graz
Tel. 0316 82 11 06
www.stainzerbauer.at

❷ DER STEIRER €–€€

Wirtshaus mit urbanem Chic, dessen bodenständige Küche fein und auch überraschend daherkommt. Für den kleinen Hunger greift man am besten zu den steirischen Tapas oder zum Steirersalat. Am Wochenende wird klassisch Braten aufgetischt.
Belgiergasse 1, A-8020 Graz
Tel. 0316 70 36 54 (reservieren!)
www.der-steirer.at

❸ FRANKOWITSCH €

Die Adresse für den besonderen Snack. Die belegten Brote schmecken köstlich!
Stempfergasse 2, A-8010 Graz
Tel. 0316 82 22 12
www.frankowitsch.at

❶ SCHLOSSBERGHOTEL €€€€

Eines von Europas feinsten Kunsthotels liegt direkt an der Mur. Zeitgenössische Kunst wird hier in perfekt restaurierter Architektur inszeniert. Antiquitäten und Bilder schmücken die schön eingerichteten Zimmer.
Kaiser-Franz-Josef-Kai 30
A-8010 Graz, Tel. 0316 8 07 00
www.schlossberg-hotel.at

❷ DAS WEITZER €€

Seine Panoramalage gegenüber der Altstadt zeichnet das alteingesessene Hotel Weitzer aus, Die Zimmer sind modern-reduziert ausgestattet und verfügen über Klimaanlage. Für die Gäste stehen Leihräder bereit.
Grieskai 12–16
A-8020 Graz, Tel. 0316 70 34 00
www.hotelweitzer.com

Handels- und Machtzentrum

Geschichte

Besiedelt war das Gebiet der heutigen Stadt bereits 800 n. Chr., doch urkundlich wird Graz erstmals im Jahr 1128 erwähnt. Der Name stammt vom slawischen »Gradec« (»kleine Burg«). 1281 räumte der habsburgische König Rudolf I. der Stadt besondere Privilegien ein, 1379 bis 1619 war sie Residenz der leopoldinischen Linie der Habsburger. Graz wurde vom 15. bis 17. Jh. gegen Bedrohungen aus dem Osten zur Festung ausgebaut. Die Architektur besorgten italienische Baumeister, die bald auch private Aufträge übernahmen. Das brachte Renaissance-Flair ins Stadtbild. Als 1619 Ferdinand II. zum deutschen Kaiser gewählt wurde, verlegte er seinen Hof nach Wien, womit die Bedeutung von Graz als Machtzentrum zu Ende war. Im 19. Jh. förderte der beliebte Erzherzog Johann die wirtschaftliche und technische Entwicklung der Steiermark, bis heute ist Graz ein wichtiger Standort geblieben. Und seit 2011 darf sich die Stadt zudem »UNESCO City of Design«

nennen – eine Auszeichnung für zukunftsorientierte Orte und Metropolen, die Graz mit solch Metropolen wie Bejing, Berlin oder Montreal verbindet.

Wohin in Graz?

Schlossberg

Am schönsten zu Fuß
Überragt wird die Altstadt vom Schlossberg. Die **Standseilbahn** (am Ende der Sackstraße) führt in drei Minuten ganz hinauf aufs Plateau. Alternativ kann man den **Schlossberglift** nehmen, der nur 30 Sekunden braucht. Den am Schlossbergplatz gelegenen Zugang teilt sich der Lift mit der **Grazer Märchenbahn** und dem **Dom im Berg**, einem Veranstaltungsort der besonderen Art. Nebenan startet der Fußweg: Dabei hat man Zeit und Muße, den **Herbersteingarten** mit seiner mediterranen Bepflanzung zu bewundern, Beiname: die »Hängenden Gärten von Graz«.
Auf halber Höhe liegt das Grazer Wahrzeichen, der **Uhrturm** (1561; 28 m hoch). Sein Stundenzeiger ist länger als der für die Minuten, weil früher nur die Stunden weithin sichtbar angezeigt wurden. Von der Terrasse eröffnet sich der wohl schönste Blick auf die Grazer Altstadt. Unter dem Turm erstreckt sich die blumenreiche Bürgerbastei. Der Uhrturm und der weiter oben stehende Glockenturm (1588; 35 m hoch) sind Überbleibsel der einst mächtigen Festungsanlage,

PICKNICK AM SCHLOSSBERG

Von den Bauernmärkten kommen die Zutaten fürs Picknick: Kürbiskern-Aufstrich, Schafskäse, dazu knuspriges Brot, Erdbeeren, vielleicht eine Flasche Welschriesling. Dann geht es hinauf zur Grazer Aussichtsloge. 260 Stufen sind es vom Schlossbergplatz, dann hat man sich die steirischen Schmankerln verdient. Decke ausgebreitet und Panorama ausgekostet. Das Auge wandert über ein Ziegeldächermeer in Rot, Sightseeing macht eine Genusspause (Bauernmärkte am Lendplatz und Kaiser Josef-Platz, Mo.–Sa. 6–13 Uhr).

die 1809 von den Franzosen geschleift wurde. Die Grazer Bürger retteten die Türme durch Zahlung einer Ablöse vor dem Abriss. Mit seinen Lokalen, Denkmälern und versteckten Häuschen wartet der mit Laubbäumen dicht bewachsene Schlossberg noch mit weiteren Entdeckungen auf.

Innere Werte

★ Rund um den Hauptplatz

Die Grazer Altstadt mit ihren vielen reizvollen Innenhöfen kann sich der größten geschlossenen Renaissancebebauung im deutschsprachigen Raum rühmen. Fassadenschmuck erfreut allerorts das Auge, riesig ist die Anzahl der Lokale. Sobald die Sonne im Frühjahr etwas zuverlässiger scheint, rücken die Cafés und Beisl Tische und Stühle aufs Trottoir.
Praktisch alle Sehenswürdigkeiten sind zu Fuß gut zu erreichen. Am Hauptplatz beginnt der Spaziergang durch die Jahrhunderte. Das **Rathaus** (1887–1893) beherrscht die Südseite des Platzes, nördlich an der Abzweigung zur Sporgasse beeindruckt der Anblick des **Luegg-Hauses** mit Laubengang und Stuckfassade (17. Jh.) – der Name kommt übrigens von »um die Ecke lugen« (schauen).
Nach Osten geht die schmale **Sporgasse** ab, wo zwei besonders schöne Palais zu bewundern sind: das **Deutschritterordenshaus** (Nr. 22) und das **Palais Saurau** (Nr. 25), dessen Giebel die Figur eines säbelschwingenden Türken ziert. Hinter dem Portal zu Nr. 21 versteckt sich die **Stiegenkirche**. Biegt man rechts in die Hofgasse ab, fällt zunächst die holzvertäfelte Fassade der **k. u. k. Hofbäckerei Edegger-Tax** (Nr. 6) auf. Über die Hofgasse steuert man auf das um 1825 erbaute Schauspielhaus zu. Eine Vorstellung zu besuchen, lohnt sich in diesem Theater schon alleine wegen des schönen Innenraums.

Verwirrend

Burg- und Dombezirk

Gleich daneben beginnt der Burg- und Dombezirk. In die Burg (15. Jh.), ehemalige Residenz Friedrichs III. und einst ausgedehnte Anlage, ist die steirische Landesregierung eingezogen. Wie eine optische Täuschung mutet (neben dem rechten Durchgang zum hinteren Burghof) die kunstvolle **Doppelwendeltreppe** (»Versöhnungsstiege«; 1499) an: Die steinernen Stiegen treffen in jedem Stockwerk für ein paar Stufen zusammen, um sich wieder zu trennen.
Südlich der Burg steht der 1462 fertig gestellte spätgotische Dom. Das **Landplagenfresko** (an seiner Südseite hinter spiegelndem Glasschutz angebracht) erinnert an die Dreifach-Heimsuchung von 1480 durch Türken, Pest und Heuschrecken. Dem schlichten Äußeren des Doms steht eine exquisite barocke Inneneinrichtung gegenüber. Zur ursprünglichen Ausstattung gehört Conrad Laibs Gemälde »Kreuzigung im Gedräng« (1457), das zu den bedeutendsten spätgotischen Tafelbildern im deutschsprachigen Raum zählt.
Eintritt: frei | www.domgraz.at

Kaiserlicher Ruheort neben dem Dom

Mausoleum

Nebenan steht das im manieristisch-barocken Stil für Kaiser Ferdinand II. erbaute Mausoleum (1614–1633) mit seiner beeindruckenden Dachkuppellandschaft in Grün und einer Fassade, wie man sie auch in Rom oder Florenz vorfinden könnte. Den Bau des Italieners Giovanni Pietro de Pomis stattete im Innern u. a. J. B. Fischer von Erlach aus. Gegenüber verbirgt sich im Hof des Priesterseminars (Bürgergasse 2) ein verblüffendes Kunstwerk: Ein **Ganzjahres-Schneemann** aus Marmor, der auf eine Wasserpfütze blickt.

April–Okt. Di.–So. 9–17 Uhr | Eintritt: 6 €

Zum Kling-Klang ein Tänzchen

Glockenspielplatz

Drei Mal am Tag (11, 15 und 18 Uhr) geht über dem Glockenspielplatz ein nettes Schauspiel in Szene. Kaum stimmt das Grazer Glockenspiel sein Kling-Klang an, öffnen sich im Giebel zwei Türchen; heraus tritt ein hölzernes Figuren-Pärchen in Tracht, das zu den wechselnden Melodien ein Tänzchen hinlegt.

Lebensader der City

Herrengasse und Landhaus

Über romantische Gässchen und Passagen gelangt man in die Herrengasse. Die Fußgängerzone führt vom Hauptplatz nach Südosten und weist zahlreiche Repräsentationsbauten auf, darunter das »Gemalte Haus« (Nr. 3) mit Fresken von 1742. Einer der bedeutendsten Renaissancebauten in Österreich vom italienischen Festungsbaumeister Domenico dell'Allio ist das Landhaus (1557–1565), über Jahrhunderte hinweg Sitz der steirischen Landstände, heute des Landtags der Steiermark. Prunkstück ist der glanzvolle Arkadenhof.

Heavy Metal

Landeszeughaus

Neben dem Landhaus steht das von 1642 bis 1644 erbaute Zeughaus mit der weltweit größten und einzigartigen, weil vollständig erhaltenen Waffensammlung aus dem 15. bis 18. Jh., Harnische, Helme, Stich- und Schlagwaffen für sage und schreibe 28 000 Mann wurden angehäuft, um gegen die Türken gewappnet zu sein; dazu kamen Kanonen und Prunkwaffen. Zu den Kuriosa zählt ein vollständiger Pferdeharnisch mit Stirnstachel und Ohrenbechern. An Visieren sieht man mitunter einen eingeätzten Schnurrbart – Hinweis darauf, dass der Besitzer einen solchen auch zu Lebzeiten trug!

April–Okt. Di.–So. 10–18 Uhr, Dez.–März nur Di.–So. 11 u. 14 Uhr | Eintritt: 10,50 € | www.museum-joanneum.at

Natur, Kunst, Wissenschaft

Joanneumsviertel

Geht man über die Landhausgasse Richtung Mur, steht man schon im innovativ gestalteten Joanneumsviertel. Der Zutritt zum Museumskomplex erfolgt unterirdisch über ein lichtdurchflutetes Atrium. Herzstück ist das **Naturkundemuseum**, das multimedial 400 Mio.

Jahre (steirischer) Erdgeschichte präsentiert. Die **Neue Galerie Graz** zeigt Kunst vom 19. Jh. bis zur Gegenwart. Eine Abteilung der Galerie ist das BRUSEUM mit Werken des Steirers Günter Brus. Jüngste Bereicherung der Museumslandschaft ist **CoSA – Center of Science Activities**, 2019 eröffnet. Hier kann man spielerisch Forschungsabenteuer bewältigen, Augmented Reality erleben und vieles mehr. Konzipiert ist CoSA für Jugendliche ab 12 Jahren, aber auch interessierte Erwachsene werden ihr Wissen vergrößern können.

Zugang Kalchberggasse | Di.–So. 10–18 Uhr | Eintritt: 17 €
Café OHO Di.–Sa. 10–24 Uhr | www.museum-joanneum.at

Tolle Ausstellungen im »friendly alien«

Von hier gelangt man über die Erzherzog-Johann-Brücke ans andere Ufer der Mur. Ein Hingucker ist das Kunsthaus am Lendkai 1, das anlässlich des Projekts Kulturhauptstadt Graz 2003 erbaut wurde. Das im spannungsreichen Kontrast zu seiner Umgebung stehende Gebäude wird von seinen englischen Architekten Fournier und Cook selbst als »friendly alien« bezeichnet. Das Haus richtet hochkarätige Ausstellungen zeitgenössischer Kunst aus. Die nördlich führende **Mariahilferstraße** ist eine beliebte Ausgehmeile mit schönen Cafés.

Di.–So. 10–18 Uhr | Eintritt: 11 €
Kunsthauscafé tgl. ab 9 Uhr | www.museum-joanneum.at

Zeitgenössische Kunst hat in Graz im Kunsthaus eine Heimat gefunden. Modern ist auch der als »friendly alien« bezeichnete Museumsbau.

Jede Menge Schlüsselerlebnisse

Schell Collection

Nördlich vom Lendplatz ist in der Wiener Straße 10 das weltgrößte Spezialmuseum für Schlüssel und Schatzkisten beheimatet. Wer wissen will, wozu man einst einen Sargschlüssel brauchte, wie ein Keuschheitsgürtel funktioniert oder wo in Urgroßvaters Schreibtisch ein Geheimfach verborgen sein könnte, erfährt es hier.

Mo.–Fr. 8.30–16.30, Mi. bis 18.30 Uhr
Eintritt: 10 € | www.schell-collection.com

Innehalten im städtischen Fluss

Murinsel

Von der Ecke Lendplatz/Mariahilferstraße geht es in Richtung Osten zurück an die Mur, wo die stählerne Murinsel den Fluss auf extravagante Art überbrückt. Der muschelförmige Bau des New Yorker Architekten Vito Acconci, durch Stege mit den Murpromenaden verbunden, ist ebenfalls ein Erbe des Kulturhauptstadtjahres 2003. Meistens geht es hier ziemlich ruhig zu. Das Café im Inneren ist aber ein guter Platz, um Abstand zum städtischen Trubel zu gewinnen.

Shoppen und Schauen

Sackstraße

Über die Murinsel gelangt man schnell in die belebte Sackstraße, die geradewegs retour zum Hauptplatz führt. Das **Graz Museum** (Nr.

Schloss Eggenberg ist ein einzigartiges Gesamtkunstwerk des Barocks, aber auch ein ausgeklügeltes architektonisches Spiegelbild des Universums.

18) im barocken Palais Khuenburg widmet sich der urbanen Entwicklung der Stadt. Kurz vor dem Hauptplatz liegt der Eingang zum **Warenhaus Kastner & Öhler**. 1884 errichtet und vor einigen Jahren zeitgemäß adaptiert, bietet es von seiner spektakulären Dachterrasse mit Café Nahblicke auf die City und auf den Uhrturm.

Graz Museum: tgl. 11–18 Uhr | Eintritt: 7 € | www.grazmuseum.at

Grüne Lunge der Stadt

Stadtpark

Fast nahtlos geht das beliebte Naherholungsgebiet östlich in den Stadtpark über. Er entstand in der zweiten Hälfte des 19. Jh.s auf den für die Verteidigung nicht mehr benötigten Grünflächen (Glacis) vor der Stadtmauer. Schattige Wiesen, kleine Cafés und gut 600 eiserne Sitzbänke laden zur Rast ein. Mittendrin sprudelt der imposante **Stadtparkbrunnen** – ursprünglich 1873 für die Weltausstellung in Wien als Franz-Joseph-Brunnen geschaffen.

Opern- und Gaumenfestspiele

Kaiser-Josef-Platz

Am südlichen Glacis liegt das neobarocke **Opernhaus** (1898/1899), auf dessen Rückseite der Kaiser-Josef-Platz. Hier bieten montags bis samstags stets vormittags Bauern steirische Schmankerl feil. Die meisten der angebotenen Produkte haben in der Steiermark eine lange Tradition, etwa Käferbohnen und Äpfel, Kürbiskernöl oder Wein, der in den kleinen Marktlokalen ausgeschenkt wird.

Rund um Graz

Nicht weniger als das ganze Universum

Schloss Eggenberg

Seit 2010 ist Schloss Eggenberg ca. 5 km westlich des Stadtzentrums Teil des **UNESCO-Weltkulturerbes Graz**. Das Schloss (1635), eine dem Madrider Escorial nachempfundene Anlage von Giovanni Pietro de Pomis, stellt in seiner Gesamtheit eine Allegorie der Zeit und des Universums dar: Den 365 Jahrestagen entspricht die Anzahl der Außenfenster, jedes Stockwerk enthält 31 Räume. 24 Prunkräume entsprechen den 24 Stunden, sie haben 52 Fenster für die Wochen. Ganz im Zeichen der Astronomie steht auch das Bildprogramm des **Planetensaales** (1678). Hans Adam Weissenkircher ordnete in den Deckengemälden die sieben zu seiner Zeit bekannten Himmelskörper den Wochentagen, römischen Göttern, Metallen und Eggenbergischen Familienmitgliedern zu. Der Bau beherbergt ferner Sammlungen des Landesmuseums Joanneum. Im **Münzkabinett** kann man mit einem High-Tech-Lupentool Details der Preziosen studieren. Zu den bedeutendsten Kunstwerken in der **Alten Galerie** zählen die »Admonter Madonna« (um 1310) und das »Urteil des Paris« (um 1515) von Lucas Cranach dem Älteren. Der einstige **Barockgarten des Schlosses** wurde im 19. Jh. zum Landschaftsgarten im englischen Stil umgestaltet. Ein Glanzlicht setzt der im Juni prachtvoll blühende Rosenhügel. Einen stolzen Aufputz für den Schlosspark liefern die majestätisch einherschreitenden Pfauen.

Schloss: Besichtigung nur mit Führung April–Okt. Di.–So. 10, 11, 12, 14, 15 u. 16, Mai– Sept. auch 17 Uhr | Eintritt: 16 € | www.museum-joanneum.at | **Sammlungen:** wechselnde Öffnungszeiten, s. Website
Landschaftsgarten: tgl. 8–19 Uhr, Winter bis 17 Uhr | Eintritt: 2 €

Dialog von Kunst und Natur

Österreichischer Skulpturenpark

Premstätten 7 km südlich von Graz beherbergt den Österreichischen Skulpturenpark. Gut 70 Kunstwerke erfreuen das Auge, darunter Plastiken heimischer Künstler wie Franz West und Erwin Wurm wie auch Werke internationaler Bildhauerei, beispielsweise von Nancy Rubin oder Yoko Ono.

April–Aug. tgl. 10–20, Sept./Okt. bis 18 Uhr | Eintritt: frei
www.museum-joanneum.at

Grazer Hausberg, auch barrierefrei

Schöckl

Von St. Radegund (714 m; 2200 Einw.), etwa 15 km nordöstlich von Graz, führt eine Seilbahn auf den Schöckl (1445 m). Der berühmte Johannes Kepler, der 1594 bis 1600 in Graz Mathematik lehrte, nutzte den Hausberg der Grazer für Natur- und Himmelsbeobachtungen. Das Gipfelplateau ist auf einer Länge von über 3 km mit Holzstegen für barrierefreies Erleben erschlossen. Mit dem **Hexenexpress** können Abenteuerlustige ins Tal rodeln, um dann im 2016 eröffneten **Waldhochseilgarten** noch mal nachzulegen.

Seilbahn: Berg- u. Talfahrt: 15,50 € | Sommerrodelbahn: Mai–Okt.

Einmal quer durchs Land

Österreichisches Freilichtmuseum

Wie lebten Bauern in der Steiermark und wie im Mühlviertel? Wie wirtschafteten sie am Berg und wie im Flachland? Antwort gibt das Österreichische Freilichtmuseum in Stübing, 20 km nördlich von Graz. 100 Bauwerke aus 600 Jahren, eingebettet in idyllische Wiesen und Wäldchen, stellen die charakteristischen ländlichen Hauslandschaften der Alpenrepublik nach. Ausstellungen, Handwerksvorführungen und Feste illustrieren Lebensweisen der Altvorderen.

April–Okt. tgl. 9–18 Uhr | Eintritt: 13 € | www.freilichtmuseum.at

Viele Tropfen auf den kalten Stein

Lurgrotte

Zwischen Semriach und Peggau, 25 km nördlich von Graz, lockt die Lurgrotte in die steirische Unterwelt. Diese größte und schönste Tropfsteinhöhle Österreichs ist nur bei einer Führung zu besichtigen. Bei meist um die 9 °C in der Höhle empfiehlt sich warme Kleidung.

Mitte April–Okt. Führungen 11, 14, 15.30, Juli und Aug. auch 9.40 u. 12.40, Winter Sa., So. 11 u. 14 Uhr ab 2 Pers. | Eintritt: 9 €
www.lurgrotte.at

★★ GROSSGLOCKNER-HOCHALPEN-STRASSE

Bundesländer: Salzburg und Kärnten

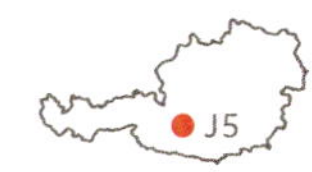

Murmeltiere und Steinböcke, blühende Bergwiesen und glitzernde Schneefelder, Österreichs höchster Berg und der längste Gletscher der Ostalpen – auf der spektakulären Panoramastraße, die sich wie ein Wurm über Österreichs bestimmende Gebirgskette windet, jagt ein Höhepunkt den nächsten.

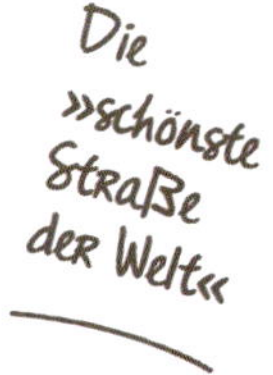

Nichts weniger als die »schönste Straße der Welt« – dies sollte die Großglockner-Hochalpenstraße nach dem Willen ihres Erbauers sein, des aus Wien stammenden Ingenieurs Franz Wallack (1887–1966). Nach dem Untergang der Donaumonarchie kam das ambitionierte Vorhaben wie gerufen, um das Selbstwertgefühl des geschrumpften Landes aufzurichten. Die Strecke sollte Urlauber in die junge Alpenrepublik locken und den Arbeitslosen neue Beschäf-

DIE GROSSGLOCKNER-HOCHALPENSTRASSE ERLEBEN

GROSSGLOCKNER-HOCHALPENSTRASSE

Geöffnet: Mai tgl. 6–20, Juni–Aug. 5.30–21, Sept. u. Okt. 6–19.30 Uhr
Reine Fahrzeit 1,5 Std.
PKW-Tageskarte 40 €
Busse zur Kaiser-Franz-Josefs-Höhe ab Hinterglemm, Saalbach, Zell am See u. Bruck (Ende Mai–Ende Sept.)
www.grossglockner.at

TOURIST INFO GROSSGLOCKNER-ZELLERSEE

Raiffeisenstr. 2
A-5671 Bruck-Fusch
Tel. 06545 72 95
www.grossglockner-zellersee.info

TOURISMUSVERBAND HEILIGENBLUT

Hof 38, 9844 Heiligenblut am Großglockner, Tel. 04824 27 00 20
www.heiligenblut.at

BERGGASTHOF EDELWEISS-HÜTTE **€€–€€€**

Übernachten auf 2570 m Höhe – auf der Edelweißhütte ist das in einfachen Zimmern, Komfortzimmern oder im schnuckeligen Chalet möglich. Das Restaurant bietet köstlichen Apfelstrudel mit Vanillesauce und andere österreichische Spezialitäten.
Edelweißspitze an der Glocknerstraße, Tel. 06545 74 25
www.edelweissspitze.at

tigungen verschaffen. Im August 1930 ließen die ersten 100 Sprengungen das Fuscher Tal erzittern. Nach nur fünf Jahren Bauzeit am 3. August 1935 konnte die Straße freigegeben werden.
Bis heute zählt die Großglockner-Hochalpenstraße zu den spektakulärsten Panoramastraßen der Welt. Mehr als 1 Mio. Touristen nehmen die 36 Kehren auf der 48 km langen Route zwischen Bruck im Salzburger Land und Heiligenblut in Kärnten alljährlich in Angriff und durchfahren dabei mehrere Klima- und Vegetationszonen. Unterwegs machen Aussichtspunkte, Lehrwege und Ausstellungen einen einzigartigen Naturraum zugänglich, den zuvor nur Bergsteiger kannten.

Fahrt auf der Großglocknerstraße

Ab in den Süden!

Bruck

Das nördliche Tor zur Hochalpenstraße ist die Gemeinde Bruck südlich des Zeller Sees. Von Kilometer 0 geht es geradewegs Richtung Süden. In der Gebühr, die an der Mautstelle Ferleiten 14 km hinter Bruck fällig wird, ist der Eintritt in die Ausstellungen entlang der Strecke enthalten. In Ferleiten lockt kurz vor der Mautstelle ein **Wildpark**. Nach dem Passieren der Mautstelle beginnt die Kurvenorgie. Nach 5 km gelangt man zum **Parkplatz Piffkar** in 1620 m Höhe, an dem ein Naturlehrpfad lockt. Das **Haus Alpine Naturschau** auf 2260 m wartet mit einem botanischen Lehrpfad und einer Sammlung von Mineralien aus den Hohen Tauern auf.

Wildpark: Mai–Okt. tgl. 9–18, Juli u. Aug. bis 20 Uhr | Eintritt: 9,50 €
www.wildpark-ferleiten.at
Haus Alpine Naturschau: tgl. 9–17 Uhr

Gipfelschau

Edelweißspitze

Südlich des Museums zweigt eine 2 km lange Seitenstrecke mit 14 % Steigung zur **Edelweißspitze** ab. Der Parkplatz dort liegt auf 2571 m Höhe und bildet den höchsten Punkt der Straße. Bei gutem Wetter sind 37 Dreitausender auszumachen! Zurück an der Hauptstrecke, geht es weiter zum Aussichtspunkt **Fuscher Törl** und dann ein Stück weit abwärts zu dem 2262 m hoch gelegenen Gebirgssee **Fuscher Lacke**. In dem ehemaligen Straßenwärterhäuschen dort informiert eine Ausstellung über die Geschichte der Hochalpenstraße.

Vieltausendjähriger Handelsweg

Am Hochtortunnel

Der 311 m lange Hochtortunnel unterquert den gleichnamigen Pass und verbindet die Bundesländer Salzburg und Kärnten. Eine Ausstellung am Südausgang des Tunnels bezeugt, dass das Hochtor seit mehreren Tausend Jahren eifrig benutzt wurde. Im Mittelalter trans-

36 Kehren auf rund 48 km – bei der Achterbahnfahrt auf der Großglockner-Hochalpenstraße kann man schon einmal die Orientierung verlieren.

portierten Saumpferde Wein, Südfrüchte, Glas, Seide sowie Gewürze nach Norden und Salz, Pelze sowie Edelmetalle nach Süden.

Auf Augenhöhe mit Großglockner und Pasterze

Kaiser-Franz Josephs-Höhe

Die Aussicht auf den höchsten Berg Österreichs und den längsten Gletscher der Ostalpen ist für viele sicherlich das Highlight an der Großglockner-Hochalpenstraße. Die Kaiser-Franz-Josephs-Höhe in 2369 m Höhe, zu der man über eine 9 km lange Stichstraße gelangt, bietet einen Logenplatz dafür. Den Betrachtern zu Füßen windet sich die Pasterze die Felsen entlang. Seit 1856 hat dieser Gletscher etwa die Hälfte seines Volumens eingebüßt. Heute ist sie etwa 8 km lang und knapp 1,5 km breit. Am Steig hinab ins »ewige Eis« (auch kostenpflichtige Bahn) geben Schautafeln Auskunft.

Die Hänge rund um die Franz-Josephs-Höhe bevölkern gut gefütterte Murmeltiere. An der einem Bergkristall nachgebildeten **Wilhelm-Swarovski-Beobachtungswarte** können die Besucher die grandiose Bergwelt mithilfe modernster Fernrohre heran zoomen. Manchmal geraten dabei Steinböcke in den Blick. Am Besucherzentrum der Kaiser-Franz-Josefs-Höhe beginnt auch der 2,5 km lange **Naturlehrweg Gamsgrube**, der über die Entstehung der Gletscher sowie über die Flora und Fauna informiert. Parkranger nehmen Interessierte auf kostenlose Führungen mit.

Besucherzentrum: tgl.10–17 Uhr | **Rangertour:** Mitte Juli–Sept. tgl. 10.30 u. 13.30 Uhr | Dauer 1 Std. | Pasterze-Wanderungen, Steinbock-Touren und weitere kostenpflichtige Angebote unter Tel. 06562 4 08 49 33 (Salzburger Land)oder www.hohetauern.at

Endspurt nach Kärnten

Heiligenblut

Zurück auf der Hauptstrecke erreicht man den **Rastplatz Kasereck**, der eine tolle Aussicht über das **Mölltal** bietet. Dort liegt auf einer Höhe von 1300 m das 1000-Seelen-Dorf Heiligenblut, der südliche Endpunkt der Großglockner-Hochalpenstraße. Der Turm der gotischen Wallfahrtskirche **St. Vinzenz** mit dem Großglockner-Gipfel im Hintergrund ist ein klassisches Fotomotiv. Das nach dem Vorbild von Ansiedlungen des 16. Jh.s errichtete Goldgräberdorf **Alter Pocher** bei Heiligenblut entführt in eine Ära, in der das Tauerngold noch leichter zu finden war als heute.

Alter Pocher: Juni u. Sept. tgl. 11–16, Juli u. Aug. 10–17 Uhr (wetterabhängig) | www.goldgraeberdorf-heiligenblut.at

GURK

Bundesland: Kärnten | **Höhe:** 662 m ü. d. M. | **Einwohner:** 1200

Die abseits großer Verkehrsströme gelegene Gemeinde Gurk rund 50 km nördlich von ▸ Klagenfurt verfügt mit ihrem Dom über eines der bedeutendsten romanischen Bauwerke in Europa. Die neu eingerichtete Schatzkammer zeigt herausragende Kärntner Sakralkunst im Kleinformat.

Die dreischiffige Pfeilerbasilika entstand ab 1140 (bis 1200) etwa an jener Stelle, wo die hl. Hemma von Gurk ein Kloster gestiftet hatte. Die Landespatronin Kärntens (etwa 980–1045; 1938 heiliggesprochen) zählte zu den reichsten Frauen ihrer Zeit. Der Legende nach stiftete sie nach dem Tod ihrer beiden Söhne und ihres Ehemanns große Teile ihres Besitzes der Kirche und gründete ein Frauenkloster, in das sie selbst eintrat. Im Volk genoss die geborene Gräfin von Friesach-Zeltschach wegen ihrer Mildtätigkeit großes Ansehen. Nach der Überführung ihres Leichnams in die Krypta

OBEN: Das Säulenmeer der Krypta, geschaffen aus Kärntner Marmor, ist der älteste Teil des Gurker Doms.

UNTEN: Rund 60 m hoch ragen die von Zwiebeldächern bekrönten Zwillingstürme der von außen eher unscheinbar wirkenden Basilika in den Himmel.

GURK ERLEBEN

TOURISMUSBÜRO GURK
Dr. Schnerich Straße 12
A-9342 Gurk, Tel. 04266 81 25 27
www.gurk.at

LANDHOTEL HERRENHAUS €€
Die gutbürgerlichen Speisen nach altösterreichischer Tradition finden in Nudelgerichten und weiteren Grüßen aus Italiens Küche eine gute Ergänzung. Das Ambiente ist rustikal – es gibt eine gemütliche Wirtshausstube und feinere Restaurantstuben. Die Zimmer sind gemütlich eingerichtet.
Hauptplatz 3
A-9341 Straßburg
Tel. 04266/22 51
www.dasherrenhaus.at
Mai–Okt. Mo. geschl.

(1174) tauchten Berichte über wundersame Heilungen auf. Seit damals reißt der Strom der Wallfahrer nicht ab.
Der Dom wirkt von außen schlicht. 60 m hoch sind die beiden, seit dem 17. Jh. zwiebelgekrönten Türme, die aus der Wald- und Wiesenlandschaft des Gurktals herausragen. Nach der Verlegung des Bischofssitzes 1787 nach Klagenfurt wurde es im Gurktal ruhig. Erst an der Wende zum 20. Jh. wurde der Dom als Gesamtkunstwerk aus seinem Dornröschenschlaf geweckt.

Domkirche

Domkirche: März–Okt. Di.–So. 9–17, Nov.–Feb. 10–16 Uhr
Eintritt: frei, Krypta 2 € | www.dom-zu-gurk.at
Führungen: mit Dom, Bischofskapelle und Fastentuch tgl. 11 u. 14.30 Uhr | Eintritt: 9 €

Die Schutzpatronin Kärntens

Krypta

Ältester Teil ist die von 100 Säulen aus Kärntner Marmor getragene Krypta unter dem Chor, die Grabkirche der Stifterin Hemma.

Figurenmeer am goldenen Hochaltar

Prunkvoller Innenraum

Unter den Netz- und Sternrippengewölben des Doms versammeln sich erlesenste Kunstschätze aus Romanik, Gotik und Barockzeitalter. Der frühbarocke Hochaltar vom sächsischen Meister Michael Hönel (um 1630) ist ganz in Gold gehalten und überreich mit Schnitzfiguren verziert. Ihm vorgelagert ist der Kreuzaltar mit einer Pietà (1740) aus gegossenem Blei, das letzte Werk von Georg Raphael Donner – der Bildhauer starb kurz darauf, vermutlich an einer Bleivergiftung. Die Fresken in der Vorhalle zeigen Szenen aus dem Alten

und Neuen Testament. Formvollendung zeichnet an der linken Langhauswand das Samson-Portal (um 1200) aus.

Comic-Strip des Mittelalters
Einen überwältigenden Bilderbogen breitet das **Gurker Fastentuch** (1458) aus. 50 Szenen aus dem Alten und 49 aus dem Neuen Testament, gemalt auf naturfarbenes, ungebleichtes Leinen, vermittelten den Menschen einst zentrale Glaubensvorstellungen. In der Fastenzeit verhüllt das 80 m² große Tuch den Hochaltar, den Rest des Jahres ist das Meisterwerk spätmittelalterlicher Malkunst auf Führungen zu sehen.

DOMKIRCHE GURK

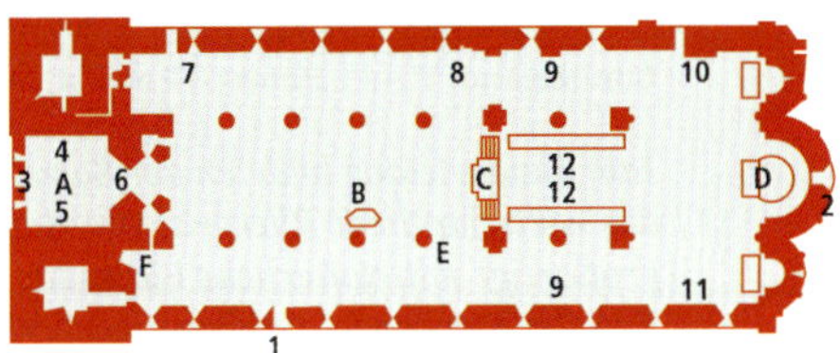

A Äußere Vorhalle
B Kanzel
C Kreuzaltar
D Hochaltar
E Zur Krypta
F Zur Bischofskapelle

1 Südportal mit Christus-Tympanon (1150)
2 Löwe und Basilisk (1180)
3 Gotische Wand (1340)
4 Altes Testament (1340)
5 Neues Testament (1340)
6 Trichterportal (1200)
7 Hemma-Reliquiar (1955)
8 Samson-Tympanon (1200)
9 Hemma-Reliefs (1500)
10 Christophorus-Fresko (1250)
11 Apokalypsen-Fresko (1380)
12 Chorgestühl (1680)

Moderne Präsentation uralter Schätze
Die Pretiosen des Kärntner Diözesanmuseums erschließt die »Schatzkammer Gurk«. Aus der romanischen Ära stechen die Magdalenenscheibe (Österreichs älteste Glasmalerei, um 1170) und das Hölleiner Kreuz (um 1180) heraus. Dominierende Epoche ist die Gotik, als die Einnahmen aus dem Bergbau in Kärnten reichlich sprudelten. Schatzkammer Gurk
Mai–Okt. Di.–So. 9–17 Uhr, Winter ab 5 Pers. u. n. V. | Eintritt: 8 €

Rund um Gurk

Schlösser mit großer Vergangenheit
Talauswärts liegt das Städtchen Straßburg (650 m; 2000 Einw.) am Fuß des gleichnamigen **Schlosses** aus dem 12. Jh., wo einst die Gurker Bischöfe residierten. Das Ensemble mit seinen schönen Renaissance-Arkaden (17. Jh.) dient heute als Rahmen für Kulturveranstaltungen und beherbergt eine volkskundliche Sammlung zum Gurktal. Wieder instand gesetzt, präsentiert sich 14 km östlich von Gurk das im frühklassizistischen Stil um 1780 errichtete **Schloss Pöckstein**, das seine Räumlichkeiten heute in erster Linie für Events vermietet. Straßburg
Museum Straßburg: Mai–Sept. Di.–So. 10–18 Uhr | Eintritt: 6 €
Schloss Pöckstein: Führungen Tel. 0664 8 46 43 50
www.schloss-poeckstein.at

HALL IN TIROL

Bundesland: Tirol | **Höhe:** 574 m ü. d. M. | **Einwohner:** 14 300

Jahrhundertelang bildeten der Salzabbau und das Münzwesen das wirtschaftliche Rückgrat von Hall im Inntal. Heute ist es das großartige mittelalterliche Flair, das Besucher in die Stadt am Fuß des Karwendel-Gebirges lockt. Weltweit bekannt ist aber mittlerweile ein anderes Produkt aus der Gegend – die Kristalle aus dem Hause Swarovski.

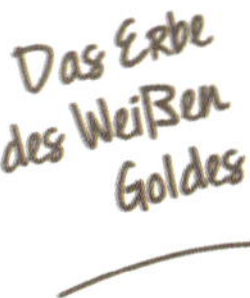

Hall, 10 km östlich von Innsbruck, verfügt über einen der am vollständigsten erhaltenen mittelalterlichen Stadtkerne in Österreich. Das Ensemble umfasst über 300 Altstadthäuser, zwei große Stadtplätze und stattliche Kirchen. Schöne Zeugnisse der Gotik und des Barock sind allerorts zu sehen, das ein oder andere verborgene Kleinod in den teils schluchtartigen Gassen erschließen die regulären Stadtführungen des Tourismusverbands.

Wohin in Hall in Tirol?

Ausgezeichnet

Rund ums Rathaus

Für die gelungene Revitalisierung seiner Altstadt – die übrigens größer als jene Innsbrucks ist – erhielt Hall den Staatspreis für Denkmalschutz. Ihr Mittelpunkt ist der **Obere Stadtplatz**. Dort steht auch das Rathaus mit dem prächtigen Ratssaal, dessen Gebälk von 1451 stammt, und der opulent vertäfelten Bürgermeisterstube (1660). Südlich davon erhebt sich die spätgotische, 1752 im Rokokostil neu ausgestattete Pfarrkirche St. Nikolaus.

Der Ahnherr des Dollars

Münze Hall

Wahrzeichen Halls ist südlich des Unteren Stadtplatzes **Burg Hasegg** (um 1280) mit dem zwölfeckigen Münzerturm. In der Burg wurden von 1486 bis 1809 Münzen geprägt; im Jahr 1486 entstand der erste Taler, aus dem später der Dollar hervorging. Glanzstück im heutigen Museum Münze Hall ist der Nachbau der ersten Münzprägemaschine, die im Mittalter als technische Sensation galt und täglich rund 4000 Münzen prägte. 8 m lang ist der Koloss; ein Koloss ist auch der größte Silbertaler der Welt mit einem Gewicht von über 20 kg reinem Silber. Vom Münzerturm erschließt sich ein Panorama auf die über dem Inn liegende Stadt und die steil ansteigende Bettelwurfkette des Karwendelgebirges.

April–Okt. Di.–So. 10–17, Nov.–März. So., Mo. geschl. | Eintritt: 8 €, mit Turm 11,50 € | www.muenze-hall.at

Im Zauberreich von Swarovskis Kristallwelten glitzert und funkelt es märchenhaft.

Alles zum Salzbergbau

Bergbaumuseum

Sowohl seinen Namen als auch seine einstige wirtschaftliche Bedeutung verdankt Hall dem Salzbergbau, der vom 13. Jh. bis 1967 betrieben wurde. In der Fürstengasse, etwas unterhalb vom Oberen Stadtplatz, zeigt das Bergbaumuseum die alte Technik der Salzgewinnung. Die Sole wurde im Halltal gewonnen, durch eine Holzleitung zum Sudhaus am Inn geleitet und dort zu Salz versotten.

Führungen Mo., Do., Sa. 11.30 Uhr | Eintritt: 6 €

Rund um Hall in Tirol

Glamourös

Wattens

In Wattens (567 m; 8100 Einw.) am südlichen Innufer setzt der Swarovski-Konzern weltweit Maßstäbe in der Erzeugung von optischen Geräten und Kristallschmuck. Die anlässlich des 100-jährigen Firmenjubiläums (1995) vom Allround-Künstler André Heller konzipierten und seither mehrfach erweiterten **Swarovski Kristallwelten** bringen ihren Besuchern das Thema Kristall sinnlich – und für manche auch kitschig – näher. Das Entree bildet ein grasbewachsener Hügel, der als wasserspeiender Kopf eines alpinen Riesen ausgeführt wurde. Dahinter verbergen sich märchenhaft funkelnde »Wunderkammern« mit illusionsreichen Spiegelinstallationen und Kristallarbeiten bekannter Künstler wie Picasso, Miró, Dali oder Warhol. Im Außenbereich spiegelt sich die luftige Kristallwolke in einem

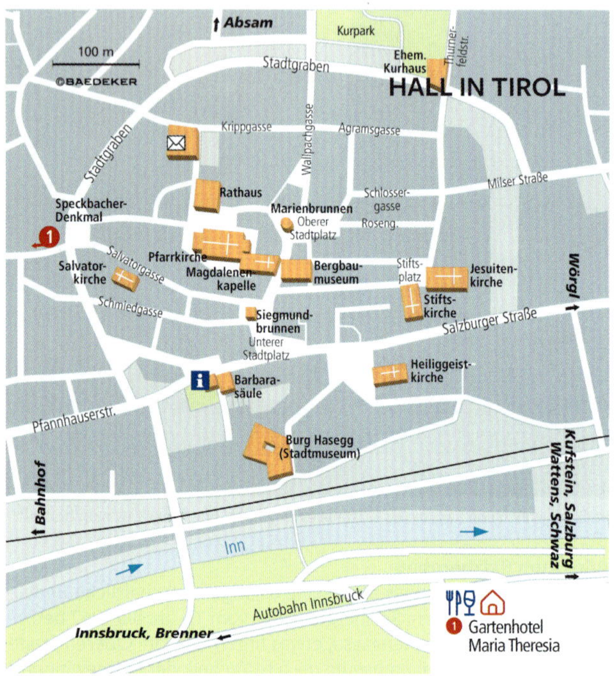

dunklen Pool. Vom einfachen Andenken bis zu edlen Schmuck-Kreationen reicht die Palette der Kristall-Souvenirs.

Tgl. 9–19 Uhr | Eintritt: 23 €
www.kristallwelten.swarovski.com

Schwaz und Umgebung

Gold und Silber lieb ich sehr ...

Weitere 11 km innabwärts folgt die alte Bergbaustadt Schwaz (535 m; 13 900 Einw.). Um 1500 hatte Schwaz 20 000 Einwohner und war damit nach Wien die bevölkerungsreichste Stadt des Landes. Der Silber- und Kupferabbau erlaubte den Landesfürsten rege Bautätigkeit und füllte die Kriegskasse von Kaiser Maximilian I. Nahe der Brücke am Stadtplatz erinnert das gotische **Fuggerhaus** mit Erkertürmchen und Laubenhof an die Augsburger Fugger als bedeutendste Unternehmer im Schwazer Bergbau und Edelmetallhandel. Die **Pfarrkirche** (15. Jh.) ist die größte gotische Hallenkirche Tirols, ihr Dach ist mit dem »Bergsegen«, 15 000 gehämmerten Kupferplatten, gedeckt.

Etwa 1 km östlich von Schwaz, in der Alten Landstraße 3a, wurde der frühere **Sigmund-Erb-Stollen** (Silberbergbau) als Schaubergwerk

eingerichtet: Mit einer Grubenbahn fährt man 800 m tief in den Berg ein – vorbei an Sinter- und Tropfsteinbildungen – und erlebt eine spannende, rund 90-minütige Führung in jene Zeit, als Schwaz den respektvollen Namen »Aller Bergwerke Mutter« trug und für die Gewinnung der Erzvorkommen bahnbrechende technische Methoden entwickelt wurden.
Direkt neben dem Schaubergwerk bringt das **Zeiss-Planetarium** Besuchern kosmische Ereignisse näher. Einen Besuch lohnt das **Museum der Völker** 900 m westlich (St. Martin 16), eine umfangreiche Sammlung für Ethnografie und außereuropäische Kunst.
Schaubergwerk: Mai–Sept. tgl. 9–17, Okt.–April tgl. 10–16 Uhr (letzter Führungsbeginn) | Eintritt: 20 € | www.silberbergwerk.at
Planetarium: Eintritt: 11,50 € | www.planetarium.at
Museum der Völker: Do.–So. 10– 17 | Eintritt: 8 €
www.museumdervoelker.com

Du, glückliches Austria, heirate!

Schloss Tratzberg

Flussabwärts thront östlich von Stans das vierflügelige Schloss Tratzberg über dem Inntal. Der spätgotische, in der Renaissance erweiterte Bau ist das einzige Schloss in Tirol mit original erhalten gebliebener Einrichtung. In den Stuben ließen einst Kaiser Maximilian I. und die Fugger ihre Jagdausflüge in der Umgebung Revue passieren. Um 1507 entstand der 46 m lange **Habsburger-Stammbaum**. Er macht deutlich, dass die einstige Herrscherfamilie schon früh auf dynastische Verbindungen in ganz Europa setzte. Die Bilder eröffnen zudem faszinierende Einblicke in die Mode des ausgehenden 15. Jahrhunderts.
Führungen April–Okt. tgl. 10–16 Uhr | Eintritt: 13,50 €
www.schloss-tratzberg.at

HALL IN TIROL ERLEBEN

TOURISMUSVERBAND REGION HALL-WATTENS
Unterer Stadtplatz 19
A-6060 Hall in Tirol
Tel. 05223 4 55 44
www.hall-wattens.at
(Kontaktaufnahe auch im Live-Chat möglich)

❶ GARTENHOTEL MARIA THERESIA €€€
Die Zimmer des Hotels sind modern ausgestattet und haben einen traumhaften Ausblick auf die Tiroler Bergwelt. Auf den Tisch kommen feine Gerichte wie Lammrückenfilet, aber auch deftige Wirtshausspeisen. Viele der Zutaten stammen aus der eigenen Landwirtschaft.
Reimmichlstraße 25
A-6060 Hall, Tel. 05223 5 63 13
www.gartenhotel.at

★ HALLEIN

Bundesland: Salzburg | **Höhe:** 450 m ü. d. M | **Einwohner:** 21 400

Schon vor gut 2500 Jahren bauten vermutlich Kelten bei Hallein das »Weiße Gold« ab. Das weltweit führende Keltenmuseum zur La-Tène-Zeit wirft einen faszinierenden Blick in den Alltag der ersten Salzherren vom Dürrnberg, das Schaubergwerk Salzwelten lässt die zweite Blüte des Salzabbaus ab etwa 1200 Revue passieren. Und in der bezaubernden Altstadt klingt die goldene Ära Halleins nach.

Uralte Salzstadt

Erste Siedlungshinweise werden auf etwa 700 v. Chr. datiert, als wahrscheinlich keltische Siedler 15 km südlich von Salzburg am Austritt der Salzach ins Voralpenland mit der Salzgewinnung am Dürrnberg bei Hallein begannen. Die erste Blütezeit endete mit dem Auftauchen der Römer um 15 v. Chr. Im Mittelalter begründete der neu aufgenommene Salzabbau die wirtschaftliche Machtstellung der Saline Hallein im Ostalpenraum und bildete die Grundlage für den Aufstieg Salzburgs unter seinen Fürsterzbischöfen. An einer der wichtigsten Nord-Süd-Verbindungen über die Alpen gelegen, kam Hallein zu beträchtlichem Wohlstand.

Oft recht träge fließt die Salzach bei Hallein dahin, flankiert von den mächtigen Gipfeln des Hohen Gölls und des Barmsteins.

Wohin in Hallein und Umgebung?

Verwinkelte Gassen, schmucke Bürgerhäuser und Stille Nacht
Hübsch restaurierte Bürgerhäuser und verwinkelte Gassen laden zum Bummeln in der Altstadt ein, das Auge streift über Barock- und Rokokofassaden, elegante Torbögen und Statuen. An der Nordseite der Pfarrkirche liegt das Grab des Komponisten von »Stille Nacht, heilige Nacht«, Franz Xaver Gruber (1787–1863). In seinem Wohnhaus gegenüber ist das **Stille-Nacht-Museum** eingerichtet. Zu sehen ist u. a. jene Gitarre, die das Lied bei der Uraufführung begleitete.
Tgl. 9–17 Uhr | Eintritt: 5 € | www.keltenmuseum.at

Salzherren, Grabkammern und kunstvoller Goldschmuck
Mit eisenzeitlichen Gräberfunden vom Dürrnberg und Relikten des prähistorischen Bergwerks gewährt das Keltenmuseum tiefe Einblicke in das Leben der Hallstatt- und La-Tène-Zeit (750–15 v. Chr.). Dass die Dürrnberger Schmiede nicht nur Meister der Waffenproduktion waren, zeigt die berühmte, 2500 Jahre alte Schnabelkanne. Filigrane Fibeln und aufwändig gearbeiteter Schmuck belegen den Wohlstand der Salzherren, Gegenstände aus Bernstein und Koralle ein europaweites Handelsnetz. In den Fürstenzimmern zeigen mehr als 70 detailreiche Gemälde aus der Mitte des 18. Jh.s den gesamten Vorgang der Salzgewinnung.

HALLEIN ERLEBEN

TOURISMUSVERBAND HALLEIN

Mo.–Fr. 8.30–17 Uhr
Mauttorpromenade 6
A-5400 Hallein
Tel. 06245 8 53 94
www.hallein.com

DOPPELSESSELLIFT ZINKENKOGEL

Vom Zinkenkogel, erschlossen per Sessellift von Bad Dürrnberg, sausen im Winter die Skifahrer talwärts, im Sommer geht es auf der 2,2 km langen Sommerrodelbahn »Keltenblitz« hinunter zur Talstation.
www.duerrnberg.at

HALLEINER STADTKRUG €€

In der urigen Gaststube kommen österreichische Schmankerl auf den Tisch – selbstverständlich aus regionalen Produkten. Di. Ruhetag.
Bayrhamerplatz 10,
A-5400 Hallein
Tel. 06245 7 01 60
www.stadtkrug-hallein.at

KRANZBICHLHOF €€€

Das familiengeführte Hotel Garni bietet behagliche Zimmer, ein Spa und ein üppiges Frühstücksbuffet mit Bio-Produkten.
Hofgasse 12
A-5422 Bad Dürrnberg
Tel. 06245 7 37 72
www.kranzbichlhof.net

Mit dem Auto oder Postbus geht es hinauf nach Bad Dürrnberg, wo mit dem **Keltendorf SALINA** der Freilichtteil des Keltenmuseums zu finden ist. Mit audiovisuellen Installationen werden Alltag und Kultur der Kelten bis zum Auftauchen der Römer um die Zeitenwende greifbar.
Pflegerplatz 5 | tgl. 9–17 Uhr | Eintritt: 8 € | www.keltenmuseum.at

Salzwelten Hallein im Dürrnberg

In den Bauch des Dürrnbergs
Die Salzvorkommen in den Tiefen des Dürrnbergs wurden um 1200 wieder als Quelle des Wohlstands entdeckt. Seit dem Ende der Salzproduktion 1989 steht das Bergwerk als »Salzwelten Hallein« ganz im Zeichen des Tourismus.
Über lange Bergmannsrutschen ist das älteste Besucherbergwerk der Welt erschlossen. Per Floß geht es über den spektakulär beleuchteten Salzsee, eine weitere Schaustelle thematisiert die Funde zweier prähistorischer Bergmänner. 70 Minuten später geht es mit Grubenhunten durch lange Stollen zum Ausgang. Warme Kleidung nicht vergessen – unter Tage herrscht eine konstante Temperatur von 10 °C!
April–Okt. tgl. 9–17, Nov., Dez., Feb., März tgl. 10–15 Uhr

Eintritt: 30 € (inkl. Keltendorf und Keltenmuseum)
www.salzwelten.at

Wildes Wasser in allen Facetten

Golling

Rund um die Marktgemeinde Golling (480 m; 4320 Einw.) 12 km südlich von Hallein klingen die Naturgewalten nach, die das Salzburger Land geformt haben: Der **Gollinger Wasserfall** stürzt in zwei Stufen rund 75 m herab. Auch die große Salzach hat in der Nähe von Golling eine geradezu wildromantische Schlucht geschaffen. Vom Pass Lueg aus sind es nur wenige Schritte bis zu den **Salzachöfen**, ein imposanter, knapp 80 m tiefer Durchbruch im Dachsteinkalk zwischen Tennen- und Hagengebirge. Zwischen Golling und Pass Lueg mündet die Lammer von Osten kommend in die Salzach. Folgt man ihr flussaufwärts, trifft man bei Oberscheffau auf die **Lammeröfen**, eine etwa 1 km lange Klamm, die ein beeindruckendes Schauspiel aus Licht, tosendem Wasser und Schatten bietet. Gesicherte Steige führen tief hinunter. Auf geführten Touren mit Kajak, Raftingbooten oder Tubes können Wagemutige die wilde Lammer bändigen.

Golling-Wasserfall: Mai–Okt. | Eintritt: 5 €
Salzachöfen: Mai–Okt. | Eintritt: 5 €
Lammeröfen: April–Okt. | Eintritt: 7 €

★ HALLSTATT

Bundesland: Oberösterreich | **Höhe:** 511 m ü. d. M. | **Einwohner:** 725

Schon Alexander von Humboldt nannte Hallstatt »den schönsten Seeort der Welt«. Angesichts des bezaubernden Anblicks der wie Schwalbennester am steilen Berghang über dem Hallstätter See klebenden Häuser ist man geneigt, ihm Recht zu geben.

L4

Besonders in Asien genießt der kleine Ort im Salzkammergut Kultstatus. Seit 2012 in der südchinesischen Stadt Boluo eine Kopie von Hallstatt aus dem Boden gestampft wurde, wollen besonders viele Besucher aus dem Reich der Mitte das Original sehen. Wer kann, sollte das Städtchen also außerhalb der klassischen Stoßzeiten besichtigen.

»Der schönste Seeort der Welt«

Jungsteinzeitliche Jäger gruben schon vor mehr als 7000 Jahren am Hallstätter Berg mit Hirschhornwerkzeugen nach Salz. In der späten Bronze- und der Eisenzeit dann entwickelte sich dort dank systematisch betriebenem Salzbergbau eine prosperierende Gesellschaft, die einer ganzen Epoche den Namen gab: die Hallstatt-Kultur. Die kostbaren Grabbeigaben, die bereits im 19. Jh. in einem bronzezeitlichen Gräberfeld im Hochtal über Hallstatt gefunden wurden, zeugen vom

DAS WEISSE GOLD

Dank reicher Steinsalzvorkommen entwickelte sich im Salzkammergut der Salzbergbau bereits in der Jungsteinzeit. Im Mittelalter brachten Abbau und Handel mit Salz, das zeitweise sogar den Wert von Gold überschritt, großen Wohlstand und gaben der Region und einigen Orten ihre Namen. So geht z. B. der Begriff »Hall« (Hallein, Hallstatt) auf das germanische Wort für »Salz« zurück.

▶ Wie Salz gewonnen wird

Aus dem Meerwasser
Zunächst wird Meerwasser zur Konzentration in Verdunstungsteiche gepumpt. Durch Verdampfung entsteht eine gesättigte Sole, die dann in Kristallisierungsteiche geleitet wird. Dort verdunstet das Wasser vollständig. Ein Kubikmeter Meerwasser hinterlässt ca. 23 kg Meersalz.

Aus der Sole
Die Gewinnung künstlicher Sole erfolgt in Kavernen (Hohlräume), in die durch Bohrungen Süßwasser eingebracht wird. Die so erzeugte Rohsole durchläuft eine chemische Reinigung (Salzaufbereitung) und wird am Ende durch Eindampfung auskristallisiert.

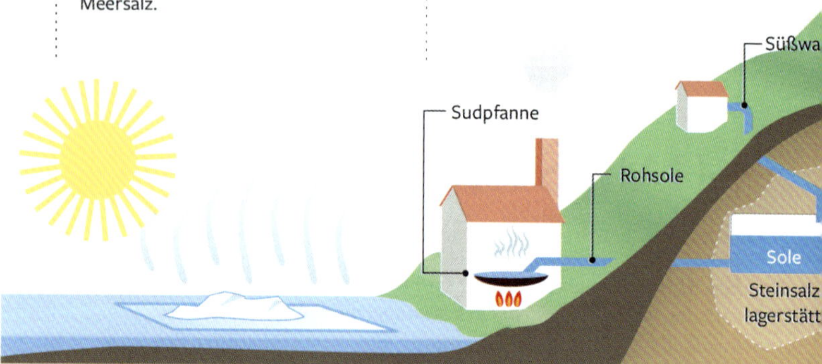

▶ Verbreitung der Hallstattkultur in Europa

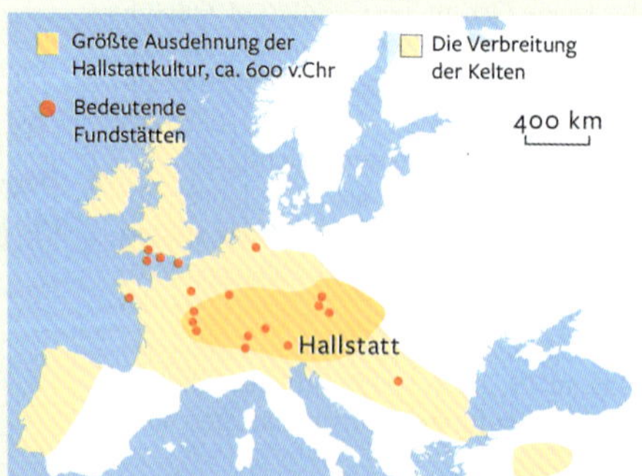

Die Hallstattkultur (ca. 800–450 v. Chr.) war eine aus bronzezeitlichen Kulturen entstandene keltische Kultur. In ganz Mitteleuropa finden sich Gräber mit vielen Beigaben, die von einem hohen Stand der Metallverarbeitung zeugen. Der Salzabbau in Hallstatt und Hallein in Österreich war die Basis des Reichtums der Hallstattkultur.

Aus dem Bergwerk

Der Abbau des Steinsalzes geschieht durch Bohren und Sprengen. Es entstehen rechteckige Kammern, die durch verbleibende Pfeiler aus Salzgestein gestützt werden. Das herausgebrochene Steinsalz wird zerkleinert und über Förderbandanlagen zum Förderschacht transportiert.

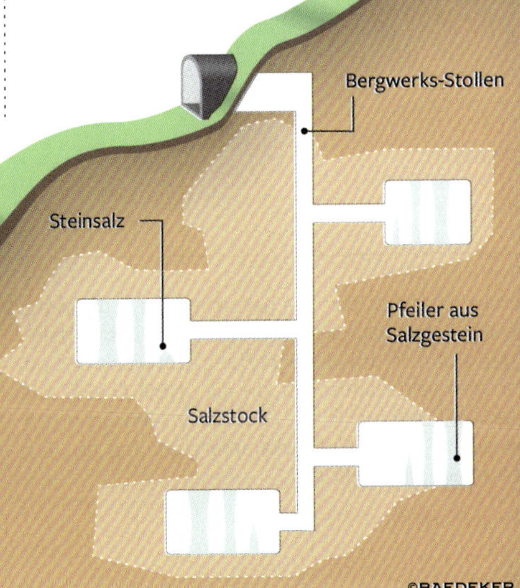

▶ Salz als Verbrauchsmittel

Im Jahr 2016 wurden in Deutschland rund **12 Mio. Tonnen Salz** verbraucht.

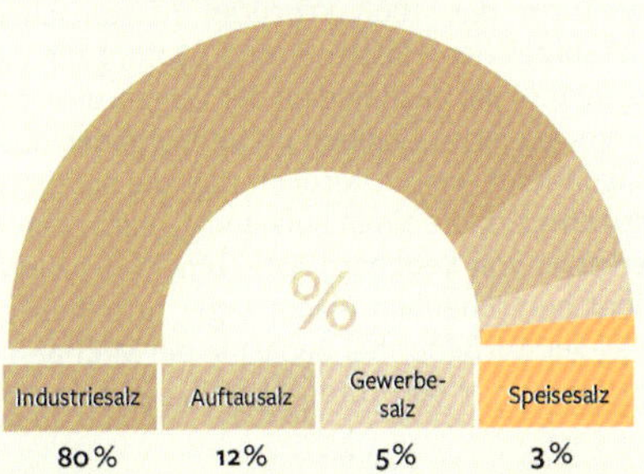

▶ 7000 Jahre Salzabbau in Hallstatt

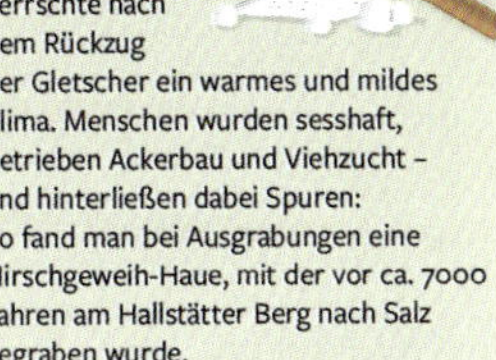

Steinzeit
In Europa herrschte nach dem Rückzug der Gletscher ein warmes und mildes Klima. Menschen wurden sesshaft, betrieben Ackerbau und Viehzucht – und hinterließen dabei Spuren: So fand man bei Ausgrabungen eine Hirschgeweih-Haue, mit der vor ca. 7000 Jahren am Hallstätter Berg nach Salz gegraben wurde.

Römische Zeit
Ab dem ersten vorchristlichen Jahrhundert gruben keltische Bergleute wieder Salz aus dem Berg im Hallstätter Hochtal. Einige Jahrhunderte zuvor waren durch Hangrutschungen sämtliche Zugänge verschüttet worden.

Mittelalter
Im 12. Jh. konnte Salz erstmals mit Hilfe von Wasser abgebaut werden. Die wässrige Salzlösung (Sole) wurde über hölzerne Leitungen ins Tal geführt. 1595 entstand in der Region mit über 40 km Länge die älteste Pipeline der Welt. Sie bestand aus 13 000 durchbohrten Baumstämmen. Heute folgt ihr ein idyllischer Wanderweg.

Neuzeit
Um 1877 begann mit dem Bau der Eisenbahn das Industriezeitalter auch im Salzkammergut. Maschinen erleichterten die Arbeit im Berg und Exportwege wurden ausgebaut. Gewonnene Sole wurde auch für Kuranwendungen benutzt. So begann der Tourismus im Salzkammergut. Seit Dezember 1997 hat die Region Hallstatt-Dachstein/ Salzkammergut UNESCO-Weltkulturerbe-Status.

HALLSTATT ERLEBEN

TOURISMUSBÜRO HALLSTATT
Seestr. 114, A-4830 Hallstatt
Tel. 05 9 50 95-30
dachstein.salzkammergut.at

BRÄUGASTHOF AM HALLSTÄTTER SEE €€
Genießen Sie auf der Seeterrasse oder in den prachtvollen Gaststuben fangfrischen Fisch.
Seestr. 120, A-4830 Hallstatt
Tel. 06134 82 21
www.brauhaus-lobisser.com

SEEHOTEL GRÜNER BAUM €€€€
Wohnen, wo schon Kaiserin Sisi, Adalbert Stifter und Agatha Christie logierten: Die 2014 umfassend renovierte Herberge wurde im Jahr 1700 erstmals erwähnt.
Marktplatz 104, A-4830 Hallstatt
Tel. 06134 82 63 0
www.gruenerbaum.cc

Wohlstand, der damals am Hallstätter See herrschte. Bis in die Mitte des 20. Jh.s bildete der Salzabbau die Grundlage des Wirtschaftslebens und lieferte den Rohstoff für die Schaffung, Entwicklung und Pflege einer einzigartigen Kulturlandschaft, die die UNESCO 1997 auf ihre Welterbeliste setzte. Mittlerweile lockt der malerische Ort in der Welterberegion »Hallstatt-Dachstein/Salzkammergut« Tag für Tag Tausende Bustouristen aus aller Welt an.

Wohin in Hallstatt und Umgebung?

Dorfidyll

Dicht gedrängt stehen die entzückenden Häuser des 725-Seelen-Dorfs am Fuß des 1953 m aufragenden Plassen. Die kunstvoll geschnitzten Balkone schmücken im Sommer in allen Farben leuchtende Blumen. Der spitze Turm der 1863 erbauten neugotischen **Christuskirche** ist ein Wahrzeichen Hallstatts und Symbol für die Beharrlichkeit der Protestanten, die nach Beginn der Gegenreformation über Generationen hinweg ihren Glauben im Verborgenen ausüben mussten. Nur wenige Meter weiter nördlich ragt die spätgotische, katholische **Pfarrkirche** auf, die einen aufwändig gearbeiteten Marienaltar aus der Werkstatt von Leonhard Astl (um 1515) birgt. Um den auf dem Friedhof herrschenden Platzmangel zu beheben, wurden die Gebeine vieler Verstorbener bei Bedarf in die **Michaelskapelle** umgebettet. Viele der über 600 Totenschädel, die dort aufbewahrt werden, sind bemalt und mit Namen und Lebensdaten versehen. Hallstatts **Welterbe-Museum** spannt einen Bogen von den Anfängen des Salzabbaus vor 7000 Jahren über die Gräberfunde der Hallstatt-Zeit und den Beginn des Tourismus im 19. Jh. bis zur Aufnahme der Region in die Welterbeliste der UNESCO.

Welterbe-Museum: Jan.-März, Nov. u. Dez. Mi.-So. 11-15, April u. Okt. tgl. 10-16, Mai-Sept. tgl. 10-18 Uhr | Eintritt: 10 €
www.museum-hallstatt.at

Hallstatt von seiner schönsten Seite

Hallstätter See

Schon Biedermeier-Maler bannten das Dorf am liebsten vom Wasser aus auf die Leinwand. Der Blick vom Boot fällt auf einen wie verzaubert wirkenden kleinen Ort, der im Schutz dicht bewaldeter Berghänge vor sich hin zu träumen scheint. Der bis zu 125 m tiefe, dunkle Hallstätter See erinnert ein wenig an einen norwegischen Fjord.

Zeitreise unter Tage

Schaubergwerk

Ein Besuch des Schaubergwerks im Hochtal 400 m über Hallstatt ist fast schon touristische Pflicht. Von der Bergstation der Salzbergbahn geht es über eine Brücke zum **Rudolfsturm**, in dem bis 1954 der Bergmeister residierte. Direkt davor ragt die **Aussichtsplattform Welterbeblick** 12 m über den Abgrund hinaus und bietet grandiose Blicke auf Ort und See. Ein kurzer Spazierweg führt am **Hallstätter**

Vom Rudolfsturm auf dem Salzberg bietet sich ein spektakulärer Blick auf Hallstatt und den See.

Gräberfeld vorbei zum Bergwerk. Dort befahren die Besucher auf Bergmannsrutschen und mit der Grubenbahn die Unterwelt. Highlight ist das **Bronzezeit-Kino**, in dem Udlo, ein Bub der Bronzezeit, über eine mehr als 3500 Jahre alte Holztreppe marschiert und zeigt, wie ein Arbeitstag in dem bronzezeitlichen Bergwerk aussah.
April–Sept. tgl. 9.30–16, Okt.–März bis 14.30 Uhr
Eintritt: 36 € (inkl. Salzbergbahn) | www.salzwelten.at

HOCHKÖNIG

Bundesland: Salzburg

Der Hochkönig, eines der eindrucksvollsten Gebirgsmassive der Nordalpen, schließt südöstlich an das Steinerne Meer an. Am Südfuß des mächtigen, schroff abfallenden Massivs finden Wanderer und Skifahrer traumhafte Bedingungen vor.

Dabei beschreitet die Tourismusregion längst auch neue Wege. Mit Kräuterwanderungen setzt man einen frischen thematischen Schwerpunkt. In punkto Mountainbikes und E-Bikes zählt der Hochkönig ohnehin zu den Vorzeige-Regionen im Salzburger Land. Und auch in der Wintersaison ist der Hochkönig ein gefragtes Reiseziel: »Hochkönigs Winterreich« ist dem Skiverbund Amadé angeschlossen.

Wohin am Hochkönig?

Kirchen als Blickfang

Maria Alm

Maria Alm, der westlichste der Urlaubsorte am Hochkönig, wartet mit der höchsten Kirchturmspitze im ganzen Salzburger Land auf. Stolze 84 m ragt der nadelspitze Turm der Wallfahrtskirche empor. Auch im 14 km weiter östlich gelegenen Dorf **Dienten** (1071 m) scheinen die Mächte des Himmels und der Natur zu konkurrieren. Die **Pfarrkirche St. Nikolaus** auf dem Kirchbühel dort nimmt sich vor den Felswänden des Hochkönigs besonders malerisch aus. Innen sind das gotische Sternrippengewölbe und der Hochaltar von 1660 sehenswert.

Ungeahnte Schätze

Bergbaumuseum Hochkönig

In Mühlbach eröffnet das Bergbaumuseum spannende Einblicke in die Geschichte des Kupferabbaus in der Region. Belegt sind Kupferminen am Mitterberg für die Zeit zwischen 2000 und 800 v. Chr. Illyrische Bergleute bauten das Erz im Untertagbau ab und drangen bis zu 120 m tief in den Fels vor. Das Kupfer in der im Jahr 1999 gefunde-

HOCHKÖNIG ERLEBEN

TOURISMUSVERBAND HOCHKÖNIG
Am Gemeindeplatz 7
A-5761 Maria Alm
Tel. 06584 203 88
www.hochkoenig.at

ÜBERGOSSENE ALM €€€€
Hier residieren Sie großzügig und elegant mit Hochkönig-Traumblick. Das Alpinresort bietet geführte Wanderungen und ein vielfältiges Wohlfühlprogramm. Das Restaurant verwöhnt mit Schmankerln vom Biobauern.
Sonnberg 23, A-5652 Dienten
Tel. 06461 23 00
www.uebergossenealm.at

nen berühmten Himmelsscheibe von Nebra stammt vermutlich vom Mitterberg. Am Ende der Bronzezeit wurde der Abbau eingestellt. Erst im Jahr 1827 entdeckte ein Bauer die Lagestätten neu. Bis 1977 wurde am Mitterberg wieder Kupfer abgebaut. Die Führungen durch den Schaustollen gleichen einer Zeitreise durch 4000 Jahre Bergbaugeschichte.
Mai, Juni u. Sept. Mi.–Fr. 13–17 Uhr, Juli u. Aug. auch Di., Okt. nur Do. | Schaustollen-Führungen an Öffnungstagen um 14, im Sommer auch 15.30 Uhr | Eintritt: Museum 7 €, Schaustollen 8 €, Kombiticket 12 € | www.museum-hochkoenig.com

Bergsteiger-Arena

Hochkönig-Massiv

Der Gebirgsstock südöstlich von Saalfelden zählt zu den gewaltigsten Bergmassiven der Alpen. Der Hauptberg des Plateaus ist mit 2941 m zugleich der höchste Gipfel der Salzburger Kalkhochalpen. Wer über entsprechende Kondition verfügt, kann den Hochkönig in fünf bis sechs Stunden erklimmen. Die Aussicht reicht bis zur Zugspitze und zum Großglockner. Einplanen sollte man eine Übernachtung im **Matrashaus** am Gipfel.
An die steil abfallenden Südwände des Hochkönigmassivs schmiegen sich herrliche **Almen**. Sie zählen zu den panoramaträchtigsten Abschnitten des Salzburger Almenwegs. Brandstädt-Hütte, Molterau-Hütte und Co. bieten Brettljause, Buttermilch und Kaspressknödel. Auf den zwölf Kräuteralmen der Region werden die Schätze der Natur zu Heidelbeeressig, Holunderblütenlikör und auch schmackhaften Aufstrichen verarbeitet. Von Frühjahr bis Mitte Oktober pendelt der Wanderbus von Saalfelden über Dienten zum Arthurhaus oberhalb von Mühlbach.
Matrashaus: Juni–Okt. | Tel. 06467 75 66 | www.matrashaus.at
www.salzburger-almenweg.at, www.hochkoenig.at

★★ HOHE TAUERN

Bundesländer: Salzburg, Tirol (Osttirol) und Kärnten
Höchste Erhebung: Großglockner (3798 m ü. d. M.)

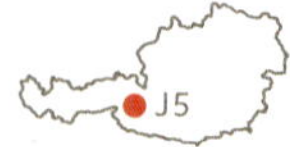

Der gewaltige Gebirgszug der Hohen Tauern erstreckt sich von Westen nach Osten und grenzt das Salzburger Land südlich gegen Osttirol und Kärnten ab. Bergsteigen und Wandern stehen auf der To-Do-Liste ganz oben – schließlich thront hier auch der König unter Österreichs Bergen, der Großglockner. Aber auch wer nicht die höchsten Stockwerke erklimmen will, erlebt mit den Touren, die von den Rangern des Nationalparks Hohe Tauern angeboten werden, die alpine Natur hautnah.

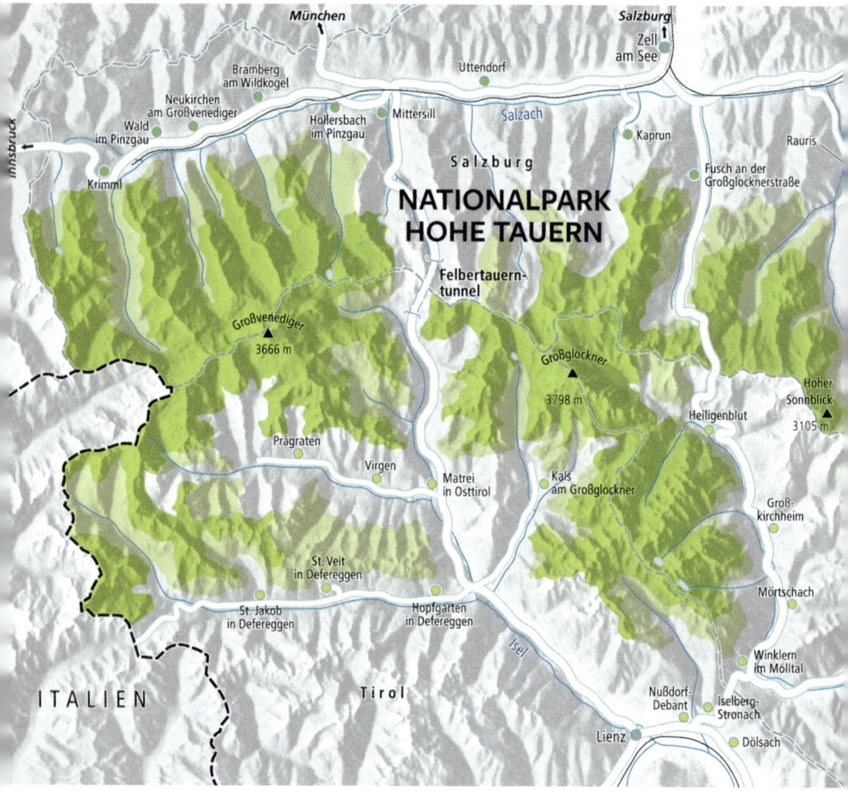

Weite Firnflächen und zerrissene Hängegletscher, steile Felsspitzen und blendend weiße Schneegiebel prägen den Hauptkamm der Hohen Tauern. Die tief eingeschnittenen und jäh abwärts führenden Nordtäler münden wie Zinken eines Kamms in das **Salzachtal**. Wild schäumende Gletscherabflüsse, die »Achen«, stürzen in gewaltigen Wasserfällen wie den Krimmler Fällen (▶ S. 212) zu Tal oder zersägen es in tiefe Klammen (z. B. Sigmund-Thun, Kitzloch- und Liechtensteinklamm).

Nach Süden ziehen vom Hauptkamm lange Seitenkämme abwärts zum **Drautal**. Seine Seitentäler, das Osttiroler Iseltal und das Kärntner Mölltal, dringen dazwischen tief in den Hauptstock vor. Freundlich geweitet und verhältnismäßig stark besiedelt, bilden sie den Gegensatz zur düsteren Großartigkeit der meisten Täler auf der Salzburger Nordseite.

Naturerfahrung im Hochgebirge

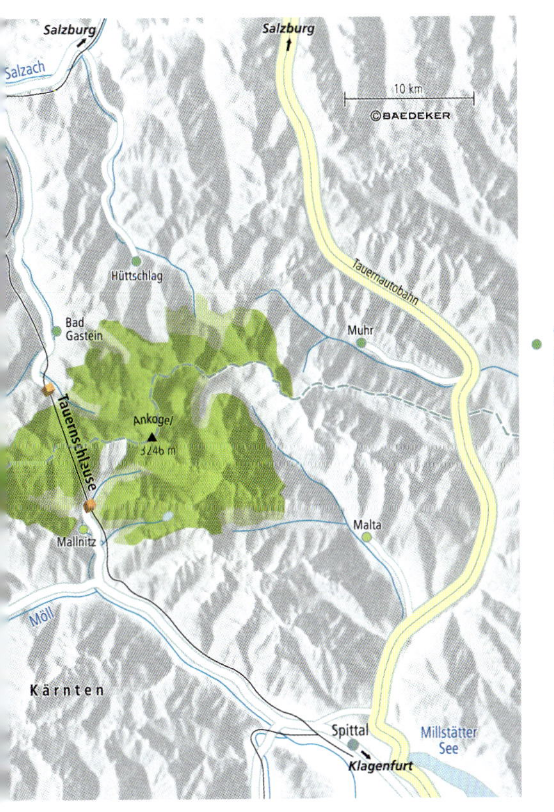

Außenzone

Kernzone und Sonderschutzgebiete

Nationalparkgemeinden

Salzburger Nationalparkgemeinden:
Krimml, Wald im Pinzgau, Neukirchen, Bramberg, Hollersbach, Mittersill **(Nationalparkzentrum)**, Uttendorf, Kaprun, Fusch, Rauris, Bad Gastein, Hüttschlag, Muhr

www.nationalpark.at

HOHE TAUERN ERLEBEN

FERIENREGION NATIONALPARK HOHE TAUERN
Gerlosstr. 18, A-5730 Mittersill
Tel. 06562 4 09 39
www.nationalpark.at

NATIONALPARKREGION HOHE TAUERN KÄRNTEN
Hof 4, A-9844 Heiligenblut am Großglockner, Tel. 04824 27 00
www.nationalpark-hohetauern.at

BESUCHERSERVICE NATIONALPARK HOHE TAUERN
Nationalparkhaus Matrei
Kirchplatz 2, A-9971 Matrei i. O.
Tel. 04875 51 61 10 0
https://hohetauern.at

Der Zweithöchste in den Tauern

Venedigergruppe

Die westlichste Gruppe der Hohen Tauern, die Venedigergruppe, weist nach den Bergen des Ötztales die größte Gletscherbedeckung der österreichischen Alpen auf. Hauptgipfel ist der Großvenediger (3666 m). Seine prächtige, allseits von Eis umgebene Firnpyramide macht gletscherkundigen Wanderern keine großen Schwierigkeiten.

Höchster!

Glocknergruppe

In der Glocknergruppe ragen die Hohen Tauern am höchsten auf – etwa 40 Gletscher verteilen sich hier. Die noch rund 8 km lange Pasterze, größter Gletscher Österreichs, und der gewaltige Großglockner (3798 m) bilden den Kern dieser grandiosen Gebirgsformation. Die Hochregion der Glocknergruppe ist im Sommer über die ▶ Großglockner-Hochalpenstraße befahrbar. Am 28. Juli 1800 wurde der Gipfel des Großglockners gleich von mehreren Bergsteigern erreicht.

 Nationalpark Hohe Tauern

Langer Anlauf zum größten Nationalpark Mitteleuropas

Geschichte

Weite Teile der Hohen Tauern sind Nationalpark. Der Münchner Verein Naturschutzpark erwarb 1909 12 km² Alm- und Waldflächen im Felber- und Stubachtal. 1918 kaufte der Villacher Holzindustrielle Albert Wirth ein 40 km² großes Gebiet um den Großglockner und schenkte es dem Österreichischen Alpenverein mit der Auflage, es

Wie der Klimawandel an den Gletscherfeldern der Alpen nagt, erlebt man hautnah auf der Pasterze, deren Gletscherzunge Jahr für Jahr weiter zerfällt.

für die Nachwelt zu bewahren. Doch erst 1971 vereinbarten Kärnten, Tirol und Salzburg die Gründung des grenzübergreifenden Nationalparks Hohe Tauern. Heute ist dieser mit 1856 km² der größte Nationalpark in Mitteleuropa.

Pfiffig!

Naturvermittlung und Artenschutz

Im Nationalpark trifft man u. a. auf Gämse, Steinbock, Murmeltier, Birk- und Schneehuhn, Steinadler und Bartgeier. In den höchsten Regionen sieht man Zwergstrauchheiden, Polsterpflanzen und verschiedene Flechtenarten; bis in die Gipfelregionen findet man Gletscherhahnenfuß. 350 Almen gibt es in der Außenzone des Nationalparks, es sind ausgesprochen artenreiche Blumenwiesen.
Mit einem pfiffigen Erlebnisprogramm bringen die Nationalparkgemeinden Besuchern die wunderbare Gebirgslandschaft der Hohen Tauern näher. Ranger begleiten in den Sommermonaten Wanderbegeisterte auf reizvollen Touren. Im Winter lädt man zu Schneeschuhwanderungen. Und bei schlechtem Wetter lohnt der Besuch in den Nationalparkwelten in Mittersill. (▶ Krimml)

Wandererlebnis der Extraklasse

Panorama Trail

Seit Mai 2021 bietet der Hohe Tauern Panorama Trail Weitwanderern sensationelle Landschaftserlebnisse und Traumaussichten. Er verläuft von den Krimmler Wasserfällen (▶ Krimml) bis zur Schmittenhöhe (▶ Zeller See). In zehn Tagesetappen sind die 153 km und der Höhenunterschied von 9000 m zu bewältigen.

IMST

Bundesland: Tirol | **Höhe:** 828 m ü. d. M. | **Einwohner:** 10 900

Scheller, Roller, Spiegeltuxer, Bärentreiber und Co. verwandeln Imst alle vier Jahre in eine Hochburg der Tiroler Fasnacht. Auch abseits des berühmten Schemenlaufens hat die alte Stadt über dem Inn einiges zu bieten – als Hochburg des Klettersports und als guter Ausgangspunkt für Erkundungen in den ▶ Lechtaler Alpen sowie im ▶ Ötztal und ▶ Pitztal.

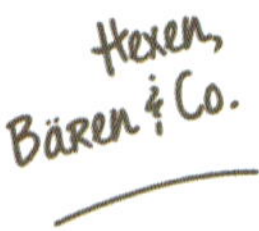

Im Mittelpunkt stehen der fröhliche Roller und der missmutige Scheller, die – je nach Lesart – die Gegensatzpaare Frühling-Winter, jung-alt bzw. Frau-Mann verkörpern und die sich im Gangl-Tanz durch die Straßen bewegen. Eine Schar bunt gewandeter Figuren mit aufwendig geschnitzten Masken leistet ihnen Gesellschaft. Hexen,

Bärentreiber, Spritzer, Labara und Co. haben genau definierte Rollen inne. Nach alter Tradition dürfen am Schemenlaufen nur Männer teilnehmen. Das ganztägige Schauspiel – meist im Februar – zieht Tausende Menschen von nah und fern an. Seit 2012 zählt das etwa alle vier Jahre stattfindende Imster Schemenlaufen (wieder 2024) zum immateriellen UNESCO-Weltkulturerbe.

Wohin in Imst?

Närrisches Treiben

Haus der Fasnacht

Auch wer es nicht zum Schemenlauf nach Imst schafft, kann das Brauchtum der Region kennenlernen, mit dem in den Alpen der Winter ausgetrieben wird. Dokumentiert wird es im Haus der Fasnacht am Streleweg 6, auch mit Audio- und Videoinstallationen.

Fr. 16–19 Uhr u. n. V. | Eintritt: 5 € | www.fasnacht.at

Von Knappen und Vogelhändlern

Museum im Ballhaus

Die Stadtgeschichte dokumentiert das Museum im Ballhaus in der Ballgasse 1. Die Ausstellung begibt sich auf die Spuren der Knappen im nahen Gurgltal und der berühmten Imster Vogelhändler, die mit ihren Käfigen voller Singvögel einst kreuz und quer durch Europa zogen. Einen imposanten Anblick bietet die spätgotische **Pfarrkirche Mariä Himmelfahrt** mit dem höchsten Kirchturm in Tirol (86 m).

Museum im Ballhaus: Di., Do., Fr. 14–18, Sa. 9–12 Uhr | Eintritt: 3 €

Rasant in allen Belangen

Rosengartenschlucht und Hoch-Imst

Imst wurde schon 763 als »Oppidum Humiste« (»hervorsprudelnde Quelle«) urkundlich erwähnt. In Form von gleich 20 ansehnlich restaurierten Brunnen ist das kostbare Nass im Stadtbild omnipräsent

IMST ERLEBEN

IMST TOURISMUS
Johannesplatz 4, A-6460 Imst
Tel. 05412 69 10, www.imst.at

GASTHOF SONNE €€
In der gemütlichen holzgetäfelten Gaststube werden typische Tiroler Speisen und ausgewählte Weine serviert, bei schönem Wetter lädt der Biergarten zum Verweilen ein. Auch einige gemütlich eingerichtete Zimmer werden vermietet.
Johannesplatz 4, A-6460 Imst
Tel. 05412 6 72 92
www.sonne-imst.at

(Online-Folder unter www.imst.at). Besonders spektakulär inszeniert die Natur die Kraft des Wassers in der Rosengartenschlucht. Das Tor zu dieser Wunderwelt aus brodelnder Gischt, glattgeschliffenen Steinbecken und überhängendem Fels liegt gleich hinter der Johanneskirche. 1,5 km lang ist der Mai bis Oktober zugängliche Wanderweg, der über Holzsteige, Brücken und Tunnels nach Hoch-Imst führt und dabei 200 Höhenmeter überwindet.
In Hoch-Imst selbst erwartet Tatendurstige ein weiteres Abenteuer: Der **Alpine Coaster** ist mit einer Länge von 3,5 km eine der längsten Sommerrodelbahnen der Welt und bietet mit einem 450-Grad-Kreisel und mehreren »Jumps« Nervenkitzel am laufenden Band.
Alpine Coaster: Mai u. Okt. Do.–So. 9.30–17 Uhr, Juni–Sept. tgl. Fahrt 10,50 € | www.imster-bergbahnen.at

»Das freundlichste Wunder der Nachkriegszeit«

SOS-Kinderdorf

Einen Namen gemacht hat sich Imst durch das erste SOS-Kinderdorf, das der Sozialpädagoge **Hermann Gmeiner** 1949 gründete. Heute ist die unabhängige und überkonfessionelle Hilfsorganisation in 137 Ländern verankert und betreut familiennah in 572 SOS-Kinderdörfern bzw. weiteren Jugendeinrichtungen über 413 000 Minderjährige, die aus verschiedensten Gründen nicht bei ihren Eltern aufwachsen können. In Österreich gibt es zehn SOS-Kinderdörfer. Albert Schweitzer bezeichnete die Kinderdörfer als »freundlichstes Wunder der Nachkriegszeit«.

Rund um Imst

Von den Schemen zu den Schellern ...

Nassereith

Alle drei Jahre – das nächste Mal 2025 – liegt das rund 13 km nordöstl. von Imst gelegene Nassereith (843 m; 2200 Einw.) im Bann des Schellerlaufens – die kunstvollen Masken im **Fasnachtsmuseum** (Sachsengasse 81a) lohnen aber immer einen Blick. Nördlich gelangt man über den Fernpass (1209 m) nach Ehrwald (▶ Zugspitzmassiv).
Mai–Okt. Fr. 16–19 Uhr | Eintritt: 3 € | www.fasnacht-nassereith.at

... und weiter zu den Schleichern

Mieminger Plateau und Telfs

Über eine Panoramastraße gelangt man von Nassereith zum Mieminger Plateau hoch über dem Inntal. Farbenprächtig in Gelb und Orange präsentiert sich die Erholungslandschaft am Fuß der Mieminger Kette im Spätherbst, wenn die Lärchenwäldchen zu »brennen« beginnen. Die Mieminger Straße (B 189) endet in Telfs (630 m; 16 100 Einw.), der dritten Fasnachts-Hochburg im Tiroler Oberland. Hier findet alle fünf Jahre das **Schleicherlaufen** statt, das nächste Mal 2025.
www.schleicherlaufen.at

Alpine Kaderschmiede und Kunstschmiede

Stams

Skisprungschanzen hier, Kirchtürme dort – dieses Nebeneinander bestimmt die Skyline von Stams (671 m; 1550 Einw.) rund 25 km flussabwärts von Imst. Das Skigymnasium Stams ist eine legendäre Ausbildungsstätte für Skiläufer und Skispringer. Das **Zisterzienserstift** aus dem 13. Jh. ist die bedeutendste Klosteranlage Tirols. Sein heutiges Aussehen verdankt das einst romanische Kloster einer Umgestaltungsphase im 17. und 18. Jahrhundert. Erster Blickfang der Stiftskirche sind ihre prachtvoll geschmiedeten Gitter, allen voran das »Rosengitter« (1716). Schauen Sie genau hin: Keine der mehr als 80 Rosen gleicht der anderen! Im Stil eines Lebensbaumes konzipiert ist der frühbarocke Hochaltar (1613) mit 84 holzgeschnitzten, großteils vergoldeten Figuren. In punkto Leuchtkraft ebenbürtig sind die Gewölbe- und Wandbilder, die seit ihrer Entstehung vor 300 Jahren kein einziges Mal restauriert werden mussten. Hochprozentiges aus der Brennerei von Bruder Franz gibt es im Klosterladen.

Führungen Okt.–Mai Do. 16 Uhr, Juni–Sept. Mo.–Sa. 9–11 u. 13 bis 16, So. 13–16 Uhr | **Museum** Juni–Sept. Mo.–Sa. 10–12 u. 13–17, So. 13–17 Uhr | Eintritt: 13,50 € (mit Museum) | www.stiftstams.at

★★ INNSBRUCK

Bundesland: Tirol | **Höhe:** 574 m ü. d. M. | **Einwohner:** 131 000

Kaum mehr als eine halbe Stunde benötigt man, um von der Innsbrucker Altstadt auf die mächtige Nordkette zu gelangen. Die Freizeitqualität der Tiroler Landeshauptstadt mit ihrem Nebeneinander von urbanem Raum und rauer Bergwelt ist ebenso legendär wie ihr kulturelles Angebot. Bekannt ist Innsbruck seit der Jahrtausendwende für mutige Architektur.

Innsbruck breitet sich »herrlich in einem breiten, reichen Tale zwischen hohen Felsen und Gebirgen« (Goethe) aus. Oder – etwas profaner ausgedrückt – im weiten Längstal des Inn und am Schnittpunkt großer Verkehrslinien von Deutschland nach Italien und von Wien in die Schweiz. Überall öffnen sich Durch- und Ausblicke auf die Berge, die über den anmutigen Mittelgebirgsterrassen aufragen. Durch seine Lage vor Nordwinden geschützt, erfreut sich die Stadt eines vergleichsweise milden Klimas. Der historische Stadtkern begeistert vor allem mit mittelalterlich engen, winkligen Gassen und hohen Häusern spätgotischen Gepräges, an denen man vielfach schöne Erker und Portale sieht. 30 000 Studenten – 40 % davon aus dem Ausland – bringen

Lebenslust in die vor 30 Jahren noch etwas bieder wirkende Stadt, die zugleich wichtiger Industrie- und Messestandort ist. Und es ist gewiss kein Zufall, dass man seit 2018 als erste größere Stadt Österreichs über einen Bürgermeister aus den Reihen der Grünen verfügt.

»
Die Luft war ganz rosenfarben, die mit Schnee bedeckten Berge sahen aus wie glänzende Silberwolken (...) die Lichter der Stadt erglänzten, als läge unter uns ein Sternenhimmel.
«

Hans Christian Andersen, beim Blick auf Innsbruck 1834

Von Veldidena zur Habsburger Residenz

Geschichte

Funde aus der Bronzezeit weisen auf eine sehr frühe Besiedlung hin. Kurz nach der Zeitenwende entstand das kleine Römerkastell Veldidena, das dem heutigen Ortsteil Wilten seinen Namen gab. Die eigentliche Gründung als Brückenmarkt (»Innspruke«) erfolgte 1180. Im Jahr 1239 wurde Innsbruck zur Stadt erhoben und mit Mauern und Türmen umgeben. 1363 fiel die Stadt an eine Nebenlinie der Habsburger und war von 1420 bis 1665 Residenz.

Unter Kaiser Maximilian I. (1459–1519; ▶ Interessante Menschen) wurde die Stadt zentraler Verwaltungssitz und somit ein Mittelpunkt von Kunst und Kultur. Zeitweise war die Lieblingsstadt Maximilians Hauptresidenz der deutschen Krone – und Tirol, wie er einmal sagte, »eine Geldbörse, in die man nie umsonst greift«. Im Jahr 1665 starb die Tiroler Linie der Habsburger aus, was das Ende Innsbrucks als Residenzstadt bedeutete. Dafür entstand vier Jahre später die Universität. In der Napoleonischen Ära hatten die Bayern für kurze Zeit das Sagen, wogegen sich die Tiroler 1809 unter Andreas Hofer (▶ Interessante Menschen) erhoben. Anstelle von Meran wurde 1849 Innsbruck Hauptstadt Tirols. Zweimal diente Innsbruck als Austragungsort der Olympischen Winterspiele – 1964 und 1976.

Wohin in der Innenstadt?

Altstadt

Ein Stilmix zum Verlieben

Die Altstadt gehört zu den besterhaltenen mittelalterlichen Stadtkernen Österreichs. Gotik, Renaissance, Barock und Rokoko bilden in dem Viertel, das von Burg- und Marktgraben (dem ursprünglichen Befestigungsring) und vom Innufer eingefasst wird, eine attraktive Mischung, die zuletzt mit moderner Architektur aufgepeppt wurde. Von den 130 Häusern geht mindestens die Hälfte auf die Ära Maximilians I. zurück. Vorherrschend im profanen Hausbau ist die Inn-Salzach-Bauweise: ein lang gestreckter Grundriss, Lichtschacht zwischen

Während die Gebirgsketten des Karwendel eine imposante Kulisse bilden, reihen sich wie an einer Perlenschnur die bunten Häuser der Innzeile am Flussufer auf.

dem Vorder- und Hinterhaus, vier- bis fünfstöckige, schmale Fassaden mit schönen Portalen und Erkern. Auffallend sind auch die Laubengänge, die sich beidseitig der Herzog-Friedrich-Straße entlangziehen und Lokale und Geschäfte beherbergen. Allerorts lassen sich Entdeckungen machen: Reliefs, Malereien und Gedenktafeln machen die Altstadt zu einem Geschichtsbuch.

Ein lachendes und ein weinendes Gesicht

Triumphpforte

Das Spalier stattlicher alter Bauten hebt an der **Maria-Theresien-Straße** an. Mit dem über 2300 m hohen Kamm der Nordkette im Hintergrund bietet sich ein großartiges Bild. Den südlichen Abschluss der Maria-Theresien-Straße bildet die Triumphpforte. Maria Theresia (▶ Interessante Menschen) hatte sie 1765 anlässlich der Heirat ihres Sohnes Leopold, des späteren Kaisers Leopold II., mit der spanischen Infantin Maria Ludovica errichten lassen. Die Marmorreliefs zeigen auf der Südseite die Hochzeit und beklagen auf der Nordseite den Tod des während der Festlichkeiten unerwartet verstorbenen Kaisers Franz I., des Gemahls Maria Theresias.

Begegnungszone und Erinnerungsstätte

Eduard Wallnöfer-Platz

Der Eduard Wallnöfer-Platz vor dem Neuen Landhaus öffnet sich wenige Schritte östlich der Triumphpforte an der Salurner Straße. Lange Zeit stiefmütterlich behandelt und zum Parkplatz degradiert, wurde

INNSBRUCK
300 m
©BAEDEKER
Hungerburg
Alpenzoo
Hungerburgbahn
ST. NIKOLAUS
St. Nikolaus
HÖTTING
ORF
Christus-
kirche
SAGGEN
Alte Hött.
Pfarrkirche
Neue Hött.
Pfarrkirche
Priesterseminar
Kunstpav.
Hofgarten
Messegelände
Kongresszentrum
Landesreg.
Theater
Dom
Hofburg
Stadtsäle
MARIAHILF
Mariahilfkirche
Goldenes
Dachl
Hof-
kirche
Alte
Universität
Jesuiten-
kirche
Pfarrkirche
Dreiheiligen
Stadt-
turm
Tiroler Landes-
museum
Markthalle
Stadt-
park
Spitals-
kirche
Anna-
säule
Johannesk.
Rathaus
Bozner Platz
Südtiroler
Platz
Hallenbad
Altes
Landhaus
Univers.-
Bibliothek
Servitenk.
Freiheitsdenkmal
Herz-
Jesu-
Kirche
Neue Universität
Hauptbahnhof
Triumph-
pforte
Casino
Busbahnhof
Schwimm-
bad
Tivoli-
Stadion
Westfriedhof
WILTEN
Kirche
Wilten-West
Westbahnhof
WILTEN
Wiltener Pfarrkirche
Wiltener
Stiftskirche
Stubaital-
bahnhof
Arlberg, Seefeld
Brenner
Igls, Bergisel
Brenner
A 12
Inn
Sill
Innstraße
Rennweg
Innbrücke
Herzog-Otto-Straße
Maria-Theresia-Straße
Museumstraße
Salurner Straße
Maximilianstraße
Anichstraße
Bürgerstraße
Andreas-Hofer-Straße
Leopoldstraße
Egger-Lienz-Straße
Olympiastraße
Olympiabrücke
Amraser Straße
Universitätsstraße
Dreiheiligenstraße
Mariahilfstraße
Höttinger Au
Univers.-Brücke
Innrain
Sill-Ufer
Grassmayrstr.
Anton-Melzer-Str.
Fritz-Konzert-Str.
Pastorstr.
Karwendelstraße
Franz-Fischer-Straße
Speckbacherstraße
Müllerstraße
Heilig-Geist-Str.
Gaismayrstr.
Mentlgasse
Michael-Gaismayr-Straße
Ingenieur-Etzel-Straße
Kaiserjägerstraße
Kapuzinergasse
Karl-Kapferer-Straße
Tschurtschenthalerstr.
Bienerstraße
Sieberer Straße
Claudiastraße
Schillerstraße
Falkstr.
Höttinger Gasse
Schneeburggasse
Frau-Hitt-Straße
Sternwartestraße
Sonnenstraße
Steinbruchstraße
Höttinger-Höhen-Straße
Riedgasse
Innsteg
Marktgr.
Burggr.
Sillgasse
Wilh.-Greil-Str.
Adamgasse
Peter-Mayr-Straße
Schöpfstr.
Fr.-Prey-Str.
Innerkoflerstraße
Anzengruberstraße
Südbahnstraße

1 my Indigo am Rathaus
2 Sitzwohl
3 Stiftskeller
1 Adlers Lifestyle-Hotel
2 NALA individuellhotel

INNSBRUCK ERLEBEN

INNSBRUCK TOURISMUS

Die beim Tourismusverband erhältliche **Innsbruck-Card** (für 24, 48 oder 72 Std. 53/63/73 €) berechtigt zum freien Eintritt in Museen sowie zur freien Fahrt mit öffentlichen Verkehrsmitteln und mit dem Hop-on Hop-off Bus »Sightseer« (Einzelpreis 18 €). Auch Bergbahnen, z. B. auf die Nordkette, und die Kristallwelten in Wattens stehen Kartenbesitzern kostenlos offen.
Burggraben 3
A-6020 Innsbruck
Tel. 0512 53 56
www.innsbruck.info

Shoppingvergnügen vom Feinsten bieten in der Maria-Theresien-Straße das **Kaufhaus Tyrol** (Nr. 31) und die eleganten **Rathausgalerien** (Nr. 18). Wer original Tiroler Mitbringsel sucht, wird eher in den Altstadtgassen fündig.

❶ MY INDIGO AM RATHAUS €

Suppen mit Ramen, Currys, Sushis und Salate, vegetarisch, vegan, glutenfrei oder laktosefrei: Wem die Tiroler Küche zu üppig ist, kommt hier garantiert auf seine Kosten.
Stainerstraße 3
A-6020 Innsbruck
Tel. 0664 88 33 77 74
www.myindigo.com

❷ SITZWOHL €€–€€€

Schickes Restaurant mitten in der Innenstadt, das durch seine fantasievolle mediterran-tirolerische Fusion-Küche besticht. Wie wär's etwa einmal mit Oktopus-Gröstl? Im angeschlossenen Laden gibt's Spezialitäten aus dem Restaurant auch für zu Hause.
Stadtforum, A-6020 Innsbruck
Tel. 0512 56 28 88
www.restaurantsitzwohl.at

❸ STIFTSKELLER €€

Bayerisches Bier und Tiroler Schmankerln geben den Takt in dem Riesen-Gasthof vor, der über sieben (!) Eingänge verfügt und seinen Gästen die Qual der Wahl auch bei der Platzauswahl lässt: Barocker Saal, heimelige Stuben, Bierkeller oder Gastgarten?
Stiftsgasse 1, A-6020 Innsbruck
Tel. 0512 57 07 06, Mi. geschl.
www.stiftskeller.eu

❶ ADLERS LIFESTYLE-HOTEL €€

Das höchste Hotel der Stadt bietet großartige Panoramablicke von den Zimmern aus, die im trendigen urban-alpinen Stil ausgestattet sind. Die Rooftop-Bar ist DER schicke Treffpunkt von Innsbruck.
Brunecker Straße 1
A-6020 Innsbruck
Tel. 0512 56 31 00
www.adlers-innsbruck.com

❷ NALA INDIVIDUELLHOTEL €€

Mit viel Gespür für Design wurde ein ehemaliges Standardhotel zu einem lässigen Boutiquehotel mit Öko-Standards aufgemöbelt. Das Nala liegt in einer ruhigen Seitengasse im zentrumsnahen Stadtteil Wilten und ist auch für Single-Reisende ein guter Tipp.
Müllerstraße 15
A-6020 Innsbruck
Tel. 0512 58 44 44
www.nala-hotel.at

das Geviert 2010 mit einer begehbaren Bodenplastik zur attraktiven Begegnungszone aufgewertet, die Innsbrucks Skaterszene mit Leben füllt. Am Nordende steht das 1938/39 errichtete neoklassizistische **Neue Landhaus**, Sitz verschiedener Landeseinrichtungen. In der Mitte des Platzes erinnert das **Befreiungsdenkmal** an 124 Tiroler und Tirolerinnen, die ihren Widerstand gegen den Nationalsozialismus mit ihrem Leben bezahlten. Das **Pogromdenkmal** erinnert an die Ermordung Innsbrucker Juden während der Novemberpogrome 1938.

Shopping-Paradies und frische Architektur

Rathaus und Umgebung

Zurück auf der Maria-Theresien-Straße kommt man bald zur **Annasäule**. Sie wurde 1706 zur Erinnerung an den Abzug der bayerischen Truppen am Annatag (26. Juli) des Jahres 1703 gestiftet und besteht aus rötlichem Kramsacher Marmor. Links davon lohnt das vom französischen Architekten Dominique Perrault neu gestaltete **Rathausareal** (2002) einen Besuch, eine gelungene Symbiose von Stadtverwaltung, Shopping, Gastronomie und Hotellerie. Vom Res-

2657! Exakt so viele feuervergoldete Kupferschindeln zählt das Goldene Dachl an der ehemaligen Residenz der Tiroler Landesfürsten.

taurant und vom Café 360° im siebenten Stock tun sich schöne Stadtpanoramen auf. Ebenfalls ein Aushängeschild neuer Innsbrucker Baukunst ist Nr. 31 das nach Entwürfen des Briten David Chipperfield neu gebaute **Kaufhaus Tyrol** (2010) mit seiner weißen, zweifach geknickten Fassade, bevor sich der nördliche Abschluss der Maria-Theresien-Straße platzartig erweitert.

Wahrzeichen auf Raten

Goldenes Dachl

Von Süden führt in direkter Verlängerung die Herzog-Friedrich-Straße zu der populärsten Sehenswürdigkeit der Stadt: dem Goldenen Dachl. Der mit einem Dach aus 2657 vergoldeten Kupferschindeln gedeckte spätgotische Prunkerker wurde 1497 bis 1500 errichtet. Man fügte ihn der nach 1420 zur Residenz umgebauten Fürstenburg an. Der berühmte Erker diente dem Hof als luftige Zuschauerloge bei Ritterspielen oder Volksfesten auf dem Stadtplatz. Wappenreliefs schmücken die untere Brüstung des Erkers, das mit einer offenen Plattform (»Söller«) versehene obere Geschoss ist mit figürlichen Reliefs verziert. Das Goldene Dachl steht symbolisch für die Vision Maximilians I., sein Reich in ein »goldenes Zeitalter« zu führen.

Barrierefrei gestaltet ist das **Museum Goldenes Dachl**, das mit einer anlässlich des 500. Todestags Maximilians (2019) neu konzipierten Schau die Geschichte des Bauwerks detailreich erzählt und einen Blick vom Erker aus eröffnet. Hier erfährt man u. a., dass das Dachl erst mit Beginn des Alpentourismus im 19. Jh. zum Wahrzeichen Tirols mutierte, davor hingegen kaum Beachtung fand!

Gegenüber zieht das **Helblinghaus** die Blicke auf sich. Der ursprünglich spätgotische Bau erhielt um 1730 seine verspielte Stuckfassade, die von Künstlern aus dem bayrischen Wessobrunn gestaltet wurde.

Museum Goldenes Dachl: tgl. 10–17, Okt.–April Mo. geschl.
Eintritt: 5,20 €

Blick übers Dächermeer

Stadtturm

Der im 14. Jh. mit dem anschließenden Alten Rathaus als Wachtturm erbaute, 57 m hohe Stadtturm steht an der Ostseite der Herzog-Friedrich-Straße. 148 Stufen sind zu bewältigen, bevor der Umgang einen Rundumblick auf Innsbrucks Dächermeer freigibt.

Juni–Sept. tgl. 10–20 Uhr, Rest d. J. bis 17 Uhr | Eintritt: 4,50 €
www.innsbruck.info

Cranachs Marien-Ikone im Original

Dom zu St. Jakob

Weit über die Dächer hinaus ragt auch der Dom zu St. Jakob, auch Innsbrucker Dom genannt. Das heutige barocke Gotteshaus wurde von 1717 bis 1724 erbaut. Sein Äußeres bestimmen eine mächtige Doppelturmfront und eine hohe Chorkuppel. Im Innenraum imponieren die Deckengemälde sowie die Stuckaturen der Brüder Asam. Am barocken Hochaltar befindet sich der größte Schatz der Kirche, das

DOM ZU ST. JAKOB

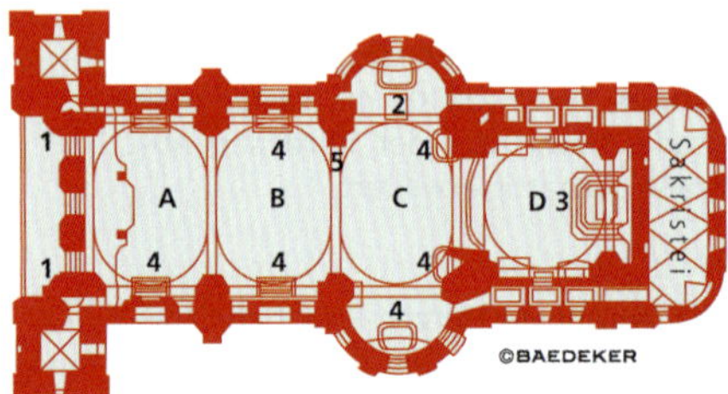

A St. Jakob als Fürbitter für Kirche, Reich, Land und Stadt
B St. Jakob bittet für die leidende Menschheit
C St. Jakob empfiehlt dem Volk die Verehrung der Madonna
D St. Jakob als Führer der Spanier gegen die Sarazenen.

1 Patrone der Diözese Brixen
2 Grabmal des Erzherzogs Maximilian II.
3 Hochaltar
4 Seitenaltäre
5 Kanzel

Gnadenbild »Maria hilf«, geschaffen von Lukas Cranach d. Ä. (um 1530). Ursprünglich aus Dresden stammend und als Geschenk 1650 in den Innsbrucker Dom gelangt, avancierte es in den Alpenländern zum beliebtesten und häufig kopierten Muttergottesbild. Bekannt ist St. Jakob auch für seine Glocken. Das Friedensglockenspiel (Carillon), täglich um 12.15 Uhr zu hören, umfasst 48 Glocken, ist das größte Glockenspiel Österreichs.

Grandezza im Rokoko-Stil

Kaiserliche Hofburg

Die Kaiserliche Hofburg, ein vierflügeliger Bau, stammt aus dem 15./16. Jh., auf Anweisung Maria Theresias wurde sie im 18. Jh. im prunkvollen Barock- und Rokokostil erneuert. Sehenswert ist besonders der »Riesensaal«, ein mit poliertem Marmor ausgekleideter und weißgolden dekorierter Festsaal mit Bildnissen der Kaiserfamilie und drei großen Deckenfresken (1775) von Franz Anton Maulpertsch.

Tgl. 9–17 Uhr | Eintritt: 9,50 €
www.hofburg-innsbruck.at

Viel Prunk rund um Maximilians leeres Grab

Hofkirche

Die Innsbrucker Hofkirche wurde in den Jahren 1553 bis 1563 erbaut, um das Prunkgrabmal für Kaiser Maximilian I. aufzunehmen. Das – allerdings leere – **Grabmal Maximilians I.** († 1519, begraben in Wiener Neustadt) im Hauptschiff gilt als bedeutendstes Werk deutscher Renaissanceplastik. Die Idee zu einem prunkvollen Grabmonument stammte von Maximilian I. selbst, vollendet wurde es jedoch erst Jahrzehnte nach seinem Tod. Mittelpunkt ist der von einem schmiedeeisernen Gitter umgebene Marmorsarkophag mit einer Bronzefigur des Kaisers. An den Seiten erzählen 24 detailreiche Marmorreliefs von den Heldentaten Maximilians. Wie Wächter sind um das Hochgrab 28 überlebensgroße Bronzestatuen postiert, die die Verwandtschaft des Herrschers und kaiserliche Vorbilder wie den sagenhaften König Artus oder den Ostgotenkönig Theoderich darstellen. Die Statuen werden umgangssprachlich »Schwarze Mander« genannt, tatsächlich sind aber acht Frauen darunter. Entwurf und Guss stammten von Innsbrucker Künstlern, doch auch Peter Vischer d. Ä. aus Nürnberg war beteiligt. Das Vorhaben wurde schließlich von Maximilians Enkel Ferdinand I. fortgeführt, der Innsbruck als Standort des Grabmals bestimmte, weil in Wiener Neustadt das Fundament nicht tragfähig genug war. Zu den weiteren Sehenswürdigkeiten der Hofkirche gehört die 450 Jahre alte Ebert-Orgel, die größte fast noch original erhaltene Renaissance-orgel in Österreich. Beim Haupteingang steht das Grabmal Andreas Hofers (▶ S. 542), der 1823 hier beigesetzt wurde.

Mo.–Sa. 9–17, So. 12.30–17 Uhr | Eintritt: Kombiticket Tiroler Landesmuseen 12 € | www.tiroler-landesmuseen.at

Jüngstes architektonisches Ausrufezeichen

Haus der Musik und Hofgarten

Das 2018 eröffnete »Haus der Musik« wurde dem klassizistischen Landestheater (1846) an der Ostseite des Rennwegs zur Seite gestellt. Hinter der Fassade aus dunklen Keramik-Lamellen befinden sich Konzertsäle und Büros verschiedener Kulturinstitutionen. Nördlich des Kulturkomplexes erstreckt sich der **Hofgarten** mit dem Kunst- und Konzertpavillon und schönen Ecken zum Entspannen.

Hofgarten: tgl. 7–17.30, im Sommer bis 22 Uhr
www.haus-der-musik-innsbruck.at

Der Charme alter Stuben

Tiroler Volkskunstmuseum

Das an die Hofkirche angrenzende Tiroler Volkskunstmuseum in der Universitätsstraße 2 besitzt als größte Schätze 14 prachtvoll getäfelte Süd-, Nordtiroler und Trentiner Stuben von der Gotik bis zum Rokoko. Ein Fest fürs Auge sind auch die schön geschnitzten Krippen sowie die Trachten aus dem 18. Jahrhundert. Das vielfältige Museum zeichnet die Feste und Feiern im Jahreslauf ebenso nach wie die Sorgen, die die Tiroler über die Jahrhunderte bewegten.

tgl. 9–17 Uhr | Eintritt: Kombiticket Tiroler Landesmuseen: 12 €
www.tiroler-landesmuseen.at

Ein Haus für die Kunst

Ferdinandeum

Zu einer Reise von der Steinzeit bis in die Gegenwart Tirols lädt das Ferdinandeum in der Museumsstraße ein. Auch Werke niederländischer Maler sowie eine Sammlung alter Musikinstrumente mit Geigen von Jakob Stainer sind in dem etwas verwinkelten Landesmuseum zu sehen. Die Moderne Galerie zeigt Gemälde von Oskar Kokoschka und Egon Schiele wie auch der Tiroler Maler Albin Egger-Lienz und Max Weiler.

Di.–So. 10–18 Uhr | Eintritt: Kombiticket Tiroler Landesmuseen 12 €
www.tiroler-landesmuseen.at

Museum ohne Max' schwere Geschütze

Zeughaus

Im Osten der Innenstadt ist im Alten Zeughaus, wo Maximilian einst seine schweren Kanonen und anderes Kriegsgerät lagerte, ein landeskundliches Museum eingerichtet. Familiengerecht präsentiert werden hier etwa bis zu 240 Mio. Jahre alte Fossilien sowie Exponate zu Mineralogie und Bergbau.

Di.–So. 9–17 Uhr | Eintritt: Kombiticket Tiroler Landesmuseen 12 €
www.tiroler-landesmuseen.at

Drehscheibe für zeitgenössische Baukunst

Tiroler Architekturzentrum

Im ehemaligen Sudhaus des Adambräu am Bahnhof ist das Tiroler Architekturzentrum untergebracht. Wer sich für das neue Bauen in Stadt und Land interessiert, besucht die wechselnden Ausstellungen oder lädt sich den Guide **architek[tour] tirol** auf das Smartphone und geht damit auf eigene Entdeckungsreise durch Innsbruck (Infos auf der Website).

Di.–Fr. 11–18, Sa. 11–17 Uhr | Eintritt: frei | www.aut.cc

Schöner die Glocken nie klingen

Glockenmuseum Grassmayr

Warum klingen manche Glocken hell, andere dumpf? Und wie werden sie gefertigt? Darüber kann man sich in der Glockengießerei Grassmayr im südlichen Stadtteil Wilten (Leopoldstraße 53) schlau machen. Das 1599 gegründete Familienunternehmen, das Aufträge aus der ganzen Welt erhält, unterhält ein eigenes Museum, das auch einen Blick in die moderne Gießerei ermöglicht.

Mo.–Fr. 10–16 Uhr, Mai–Okt. auch Sa.| Eintritt: 9 €
www.grassmayr.at

Rokoko-Pracht und Riesen

Wiltener Kirchen

Etwas weiter südlich steht die zweitürmige **Wiltener Basilika** (1755). Den Kirchenraum haben Künstler aus dem bayrischen Wessobrunn mit zarten Farben, zierlichem Stuck und reichlich Schnörkeln in einen Festsaal des Rokoko verwandelt. Gegenüber der in Weiß-Gelb gehaltenen Basilika befindet sich der große Gebäudekomplex von **Stift Wilten**, einem Ende des 17. Jh.s in opulentem Barock umgestalteten Prämonstratenserkloster (1138).

Wiltener Basilika: tgl. 7.30–18 Uhr, keine Besichtigung während der Gottesdienstzeiten | www.basilika-wilten.at
Stift Wilten: nur Führung über www.stift-wilten.at

Wohin in den äußeren Stadtteilen?

Kobra über der Stadt

Bergisel-Skisprungschanze

Am südlichen Stadtrand erhebt sich der von Autobahnlärm umtoste Bergisel (750 m) mit dem modernen Wahrzeichen der Stadt: der Bergisel-Sprungschanze, 2001/2002 nach Plänen der Stararchitektin Zaha Hadid (1950–2016) erbaut. Im Winter kämpfen hier die Athleten um Skisprung-Lorbeeren, Normalsterbliche genießen zu jeder Jahreszeit eine atemberaubende Sicht auf Innsbruck und auf die Architektur

der Sportstätte. Eine skurrile Randnotiz ist, dass die von rund 26 000 Zuschauern bejubelten Athleten auf den Wiltener Friedhof blicken, während sie sich mit rund 90 km/h ins Tal stürzen! Zu Fuß oder mit dem Schrägaufzug gelangt man zum Schanzenturm, weiter zum Turmkopf per Aufzug. Der Aufsatz in Stahl-Glas-Bauweise beherbergt ein Restaurant und eine Aussichtsplattform. Jährlich Anfang Januar ist der Bergisel Veranstaltungsort der berühmten Vierschanzen-Tournee.
Juni–Okt. tgl. 9–18, Nov.–Mai Mi.–Mo. 9–17 Uhr | Eintritt: 11 €
www.bergisel.info

Ein 1000 m² großes Bild

TIROL PANORAMA Museum

Unterhalb des Stadions erinnert eine moderne Gedenkstätte an den Tiroler Freiheitskampf, der im Jahr 1809 am Bergisel einen Hauptschauplatz hatte. Damals erhoben sich Tiroler Bauern unter Andreas Hofer (▶ S. 542) gegen die mit Napoleon verbündeten Bayern. Eine überlebensgroße Bronzestatue, die Hofer in energischer Pose mit breitkrempigem Hut und Fahne in der Hand darstellt, erinnert am Bergisel seit 1893 an den Volkshelden. Die Attraktion ist aber das 1896 entstandene Riesenrundgemälde, das 2011 im PANORAMA Museum seinen Aufstellungsort gefunden hat. Es zeigt auf 1000 m² Flä-

Nicht nur für Skisprungfans ein lohnendes Ziel: Die Schanze am Bergisel bietet das ganze Jahr über eine großartige Aussicht.

che in effektvoller 360-Grad-Sicht die Kämpfe der dritten Bergiselschlacht vom 13. August 1809. Durch einen unterirdischen Gang ist das PANORAMA mit dem **Kaiserjägermuseum** verbunden, es befasst sich mit Militärgeschichte des 19./20. Jh.s.

Mi.–Mo. 9–17 Uhr | Eintritt: Kombiticket Tiroler Landesmuseen 12 € | www.tiroler-landesmuseen.at

Rund um Innsbruck

Wolfsgeheul zum Glockenklang

Alpenzoo

Groß und Klein erfreuen sich am Innsbrucker Alpenzoo, der sich auf einem 4,1 ha großen Gelände nördlich des Inn, unterhalb der Landhaussiedlung Hungerburg, ausbreitet. In seinen naturnah gestalteten Gehegen, in Terrarien, Aquarien und Volieren werden etwa 2000 Alpentiere von rund 150 Arten gepflegt. Zu den Top-Stars zählen Braunbären, Adler, Luchse, Steinböcke und Wölfe. Die Bedingungen sind gut – auch deswegen gelangen im Alpenzoo einige spektakuläre Zuchterfolge, u. a. mit Bartgeiern.

April–Okt. tgl. 9–18, Nov.–März bis 17 Uhr | Eintritt: 13 €
www.alpenzoo.at

In drei Etappen in den siebten Wanderhimmel

Nordkettenbahnen

Hinauf zum Alpenzoo und zur Hungerburg geht es per Standseilbahn von der Altstadt aus (Station Congress). Die 2007 eingeweihte **Hungerburgbahn** stammt wie die Bergisel-Schanze von Zaha Hadid. Blickfang sind die den vier Stationsgebäuden aufgesetzten Dächer aus geschwungenen Glaspaneelen, die abends illuminiert werden.

Weiter bergauf fährt man mit einer Seilschwebebahn; Ziel ist die **Seegrube** auf 1905 m. Dichte Fichtenwälder gehen in die Region der Latschen über, dann bestimmen die Schuttkegel, Zacken und Wände des Karwendelgebirges das Bild. Die Mittelstation der Nordkettenbahn ist Ausgangspunkt für Wanderer, Skifahrer und Mountainbiker, die den 4,2 km langen Nordkette Singletrail ansteuern.

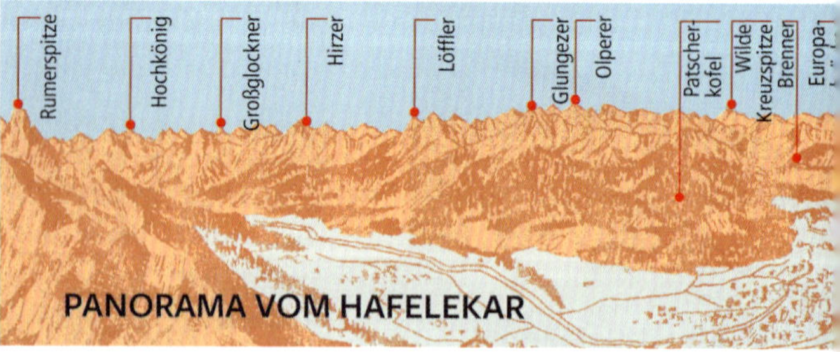

DIE LICHTER DER STADT

Durch die Fenster geht der Blick auf die Berge, die allmählich vom Dunkel der Nacht verschluckt werden. Tief unten gehen die Lichter an – und bald erglänzt die Stadt im Gebirge in einem Lichtermeer. Schöner als mit dem viergängigen »Panorama-Menü« im Restaurant Seegrube (Tel. 0664 88 44 78 17; http://archivcongress.at) kann man kaum ins Wochenende starten! Immer freitags lädt das Team zum Ride & Dine mit Blick auf das nächtliche Innsbruck. Und den können Sie ausgiebig genießen: Die letzte Gondel ins Tal startet kurz vor Mitternacht.

Abschnitt drei der Nordkettenbahnen führt steil hinauf zur Bergstation **Hafelekar** auf 2256 m mit einem spektakulären Blick auf die Landeshauptstadt. Noch weiter im Süden schlängelt sich die Brennerautobahn mit der Europabrücke durchs Bild. Von West bis Ost pochen die Majestäten Olperer, Serles und Habicht auf ihre Vorrangstellung in Tirols Bergwelt. Ein Geotrail vermittelt Wissenswertes über die Entstehung des Gebirges. Die Hafelekarspitze (2334 m), von der Bergstation in ca. 15 Minuten zu erklimmen, fügt dem Panorama-Erlebnis noch mal neue Nuancen hinzu. Erfahrene Wanderer können auch den Goetheweg oder den Innsbrucker Klettersteig meistern.

Hungerburg-Bahn ab 7.15, Seegruben-Bahn ab 8.30, Hafelekar-Bahn ab 9 Uhr, geschl. im Nov. | Ticket: Roundtrip ab Altstadt/Congress 44 € | https://nordkette.com

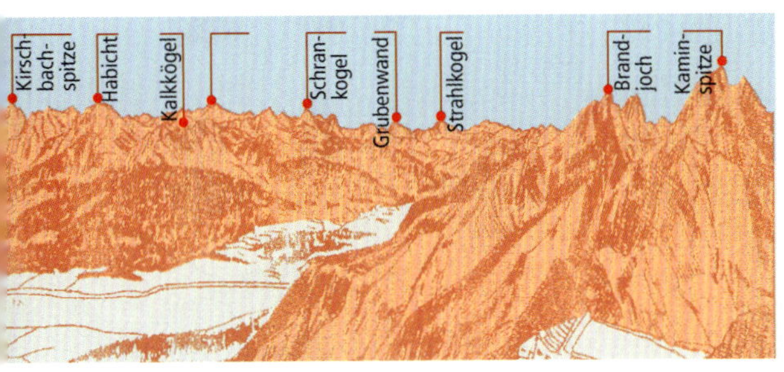

Schloss Ambras

Wunderwelt der Renaissance

Südöstlich von Innsbruck steht jenseits der Inntalautobahn das Renaissanceschloss Ambras. Der Name leitet sich von »ad umbras« (lat. für »im Schatten«) ab. Erzherzog Ferdinand II. (reg. 1563 bis 1595) ließ das märchenhaft anmutende Schloss für seine nicht standesgemäße bürgerliche Gattin Philippine Welser als Sommerresidenz ausbauen. Er hatte die Augsburger Patriziertochter potentiellen Ehekandidatinnen aus Europas Hochadel vorgezogen und heiratete sie 1557 heimlich. Erst 1576, vier Jahre vor Philippines Tod, wurden die Eheleute vom Gelübde der Geheimhaltung entbunden.

Ferdinand II. war der Begründer der **Ambraser Sammlungen**. Dafür ließ er das Unterschloss errichten, das als einer der frühesten Museumsbauten gilt. Die Rüstkammern enthalten seltene Turnierharnische und kostbare Rüstungen. In der Kunst- und Wunderkammer brachte der Tiroler Landesfürst sein Kuriositätenkabinett unter. Zu sehen sind u. a. Plateauschuhe aus Mailand, ein »Fangstuhl« mit Greifmechanismus, in Holz eingewachsene Geweihe u. v. m., was exotisch, bizarr oder handwerklich brillant gefertigt war.

Im Hochschloss ist heute die **Habsburger Porträtgalerie** mit Gemälden aus der Zeitspanne vom 14. bis 18. Jh. zu sehen. Zu entdecken sind hier auch eine Sammlung kostbarer Gläser aus der Renaissance und dem Barock, das Badezimmer von Philippine Welser – die wohl einzig noch vollständig erhaltene »Wellness-Anlage« des 16. Jh.s – sowie der mit Grisaille-Malerei ausgeschmückte Innenhof.

»Wer bin ich?« Auch etliche Büsten gehören zur Sammlung von Schloss Ambras.

Letzte große Attraktion ist der 43 m lange **Spanische Saal**, eines der frühesten Beispiele deutscher Renaissance-Raumgestaltung (1570/71) mit kunstvoller Kassettendecke und 27 Porträts der Tiroler Landesfürsten. Umgeben ist das Schloss von einem schönen **Park**. Ein Café im Hochschloss sorgt für das leibliche Wohl.

Tgl. 10–17, Park tgl. 6.30–17.30, im Nov. geschl. | Uhr Eintritt: 16 €
www.schlossambras-innsbruck.at

Sport und Erholung am Hausberg

Igls und Patscherkofel

Auf einer Sonnenterrasse 5 km südlich liegt der Luftkurort Igls (870 m; 2010 Einw.), der für sein breites Sportangebot bekannt ist. Wer mag, kann auf der **Olympia-Bobbahn** eine rasante Fahrt buchen – gelenkt von einem Profipiloten geht es mit bis zu 100 km/h durch 14 Kurven. Eine 2017 erneuerte Gondelbahn verbindet Igls mit dem Patscherkofel. Innsbrucks Hausberg ist für Österreichs Skifans untrennbar verbunden mit dem Husarenritt, der dem Kärntner Franz Klammer bei der Olympia-Abfahrt 1976 die Goldmedaille brachte. Von der Bergstation (1964 m) ist der Gipfel (2246 m) in etwa 45 Minuten zu erreichen. Im Sommer steht Wandern hoch im Kurs. Der **Zirbenweg**, ein 7 km langer Lehrpfad, führt durch den größten geschlossenen Zirbenbestand der Ostalpen.

Olympia-Bobbahn: www.olympiaworld.at
Patscherkofel: Ende Mai–Okt. tgl. 9–17, Juli u. Aug. Do. bis 23, Dez. bis Ostern 8.30–16, Di., Do. bis 22 Uhr | Berg- und Talfahrt 26 €
www.patscherkofelbahn.at

»... es wird immer schöner ...«

Durchs Wipptal zum Brenner

Die Hauptstraße von Innsbruck Richtung Süden führt durch das Wipptal bergan zum Brenner, der wichtigsten Verkehrsverbindung zwischen Österreich und Italien. Mit nur 1347 m Höhe ist der Pass ins Südtiroler Etschtal der niedrigste ganzjährig nutzbare Alpenübergang in Westösterreich. Schon in römischer Zeit gab es einen Verkehrsweg über den Brenner. Könige und Kaiser, Künstler und Gelehrte, unter ihnen Dürer, Mozart und Goethe, reisten über den Pass nach Italien. »Von Innsbruck herauf wird's immer schöner – da hilft kein Beschreiben ...«, schwärmte Letzterer bei seiner Italienreise im Jahr 1786. Das Wipptal hat Bergsportlern einiges zu bieten. Westlich von Matrei (25 km südlich von Innsbruck) ist das Kloster Maria Waldrast auf 1636 m sehenswert, Tirols höchste Wallfahrtsstätte. Von hier geht es in drei Stunden Marsch auf die 2717 m hohe Serles, die den Beinamen »Hochaltar von Tirol« trägt.

Mit Schiene gegen die Transitlawine

Steinach

In Steinach 5 km südlich von Matrei bietet das 2016 eröffnete **Infocenter Brenner Basistunnel** an der Talstation der Bergeralm-Bahnen spannende Einblicke in die im Bau befindliche längste unterirdische Eisenbahnverbindung der Welt – den Brenner Basistunnel. Das 64 km lange Bauwerk zwischen Innsbruck und Franzensfeste soll den explodierenden LKW-Transitverkehr auf die Schiene verlagern. Die Fertigstellung ist um das Jahr 2028 geplant.

Di.–So. 10–17 Uhr | Eintritt: frei | www.tunnelwelten.com

Unbekannt und unberührt

Navistal und Valser Tal

Noch weitgehend unberührt geblieben sind die Seitentäler des Wipptals. Einen Einblick in die traditionelle Bergwirtschaft erhalten Wanderer auf der Almenrunde im Navistal östlich von Matrei. Im Valser Tal, das großteils unter Naturschutz steht, finden im Sommer geführte Wanderungen statt (mit Ziegen). Der romantische **Obernberger See** auf 1590 m Höhe stellt ein lohnendes Wanderziel kurz vor dem Brenner dar.

www.wipptal.at

Ganzjahres-Sportregion mit gehobener Hotellerie

Seefeld

Viele Besucher hat der Luftkur- und Wintersportort Seefeld (1180 m; 3520 Einw.), 25 km nordwestlich von Innsbruck auf dem weiten Wiesenplan des Seefelder Sattels gelegen. 1964 und 1976 wurden hier während der Olympischen Winterspiele die Nordischen Skiwettbewerbe abgehalten. 245 km an Loipen sorgen für abwechslungsreiches Langlaufvergnügen. Dazu kommt ein nicht minder abwechslungsreiches Skigebiet. Im Sommer stehen Wanderungen oder eine Partie Golf auf dem Programm – die 18-Loch-Anlage Seefeld Wildmoos zählt zu den Parade-Plätzen der Alpenrepublik. Mehr als drei Dutzend Hotels der Vier- bzw. Fünf-Sterne-Kategorie prägen das Ortsbild. Zum mondänen Auftritt passt auch das im »Alpenlook« gehaltene **Casino Seefeld** am Bahnhof. Am westlichen Ortseingang befindet sich das Wahrzeichen von Seefeld, das herrlich gelegene barocke **Seekirchl**; der achteckige Bau wurde 1666 eingeweiht.

INNVIERTEL

Bundesland: Oberösterreich

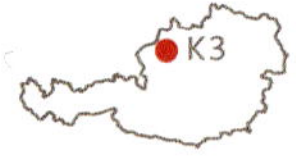

Barocke Städtchen und bäuerliche Dörfer, Gehöfte und Kirchen: Das oberösterreichische Innviertel empfängt seine Gäste mit einer freundlichen Szenerie aus ländlichem Leben und Heimatverbundenheit. Knödel und Bier wollen verkostet werden, und in den Museen lassen sich ungewöhnliche kulturelle Entdeckungen machen.

Zwischen der Donau im Norden, dem Inn und der Salzach im Westen, dem bewaldeten Hausruck-Höhenzug im Süden und dem Innbach im Osten gelegen, gehörte das Innviertel bis 1779 und von 1809 bis 1814 zu Bayern. Die einstige Zugehörigkeit zum Nachbarn manifestiert sich in der Innviertler Bierkultur, so verzeichnet man hier die größte Brauereidichte in ganz Österreich (www.bierregion.at). Selbstverständlich verspeist man in der Region auch gerne Knödel, und zwar eher die deftigen mit einer Fülle aus Brät, Speck oder Grammeln. Um die derart zu sich genommenen Kalorien wieder zu verbrennen, stehen Radfahren, Golfen, Reiten oder Wandern hoch im Kurs.

Knödel und Bier

Wohin im Innviertel?

Bildhauerdynastie des Barock

Ried im Innkreis

Einen wichtigen Impuls erhielt die Bildhauerkunst aus Ried im Innkreis (429 m; 12 400 Einw.), dem Hauptort des Innviertels. Hier war ab der Mitte des 17. Jh.s fast 200 Jahre lang eine der bedeutendsten Bildhauerdynastien beheimatet: Die Familie Schwanthaler zählt in ihren Reihen immerhin 21 Bildhauerkünstler. Etliche ihrer schönen Arbeiten sind in der Stadtpfarrkirche zu finden – etwa die Bräuerkapelle Thomas Schwanthalers aus dem Jahr 1669 – sowie in weiteren Kirchen in der Umgebung. Das Museum **Innviertler Volkskundehaus** am Kirchenplatz 13 zeigt Schwanthaler-Skulpturen, volkskundliche Sammlungen und die überregional bedeutende Galerie der Stadt.
Di.–Fr. 9–12 u. 14–17, Sa. 14–17 Uhr | Eintritt: 3,50 €

Barockstädtchen in Hochwasserregion

Schärding

Gut 40 km nördlich von Ried liegt das entzückende Barockstädtchen Schärding (313 m; 5220 Einw.) über dem Inn. Erhalten sind Reste der alten Stadtmauer, Tore und Türme. An den Markierungen beim 1430

DAS INNVIERTEL ERLEBEN

TOURISMUSVERBAND S'INNVIERTEL
Thermenplatz 2
A-4943 Geinberg
Tel. 07723 85 55
www.innviertel-tourismus.at

BRAUHAUS HASELBACH €€
Unter Kastanienbäumen werden süffige selbstgebraute Biere, Brezen und beste Hausmannskost serviert. Regelmäßige Kulturveranstaltungen locken auch Besucher aus Bayern an.
Haselbach 22, A-5280 Braunau
Tel. 07722 2 23 58; Mo./Di. geschl.
https://brauhaus-haselbach.at

errichteten Wassertor lässt sich ablesen, welch schwindelerregende Pegelstände der Inn erreichen kann – dann heißt es »Altstadt unter«. 2013 betrug der Pegelstand über 10 m, im Normalfall sind es etwa vier. Besonders eindrucksvoll ist die **Silberzeile** am oberen Stadtplatz, ein Häuserensemble, in dem einst vermögende Salz- und Holzhandelskaufleute lebten. Die Fassaden mit pastellfarbenen Farbtönen gehen auf die mittelalterlichen Zunftfarben zurück, die einzelnen Zünften zugeordnet waren (z. B. Bäcker blau, Metzger rot ...). Das **Stadtmuseum** im äußeren Burgtor zeigt einen Querschnitt durch die Epochen der Stadtgeschichte. Das **Granitmuseum** (am Wassertor) widmet sich dem alten Handwerk der Steinbrecher und Steinmetze sowie der Bildhauerei.

Stadtmuseum: Mai–Okt. Mi., Do., Sa., So. 10–12 u. 14–17 Uhr
Eintritt: 2,20 €
Granitmuseum: Mai–Okt. tgl. 10–18 Uhr | Eintritt frei

Eisvogel und Seeadler

Europareservat Unterer Inn

Das bayerisch-oberösterreichische Europareservat Unterer Inn von Schärding flussaufwärts 55 km bis zur Salzach-Mündung zählt zu den bedeutendsten Brut-, Durchzugs- und Überwinterungsgebieten für die Vogelwelt. Gut 300 Arten haben Ornithologen dokumentiert, vom kleinen Eisvogel bis zum mächtigen Seeadler. Das Reservat mit Schlickbänken, Auen, Seitenarmen und Inselchen ist über Rad- und Wanderwege sowie mit Aussichtsplattformen bestens erschlossen.

www.naturium-am-inn.eu

Ein Rokokostädtchen und ein moderner Badetempel

Obernberg am Inn

Folgt man dem Inn flussaufwärts, erreicht man nach 20 km Obernberg (365 m; 1660 Einw.). Das freundliche Ortsbild des schon um 1250 genannten Marktes prägen Giebelhäuser mit schönen Rokokofassaden. Im Mittelalter war Obernberg Stapelplatz, vor allem für das auf dem Inn transportierte Salz. Das Heimatmuseum, untergebracht im Gurtentor am Marktplatz 22, dokumentiert die Geschichte der Flößerei und Schifffahrt auf dem Grenzfluss.

9 km südwestlich von Obernberg lädt die **Therme Geinberg** u. a. mit elf Saunen und Dampfbädern zum ausgiebigen Entspannen ein.

Heimatmuseum: Mai–Okt. Fr.–So. 13.30–16 Uhr
Eintritt: 3,50 € | www.museum-obernberg.at
Therme Geinberg: 9–22 Uhr | Tageskarte ab 34 €
www.therme-geinberg.at

Unfreiwillig berühmt

Braunau

Bis heute leidet Braunau (352 m; 17 500 Einw.) am rechten Innufer darunter, die Geburtsstadt von Adolf Hitler zu sein. Nach langen Querelen um das von Rechtsradikalen als Pilgerstätte besuchte Geburtshaus Hitlers kam das Gebäude 2017 in den Besitz der Republik

Österreich, die einen Umbau plant – bis 2025 soll hier u. a. eine Polizeistation einziehen. Doch die alte Handelsstadt, mit Simbach in Bayern durch eine Brücke verbunden, hat mehr zu bieten. 1260 zur Stadt erhoben, besaß Braunau im Lauf seiner Geschichte diverse Handelsprivilegien. Der Wohlstand der Bürger wird an der schmucken Altstadt sichtbar. Am Stadtplatz im Inn-Salzach-Stil erhebt sich der alte **Salzburger Torturm** mit einem Glockenspiel, östlich davon der **Stadtturm**, der noch aus der Gründungszeit von Braunau stammt. Wahrzeichen von Braunau ist der **»Steffl«**: Der 87 m hohe Turm der Pfarrkirche **St. Stephan** ist einer der höchsten Kirchtürme Österreichs. Beachtenswert in der dreischiffigen gotischen Kirche (1439 bis 1466) ist der spätgotische »Bäckeraltar« (16. Jh.). An den Außenmauern findet man eine Vielzahl von Grabsteinen, darunter ein Epitaph des einstigen Stadthauptmannes Hans Staininger, der wegen seines rund 2 m langen Bartes berühmt war. Sein Haarwuchs soll auf eine genetische Ursache zurückzuführen sein. Der konservierte Bart ist in der **Herzogsburg** (14. Jh.; Altstadt 10) zu sehen, dem Bezirksmuseum. Hier erinnern Exponate auch an eine kuriose Episode der Braunauer Geschichte: Von 1915 bis 1918 beherbergte die Inn-Stadt die k. u. k Marineakademie – mitten im Binnenland. Kulturgeschichtlich höchst interessant ist das **Vorderbad**. Diese Badestube (Färbergasse 13) dokumentiert die Körperpflege-Gewohnheiten am Übergang vom Mittelalter zur Neuzeit. Rund um das Vorderbad lädt der historische **»Malerwinkel«** zu einem Bummel ein.

Bezirksmuseum Herzogsburg: Di.–Sa., Mai–Sept. 14.30–17, Okt.–April 13.30–17 Uhr | Eintritt: 3,60 € | www.braunau.at
Vorderbad: Di.–Sa. 10–17 Uhr | Eintritt: 2 € (Münze mitnehmen)

Seltene Tier- und Pflanzenarten

Ibmer Moor

24 km südlich von Braunau bildet die Marktgemeinde Eggelsberg (531 m; 2660 Einw.) das Tor zum Ibmer Moor, einem der artenreichsten Feuchtgebiete Mitteleuropas. Das 12 000 Jahre alte und 20 km² große Landschaftsmosaik an der Grenze zu Salzburg mit seinen Mooren, Wäldchen und Tümpeln ist über Lehrpfade erschlossen. Wer will, kann auf Führungen mehr über Bekassinen und weitere seltene Lebewesen erfahren.

Führungen unter www.seelentium.at

Sitz der Weltmarke KTM

Mattighofen

Ein Kontrastprogramm eröffnet sich 14 km östlich in Mattighofen (454 m; 7240 Einw.), dem Sitz des Motorrad-Erzeugers KTM. Das Unternehmen ist Nummer eins im Bereich der Geländesport-Motorräder. Die 2019 eröffnete **KTM Motohall** lässt den Aufstieg zur Weltmarke mit einer umfassenden Modellpalette und mit einer Schauwerkstatt Revue passieren.

Mi.–So. 9–18 Uhr | Eintritt: 13 € | www.ktm-motohall.com

Nicht nur für Pferdemädchen

Reiterdorf Ampflwang

Trittsicher, robust und einfach entzückend: Isländerpferde. Im Reiterdorf Ampflwang sind über 600 zu Hause, u. a. auf dem größten Isländergestüt Festlandeuropas. Für Ausritte ein optimales Terrain.
www.reitzentrumhausruckhof.at

KAISERGEBIRGE

Bundesland: Tirol | **Höchste Erhebung:** Ellmauer Halt (2344 m ü. d. M.)

Für viele Tirol-Reisende aus dem Raum München ist das Kaisergebirge die erste Landmarke der Alpenrepublik. Seine großartig geformten Gipfel im Südteil, dem Wilden Kaiser, reizen Bergsteiger und Kletterer schon seit Generationen. Die Feriendörfer am Südfuß halten zugleich attraktive Ski-Erlebnisse bereit.

Das Kaisergebirge erhebt sich mit seinen steilen Wänden und Türmen jäh aus dem weiten Wald- und Wiesenvorland östlich vom Inn und nördlich der Kitzbüheler Alpen. Zwei Ketten, der Zahme Kaiser im Norden und der Wilde Kaiser im Süden, gliedern das Gebirge. Mit 20 km Ausdehnung in West-Ost-Richtung hat das Kaisergebirge ein kompaktes Profil. Seit 1963 steht der »Koasa«, wie ihn die Einheimischen nennen, auf einer Fläche von 102 km² unter Naturschutz.
Schon seit Langem beschäftigte der Wilde Kaiser die Fantasie der Bergsteiger – das verraten allein Namen wie Totenkirchl oder Fleischbank. Vor dem Ersten Weltkrieg wurde hier Alpingeschichte geschrieben. Pioniere wie der Deutsche Hans Dülfer entwickelten neue Klettertechniken, um die extrem anspruchsvollen Steilwände zu bezwingen. Diese Kletterrouten sind heute Klassiker. Die sanften Kuppen gegenüber gehören bereits zu den Kitzbüheler Alpen und zählen zu den Hochburgen des Skisports in Tirol. Die aufgrund ihrer Grenznähe beliebte SkiWelt Wilder Kaiser-Brixental mit Söll, Scheffau und Ellmau zählt mit 280 Pistenkilometern zu den größten Österreichs.

Unterwegs im Kaisergebirge

Skierlebnis und Wasserpark

Söll

Die von ► Kufstein nach Südosten führende Eibergstraße schmiegt sich an den Südabfall des Gebirges. Erster guter Einstieg in das Skige-

Unterhalb der Ellmauer Halt warten noch Routen für Jedermann, wer jedoch den Gipfel erklimmen will, muss trittsicher und schwindelfrei sein.

biet ist die **Hohe Salve** in Söll (703 m; 3720 Einw.). An der Mittelstation lockt im Sommer der **Erlebnispark Hexenwasser** die Familien an. Bienenhaus, Backstube, Streichelzoo u. v. m. ergänzen die Wasserspaß-Attraktionen.

Mai–Okt. | Tageskarte Eintritt: 31 € | www.hexenwasser.at

Seen-Kleinod am Fuß des Kaisers

Von seltener Schönheit ist der über dem Ferienort Scheffau (745 m; 1570 Einw.) erreichbare **Hintersteiner See** an der Südwestflanke des Gebirges. In seinem klaren Wasser spiegeln sich die Felsen des Scheffauer (2113 m) und in seinen Fluten kann man sich nach einer Wanderung herrlich erfrischen. Scheffau

DAS KAISERGEBIRGE ERLEBEN

TOURISMUSVERBAND WILDER KAISER

Dorf 35A-6352 Ellmau
Tel. 050 5 09
www.wilderkaiser.info

RÜBEZAHL-ALM €€

Eine der berühmtesten Skihütten Tirols findet sich am Hartkaiser über Ellmau. Hier treffen sich Stars und Sternchen gerne auf einen Jagatee und eine Speckjause. Im Sommer wird sonntags von 9 bis 11 Uhr ein Frühstücksbuffet aufgebaut. Wegen seines Kaiser-Panoramas ist der Rübezahl auch als Film-Location beliebt. Do. geschlossen.
Faistenbichl 42, A-6352 Ellmau
Tel. 05358 26 46
www.ruebezahlalm.at

BIO-HOTEL STANGLWIRT €€€€

Der berühmte Stanglwirt bildet einen Komplex aus Ökohotel, Beauty- und Wellness-Welten und Lipizzanergestüt. Mit Erzeugnissen aus der eigenen Landwirtschaft liegt man im Biotrend, mitunter gibt's zudem Hausmusik-Abende. Originell: Von der Toilette des ausgezeichneten Restaurants blickt man durch eine Scheibe in den Kuhstall!
Kaiserweg 1, A-6353 Going
Tel. 05358 20 00
www.stanglwirt.com

Besuch beim Bergdoktor

Ellmau

Grandios türmt sich das Kaisergebirge über dem Feriendorf Ellmau (820 m; 2890 Einw.) auf. Die dreizackige Ellmauer Halt (2344 m) ist trittsicheren Bergsteigern vorbehalten. Leichter zu schaffen ist hingegen der Weg auf die Gruttenhütte (1620 m). Ein traumhaftes Panorama auf den gesamten Wilden Kaiser genießt man vom **Hartkaiser**, der zu den Kitzbüheler Grasbergen gehört und durch eine Seilbahn erschlossen ist.

Am Fuße des Wilden Kaisers ordiniert seit 2008 »Der Bergdoktor«. Führungen zu den Drehorten der beliebten TV-Serie ziehen die Fans in Scharen ins »Bergdoktor-Dorf« **Ellmau**.

Im Norden zahm

Niederkaiser

Bei St. Johann in Tirol (▶ Kitzbühel, Rund um) klingt der Gebirgszug im bewaldeten Niederkaiser aus, der Ort bietet einen guten Einstieg in das Wandergebiet. Eine Mautstraße führt im Osten bei Griesenau in das wildromantische **Kaiserbachtal**. Im Norden lockt der **Walchsee** mit Blick auf den **Zahmen Kaiser** zu einem Badestopp, bevor es zurück nach ▶ Kufstein geht. Dort gibt es mit dem Kaisertal einen nicht allzu beschwerlichen Einstieg in das Gebirge, Kletterkurse werden angeboten.

KAPRUNER TAL

Bundesland: Salzburg | **Höhe:** 786 m ü. d. M.

Weit schweift der Blick über sich bis zum Horizont ausdehnende Gebirgsketten. Ihre Gipfel scheinen beinahe den Himmel zu berühren – auf den Aussichtsplattformen am Kitzsteinhorn liegt einem das halbe Salzburger Land zu Füßen. Der Berg ist eine der Hauptattraktionen des Kapruner Tals, das allerdings durch ein Kraftwerk zum Mythos geworden ist.

Bis weit in die Mitte des 20. Jh.s war Kaprun nur ein kleines Dorf in einem abgeschiedenen Seitental des Salzachtals. Das 1955 in Betrieb genommene Wasserkraftwerk Kaprun machte es zum Symbol für die Modernisierung Österreichs. Zwar hatten schon die Nationalsozialisten 1938 unter Einsatz von Zwangsarbeitern mit dem Bau eines Tauernkraftwerks im Kapruner Tal begonnen, doch das Projekt 1943 auf Eis gelegt. Erst 1947 wurde der Bau erneut in Angriff genommen. Heute tritt der Mythos des Kraftwerks gegenüber der herrlichen Bergwelt in den Hintergrund. Kaprun bildet zusammen mit Zell am See eine der bedeutendsten Ferienregionen Österreichs.

DAS KAPRUNER TAL ERLEBEN

ZELL AM SEE – KAPRUN TOURISMUS

Brucker Bundesstr. 1a
A-5700 Zell am See
Tel. 06542 770
www.zellamsee-kaprun.com

KAPRUN INFORMATION

Salzburger Platz 6, A-5710 Kaprun
Tel. 06547 80 80

DORFSTADL €€–€€€

In der urigen Bauernstub`n schmecken Schmankerl wie das Steak vom heißen Stein oder ofenfrische Spareribs besonders gut.
Kellnerfeldstr. 15
A-5710 Kaprun
Tel. 06547 72 80
So./Mo. geschl.
www.dorfstadl-kaprun.com

HOTEL TAUERN SPA KAPRUN €€€€

Gäste des Tauern SPA Kaprun genießen alle Vorzüge der öffentlichen Therme und haben zudem Zugang zum Panorama SPA mit rundum verglastem Skylinepool samt Kitzsteinhorn-Blick. Die Zimmer und Suiten bieten modernen Wohnkomfort.
Tauern Spa Platz 1, A-5710 Kaprun
Tel. 06547 2 04 00
www.tauernspakaprun.com

Wohin im Kapruner Tal?

Hochburg des Sports

Kaprun

Das 3110 Einwohner zählende Alpendorf am Ausgang des Kapruner Tals ist ganz auf Aktivurlauber eingestellt. Vom Herbst bis ins beginnende Frühjahr hinein haben Wintersportler, im Sommer Wanderer und Mountainbiker Hochsaison. Das **Tauern Spa** bietet Entspannung in wohlig-warmem Thermalwasser. Die **Burg Kaprun**, die im Osten auf einer Anhöhe über den Ort wacht, bildet die Kulisse für zahlreiche Events. Im denkmalgeschützten Steinerbauernhaus rollt das **Kaprunmuseum** die Geschichte des Orts auf. In **Vötters Fahrzeugmuseum** begeistern über 150 Fahrzeuge aus den 1950er- bis 1970er-Jahren.

Tauern Spa: www.tauernspakaprun.com
Burg: Juli–Sept. | www.burg-kaprun.at
Kaprun Museum: Kirchplatz 4 | Dez.–Okt. Mi., Fr., So. 13–17, März–Okt. auch Di. u. Do. 10–14 Uhr | Eintritt: 4,50 €
www.kaprunmuseum.at
Oldtimermuseum: Schlossstr. 32 | tgl. 10–18 Uhr | Eintritt: 12 €
www.oldtimer-museum.at

Prickelndes Naturschauspiel

★ Sigmund-Thun-Klamm

2 km südöstlich des Kapruner Ortszentrums hat sich die Kapruner Ache auf einer Länge von 320 m bis zu 32 m tief in den Fels gegraben und eine enge Klamm geschaffen. Heute führen befestigte Holzstege die Felswände entlang.

Ende Mai–Sept. tgl. 8.30–17, Juli/Aug. bis 19 Uhr | Eintritt: 6,50 €
www.kaprunmuseum.at

Grandiose Ausblicke in dünner Luft

Kitzsteinhorn Gipfelwelt 3000

Von der Talstation (928 m) in Kaprun-Thörl geht es mit der Gondelbahn hinauf zu den Eisfeldern am 3203 m hohen Kitzsteinhorn, dem Hausberg Kapruns und Wahrzeichen der Region. An der Bergstation in 3029 m Höhe warten in der Gipfelwelt 3000 einige spektakuläre Attraktionen. Durch den Berg geht es durch einen 360 m langen Stollen, in dem die **National Park Gallery** über die Hohen Tauern informiert, zu einer **Aussichtsplattform**, auf der man sich in Augenhöhe mit dem Großglockner und anderen Nachbarn des »Kitz« wiederfindet. Auch die Panorama-Plattform **Top of Salzburg** an der Bergstation gewährt fantastische Fernsichten. Das **Ice Camp** am Kitzsteinhorn ist ein kleines Igludorf, stilecht mit Bar und Lounge. Es ist vom Alpincenter aus gut zu Fuß zu erreichen und frei zugänglich.

Im Skigebiet am Kitzsteinhorn sausen Skifahrer bis weit ins Frühjahr auf einem 41 km langen Pistennetz hinab ins Tal. Etwas oberhalb vom Alpincenter (2450 m) liegt der Snowpark für die Boarder-Community. Am Kitzsteinhorn-Gletscher öffnet im Sommer die **Ice-Arena** direkt an der Bergstation ihre Pforten, in der man am Schneestrand in der Sonne liegen oder durch Schnee rutschen kann.

Berg- u. Talfahrt inkl. Attraktionen der Gipfelwelt 3000 49,50 €
www.kitzsteinhorn.at

Ein Mythos der Technik

Kapruner Stauseen und Kraftwerk

Wie ein Werk der Natur schmiegen sich die Speicherseen **Wasserfallboden** (1672 m) und **Mooserboden** (2040 m) an die bis auf 3000 m aufragenden Bergwände über dem Tal von Kaprun. Sie sind durch die Stauung von Schmelzwasser vornehmlich des Pasterze-Gletschers am Großglockner entstanden. Der Weg dorthin führt über den **Lärchwand-Schrägaufzug** (nur mit Shuttle-Bussen). In nur vier Minuten überwindet das Gefährt 431 m. Von der Bergstation geht es mit Bussen am Stausee Wasserfallboden vorbei zur Mooserboden-Sperre. Dort informiert das Besucherzentrum **Erlebniswelt Strom und Eis** über die Geschichte des Kraftwerks sowie das Gletschereis und bietet auch eine Führung durch das Innere der Stau-

Im eisigen Gletschergebiet am Kitzsteinhorn geht es stilecht in die Eisbar.

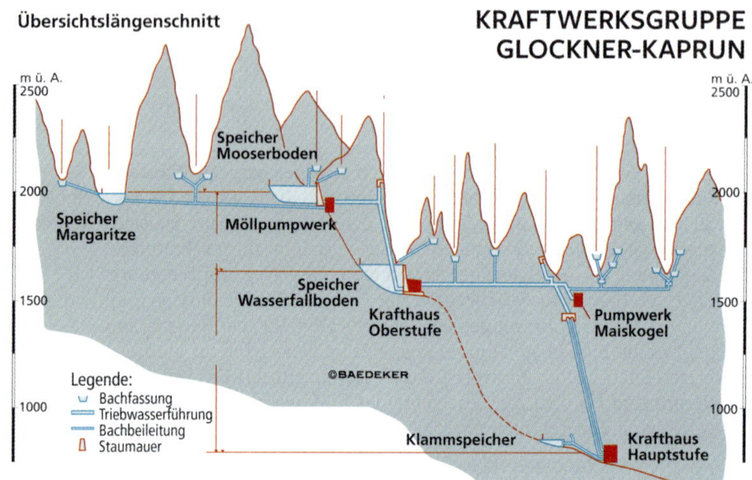

mauer an. Wer sich nicht so brennend für Technik interessiert, wird mit einem Blick über die türkis blitzenden Gewässer bis zu den schneebedeckten Bergen der Glocknergruppe im Süden und dem Steinernen Meer im Norden belohnt.

Transfer zu den Stauseen ab Kasse Kesselfall: Ende Mai–Mitte Okt. tgl. 8.10–16.45 Uhr | Dauer mind. 4 Std. | Berg- und Talfahrt: 28 €
Staumauerführung: Treffpunkt am Kiosk Mooserboden | 6,50 €

KARWENDEL

Bundesland: Tirol

Zacken und Grate, jäh abfallende Felswände und grandiose Felskessel, zwischen denen sich Naturwunder wie der Große Ahornboden auftun – in wilder Schönheit präsentiert sich das Karwendelgebirge, zwischen Seefeld in Tirol, Innsbruck, dem Achensee und Bayern gelegen. Da verkehrsmäßig kaum erschlossen, lautet der Karwendel-Imperativ: Du musst wandern!

Bereits 1928 wurde die erste Schutzverordnung erlassen, heute steht das Karwendelgebirge beiderseits der Grenzen unter Naturschutz. 727 km² Wildnis sind auf Österreichs Seite als Naturpark Karwendel ausgewiesen, dazu kommen 190 km² Schutzflächen in Bayern, unter dem Strich ergibt dies eines der größten Naturreservate der Ostalpen. Gämsen kann man auf Wanderungen häufig erspähen, mit etwas Glück bekommen Wanderer auch Steinadler – es gibt etwas mehr als 20 Brutpaare – und Steinböcke vor die Linse.

Geschützte Wildnis

Bis heute bildet das Karwendel eines der größten unbesiedelten Gebiete Mitteleuropas. Der einzige ständig besiedelte Ort ist der Weiler Hinterriß mit 47 Einwohnern. Er ist mit dem Auto nur von Bayern (Norden) aus erreichbar. Einstiege zu Fuß gibt es aus allen Himmelsrichtungen, bequem etwa mit der Seilbahn ab Innsbruck. Etwa zwei Dutzend bewirtschaftete Hütten sorgen für Verpflegung und teilweise für Unterkunft. Mountainbiker finden auf den geschotterten Straßen ideales Gelände vor. Von Scharnitz aus lässt sich etwa der malerische Ursprung der Isar im Hinterautal auf einer Bike-Tour erkunden.

Wohin im Karwendel?

Vier Ketten und viele Täler

Vom Inntal nach Bayern

Das Teilgebirge der Nördlichen Kalkalpen gliedert sich in vier parallele Kalkmassivketten mit tief eingeschnittenen Längs- und Quertälern. Die südlichste erhebt sich über dem Inntal und blickt als **Nordkette** Tirols Landeshauptstadt ▶ Innsbruck buchstäblich in die Gassen hinein. In der zweiten nordwärts folgenden Kette lockt vor allem die Spitze des **Großen Bettelwurfs** (2725 m), einer der schönsten Aussichtsberge

DEN KARWENDEL ERLEBEN

NATURPARK KARWENDEL
Unterer Stadtplatz 19
A-6060 Hall in Tirol
Tel. 05245 2 89 14
www.karwendel.org

Zwei bis drei Tage benötigt man für die **Karwendel-Durchquerung**: Die Tour führt vom Grenzort Scharnitz zum Karwendelhaus am Fuß der Birkkarspitze, weiter geht es zum Kleinen Ahornboden und zur Falkenhütte am Fuß der beeindruckenden Laliderer Wände. In der Eng sind 35 km erreicht, weiter geht es schließlich nach Pertisau am Achensee.

ALPENGASTHOF UND NATURHOTEL DIE ENG **€–€€€**
Vom einfachen Lager bis zum Alm-Chalet mit Wellness-Angebot gibt es Quartier für jeden Geldbeutel. Ein kräftiges Frühstück mit Almprodukten ist immer dabei, für den Anschluss an die Außenwelt sorgt freies WLAN. Geöffnet von Mai bis Oktober.
A-6215 Hinterriss
Tel. 05245 231
www.eng.at

Tirols. Über dem **Karwendelhaus** (1770 m) erhebt sich in der dritten Kette, der **Hinteren Karwendel- oder Birkkarkette**, die ebenmäßige Pyramide der **Birkkarspitze** (2749 m). Sie ist die höchste Erhebung des Kalkgebirges. Am nördlichsten liegt die **Vordere Karwendelkette**.

Naturparkhaus als Drehscheibe

Hinterriß

Hier verläuft die deutsch-österreichische Grenze – und über diese führt die einzige öffentliche Straße in das Herz des Gebirges. Sie erreicht nach wenigen Kilometern Hinterriß, wo das moderne **Naturparkhaus** Wissenswertes vom Sagenschatz bis zu den seltenen Tier- und Pflanzenarten der Region vermittelt. Außerdem kann man sich hier Wandertipps holen.

Mai–Okt. tgl. außer Di. 9–17 Uhr | Eintritt: 3 € | www.karwendel.org

Herbstlicher Farbenrausch

Großer Ahornboden

Von Hinterriß folgt eine 15 km lange Mautstraße (Mai–Okt. | Pkw 4,50 €) dem wild-romantischen Rißbach zum Großen Ahornboden. Wie uralte Wächter stehen 2200 Bergahorne einzeln und in kleinen Gruppen am Talgrund. Manche davon haben 600 Jahre auf dem Buckel. Der Herbst mit der Laubfärbung ist die schönste Zeit für einen Besuch. Allerdings ist die Mautstraße an den Wochenenden stark befahren. Sie endet an einem großen Parkplatz beim Alpengasthof Eng. Nur wenige Hundert Meter sind es von hier zur **Eng-Alm**. In dem Almhüttendorf mit Raststation, Übernachtungsmöglichkeiten und einem Themenweg verarbeiten Käsemeister im Sommer die Milch von gut 200 Milchkühen zu Butter und zu Enger Almkäse-Spezialitäten. Man kann den Käsern über die Schulter sehen und ihre preisgekrönten Erzeugnisse im Bauernladen verkosten.

www.engalm.at

KITZBÜHEL

Bundesland: Tirol | **Höhe:** 800–2000 m ü. d. M. | **Einwohner:** 8210

Ein Bergpanorama wie aus dem Bilderbuch, traumhafte Pisten und das vielleicht spektakulärste Abfahrtsrennen des Skizirkus – dafür ist Kitzbühel in der ganzen Welt bekannt. Legendär ist die Tiroler Kleinstadt auch als Tummelplatz der Reichen und des Jetsets. Während im Winter 230 Pistenkilometer keinerlei Wünsche von Skifahrern und Snowboardern unerfüllt lassen, haben im Sommer Wanderer und Mountainbiker die Grasberge um die Gams-Stadt fest in ihrem Griff.

Kitzbühel war schon im 16. und 17. Jh. aufgrund seines Kupfer- und Silberbergbaus eine blühende Stadt. Den Grundstein zur – nach eigenen Angaben – legendärsten Sportstadt der Alpen legte wohl der Wahl-Kitzbüheler Franz Reisch: Er ließ sich Ende des 19. Jh.s aus Norwegen ein Paar Ski schicken, die damals 2,30 m lang waren. 1892 machte er die ersten Rutschversuche und veranstaltete bereits 1895 mit seinen Freunden das erste Skirennen. Geschicktes Marketing und blaublütige Besucher förderten in der Zwischenkriegszeit Kitzbühels Aufstieg zum noblen Wintersportort.

Legendär, mondän, sportiv

Heute kommen auf 8000 Einwohner 10 000 Hotelbetten. »Kitz«, wie es Insider nennen, hat sich auf ein internationales und finanzkräftiges Ferienpublikum eingestellt, im Spielcasino, in Clubs und Bars, auf den Golf- und Tennisplätzen und natürlich beim legendären Hahnenkamm-Rennen Mitte Januar gibt man sich ein Stelldichein – »sehen und gesehen werden« heißt die Devise. Zweitwohnsitze, mitunter in sehr protziger Architektur, gibt es in und um Kitzbühel jede Menge. Das ließ die Immobilienpreise in die Höhe schießen und stößt mittlerweile vielen Einheimischen ziemlich sauer auf.

Wer sich mit einem feinen Tuch eindecken möchte, sollte in Kitzbühel fündig werden, etwa in der Maßschneiderei Franz Prader nahe der Hahnenkamm-Talstation.

Wohin in Kitzbühel?

Schönes und teures Pflaster

Altstadt

Trotz des reichlich zirkulierenden Geldes hat die Gams-Stadt – nach dem Wappen mit der Gams – auf ihre Altstadt gut achtgegeben. Im Zentrum verlaufen zwei Straßen, die breite »Vorderstadt« und die etwas schmalere »Hinterstadt«, beides Fußgängerzonen. Die Anlage geht im Wesentlichen auf die Blütezeit des Bergbaus zurück. Die wuchtigen, bunten Häuser mit vorspringenden Satteldächern prägen das Bild auch in der Gegenwart. Sie beherbergen vorwiegend Luxushotels, Cafés, Schmuck- und Souvenirgeschäfte und Boutiquen.

KITZBÜHEL ERLEBEN

KITZBÜHEL TOURISMUS

Hinterstadt 18
A-6370 Kitzbühel
Tel. 05356 6 66 60
www.kitzbuehel.com

Von Edeltracht bis zum alpin inspirierten Schmuckstück wird in der Altstadt allerlei Spezielles aus den Werkstätten der Region feilgeboten. Daneben liegen Mode und Style der internationalen Catwalks in den Auslagen. **Franz Prader** ist der Lokalmatador in Sachen Mode. Von Romy Schneider bis Arnold Schwarzenegger haben sich schon viele Promis von ihm einkleiden lassen (Josef-Herold-Straße 15a, www.praderfashion.at).

TENNERHOF €€€€

Gleich drei Restaurants finden sich unter dem Dach des Tennerhofs. Das Gourmetrestaurant ist seit 30 Jahren mit Hauben ausgezeichnet (Mi.–So.) Tiroler Köstlichkeiten werden im Römerhof-Stüberl kredenzt.

Griesenauweg 26
A-6370 Kitzbühel
Tel. 05356 6 31 81
www.tennerhof.com

NEUWIRT €€€–€€€€

In einem der traditionsreichsten Gasthöfe von Kitzbühel kocht Jürgen Kleinhappl, ehemals jüngster Sternenkoch Österreichs, heute pfiffige Neukreationen alter Spezialitäten.

Florianigasse 15
A-6370 Kitzbühel
Tel. 05356 69 11 58
www.neuwirtkitz.com

SCHLOSSHOTEL LEBENBERG €€€€

Von einem Hügel am Stadtrand grüßt das Schlosshotel, das historisches Ambiente mit höchstem Wohnkomfort vereint. Die schönsten Zimmer finden sich im 130 Jahre alten Schlossturm. Entspannt geht der Blick vom Dachpool auf Stadt und Berge!

Lebenbergstraße 17
A-6370 Kitzbühel
Tel. 05356 69 01
www.daslebenberg.com

Alfons Waldes Sehnsuchtsbilder

Museum Kitzbühel

Das Museum Kitzbühel (Hinterstadt 32) ist im alten Getreidekasten und dem Südwestturm (13. Jh.) der ehemaligen Stadtbefestigung untergebracht. Einen Schwerpunkt setzt die Sammlung des einheimischen Malers Alfons Walde (1891–1958), der mit seinen Bildern von tief verschneiten Almen vor blitzblauem Himmel, kühnen Skifahrern und alten Bauernhöfen in der Zwischenkriegszeit zu den besten Förderern des Tourismuswunders Kitzbühel gehörte. Der Allround-Designer entwarf auch das berühmte Gams-Logo, den Schriftzug Kitzbühels und die roten Anzüge der Skilehrer.

Di.–So. 14–18, Sa. ab 10 Uhr | Eintritt: 8 €
www.museum-kitzbuehel.at

Bemerkenswerte Kirchen

Nördlich der Altstadt

Wenige Meter nördlich erhebt sich die **Katharinenkirche** (um 1360/65), ein gotisches Kleinod aus der Frühzeit Kitzbühels. Ihr hoher Turm samt Spitzhelm macht sie zum Blickfang, im Inneren ist der um 1515 entstandene Kupferschmied-Flügelaltar sehenswert. Nördlich der Altstadt verdienen zwei weitere Gotteshäuser Aufmerksamkeit. Die von 1435 bis 1506 erbaute, später barock veränderte **Pfarrkirche St. Andreas** ist ein massiger Bau mit niedrigem Turm. Umgekehrt verhält es sich mit der **Liebfrauenkirche**, wo sich zu einem bescheidenen Baukörper ein überdimensionierter Turm gesellt. Die Geschichte dazu: Der Wohlstand im 16. Jh. verleitete die Kitzbüheler zum Erwerb einer repräsentativen Kirchenglocke. Weil der alte Kirchturm dafür zu klein war, musste vergrößert werden. Seit 1847 trägt der Wehrturm die 6,3 t schwere Kaiserglocke, die als klangschönste des Landes gilt.

Rund um Kitzbühel

Eldorado für Aktivurlauber

Sportregion Kitzbühel

Komfortable Seilbahnen in Verbund mit den Nachbarorten und Angebote für Snowboarder, Tourengeher, Langläufer sowie Wanderer machen die Region zu einer Top-Adresse für Winterurlaub. 230 Pisten-Kilometer umfasst das Skigebiet Kitzbühel-Kirchberg, erschlossen mit knapp 60 Seilbahnen und Liften. Im Sommer kommen Wanderer, Golfspieler, Mountainbiker und E-Biker auf ihre Kosten.

Aussichtsberg mit bunten Tupfen

Kitzbüheler Horn

Im Nordosten der Stadt ragt das Kitzbüheler Horn (1996 m) mit Gipfelhaus und Sendemast auf. Erschlossen ist der Berg mit mehreren Seilbahnen sowie im Sommer mit einer mautpflichtigen, 7,5 km langen Straße zum **Alpenhaus** (1670 m). Nahe dem Gipfelhaus wurde ein 20 000 m² großer, kostenlos zu besichtigender **Alpenblumen-**

Auch Mountainbiker werden sich in den Kitzbüheler Alpen pudelwohl fühlen.

garten angelegt. Der freistehende Berg bietet ein großartiges Panorama vom Kaisergebirge bis zum Hochkönig und von den Hohen Tauern mit dem Großglockner bis zu den Zillertaler Alpen.
Panoramastraße: Juli–Okt. tgl. | Mautgebühr: für Pkw 25 €

Der Kaiser lässt grüßen

Schwarzsee

Zu Tirols malerischsten Gewässern zählt der in Wiesen eingebettete und größtenteils unverbaute Schwarzsee, 2 km Richtung Nordwesten auf dem Weg nach Reith. Mit Blick auf die schroffen Wände des ▶ Kaisergebirges lassen sich in seinem moorigen, warmen Wasser herrliche Badestunden verbringen. Eine Rundwanderung erschließt mit Hasenberger-, Vogelsberger- und Gieringer-Weiher drei weitere Natur-Juwelen.

Tierisch gut

Wildpark Aurach

In **Oberaurach**, 9 km südöstlich von Kitzbühel, lockt der Wildpark Tirol Besucher an. Auf einer Fläche von 40 ha leben mehr als 200 Alpentiere und auch einige Exoten wie Kängurus, Yaks und Lamas, die man aus der Nähe beobachten kann. Es ist ein Lieblingsplatz des Kitzbüheler Schlagerstars Hansi Hinterseer, der in seiner ersten Karriere in den 1970er-Jahren als Skifahrer begeisterte.
Juli, Aug. u. Weihnachten tgl. 10–17 Uhr, sonst Mo.–Mi. sowie Jan. u. Feb. geschl. | Eintritt: 9,50 € | www.wildpark-tirol.at

Exzellentes Wander- und Skigebiet

Kitzbüheler Alpen

Hahnenkamm (1712 m) und **Kitzbüheler Horn** zählen zu den Kitzbüheler Alpen, einem rund 80 km langen Gebirgszug, der sich vom ▶ Zillertal im Westen bis zum ▶ Zeller See im Osten erstreckt und zum Großteil aus Schiefer und Phylliten besteht. Schroffe Formen wie in den Tiroler Kalkalpen sind hier die Ausnahme. Das Terrain mit ausgedehnten Almwiesen lädt zu Wander- und Bike-Touren bzw. im Winter zu Pistenspaß und Skitouren ein. Markantester Berg bei Kitzbühel ist der Große Rettenstein (2363 m), erreichbar von der Oberlandhütte (1041 m) bei Aschau aus.

Oberlandhütte: www.alpenverein-muenchen-oberland.de

Sympathischer Ferienort

St. Johann in Tirol

Etwa 10 km nördlich von Kitzbühel erreicht man St. Johann in Tirol (660 m; 9750 Einw.). Der wichtige Straßenknotenpunkt ist sowohl im Sommer als auch im Winter ein gern besuchter Ort mit einigen malerischen Bauernhäusern. Wahrzeichen St. Johanns ist die doppeltürmige barocke **Pfarrkirche** mit schönen Stuckaturen und einem Deckengemälde von Simon Benedikt Faistenberger. St. Johann ist ein guter Einstieg in das Wandergebiet Niederkaiser. Die Steilwände um den Schleierwasserfall ziehen viele Freeclimber an.

KLAGENFURT

Bundesland: Kärnten | **Höhe:** 445 m ü. d. M. | **Einwohner:** 103 000

Bei einem Großbrand weitgehend zerstört, entstand Klagenfurt vor 500 Jahren von Grund auf neu. Ihr südlich angehauchtes Flair verdankt die Landeshauptstadt Kärntens einem milden Klima und dem Einfluss italienischer Baumeister. Am nahen ▶ Wörthersee kommen Erholungssuchende sowie Sportbegeisterte auf ihre Kosten.

Italien ganz nah

Österreichs südlichste Landeshauptstadt erstreckt sich bis zum Ostufer des Wörthersees. Mitte des 12. Jh.s wurde der Marktflecken an einer Furt über die Glan angelegt. Von einem nahen Sumpfgebiet aus verbreitete einer Sage zufolge ein Drache Schrecken – bis er mit einer List hervorgelockt und von einem tapferen Kärntner erschlagen wurde. Sowohl der Lindwurm als auch sein Bezwinger, »Herkules« genannt, sind heute noch präsent – in Stein gehauen auf dem Neuen Platz. 1514 legte ein Brand Klagenfurt in Schutt und Asche. Die geistlichen und weltlichen Grundherren, die damals mit St. Veit als Hauptstadt unzufrieden waren, ersuchten Maximilian I., ihnen Klagenfurt zu überlassen. Der Kaiser stimmte zu, forderte aber den Ausbau der Befestigungen. So ging 1518 die ungewöhnliche Schenkung über die Bühne. Baumeister aus Italien verpassten dem Ort ein neues, südliches Profil. Renaissance-Palais mit Arkadenhöfen entstanden, und von 1527 bis 1558 wurde der Lendkanal angelegt, der die Gräben um die nun gut befestigte Stadt mit Wasser füllte und Klagenfurt auch heute noch mit dem Wörthersee verbindet. Der Aufstieg zur Industrie- und Handelsstadt kam mit dem Anschluss an die Eisenbahn ab 1863.

Wohin in Klagenfurt?

Herkules und Lindwurm

Neuer Platz

Für sein Engagement um die Erhaltung der Altstadt wurde Klagenfurt mehrfach ausgezeichnet. Zentrum ist der weiträumige Neue Platz mit dem **Lindwurmbrunnen**, dem Wahrzeichen der Stadt. Vorbild für den Kopf der Plastik, die 1590 aus einem einzigen Block Chlorit-Schiefer gehauen wurde, war der Schädel eines in der Nähe gefundenen eiszeitlichen Wollhaarnashorns, den man für einen Drachenkopf hielt. Die Herkulesfigur mit erhobener Keule, gefertigt von Michael Hönel, dem Schöpfer des Hochaltars im Gurker Dom, wurde 1636 hinzugefügt. Um den Neuen Platz gruppieren sich etliche schöne alte Häuser, teilweise mit Arkadenhöfen. Gut 50 solcher Höfe sind öffentlich zugänglich. Orientierung bietet die Broschüre »Altstadtwandern«, erhältlich in der Touristeninformation (Haus Nr. 5). Das ehemalige Palais Rosenberg an der Westseite (um 1650) dient seit 1918 als Rathaus.

Flanieren im historischen Zentrum

Alter Platz

Häuser aus der Gründer- und Jugendstilzeit säumen die **Kramergasse**, Österreichs älteste Fußgängerzone (seit 1961). Die kleine Skulptur des »Wörthersee-Mandls« (1965) begrüßt die Flanierer. Autofreie Zonen sind auch die Wiener Gasse und der lang gestreckte Alte Platz mit der Dreifaltigkeitssäule (1689), der das historische Herz der Stadt bildet. Auch dieses Geviert flankieren arkadengeschmückte Bauten, dazu gehört etwa das Alte Rathaus (17. Jh.). Heute geht man am Alten Platz dem Shopping-Vergnügen nach oder lässt von einem der Straßencafés aus das urbane Leben an sich vorüberziehen.

Prächtiger Ausblick

Stadtpfarrkirche St. Egid

Nördlich vom Alten Platz erhebt sich die Kirche St. Egid, ein stattlicher Bau aus dem 17./18. Jh. mit zahlreichen alten Wappengrabsteinen. Der Aufstieg über 225 Stufen zur Aussichtsgalerie wird mit einem exzellenten Blick auf die Stadt, die Karawanken und den Wörthersee belohnt.
Stadtpfarrturm: April, Mai, Sept., Okt. Mi.–Fr. 13–18, Sa. 11–15, Juni–Aug. Mi.–Fr. 11–13 u. 14–18, Sa. 11–14 Uhr | Eintritt 6 €

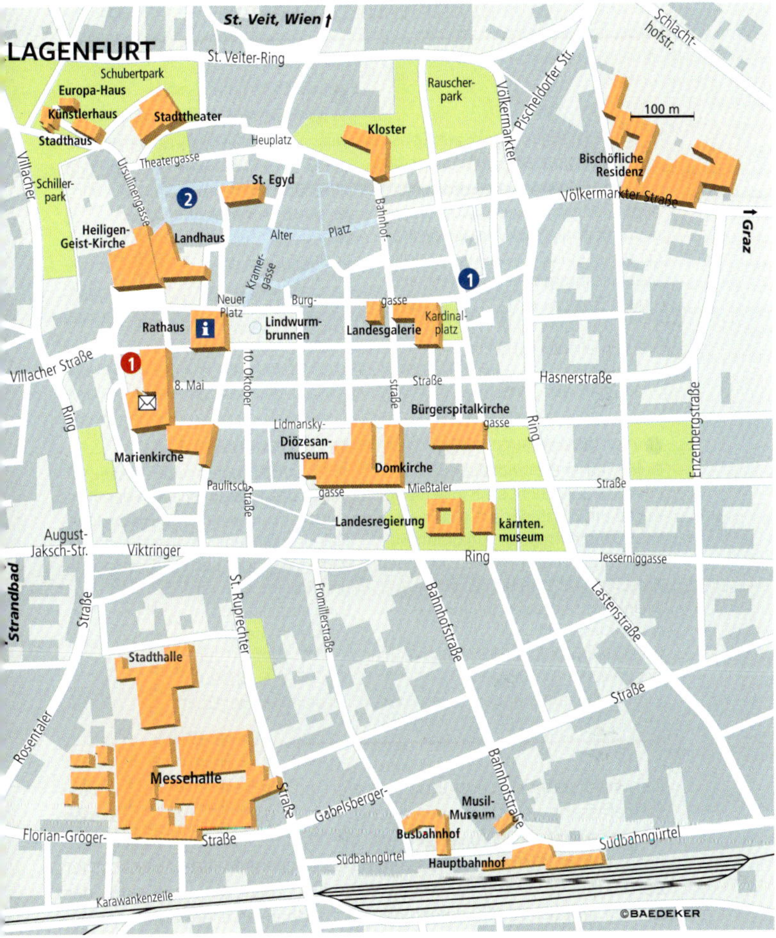

1 Osteria Veneta
2 Bierhaus zum Augustin

1 Der Sandwirth

Wer will sie zählen?

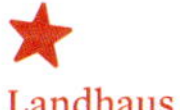

Der repräsentativste Profanbau der Stadt, das von 1574 bis 1594 errichtete Landhaus, steht zwischen dem Alten Platz und dem weiter westlich gelegenen Heilig-Geist-Platz. Sein Äußeres prägen zwei mächtige Treppentürme und ein doppelgeschossiger Arkadenhof.

★ Landhaus

KLAGENFURT ERLEBEN

TOURISMUSINFORMATION KLAGENFURT AM WÖRTHERSEE

Anekdoten, historische Fotos und Audiofiles garnieren den aufwändig gemachten digitalen City Guide Klagenfurt, der kostenlos auf der Homepage heruntergeladen werden kann.
Neuer Platz 5, A-9020 Klagenfurt
Tel. 0463 28 74 63-0
www.visitklagenfurt.at

❷ BIERHAUS ZUM AUGUSTIN €

Hier kehren auch die Klagenfurter gerne auf einen Plausch, ein Bier und eine zünftige Mahlzeit ein. Weißwürste, Bratlfettenbrot und Gulasch geben Kraft für eine weitere Sightseeing-Runde.
Pfarrhofgasse 2, A-9020 Klagenfurt
Tel. 0463 51 39 92
http://gut-essen-trinken.at/das-augustin, So. geschl.

❶ OSTERIA VENETA €€

Dolce vita ist Bestandteil des Stadtcharakters. Authentische italienische Küche mit Zutaten frisch aus Triest lässt Gaumenfreuden aufkommen – vom Antipastiteller mit hauchdünnem Prosciutto bis zum Branzino. Die Weinkarte überzeugt mit italienischen Klassikern.
Kardinalplatz 3, A-9020 Klagenfurt
Tel. 0463 91 57 10
www.osteriaveneta.at

❶ DER SANDWIRTH €€

Seine schönbrunnergelbe Fassade macht das Traditionshaus in der Innenstadt zum Hingucker. Historisches Flair und zeitgemäße Ausstattung ergänzen einander perfekt. Der Sport- und Relaxbereich im 4. Stock ist tipptopp ausgestattet.
Pernhartgasse 9
A-9020 Klagenfurt
Tel. 0463 5 62 09
https://sandwirth.at

Den stadtseitig offenen Innenhof ziert eine geschmackvolle Renaissancefassade. Nach einem Brand wurde der prachtvolle **Große Wappensaal** 1739/40 eingebaut, die Wände schmücken exakt 665 Wappen der Kärntner Landstände. Das Deckengemälde des Kärntner Barockmalers Josef Ferdinand Fromiller zeigt die Huldigung der Stände an Karl VI. Nordwestlich des Landhauses erhebt sich das Jugendstilgebäude (1910) des **Stadttheaters**.

April–Okt. Mo.–Sa. 10–16 Uhr, Juli u. Aug. bis 17, Okt.–März Mo. geschl. | Eintritt: 4 € | www.landesmuseum.ktn.gv.at

Im Bauch der Stadt

Benediktinermarkt

Wörtherseefische, Käsespezialitäten, Gailtaler Speck und Würste, dazu ofenfrisches Brot, Obst und Gemüse in herrlicher Vielfalt: Der Benediktinermarkt ist ein beliebter Treffpunkt. Am Donnerstag und Samstag bieten Bauern aus Kärnten, aus dem Friaul sowie Slowenien ihre Alpen-Adria-Köstlichkeiten feil. In den Marktlokalen können sich

Besucher verwöhnen lassen. Zum Benediktinerplatz gelangt man über Ursulinengasse und Doktor Hermann-Gasse.
Do. und Sa. 6–13 Uhr, Fr. Biomarkt ab 7 Uhr

Zeitgenössische Kunst

Rund um den Neuen Platz

Über die Ursulinengasse und die Wiesbadener Straße gelangt man wieder zum Neuen Platz. Einen Block weiter in östlicher Richtung steht das **Museum Moderner Kunst Kärnten** in der Burggasse. In Wechselausstellungen werden Werke des 20. und 21. Jh.s präsentiert. An Samstagen im Sommer wird der stimmungsvolle Hof zur Bühne für Musik-Matineen.
Über den Neuen Platz führt die Karfreitstraße südlich zur **Domkirche**, die von den protestantischen Ständen von 1578 bis 1591 erbaut und im Zuge der Gegenreformation 1604 ein römisch-katholisches Gotteshaus wurde. 1787 erfolgte die Erhebung zum Dom. Die lichte Raumgestaltung wird von umlaufenden Emporen bestimmt, die Ausstattung mit Stuckarbeiten, Gemälden und Hochaltar ist hochbarocker Natur.
Museum Moderner Kunst Kärnten: Di.–So. 10–18, Do. bis 20 Uhr
Eintritt: 5 € | www.mmkk.at

Alles neu!

kärnten.museum

Im Landesmuseum ist kein Stein am andern geblieben. Das Haus mit über 140 Jahren Geschichte präsentiert sich jetzt als zukunftsträchtiges **kärnten.museum** mit lichtdurchfluteten Räumen und völlig neuen Konzepten. Die Ausstellungsobjekte hat man aus den Vitrinen geholt und in die Räume integriert, man spaziert etwa über ins Parkett eingelassene Flüsse und Seen Kärntens. Inhaltlich ist es nun mehr denn je ein umfassendes Universalmuseum des Bundeslands.
Di.–So. 10–18, Do. bis 20 Uhr | 10 € | www.landesmuseum.ktn.gv.at

Belesen!

Literaturmuseum

Als Geburtsort der international bekannten Schriftsteller Ingeborg Bachmann und Robert Musil ist Klagenfurt eine Literaturstadt. Ein Museum in Musils Geburtshaus in der Bahnhofstraße 50 dokumentiert diese Tradition.
Mo.–Fr. 10–17 Uhr | Eintritt: 2,50 € | www.musilmuseum.at

Einmal um die ganze Welt

Minimundus

Am Ufer des ▶ Wörthersees bieten das Städtische Strandbad und die Schiffsanlegestellen einen Einstieg in das Freizeitvergnügen am Wasser. Einmal um die ganze Welt – so lautet das Motto im entzückenden Minimundus neben dem Europapark. Die »kleine Welt am Wörther See« zeigt 165 Nachbildungen berühmter Bauwerke im Maßstab 1 : 25 – vom Eiffelturm bis zur Sagrada Familia. Authentisch muss es sein: Sechs Jahre Bauzeit erforderte das hauptsächlich aus dem Ori-

MÄRCHENHAFT

Die riesigen Nadelbäume weichen zurück und plötzlich breitet sich eine flache, hellgrüne Wiese vor den Augen der Wanderer aus, begrenzt von den fast senkrechten, grauen Wänden des Vertatscha-Massivs. »Märchenwiese« ist der passende Name für das Idyll südlich von Klagenfurt. Dem steht der Weiher mit kristallklarem Wasser, der sich im Wald auftut, in nichts nach: das Meerauge. Beide Naturjuwelen sind vom Tschauko-Fall oder in einem kurzen Spaziergang vom Gasthof Bodenbauer zu erreichen.

ginalmaterial Travertin gestaltete Petersdom-Modell, Kostenpunkt 730 000 Euro! Auch einen Indoor-Bereich gibt es. Im **Reptilienzoo Happ** nebenan kann man einer Würgeschlange in die Augen schauen und bei der Fütterung der Krokodile zusehen. Noch einmal ums Eck liegt das moderne **Planetarium**.

Minimundus: April–Okt. tgl. 9–18, Mai, Juni u. Sept. bis 19, Juli u. Aug. bis 22 Uhr | Eintritt: 19 € | www.minimundus.at
Reptilienzoo: Sommer 9–18, Winter 9–17 Uhr, Nov. geschl. | Eintritt: 15 € | www.reptilienzoo.at
Planetarium: Programm unter www.planetarium-klagenfurt.at

Rund um Klagenfurt

Wörthersee ▶ dort

Auf ins Gebirge!

Karawanken

Erstes Territorium für Klagenfurter Gipfelstürmer sind die Karawanken südlich der Stadt. Die etwa 120 km lange Kette, ein Teil der Südlichen Kalkalpen, setzt die Linie der Karnischen Alpen nach Osten fort und bildet die Grenze zu Slowenien. Höchste Erhebung ist der **Hochstuhl** (2238 m ü. d. M.). Über den **Loiblpass** gelangt man zum Bleder See in Slowenien, der zu den schönsten Bergseen der Alpen gehört (aber halt auch schwer überlaufen ist).

Die Pracht alter Büchsen

Ferlach

Auf halbem Weg ins Herz der Karawanken liegt die Büchsenmacherstadt Ferlach (466 m; 7250 Einw.), in der das Gewerbe des Waffenherstellers seit mindestens 1551 bis in heutige Zeit fest verankert ist. Im Schloss ist ein Jagd- und Büchsenmachermuseum untergebracht.

Mai–Okt. tgl. 10–18 Uhr | Eintritt: 6,50 €
www.jagdmuseum-ferlach.at

Wildes Wasser

Tscheppa-Schlucht

Südlich von Ferlach braust der Loibl-Bach durch die wilde Tscheppa-Schlucht. Von einem Parkplatz bei Unterloibl an der B 91 begleitet ein Steig das Wildwasser-Spektakel mit dem 26 m hohen Tschauko-Fall als Höhepunkt. Ein Waldseilgarten mit Flying Fox über die Schlucht bietet weiteren Thrill.

Ende April–Okt. | Eintritt: 9,50 € | www.tscheppaschlucht-ferlach.at

★ KLEINWALSERTAL

Bundesland: Vorarlberg

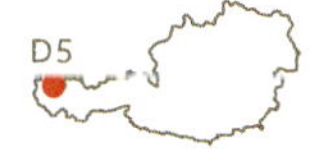

»Die schönste Sackgasse der Welt« – so wirbt der Tourismusverband für den Aufenthalt im Kleinwalsertal, das mit dem Auto nur von Deutschland aus erreichbar und vom Rest Vorarlbergs durch bis zu 2500 m hohe Berge getrennt ist. Waldbedeckte Flanken und schroffe Kalkgipfel flankieren das reizvolle Gebirgstal, das wegen seines Hochgebirgsklimas und der schneesicheren Lage viel besucht wird.

Das knapp 100 km² große Tal hat 5000 Einwohner. Ihre Vorfahren sind um 1300 aus dem schweizerischen Wallis eingewandert – willkommen als Spezialisten für die Erschließung rauer Gebirgsgegenden. Besonderheiten wie der Dialekt, der sich deutlich von dem der

»Die schönste Sackgasse der Welt«

Nachbarn in Vorarlberg und im Allgäu unterscheidet, haben sich teils noch erhalten. Lange Zeit bremste die schwere Erreichbarkeit zum Rest Vorarlbergs den Handel – aus diesem Grund erhielt das Kleinwalsertal 1891 Zollanschluss an Deutschland. Nach dem EU-Beitritt Österreichs 1995 und später der Einführung des Euro verlor der Sonderstatus seine Bedeutung.

Heute ist das Kleinwalsertal eine Tourismus-Großmacht. Das Bussystem ist bestens ausgebaut – auch um den mitunter starken Autoverkehr zu reduzieren. Der von Oberstdorf im Allgäu bis ins hinterste Kleinwalsertal verkehrende Walserbus ist in Österreich mit der örtlichen Gästecard kostenfrei zu benutzen. Das gestaltet in Kombination mit den Sommer-Bergbahnen den Einstieg in das Wandererlebnis bequem. Populär sind die Routen auf die blumenreichen Almen, wo zum Teil eigener Käse produziert wird. Im Winter heißt es dann »Ski und Rodel gut«: Aufgrund seiner (Stau)-Lage am Nordrand der Alpen genießt das Kleinwalsertal einen Ruf als Schneeloch. Die Skigebiete beginnen teils mitten im Ort, reichen hinauf bis auf 2200 m und gewähren herrliche Panoramablicke. 130 Pistenkilometer und 48 Bahnen bzw. Lifte stehen in der Zweiländer-Skiregion zur Verfügung, außerdem ziehen sich Loipen und geräumte Winterwanderwege durch das 15 km lange Tal.

Am Walmendingerhorn nahe Riezlern lockt diese Aussichtswarte mit einem grenzenlosen Panorama.

Wohin im Kleinwalsertal?

Wildwasserschlucht als Auftakt

Breitachklamm

Ausgehend von Oberstdorf im Allgäu (nächster Bahnhof) erreicht man im Südwesten nach 6 km bei der Walserschanz (991 m) österreichisches Gebiet. Ganz in der Nähe befindet sich der obere Eingang der wildromantischen Breitachklamm. Ein Steig mit zahlreichen Brücken und Galerien führt zwischen bis zu 100 m hohen Felswänden abwärts, an einem Wasserfall vorbei und zum Ausgang der Klamm auf deutschem Gebiet.

tgl. 9–16/17 Uhr | Eintritt: 6,50 € | www.breitachklamm.com

Walsermuseum ante portas

Riezlern

Das Kleinwalsertal präsentiert sich als breitwelliger Talgrund, durch den die Breitach fließt und über dessen waldbedeckte Flanken schroffe Kalkgipfel aufragen. Riezlern (1100 m; 2040 Einw.) ist das größte Dorf der Talschaft. Hier sollte das **Walsermuseum** nach einer Neuaufstellung wieder die Geschichte und Kultur der Region dokumentieren (Uneinigkeiten verzögern den Umbau).

Tour über ein blumenreiches Karstplateau

Hirschegg

In Hirschegg (1122 m) fungiert das **Walserhaus** als Veranstaltungszentrum und als Sitz des zentralen Tourismusbüros. Die **»Bergschau**

DAS KLEINWALSERTAL ERLEBEN

KLEINWALSERTAL TOURISMUS
Walserstraße 264
A-6992 Hirschegg
Tel. 05517 5 11 40
www.kleinwalsertal.com

WALSERSTUBA €€€€
Bio-Haubenkoch Jeremias Riezler interpretiert Omas Rezepte gerne etwas neu. Für den großen Hunger empfiehlt sich etwa der »Chrustabrååta«, ein deftiger Krustenbraten mit Krautsalat, Erdäpfel-Speck-Roulade und Dunkelbiersoße. Im Enzianstüble, einem ehemaligen Stall, sitzt man urgemütlich. Im Biohotel stehen 22 Zimmer zur Verfügung.
Eggstraße 2
A-6991 Riezlern
Tel. 05517 5 34 60
Mo./Di. geschl.
www.walserstuba.at

1122« widmet sich der Flora und Fauna im Gebirgstal, zudem gibt es ein **Skimuseum**. Von Mitte Mai bis Oktober geht freitagvormittags am Dorfplatz der Wochenmarkt in Szene. Eine beliebte Wanderung führt in das malerische **Schwarzwassertal**. Das **Gottesackerplateau** in der Nähe des Hohen Ifen (2228 m) präsentiert sich im Sommer als Karstlandschaft mit botanischen Kostbarkeiten und ist im Winter ein Tipp für eine Schneeschuhtour.
Walserhaus: tgl. 9–18 Uhr | Eintritt: frei | www.bergschau.com

Bitte wenden

Talschluss

Über Mittelberg (1215 m; 1670 Einw.) geht es weiter nach Baad im Talschluss. Anspruchsvoll ist die Besteigung des **Großen Widderstein** (2536 m). In wenigen Stunden kann man über die im Süden aufragenden Berge nach Warth und Lech (▶ Arlberg) gelangen.

KLOPEINER SEE

Bundesland: Kärnten | **Höhe:** 448 m ü. d. M.

Im Juni schon oft über 20 °C, im Hochsommer dann gern bis zu 28 °C warm – kein Wunder, dass die Kärntner in Scharen zum hübschen Klopeiner See pilgern. In seiner Umgebung sind wundervolle Tropfsteinhöhlen und Geschichtsstätten zu entdecken. Buschenschenken und Gasthöfe stehen für gelebte Gastfreundschaft in Südkärnten.

Auf dem 1900 m langen, bis zu 800 m breiten Gewässer rund 26 km östlich von Klagenfurt sind Motorboote nicht zugelassen, trotzdem geht es im Sommer hier sehr lebhaft zu. St. Kanzian am Klopeiner See (448 m; 4560 Einw.) verzeichnet die höchsten Übernachtungszahlen Kärntens. Die See-Promenade lädt zum Flanieren ein, im Sommer wird hier zu Straßen-, See- und Kinderfesten geladen. Für Nächtigungsgäste ist das Programm Seenfitness mit Stand-up-Paddeln, Mountainbiken und geführten Wanderungen kostenlos.

Rund um den Klopeiner See

Bunte Federpracht

Turner See und Sablatnig-Moor

3 km südlich liegt der als Naturbadeparadies geschätzte Turner See. Kakadus und Sittiche, Aras und Fasane, Eulen und Papageien, Tukane und Enten – im Vogelpark Turnersee bei St. Primus fühlt sich wohl, was Federn und Schnabel hat. Das Naturschutzgebiet Sablatnig-Moor 3 km östlich steht unter strengem Schutz. Sein Maskottchen ist der blaue Moorfrosch. Im Besucherzentrum sind eine Fülle an Präparaten und ein Moormodell zu sehen.

Vogelpark Turnersee: Mitte April–Sept. tgl. 9–18, Okt. 10–16 Uhr
Eintritt: 14 € | www.vogelpark.at
Naturkundliche Führungen durchs Sablatnig-Moor: Mai–Sept. Di.–Sa., Anmeldung unter Tel. 04236 24 97 | www.sablatnigmoor.at

Österreichisch-slowenische Grenzstadt

Völkermarkt

Völkermarkt (461 m; 10 900 Einw.), das wirtschaftliche Zentrum des Kärntner Unterlandes, liegt rund 9 km nordöstlich des Klopeiner Sees auf einer Terrasse der hier zu einem rund 21 km langen See aufgestauten Drau. Einen Besuch lohnt das in einem barocken Bürgerhaus untergebrachte **Stadtmuseum** (Faschinggasse 1) – es dokumentiert in Druckschriften, Plakaten und einem Fresko die Ereignisse vom Ende des Ersten Weltkrieges, als die stark slowenisch besiedelte Region Südostkärntens vom Königreich Jugoslawien beansprucht wurde. Es kam zum sog. **Kärntner Abwehrkampf** und nach internationaler Vermittlung zur Volksabstimmung am 10. Oktober 1920. Dabei votierten 59% für die Zugehörigkeit zu Österreich – auch die Mehrheit der in diesem Gebiet beheimateten Slowenen.

Mai–Okt. Di.–Fr. 10–13 und 14–16, Sa. 9–12 Uhr | Eintritt: 3 €

Bunte Höhlen und ein buntes Werk

Griffen

Etwa 8 km nordöstlich von Völkermarkt liegt der Markt Griffen (484 m; 3400 Einw.) mit dem 1236 gegründeten und 1786 aufgehobenen, einzigen Prämonstratenserstift Kärntens. Die Anlage besitzt gleich zwei Kirchen: die alte romanische Pfarrkirche und die prächti-

DEN KLOPEINER SEE ERLEBEN

TOURISMUSREGION KLOPEINER SEE – SÜDKÄRNTEN
Schulstraße 10
A-9122 St. Kanzian
Tel. 04239 22 22
www.klopeinersee.at

STRANDHOTEL AMERIKA-HOLZER €€€€
Wellnessbereich mit Panorama-Sauna, beheizter Swimmingpool und ein Golfübungsgelände bietet das Haus am See ebenso wie Kinderbetreuung. Am schönsten lebt es sich in den Strandapartments.
Am See XI, A-9122 St. Kanzian
Tel. 04239 22 12
www.amerika-holzer.at

ge Stiftskirche, eine spätromanische Pfeilerbasilika mit barocker Fassade. Eine Ausstellung stellt den 1942 in Griffen geborenen Schriftsteller Peter Handke vor, dem 2019 der Nobelpreis für Literatur verliehen wurde. Seine Heimat hat in der Erzählung »Wunschloses Unglück« Niederschlag gefunden.
Ein Wanderweg führt auf den 130 m hohen **Schlossberg**, dessen Ruinen aus dem 16. Jh. stammen. Die **Tropfsteinhöhle** (Temperatur: 8 °C) unterhalb des Schlossberges gilt als bunteste Schauhöhle Österreichs und diente bereits vor 10 000 Jahren als Unterschlupf für Mensch und Tier.

Handke-Ausstellung: Di.–So. 9–19 | Eintritt frei
Tropfsteinhöhle: Führungen Mai–Sept. 10, 11, 12, 13, 14 und 15 Uhr
Eintritt: 9,50 € | www.tropfsteinhoehle.at

Ein Deutscher als Chronist der Kärntner Seele

Bleiburg

Von Griffen schlägt man den Weg südwärts nach Bleiburg. (4130 Einw.) im Zentrum des Jauntals ein. Der Name verweist auf den früheren Bleiabbau im Massiv der Petzen (2113 m), die den südlichen Horizont dominiert und den letzten großen Ausläufer der Karawanken bildet. Sehenswert ist am Hauptplatz das **Werner-Berg-Museum**. Der aus Wuppertal-Elberfeld stammende Werner Berg (1904–1981) siedelte sich 27-jährig im Jauntal an, wo er sich und seine Familie als Maler und Bauer durchbrachte. In Hunderten von Bildern wurde Berg zum Chronisten der überwiegend slowenischen Landbevölkerung.
Von der hier geborenen und in New York zu Ruhm gekommenen Pop-Art-Künstlerin **Kiki Kogelnik** (1935–1997) stammt der **Freyungs-Brunnen** (auch Stierbrunnen) am Hauptplatz.

Werner-Berg-Museum: Mai–Okt. Di.–So. 10–18 Uhr | Eintritt: 10 €
www.wernerberg.museum/de

Schon im Juni erreicht die Wassertemperatur des Klopeiner Sees 22 °C, im Sommer sind es dann bis zu 28 °C – ein Paradies für Wasserratten.

Frühchristliches Pilgerzentrum

Globasnitz

Dass in Südostkärnten die meisten Orte deutsch und slowenisch ausgeschildert sind, ist gar nicht so selbstverständlich. Lange Zeit haben Deutschkärntner Nationalisten deren Aufstellung angefeindet und 1972 sogar einen »Ortstafelsturm« angezettelt. Globasnitz (slowenisch Globasnica) ist ein äußerst geschichtsträchtiges Territorium. In dem Dorf (541 m; 1580 Einw.) 10 km westlich von Bleiburg lag die römische Siedlung **Iuenna**, von der Fundamentreste freigelegt wurden. Funde aus Iuenna und vom nahe gelegenen Hemmaberg sind im sehenswerten **Archäologischen Pilgermuseum** ausgestellt. Der **Hemmaberg** (841 m) 4 km westlich von Globasnitz gilt als das größte christliche Wallfahrtszentrum Mitteleuropas im 5. und 6. Jahrhundert. Die einstige Bedeutung des Pilgerzentrums mit den Überresten von fünf Kirchen wird auf einem Lehrpfad vermittelt. Ein Waldweg führt zur mystischen **Rosaliengrotte**. Das Wasser der Rosalienquelle soll einer Überlieferung zufolge Augenleiden lindern. Vom Gipfelplateau eröffnen sich grandiose Ausblicke auf das Jauntal im Norden.

Archäologisches Pilgermuseum: Mai–Mitte Okt. Di.–So. 10–12 u. 14–17 Uhr | Eintritt: 4 € | www.museum-globasnitz.at

Wunder im Bauch des Hochobir

Bad Eisenkappel

19 km südwestlich von Globasnitz liegt Bad Eisenkappel (558 m; 2190 Einw.), der Hauptort des Vellachtals kurz vor dem Seebergsat-

tel (1218 m) mit der Grenze zu Slowenien. Von Bad Eisenkappel bringen Pendelbusse Besucher zu den 8 °C kühlen **Obir-Tropfsteinhöhlen**. Entdeckt wurden die steinernen Schönheiten 1870 beim Vortrieb von Stollen für den Bleiabbau. Die Erschließung für Touristen erfolgte um 1990. Heute bewegen sich die Höhlenbesucher zu waberndem Licht und klassischer Musik vorbei an meterlangen Stalaktiten, einem Sintersee und Sintersäulen. Ein Höhlenrundgang dauert 90 Minuten.

Obir-Höhlen: Mitte April–Mitte Okt. tgl. 9–17 Uhr, Führungszeiten je nach Andrang | Eintritt: 21 € | www.hoehlen.at

★★ KLOSTERNEUBURG

Bundesland: Niederösterreich | **Höhe:** 192 m ü. d. M.
Einwohner: 27 500 | **Stadtmarketing & Tourismus Klosterneuburg:** In der Au / Freizeitzentrum Happyland, A-3400 Klosterneuburg, Tel. 02243 3 20 38, www.klosterneuburg.net

Q3

Wenige Kilometer nördlich von Wien ziehen die Türme und Kuppeln von Stift Klosterneuburg die Blicke auf sich. In dem Kloster aus dem 12. Jahrhundert präsentieren die Augustiner-Chorherren einige der bedeutendsten sakralen Kunstschätze Österreichs und lassen Besucher hinter die Kulissen ihrer neunhundertjährigen Weinbautradition blicken.

Feine Kunst, feiner Wein

Was haben Köln und Klosterneuburg gemeinsam? Die Antwort: In beiden Städte sind Arbeiten des Goldschmieds und Emaillemalers Nikolaus von Verdun (um 1130/40–nach 1205) zu bewundern – in Köln der Dreikönigenschrein und in Klosterneuburg der Altar, der nach dem Geburtsort des Meisters benannt ist. Dieser Verduner Altar gehört zu den bedeutendsten Kunstwerken des Hochmittelalters. Die Kostbarkeit ist im Besitz des Chorherrenstifts. Um 1113 hatte der Babenberger Markgraf Leopold III., der Heilige, hier seine Residenzstadt gegründet. Und auch die umfangreiche Klosteranlage hoch über der Donau geht auf eine Stiftung des Babenbergers zurück.

Chorherrenstift

Mai–Mitte Nov. tgl. 9–18, Mitte Nov.–April tgl. 10–16 Uhr
Eintritt: 12,50 bzw. 13,50 € (mit großer oder kleiner Stiftsführung)
www.stift-klosterneuburg.at

Zu den Gebäuden des Stifts, die nur im Rahmen einer Führung zugänglich sind, gehören die Stiftskirche, der barocke Kaisertrakt, die Leopoldskapelle und ein romanisch-gotischer Kreuzgang. Die Schatzkammer und das Stiftsmuseum kann man auf eigene Faust erkunden. Das Stift betreibt das älteste heute noch bestehende Weingut Österreichs (Führung durch den Weinkeller möglich).

Stiftskirche

Romanik in barockem Gewand

Von 1114 bis 1136 wurde die romanische Stiftskirche erbaut und im 17./18. Jh. aufs Schönste barockisiert. Leuchtstarke Fresken und das Kaiseroratorium Karls VI. prägen den Kirchenraum. Der Komponist Anton Bruckner lobte den Klang der **Orgel** – es handelt sich um die weltweit größte erhaltene Monumentalorgel, deren Klang sehr genau dem Zustand von 1642 entspricht. Ende des 19. Jh.s. erhielten die beiden Türme neugotische Spitzhelme.

7–19 Uhr, nur rückwärtiger Bereich frei zugänglich

Verduner Altar

Meisterwerk mittelalterlicher Emaillekunst

Eine Treppe führt hinab in die **Leopoldskapelle** (12. Jh.), die Grabkapelle Leopolds III., in der hinter einem Gitter der berühmte Verduner Altar zu sehen ist. Dieses großartige Emaillewerk besteht aus 51 Bildtafeln nach biblischen Motiven, ausgeführt in Grubenschmelzma-

A Kaiserhof im Stiftsneubau (im 2. Stock das Stiftsmuseum)
B Kreuzgang (Freisinger Kapelle, Lapidarium)
C Leopoldihof
1 Kaiserstiege (oben Bibliothek)
2 Marmorsaal
3 Kaiserzimmer
4 Prälatur
5 Leopoldskapelle (Verduner Altar)
6 Stiftskirche
7 Ehem. Turm
8 Stiftsarchiv
9 Brunnen (1592)
10 Mosmillerflügel (1620)
11 Orangerie

Der Verduner Altar in der Leopoldskapelle des Chorherrenstifts ist ein wundervolles Beispiel mittelalterlicher Emaillekunst.

lerei auf vergoldetem Kupfer. Als Verkleidung der Kanzel in der romanischen Kirche schuf 1181 Meister Nikolaus von Verdun die Emailletafeln. Nach einem Brand 1330 wurden sie zum heutigen gotischen Flügelaltar zusammengefasst. In einem vergoldeten Silberschrein ruhen die Gebeine des Stifters. Die schönen Glasfenster stammen aus dem 14. und 15. Jahrhundert.

Residenztrakt

Der Charme des Unvollendeten
Auch die Habsburger hegten große Pläne für Klosterneuburg. 1730 begann Kaiser Karl VI. mit einem groß angelegten Um- und Neubau. Kirchliche und weltliche Gebäude sollten die Anlage auf die vierfache Größe erweitern, als Vorbild diente der Escorial Philipps II. von Spanien. Als der Monarch 1740 starb, hatten weder seine Tochter Maria Theresia noch das Stift Interesse an einer Weiterführung. In der einstigen barocken Baustelle der **Sala terrena** mit teils noch unverputzten Ziegelmauern heißen die Augustiner-Chorherren heute die Besucher willkommen – ein Konzept, das mit dem Denkmalschutzpreis der EU ausgezeichnet wurde. Erst im 19. Jh. wurde etwa ein Viertel der geplanten Anlage durch Josef Kornhäusel vollendet. So gibt es heute nur einen statt der vier geplanten Höfe und statt neun Kuppeln zwei. Diese präsentieren die Reichskrone und den österreichischen Erzherzogshut, die die Herrschaftstitel des Hauses Habsburg symbolisieren.

Schönbrunn en miniature

Kaiserapartments

Die Kaiserapartments waren als Privatgemächer Karls VI. geplant. Benutzt hat er sie allerdings nur ein einziges Mal – 1739. Tapisserien aus Brüssel, prachtvolle Öfen sowie kostbare Möbel und Gemälde atmen den Geist des Barockzeitalters – die Zimmerfluchten präsentieren sich wie Schloss Schönbrunn in einer kleineren Version.

Stammbaum der Babenberger

Stiftsmuseum und Schatzkammer

Das Stiftsmuseum beherbergt eine reiche Sammlung gotischer Tafelmalerei. In zehn Sälen werden Meisterwerke vom 14. Jh. bis zur Donauschule um 1500 präsentiert, zudem gibt es eine Galerie der Moderne. Hervorzuheben ist der Babenberger-Stammbaum, ein 8 m breiter Bildbogen mit Szenen aus der Geschichte der Herrscherfamilie. Die Schatzkammer ist u. a. mit mittelalterlichen Goldschmiedearbeiten, sakralen Textilien und Kunstwerken aus Elfenbein bestückt. Prunkstück ist der Erzherzogshut, die mit kostbaren Edelsteinen besetzte Landeskrone des Erzherzogtums Österreich.

Österreichs ältestes Weingut

Vinothek

Wo sich Himmel und Erde begegnen – so der Werbeslogan des Klosters –, dort gedeiht auch der Wein prächtig. Das **Stiftsweingut**, 1114 gegründet und damit das älteste Weingut Österreichs, bringt vorzügliche Tropfen hervor. Es ist das erste Österreichs, das als klimaneutral zertifiziert worden ist. Die Anbauflächen umfassen etwa 110 ha in den besten Lagen Wiens und Niederösterreichs. Ein Streifzug durch das barocke Weinkellerensemble und eine Weinprobe in der Vinothek (Rathausplatz 24) sind ein schöner Abschluss für einen Ausflug.

Weinkellerführung: Mai–Mitte November Mo.–Fr. 13, Sa. u. So. 13 u. 14.45, Winter tgl. 13 Uhr | Eintritt: zusätzlich zum Tagesticket 4,50 €
Vinothek: Mo.–Fr. 10–18, Sa. 10–17, So. 12–17 Uhr

Wohin noch in Klosterneuburg und Umgebung?

Altstadt mit vielen Gesichtern

Stadtbild

Auch das Städtchen selbst lohnt eine Erkundung. In den größeren Straßen herrschen meist zweistöckige Bürgerhäuser vor, während manche Seitengassen mit Hauerhöfen und Handwerkerhäusern eher dörflichen Charakter zeigen. Im Westen geht das Stadtgebiet in schöne Weinberge und schließlich in den **Wienerwald** über. Einen schmerzlichen Aderlass als Kulturstandort brachte für Klosterneuburg die Schließung des Museums Essl im Jahr 2016. Die Privatsammlung mit fast 7000 Werken moderner Kunst und einem Schwerpunkt auf Österreichs Nachkriegskunst wurde der Albertina in Wien übergeben – zunächst als Dauerleihgabe bis 2044.

»Rohe« Kunst der Autodidakten

Museum Gugging

5 km westlich widmet sich das Museum Gugging der »Art Brut«, der »rohen« Kunst von Autodidakten abseits der Gesellschaft. Zum Kernbestand zählen Werke von August Walla und Oswald Tschirtner, die als Patienten der einstigen Landesnervenklinik Maria Gugging ab den 1960er-Jahren faszinierende, eigenwillige Bilderwelten schufen. Ein Sammler der Gugginger Kunst war etwa David Bowie.

Sommer Di.–So. 10–18, Winter Di.–So. 10–17 Uhr | Eintritt: 9 €
www.gugging.at

★ KREMS AN DER DONAU

Bundesland: Niederösterreich | **Höhe:** 221 m ü. d. M.
Einwohner: 24 900

Hervorragend erhaltene historische Bauten prägen das Bild von Krems, das mit der Wachau seit 2000 zum Weltkulturerbe der UNESCO gehört. Die Kunstmeile rund um die neue Landesgalerie belegt den Stellenwert der Donaustadt als erste Adresse Niederösterreichs in Sachen bildende Kunst.

Das Tor zur Wachau

Krems liegt umgeben von Weinbergterrassen am Schnittpunkt des Donauhandelswegs mit der Nord-Süd-Verbindung von ► Wald- bzw. ► Weinviertel mit dem Alpenvorland. Fließend ist der Übergang nach Stein, seit 1938 Teil von Krems und ebenso Teil des UNESCO-Weltkultur- und -naturerbes Wachau. Neben dem Tourismus spielt der Weinbau eine wirtschaftlich große Rolle. Bedeutung hat auch der Donauhafen, der neben Wien und Linz zu Österreichs größten zählt.

Geprägt von Weinbau und Handel

Reiche Geschichte

Im Jahr 995 urkundlich erwähnt, erhielt Krems im 12. Jh. Stadtrecht und entwickelte sich zu einer Münzstätte (»Kremser Pfennig«). Klöster, die in der Karolinger-Zeit und danach gegründet wurden, förderten den Weinbau. Auch aus ihrer Lage an der Donau-Handelsroute und durch das Monopol auf die Niederlage von Salz schlugen die Kremser schon früh Profit. Der Reichtum fand Niederschlag in der Architektur und im Kunstschaffen. Bekanntester Kremser ist der Barockmaler Martin Johann Schmidt (1718–1801), auch **Kremser Schmidt** genannt, dessen Altarbilder viele Kirchen der Stadt und der nahen Wachau schmücken.

Abendstimmung am Fluss: Krems' Lichter spiegeln sich im Wasser der Donau.

Wohin in Krems?

Altstadt

Vorbildliche Ortsbildpflege

Kopfsteingepflasterte Gassen, malerische Innenhöfe, Fassaden aus verschiedenen Epochen – an keinem anderen Ort Niederösterreichs hat sich die historische Bausubstanz so umfassend erhalten wie in Krems, das schon in den 1950er-Jahren auf konsequente Ortsbildpflege setzte. Ein Bummel durch die Jahrhunderte beginnt am trutzigen **Steiner Tor** (1480), dem letzten der mittelalterlichen Stadttore und Wahrzeichen von Krems. Die ostwärts führende altstädtische Hauptachse **Obere** und **Untere Landstraße** ist als Fußgängerzone gestaltet.

Museum Krems

So ein Senf!

In den Räumen des ehemaligen Dominikanerklosters (13. Jh./1786 aufgehoben) am Körnermarkt 14 ist das Museum Krems untergebracht. Der Lichtgestalt des örtlichen Kunstschaffens, dem »Kremser« Schmidt, ist ein Schwerpunkt gewidmet, aber auch dem kulinarischen Aushängeschild der Stadt, dem süßen Kremser Senf. Die ehemalige Dominikaner-Kirche wird im Sommer für Ausstellungen der Kunsthalle Krems und im restlichen Jahr als Veranstaltungsort genutzt.

Mitte März–Okt. tgl. 10–18 Uhr
Eintritt: 7,50 € | www.museumkrems.at

Alles Schmidt

St. Veit

Am Pfarrplatz steht, gegenüber dem Rathaus, die Pfarrkirche St. Veit. Auf Vorbauten aus Romanik und Gotik fußend, wurde sie ab 1616 barock umgebaut. Die Deckenfresken sind einmal mehr Werke des Kremser Schmidt. Altarbilder des Barockmalers zieren auch die nördlich gelegene Piaristenkirche, die sich als stattlicher Bau der Spätgotik präsentiert.

Stadtpalais mit Freskenschatz

Gozzoburg

Die Gozzoburg am Hohen Markt diente dem Kremser Stadtrichter Gozzo, der sie Mitte des 13. Jahrhunderts erbauen ließ, als Wohn- und Arbeitspalais. Mit dem Gerichtssaal, dem Wappensaal und einem geschlossenen Freskenzyklus weist sie kunsthistorische Juwelen des Hochmittelalters auf. Die älteste Stadtburg nördlich der Alpen ist nur im Rahmen von Führungen zu besichtigen. Etwas weiter westlich in der Margaretengasse steht das **Große Sgraffitohaus** (Nr. 5; um 1560), das Meisterwerke der Sgraffitokunst des Malers Hans von Pruch schmücken.

Gozzoburg: Führungen April–Okt. Sa., So. 14 Uhr | Eintritt: 6 €
www.museumkrems.at

Zwischen Krems und Stein liegt … eben!

Kapuzinerkloster Und

Eine uralte Scherzfrage: Was liegt zwischen Krems und Stein? Richtig! Vom Steiner Tor gelangt man westlich in den Stadtteil »Und«. Das gleichnamige ehemalige Kapuzinerkloster dient heute mit seinen Räumlichkeiten bis hin zum Kirchenschiff mit einem Kuppelfresko von Daniel Gran als Veranstaltungs-Location.

www.klosterund.at

Hotspot zeitgenössischer Kunst

Kunstmeile Krems

Nach der Erhebung St. Pöltens zur Hauptstadt Niederösterreichs im Jahr 1986 übernahm Krems quasi als Trostpflaster die Funktion eines landesweiten Kulturzentrums. Ihren Niederschlag fand dies in der Gründung hochkarätiger Kunstmuseen und kleinerer Institutionen, die sich unter dem Dach der Kunstmeile Krems vor allem dem Gegenwartsschaffen widmen. Die Kunstmeile erstreckt sich zwischen dem historischen Stadtkern von Krems und der mittelalterlichen Altstadt von Stein, entlang der parallel zur Donau verlaufenden Steiner Landstraße.

An der Steiner Landstraße 3 stimmen zwei lebensgroße typische Deix-Figuren – ein feister Bürger und ein vollbusiges Weib – auf den Besuch des **Karikaturmuseums** ein. Der 2016 verstorbene Karikaturist Manfred Deix zog mit seinen Darstellungen des »Homo Austriacus«, den er gerne unförmig und mit belämmertem Gesichtsausdruck porträtierte, Schmunzeln auf sich – und mit seinem kritischen Blick auf Institutionen wie die Kirche auch Proteste. Das Haus zeigt auch

Wechselausstellungen aus den Bereichen Cartoons und Comics.
Die **Kunsthalle Krems** (Franz-Zeller-Platz 3) präsentiert in einem ehemaligen Tabakfabrikgebäude Kunst der Zeit nach 1945 in Wechselausstellungen. Jüngstes Schmuckstück und neues Zentrum der Kunstmeile ist gegenüber die im Mai 2019 eröffnete **Landesgalerie Niederösterreich**, die nach einem Entwurf des Vorarlberger Architektenduos marte.marte erbaut wurde. Die Bewegungsrichtungen des gedrehten Würfels schaffen eine Verbindung zwischen dem Stadtraum und der Naturlandschaft an der Donau. Das in ein »Paillettenkleid« aus Zinkschindeln gehüllte Bauwerk bietet für die

Sammlungen des Landes Niederösterreich 3000 m² Ausstellungsfläche.

Kunstmeile: Kombiticket: 18 € | www.kunstmeile-krems.at
Karikaturmuseum: März–Okt. tgl. 10–18, Nov.–Feb. bis 17 Uhr
Eintritt: 12 € | www.karikaturmuseum.at
Kunsthalle Krems: März–Okt. Di.–So. 10–18, Nov.–Feb. bis 17 Uhr | Eintritt: 12 € | www.kunsthalle.at
Landesgalerie Niederösterreich: März–Okt. Di.–So. 10–18, Nov.–Feb. bis 17 Uhr | Eintritt: 12 € | www.landesgalerie-noe.at

Ein Schiff wird kommen

Zwischen Donau-Uni und Donau

Südlich des Museumskomplexes gelangt man zur Schiffsanlegestelle, wo die beliebten Schiffsausflüge durch die Wachau starten. Dort vermittelt ein Besucherzentrum Wissenswertes zum **UNESCO-Weltkulturerbe Wachau**.

Schiffsausflüge: ca. April–Okt. | www.brandner.at, www.ddsg-blue-danube.at

KREMS AN DER DONAU ERLEBEN

KREMS TOURISMUS

Körnermarkt 14, A-3500 Krems
Tel. 02732 8 26 76
www.krems.info

❶ LATE IM KLOSTER UND €€€

Das Restaurant in den altehrwürdigen Gemäuern des Klosters Und ist modern und stylish eingerichtet, kulinarisch halten sich österreichische Spezialitäten und leichte mediterrane sowie asiatisch inspirierte Küche die Waage. Bei Schönwetter sitzt man im Arkadenhof.

Undstraße 6, A-3500 Krems
Tel. 02732 7 47 45, www.late.at
So. geschl.

❷ GASTHAUS AMON-JELL €€€

Ulli Amon-Jell ist eine Paradevertreterin der neuen österreichischen Küche. Selbstgemachtes – wie Brennessel-Pesto oder Preiselbeer-Leberpastete – steht hoch im Kurs. Ob in der über 100 Jahre alten Gaststube mit knarrenden Böden oder im kleinen Gastgarten – es schmeckt!

Hoher Markt 8/9, A-3500 Krems
Tel. 02732 8 23 45
www.amon-jell.at, Mo. geschl.

❶ WEINGUT NIGL €€€

Wohnen beim Spitzenwinzer Nigl, der ein altes Weingut in Senftenberg, knapp 9 km von Krems entfernt, perfekt revitalisiert hat. Buchbar sind auch Arrangements mit Fünf-Gänge-Abendmenü und Weinverkostung. Auch die Küche ist hervorragend.

Kirchenberg 1
A-3541 Senftenberg
Tel. 02719 2 60 95 00
www.weingutnigl.at

Der Kunstreigen geht weiter

Steiner Altstadt

Westlich des Museumskomplexes aus Kunsthalle und Landesgalerie führt der Kulturspaziergang weiter in die Steiner Altstadt, die mit dem **Kremser Tor** aus dem 15. Jh. und dem **Göttweigerhof** aus dem 13./14. Jh. beginnt. Die Kunstmeile findet hier ihre Fortsetzung in Galerien, kleineren Kultureinrichtungen wie dem **Ernst Krenek Forum** sowie in der **Minoritenkirche**. Diese dient heute als Klangraum, u. a. für das im Juli stattfindende Glatt-&-Verkehrt-Festival. Historische Glanzlichter setzen die Pfarrkirche St. Nikolaus, der Passauerhof (1263 urkundlich erwähnt), das Mauthaus, ein prächtiger Renaissancebau von 1536, sowie das barocke Mazzettihaus (1721).

Rund um Krems

Rosa Blickfänger

Stift Göttweig

Wenige Kilometer südlich von Krems thront weithin sichtbar auf einer bewaldeten Anhöhe das ebenfalls zum UNESCO-Weltkulturerbe gehörende Benediktinerstift Göttweig (422 m) aus dem 11. Jahrhundert. Nachdem das Kloster 1718 größtenteils abgebrannt war, begann der – nicht vollendete – Wiederaufbau im Barockstil. Die Stiftskirche besitzt zwei Türme, die in stumpfen Pyramiden enden. Ungewöhnlich ist der rosafarbene Anstrich des Gotteshauses. Im Kirchenraum dominieren rund um den mächtigen Hochaltar (1630) Gold-, Braun- und Blautöne. Die dreistöckige **Kaiserstiege** (1738) im westlichen Stiftstrakt gilt als eines der schönsten Treppenhäuser des Barock. Schon Maria Theresia und Kaiser Napoleon stiegen einst unter Paul Trogers gewaltigem Deckenfresko zum **Kaisertrakt** empor. Heute präsentiert hier ein Museum in Sonderausstellungen die stiftseigenen Kunstsammlungen. Eine ständige Schau zeichnet Arbeit und Leben der Göttweiger Mönche über die Jahrhunderte nach – gegenwärtig umfasst die Gemeinschaft etwa 40 Mitglieder. Von der Gartenterrasse des Stiftsrestaurants aus hat man einen überwältigenden Panoramablick über das Donautal.

Stiftsanlage: tgl. 6–18 Uhr
www.stift-goettweig.at
Museum im Kaisertrakt: Mitte März–Okt. tgl. 10–18 Uhr
Eintritt: 8,50 €

KREMS
Haupteingang
- - - Geplante Vollendung
©BAEDEKER

1 Erentrudiskapelle
2 Brunnenobelisk
3 Schatzkammer, nur mit Gruppenführung
4 Kreuzgangflügel
5 Kaiserstiege
6 Fürstenzimmer
7 Kaiserzimmer

Romantik und Klangerlebnis

Schloss Grafenegg

Schloss Grafenegg 14 km östlich von Krems zählt zu den bedeutendsten Schlossbauten des romantischen Historismus in Österreich. Die ursprünglich im 15. Jh. erbaute Anlage erhielt zwischen 1840 und 1888 ihre heutige Form im neugotischen Tudorstil, die Innendekoration folgt weitgehend dem Stil der Neorenaissance. Ein Landschaftsgarten umgibt das Schloss. Blickfang im Schlosspark ist der spektakuläre **Wolkenturm**, eine aus Beton geformte Open-Air-Schallmuschel, wo im Sommer internationale Spitzenorchester und Solisten klassische Musik darbieten. Auch mit einer günstigen Rasenkarte kann man vom Schlosspark aus den Klängen lauschen.

Schloss Grafenegg: Juni–Aug. Sa., So. 11.30–17.30 Uhr | Eintritt: 6 €, Schlosspark ganzjährig frei zugänglich | www.grafenegg.com

Erlebniswelten rund um Wein und Garten

Langenlois

Langenlois (214 m; 7400 Einw.) 11 km nordöstlich von Krems bringt seinen Besuchern die Weinkultur Niederösterreichs in allen Facetten näher (► S. 406). Pflanzenliebhaber zieht es in den Ortsteil Schiltern. Zum einen bewahrt hier der Verein Arche Noah im Ambiente eines entzückenden Barockschlösschens bedrohte Kulturpflanzensorten für die Nachwelt (Schaugarten mit Verkauf). Noch größer sind die Kittenberger Erlebnisgärten, wo auf über 50 000 m² 50 Themengärten zu einer bunten Entdeckungstour laden.

Arche Noah: April–Sept. Fr.–So. 10–17 Uhr | Eintritt: 9,50 € (Gartenführung 11 u. 14 Uhr inkl.) | www.arche-noah.at
Kittenberger Erlebnisgärten: März–Okt. Mo.–Sa. 9–18, So. 10–17 Uhr | Eintritt: 10,50 € | www.kittenberger.at

★★ KRIMML

Bundesland: Salzburg | **Höhe:** 1067 m ü. d. M. | **Einwohner:** 840

Es rauscht, es plätschert, und es tost. Nahe dem 840-Seelen-Dorf im oberen Pinzgau stürzen die höchsten Wasserfälle Mitteleuropas aus einer Höhe von 380 m in die Tiefe – der Salzach entgegen, die entlang ihres Weges durch den Oberpinzgau die Salzburger Kernregion des Nationalparks ► Hohe Tauern begleitet.

Über drei Stufen stürzt der Gletscherbach Krimmler Ache, aus dem Hochgebirge kommend, oberhalb von Krimml in ein felsiges Bassin und erzeugt dabei feine Sprühnebel. Schon Mediziner des 19. Jh.s wussten dessen Heilkraft zu schätzen. Der Zeller Landarzt Paul Ober-

Ein bisschen Niagara-Feeling kommt an den Krimmler Fällen schon auf.

lechner etwa empfahl 1808 stressgeplagten Städtern ein solches »Spritzbad«. Erst vor wenigen Jahren haben Mediziner nachgewiesen, dass der Sprühnebel Asthmageplagte wie Allergiker aufatmen lässt. Die meisten der 350 000 Menschen, die alljährlich nach Krimml kommen, zieht aber das einzigartige Naturschauspiel der herabstürzenden Wassermassen an. Am meisten Wasser führt die Krimmler Ache in den Abendstunden, wenn das mittägliche Schmelzwasser der Gletscher eine »Flut« erzeugt. Die Krimmler Wasserfälle sind auch Ausgangspunkt für den Tauernradweg entlang der Salzach.

Wohin in und um Krimml?

Feuchtes Spektakel

★★ Krimmler Wasserfälle

Vor einem Ausflug zu den Wasserfällen bietet sich ein Besuch der **Wasserwelten** an. Experimentierstationen schärfen das Bewusstsein dafür, dass Wasser nicht überall im Überfluss vorhanden und vielerorts Mangelware ist. Von den Wasserwelten führt ein Spazierweg direkt an die Wasserfälle. Von dort aus schlängelt sich ein befestigter Weg bis zur obersten Stufe. Unterwegs bieten Aussichtskanzeln immer neue Panoramen auf die schäumenden Wassermassen. Da sie für ständigen Sprühnebel sorgen, sollte man auf angemessene Kleidung achten. Die gesamte Tour dauert ungefähr 1,5 Stunden.
Mai–Okt. tgl. 9–17 Uhr | Eintritt: inkl. Wasserfallweg 13,90 €
www.wasserwelten-krimml.at

KRIMML UND UMGEBUNG ERLEBEN

TOURISMUSVERBAND KRIMML
Oberkrimml 37, A-5743 Krimml
Tel. 06564 723 90, www.krimml.at

TOURISMUSBÜRO BRAMBERG
Stoitznergasse 3
A-5733 Bramberg am Wildkogel
Tel. 06566 72 51
www.wildkogel-arena.at

ANTON WALLNER BRÄUSTÜBERL €–€€
Manfred Opresnik braut aus reinem, weichem Bergquellwasser sein hervorragendes Naturbier. Dazu gibt's Herzhaft-Deftiges aus der österreichischen Küche. Die Spezialität des Hauses ist das Backhendl, das nur auf Vorbestellung serviert wird (Frischegarantie!).
Weyer 9, A-5733 Bramberg
Tel. 06566 72 38
www.weyerhof.at

PANORAMAHOTEL BURGECK €€
Der Familienbetrieb liegt rund 100 m oberhalb von Krimml mitten in der Natur. Die Zimmer sind großzügig und das Frühstücksbuffet ist reichhaltig.
Oberkrimml 79, A-5743 Krimml
Tel. 06564 72 49, www.burgeck.com

Krimmler Achental

Unterwegs auf einem alten Handelsweg
Vom oberen Ende der Wasserfälle führt ein parallel zur Krimmler Ache verlaufender Wander- und Bikeweg in das höchstgelegene und längste der Tauerntäler hinein. Durch das Krimmler Hochtal führte vermutlich schon zur Römerzeit ein Handelsweg. Im **Krimmler Tauernhaus**, das nach einer dreistündigen Wanderung (auch Nationalparktaxi von Krimml) erreicht ist, machten die Säumer, die auf ihren Lasttieren Waren über die Alpen transportierten, Station. Heute bietet es Wanderern Unterkünfte mit Sauna sowie Verpflegung an.
www.krimmler-tauernhaus.at

Gerlosstraße

Beeindruckende Bergszenerie
Die mautpflichtige Gerlosstraße führt kurvenreich und mit schönen Panoramen von Krimml zum Gerlospass (1531 m) und über den Stausee Durlaßboden hinab ins Tiroler ▶ Zillertal. Noch vor dem Stausee wartet die Ortschaft **Königsleiten** mit einem herrlichen Skigebiet auf. Im Sommer lohnt dort der weltweit erste **Jodelwanderweg** einen Besuch – mit Audiostationen, einem Mega-Alphorn und einer begehbaren Kuhglocke! Ein herrliches Wandergebiet ist das **Wildgerlostal**.
Skigebiet: www.zillertalarena.com, www.jodelweg.at

Bramberg am Wildkogel

Schatzkammern der Hohen Tauern
Wendet man sich von Krimml aus salzachabwärts Richtung Osten, so erreicht man nach 15 km das charmante Urlaubsdorf Bramberg am

Wildkogel (819 m; 3960 Einw.) Eine Kabinenbahn erschließt den **Wildkogel** (2225 m), der zum Wandern wie zum Skifahren beste Bedingungen bietet. In der Mineraliensammlung des modernen **Museums**, das in einem denkmalgeschützten Anwesen (14. Jh.) residiert, können sich die Besucher ein Bild von den Mineralienschätzen in der »Tauernfenster«-Region machen. Zu den Prunkstücken gehören Bergkristalle und Smaragde. Letztere stammen aus dem **Habachtal**, das südlich von Bramberg tief in die Bergwelt der Hohen Tauern einkerbt. Noch heute kann man dort am Schuttkegel des Leckbachs mit Kelle und Sieb nach Körnchen des grünen Edelsteins suchen. Im Gasthof Alpenrose wird Schürfausrüstung verliehen, in der Ferienzeit organisiert der Tourismusverband jeden Donnerstag eine Mineralienexkursion. Auch in andere der Nationalpark-Täler lohnen sich Abstecher. Das **Obersulzbachtal** ist ein Sprungbrett zur Besteigung des Großvenedigers (3666 m), hält aber auch kindergerechte Touren wie den Venedigerweg zur Berndlam (1514 m) bereit. Ausgangspunkt ist das 6 km westlich von Bramberg gelegene Neukirchen.

www.wildkogel-arena.at

Museum Bramberg: Mai u. Okt. Di., Do., So. 10–18, Juni–Sept. tgl. 10 bis 18, Ende Dez.–März Do. 19–21.30 u. Fr. 13–17 Uhr | Eintritt: 8 €
www.museumbramberg.at

Erlebniszentrum Nationalparkwelten

Mittersill

Salzachabwärts erreicht man nach weiteren 10 km Mittersill (789 m; 5580 Einw.). Das Städtchen ist das Zentrum der bis nach Krimml reichenden Region **Oberpinzgau** und beherbergt die modernen, interaktiven **Nationalparkwelten**, das wichtigste Besucherzentrum für den Salzburger Teil des Nationalparks Hohe Tauern. Im 360°-Panoramakino erlebt man schäumende Bergbäche, Klammen und Wälder in 3D-Aufnahmen. Wer am Pasterze-Rad dreht, kann die Veränderungen der Gletschermasse über die letzten Jahrtausende zurückverfolgen.

tgl. 9–18, im Winter bis 17 Uhr | 13 € | www.nationalparkzentrum.at

KUFSTEIN

Bundesland: Tirol | **Höhe:** 503 m ü. d. M. | **Einwohner:** 19 600

»Kennst du die Perle, die Perle Tirols?« Das Kufstein-Lied hat auch 70 Jahre nach seiner Premiere seine Ohrwurm-Qualitäten nicht verloren. Eine Perle des Grenzstädtchens ist die von weitem sichtbare Festung, von der man einen Traumblick auf den grünen Inn und die noch grüneren Hügel der Umgebung genießt.

Kufstein liegt am Durchbruch des unteren Inn zwischen Kaisergebirge im Osten und Pendling im Südwesten. Diese strategische Lage machte die Grenzstadt einst zum Zankapfel zwischen Bayern und Österreich. Bis heute ist sie auch Drehscheibe für den Autoverkehr zwischen Bayern und Tirol – der hat indes so zugenommen, dass man oft mit Staus zu rechnen hat.

Wohin in Kufstein?

Feste Kufstein

Zankapfel und Bollwerk

Zum Schutz der Siedlung entstand auf einer Felsbastion hoch über dem Inn eine markante, 1205 erstmals erwähnte Feste. Ihre dramatischsten Momente erlebte sie im Jahr 1504: Kaiser Maximilian I. (► S. 545) ließ die von den Bayern gehaltene Burg mit den beiden Riesenkanonen »Weckauf« und »Purlepaus« sturmreif schießen. In der Folgezeit wurde die Festung dann zur stärksten des Landes ausgebaut. Ziemlich unbeschadet hat das Wahrzeichen der Stadt die Stürme der Jahrhunderte seither überstanden. Man erreicht sie zu Fuß auf einem überdachten Stufenweg oder mit einem **Panoramaaufzug**. Das Gelände ist weitgehend barrierefrei zu erkunden. Berühmt ist die **Heldenorgel** (1931) im **Bürgerturm**: Täglich um 12 Uhr (im Hochsommer auch um 18 Uhr) wird sie zum Gedenken an die Opfer der beiden Weltkriege gespielt. Bis zu 10 km weit ist die größte Frei-

Majestätisch und trutzig blickt die Feste Kufstein über die Stadt am Inn.

orgel der Welt zu hören. Die zu Maximilians 500. Todestag 2019 modernisierten Museen beleuchten u. a. die Geschichte des Bollwerks. Und nachts verwandelt sich die stimmungsvoll beleuchtete Festung in eines der schönsten Sommer-Veranstaltungszentren Tirols.
April–Okt. tgl. 10–17 Uhr | Eintritt: 14 € (im Winter 12,50 €)
www.festung.kufstein.at

»Alt-Tirol« aus dem Bilderbuch

Römerhofgasse

Die Römerhofgasse parallel zur Innpromenade ist der hübscheste Teil der Altstadt. Eng drängen sich die Bürger- und Wirtshäuser wie das **Auracher Löchl** auf dem kurzen Straßenzug aneinander. Wandmalereien, Spruchbänder, Erker und Bögen verströmen Nostalgie – hier ist »Alt-Tirol« zuhause, allerdings garniert mit viel Kitsch und Souvenirs. Bei der Innbrücke beginnt der **Untere Stadtplatz**, diese Straße führt direkt ins Zentrum, dem **Oberen Stadtplatz**. Hier stehen das **Rathaus** und die **Pfarrkirche St. Vitus**, eine spätgotische Hallenkirche.

Glückloser Erfinder

Nähmaschinenmuseum

In Richtung Süden geht der Obere Stadtplatz in die Kinkstraße über, wo auf Nr. 16 ein nur 14 m² großes Museum an den Schneidermeister Josef Madersperger erinnert. Er entwickelte um 1814 in Kufstein die erste Nähmaschine – jedoch erkannte man erst nach seinem Tod 1850 die Bedeutung seiner Erfindung.
tgl. 10–17 Uhr | Eintritt: gegen Spende

Edles Glas für edle Weine

Schauglasmanufaktur Riedel

Rund 1 km südlich lohnt in der Weißachstraße 28–34 ein Besuch der Tiroler Glashütte Riedel mit ihrer Schauglasbläserei. Der Familienbetrieb, der seine Wurzeln im 18. Jh. in Böhmen hat, siedelte nach dem Zweiten Weltkrieg nach Kufstein um. Claus J. Riedel fand in den 1950er-Jahren heraus, dass Form, Größe und Mundranddurchmesser eines Glases die Geschmacksentfaltung von Weinen wesentlich beeinflussen. Die nach dieser Erkenntnis entworfenen neuen Glasdesigns aus dem Haus Riedel wurden zu Verkaufsschlagern.
Mo.–Fr. 9.30–16 Uhr | Eintritt: frei | www.riedel.com

Rund um Kufstein

Badespaß

Seenvielfalt

Kufstein ist von mehreren kleinen Seen umgeben, die die Eiszeit hinterlassen hat. Da die Gewässer im Sommer Badetemperaturen erreichen, gibt es hier Strandbäder und Bootsverleihe. Besonders hübsch sind der waldumrahmte **Stimmersee** (3 km südwestlich), der **Hechtsee** (nördlich) sowie der etwas größere **Walchsee** (nordöstlich).

Ins Herz der steinernen Wildnis

Kaisertal

Auf dem Weg ins 8 km nördlich gelegene Ebbs startet der Aufstieg ins Kaisertal, ein bezauberndes Hochtal, das sich mitten in die Felskathedralen des Kaisergebirges schlängelt. Im **Hans Berger-Haus** am Talende ist eine Bergsteigerschule untergebracht. Dort werden auch Felskletterkurse nur für Frauen angeboten.

Ende Mai–Okt. | https://bergsteigerschule.at

Strohblond und blitzgescheit

Ebbs

Die Gemeinde Ebbs (475 m; 5770 Einw.) ist ein Mekka für Pferdefreunde. Stars des Fohlenhofs sind die blondmähnigen Haflinger, die als kluge und gelassene Reittiere gelten. Im berühmtesten Haflinger-Gestüt Österreichs sind die Tiere im täglichen Einsatz (außer Mo.) zu sehen. Reitkurse und Kutschenfahrten stehen auf dem Programm, und im Hochsommer findet jeden Freitagabend eine Gestütsparade mit Show-Elementen statt.

Mitte April–Mitte Okt. tgl. 9–17 Uhr | Eintritt: 9 €
www.haflinger-tirol.com

Große Passion fürs Schauspiel ...

Thiersee

Westlich von Kufstein führt eine kurvenreiche Straße nach Thiersee (678 m; 3120 Einw.). Der reizende Ort zwischen der Thierseer Ache und dem eigentlichen See veranstaltet im **Passionsspielhaus** am Ufer seit 200 Jahren alle sechs Jahre Passionsspiele (wieder 2028).

... und für die Oper

Erl

Noch berühmter und älter (seit 1613) sind die Passionsspiele im 15 km nördlich von Kufstein gelegenen Erl (476 m; 1570 Einw.), wo alle sechs Jahre (wieder 2025) im schneeweißen **Passionsspielhaus** das Martyrium Christi mit Laiendarstellern nachgespielt wird. Diesem Wahrzeichen Tirols zur Seite steht seit 2013 ein modernes **Festspielhaus**, Veranstaltungsort der Tiroler Festspiele, das mit seinen Zacken und seiner dunklen Fassade ein architektonisches Kontrastprogramm bietet. Beide Musentempel ruhen auf einer oft von Kühen bevölkerten Wiese am Ortsrand von Erl.

www.tiroler-festspiele.at

Mittelalter im Kleinformat

Rattenberg

Das kleine Rattenberg (521 m; 434 Einw.) 28 km südwestlich von Kufstein lädt mit seinen erkergeschmückten Bürgerhäusern (15./16. Jh.), gotischen Portalen, Lichthöfen und schmiedeeisernen Gasthofschildern zu einer Zeitreise ins Mittelalter. Das **Augustinermuseum** im einstigen Eremitenkloster zeigt Schmiedearbeiten aus Gold und Silber, gotische Plastiken und Malerei aus dem 17. und 18. Jahrhundert. Die jahrhundertealte Tradition des Tiroler Glashandwerks lebt bei **Kisslinger Kristall-Glas** fort. Auf einem Bergsporn über der

Stadt thront die Ruine von **Schloss Rattenberg**. Hier gehen im Juli die Schlossbergspiele in Szene.
Augustinermuseum: Mai–Okt. tgl. 10–17 Uhr | Eintritt: 5 €
www.augustinermuseum.at
Glasbläserei: Vorführungen Mo.–Fr 9–12 u. 13–17 Uhr
www.kisslinger-kristall.com

Die Pracht alter Bauernhöfe und ein »Schmunzelfriedhof«

Kramsach

In Kramsach (519 m; 4980 Einw.) weitere 2 km innaufwärts illustriert das **Freilichtmuseum Tiroler Bauernhöfe** Lebens- und Wirtschaftsweise der ländlichen Bevölkerung in der vorindustriellen Zeit. Auf einem Areal von gut 11 ha können prachtvolle Hausensembles aus allen Landesteilen und eine Dorfschule besichtigt werden. Video-Installationen und Schautafeln geben Einblicke in die Geschichte und den Alltag der einstigen Bewohner. Am Sonntag erfüllen Handwerks-Demonstrationen das Freilichtmuseum mit Leben.
Eine Kuriosität weit über Kramsach hinaus ist der **Museumsfriedhof ohne Tote**. Auf den rund 100 alten schmiedeeisernen Kreuzen sind originelle und humorvolle, auf jeden Fall aber authentische Grabsprüche angebracht. So reimte ein Witwer über seine streitbare Gattin: »Hier liegt mein Weib, Gott sei's gedankt. Oft hat sie mit mir gezankt. Oh lieber Wanderer, geh' gleich fort von hier, sonst steht sie auf und zankt mit Dir.«

KUFSTEIN ERLEBEN

TOURISMUSVERBAND FERIENLAND KUFSTEIN
Unterer Stadtplatz 11
A-6330 Kufstein
Tel. 05372 6 22 07
www.kufstein.com

KONDITOREI CAFÉ HACKER €
Süßspeisentiger aufgepasst: Die Konditorei im Herzen Rattenbergs zählt zu den renommiertesten des Landes. Spezialität ist die Augustinertorte aus Nüssen, kandierten Früchten, Orangenmarmelade und Edelbitterschokolade.
Südtirolerstraße 46
A-6240 Rattenberg
Tel. 05337 6 23 22
www.cafehacker.at/

AURACHER LÖCHL €€€
Das Traditionshaus präsentiert sich als Boutiquehotel mit 34 Themenzimmern vom Bollywood- bis zum Bayern-Stil. In den Stuben des Weinhauses (seit 1409!) lassen sich die Gäste Kufsteiner Käsespätzle und saftige Steaks schmecken. Schöne Sonnenterrasse mit Blick auf den Inn.
Römerhofgasse 2–5
A-6330 Kufstein
Tel. 05372 6 21 38
www.auracher-loechl.at

Freilichtmuseum Tiroler Bauernhöfe: Palmsonntag–Okt. tgl. 9–17, Mai–Sept. bis 18 Uhr | Eintritt: 10 € | www.museum-tb.at
Museumsfriedhof: Di.–So. 9–17 Uhr | Eintritt: frei, Spende erbeten
www.museumsfriedhof.info

Nachdenken über Europa

Alpbach

Südlich des Inns und des von sieben Burgen umgebenen Ortes Brixlegg erstreckt sich das Alpbachtal. Eine 10 km lange Bergstraße führt bis zum Hauptort Alpbach (973 m; 2530 Einw.); mit seinen Bauernhöfen und Holzhäusern im traditionellen Stil eins der schönsten Dörfer Österreichs. Seit 1945 reisen Schriftsteller, Politiker, Ökonomen und Intellektuelle im August zum Europäischen Forum Alpbach (oder erleben es neuerdings digital), um über die Zukunft des Kontinents und die Herausforderungen der Globalisierung zu diskutieren.

LANDECK

Bundesland: Tirol | **Höhe:** 816 m ü. d. M. | **Einwohner:** 7640
Tourismusverband Tirol West: Infobüro Landeck, Malserstraße 47a, A-6500 Landeck, Tel. 05442 6 56 00, www.tirolwest.at

Burgen und Ruinen hoch über dem Inntal künden von der Bedeutung Landecks als historischer Verkehrsknotenpunkt im Tiroler Oberland. Heute sind sie für viele Besucher ein Zeichen dafür, dass die attraktiven Skigebiete am ▸ Arlberg, im Paznauntal und im oberen Inntal nicht mehr fern sind.

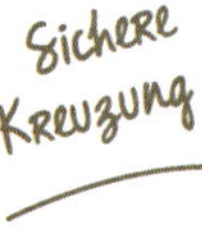

Das Inn-Städtchen ist der Kreuzungspunkt der Ost-West-Verbindung von Wien an den Bodensee sowie einer wichtigen Nord-Süd-Verbindung von Deutschland über den Reschenpass nach Italien. Die Römer unterhielten im Landecker Talkessel eine Raststation an der Fernstraße Via Claudia Augusta. Besonders im Mittelalter hatten Baumeister hier Konjunktur, denn die Passübergänge mussten gesichert werden. Sein heutiges Erscheinungsbild verdankt der Ort im Wesentlichen dem Entstehen der Chemie- und Textilindustrie um 1900.

Wohin in Landeck und Umgebung?

Bergfried mit Ein- und Aussichten

Schloss Landeck

Auf einem hoch aufragenden Felsen über dem Inn steht Schloss Landeck (um 1200), das seither mehrfach verändert und im 20. Jh. res-

tauriert wurde. Der mächtige Bergfried erlaubt eine schöne Sicht auf den Ort. Das **Schlossmuseum** thematisiert in seiner Dauerausstellung »Bleiben oder Gehen« die bewegte Migrationsgeschichte des Tiroler Oberlandes. Beachtung verdienen außerdem die mit schönen Fresken (16. Jh.) geschmückte Kapelle und die spätgotischen Holzdecken, z. B. im Gerichtszimmer.
Die **Stadtpfarrkirche** im Ort verfügt über einen spätgotischen, dem hl. Oswald geweihten Flügelaltar (16. Jh.).
Schloss und Museum: Ende April–Okt. tgl. 10–17, Mitte Dez.– Anf. Jan. tgl. 13–17 Uhr | Eintritt: 8 € | www.schlosslandeck.at

Immer Feuer unterm Kessel

Stanz

Nördlich über Landeck liegt das Bergdorf Stanz (1035 m; 573 Einw.), über Tirol hinaus als Dorf der Brennereien bekannt. Von den rund 150 Haushalten haben knapp 55 eine Destillerie. Gebrannt wird hier vor allem die Stanzer Zwetschke, die in dem trockenen alpinen Klima hervorragend gedeiht und zu den Genussprodukten Österreichs zählt. Angeboten werden Destillerieführungen mit Verkostung.
Auf einem Felshang erhebt sich nordöstlich des Ortes die Ruine der schon 1196 erwähnten **Burg Schrofenstein**. Von hier aus hat man eine herrliche Aussicht! Im Mittelalter stand aber wohl nicht diese, sondern die Kontrolle des Talkessels im Vordergrund.
https://brennereidorf.at

Wildes Wasser im Lochputz

Zams

Rund 3 km nordöstlich von Landeck breitet sich am Südufer des Inn die Gemeinde Zams (775 m; 3510 Einw.) aus. Hier hielt einst die **Kronburg** (1380, heute Ruine, Gasthaus darunter) Wacht. Nördlich der Ortschaft erstreckt sich die über einen Erlebnissteig begehbare Schlucht **Zammer Lochputz** mit dem **Lötzer Wasserfall**. Mit der Seilbahn geht's in acht Minuten auf 2208 m Höhe zum aussichtsreichen **Krahberg** im Venetmassiv.
Klamm: Mai, Juni, Mitte Sept.–Okt. Sa., So., Juli–Mitte Sept. tgl. 10–17, im Winter Mi. 19.30 Uhr Abendwanderung | Eintritt: 4,50 €
www.zammer-lochputz.at

Alles für Familien

Oberes Inntal

35 km innaufwärts von Landeck macht die Tourismusregion von **Serfaus, Fiss und Ladis** (Abb. ► S. 222) auf einer Sonnenterrasse rund 500 m über dem Tal Familien schöne Augen. Hauptort ist Serfaus (1429 m; 1150 Einw.), das mit dem Bau der ersten Seilbahn in den 1950er-Jahren einen rasanten Aufschwung nahm. Mit der 1985 eröffneten unterirdischen Dorfbahn dämmten die Serfauser in weiser Voraussicht den Autoverkehr im Zentrum radikal ein. Das Skigebiet umfasst rund 214 km Pisten und kann zu drei Viertel künstlich beschneit werden.
www.serfaus-fiss-ladis.at

Auf zwei Brettern nach Italien

Nauders

Im Dreiländereck Österreich–Italien–Schweiz liegt südlich des Finstermünz-Passes (1006 m) der Ferienort Nauders (1400 m; 1570 Einw.), der sowohl als Ausgangspunkt für Wanderungen als auch zum Wintersport besucht wird. Uralte Bauernhäuser mit beeindruckenden Freitreppen, Erkern und Tordurchfahrten stehen hier. Über der Ortschaft erhebt sich **Schloss Naudersberg**, eine ehemalige Gerichtsburg aus dem 14./16. Jh., in der Folter- und Rüstkammer sowie gotische Stuben besichtigt werden können. Die Ruine der ehemaligen Zollfeste **Hochfinstermünz** (6 km nördl.) mit einem imposanten Brückenturm steht mitten im Inn. Weiter nach Süden überquert man den Reschenpass (1507 m) nach Italien. Mit einem Ski-Pass kann auf beiden Seiten des Passes gewedelt werden – 211 km stehen in der **Zwei Länder Skiarena** zur Verfügung.

www.nauders.com

Viel Après-Ski hier, Ruhe dort

Paznauntal

Für Skispaß steht auch das Paznauntal, das sich von Landeck in südwestlicher Richtung bis nach Galtür erstreckt. Unter der kühnen **Trisanna-Brücke** der 230 m langen und 87 m hohen Arlbergbahn hindurch führt die Straße hinein ins Paznaun. Durch die romantische Lage nahe Schloss Wiesberg (16. Jh.; in Privatbesitz) hat sich die Brücke zu einem beliebten Fotomotiv entwickelt. **Ischgl**, der Hauptort des Paznauntals (1377 m; 1580 Einw.), pflegt seinen Ruf als eine der

Nicht nur im Winter ein lohnendes Ziel: die Sonnenterrasse von Serfaus-Fiss-Ladis

flippigsten Wintersportdestinationen der Alpen. Mit seinen mehr als 11 000 Gästebetten präsentiert es sich als Hotelsiedlung. Der Werbeslogan »Relax if you can« lässt anklingen, dass Après-Ski und Partys die wichtigsten Disziplinen sind. Das wurde eindrucksvoll, aber äußerst unrühmlich im Februar/März 2020 bewiesen, als sich von der Partymeile in Ischgl aus Corona über Europa verbreitete. Das hat das Image des Ortes arg ramponiert. 239 Pistenkilometer und zwei Funparks bieten Top-Bedingungen für Skifahrer und Snowboarder. Durch die Silvretta Arena ist Ischgl mit Samnaun in der Schweiz verbunden. Gegen Massentourismus entschieden hat sich am Talende und am Beginn der Silvretta-Hochalpenstraße ins ▶ Montafon das kleine **Galtür** (1584 m; 771 Einw.). Wer den Luftkurort im Sommer besucht, bekommt viel Ruhe geboten, im Winter sind hier auch viele Tourengeher und Langläufer anzutreffen. Integriert in eine Lawinenschutzmauer ist das Alpinarium Galtür. Das Erlebnismuseum thematisiert u. a. die Strategien von Mensch, Tieren und Pflanzen, im Hochgebirge zu bestehen. Auch das Geheimnis um den »Galtürer Enzner«, einen legendären Schnaps aus der Enzianwurzel, wird gelüftet.

www.paznaun-ischgl.com

Alpinarium: Di.–So. 10–18 Uhr | Eintritt: 10 € | www.alpinarium.at

LAVANTTAL

Bundesland: Kärnten | **Regionalmanagement Lavanttal:** Minoritenplatz 1, A-9400 Wolfsberg, Tel. 04352 28 78 | www.region-lavanttal.at

Für einen erholsamen Urlaub abseits der Touristenströme ist das Lavanttal ein Geheimtipp. Die Region im Osten Kärntens ist von Wald, Wiesen und von den sanften Bergen der Saualpe und der Koralpe mit ihren schönen Wanderwegen geprägt. Kulinarisch gibt der Apfelmost den Ton an, Stift St. Paul ganz im Süden verfügt über Kunstschätze von Weltrang.

Ihren Ursprung hat die Lavant, nach der das Tal benannt ist, im Grenzgebiet zwischen der Steiermark und Kärnten am steirischen Zirbitzkogel. Das von sanften Höhenzügen flankierte Lavanttal erstreckt sich nach Süden bis zur slowenischen Grenze, wo der Fluss nach 72 km in die Drau mündet. Die noch weitgehend unberührte Landschaft wird ab etwa 2026 bequemer als bisher mit dem Zug zu erreichen sein. Dann soll die Koralmbahn, eine schnelle Direktverbindung zwischen Graz und Klagenfurt, eröffnet werden. Ihr Kernstück ist der 33 km lange Koralmtunnel, der nahe St. Paul sein Westportal haben wird.

Ein Hauch von Umberto Ecos »Der Name der Rose« weht durch die mittelalterliche Bibliothek des Benediktinerstifts St. Paul.

Wohin im Lavanttal?

»Treffliche arzneiische Kräfte«

Bad St. Leonhard

Im oberen Lavanttal liegt Bad St. Leonhard (721 m; 4290 Einw.), ein Höhenluftkurort mit Schwefelquelle. Entlang der Quellenwanderwege wandelt man auf den Spuren des Arztes und Alchemisten Paracelsus (1493–1541), der den örtlichen Heilwässern »treffliche arzneiische Kräfte« attestierte. Auf einem Hügel steht die Wallfahrtskirche St. Leonhard (14./15. Jh.), eine gotische Basilika mit 139 farbenprächtigen Glasfenstern aus dem 14. Jahrhundert.

www.bad-st-leonhard-i-lav.at

Panoramablick vom Schlossberg

Wolfsberg

Wolfsberg (462 m; 25 100 Einw.) ist Hauptort und wirtschaftliches Zentrum des Lavanttals. Die Altstadt besitzt noch Teile der Stadtbefestigung und wird überragt von **Schloss Wolfsberg**. Der schon im frühen Mittelalter befestigte Berg wurde zur Zeit der Türkenkriege in eine Festung verwandelt. Aus dem 19. Jh. stammen die Umbauten zum romantisch-historistischen Schloss nach Tudor-Vorbild. Heute werden die Prunkräume für Konzerte und Veranstaltungen genutzt. Im Schlossrestaurant (Mo., Di. geschl.) genießt man exzellente Küche und Blicke über das Lavanttal. Ein spannendes Panorama der Region, ihrer Kulturgeschichte und Natur vermittelt das Museum im modernen **Lavanthaus** (St. Michaeler Straße 2).

Schloss: www.schloss-wolfsberg.at

Lavanthaus: Mai–Okt. Mi.–So. 10–17, Nov.–April Mi.–Sa. 10–16 Uhr
Eintritt: 7 € | www.museum-lavanthaus.at

Beliebtes Pilgerziel

St. Andrä

St. Andrä (430 m; 9800 Einw.) war von 1225 bis 1859 Sitz der Fürstbischöfe von Lavant. Wahrzeichen des Ortes ist die zweitürmige barocke Wallfahrtskirche Maria Loreto (1697), die 2014 zur »Basilica minor« erhoben wurde. Das 40 m lange und 17 m hohe Kirchenschiff entfaltet eine großartige Raumwirkung, eine jüngst vollendete Innenrestaurierung lässt den ursprünglichen Glanz aus der Barockzeit wieder zur Geltung kommen. Wallfahrer bringen hier ihr Anliegen der »Schwarzen Madonna« vor.

www.kath-kirche-kaernten.at/standrae

»Schöne Bäume, guter Most,...

Mostregion

... starke Leut' und gute Kost«, heißt es in einem Liedtext über das Lavanttal. Zwischen den südlichen Ausläufern der Saualpe und der Koralpe schließt sich das Untere Lavanttal an. Sein mildes Klima, seine sanften Hügel und seine Obstgärten haben ihm den Titel »Paradies Kärntens« eingebracht. Die bekannteste kulinarische Attraktion der Region sind die Äpfel, der Rohstoff für den Lavanttaler Most. Es gibt so manchen Mostwanderweg zu entdecken, vor allem im **Granitztal** – natürlich mit entsprechenden Jausenstationen. Besonders schön ist ein Besuch Anfang/Mitte Mai, wenn die Obstbäume in voller Blüte stehen. Und auch beim Apfelfest in **St. Georgen** (Ende Sept.) dreht sich alles um die Frucht, die das Lavanttal ausmacht.

Kärntens Schatzhaus

St. Paul

Was fehlt noch im Paradies? Genau: ein Schatzhaus. Zu finden ist es in St. Paul (3200 Einw.) mit seinem berühmten **Benediktinerstift**. Das 1091 gegründete Kloster auf einem 70 m hohen Felshügel ist seit 1809 im Besitz von Benediktinern, die aus St. Blasien im Schwarzwald nach Kärnten übersiedelten. Nach dem Dom in ▶ Gurk ist die 1264 geweihte Stiftskirche das bedeutendste romanische Bauwerk Kärntens. Bemerkenswert sind die Fresken der Südtiroler Meister Pacher im gotischen Kreuzrippengewölbe (um 1468) und das Stifterfresko, das wenige Jahrzehnte später Thomas von Villach anfertigte. Seiner reichen **Kunstsammlung** verdankt das Stift das Prädikat »Schatzhaus Kärntens«. Der Grundstock kommt aus St. Blasien mit Gemälden und Grafiken von Rubens, Dürer, Van Dyck und Holbein. Kostbarstes Einzelstück ist das **Adelheidskreuz** aus dem 11. Jh. Das Reliquienkreuz ist überreich mit Gemmen, Skarabäen und rund 150

Edel- und Halbedelsteinen geschmückt. Als Präsentationsräume dienen die aufs Schönste umgestalteten Kellergewölbe des Stifts. Der im England des 13. Jh. entstandene **Ramsey-Psalter**, ein Prachtbeispiel mittelalterlicher Buchillustration, zählt zu den Schmuckstücken der Bibliothek. Sie umfasst 80 000 Bücher und gut 4000 Handschriften. Verwahrt wird hier auch das **»missale speciale abbreviatum«**, entstanden um 1450 in Basel, das als Fingerübung Johannes von Gutenbergs für seine berühmten Bibeln gilt. Die Kuppeldecke in einem Teil der ursprünglichen Stiftsbibliothek zieren prächtig ausgeführte Sternbilder der beiden Hemisphären auf tiefblau gemaltem Weltenall-Grund.

Mai–Okt. Mi.–So. 10–17 Uhr | Eintritt: 13 € | www.stift-stpaul.at

LECHTAL · LECHTALER ALPEN

Bundesland: Tirol
Höchste Erhebung: Parseierspitze (3036 m ü. d. M.)

Im Süden die Lechtaler Alpen, im Norden die Allgäuer Alpen – dazwischen bahnt sich der Lech seinen Weg, der ein beeindruckendes Comeback als Wildfluss hingelegt hat. Höhenwege und ein Netz von Alpenvereinshütten ermöglichen mehrtägige Durchquerungen des Gebirges. Währenddessen halten die Dörfer in diesem weniger besuchten Teil Tirols neben viel Erholung auch den ein oder anderen Kulturschatz und Nervenkitzel bereit.

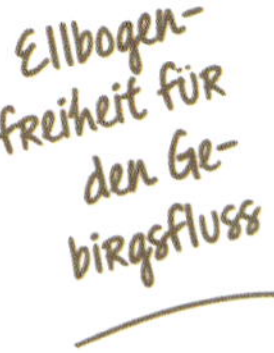

Der lange Zug der Lechtaler Alpen erstreckt sich als eine der mächtigsten Ketten der Nördlichen Kalkalpen vom ▶ Arlberg bis ins Außerfern mit dem Hauptort Reutte. Nordwestlich gegenüber erheben sich die Allgäuer Alpen. Höchste Erhebung der Lechtaler Alpen ist die Parseierspitze (3036 m). Star der Region ist allerdings der Lech, der in Südbayern nach gut 260 km in die Donau mündet. Seit 2004 ist der Tiroler Teil des Flusslaufs auf einer Länge von 62 km als Naturpark ausgewiesen. Renaturierungen haben dem Fluss wieder Dynamik verliehen. Charakteristisch sind die breiten Schotterbänke, die etwa dem gefährdeten Flussregenpfeifer wertvollen Lebensraum bieten. Auch seltene Insektenarten und Blumen, darunter der Frauenschuh, profitieren von den Ökonischen. 1100 Pflanzenarten sind im Naturpark zu finden, das entspricht einem Drittel aller in Tirol vorkommenden Arten. Erlebnispfade, Wildbeobachtungsstationen und ein

100 Kilometer, 13 Hütten, zehn Tage – der Lechtaler Höhenweg führt auch am Unteren Seewisee auf rund 2200 m vorbei, in der Nähe liegt die Memminger Hütte.

spektakuläres Naturparkhaus bringen den Besuchern eine der letzten Wildfluss-Landschaften im nördlichen Alpenraum näher.

Wohin im und ums Lechtal?

In einer Woche vom Bergsee zu den Königsschlössern

Lechweg

Beim Rafting, beim Fliegenfischen oder auf dem Lechtal-Radweg von Reutte bis Steeg kann man sich dem Lech auf sportliche Weise annähern. Nachhaltige Eindrücke beschert Naturfreunden der 125 km lange Lechweg, der vom Lechursprung am Vorarlberger Formarinsee zu den Königsschlössern im bayrischen Allgäu führt. In sechs bis acht Tagen ist das zu schaffen, auf Wunsch wird ein Gepäcktransport organisiert. Bei Holzgau (373 Einw.) überqueren Wanderer auf einer 200 m langen Hängebrücke die **Höhenbachschlucht**.

www.lechweg.com

Geburtsort der »Geierwally«

Elbigenalp

An den Sommerwochenenden locken die **Geierwally-Freilichtspiele** Theaterfreunde in die **Bernhardsschlucht** bei Elbigenalp (1039 m; 906 Einw.), den Hauptort des oberen Lechtals. Die Geierwally war die 1841 in Elbigenalp geborene Malerin Anna Stainer-Knittel, die durch ihren emanzipierten Lebensweg die Enge ihrer Heimat und ihrer Ära überwand. Sie studierte als erste Frau an der Münchner Kunstakademie Malerei. Als 18-Jährige stieg sie in eine gefährliche

Felswand ein, um ein Adlernest auszuheben. Diese Tat wurde im Roman »Die Geier-Wally« (1873) und später in Filmen verewigt. Malunterricht erteilte ihr der Lechtaler Künstler und Universalgelehrte Johann Anton Falger. Seine Sammlung (Kuriositäten, Kunst, Geschichte) und ein Blick auf das heutige Lechtal zeigt die **Elbigenalper Wunderkammer**. Elbigenalp ist auch der Sitz mehrerer Schnitzschulen. Eine Besonderheit der Kunstlandschaft des Lechtals ist die **Lüftlmalerei**, die volkstümlich-barocke Fassadenmalerei an Bauern- und Bürgerhäusern – ein Begleitheft gibt es bei der Tourismusinformation.

Freilichtspiele Geierwally: www.geierwally.at
Wunderkammer: Sommer u. Winter Mi.–Fr. 14–18 Uhr | Eintritt: 6,50 € | https://wunderkammer.tirol
Schnitzschule Geisler-Moroder: Elbigenalp 63
www.schnitzschule.com

Auszeit in winzigen Dörfern

Namlos, Bschlabs & Co

Die nach Südosten abzweigenden Seitentäler des Lechtals zählen zu den einsamsten Gegenden Österreichs. Wer sich in Hinterhornbach, Pfafflar oder Gramais, der kleinsten eigenständigen Gemeinde Österreichs mit gerade mal 40 Einwohnern, einmietet, ist wirklich »weit weg« von allem. Beeindruckend ist auch Namlos (1265 m; 63 Einw.), nicht nur wegen dieses Namens, sondern weil man hier auch einen Berg namens »Namloser Arsch« (1947 m) erklimmen kann, der mit seiner »Arschlawine« einst auch den Ort bedrohte.

Spektakulär über dem Lech

Elmen

Als einzige Straßenverbindung schwingt sich die auch bei Motorradfahrern beliebte kurvenreiche Hahntennjoch-Straße über die Lechtaler Alpen. Sie verbindet Elmen (976 m; 394 Einw.) mit ▶ Imst. Das kleine Dorf Elmen beherbergt auch das **Naturparkhaus** Lechtal, das spektakulär auf der Klimmbrücke über dem Lech thront. Hier erfährt man mehr über den Fortgang der Renaturierungsprojekte am Wildfluss.

Mai–Sept. tgl. 10–16 Uhr | www.naturpark-tiroler-lech.at

Fassadenschmuck und ein Kleeblatt zum Erholen

Reutte und Umgebung

In einem weiten Talbecken des Lech liegt der Bezirkshauptort Reutte (854 m; 6980 Einw.), der ein Verkehrsknotenpunkt zwischen dem Allgäu, dem Fernpass und dem oberen Lechtal ist. Die Marktgemeinde ist seit jeher Wirtschaftszentrum des Außerfern – so wird die ganze Tiroler Region nördlich des Fernpasses genannt. Schön bemalte Bürgerhäuser des 18. Jh. prägen das Bild im Untermarkt. Die »Lüftlmaler« des Außerfern fanden auch Inspiration in manchen süddeutschen und italienischen Städten. Ein schönes Beispiel ist das **Zeillerhaus** (Zeillerplatz 2 und 3). Im Heimatmu-

DAS LECHTAL & DIE LECHTALER ALPEN ERLEBEN

LECHTAL TOURISMUS
Untergiblen 23, A-6652 Elbigenalp
Tel. 05634 53 15, www.lechtal.at

TOURISMUSINFORMATION REUTTE
Untermarkt 34, A-6600 Reutte
Tel. 05672 6 23 36
www.reutte.com

ZUR GEIERWALLY €€
Schlutzkrapfen, Jägernudeln, Tiroler Knödel mit Sauerkraut – die »Geierwally« ist eine Bastion der traditionellen Tiroler Kochkunst. Eine Spezialität sind die am offenen Herd zubereiteten Menüs. Die urig-rustikale Einrichtung erinnert mitunter an ein Museum.
Haus Nr. 40, A-6652 Elbigenalp
Tel. 05634 64 05
www.zur-geierwally.at

GENIESSER-RESTAURANT SENNERLAND €€€
Rustikal und schick zugleich – das gilt fürs Ambiente wie die Gerichte. Freuen Sie sich auf kreative, moderne Küche mit Schwerpunkt auf der Region. Alles hausgemacht, Fertigprodukte serviert man Ihnen hier garantiert nicht. Mo. geschl.
Hauptstraße 26, A-6604 Höfen
Tel. 05672 7 24 00
www.sennerland.at

LIEBES ROTFLÜH €€€€
Das Wellness-Hotel mit Blick über den Haldensee lässt gestresste Zeitgenossen im Tannheimer Tal zur Ruhe kommen. Zum Spa-Bereich gehört ein beheizter Außenpool mit Energiewasser. Auch Yoga und E-Bike-Verleih bietet das Haus.
Seestraße 26, A-6673 Haldensee
Tel. 05675 6 43 10
www.rotflueh.com

seum, dem **Grünen Haus** (16. Jh.) am Untermarkt 25 mit reicher Freskomalerei (1779), sind Exponate zur Geschichte der Region ausgestellt.
Die Seen der Region werden als Badeziele geschätzt. Zum sog. Vier-Seen-Kleeblatt zählen in Ortsnähe der kleine Urisee und der Frauensee. Rund 6 km östlich von Reutte erstreckt sich der zweitgrößte See Tirols, der über 6 km lange und 1 km breite **Plansee** (976 m). Das fjordartig anmutende Gewässer ist über einen Kanal mit dem ca. 3 km langen **Heiterwanger See** verbunden. Beide »große« Seen sind frei zugänglich und bieten von Schifffahrt bis zum Bootsverleih Freizeitspaß pur.
Nach der dreistündigen Panoramarunde um beide Seen schmeckt eine Forelle im Restaurant Fischer am See (Schiffsanlegestelle) am Heiterwanger See besonders gut!
Grünes Haus: Mai–Okt. Di.–Sa. 13–17 Uhr | Eintritt: 3 €
www.museum-reutte.at
Schifffahrt: Juni–Mitte Okt. | www.fischeramsee.at

Mittelalterflair und Nervenkitzel

Burgenwelt Ehrenberg

3 km südlich vom Reutte passiert die stark frequentierte Straße zum Fernpass den Engpass der Ehrenberger Klause (946 m). Sie hatte neben der militärischen Funktion einer Talsperre auch die Aufgabe einer Zollstätte. Bewacht wurde sie von der 150 m höher gelegenen Burg (1296) sowie von der Festung am Schlosskopf (1741) noch weiter oben. Mit EU-Hilfe wurde das Festungsensemble aus dem Dornröschenschlaf geweckt und bietet nun verschiedene Ausstellungen. Unter dem Motto »Dem Ritter auf der Spur« werden beispielsweise Themen der Ritter- und Burgenzeit aufgegriffen. Nichts für schwache Nerven ist die **Highline 179**, die in 110 m Höhe die Fernpass-Straße überspannt. Je mehr Besucher sich auf die 400 m lange Hängebrücke hinauswagen, desto stärker schwankt sie. Neueste Attraktion ist ein Schrägaufzug, mit dem man die 110 m Höhenunterschied hinauf zur Burgenwelt bequem überbrücken kann.

Burgenwelt Ehrenberg – Erlebnisausstellungen tgl. 10–17 Uhr | Eintritt: 8 € | **Highline 179:** tgl. 8–22 Uhr | Eintritt: 8 €, mit Schrägaufzug (9–18 Uhr) 15 € | www.ehrenberg.at

Ein Abstecher führt vom Lech- ins Tannheimer Tal mit dem Haldensee, auf dem im Sommer gemütliches Rudern angesagt ist.

Erholung rund ums Jahr

Tannheimer Tal

Kleine Seen, bewaldete Hänge und dahinter schroff aufragende Felsen – diese Szenerie macht das 1100 m hoch gelegene Tannheimer Tal zu einer beliebten Ferienregion. Es zweigt etwa 10 km südlich von Reutte nach Westen ab, führt über den Gaichtpass und den Haldensee zum Oberjochpass und weiter nach Bayern. Wo einst mit Salz beladene Fuhrwerke in Richtung Bodensee rollten, finden heute Wanderer, Mountainbiker und Gleitschirm-Piloten eine ausgezeichnete Infrastruktur vor. Die fünf Dörfer des 20 km langen Hochtals warten zudem mit Skipisten auf, dazu kommen 140 km gespurte Langlaufloipen. Der Hauptort **Tannheim** (1097 m; 1140 Einw.) verfügt mit der barocken Pfarrkirche hl. Nikolaus (1722) über die zweitgrößte Landkirche der Diözese Innsbruck. Inmitten eines Naturschutzgebietes lockt der **Vilsalpsee** (1165 m) 4 km südlich von Tannheim zu einem Badetag. Ein Bootsverleih gestaltet den Aufenthalt auch am Haldensee abwechslungsreich.

www.tannheimertal.com

LEOBEN

Bundesland: Steiermark | **Höhe:** 540 m ü. d. M.
Einwohner: 24 600

Leoben ist seit dem Mittelalter das Zentrum der Eisenindustrie in der Obersteiermark. Nach jahrelanger Krise zeigt sich die zweitgrößte Stadt der Steiermark wiedererstarkt und bietet spannende Einblicke in die Tradition und Gegenwart von Erzabbau und -verarbeitung im Bannkreis des gewaltigen Erzbergs. Und entlang der Mur warten weitere, abwechslungsreiche Ziele, die auch Wanderer, Kletterer und sogar Motorsportfans glücklich machen.

Leoben wurde 1263 gegründet und besaß ab 1415 das Stapelrecht des Vordernberger Eisenhandels. Der Vogel Strauß im Stadtwappen erinnert daran, dass man diesem im Mittelalter als einzigem Lebewesen die Eigenschaft unterstellte, Eisen zu essen. Leobens Knowhow in Bergbau und Hüttenwesen bündelt sich in der Mitte des 19. Jh.s gegründeten, weltweit renommierten Montanuniversität. Noch in den 1970er-Jahren war im Industrieraum der Mur-Mürz-Furche beinahe jeder dritte Beschäftigte in der damals verstaatlichten Eisen- und Stahlindustrie tätig. Ihr Niedergang kostete Tausende den Job. Nach Modernisierung und Umstellung auf High-Tech-Produkte ging es wieder bergauf. So eröffnete in Kapfenberg 23 km östlich im Sommer 2022 das modernste Edelstahlwerk der Welt.

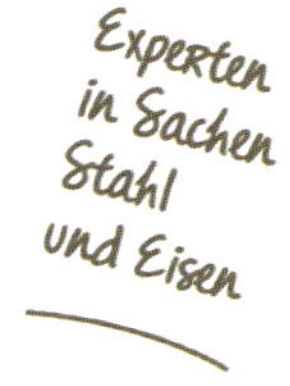

Wohin in Leoben?

Vom Erz zum Eisen

Altstadt

Mittelpunkt der Altstadt in einer Schleife der Mur ist der 180 m lange und 32 m breite Hauptplatz, der vom **Hacklhaus** mit seinen prachtvollen Barockverzierungen (um 1660) und dem wappengeschmückten **Alten Rathaus** (1585) flankiert wird. Der mittelalterliche, 1615 von Grund auf neu errichtete **Mautturm** ist das Wahrzeichen von Leoben. Er wird wegen seiner pilzförmigen Haube auch »Schwammerlturm« genannt. An das Neue Rathaus an der Mur schließt das moderne **Museumscenter** an, das die Industriegeschichte der Region spannend aufbereitet. In der Kunsthalle im selben Komplex wird zeitgenössische Kunst mit internationaler Strahlkraft gezeigt.

Museumscenter: Di.–Fr. 9–17, Sa. ab 10 Uhr | Eintritt: 5 €
Ausstellung Kunsthalle: Zeiten wie oben | Eintritt frei

Traditionsreicher Durstlöscher

Gösser Brauerei

Die Brauerei im südlichen Stadtteil Göss pflegt die Kunst des Bierbrauens schon seit 1459 – ungezählte »Gösser« sind seither die Kehlen durstiger Knappen und Hochofenarbeiter hinunter geronnen. Erzeugt wird der landesweit beliebte Gerstensaft seit 2016 »natürlich-nachhaltig«, d. h. aus heimischen Rohstoffen und mit erneuerbarer Energie. Einst und Jetzt der Braukunst vermittelt die Firma im topmodernen **»Gösseum«**. Am Schluss der Museums-Tour warten ein frisch gezapftes »Gösser« und eine Bierbreze!

Führungen: Sa. 11 u. 14, Do. Kombiführung mit Brauerei 17.30 Uhr u. n. V. | Eintritt: ab 9,50 € | www.goesser.at

Hör mal, wer da hämmert

Donawitz

In den gigantischen Werksanlagen der VOEST-Alpine im Ortsteil Donawitz wird rund um die Uhr Stahl für den internationalen Markt produziert. Bei einer spannenden Werksführung fühlt man sich richtig klein und winzig. Rundherum sticht die außergewöhnliche Arbeiterwohnheimarchitektur ins Auge sowie die Pfarrkirche zum hl. Josef im Industriestil der 1950er.

Werksführung: März–Juni u. Sept.–Nov. einmal im Monat | Eintritt: frei | Infos u. Anmeldung beim Tourismusverband Leoben, Tel. 03842 4 81 48

Rund um Leoben

Industrie auf Schritt und Tritt

Erzberg

Leoben ist durch Eisen- und Stahlverarbeitung groß geworden – das Rohmaterial kam und kommt vom ca. 30 km nördlich gelegenen Erzberg. Gleich nach der Murbrücke passiert man den Ortsteil Donawitz, Sitz des Stahlkonzerns Voestalpine. Nach rund 18 km erreicht man **Vordernberg** (820 m; 889 Einw.). Alte Industriebauten wie der einzige voll ausgestattete Holzkohlehochofen Europas zeugen von der langen Tradition des kleinen Ortes in der Eisenverarbeitung.

Hochofenmuseum: Führungen n. V., Tel. 0664 73 26 80 04 | Führungspauschale 30 € | www.radwerk-vordernberg.at

Schrumpfendes Bergbaustädtchen

Eisenerz

»Gold für zehn Jahr', Silber für hundert Jahr' oder Eisen für immerdar« – das bot der Sage nach ein von den Einheimischen gefangener Wassermann für seine Freilassung. Sie wählten letzteres und fuhren lange gut damit. Seit dem Mittelalter ist der Abbau des Erzberges – er wird auch »steirischer Brotlaib« genannt – der Wirtschaftsmotor der Region. Gefördert wird Spateisenstein mit rund 33 % Eisengehalt. Auch heute noch werden davon große Mengen zu Tage befördert, das aber mit viel weniger Beschäftigten. Heute wird das Städtchen Eisenerz planmäßig geschrumpft, während zugleich neue Impulse, etwa für den Tourismus, gesetzt werden. Die Geschichte des Bergbaus sowie Kunstvolles aus Eisen zeigt das **Museum im Alten Rathaus** am Bergmannplatz. Auch der repräsentative Ratsherrensaal zeugt noch von der Blütezeit des einst »weytberümpten Markts Eisenärzt«. Vom Bergmannplatz erreicht man über eine Stiege die revitalisierte gotische Wehrkirche **St. Oswald** (1518). Der **Schichtturm** etwas weiter westlich läutete einst zum Schichtwechsel im Bergwerk und ist ein

1 Arkadenhof/Schwarzer Adler
2 Weinerei im Baderhaus

1 Hotel Kindler

LEOBEN ERLEBEN

TOURISMUSVERBAND LEOBEN

Hauptplatz 3, A-8700 Leoben
Tel. 03842 4 81 48
www.steiermark.com/erzberg-leoben

❶ ARKADENHOF/ SCHWARZER ADLER €€

Schon 1550 erbaut wurde die älteste Brauereigaststätte Leobens. Kredenzt wird gutbürgerliche Hausmannskost, beim Eintritt lohnt zudem ein Blick aufs schöne Renaissanceportal.
Am Hauptplatz 11, A-8700 Leoben
Tel. 03842 4 20 74
www.arkadenhof.at

❷ WEINEREI IM BADERHAUS €€

Stimmungsvolles Restaurant im ehemaligen Badehaus der Stadt (16. Jh.) mit Ziegelgewölbe und Terrasse am Fluss. In der Schauküche werden Fisch- und Fleischspezialitäten à la minute zubereitet. Der Weinkeller umfasst eine Auswahl an 200 edlen Tropfen. So., Mo. geschl.
Schiffländ 15
A-8600 Bruck an der Mur
Tel. 03862 5 63 25
www.weinerei-baderhaus.at

❶ HOTEL KINDLER €€

Dieses zweckmäßig eingerichtete Drei-Sterne-Hotel mit familiärer Atmosphäre liegt günstig im Zentrum von Leoben, ganz in der Nähe des Schwammerlturms und der Fußgängerzone.
Straußgasse 7–11
A-8700 Leoben
Tel. 03842 43 20 2
www.kindler.at

---

erstklassiger Aussichtspunkt auf den Ort, die rötlich gefärbten Stufen des Erzbergs und die darüber aufragenden Eisenerzer Alpen.
Museum im Alten Rathaus: Mai–Okt. Di.–Sa. 10–16 Uhr | Eintritt: 6 € | www.eisenerz.at

Am Donnerstag macht's bumm!

Erlebniswelten »Abenteuer Erzberg«

Der im 19. Jh. begonnene Etagenabbau hat dem Berg die heute so charakteristische Form verliehen, der Stollenabbau wurde 1986 eingestellt. In drei Varianten bringt das »Abenteuer Erzberg« Besuchern das Thema näher: in einem **Schaubergwerk**, auf einer Wanderung durch das **Freilichtgelände** mit Inspektion historischer Maschinen sowie auf einer **spektakulären Fahrt** mitten durch den größten Tagbau Mitteleuropas. Dazu dient ein Hauly, ein 860 PS starker Schwerlaster mit 2,6 m hohen Reifen und einer Aussichtsplattform. Donnerstags ist die Fahrt auch mit Sprengung zu haben. »Drei, zwei, eins, brenna tuat's!«, vernimmt man, dann bewegen sich auf den Stufen wie von Geisterhand unzählige Tonnen von Stein. In stillgelegten Etagen des Bergs wurde im Herbst 2021 ein großes Tunnel-

forschungszentrum eröffnet, wo in Kooperation mit der Montanuniversität Leoben daran geforscht wird, wie Tunnelbau in Zukunft aussehen könnte.
Mai–Okt. tgl. 10–15 Uhr | Eintritt: Schaubergwerk und Haulyfahrt je 18 €, Eintritt Freilichtausstellung 14 €, Kombiticket ab 34 €
www.abenteuer-erzberg.at

Handelsstadt mit Geschichte

Bruck an der Mur

15 km östlich von Leoben, wo die Mur ihre Fließrichtung nach Süden ändert und nach Graz strebt, liegt mit Bruck (498 m; 15 700 Einw.) ein wichtiger Verkehrsknotenpunkt der Steiermark. Auffälligste der Brücken über den steirischen Hauptfluss und ein modernes Wahrzeichen ist eine 2012 eröffnete Stahlbogenbrücke in Blau – offiziell ist ihr Name **Europabrücke**, passender ist ihr Spitzname »Brucker Harfe«.
Am großen Koloman-Wallisch-Platz steht das **Kornmesserhaus**, einer der schönsten spätgotischen Profanbauten Österreichs. Errichtet wurde es für den Eisenhändler Pankraz Kornmeß zu Beginn des 16. Jh.s im venezianischen Stil. Die Gebäude am Nordende des mit Blumen und Wasserspielen schön herausgeputzten Platzes, darunter das Rathaus, verfügen über sehenswerte Arkadenhöfe. Vom Schlossberg hat man einen erstklassigen Ausblick auf die Stadt.
www.tourismus-bruckmur.at

Ein karstiges und ein lachendes Gesicht

Hochschwab-Massiv

Ein beliebtes Wander- und Klettergebiet bildet das Hochschwab-Massiv gut 20 km nördlich von Bruck. Der »Schwaben« ist stark verkarstet. Mit ziemlicher Sicherheit trifft man auf Vertreter von Europas größtem Gämsenbestand – und man braucht nicht einmal allzu viel Glück, um Steinböcken zu begegnen. Pfeift es hinter dem Wanderer her, warnt ein Murmeltier seine Artgenossen. Der gleichnamige Gipfel des Massivs liegt auf 2277 m Höhe. Ausgangspunkt für das seilbahnfreie Massiv ist der Gasthof Bodenbauer in St. Ilgen knapp hinter Thörl.

Ein flüchtiges Naturspektakel

Grüner See

27 km nordwestlich von Bruck liegt bei Tragöss der Grüne See (757 m), der im Frühjahr und Sommer ein faszinierendes Naturschauspiel bietet. Das Schmelzwasser aus dem Hochschwabmassiv lässt den Pegel des Sees um bis zu zehn Meter anschwellen. Die intensiv grün leuchtenden Wassermassen umspülen Wurzelwerk und lassen Spazierwege samt Bänken verschwinden. Im Winter ist der Wasserpegel ganz gering. Vom Parkplatz in Ober-Tragöss geht es in ca. 30 Min. zum See, den man in einer weiteren Stunde umrunden kann. Zwei Gaststätten laden zur Einkehr ein.
www.tragoess-gruenersee.at

Den Sternen ganz nah

Judenburg

Judenburg (737 m; 9560 Einw.), rund 50 km südwestlich von Leoben, liegt auf einer Terrasse über dem rechten Ufer der Mur, wo diese in eine weite Schwemmebene tritt – das Aichfeld. Schon in römischer Zeit verliefen hier bedeutende Handelsstraßen. Die erste Erwähnung als mercatum Judinburch stammt aus dem Jahr 1074. Der Name wird abgeleitet von dem Umstand, dass jüdische Händler, die zu jener Zeit eine wichtige Rolle im transalpinen Handel spielten, hier einen Stützpunkt unterhielten. In der Blütezeit im späten Mittelalter bestimmten Privilegien wie das Stapelrecht, das Monopol des Roheisenhandels vom Erzberg sowie die Prägung des »Judenburger Guldens«, der im 14. Jh. zur wichtigsten Goldmünze der habsburgischen Länder wurde, die Entwicklung. Die spannende Geschichte vergegenwärtigt das **Stadtmuseum** in der Kaserngasse 27.
Um den Hauptplatz gruppieren sich das Rathaus mit Gründerzeitfassade und alte Bürgerhäuser mit schönen Arkadenhöfen. Wahrzeichen der hübschen Altstadt ist der 75 m hohe **Stadtturm** (1509/1840) am Kirchplatz 1. In 50 m Höhe holt der »Sternenturm«, eines der modernsten Kleinplanetarien Europas, das Astro-Geschehen mit spektakulären Kuppelprojektionen ganz nah heran. Der höchste allein stehende Stadtturm Österreichs beeindruckt auch als Aussichtswarte.
Steirische Verkehrsgeschichte zeigt das **Puch-Museum** am Murtaler Platz 1 mit Ikonen der Fahrzeugmarke Puch wie der Kleinwagen Puch 500, liebevoll »Pucherl« genannt, Mopeds und Rennrädern.

www.judenburg.com

Stadtmuseum: Sept.–Juni Di.–Fr. 9–14, Sa. 10–17, Juli u. Aug. Di.–Sa. 9–17 Uhr | Eintritt: frei, Spende erbeten

Planetarium: Spielplan laut Website | Eintritt: ab 12 €
www.sternenturm.at

Puch-Museum: April–Okt. Mi.–So. 10–17 Uhr | Eintritt: 5,50 €
www.puchmuseum.at

Zentrum des Motorsports

Spielberg

Über die Murtal-Schnellstraße (S 36) gelangt man von Judenburg nach 17 km ostwärts ins Zentrum des österreichischen Autorennsports, dem der steirische »Brausefabrikant« Dietrich Mateschitz mit der Schaffung einer modernen Infrastruktur in den 2010er-Jahren Flügel verlieh – seit 2014 finden auf dem **Red Bull Ring** wieder Formel-1-Rennen statt. Der Renn- und Eventkalender ist dicht und der hauseigene Fuhrpark steht für Erlebnisse auf zwei oder vier Rädern zur Verfügung. Inmitten der 4,3 km langen Strecke grüßt ein 15 m hoher Stier aus Corten-Stahl die Speed-Fans. Die **Ring-Tour** (Dauer: 90 Min.) gewährt Insider-Blicke in Race Control, VIP-Lounges und Medienzentrum.

Ring Tour: n. Voranm. | Eintritt: 19 € | www.projekt-spielberg.at

Kunstschätze von Romanik bis zur Moderne

Benediktinerabtei Seckau

Rund 14 km nördlich von Judenburg beheimatet die Abtei Seckau (1140 gegründet, seit 1883 von Benediktinern verwaltet) abwechslungsreiche Kunst. Das ursprünglich romanische Gotteshaus aus Seckauer Sandstein wurde um 1500 gotisch eingewölbt und erhielt Ende des 19. Jh.s seine jetzige neuromanische Doppelturmfassade. Großen Eindruck im lang gestreckten Innenraum macht die romanische, über dem Hochaltar schwebende Kreuzigungsgruppe aus Holz. Der Freskenzyklus **»Seckauer Apokalypse«** von Herbert Boeckl (1960) in der Engelkapelle gilt als ein Schlüsselwerk der zeitgenössischen sakralen Kunst Europas. Bemerkenswert ist ferner das Renaissancemausoleum des Erzherzogs Karl II. von Innerösterreich (1540–1590). Der arkadenreiche **Klosterhof** zählt zu den schönsten Renaissanceanlagen des Bundeslandes. Im Klosterladen erhält man u. a. die Erzeugnisse der klostereigenen Destillerie – einfach köstlich!

Kirche frei zugänglich, Führungen Mai–Okt. Do.–So. 11 u. 14 Uhr
Ticket Führung: 8 € | www.abtei-seckau.at

★ LIECHTENSTEIN

Souveräner Staat | **Fläche:** 160 km² | **Hauptstadt:** Vaduz
Höhe: 460–2599 m ü. d. M. | **Einwohner:** 38 100

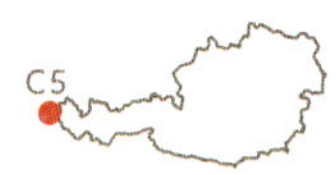

160 km² klein, als Staatschef ein Fürst, der von seinem Schloss aus über das Land blickt, Briefmarken als Wahrzeichen – da denkt man gleich ein wenig an einen Operettenstaat. Von wegen: Liechtenstein ist ein moderner und wohlhabender Kleinstaat, der auch seinen Besuchern von Kultur bis zu Naturerlebnissen jede Menge zu bieten hat.

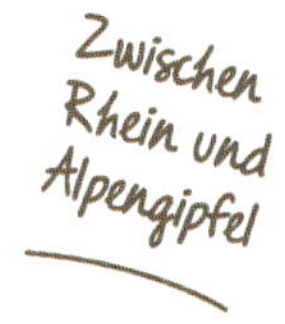

Das nur ca. 24 km lange und maximal 12 km breite Fürstentum mit der Hauptstadt Vaduz liegt zwischen dem österreichischen Bundesland Vorarlberg und der Schweiz. Das Staatsgebiet erstreckt sich von der Westabdachung des Rätikon-Gebirges bis zum Alpenrhein, der auf einer Länge von etwa 27 km die Grenze zur Schweiz darstellt. Das ergibt ein vielseitiges Landschaftsbild: Aus der ca. 430 m hoch gelegenen Rheinebene im Norden ragen vereinzelt Hügel und niedrige Berge auf, während der gebirgige Süden des Landes mit der Grauspitze die beachtliche Höhe von 2599 m erreicht. Liechtenstein besteht zu zwei Dritteln aus Gebirge, rund 35 % der Landesfläche sind bewaldet.

Finanzplatz und starke Industrie als Rückgrat

Wirtschaftswunderland

Reich geworden ist Liechtenstein zum einen durch moderne Industrie (u. a. mit dem Hauptsitz des Werkzeugherstellers Hilti), zum anderen aber auch als attraktiver Finanzplatz und Sitz von Briefkastenfirmen und diskreten Stiftungen. Bankgeheimnis und günstige Steuergesetze trugen dem Fürstentum auch Kritik ein. Im Rahmen einer »Weißgeld-Strategie« gelobt Vaduz seit einigen Jahren mehr Transparenz und Kooperation. Das Pro-Kopf-Einkommen gehört zu den höchsten weltweit, als einer der wenigen Staaten der Erde hat das Fürstentum keine Schulden. Seit der Zoll- und Währungsunion 1923 mit der Schweiz ist der Schweizer Franken die gesetzliche Währung. Der Euro wird aber in den meisten Geschäften Liechtensteins ebenso akzeptiert.

Ein Drittel aus dem nahen Ausland

Bevölkerung

Die Amtssprache ist Deutsch, im Alltag spricht man einen alemannischen Dialekt. Etwa 80 % der Einwohner Liechtensteins sind katholisch, die im Land lebenden Ausländer (vor allem Schweizer, Österreicher und Deutsche) machen ca. ein Drittel der Gesamtbevölkerung aus. Liechtenstein gilt als konservativ geprägt. Das Frauenstimmrecht auf Landesebene wurde erst 1984 eingeführt.

300 Jahre ein Fürstentum

Geschichte

Das Territorium Liechtensteins war ab ca. 15 v. Chr. Teil der römischen Provinz Rätien und wurde im 5. Jh. von alemannischen Germanen besetzt. Die Grafschaft Vaduz entstand im Jahr 1342, 1712 erwarb sie der aus einem niederösterreichischen Adelsgeschlecht stammende Fürst Hans Adam I. von Liechtenstein und vereinte sie mit der Herrschaft Schellenberg. Im Jahr 1719 erhob Kaiser Karl VI. die beiden Herrschaften zu einem Reichsfürstentum mit dem Namen Liechtenstein – 2019 feierte der Kleinstaat somit seinen 300. Geburtstag.

1806 nahm Napoleon das Land als eines der Gründungsmitglieder des Rheinbunds auf. Dadurch wurde Liechtenstein unabhängig. Beim Wiener Kongress 1815 wurde die Unabhängigkeit bestätigt. Mit Österreich-Ungarn bildete Liechtenstein von 1852 bis 1919 ein gemeinsames Zoll- und Steuergebiet, um seine wirtschaftlichen Chancen zu verbessern. Nach dem Untergang der Donaumonarchie ging der Kleinstaat 1923 mit der Schweiz eine Zoll- und Währungsunion ein. Mit den Eidgenossen ist man bis heute verwaltungsmäßig und wirtschaftlich eng verbunden. Nach dem »Anschluss« Österreichs an Nazi-Deutschland 1938 verlegte Fürst Franz Josef II. als erster Fürst Liechtensteins seinen Wohnsitz auf Schloss Vaduz. Zuvor hatten die Fürsten in Wien und Mähren gelebt. Im Zweiten Weltkrieg blieb das kleine Land, das schon 1868 sein Militär aus Kostengründen aufgelöst hatte, an der Seite der Schweiz neutral. Nach 1945 setzte dann das

LIECHTENSTEIN UND UMGEBUNG
VADUZ
100 m
Rotes Haus
Rathaus
Schloss Vaduz
Kunstmuseum
Briefmarken-museum
Landes-museum
Regierungs-gebäude
Rheinberger-Haus
St. Florian
Landes-bibliothek
Vaduzer Saal
Liechten-steinische Landesbank
Triesen, Malbun, Balzers
Gaflei, Triesenberg
©BAEDEKER
Torkel
Zum Löwen
Gasthof Löwen
Landhaus am Giessen
Bodensee
Hard
Höchst
Lustenau
Hohenems
Altstätten
Götzis
Rankweil
Feldkirch
LIECHTEN-STEIN
Vaduz
Schaan
Buchs
Balzers
Sargans
Triesen
Triesenberg
Malbun

LIECHTENSTEIN ERLEBEN

LIECHTENSTEIN CENTER

Städtle 39, FL-9490 Vaduz
Tel. 00423 239 63 63
www.tourismus.li

ERLEBNIS- UND MUSEUMSPASS

Mit dem Liechtensteiner Erlebnis- und Museumspass (1 Tag/CHF 25, 2 Tage/CHF 29, 3 Tage/CHF 35) stehen die Tore zu allen Museen auf der Kunstmeile offen, eine Seilbahnfahrt in Malbun ist ebenso dabei wie die Degustation zweier Weine in der Hofkellerei (► S. 240).

RADELN AB STADTZENTRUM

Das Liechtenstein Center (► S. 243) vermietet E-Bikes, ein perfektes Fahrzeug z.B. für die 45 km lange Fünf-Schlösser-Tour quer durchs Land, hinüber in die Schweiz und retour.
www.tourismus.li/bike

HOFKELLEREI

Die Fürstenfamilie ist seit Generationen im Weinbau engagiert. Verkosten kann man die adeligen Tropfen – Aushängeschild ist der Pinot Noir – in der Hofkellerei. Ihre Durchlaucht Prinzessin Marie unterstützt als Sommelière das Team im täglichen Geschäft.
Feldstraße 4, FL-9490 Vaduz
Tel. +423 2 32 10 18
www.hofkellerei.li
Mo.–Fr. 9–19 Uhr, Sa. 10–17 Uhr

❶ TORKEL €€€€

Erstklassige Produkte aus der Region und Meeresfrüchte verarbeitet das Team um Ivo Berger auf Hauben-Niveau. Das stimmungsvolle Restaurant diente einst der Vinifizierung des fürstlichen Traubenguts, daran erinnert auch ein riesiger Torkelbaum (Weinpresse).
Hintergass 9, FL-9490 Vaduz
Tel. +423 2 32 44 10
www.torkel.li, So. u. Mo. geschl.

❷ ZUM LÖWEN €€€

Für manche ist sie Liechtensteins schönstes Restaurant: die 1847 eröffnete »Wirthschaft Zum Löwen« im beschaulichen Hinterschellenberg. Im Sommer genießt man den Blick über das Land und lässt sich die Käsknöpfli sowie Innereien-Küche schmecken.
Winkel 5, FL-9488 Schellenberg
Tel. +423 3 73 11 62
www.loewen.li, Di.–Do. geschl.

❶ GASTHOF LÖWEN €€€€

Löwen-Gasthöfe gibt es in Liechtenstein einige. Der im Herzen von Vaduz bietet seit 1380 Gästen aus nah und fern Unterkunft und Verpflegung. Historisches Flair ist in dem denkmalgeschützten Bau mit acht stilvoll eingerichteten Zimmern allgegenwärtig.
Herrengasse 35, FL-9490 Vaduz
Tel. +423 2 38 11 44
www.hotel-loewen.li

❷ LANDHAUS AM GIESSEN €€€

Wohnen in Liechtenstein ist teuer. Halbwegs erschwinglich ist das Drei-Sterne-Hotel am Südrand von Vaduz mit schönem Blick auf Stadt und Schloss. Ein Spaziergang entlang dem Giessenbach führt ins Zentrum.
Zollstraße 16, FL-9490 Vaduz
Tel. +423 2 35 00 35
www.giessen.li

Wirtschaftswunder ein, das das wohlhabende Liechtenstein der Gegenwart hervorbrachte. Seit 2008 gehört der Kleinstaat auch dem Schengenabkommen an.

Viel Macht, viel Geld und beliebt

Fürstenhaus

Das Fürstentum ist eine konstitutionelle Erbmonarchie auf demokratisch-parlamentarischer Grundlage. Fürst und Volk teilen sich die Macht, wobei ein fürstliches Vetorecht das Zünglein zugunsten des Monarchen ausschlagen lässt. »Kein anderer Monarch in Europa verfügt über eine solche Macht«, schrieb etwa der Züricher »Tagesanzeiger«. Staatsoberhaupt ist seit 1989 Fürst Hans Adam II. von und zu Liechtenstein (geb. 1945). Die Regierungsgeschäfte nimmt seit 2004 jedoch sein Sohn, Erbprinz Alois, wahr. Die Fürstenfamilie gilt als volksnah und populär. Die korrekte Anrede der Mitglieder lautet übrigens Durchlaucht. Zum fürstlichen Vermögen gehören Immobilien und Grundbesitz in Österreich sowie die LGT-Bankengruppe. Das Haus ist laut inoffiziellen Schätzungen Europas reichste Adelsfamilie. Das wird aber nicht offen zelebriert.

 Vaduz

Zu Fuß durchs »Städtle«

Kompakte Kleinstadt

Vaduz (460 m; 5700 Einw.), Residenz, Regierungs- und Parlamentssitz des Fürstentums, ist auch das Zentrum des Tourismus. Das Städtchen liegt nahe dem rechten Rheinufer am Fuß des Rätikons und geht an den Rändern in Weinberge und Wiesen über. Städtle heißt das autofreie Zentrum von Vaduz: Die etwa 500 m lange Fußgängerzone führt vom Rathaus bis zum Regierungsviertel. Museen, Banken, Cafés, Restaurants und öffentliche Einrichtungen reihen sich aneinander. Begleitet wird der Bummel von mehr als einem Dutzend **Monumental-Skulpturen** berühmter Bildhauer wie Nag Arnoldi oder Henry Moore.

Von Fabergé-Eiern bis zum Mondgestein

Schatzkammer Liechtenstein

Am Städtle 37 steht der Engländerbau mit der 2015 eröffneten Schatzkammer Liechtenstein. Mit historischen Waffen – Leihgaben aus dem Fürstenhaus – und einer der bedeutendsten Sammlungen an Schmuck-Ostereiern aus der Zarenzeit setzt das Haus erste Glanzlichter an der kurzen Kunstmeile. Das mit Diamanten und roségoldenen Zweigen verzierte »Apfelblütenei« aus der Goldschmiede-Werkstatt Carl Fabergés ist nur 14 cm breit, aber so kostbar wie Millionen Hühnereier. Die Kollektion geht zurück auf den Liechtensteiner Privatsammler Adulf Peter Goop. Fünf Brocken Mondgestein erinnern daran, dass Liechtensteiner Technologie einst an Bord der Apollo-Mondmissionen mitgeflogen ist.

tgl. 10–17 Uhr | Eintritt: 8 CHF | www.landesmuseum.li

Liechtensteins Hauptort Vaduz zeigt eine Mischung aus Tradition und Moderne – für Letztere steht die Centrum Bank.

Postmuseum

Symbol der Eigenständigkeit und Sammlerobjekt

Die Herausgabe eigener Briefmarken als Zeichen der Souveränität hatte Liechtenstein stets unter den Nägeln gebrannt – 1912 war es soweit. Die erste entwarf der Wiener Jugendstil-Künstler Koloman Moser. Er vergaß zunächst das erste »e« in »Liechtenstein« – eine Bestätigung dafür, dass sich das Land auf internationalem Parkett dringend einen Namen machen musste. Das besorgten dann auch die Philatelisten, die den Postwertzeichen aus dem Kleinstaat bis heute nachjagen. Der fehlerhafte Originalentwurf und andere Raritäten sind im Postmuseum ausgestellt.

tgl. 10–17 Uhr | Eintritt: frei

Kunstmuseum Liechtenstein

Zwei Würfel für Kunst von Weltformat

Mehr Besucher hat heutzutage schräg gegenüber das Kunstmuseum Liechtenstein (Städtle 32). Der dunkle Kubus beherbergt die staatliche Sammlung moderner und zeitgenössischer Kunst, die in Wechselausstellungen präsentiert wird, mit Schwerpunkt auf Skulpturen, Objekten und Installationen. Eine besondere Stellung nehmen Werke der Arte Povera ein. Seit 2015 erweitert und architektonisch kontrastiert wird das Kunstmuseum durch den kleineren, weißen Kubus der Hilti Art Foundation, wo die Industriellenfamilie Hilti Hochkarätiges aus ihrer Privatsammlung der Öffentlichkeit zugänglich macht. Picasso, Gauguin, Beckmann, Kandinsky und Giacometti sind nur einige der klangvollen Namen.

Di.–So. 10–17, Do. bis 20 Uhr | Eintritt: 15 CHF, jeden Mi. frei
www.kunstmuseum.li

Eine Million Klinkersteine

Südende des Städtle

Schräg gegenüber liegt das **Liechtenstein Center**, das zentrale Tourismusbüro. Von der Kaffeetasse mit den Konterfeis der Fürstenfamilie bis zu Liechtensteiner Wein ist hier alles an Souvenirs zu bekommen. Vielfältig ist der museale Ausklang am Städtle 43, wo das **Landesmuseum** in mehr als 40 Räumen Kultur- und Naturgeschichte des sechstkleinsten Staates der Erde dokumentiert. 1 Mio. ockerfarbene Klinkersteine und ein spitzes Dach verleihen dem 2008 eröffneten **Landtagsgebäude** ein markantes Profil. Im Plenarsaal finden alle 25 Mitglieder des Parlaments an einem Tisch Platz. Über dem südlichen Ende des Städtle erhebt sich die neugotische Kathedrale **St. Florin** (1869–1873) mit ihren schönen Glasfenstern.

Landesmuseum: Di.–So. 10–17 Uhr, Mi. bis 20 Uhr | Eintritt: 10 CHF
www.landesmuseum.li

Wahrzeichen mit großer Symbolkraft

Schloss Vaduz

Eine andere Facette von Liechtenstein lernt kennen, wer sich auf dem Schlossweg hinauf zu Schloss Vaduz macht, Sitz der Fürstenfamilie. Seit gut 700 Jahren thront es über dem Ort. Der Bergfried und die Bauten der Ostseite sind der älteste Teil der Anlage. Es gab mehrere Umgestaltungs- und Wiederaufbauphasen, u. a. nachdem die Eidgenossen das Schloss 1499 in Brand gesteckt hatten. Anfang des 20. Jh.s restaurierte man es im Stil des 16. Jh.s. (nicht zugänglich). Vom **Aussichtspunkt »Känzeli«** am Schlossweg lassen sich Vaduz und das Rheintal gut überblicken, jenseits des Flusses grüßt die Schweiz. Eine Schleife zurück führt über den historischen Ortsteil Mitteldorf – hier wird Wein angebaut.

Wohin noch in Liechtenstein?

»Fürstliches« Outdoor-Paradies

Triesenberg

Liechtenstein ist ein kompaktes Outdoor-Paradies mit bestens ausgeschilderten Wanderrouten. Nahe Schloss Vaduz startet etwa der Grüschaweg nach Triesenberg (884 m; 2500 Einw.), eine alte Walsersiedlung. Das **Walsermuseum** im Ortszentrum vermittelt einen Einblick in das Leben der Bergbauern, die sich im 13. Jh. am Triesenberg angesiedelt haben. Am Museum startet der **WalserSagenWeg**. Wer drei Tage Zeit hat, erkundet auf dem **Liechtensteiner Panoramaweg** – der »Route 66« – das ganze Fürstentum per pedes. Übernachten kann man in Berghütten. Nur trittsicheren Wanderern vorbehalten ist der **Fürstensteig**, einer der bekanntesten Höhenwege im Rätikon.

Walsermuseum: Mo.–Fr. 8–12 u. 13.30–18, Sa. 8–12 Uhr
Eintritt: 5 CHF | www.walsermuseum.li, https://walsersagenweg.li

Kleines, aber feines Skigebiet
Hanni Wenzel ist älteren Skifans noch ein Begriff. Bis 2020 errang ihre Tochter Tina Weirather bei WM und Olympia Medaillen für Liechtenstein, heute kommentiert sie Skirennen im Schweizer Fernsehen. Immer wieder bringt der Kleinstaat hervorragende Skisportler hervor – ihre »Kaderschmiede« ist das 1600 m hoch gelegene Bergdorf Malbun 13 km südöstlich von Vaduz. Sessellifte erschließen ein Familien-Skigebiet mit 23 Pistenkilometern.

LIENZ

Bundesland: Tirol | **Höhe:** 673 m ü. d. M. | **Einwohner:** 11 900

Mit über 2000 Sonnenstunden im Jahr nimmt Lienz klimatisch einen Vorzugsplatz in der Alpenrepublik ein. Die charmante Osttiroler Bezirkshauptstadt überrascht mit regem Geschäfts- und Kulturleben sowie südlich angehauchtem Flair. Praktisch vor der Haustür liegen attraktive Wander- und Skigebiete.

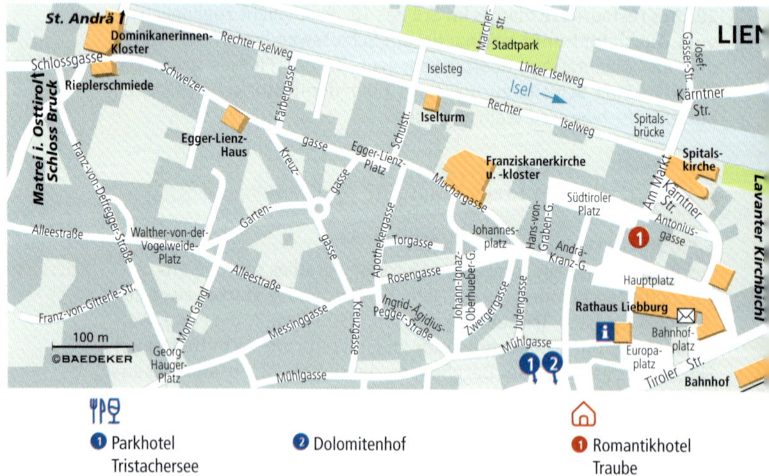

Das Alter steht Lienz gut. Der um 1100 erstmals erwähnte Ort am Zusammenfluss von Isel und Drau war im 14. und 15. Jh. Residenz der Grafen von Görz, später derer von Wolkenstein. Danach verlor es an politischer Bedeutung. Sieben alte Kirchen, zwei Klöster und Teile der Stadtmauer (darunter der Iselturm) prägen das Bild der Altstadt. Ihr Kern ist der Ende des 12. Jh.s angelegte, schildförmige Hauptplatz mit dem Florianibrunnen. An die langjährige Adelsherrschaft erinnert die Liebburg (17. Jh., heute Rathaus) mit ihren beiden zwiebelhaubenbewehrten Ecktürmen. Der Hauptplatz ist Fußgängerzone – das sommerliche »Wohnzimmer« der Lienzer versprüht ein Flair, wie man es aus dem nahen Südtirol kennt.

»Sonnenstadt« mit Flair

Da lässt es sich freilich auch gut shoppen. Ein schicker Hut gefällig? Eine sämisch gegerbte Lederhose? Oder darf's ein Pregler sein, ein traditioneller Bauernschnaps? Die Straßenzüge westlich des Haupt-

LIENZ ERLEBEN

TOURISMUSINFORMATION

Mühlgasse 11, A-9900 Lienz
Tel. 050 21 24 00
www.lienzerdolomiten.net/
www.osttirol.com

KUENZ NATURBRENNEREI

Die Edelbrände vom Kuenz-Hof vor den Toren der Stadt zählen zu den feinsten Destillaten Tirols. Von Mai bis Oktober kann man jeden Donnerstag um 16 Uhr ohne Voranmeldung hinter die Kulissen der Schnapserzeugung blicken. Der Erbhof ist ein Schmuckstück!
Ederplanweg 7
A-9991 Dölsach bei Lienz
Tel. 04852 6 43 07
www.kuenz-schnaps.at

1 PARKHOTEL TRISTACHERSEE €€€

Forellen, Saiblinge und Co. stammen aus dem eigenen Quellteich. Heimelig präsentieren sich die Tiroler Stuben, von der Panorama-Seeterrasse schweift der Blick über den schönen See.
Tristachersee 1, A-9908 Amlach bei Lienz, Tel. 04852 6 76 66
www.parkhotel-tristachersee.at

2 DOLOMITENHOF €€

Die Saison bestimmt die Speisekarte: Osttiroler Spargel und Kräuter im Frühling, Grillabende im Sommer, Pilzwochen und Wildzeit im Herbst, und im Winter gibt's wärmende Ragouts.
Dorfstraße 34, A-9907 Tristach
Tel. 04852 6 34 55
www.dolomitenhof-tristach.at

1 ROMANTIKHOTEL TRAUBE €€€

Moderner Komfort und Tradition sind hier auf gelungene Art vereint. Einen tollen Blick über die Dächer von Lienz hat man vom Panorama-Spa im sechsten Stock.
Hauptplatz 14, A-9900 Lienz
Tel. 04852 6 44 44
www.hoteltraube.at

platzes sind gute Adressen für einen Einkaufsbummel unter dem Motto »Best of Osttirol«. Für eine kulinarische Erkundung der Expedition bietet sich schließlich der freitagnachmittags und samstagvormittags stattfindende Lienzer Stadtmarkt an, wenn Stände mit Speck, Lammwürstel, Schafskäse, Bauernbrot, Schlipfkrapfen und anderen Leckereien die Messinggasse, eine alte Handwerkergasse, säumen.

Wohin in Lienz?

Kunstwerk mit hohem Erregungspotenzial

Pfarrkirche

Die Pfarrkirche St. Andrä über dem nördlichen Iselufer ist eines der bedeutendsten gotischen Bauwerke Osttirols. Die 1457 geweihte dreischiffige Basilika besitzt einen barocker Hauptaltar. Vier großformatige Wandbilder des Osttiroler Malers Albin Egger-Lienz (1868 bis 1926) schmücken die **Totenkapelle** der Kriegergedächtnisstätte an der Nordseite der Kirche. 1925 lösten die Fresken einen Kunstskandal aus. Der Auferstandene, so schimpften Kritiker, sei als Schwindsüchtiger dargestellt. Bis 1983 durften deswegen auf Weisung aus dem Vatikan in der Kapelle keine kirchlichen Handlungen vollzogen werden.

Maler zwischen Tradition und Moderne

Egger-Lienz-Themenweg und Schloss Bruck

Das Werk des in der Kapelle beigesetzten Malers schillert zwischen Tradition und Moderne. Das Schicksal des bäuerlichen Menschen kennzeichnet viele seiner frühen Arbeiten; erschütternd sind die Gemälde, in denen der bereits 46-Jährige seine Erfahrungen als Frontmaler im Ersten Weltkrieg verarbeitete. Gesichtslos malte er die Soldaten, die im Gleichschritt in den Untergang marschieren. Ein Themenweg folgt den Spuren des Künstlers, der seinem Namen jenen seiner Heimatstadt hinzufügte. Er startet am Hauptplatz und führt zum Schloss Bruck im Westen der Stadt, in dem das **Lienzer Stadtmuseum** in über 100 Arbeiten die künstlerische Entwicklung Eggers bis hin zum expressionistischen Spätwerk nachzeichnet. Zum Bestand gehören auch volkskundliche und naturwissenschaftliche Sammlungen sowie Gemälde eines weiteren wichtigen Osttiroler Malers: Franz von Defregger (1835–1921). Die von den Görzer Grafen erbaute Burganlage thront seit dem 13. Jh. über Lienz. Die Kapelle ist mit schönen spätgotischen Fresken ausgestattet.

Mitte Mai–Juni, Sept., Okt. Di.–So. 10–16, Juli, Aug. tgl. 10–18 Uhr
Eintritt: 9 € | www.museum-schlossbruck.at

Talwärts mit dem »Osttirodler«

Hochstein

Wem die Hochkultur keine Hochgefühle beschert, für den hat vielleicht der Hochstein (2057 m) das richtige Angebot. Mit den unterhalb von Schloss Bruck startenden Liften kann man den Lienzer Hausberg in wenigen Minuten »bezwingen«. Schon auf der Moosalm

Die Zinnen von Schloss Bruck werden überragt von den Zinnen der Lienzer Dolomiten, die schon stark an die Südtiroler Namensvettern erinnern.

warten echte Bewährungsproben in Form eines Kletterparks und einer spektakulären Sommerrodelbahn auf Erlebnishungrige. »Osttirodler« heißt der Alpine Coaster, der einen flott zu Tal befördert: Kreisel, Steilkurven und Wellen gehören mit zum wilden Ritt.

Osttirodler: Mai–Okt. Do.–So., Juli u. Aug. tgl. | Einzelfahrt: 13,50 €
www.osttirodler.at

Aussichtsbalkon Nr. 2 und Skigebiet

Zweiter städtischer Aussichtsbalkon und beliebtes Wander- und Skigebiet bis auf 2278 m Höhe ist das Zettersfeld. Die Talstation der Seilbahn liegt 2 km nördlich vom Hauptplatz. Alternativ kann man auch die Mautstraße nehmen. Für anspruchsvollere Bergtouren steht die nördlich anschließende **Schobergruppe**, ein Gebirgsstock zwischen dem Iseltal und dem Mölltal (Hochschober, 3240 m). Bizarre Gipfel, schön geformte Kare und kleine Seen charakterisieren das Gebiet, das der Großglocknerregion vorgelagert ist. Zettersfeld

Rund um Lienz

Spektakuläres Römermuseum

Etwa 5 km östlich von Lienz (an der B 100) erreicht man die Überreste von Aguntum, der einzigen Römerstadt in Tirol (1./2. Jh. n. Chr.). Aguntum

Schon die Römer und die frühen Christen schätzten eine schöne Aussicht, wie man an der Lage von Aguntum erkennt.

Ihre Bürger kannten schon den Segen von warmen Füßen – Ausgrabungen enthüllten Fußbodenheizungen. Freigelegt wurden u. a. ein Atriumhaus, eine Thermenanlage und eine kleine Markthalle. Präsentiert werden die Funde auf einem Freilichtgelände und in einem schicken Museumsbau mit Cortenstahl-Fassade.
Mai–Okt. tgl. 10–16, Jan.–April Mi. 13–17 Uhr
Eintritt: 7 € | www.aguntum.at

Ein Gebirge als Hingucker

Lienzer Dolomiten

Südlich der Stadt schrauben sich zwischen Drautal und ▶ Gailtal die Lienzer Dolomiten, der nordwestliche Teil der Gailtaler Alpen, in den Himmel. Mit ihren schroffen Gipfeln, darunter die **Große Sandspitze** (2770 m), zählen sie zu den schönsten Gruppen der österreichischen Alpen. Bergsteiger, Kletterer und Wanderer kommen hier auf ihre Kosten. Abkühlen kann man sich im Sommer im waldumrahmten **Tristacher See** (832 m, 4 km südöstlich) am Fuß des Rauchkofels.

Panoramafahrt hoch über dem Tal

Pustertaler Höhenstraße

Südwestlich von Lienz führt die viel befahrene Drautal-Straße (B 100) nach Sillian und weiter nach Südtirol. Die Panoramavariante dazu ist die 32 km lange Pustertaler Höhenstraße, die in Leisach bei Lienz nach rechts abzweigt und sich hoch über dem Tal von Weiler zu

Weiler schwingt, mit Blick auf das Spalier der Lienzer und Sextener Dolomiten. Stopps wert sind der Wildpark in Assling und die Kirche St. Korbinian in Thal mit spätgotischen Meisteraltären.

LINZ

Bundesland: Oberösterreich | **Höhe:** 260 m ü. d. M.
Einwohner: 210 200

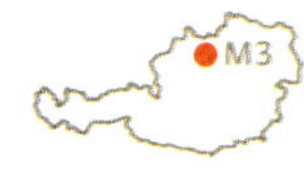

Einst »Stahlstadt« in Grau und Moll, heute auch eines der buntesten Pflaster der Alpenrepublik: Oberösterreichs Landeshauptstadt Linz hat in den vergangenen Jahren einen beachtlichen Imagewandel vollzogen. Zum Gesicht der Europäischen Kulturhauptstadt des Jahres 2009 gehören hochkarätige moderne Museen wie das Ars Electronica Center, malerische Altstadtgassen und heimelige Gasthöfe.

Die Zeiten ändern sich. Wo lange Zeit vor allem die Stahlindustrie den Ton angab, hört man heute ganz andere Klänge. Ab den späten 1970er-Jahren bekam das Stadtbild von Linz neue Facetten. Das forum metall mit seinen Plastiken aus dem Werkstoff, der Linz groß machte, schlug eine erste Brücke zur kulturellen Moderne. 1979 folgte der Startschuss für das Ars Electronica Festival, das zur weltweit bedeutendsten Bühne für digitale Kunst, techno-kulturelle Phänomene und Fragen der Zukunftstechnologien avancierte. Eine Initialzündung für Kunstschaffen und kreative Ideen kam mit der Erhebung zur Europäischen Kulturhauptstadt des Jahres 2009. Seit 2014 ist Linz auch »UNESCO-City of Media Arts«, das weltweit führende Städte in Kreativwirtschaftsbereichen wie etwa Design oder Medienkunst verbindet.

Hauptstadt der Enns

Geschichte

Aufgrund der strategisch günstigen Lage in einem Donauknie an der Stelle, wo sich das in die Ausläufer des Böhmerwaldes eingeschnittene Tal zum Linzer Becken weitet, siedelten hier bereits Kelten und Römer. Am Schnittpunkt der Handelswege nach Böhmen, Italien und Wien entwickelte sich die römische Siedlung »Lentia« im Mittelalter zu einem bedeutenden Handelszentrum. Kaiser Friedrich III., der 1485 bis 1493 hier residierte, erhob Linz 1490 zur »Hauptstadt ob der Enns«. Mit dem Anschluss an die Eisenbahn in den 1860er-Jahren begann die Industrialisierung. Zum Synonym für die Schwerindustrie wurde Linz in der nationalsozialistischen Ära durch den Aufbau der für Hitlers Kriegsrüstung benötigten Eisen- und Stahlwerke. Daraus

LINZ ERLEBEN

TOURISTINFORMATION LINZ
Hauptplatz 1, A-4020 Linz
Tel. 0732 70 70 20 09
www.linztourismus.at

LINZ CARD
Die Linz Card für einen Tag (16 €) oder drei Tage (35 €) enthält den Eintritt in die wichtigsten Museen und freie Fahrt mit öffentlichen Verkehrsmitteln.

❶ HERBERSTEINS BRASSERIE €€€
Österreichische Klassiker, ergänzt um französischen Genuss – so lautet das Credo des stylish eingerichteten Aussichtsrestaurants am Schlossberg. Die Weinkarte vereint ebenfalls das Beste der beiden Welten.
Schlossberg 1a, A-4020 Linz
Tel. 0732 30 23 15
www.schlossbrasserie.at
Mo. Ruhetag

❷ STIEGLBRÄU ZUM KLOSTERHOF €€
In einem der größten Gastgärten Oberösterreichs genießen die Gäste österreichische und regionale Spezialitäten wie Mühlviertler Surbrüstl mit Semmelknödel und Speckkrautsalat. Wappenzimmer, Prälatenstüberl und Co. verströmen edelrustikales Flair. Mo. geschl.
Landstraße 30, A-4020 Linz
Tel. 0732 77 33 73
www.klosterhof-linz.at

❶ HOTEL ZUM SCHWARZEN BÄREN €€
Die modernen Zimmer des Hotels im Geburtshaus des Welttenors Richard Tauber (»Dein ist mein ganzes Herz«) sind schick-reduziert eingerichtet. Das Herz geht einem auf beim Blick von der Rooftop-Bar auf das nächtliche Linz.
Herrenstraße 11, A-4020 Linz
Tel. 0732 77 24 77
www.linz-hotel.at

entwickelte sich nach 1945 der international erfolgreiche Voestalpine-Konzern. Industrie bildet auch heute noch das Rückgrat von Linz, sorgt für Tausende Jobs und prägt mit den Schloten im Südosten auch die Silhouette der Stadt.

Wohin in Linz?

Größer ist keiner
Den Mittelpunkt der Altstadt bildet der 220 m lange und 60 m breite **Hauptplatz**, der größte mittelalterliche Stadtplatz Österreichs. Er besitzt eine beeindruckende Kulisse barocker Häuser und die 20 m hohe Dreifaltigkeitssäule aus Salzburger Marmor, 1723 als Dank für abgewendete Pest-, Feuer- und Kriegsgefahr errichtet. Das **Feichtinger-Haus** (Hauptplatz 18) beherbergt ein Glockenspiel, das täglich um 11.03, 14.03 und 17.03 Uhr in Aktion tritt und die Melodie je

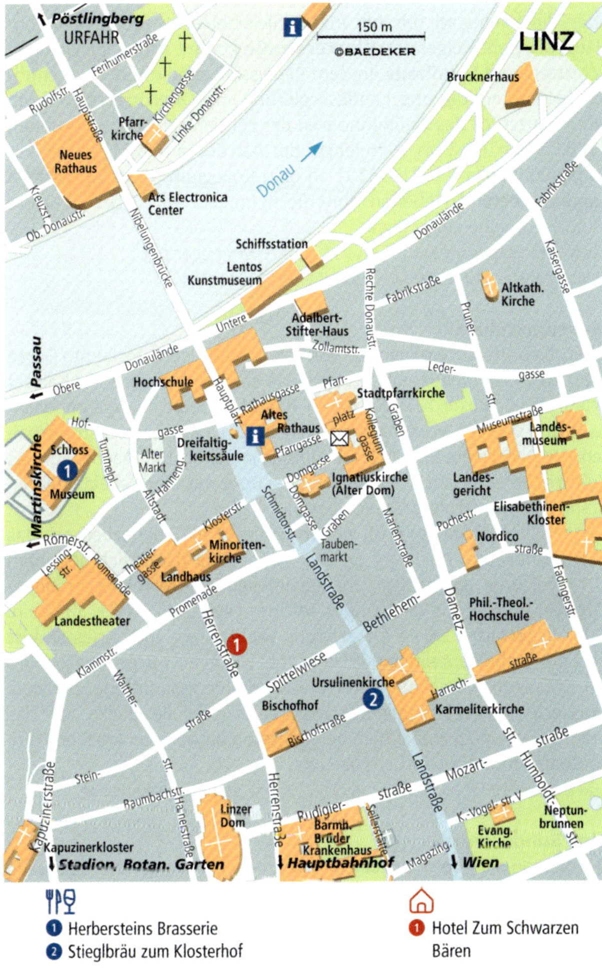

nach Jahreszeit wechselt. Vom Hauptplatz startet der Minizug **Linz City Express** stündlich (manchmal auch alle 30 Min.) zu einer gemütlichen Stadtrundfahrt.

An der Ecke zur Donau hin ragt ein gläserner Lift 30 m über das Dach des Brückenkopfgebäudes Ost, in dem die Kunstuni untergebracht ist. Dieser sogenannte **Transzendenzlift** dient Transportzwecken, steht aber auch Besuchern offen, die ein wunderbarer Rundumblick über die Innenstadt bis hin ins Mühlviertel erwartet. In der vom Hauptplatz abzweigenden **Klosterstraße** kommt man nach wenigen Schritten zum **Landhaus**. In dem Renaissancebau mit drei Innenhöfen haben Landtag und Landesregierung von Oberösterreich ihren Sitz. Glanzstück des Laubenhofs ist der achteckige Planetenbrunnen (1582). Von 1612 bis 1626 lehrte der Astronom und Mathematiker Johannes Kepler (1571–1630) an dem Kollegium, das sich einst im Landhaus befand. Nebenan lohnt die im Rokoko-Stil ausgeschmückte Minoritenkirche einen Blick.

Linz City Express: Fahrkarte: 10 € | https://geigers.at
Transzendenzlift: Mo.–Fr. 11–17 Uhr | kostenlos

Museumsschätze

Schloss und Schlossmuseum

Über die »Altstadt« genannte, von schönen Häusern gesäumte Gasse führt der Weg hinauf zum Schloss. Die einstige Residenz des Kaisers Friedrich III. wurde 1610 für Kaiser Rudolf II. in die heutige imposante Form gebracht. Vom Vorgängerbau ist u. a. das Friedrichstor erhalten. 1800 legte ein Brand den Südflügel in Schutt und Asche. Für das Kulturhauptstadtjahr 2009 wurde die Lücke mit einer spektakulären Stahl-Glas-Konstruktion geschlossen.

Historisches Schloss und neuer (Süd-)Trakt beherbergen das Schlossmuseum. Nach der Devise »Ganz Oberösterreich an einem Ort« zeichnet das größte Universalmuseum Österreichs an einem Ort den Werdegang des Landes seit der Urzeit bis ins 21. Jh. nach. Gut ausgestattet ist an Österreichs wichtigstem Industriestandort Linz die Technikabteilung mit Highlights wie einer »Bröselmaschine« zur Erzeugung von Webmustern. Von der Terrasse und der Schlossbrasserie (▶ S. 250) genießt man eindrucksvolle Blicke auf das Stadtgebiet und die nächtlich beleuchteten Bauten des Ars Electronica Center und des Lentos-Museums.

Di.–So. 10–18 Uhr | Eintritt: 6,50 € | www.schlossmuseum.at

Eine Sünde wert

Konditorei Jindrak

Bevor man sich dem Linzer Dom widmet, sollte man auf dem Weg dorthin im Stammhaus der Konditorei Jindrak (Nr. 22) Halt machen, um sich eine »Original Linzer Torte« zu gönnen oder als Souvenir einpacken zu lassen. Die angeblich älteste Torte der Welt – in einem 350 Jahre alten Kochbuch wurden bereits vier Rezepte entdeckt – ist »die« kulinarische Botschafterin der Donaustadt.

Mo.–Sa. 8.30–18, Sa. 9–18 Uhr | www.linzertorte.at

Zweiter im Kopf-an-Kopf-Rennen

Linzer Dom

Der Linzer Dom (bzw. Marien- oder Neue Dom), eine dreischiffige Säulenbasilika aus gelblichem Sandstein, wurde 1862 bis 1924 im neugotischen Stil errichtet und fasst 20 000 Besucher. Beachtenswert sind seine schönen Gemäldefenster. Erst 2018 ließ sich mit digitaler Vermessungstechnik die Frage nach dem höchsten Kirchturm Österreichs endgültig beantworten. Mit 136 m hat der Wiener Stephansdom die Nase vorn, gegenüber 134,7 m des Mariendoms. Nummer eins ist das Linzer Gotteshaus allerdings bei der Fläche – sie umfasst 5851 m². Ungewöhnlich ist das Angebot, die in 68 m Höhe gelegene, karg möblierte und gerade einmal 8 m² große **Türmerstube** für Ruhe und Einkehr mieten zu können.

Shopping-Meile und Kultur-Kraftwerk

Landstraße

Über die Rudigierstraße gelangt man zur Landstraße. Die Fußgängerzone ist die wichtigste Einkaufsmeile der Stadt und bildet nordwärts, Richtung Donau, auch eine hochkarätige Kunstmeile. Rechter Hand sieht man die **Karmeliterkirche** und die **Ursulinenkirche** – beides Barockbauten aus dem 18. Jahrhundert. Dahinter öffnet sich ein moderner Kulturbezirk, der unter dem Dachbegriff **OÖ Kulturquartier** agiert. Das **Landeskulturzentrum Ursulinenhof** beherbergt die Kunstsammlung des Landes Oberösterreich, Galerien sowie ein Veranstaltungszentrum. Die Harrachstraße führt zum **Offenen Kulturhaus (OK)**, das die Strömungen der kulturellen Gegenwart auslotet. Der Fokus liegt auf Rauminstallationen und Medienkunst-Projekten.

Kunstsammlung: Di.–Fr. 14–18 Uhr | Eintritt: frei
www.diekunstsammlung.at
Offenes Kulturhaus: Di.–So. 10–18 Uhr | Eintritt 8 €
www.ooekultur.at

Zeitreise

Stadtmuseum Nordico

In der Dametzstraße Nr. 23 lädt das Stadtmuseum zu einer kurzweiligen Erkundung der Linzer Vergangenheit ein – und das in einem reizenden Vorstadtpalais aus dem Jahr 1610. Die Dauerausstellung »100% LINZ« bittet lokale Berühmtheiten vor den Vorhang, Kurioses ist ebenso zu entdecken wie Bilddokumente zu Schlüsselmomenten der Stadtgeschichte.

Di.–So. 10–18, Do. bis 19 Uhr | Eintritt: 8 € | www.nordico.at

Modern und facettenreich

Francisco Carolinum

Über die Fadingerstraße erreicht man den Prachtbau aus dem Jahr 1895 des Berliner Architekten Bruno Schmitz in der Museumsstraße 14. Hier ist das Francisco Carolinum untergebracht, das Haus für Foto- und Medienkunst des Landes; besondere Schwerpunkte liegen auf feministischer Kunst und der Entwicklung neuer medialer Ausdrucksformen. Darüber hinaus umfasst die Sammlung des Hauses den weltweit größten Bestand an Arbeiten des österreichischen Zeichners Alfred Kubin. Gezeigt werden wechselnde Ausstellungen zeitgenössischer Kunst.

Di.–So. 10–18 Uhr | Eintritt 6,50 € | www.ooekultur.at

OBEN: Linz besitzt einen der größten Stadtplätze Österreichs. In dessen Mitte erhebt sich die barocke Dreifaltigkeitssäule.

UNTEN: Das Brucknerhaus wird auch scherzhaft als »Linzer Torte aus Stahl und Glas« bezeichnet.

Anton Bruckners Übungslabor

Alter Dom

Der nahe gelegene Alte Dom wurde von 1669 bis 1678 im Stil des Jesuitenbarocks errichtet. Seine Orgel heißt nach ihrem genialsten Spieler »Brucknerorgel« – der Musiker und Komponist war hier von 1856 bis 1868 als Organist engagiert.

Literat des Biedermeier

Adalbert Stifter-Haus

An der Unteren Donaulände Nr. 6 wohnte Adalbert Stifter von 1848 bis zu seinem Tod 1868. Der Schriftsteller war von 1850 bis 1865 in seinem »Brotjob« als Schulrat tätig und setzte sich für die Bildung der ärmeren Schichten ein. Das Haus umfasst einen Gedenkraum, ein Museum für die Landesliteratur sowie eine Kunstgalerie.

Di.–So. 10–15 Uhr | Eintritt: frei | www.stifter-haus.at

Einblicke in die Moderne, Ausblick auf Urfahr

Lentos Kunstmuseum

Das Lentos Kunstmuseum am südlichen Donauufer beherbergt eine der wichtigsten Sammlungen moderner Kunst in Österreich. Werke des Expressionismus, der deutschen und österreichischen Malerei des vergangenen Jahrhunderts, Pop-Art und künstlerische Fotografie sind zu sehen. Ein überdimensionaler »Bilderrahmen« durchbricht den lang gestreckten Baukörper und gibt den Blick auf den Stadtteil Urfahr jenseits der Donau frei.

Di.–So. 10–18, Do. bis 20 Uhr | Eintritt: 10 € | www.lentos.at

Hommage an den Großmeister der Symphonik

Bucknerhaus

Weiter stromabwärts erreicht man das Brucknerhaus. Das bei seiner Eröffnung als »Linzer Torte aus Stahl und Glas« titulierte Konzert- und Veranstaltungszentrum ist im September und Oktober Drehscheibe des **Internationalen Brucknerfests**, einer Hommage an den Großmeister der Symphonik, der in ▶ St. Florian und ganz speziell in Linz seine musikalische Prägung erfahren hat. Im Brucknerjahr zu seinem 200. Geburtstag 2024 wird ihm hier mit besonders vielen Konzerten gedacht, die auch hinaus ins Freie getragen werden.
Der umliegende Donaupark bietet jedes Jahr im September die **Linzer Klangwolke**, mit modernster (Laser-)Technik visualisierte Musik. Die Silhouette im Park dominieren Mega-Skulpturen aus Stahl. 18 t wiegt das »schwerste« Kunstwerk des **forum metall**, die vom Spanier Amadeo Gabino geschaffene Stahlplastik »Hommage à Anton Bruckner«.

Brucknerhaus: www.brucknerhaus.at

Linzer Klangwolke: www.klangwolke.at

Wo die Köpfe rauchen

Tabakfabrik

Auf der gegenüberliegenden Seite der Donaulände erstreckt sich das Gelände der Tabakfabrik im Industriedesign der 1930er-Jahre. 2009 wurde die Zigaretten-Produktion eingestellt, heute rauchen hinter den Fassaden des 227 m langen Hauptgebäudes am Peter-

Behrens-Platz die Köpfe der Kreativindustrie. Start-ups und Kulturinitiativen sind eingezogen. In den größeren Hallen gehen Ausstellungen, Craft-Beer-Festivals und Konzerte über die Bühne. Vorbeischauen lohnt sich!

Veranstaltungen s. Homepage: www.tabakfabrik-linz.at

Street Art vom Feinsten

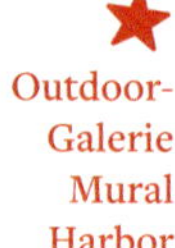

Outdoor-Galerie Mural Harbor

Als Aushängeschild des »neuen Linz« präsentiert sich auch die Open-Air-Galerie Mural Harbor am Handelshafen (Industriezeile) im Nordosten der Stadt. Graffiti-Künstler aus 25 Nationen haben die nüchternen Fassaden von Industrie- und Bürogebäuden mit großflächigen Murals und schriller Street-Art veredelt. 300 kunterbunte Graffiti-Kunstwerke können Besucher an der Industriezeile entdecken – und jedes Jahr werden es mehr! Der Kulturverein »Mural Harbor« richtet Spaziergänge aus – im Anschluss sind die Teilnehmer eingeladen, selbst mit der Sprühdose kreativ zu werden.

Mural Walks: April–Okt. Sa. 15–17, Nov.–März Sa. 14–15.30 Uhr
Führungsgebühr ab 19,90 € | www.muralharbor.at

Menschheit, wohin geht die Reise?

Ars Electronica Center

Mit dem Ars Electronica Center (AEC) am nördlichen Ende der Nibelungenbrücke verfügt Linz über Österreichs vielleicht außergewöhnlichste Museumsattraktion. In dem »Museum der Zukunft« loten Kunstschaffende die rasanten technologischen Entwicklungen aus, die auf die Menschheit hereinbrechen. Digitalisierung, Gentechnik, Robotik oder Prothetik sind einige der Fragen, die mit interaktiven Installationen, Vorführungen und Experimenten auf ihre Potentiale und ihre Gefahren hinterfragt werden. Im **»Deep Space 8K«-Kino** werden Bilderwelten in enorm detailreicher Auflösung wiedergegeben.

Di.–So. 10–17 Uhr | Eintritt: 12 €, Führung 4 €
www.ars.electronica.art

Hoch hinaus!

Pöstlingberg

Die 1898 eröffnete Bahn vom Hauptplatz auf den westlich gelegenen Pöstlingberg (537 m), mit barocker Wallfahrtskirche und Aussicht über halb Oberösterreich, soll die steilste Adhäsionsbahn der Welt sein. Sie überwindet auf 2,9 km immerhin 255 Höhenmeter. Für junge Besucher sind am Linzer Hausberg die Märchenwelt-Grottenbahn und der Linzer Tiergarten von Interesse.

Bahn: tgl. 6 bzw. 7–22.30 Uhr | Berg- und Talfahrt: 7,20 €
Tiergarten: April–Okt. 9–18, Nov.–März 9–16 Uhr | Eintritt: 7 €
www.zoo-linz.at

Stachlige Höhepunkte

Botanischer Garten

Der Botanische Garten westlich der Altstadt (Roseggerstraße 20) begeistert Freunde stacheliger Schönheiten mit einer der umfang-

reichsten Kakteensammlungen Europas. Auf 4,2 ha und in fünf Gewächshäusern sind rund 10 000 Pflanzenarten vertreten.
April–Sept. 9–19, März u. Okt. bis 17, Nov.–Feb. bis 16 Uhr
Eintritt: 3,70 € | www.botanischergarten.linz.at

Musik liegt in der Luft

Musiktheater

Am Volksgarten südlich der Altstadt steht das im Jahr 2013 eröffnete Musiktheater Linz, eines der modernsten Opernhäuser Europas. Geboten werden Opern, Operetten, Ballett und Musicals. Außerhalb der Vorstellungszeiten erkunden kann man das »Klangfoyer«, das mit seinen Exponaten Einblicke in die Geschichte des Musiktheaters gibt.
www.landestheater-linz.at/musiktheater

Die Welt der Stahlkocher

Voestalpine Stahlwelt

Südöstlich des Zentrums erstrecken sich die riesigen Werksanlagen des Voestalpine-Konzerns direkt an den Ufern der Donau. Die Linzer Stahlkocher entwickelten in der Nachkriegszeit bahnbrechende Technologien. Wegweisend ist auch die Präsentation der Voestalpine Stahlwelt – hier wird der Werkstoff, der das Rückgrat der Industriegesellschaft bildet, in allen Facetten ausgeleuchtet. Besucher können den Aufbau einer Hochofenwand erforschen. Wem die Luft noch nicht eisenhaltig genug ist, kann eine Werkstour dazu buchen und von der Tribüne aus verfolgen, wie kochendes Eisen aus dem Hochofen schießt.
Mo.–Sa. 9–17 Uhr | Eintritt: 10 € | www.voestalpine.com/stahlwelt

Rund um Linz

Rokokojuwel

Stiftskirche Wilhering

Die Kirche der 1146 gegründeten und im 18. Jh. nach einem Brand wieder erbauten Zisterzienserabtei in Wilhering, gut 8 km donauaufwärts, wird häufig als schönste Rokokokirche Österreichs bezeichnet. Das lichtdurchflutete Gotteshaus besticht durch eine wundervolle Raumwirkung. Das Bildprogramm schufen Martin Altomonte und sein Sohn Bartolomeo.

Schauplatz eines düsteren Geschichtskapitels

Schloss Hartheim

Etwa 15 km westlich von Linz, in der Ortschaft Alkoven, erinnert das Renaissanceschloss Hartheim an die schrecklichsten Zeiten österreichischer Geschichte. In der NS-Zeit wurden hier rund 30 000 Menschen mit Behinderungen und Häftlinge aus dem Konzentrationslager Mauthausen (▶ S. 386) durch Vergasung ermordet.
Mo.–Do. 9–16, Fr. 9–15, So. 10–17 Uhr | Eintritt: frei
www.schloss-hartheim.at

LUNGAU

Bundesland: Salzburg | **Höhe:** 1022 m ü. d. M. (Tamsweg)

Einsame Täler, idyllische Almen, glasklare Bergseen und unverfälscht gebliebene Dörfer: Der Lungau im Südosten des Salzburger Landes mit dem Bezirkshauptort Tamsweg ist eine bis heute »heile« und äußerst facettenreiche Urlaubsregion.

Das waldreiche Hochtalbecken (1000–1200 m) zwischen den Niederen Tauern im Norden und den Nockbergen (Gurktaler Alpen) im Süden ist bekannt für sein gelebtes Brauchtum und seine rund 60 Bergseen, die zu Wanderungen einladen. Bestimmender Fluss ist die Mur, die in den Lungauer Bergen entspringt, das Becken durchquert und weiter in die Steiermark fließt. Touristisch wurde der Lungau erst in den 1970er-Jahren durch den Bau der Tauernautobahn mit dem Tauern- und dem Katschbergtunnel besser erschlossen, inzwischen ist er ein beliebtes Ferienziel mit mehreren kleinen Wintersportgebieten. In der warmen Jahreszeit sorgen kühle Nächte auch bei hochsommerlichen Tagestemperaturen für Frische.

Wohin im Lungau?

Eine bedeutende Pilgerkirche und ein Holzriese

Tamsweg

Der Hauptort des Lungaus ist Tamsweg (5660 Einw.), das in einem weiten Talkessel an der Mündung der Taurach in die Mur liegt. Bekannt ist die spätgotische **Wallfahrtskirche St. Leonhard** (1430 bis 1433), die etwas außerhalb über dem Ort steht. Sie zählte einst zu den wichtigsten Pilgerzielen Österreichs. Kunsthistorische Juwelen sind die Fenster, besonders das »Goldfenster« (um 1440) im Chor rechts, das mit seinen Scheiben in Goldgelb und Blau einen Tabernakelturm zeigt (Schlüssel für Chor nebenan).

Der fast quadratische **Marktplatz** ist das Herz der Marktgemeinde. Bis heute künden das imposante Rathaus und einige stattliche Bürgerhäuser von dem Wohlstand, den der Bergbau der ganzen Region einst bescherte.

Von Juni bis September hat hier mitunter, wie vielerorts im Lungau, der **Samson** seine großen Auftritte. Zur Zeit der Gegenreformation durfte die riesige Holzfigur als Symbol eines erfolgreichen Kampfes gegen Andersgläubige auf keiner Fronleichnamsprozession fehlen. Heute sorgt sie auch bei Volksfesten für Stimmung. Die zehn Lungauer Samson-Gemeinden pochen alle darauf, dass ihr Umzugsriese der hübscheste sei. Der Tamsweger Samson lässt sich im **Heimatmuseum** in der nahen Kirchengasse 2 bestaunen.

Heimatmuseum: Juni–Mitte Sept. Mi–Fr. 10–12, Do. u. Fr. auch 14 bis 16 Uhr | Eintritt: 4 € | www.museumsportal.com

Ein frisches Vergnügen

Prebersee

Das von Wäldern eingerahmte Gewässer 10 km nordöstlich von Tamsweg ist ein beliebter, wenngleich frischer Badesee. Auf dem **Moorlehrpfad** erfährt man viel Wissenswertes über das Naturidyll auf 1500 m Höhe. Am letzten August-Wochenende ist der See Schauplatz des einzigartigen **Wasserscheibenschießens**. Dabei stehen die Schützen an dem den Zielscheiben gegenüberliegenden Ufer und zielen auf deren Spiegelbild im Wasser. Wenn es klappt, findet der Abpraller seinen Weg auf die Zielscheibe. Im Winter kommen Langläufer auf der 9 km langen **Prebersee-Höhenloipe** auf ihre Kosten.

Romanisch-gotischer Stilmix

Mariapfarr

Mariapfarr auf der sonnenreichen Hochfläche nordwestlich von Tamsweg gilt als »Mutterpfarre« des Lungaus. Das imposante, erst kürzlich renovierte Gotteshaus präsentiert sich im Stil der Gotik mit Elementen vom romanischen Vorgängerbau. Der Verfasser des Liedes »Stille Nacht«, Joseph Mohr, ließ sich wahrscheinlich von einem der spätgotischen Tafelbilder am Hochaltar (um 1520) zur Zeile »holder Knabe mit lockigem Haar« inspirieren. Mohr war von 1815 bis 1817

Von Juni bis September ist in Tamsweg der Lungauer Riese unterwegs, begleitet von zwei Zwergen.

LUNGAU ERLEBEN

FERIENREGION SALZBURGER LUNGAU
Rotkreuzgasse 100
A-5582 St. Michael
Tel. 06477 89 88, www.lungau.at

GAMBSWIRT €€€–€€€€
In den Gästezimmern dominiert Holz, vorzugsweise Eiche und Zirbe. Das Restaurant bietet regionale und internationale Kost von Kaspressknödel über Schlachtplatte bis Burger und Scampi.
Marktplatz 5, A-5580 Tamsweg
Tel. 06474 23 37
www.gambswirt.at

ROMANTIKHOTEL WASTLWIRT €€–€€€
Ländliches Mobiliar dominiert Gästezimmer und Gemeinschaftsräume. Das Landgasthaus mit Stuben, Gewölbekeller und Rauchkuchl ist als Schlemmerparadies bekannt. Zu den Köstlichkeiten der österreichischen Küche werden edle Tropfen aus dem Weinkeller oder das Wastlbräu-Hausbier serviert.
Poststr. 13, A-5582 St. Michael
Tel. 06477 715 50
www.hotel-wastlwirt.at

in Mariapfarr als Ko-Pfarrer tätig. Am **Stille-Nacht-Brunnen** und im **Wallfahrtsmuseum** in der Pfarrstr. 19 wird an ihn erinnert.
Wallfahrtsmuseum: Juni–Okt., Dez.–Ostern Mo. u. Do. 14–17 Uhr
Eintritt: 5 € | www.wallfahrtsmuseum.at

Niedere Tauern

Schladminger Tauern

Zwischen Tamsweg und Mariapfarr führen mehrere enge und kaum besiedelte Täler in die zu den Niederen Tauern gehörenden Schladminger Tauern. Dichte Wälder, liebliche Almen, majestätische Gipfel, murmelnde Bäche und klare Bergseen sind in Lessachtal, Göriachtal und Weißpriachtal zu finden. An der Nordseite bietet Schladming im Ennstal (▶ S. 326) einen guten Einstieg. **Tälerbusse** erleichtern an der Nord- wie an der Südseite den Zugang.
www.taelerbus.at

Stattliche Burg

Mauterndorf

Im weitere 5 km westlich gelegenen Mauterndorf (1123 m; 1600 Einw.) befand sich schon zu römischen Zeiten eine Mautstelle. Im Mittelalter entwickelte sich der Ort an der Verbindung nach ▶ Radstadt im Norden zum bedeutendsten Umschlagplatz des Lungau, abzulesen an den stattlichen Treppengiebelhäusern an der **Marktstraße** und an der ab 1253 erbauten **Burg Mauterndorf**. Ein Blick in die Burgkapelle mit gotischen Fresken und die Besichtigung des Keutschachzimmers mit Holzvertäfelung von 1513 gehören zum Rundgang dazu.
Mauterndorf ist Ausgangspunkt für eine Dampfzugreise auf der **Taurachbahn**. Im Sommer zuckelt sie über 11 km durch den Lungauer

Zentralraum. Der Geruch von Kohle durchzieht die alten Waggons, auf den offenen Plattformen können Sie sich den Fahrtwind um die Nase wehen lassen.

Burg: Mai–Okt. tgl. 9.30–17, Juli u. Aug. bis 18.30, Jan.–April eingeschränkte Öffnungszeiten | Eintritt: 13 €, im Winter 8 €
www.salzburg-burgen.at/de/mauterndorf
Taurachbahn: Juni–Sept. Sa. u. So, Juli u. Aug. auch Fr.
Ticket: 12 € | www.taurachbahn.eu

Sport und Erholung rund ums Jahr

St. Michael im Lungau

Gut 6 km südlich von Mauterndorf liegt St. Michael (1075 m; 3490 Einw.) zwischen dem Speiereck im Norden und dem Katschberg im Süden – der Name für den Pass, der nach Kärnten führt. Mit Familien-Skigebieten, Wanderwegen, einem 18-Loch-Golfplatz und Radstrecken bietet St. Michael Sportvergnügen rund ums Jahr. Der Ort ist ein beliebter Einstieg in den **Murradweg**, der durch den Lungau und die Steiermark bis nach Bad Radkersburg an der Grenze zu Slowenien (360 km) und weiter nach Legrad/Kroatien (457 km) führt, wo der Fluss in die Drau mündet.
www.murradweg.com

Mühlen und Almerlebnisse

Zederhaus

Im 20 km nordwestlich von St. Michael an der Tauernautobahn (A 10) gelegenen Ort führt der **Mühlenweg** zu vorbildlich restaurierten Getreidemühlen und den für den Lungau so charakteristischen Troadkästen (Getreidespeicher). Ein Tälerbus verbindet die Almen des **Naturparks Riedingtal**. Hier führt der **Almerlebnisweg** vom Naturparkzentrum auf der Schliereralm am Riedingbach entlang u. a. zur Zaunerhütte.
www.muehlenweg-zederhaus.at

★★ MARIAZELL

Bundesland: Steiermark | **Höhe:** 870 m ü. d. M.
Einwohner: 3620

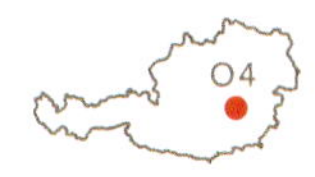

Gerade mal 48 cm groß ist die Skulptur aus Lindenholz, die Pilger schon seit Jahrhunderten nach Mariazell führt. Die Gnadenstatue Magna Mater Austriae in der Basilika des bedeutendsten österreichischen Wallfahrtsortes ist auch für viele Katholiken in den östlichen Nachbarländern von größter Bedeutung. Aber auch sonst hat der nordsteirische Luftkurort vieles zu bieten – etwa als Sprungbrett für Touren ins wildromantische Ötschergebiet.

Am Anfang der Wallfahrt stand eine Zelle, die der Benediktinermönch Magnus aus Sankt Lambrecht 1157 für sich und seine geliebte Marienstatue gebaut hatte. Diese hatte ihn der Legende nach sicher an jenen Ort geleitet, wo er seelsorgerisch tätig sein sollte. Bald darauf wurde der Ort zum geistlichen Zentrum der Gegend. Um 1200 wurde das erste Kirchlein im romanischen Stil errichtet. König Ludwig von Ungarn bedankte sich im 14. Jh. für erfolgreiche Feldzüge mit dem Ausbau zur gotischen Hallenkirche. Kaiser Ferdinand III. steuerte die finanzielle Grundlage für ihre barocke Umgestaltung und Erweiterung im 17. Jh. bei. Heute lockt die 1908 zur Kirche erhobene Basilika Jahr für Jahr weit mehr als 1 Mio. Pilger nach Mariazell. So zeugt das Ortsbild von Mariazell vor allem von der wirtschaftlichen Bedeutung der gläubigen Besucher. Die erhöht gelegene Basilika säumen Ladenzeilen, in denen Pilger Devotionalien erstehen können. Aber auch weltliche Mitbringsel – besonders Liköre und Lebkuchen – erfreuen sich großer Beliebtheit. Die genaue Rezeptur des Mariazeller Magenlikörs bleibt jedoch ein streng gehütetes Geheimnis.

Wohin in und um Mariazell?

Wallfahrtskirche

Gaben großer Leute – und kleiner

Mit der Umgestaltung der Kirche im 17. Jh. wurde Baumeister Domenico Sciassia betraut. Er beließ den gotischen Turm und umrahmte ihn mit zwei weiteren barocken Türmen. An der Innengestaltung wirkten große Barockbaumeister wie Johann Bernhard Fischer von Erlach d. Ä. mit, der um 1700 den prächtigen Hochaltar schuf. Mittelpunkt der Basilika bildet aber die Gnadenkapelle mit der Gnadenfigur. Den silbernen Gnadenaltar haben Augsburger Meister ausgeführt. An den Kuppelraum schließen sich die beiden Schatzkammern mit Werken sakraler Kunst an. Die Habsburger stifteten ihrem Reichsheiligtum Mariazell hervorragende Goldschmiedearbeiten und kunstvolle Monstranzen. Von weniger vermögenden Leuten stammen viele der 2500 Votivbilder aus mehreren Jahrhunderten. Sie lassen ebenso wie eine Installation aus abgelegten Krückstöcken erahnen, dass für manche Bittsteller die Wallfahrt offenbar erfolgreich verlief. So oder so, die Fülle an Darbringungen und nicht zuletzt zwei Papstbesuche (1983 und 2007) zeugen von der großen spirituellen Bedeutung der Wallfahrtskirche.

Kirche: tgl. 7.30–19.30 Uhr
Schatzkammer: Mai–Okt. Di.–Sa. 10–15, So. 10–16 Uhr | Eintritt: 4 €
www.basilika-mariazell.at

Erlaufsee

Erfrischendes Badevergnügen

Eine prachtvolle Rundsicht bietet die von Mariazell aus per Seilbahn bequem erreichbare **Bürgeralpe** (1266 m). Der waldumrahmte Er-

Die Gnadenkapelle ist der zentrale Blickfang im Hauptschiff der barockisierten Wallfahrtskirche von Mariazell.

laufsee (827 m) 4 km nordwestlich verspricht Hitzegeplagten eine erfrischende Auszeit. Mit historischen Schienenfahrzeugen legt die dampfbetriebene **Museumstramway** den Weg an den **Erlaufsee** an den Sommerwochenenden besonders stimmungsvoll zurück.

Museumstramway: Mitte Mai–Okt., Sa., So. 10–17 Uhr stdl. einfache Fahrt: 8 € | www.museumstramway.at

Landschaftliche Gegensätze

Mariazellerbahn

Bekannter ist die schmalspurige Mariazellerbahn, die von ▶ St. Pölten aus in den Wallfahrtsort verkehrt. Sie wurde in Etappen ab 1896 errichtet. Auf nur 84 km erlebt man hier den Wechsel vom sanften Donauland zum schroffen Gebirge. Zwei 180°-Kehren, 19 Viadukte und 21 Tunnel säumen den Weg in den Wallfahrtsort, der seit einigen Jahren in modernen Komfortzügen mit der Bezeichnung »Himmelstreppe« zurückgelegt wird.

tgl. bis zu 17 Verbindungen | www.mariazellerbahn.at

MARIAZELL ERLEBEN

TOURISMUSVERBAND MARIAZELLER LAND
Hauptplatz 13, A-8630 Mariazell
Tel. 03862 5 50 20 20
www.mariazell-info.at

WUCHTLWIRTIN €
Die Buchteln in dem urigen Ausflugsgasthaus nahe dem Hubertussee 6 km nordöstlich sind eine Sünde wert. Es gibt die Mehlspeise mit böhmisch-bayerischen Wurzeln klassisch mit Vanillesauce, aber auch mit Schokosauce und sogar mit Eierlikör!
Walstern 18
A-8630 Mariazell-Halltal
Tel. 03882 22 35
www.wuchtlwirtin.at
Mo., Di., Nov.–März auch Mi. geschl.

Ötschergräben

Österreichs Grand Canyon
Die Durchquerung der Ötschergräben ist für Naturfreunde ein Muss. Hier hat der türkisblau leuchtende Ötscherbach gewaltige Schluchten in das Ötschermassiv gekerbt. Die bizarre Landschaft mit Tümpeln, Wasserfällen und Felsgebilden trägt den Beinamen »Grand Canyon Österreichs«. Ausgangspunkt ist **Wienerbruck** 16 km nördlich an der Mariazellerbahn, entlang des Weges zeigt sich die alpine Flora von ihren schönsten Seiten. Auch von Westen ist das Massiv mit seinem 1893 m hohen Hauptgipfel erschlossen (▶ Mostviertel).

MATREI IN OSTTIROL

Bundesland: Tirol | **Höhe:** 1000 m ü. d. M. | **Einwohner:** 4630

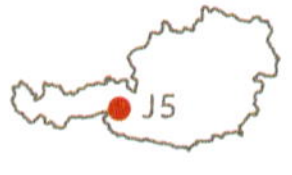

In der Marktgemeinde Matrei laufen viele Aktivitäten im Tiroler Teil des Nationalparks ▶ Hohe Tauern zusammen. Rauschende Gebirgsbäche, gletscherreiche Talschlüsse und Dutzende Dreitausender-Gipfel bilden die herrliche Kulisse für Wanderabenteuer in allen Schwierigkeitsgraden.

Durch den 5,3 km langen Felbertauerntunnel ist Matrei in Osttirol seit 1967 auch von Norden erreichbar. Früher war das anders: Lediglich von Lienz im Süden her kam man in die abgeschiedene Gegend, in der sich deshalb auch bäuerliche Kultur und Tradition besser erhalten konnten als anderswo.

Wohin in Matrei und Umgebung?

Inspiration in den Tauernwelten

National-parkhaus

Erste Eindrücke gewährt das Nationalparkhaus am Kirchplatz. Von den ältesten menschlichen Spuren in der Steinzeit bis zu Superlativen in der Tier- und Pflanzenwelt reicht das Spektrum der Themen. Die 2017 dazugekommene interaktive **»Tauerblicke«-Schau** weckt mit aufwendig gestalteten 360°-Videos Lust, die verschiedenen (Er-)Lebensräume des größten Nationalparks in Mitteleuropa selbst kennenzulernen.

Eintritt: frei | Juni, Sept./Okt. Mo.–Fr. 10–12, 14–18, Juli/Aug. Mo.–Sa. 10–18, So. 14–18, Weihn.–Mitte März, Ostern Mo.–Fr. 13–17 Uhr

Auf die Berge, auf die Piste

Panorama-weg Matrei-Kals und Skigebiet

Gleich umgesetzt: Erst kommt die Auffahrt mit den **Goldried-Bergbahnen**, dann genießt man die Wanderung auf dem Panoramaweg Matrei-Kals mit 63 Dreitausendern samt Großglockner im Blickfeld! Die beiden Orte sind durch das »Großglockner Resort Kals-Matrei« miteinander verbunden. Osttirols größte Skiregion bietet 45 km Pistenspaß und mit der **Adler Lounge** am Cimaross (2405 m) eine außergewöhnliche Designer-Berghütte.

Skigebiet: www.gg-resort.at

MATREI IN OSTTIROL ERLEBEN

TOURISMUSINFORMATION MATREI

Rauterplatz 1
A-9971 Matrei in Osttirol
Tel. 050 21 25 00
www.osttirol-nationalpark.at
www.matreiosttirol.com/

KRÄUTERWIRTSHAUS STRUMERHOF €€

Brennnesselknödel, Wiesenlasagne, Lamm im Bergheu: Hoch über Matrei hat Frau Anna Holzer traditionelles Kräuterwissen wiederbelebt und verleiht damit ihren kulinarischen Kreationen den letzten Schliff. Zu Fuß kommt man auch über das Zedlacher Paradies hierher.

Hinteregg 1
A-9971 Matrei/Osttirol
Tel. 04875 63 10
www.strumerhof.at
Juni–Sept. Fr.–So.

HOTEL GOLDRIED €€–€€€

Mit seinem nagelneuen SPA-Bereich samt Infinity Pool bietet das Haus genau jenen Komfort, den man nach einem Wandertag ersehnt. Der Blick auf Matrei und die umliegende Bergwelt wecken Lust auf neue Abenteuer.

Goldriedstraße 15
A-9971 Matrei in Osttirol
Tel. 04875 6 11 30
www.hotel-goldried-tirol.com

Nomen est omen: Himmlische Ruhe herrscht am Zedlacher Paradies bei Matrei, von wo der Blick auf die Lasörlinggruppe schweift.

Der Glockner ruft!

Kalser Tal

Auch von Osttirol aus. Das Kalser Tal zweigt in Huben, etwa 9 km südlich von Matrei, nach Osten ab und endet nach 13 km in **Kals** am Fuße des Großglockners, der auch von Kärnten aus bestiegen werden kann. Auf dem **Friedhof der Pfarrkirche** erinnert ein Denkmal an Alpinisten, die an Österreichs höchstem Berg (3798 m) tödlich verunglückt sind. Ein Blickfang des Ortes ist die romanische **Georgskirche** auf der grünen Wiese zwischen Kals-Unterburg und Kals-Großdorf. Hinter Kals beginnt eine mautpflichtige Straße, die bis zum **Luckner-Haus** am Fuß des Großglockners führt.

Die Kraft der Isel

Virgental

Westlich von Matrei zweigt das Virgental ab. Im Weiler Zedlach erschließt ein Waldlehrpfad das **Zedlacher Paradies** mit seinen knorrigen, teils über 500 Jahre alten Lärchenbäumen. Am Parkplatz in **Ströden** (20 km nach Matrei) beginnt ein Wasserschaupfad zu den bezaubernden **Umbalfällen**. Tiefe Auswaschungen und glattgeschliffenen Fels hat die Isel hinterlassen – an wenigen anderen Orten zeigt sich die landschaftsformende Kraft eines Gletscherbachs derart

beeindruckend. Gut sechs Stunden dauert der Aufstieg von Prägraten im Virgental zum Defreggerhaus (2962 m); von dort erreichen erfahrene Bergsteiger in etwa drei Stunden den Gipfel des Großvenedigers (3666 m).
Ein Kulturjuwel des einsamen Tals ist die gotische Wallfahrtskirche **Unsere Liebe Frau Maria Schnee** in Obermauern bei Virgen. Die Fresken (1484–1488) Simon von Taistens aus dem Pustertal – er hat auch die Kapelle in Schloss Bruck in ► Lienz ausgemalt – schildern Leben und Sterben Jesu mit Gespür für Drama: Man beachte den Teufel!

Zu Füßen der »weltalten Majestät«

Innergschlöss

Die 1967 eröffnete Felbertauernbundesstraße führt nach Norden in das Salzburger Land. Kurz vor dem Felbertauerntunnel biegt nach links eine Straße zum Matreier Tauernhaus (1512 m) ab, einer jahrhundertealten Station am Säumerweg. In einer leichten Wanderung (1,5 Std.) zu erreichen ist das Innergschlöss. Auch dieser Talschluss geizt nicht mit Reizen. Vom **Venedigerhaus** (1697 m) und vom Almdorf nebenan schweift der Blick in das imposante Amphitheater am Fuße des Großvenedigers. Ein etwas anstrengenderer Gletscherweg bringt einen nah heran an das Schlatenkees und zum »Auge Gottes« – so heißt ein malerischer Mini-See.
www.venedigerhaus-innergschloess.at

MATTSEE

Bundesland: Salzburg | **Höhe:** 505 m ü. d. M. | **Einwohner:** 3450

Altehrwürdige Klosterbauten und stille Seen, die in das sanft gewellte Hügelland des Flachgau eingebettet sind: Die Region um den Mattsee und den Obertrumer See bietet Kultur- und Naturgenuss zugleich. Die FerdinandPorsche Erlebniswelten ziehen auch Automobil- und Technikfans hierher.

Die Marktgemeinde Mattsee liegt 18 km von Salzburg entfernt im Herzen des Salzburger Seenlands und ist touristisches Zentrum der Region. Die malerische Seenlandschaft lädt zu entspannten Radl- und Wandertouren ein. Parallel zu den Salzburger Festspielen findet im Juli und August eine dem in Mattsee geborenen Komponisten Anton Diabelli (1781–1858) gewidmete Konzertreihe statt. Der Ort hat sich um die 777 von dem Bayernherzog Tassilo III. gegründete Benediktinerabtei entwickelt.

MATTSEE ERLEBEN

SALZBURGER SEENLAND TOURISMUS
Seeweg 1, A-5164 Seeham
Tel. 06217 20 22 0
www.salzburger-seenland.at

BRAUGASTHOF SIGL €€
Bodenständige Küche und eine gute Auswahl an Salaten bietet der Gasthof gegenüber der Trumer Brauerei. Verfeinert wird mit Zutaten aus dem eigenen Kräutergarten. Der Gastgarten ist eine Wucht. Di., Mi. geschl.
Dorfplatz 1, A-5162 Obertrum
Tel. 06219 77 00
www.braugasthof-sigl.at

Wohin in Mattsee und Umgebung?

Ferdinand Porsche Erlebniswelten fahr(T)raum

Die Anfänge des Automobils
Mit der Eröffnung des Museums hat sich Ernst Piëch, der den Sommer über in Mattsee lebende Enkel des legendären Ferdinand Porsche, im Jahr 2013 einen Traum erfüllt: Die Erlebniswelt beleuchtet die Beiträge seines Großvaters zur Entwicklung von Kraftfahrzeugen und zeigt einige epochemachende **Modelle aus der Frühzeit der Automobil-Ära**. Der Austro-Daimler »Prinz-Heinrich«-Wagen etwa brachte es 1911 auf gerader Strecke in der Wiener Neustadt auf 172 km/h!
Wie die Fahrer um 1910 ein Autorennen erlebten, kann man im Hightech-Simulator nacherleben und dabei auch dem Motorensound von damals lauschen. Der »Traktor-Stadl« zeigt Porsches Beiträge zur Mechanisierung der Landwirtschaft auf. Seit 2023 sind auch historische Flugzeuge ausgestellt.
Passauer Str. 30 | tgl. 10–17 Uhr | Eintritt: 13 € | www.fahrtraum.at

Schloss Mattsee

Hochkultur und Weitblicke
Von einer auf drei Seiten vom Wasser umgebenen Anhöhe grüßt das kleine Schloss Mattsee. Der aus einer mittelalterlichen Burg hervorgegangene Bau war im 17. Jh. Sommerresidenz der Salzburger Fürsterzbischöfe. Heute wird Schloss Mattsee für Kulturveranstaltungen wie den **Diabelli-Sommer** genutzt. Vom Schlosscafé bieten sich prachtvolle Ausblicke auf den Ort und die Trumer Seenlandschaft. Der Buchberg (801 m) südlich von Mattsee weitet das Panorama aus – über die Hügel des Alpenvorlandes bis zu den Kalkalpen im Süden. Sechs Themenwege führen auf den Gipfel.
www.schloss-cafe.at

Biererlebnisse im Doppelpack

Obertrum am Südende des gleichnamigen Sees ist ein Zentrum der Salzburger Bierkultur. Die Führungen durch das ultramoderne Sudhaus der 1601 gegründeten **Trumer Privatbrauerei** enden mit einem Panoramablick über das Seenland und einem Trumer Pils. Obertrum

Im Bierkulturhaus des Dortmunder Braumeisters Axel Kiesbye schräg gegenüber können Bierliebhaber ihren eigenen Gerstensaft brauen, die Kunst der genussvollen Verkostung erlernen und sich zum Biersommelier oder -sommeliere ausbilden lassen.

Trumer Privatbrauerei: Führungen n. V., Tel. 06219 74 11 0
www.trumer.at | **Bierkulturhaus:** www.kiesbye.at

Wiege des Evergreens »Stille Nacht«

Von dem kleinen Salzach-Städtchen 18 km westlich von Mattsee trat vor 200 Jahren ein Ohrwurm seinen Siegeszug um die halbe Welt an. An Heiligabend des Jahres 1818 erklang in der Oberndorfer Kirche St. Nicola erstmals das Lied »Stille Nacht, heilige Nacht«. Im **Stille Nacht-Museum** erfährt man alles über die Liedschöpfer Joseph Mohr (Text) und Franz Xaver Gruber (Melodie) und kann an einer Karaoke-Station eine eigene Version aufnehmen. Nur wenige Meter ist es zur **Stille-Nacht-Kapelle**; sie erhebt sich seit 1937 an jener Stelle, wo die nach Hochwässern abgerissene Nicola-Kirche gestanden hat. Oberndorf

Museum: Jan.–März Fr.–So., April–Juni Do.–So., Juli–Okt. Mi–So. Nov./Dez. tgl. 10–18 Uhr | Eintritt: 5 €
www.stillenacht-oberndorf.com

MELK

Bundesland: Niederösterreich | **Höhe:** 228 m ü. d. M.
Einwohner: 5560 | **Wachau Info-Center Melk:** Kremser Str. 5
A-3390 Melk, Tel. 0752 5 11 60, www.visitmelk.com

Gut 500 000 Besucher im Jahr empfängt das majestätisch über der Donau gelegene Benediktinerstift in Melk. Es ist eines der bedeutendsten und prächtigsten Barockklöster Österreichs und gehört zusammen mit der Wachau, mit Krems und dem Stift Göttweig seit dem Jahr 2000 zum Weltkulturerbe der UNESCO. Für den Rundgang samt Besuch im Stiftspark sollte man gut drei Stunden kalkulieren.

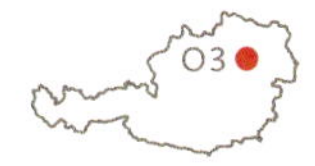

Am Eintritt der Donau in die ▶ Wachau liegt die kleine Stadt Melk, schon als Römerkastell »Namare« erwähnt und nach eigenem Ver-

KLOSTER MIT LANGER GESCHICHTE

Majestätisch thront das Stift auf einem 60 m hohen Felsen – die nach Westen gerichtete Schmalseite des in kräftigem Gelb und Weiß gehaltenen Komplexes ist schon von Weitem sichtbar. Die Stiftsgebäude wie Kirche und Bibliothek gruppieren sich um sieben Höfe. Schon seit dem Jahr 1089 leben und wirken hier Mönche nach der Regel des hl. Benedikt, dem »Ora et labora et lege«. Sichtbarer Ausdruck für die Bedeutung des Stifts in der Barockzeit ist der großartige Bau Jakob Prandtauers, errichtet von 1702 bis 1736. An der Gestaltung haben einige der namhaftesten Künstler jener Zeit mitgewirkt.

April–Okt. tgl. 9–17.30, Weihnachten/ Neujahr tgl. 10–16.30 Uhr | Eintritt: mit/ohne Führung 16/13 €
www.stiftmelk.at

1 Stiftskirche
Der Höhepunkt der barocken Klosteranlage ist die Stiftskirche, die als eine der schönsten Barockkirchen nördlich der Alpen gilt.

2 Bibliothek
Klöster hatten im Mittelalter nicht nur eine geistliche Bedeutung, sondern sie waren auch ein Hort des Wissens. Schon seit dem 12. Jh. ist eine Schule mit dem Stift verbunden. In der Bibliothek wurden wertvolle Handschriften gesammelt und auch selbst angefertigt.

3 Marmorsaal
Dieser Saal, eine Meisterleistung barocker Raumkunst, diente als Speisesaal für das Kaiserhaus und wurde auch für Empfänge und verschiedene Zeremonien genutzt. Heute ist er ein Teil des Stiftsmuseums. Das Deckenfresko schuf Paul Troger 1731/1732.

4 Altane
Als eine wahrlich himmlische Aussichtsloge präsentiert sich die Altane, der Verbindungsbalkon zwischen dem Marmorsaal und der Bibliothek. Der Blick geht auf die Donau, die Stadt Melk und die Wachau.

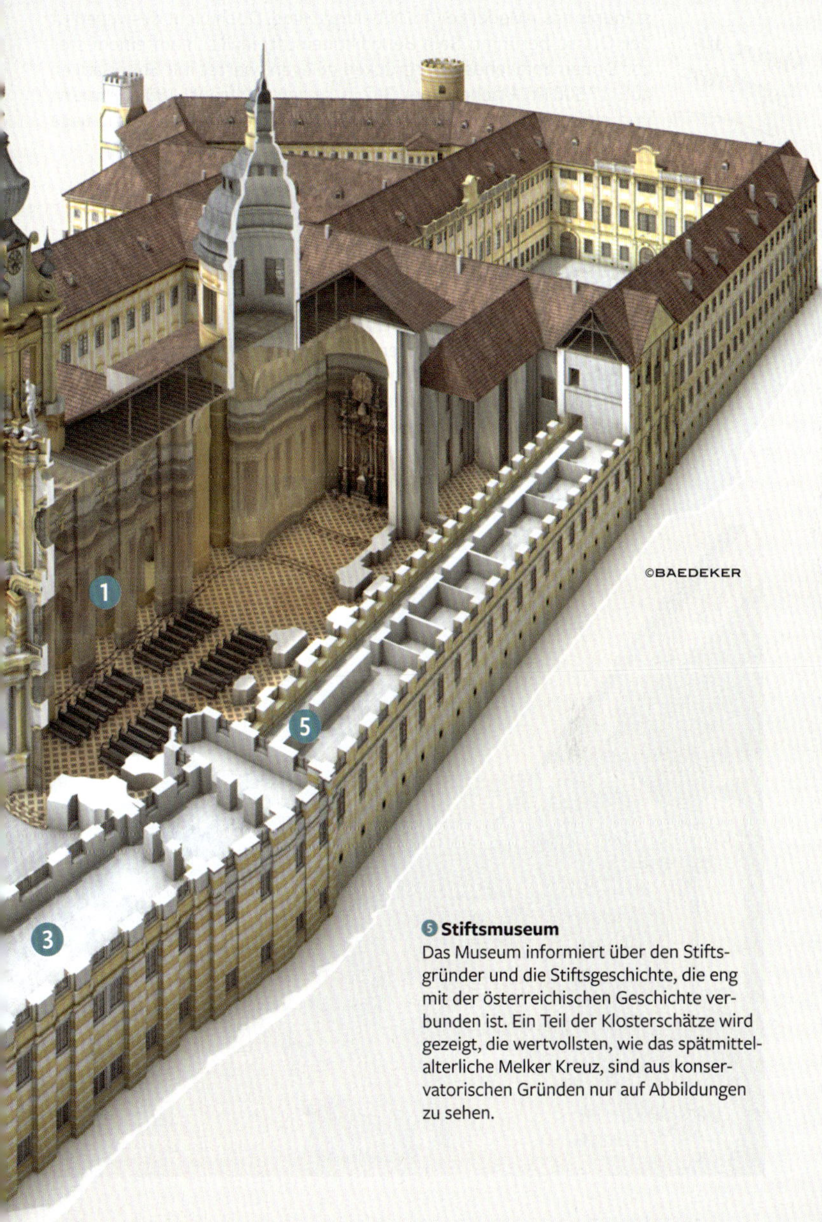

5 Stiftsmuseum

Das Museum informiert über den Stiftsgründer und die Stiftsgeschichte, die eng mit der österreichischen Geschichte verbunden ist. Ein Teil der Klosterschätze wird gezeigt, die wertvollsten, wie das spätmittelalterliche Melker Kreuz, sind aus konservatorischen Gründen nur auf Abbildungen zu sehen.

Kloster der Superlative

ständnis das »Medelike« im Nibelungenlied. Doch nicht deswegen ist der Ort so berühmt. Sein Benediktinerstift, idyllisch auf einem steil zur Donau abfallenden Bergrücken gelegen, wartet mit Superlativen auf: 17 500 m² Fläche, einer 362 m langen Südfront, 1888 Fenstern und einer 64 m hohen Kuppel – das ergibt die größte Klosteranlage des österreichischen Barocks.

Benediktinerstift Melk

April–Okt. tgl. 9–17.30, Weihnachen/Neujahr tgl. 10–16.30 Uhr
Eintritt: mit/ohne Führung 16/13 € | www.stiftmelk.at

Sinnbild der Gegenreformation

Geschichte

Ab Ende des 10. Jh.s stand hier eine Burg der bayerischen Babenberger. Markgraf Leopold II. überließ 1089 Burg und Kirche den Benediktinern, die seither in ununterbrochener Tradition in Melk wirken. Nachdem es unter den Auswirkungen der Reformation sowie unter

Welchen Stellenwert Bibliotheken in Klöstern besaßen, wird oft an deren Ausgestaltung ersichtlich – besonders prachtvoll präsentiert sich die Melker Bibliothek.

Türkeneinfällen und mehreren Bränden erheblich gelitten hatte, errichteten von 1702 bis 1736 die Baumeister Jakob Prandtauer und Joseph Munggenast das Barockstift als ein prachtvolles Sinnbild der Gegenreformation.

Ein langer Rundgang

Vom Eingangstor zu den Kaiserzimmern

Entsprechend der Größe der Anlage muss man sich auf längere Wegstrecken einstellen. Um sieben Höfe gruppieren sich die Stiftsgebäude. Von den Statuen der Schutzheiligen des Stifts, des hl. Koloman und des hl. Leopold, wird das **Eingangstor** flankiert. Auf den Vorhof und die Benedikthalle folgt der 84 m lange und 42 m breite **Prälatenhof**; er öffnet den Zugang zur **Kaiserstiege**, deren Treppengeländer mit Putten und Steinplastiken besetzt sind. Sie erschließt wiederum den 196 m langen **Kaisergang** mit Gemälden österreichischer Herrscher und die **Kaiserzimmer**, einst für durchreisende Gäste aus dem hohen Adel reserviert. Sie sind als Museum zur Geschichte und Gegenwart des Stifts eingerichtet. Zwei gegensätzliche Highlights sind der Breu-Altar (Melker Altar) aus dem Jahr 1502 und ein wiederverwendbarer Josephinischer Sparsarg.

Ruhm dem Herrscherhaus

Marmorsaal

Der Marmorsaal, ein repräsentativer Festsaal, fasziniert vor allem durch seine strenge Gliederung und das schöne Deckengemälde des Malers Paul Troger: In mythologischen Szenen wird hier das Herrscherhaus gerühmt, das die Menschen vom Bösen zum Guten führt. Die Türstöcke sind aus echtem Marmor gefertigt, die Wände hingegen aus Stuckmarmor.

Innehalten und den Blick auskosten

Altane

Zeit für einen Blick auf das Gesamtkunstwerk Stift Melk: Er eröffnet sich auf der Altane, einer mächtigen Terrasse mit herrlichem Panorama über das Städtchen Melk und das Donautal. Nach innen bietet sie von einem erhöhten Standpunkt aus einen guten Überblick über die gesamte Westfassade der Stiftskirche und die beiden Türme.

Prachtvoller Wissensspeicher

Bibliothek

Die Altane verbindet den Marmorsaal mit der Bibliothek. Dass diese in einem Benediktinerkloster als das zweitwichtigste Gebäude nach der Kirche gilt, spiegelt sich auch in Melk wider. In Braun-Gold-Tönen gehalten, umfasst sie zwölf Räume. Der Bestand umfasst etwa 100 000 Bände, darunter 1888 Handschriften, 750 Inkunabeln (Frühdrucke bis 1500) und weitere Werke aus dem 16. Jahrhundert.

Lichtregie für den Hochaltar

Stiftskirche

Übertroffen in Glanz und Ausstattung wird die Bibliothek von der Stiftskirche, die als eine der schönsten Barockkirchen nördlich der

Alpen gilt. Das Innere des Kuppelbaus besticht durch seine Einheit von Architektur, Plastik und Malerei sowie durch die mit Rot und Gold erzeugte Farbigkeit. Ein besonderer Effekt wird dadurch erzielt, dass Hochaltar und Kuppel in der Lichtzone liegen. Das Deckengemälde des Langhauses – es wurde vom Salzburger Meister Michael Rottmayr 1722 ausgeführt – stellt die Verherrlichung des hl. Benedikt dar. Prachtvoll ist außerdem der Hochaltar mit den Figuren der Apostel Petrus und Paulus (18. Jh.).

Luftiges Finale

Stiftspark

Wer noch Reserven hat, besucht nun den Stiftspark. Er wurde nach dem Vorbild barocker und englischer Landschaftsgärten angelegt und stellt einen wesentlichen Teil der gesamten Anlage dar. Ein Blickfang ist der barocke Gartenpavillon (1748) mit fantasievollen, exotischen Fresken.

Wohin noch in Melk und Umgebung?

Altstadtbummel

Melk (Stadt)

Auch der Ort Melk (5560 Einw.) lohnt wegen seiner hübschen Altstadt einen Besuch. Die Achse bilden der Rathausplatz und die Hauptstraße mit dem Hauptplatz bzw. die parallel dazu verlaufende Sterngasse. Am **»Haus am Stein«** hinter der Sterngasse wächst ein uralter Weinstock, der unter Naturschutz steht. Die Hochwassermarken am **Schiffsmeisterhaus** in Ufernähe zeigen den jeweiligen Wasserstand der Donau bei großen Flutkatastrophen an.

An der Linzer Straße 3 steht die spätbarocke **Alte Post**. In ihre Fassade sind Stuckrelieftafeln eingelassen, auf Medaillons sind alte Postmeister zu sehen. Das Gebäude beherbergt heute das nur nach Vereinbarung geöffnete Melker Stadtmuseum, das vor allem ur- und frühgeschichtliche Exponate zeigt.

Bedeutendes Renaissance-Bauwerk und Ausstellungsort

Schloss Schallaburg

Rund 5 km südlich von Melk liegt Schloss Schallaburg mit seinem nach historischem Vorbild gestalteten Renaissancegarten und seinem zweistöckigen Arkadengang, der um 1570 aus über 16 000 Terrakottateilen hergestellt wurde. Die Schallaburg ist das bedeutendste Werk der Renaissancearchitektur in Niederösterreich und heute ein Kulturzentrum mit jährlich wechselnden Ausstellungen zu spannenden kulturgeschichtlichen Themen. In der Ausstellungssaison verkehrt vom Bahnhof Melk ein Bus zur Schallaburg (Linie 721).

Mitte Mai–Okt. Mo.–Fr. 9–17, Sa. u. So. 9–18 Uhr | Eintritt: 14 €
www.schallaburg.at

★★ MILLSTÄTTER SEE · SPITTAL AN DER DRAU

Bundesland: Kärnten | **Höhe:** 588 m ü. d. M.

Berg und See – selten kommt diese Urlaubskombination so perfekt zum Ausdruck wie am Millstätter See, der sich im Sommer auf bis zu 26 °C erwärmen kann. Urlaubsideen für traute Zweisamkeit und entspannende Momente am See wird hier großer Platz eingeräumt. Das nahe Spittal an der Drau hingegen ist eher für Einkaufsvergnügungen bekannt.

Er ist flächenmäßig »nur« die Nummer zwei nach dem Wörthersee, dafür aber mit 141 m der tiefste und der wasserreichste See Kärntens. Um den 12 km langen, 1,5 km breiten See sind zahlreiche Badeanlagen mit herrlichen Naturstränden und ein halbes Dutzend Campingplätze zu finden. Von Stand-Up-Paddling und Kanu bis zum Tret- und Oldtimer-Ruderboot, vom Segeltörn bis zu Angeln – am Millstätter See wird die gesamte Palette der Wassersportarten aufgeboten. Von Mai bis Oktober verkehren Ausflugsschiffe. Hecht und Saibling, vor allem aber die Reinanken gehören zu den kulinarischen Schätzen der Region. Und die sanften Nockberge im Norden verheißen nicht allzu schwere Wanderungen und erstklassige Kärnten-Panoramen.

Sonnen-Region und Freizeit-Eldorado

Als Sommerfrische entdeckt wurde der See in Oberkärnten im späten 19. Jahrhundert. Noch heute verströmen die Fin-de-siècle-Villen aristokratisches Flair. Manche davon werden als Hotels geführt, die vom Privatstrand bis zum gediegenen Weinkeller Komfort und Exklusivität versprechen.

Wohin am Millstätter See und Umgebung?

Schatzhaus mittelalterlicher Kunst

Millstatt am See

Hauptort ist das am nördlichen Ufer gelegene Millstatt (604 m; 3470 Einw.), schon von Kelten und Römern als Siedlungsplatz geschätzt. Dieser Bewertung schlossen sich auch die Benediktiner an, von deren um 1070 gegründeten **Stift Millstatt** (1773 aufgehoben) noch beachtliche Bauten vorhanden sind. Die weißen Türme der jetzigen **Pfarrkirche** mit ihren rostroten Zwiebelhelmen prägen die Silhouette des Ortes. Der dreischiffige romanische Pfeilerbau mit Stufenportal entstand um 1170. Unter dem schönen Netzrippengewölbe zu entdecken sind u. a. das ausdrucksstarke Weltgerichtsfresko

(1519), ein Meisterwerk der Renaissance. In der Fastenzeit wird der barocke Hochaltar mit dem **Millstätter Fastentuch** (1593) verhängt. Es zeigt im Stil eines christlichen Comicstrips auf über 50 m² Szenen des Alten und Neuen Testaments. Mittelalter pur bietet auch der romanische Kreuzgang. Manche der Säulenkapitelle zeigen Menschen- und Tierfratzen. Der Stiftshof mit Arkadengalerie und der »1000-jährigen« (Gerichts-)Linde wird als Veranstaltungsort genutzt. Wenn hier Kärntner Chöre ihre Lieder anstimmen, wird sogar das härteste Herz erweicht. Ein **Museum** beleuchtet die Geschichte des Stifts, das nach den Benediktinern von den St. Georgsrittern und den Jesuiten verwaltet wurde. Wohl schönstes Einzelstück ist eine Brauttruhe der Paola Gonzaga aus der Werkstatt des berühmten Renaissancekünstlers Andrea Mantegna (etwa 1470).

Stift Melk: Kirche u. Kreuzgang tagsüber frei zugänglich | Führung im Sommer n.V. Tel. 04766 31 85 | **Stiftsmuseum:** Mitte Mai–Ende Sept. Di.–So. 10–16 Uhr | Eintritt: 5,90 € | www.stiftsmuseum.at

Erholung auf Japanisch

Seeboden

Wer im sommerlichen Trubel etwas Ruhe sucht, besucht im Urlaubsort Seeboden (580 m; 6610 Einw.) am Westende des Sees das faszinierende **Bonsai-Zentrum** mit seinen nach japanischen Vorbildern angelegten Zen-Gärten. Der Stamm des ältesten ausgestellten Baums, einer Fichte, zählt ganze 250 Jahresringe. Etwa Anfang Mai bis Anfang Juni entfalten die blühenden Bonsai, speziell die Azaleen, ihre ganze Pracht.

April, Okt. Di.–Fr. 10–16, Mai–Sept. Mo.–Fr. 10–17, Sa. 10–16 Uhr
Eintritt: 9,50 € | www.bonsai.at

Licht und Schatten der Ritter-Ära

Burg Sommeregg

Als Familien-Ausflugsziel beliebt ist Burg Sommeregg: Im Restaurant kann man an Donnerstagabenden nach Ritterart speisen, in der ersten August-Hälfte begeistern Gaukler, Schwertkämpfer und Feuerspektakel das Publikum. Die düsteren Seiten, nicht nur des Mittelalters, zeigt das **Foltermuseum.** Eine Sonderausstellung steht unter dem Motto »Folter im 21. Jahrhundert«.

Foltermuseum: April Mi.–So., Mai/Juni Di.–So., Juli/Aug. Mo.–So. 11–17 Uhr | Eintritt: 9,50 € | www.sommeregg.at

Auf in die Nockberge!

Döbriach

Döbriach (606 m; 1360 Einw.) am Ostufer des Sees ist ein guter Ausgangspunkt für panoramareiche Wanderungen in den Nockbergen, die bis auf eine Höhe von etwa 2000 m ansteigen. Von Döbriach oder Millstatt gelangt man auf die **Lammersdorfer Hütte** (auch Mautstraße) mit angeschlossener Sennerei. In knapp zwei Stunden geht

Still ruht der Millstätter See. Über diesem wacht im Vordergrund Stift Millstatt.

Hotel Post

DEN MILLSTÄTTER SEE UND SPITTAL ERLEBEN

MILLSTÄTTER SEE TOURISMUS
Kaiser-Franz-Josef-Straße 49
A-9872 Millstatt, Tel. 04766 37 00-338, www.millstaettersee.com

TOURISMUSVERBAND SPITTAL AN DER DRAU
Burgplatz 1 (Schloss Porcia)
A-9800 Spittal an der Drau
Tel. 04762 3 72 00
www.spittal-drau.at

MILLSTÄTTER SEE SCHIFFFAHRT
Von Frühling bis Herbst verkehren auf dem See Ausflugsschiffe.
Alexanderhofstr. 227
A-9872 Millstatt, Tel. 0664 1 84 15 50
www.millstaettersee-schifffahrt.at

HOTEL POSTHOF €€€
Hier können Sie das zarte Fleisch einer Reinanke kosten – die Fische kommen fangfrisch aus dem Millstätter See. Auch die Zutaten für die Nudel- und Fleischgerichte sind regional.
Mirnockstraße 131
A-9872 Millstatt, Tel. 04766 20 88
www.hotelposthof.at

LINDENHOF WIRTSHAUS €€€
An schönen Tagen lädt der herrliche Biergarten im Zentrum von Millstatt zur Einkehr. Auf die Teller kommt bodenständige Wirtshausküche, in die Gläser Kärntner Bierspezialitäten.
Mitte Sept. – Mitte Juni Di. Ruhetag.
Stiftgasse 2, A-9872 Millstatt
Tel. 04766 2 33 22
www.lindenhof-millstatt.at

BIWAKS UNTER DEN STERNEN €€€
Zu den Romantik-Angeboten am Millstätter See gehören auch die Biwaks unter den Sternen, die am See und am Berg – abseits jeglichen Trubels – angemietet werden können. Aus Lärchen- und Zirbenholz erbaut, bieten die Hideaways Platz für ein Bett, einen Tisch samt Stühlen mit kuscheligem Lammfell sowie einen Waschraum.
https://biwaks.millstaettersee.com

VILLA VERDIN €€
In dieser typischen Seevilla spürt man das Flair des Fin de siècle. Yoga, Massagen mit Seeblick und eine Haussauna bieten Entspannung.
Seestraße 69, A-9872 Millstatt
Tel. 0699 12 02 98 62
www.villaverdin.at

es weiter auf die **Millstätter Alpe** (2021 m). Dort erzählt das Granattor die Geschichte des rubinroten Minerals, das sich massenhaft im Inneren des lang gezogenen Höhenrückens befindet. Heute wird der Granat als »Stein der Liebe und Leidenschaft« vermarktet.
www.lammersdorferhuette.at

Von der Piste in die Therme

Bad Kleinkirchheim

Gut 16 km östlich des Sees kommt man nach Bad Kleinkirchheim (1100 m; 1660 Einw.), bekannt für sein Skigebiet (100 km Pisten) in den Nockbergen, das Anfänger wie Könner gleichermaßen anzieht. Von der Piste direkt ins 34 ° C warme Wasser – das **Thermal-Römerbad** mit antikem Ambiente macht es möglich. Und mit der **Therme St. Kathrein** bietet gleich ein weiterer Wellness-Tempel Spaß und Erholung für die ganze Familie.

Wohin in Spittal an der Drau und Umgebung?

Ein Spanier in Kärnten

Spittal an der Drau

Wer am Millstätter See, im Liesertal oder in den Nockbergen urlaubt, kommt sehr wahrscheinlich nach Spittal (15 200 Einw.) zum Einkaufen. Erste Attraktion des Wirtschafts- und Verwaltungszentrums von Oberkärnten ist aber Schloss Porcia, das vielen als Österreichs schönstes Bauwerk im Stil der italienischen Renaissance gilt. Auftraggeber des bezaubernden Renaissanceschlosses war 1527 der spanische Graf Gabriel Salamanca, seinen Namen hat der Bau am Burgplatz aber nach dem friaulischen Adelsgeschlecht, das von 1662 bis 1918 hier residierte. Sein mit reichlich skulpturalem Schmuck verzierter dreigeschossiger Arkadenhof dient als stimmungsvolle Veranstaltungsbühne, unter anderem für die renommierten Komödienspiele im Sommer. Eine Schulklasse von einst, eine Rauchkuchl aus Oberkärnten und ein Kaufladen gehören zu den Highlights des modern gestalteten **Museums für Volkskultur** in den oberen Stockwerken des Schlosses.

Museum für Volkskultur: April–Okt. tgl. 9.–18, sonst Mo.–Do. 13 bis 16 Uhr (Dez., Jan. geschl.) | Eintritt: 8 € | www.museum-spittal.com

Stein für Stein zum großen Ganzen

Römermuseum Teurnia

Tief in die Vergangenheit Kärntens tauchen Besucher im Dorf **St. Peter in Holz** (590 m) ein, das rund 4 km nordwestlich von Spittal zu finden ist. Am sog. Holzer Berg lag die in der Spätantike bedeutende Römer-Siedlung Teurnia bzw. Tiburnia. Um 300 n. Chr. löste Teurnia das in der Völkerwanderung stark gebeutelte Virunum (▶ Zollfeld) als Hauptstadt der Provinz Binnen-Noricum ab, wurde dann aber selbst rund 300 Jahre später zerstört. Die wechselvolle Geschichte wird Besuchern im Römermuseum Teurnia mit vielen Funden spannend näher gebracht. Freigelegt wurden auch die Fundamente einer Bischofskirche und einer weiteren Kirche. In ihr ist der größte Schatz Teurnias zu sehen: ein frühchristliches Mosaik aus der Zeit um 500 n. Chr.

Mai–Okt. Di.–So. 10–16 Uhr | Eintritt: 7 €
www.landesmuseum.ktn.gv.at

Berückende Aussichten

Goldeck

Im Süden von Spittal ragt das Goldeck (2142 m) auf. Der durch Seilbahnen erschlossene Hausberg der Stadt kombiniert Ski- und Wan-

dervergnügen mit großartigen Panoramen über das Drautal. Von der Südostseite schlängelt sich die **Goldeck-Panoramastraße** durch Wälder und blumenreiche Wiesen bis zu einer Höhe von 1883 m – Ausgangspunkt für nicht allzu schwere Touren oder den Gipfelsturm.
Mai–Okt. | Maut: Pkw 15 € | www.goldeck-panoramastrasse.at

Arena für Bewegungshungrige

Oberes Drautal

Eine noch größere Arena zur sportlichen Betätigung bildet westlich von Spittal das Obere Drautal, wo sich acht Feriendörfer zum **Outdoorpark Oberdrautal** zusammengeschlossen haben. Von Kanutouren über Canyoning bis zu Paragleiten reicht das Angebot diverser Veranstalter. Wer es ganz ruhig angehen lassen möchte, versucht es mit Golfen oder mit Angeln in der Drau, die in dieser Region auch schöne Aulandschaften zu bieten hat.
www.outdoorpark.info

Von Apfelminze bis Zitronenmelisse

Kräuterdorf Irschen

Das auf einer Terrasse über der Drau gelegene Irschen (809 m; 1960 Einw.), 45 km westlich von Spittal und 25 km vor ▶ Lienz, hat sich ganz auf Heil- und Gewürzkräuter spezialisiert. Ausgehend vom Kräuterhaus erschließt eine Dorfrunde blühende Gärten und Beete. Mehr als 500 Pflanzenarten, von Apfelminze bis Zitronenmelisse, umfasst das Irschener Kräuterreich. Praxisnah die Vermittlung: Schautafeln beschreiben die Eigenschaften der botanischen Schätze, auf »Rezeptstationen« erhält man Tipps für mehr Würze in der Küche. Im Sommer richtet das »Kräuterdorf« Workshops und naturkundliche Wanderungen aus.
www.kraeuterdorf.at

MONDSEE

Bundesland: Oberösterreich | **Höhe:** 481 m ü. d. M.

Türkisfarben schlummert der stille See in einem Wald- und Wiesenbett vor der traumhaften Kulisse von Drachenwand und Schafberg. Im Sommer ist er ein Paradies für Wasserratten. An seinen Ufern warten derweil einige spannende Zeugnisse der Vergangenheit auf ihre Entdeckung.

Der Mondsee liegt südwestlich des ▶ Attersees und erstreckt sich bei einer Breite von maximal 1,5 km rund 11 km Richtung Nordwesten. Pfahlbaufunde belegen, dass an seinen Ufern schon in der Jungsteinzeit Menschen siedelten. Ob diese auch schon die Tatsache zu schätzen wussten, dass der See mit sommerlichen Wassertemperaturen von 26 °C der wärmste im Salzkammergut ist? Heute jedenfalls ist er bei Sommerurlaubern sehr beliebt. Und wenngleich der Mondsee im Privatbesitz ist, gibt es an vielen Stellen öffentliche Strandbäder; auch Segeln, Windsurfen und Kiten sind ohne Einschränkung möglich.

Wärmster!

Wohin am Mondsee?

Pioniere hinter Klostermauern

Mondsee

Die Marktgemeinde Mondsee (4080 Einw.) am Nordufer kann sich rühmen, Standort des ältesten Klosters auf österreichischem Boden zu sein. Die Benediktinerabtei wurde 748 vom bayerischen Herzog Odilo gegründet. Der **Tassilopsalter** von 788 gilt als ältestes in Österreich geschriebenes Werk, der Mondseer Matthäus (um 800) als älteste althochdeutsche Bibelübersetzung. Mit der Aufhebung des Klosters 1791 kamen die kostbaren Werke u. a. nach ▶ Linz.

Die ehemalige Kloster- und heutige **Pfarrkirche** zählt zu den schönsten Sakralbauten Österreichs. Hinter der barocken doppeltürmigen Westfassade verbirgt sich ein dreischiffiger gotischer Kirchenbau mit reich ornamentierten Netzrippengewölbedecken. Seitenaltäre und Kanzel gelten als Opus Magnum des Barockbildhauers Meinrad Guggenbichler (1649–1723), der 44 Jahre bis zu seinem Tod in Mondsee wirkte. Gruselig sind die gläsernen Reliquienschreine, in denen die reich geschmückten Gebeine von Heiligen ruhen.

DEN MONDSEE ERLEBEN

TOURISMUSVERBAND MONDSEE

Dr.-Franz-Müller-Str. 3
A-5310 Mondsee, Tel. 06232 22 70
www.mondsee.salzkammergut.at

SEEHOF MONDSEE €€€€

Die Fünf-Sterne-Nobelherberge liegt inmitten eines herrlichen Parks an der schönsten Bucht des Mondsees und ist die erste Adresse für Wohlfühltage. Am 300 m langen Privatstrand können die Gäste die Seele baumeln lassen. Zum Haus gehört das €€€ Haubenrestaurant Maninseo.
Auhof 1, A-5311 Loibichl am Mondsee, Tel. 06232 50 31
www.seehof-mondsee.at

GASTHOF DRACHENWAND €€–€€€

Das familiengeführte Haus am Fuß der Drachenwand bietet Salzkammergut-Ambiente. Das Restaurant (Do.–So.) serviert u. a. Fischspezialitäten.
St. Lorenz 46, A-5310 Mondsee
Tel. 06232 33 56
www.drachenwand.at

Das **Pfahlbaumuseum** in der ehemaligen Klosterbibliothek rollt die spannende Geschichte der Mondseekultur (etwa 3770 v. Chr. bis 3200 v. Chr.) auf. Diese jungsteinzeitlichen Menschen waren Meister der Töpferei, beherrschten die Kupferverarbeitung und trieben Handel bis über die Alpen. Seit 2011 gehören die Fundstellen am Mondsee und Attersee zur **UNESCO-Welterbestätte Prähistorische Pfahlbauten**, die sich rund um die Alpen verteilen.
Einige Gehminuten vom Marktplatz entfernt, am Hang nahe der Hilfbergkirche, wartet das **Bauern- und Freilichtmuseum Mondseeland** mit einem voll eingerichteten Rauchhaus auf, in dem der Rauch im Küchen- und Wohnraum statt über einen Rauchfang frei über das Dach abzieht und dabei auf dem Dachboden gelagertes Getreide trocknet. Interessant sind auch die auf dem Gelände gepflanzten alten Obstbaumsorten und die Schau zum Mondseer Einbaum.

Pfahlbaumuseum: Mai–Okt. Di.– So. 10–17 Uhr | Eintritt: 7 €
www.museum-mondsee.at
Bauern- und Freilichtmuseum Mondseeland: s. Pfahlbaumuseum

Reisen in der K.-u.-k.-Zeit

Salzkammergut Lokalbahn Museum

Das unweit des Mondseer Strandbads residierende Museum informiert über die auf schmaler Spur verkehrende Salzkammergut Lokalbahn, die zwischen 1894 und 1957 die Strecke von Salzburg nach Bad Ischl befuhr. Highlight der Ausstellung, die im ehemaligen Heizhaus

Der Mondsee liegt eingebettet in eine idyllische, sanft gewellte Wiesenlandschaft.

der Bahn beheimatet ist, ist ein nobler Salonwagen von 1906, den Kaiser Franz Joseph nutzte.
Seebadstr. 2 | Mai–Okt. Di–So. 10–17 Uhr | Eintritt: 5 €
www.museum-mondsee.at

MONTAFON

Bundesland: Vorarlberg

»Wir liefen ganz tief geduckt, überließen uns der Geschwindigkeit und glitten endlos, endlos im stillen Zischen des körnigen Pulverschnees.« Noch Jahrzehnte später geriet Ernest Hemingway ins Schwärmen, wenn er an seine Skiurlaube im Montafon zurückdachte. Von seinen Reizen auf Winter- und Sommertouristen – hat das südlichste Vorarlberger Tal nichts verloren. Für Panoramahöhepunkte sorgt die Silvretta-Hochalpenstraße.

Drei der schönsten Gebirgszüge der Alpen rahmen das Montafon ein, das sich von Bludenz knapp 40 km nach Südosten erstreckt. Im Norden die Verwallgruppe, im Süden das Rätikon-Gebirge und die Silvretta. Die ersten Siedler des Montafon waren Rätoromanen, woran noch viele Landschaftsnamen erinnern. Versettla, Garfrescha oder auch Montafon klingen den Rest-Österreichern eine Spur exotisch in den Ohren. Das von der Ill durchflossene Hochgebirgstal mit elf Orten (600–1450 m) war lange Zeit ein Armenhaus – erst der Tourismus ab 1900 und die Nutzung von Wasserkraft sorgten für Wohlstand.

Einen Teil seines Bekanntheitsgrades verdankt das Montafon dabei auch dem US-Schriftsteller und späteren Nobelpreisträger Ernest Hemingway (1899–1961), der in zwei Wintern (1924/1925 und 1925/1926) in Schruns im Hotel »Taube« Station machte. Hemingway war hier nicht nur wie berauscht vom Skilaufen auf langen Pulverschnee- und Firntouren, sondern stellte auch seinen ersten großen Roman »Fiesta« fertig. In mehreren seiner Werke schwärmte er vom Vorarlberger Winter.

Wintersportparadies für alle

Skigebiete

Die Reize der kalten Jahreszeit kosten Skifahrer und Snowboarder heute in fünf Skigebieten auf 225 Pistenkilometern aus. Auch für Skitourengeher ist das Montafon nach wie vor eine der besten Adressen Österreichs, beispielsweise das Novatal oder Gargellen. Ein Klassiker ist dort etwa die Runde um den Hausberg Madrisa mit Abfahrt in die Schweiz. Zudem sind Schneeschuhrouten, Winterwanderwege und Loipen ausgesteckt.

DAS MONTAFON ERLEBEN

MONTAFON TOURISMUS GMBH
Montafoner Straße 21
A-6780 Schruns, Tel. 050 6686
www.montafon.at

ALPENREGION BLUDENZ
Rathausgasse 5, A-6700 Bludenz
Tel. 05552 63 62 17 90
www.vorarlberg-alpenregion.at

GASTHAUS ZUM KREUZ €€€
Für seine Fondue-Spezialitäten ist das Gasthaus im Herzen von Schruns bekannt. Hemingways Leibgericht, den Hasenpfeffer, gibt es auch noch im Angebot. Die verarbeiteten Grundzutaten stammen von den bäuerlichen Betrieben aus der Region. Mo., Di. Ruhetag.
Kirchplatz 18, A-6780 Schruns
Tel. 05556 7 21 17
www.kreuzschruns.at

GASTHOF LÖWEN €€€
Im Herbst rufen Wildspezialitäten zu Tisch, Feines vom Montafoner Milchkalb und Alpschwein gibt's rund ums Jahr. In den schönen Gasthausstuben kommen die Leute gerne zusammen – oder, wie man hier sagt, »kon' d'Lüt zemma«. Mo. Ruhetag.
Kreuzgasse 4, A-6774 Tschagguns
Tel. 05556 7 22 47
www.loewen-tschagguns.at

SILVRETTA-HAUS €€
Das schmucke Berghotel mit 14 Zimmern ist ein guter Tipp für jene, die auch auf 2000 Meter Höhe Komfort nicht missen möchten. In klaren Nächten funkeln Abertausende Sterne. Als Nächtigungsgast erlebt man die Natur-Szenerie entspannter als die vielen Tagesbesucher.
Silvretta Hochalpenstraße 90c
A-6794 Partenen, Tel. 05558 42 46
www.silvretta-haus.at

Wohin im Montafon?

Themenwege und Action-Parks

Schruns und Tschagguns

Das untere Montafon wird im Westen von der über 2600 m hohen Zimba überragt, die wegen ihrer spitzen Pyramidenform das »Matterhorn Österreichs« genannt wird. In einer Talweitung am rechten Ufer der Ill liegt mit Schruns (690 m; 3980 Einw.) der Hauptort des Tals. Zusammen mit Tschagguns (686 m; 2160 Einw.) bildet er das Zentrum des Tourismus. In einem mehr als 500 Jahre alten rätoromanischen Haus ist das **Heimatmuseum** untergebracht, das die Lebensweise der Montafoner dokumentiert. **Themenwege** folgen den Spuren von Knappen, Hirten, Schmugglern oder Wasserkraftingenieuren. Der Aqua-Wanderweg in Tschagguns führt in etwa drei Stunden vorbei an einem Stausee-Becken, an Wildbächen, einem wasserbetriebenen Sägewerk, einer Schwefelquelle und der mächtig sprudelnden Lederquelle mit einer Temperatur von knackigen 4 °C.

Am **Bewegungsberg Golm** bei Tschagguns sorgen Alpine Coaster, Waldseilpark und ein Flying Fox für Thrill.

Heimatmuseum: Jan.–März Di.–Fr. 14–17, Mitte Juni–Okt. Di.–Fr. u. So. 10–17 Uhr | Eintritt: 7 € (Kombiticket)
Bewegungsberg Golm: Juni–Mitte Okt. tgl. 8.30–17 Uhr, im Mai Wochenendbetrieb | Eintritt: erlebnisabhängig, z. B. Flying Fox 15 €, Alpine Coaster 13 € | www.golm.at

Lange Bergbautradition

Silbertal

Von Schruns aus verläuft eine Straße nordöstlich nach Silbertal (889 m). Im gleichnamigen, fast 20 km langen Tal wurde zwischen dem 9. und 17. Jh. intensiv Silber- und Kupferbergbau betrieben, worüber ein Museum im Gemeindehaus informiert. Auf dem Kristberg (1442 m), zu dem eine Seilbahn hinaufführt, steht das älteste original erhaltene Gotteshaus im Montafon: die **Bergknappenkapelle** aus dem 15. Jahrhundert.

Bergbaumuseum: Jan.–März Di.–Fr. 14–17, Mitte Juni–Okt. Di.–Fr. u. So. 10–17 Uhr | Eintritt: 7 € (Kombiticket)

Auf den Spuren der Knappen

Bartholomäberg

In Bartholomäberg (1085 m; 2360 Einw.), nördlich von Schruns, machen Führungen durch das **Schaubergwerk** im historischen St. Anna-Stollen die extrem strapaziöse Arbeit der Knappen deutlich. Das **Museum im Frühmesserhaus** (1657) – als Frühmesser wurden früher Hilfspfarrer bezeichnet – lohnt wegen seines barocken Mobiliars und des herrlichen Talblicks einen Besuch.

Schaubergwerk: n. Voranmeldung, Tel. 0664 8 40 35 96 | Eintritt: 6 €
Museum im Frühmesshaus: Jan.–März Di.–Fr. 14–17, Mitte Juni bis Okt. Di.–Fr. u. So. 10–17 Uhr | Eintritt: 7 € (Kombiticket)

Als die Fremden kamen

Gaschurn

Schlechtwetterprogramm bietet in Gaschurn (1000 m; 1460 Einw.) das in einem Walserhaus neben der Kirche untergebrachte **Alpin- und Tourismusmuseum**. Es dokumentiert die Erschließung der Silvretta-, Verwall- und Rätikon-Schönheiten. 2 Mio. Übernachtungen im Jahr machen den Tourismus heute zum wirtschaftlichen Standbein des Montafon.

Alpin- und Tourismusmuseum: Jan.–März Di.–Fr. 14–17, Mitte Juni bis Okt. Di.–Fr. u. So. 10–17 Uhr | Eintritt: 7 € (Kombiticket)

Über 3609 Stufen musst du gehen ...

Oberes Montafon

Partenen (1027 m; 363 Einw.) liegt im Talschluss der Ill, große Kraftwerksbauten prägen hier das Landschaftsbild. Eine Standseilbahn führt zum **Trominier** (1730 m), von wo man zu Fuß und teilweise durch Tunnel in 45 Minuten zum Vermunt-Stausee gelangt. Fitte Zeitgenossen können den Berg auch über die 3609 Stufen niederringen, die die ehemalige Servicetreppe entlang des früheren Illwerke-Schrägaufzugs bereit hält. Bei Steigungen bis zu 86 % überwindet man auf der **»Europatreppe 4000«** 700 Höhenmeter! Eine Zeitmessung ist dabei – der Treppenkönig soll es in sagenhaften 20 Minuten und 28 Sekunden geschafft haben!

Eine Traumstraße der Alpen

★ Silvretta-Hochalpenstraße

Partenen ist westlicher Ausgangspunkt der Silvretta-Hochalpenstraße, die sich zur Bieler Höhe mit dem Silvretta-Stausee schwingt und eine Verbindung nach Galtür im Tiroler Paznauntal (▶ S. 222) herstellt. Eine erste Ausbauphase erfolgte in den 1920er-Jahren für die Arbeiten an der Staumauer Vermunt. Ab 1938, beschleunigt durch den »Anschluss« Österreichs an NS-Deutschland, wurde die Strecke bis auf die Bielerhöhe verlängert, um dort die 80 m hohe und 430 m lange Silvretta-Staumauer anzulegen. Dabei kamen auch Kriegsgefangene und Zwangsarbeiter zum Einsatz. Die mautpflichtige, 22,3 km lange Straße mit ihren 34 Kehren kann nur im Sommer befahren werden. Von mehreren Aussichtspunkten scheinen die Gipfel der Silvrettagruppe zum Greifen nahe.

Die **Bielerhöhe**, mit 2032 m höchster Punkt der Straße und Wasserscheide zwischen Rhein und Donau, liegt an der Grenze zwischen Vorarlberg und Tirol. Eine Runde um den 2,5 km langen und 750 m breiten **Silvretta-Stausee** dauert etwa zwei Stunden – anschließend kann man das Panorama vom Silvretta-Haus wirken lassen. König ist hier der 3312 m hohe **Piz Buin** an der Grenze zur Schweiz. Hinab ins Tiroler Paznauntal sind nur zwei Kehren zu bewältigen. Diese Verlängerung war gewissermaßen dem Zufall geschuldet: Anstatt einen übergroßen Bagger aus der Zeit des Staumauerbaus wieder zurück in das Montafon zu schaffen, setzte man ihn wieder in den Dienst. Drei Jahre, bis 1954, dauerte es, dann hatte sich der Koloss seinen Weg nach Galtür gebahnt.

www.silvretta-bielerhoehe.at | Maut: Pkw 18 €

Rund ums Montafon

»Alpenstadt im Fünf-Täler-Stern«

Bludenz

Am Westausgang des Montafon ins Walgau (Tal der Ill) liegt die Bezirkshauptstadt Bludenz (588 m ü. d. M., 15 000 Ew.), der wirtschaftliche Mittelpunkt des Vorarlberger Oberlandes. Ihr Schmuckstück ist die eng gebaute **Altstadt** mit zwei erhaltenen Stadttoren aus dem Mittelalter, barocken Stadthäusern und südländisch anmutenden Laubengängen. Für einen Blick auf das Ensemble steigt man empor zur **Pfarrkirche St. Laurentius** mit ihrem markanten Zwiebelturm.

Bludenz vermarktet sich als »Alpenstadt im Fünf-Täler-Stern«: Gleich fünf Täler samt den sie umgebenden Gebirgsgruppen und Skigebieten sind in wenigen Autominuten zu erreichen. Im Osten das Klostertal Richtung ▶ Arlberg, im Südosten das Montafon, dazu kommen das Große Walsertal (▶ S. 104) Richtung Nordwesten und der Walgau, das Tal der Ill bis ▶ Feldkirch. Im Süden führt das Brandnertal in das Rätikon-Gebirge. Die Kulisse dominiert das Massiv der Schesaplana (2965 m), die über dem funkelnden Lünersee thront.

MOSTVIERTEL

Bundesland: Niederösterreich

Sanft gewellte Obstbaumhügel im Norden, schroffe Kalkberge im Süden: Das Mostviertel unterhalb der Donau bringt zwei der schönsten Landstriche Niederösterreichs unter einen Hut. Verbunden sind sie durch die Most- und die Eisenstraße.

Die mit 5500 km² größte Region Niederösterreichs war im Mittelalter eine geschäftige und reiche Region. Die wald- und wasserreichen Täler der niederösterreichischen Alpen waren ideale Standorte für die Verarbeitung von Eisenerz, das – direkt aus dem nahen steirischen Erzberg angeliefert – hier von den Schmieden kunstvoll verarbeitet wurde. Waidhofen an der Ybbs entwickelte sich zum zentralen Umschlagplatz zwischen Eisen- und Mosthändlern.

Wohin im Mostviertel?

Das blühende Leben

Moststraße

Rund 300 000 Obstbäume verwandeln das Dreieck unterhalb der Donau zwischen den Städten Amstetten, St. Valentin und Waidhofen an der Ybbs jedes Jahr Ende April in ein herrliches Blütenmeer. Das etwa zehn Tage dauernde Naturschauspiel ist auch der Saisonauftakt für Erkundungen entlang der Moststraße, die auf 200 km zu diversen Mostheurigen, -wirten und -bauern mit Hofverkauf führt. Hier setzt man übrigens, weltweit einzigartig, stark auf Birnenmost.
Mostbauer Anton Distelberger sen. ist stolzer Besitzer der größten volkskundlichen Privatsammlung Österreichs (Gigerreith 39, Amstetten). Mehr als 22 000 Exponate rund um die Mostviertler und ihre Kultur hat er zusammengetragen, mit viel Leidenschaft führt er durch sein **Mostviertler Bauernmuseum**.

Moststraße: www.moststrasse.at
Mostviertler Bauernmuseum: n.V. Tel. 07479 7 33 4 | Eintritt: 10 €
www.distelberger.at

»Geburtsurkunde Österreichs«

Neuhofen an der Ybbs

Folgt man dem Lauf des südlichen Donau-Nebenflusses Ybbs, gelangt man bald nach Neuhofen an der Ybbs (319 m; 3050 Einw.). Hier schlug anno 996 Österreichs Geburtsstunde, als Kaiser Otto III. dem Bischof von Freising 30 Königshufen (ca. 1000 ha Land) in der Gegend von Neuhofen schenkte. In der Schenkungsurkunde wird erstmals der Name »Ostarrichi« erwähnt. Daraus entwickelte sich »Österreich«. Faksimiles dieser und weiterer für Österreichs Geschichte zentrale Dokumente sind heute im **Ostarrichi-Kulturhof** zu sehen.

Ende April–Okt. Mo., Do., Fr. 9–12, Sa., So., Di. 9–12 u. 13–17 Uhr
Eintritt: 5 € | www.ostarrichi-kulturhof.at

Der Vierkanter Gottes

Stift Seitenstetten

18 km westlich liegt eingebettet in der sanfthügeligen Landschaft des Mostviertels Stift Seitenstetten. Seiner markanten Architektur verdankt das Benediktinerkloster den Beinamen »Vierkanter Gottes« – eine Grundform übrigens, die sich auch in vielen Bauernhöfen der Region wiederfindet. Zu den Sehenswürdigkeiten des 1112 gegründeten und im 18. Jh. barock umgebauten Klosters gehören neben der Stiftskirche und dem historischen Hofgarten die romanische Ritterkapelle, der Marmorsaal, die Bibliothek mit Fresken von Paul Troger sowie die Stiftsgalerie mit gotischen und barocken Werken.

April–Okt. 9–12 u. 13–17 Uhr | Eintritt: 9 €
www.stift-seitenstetten.at

Wo die Hämmer klangen

Waidhofen an der Ybbs

Weiter südöstlich – und hier verlässt man die Moststraße – breitet sich Waidhofen (356 m; 11 100 Einw.) am Ufer der smaragdgrünen Ybbs aus. Das regionale Zentrum verfügt über einen entzückenden historischen Ortskern und eine von gleich sieben Türmen geprägten Silhouette. Die Stadt gehört zu den Stationen an der **niederösterreichischen Eisenstraße**, einer Erlebnisroute zur Geschichte und Gegenwart der Eisenverarbeitung. Um die Mitte des 16. Jh.s wurden in der Region rund 20 % der europäischen Eisenproduktion abgewickelt. Das **Fünf-Elemente-Museum** in Schloss Rothschild (Schlossweg 2) verdeutlicht mit interaktiven Stationen das Zusammenspiel von Erde, Feuer, Wasser, Holz und Eisen, die für diesen Aufschwung nötig waren. Im lokalen Tourismusbüro an derselben Adresse gibt es ein Begleitheft zu einem geschichtsträchtigen Stadtrundgang.

Eisenstraße: www.eisenstrasse.at
Museum: im Sommer Di. 9–13, Mi., Sa. 9–13 u. 14 bis 17, So. 10–16 Uhr, im Winter nur Fr.–So. | Eintritt: 8 € | www.schloss-rothschild.at

Die Weitergabe des Feuers

Ybbsitz

Auch das 10 km entfernte Ybbsitz (414 m; 3350 Einw.) hat eine »eiserne« Vergangenheit, was in der Ausstellung **Ferrum – Welt des**

Das Frühjahr ist die wohl schönste Jahreszeit im Mostviertel – frisches Grün, gesprenkelt von den zarten Farbtönen der Obstbaumblüten, überzieht das Land.

Eisens spannend dokumentiert ist. Heute beherbergt das Städtchen die European Iron Academy und hält das internationale Schmiedefest Ferraculum (Juni/Juli, in geraden Jahren) ab.
April–Okt. Mo. 13–17, Di.–Fr. 9–17, Sa. 9–16, So. 10–16, Winter Sa. Nachm., So. geschl. | Eintritt: 6,80 € | https://schmieden-ybbsitz.at

Kontemplativer Komplex

Gaming

Ca. 23 km östlich liegt Gaming (431 m; 2900 Einw.), wo die **einst größte Kartause Mitteleuropas** – 1342 erbaut, im 18. Jh. säkularisiert – einen Besuch lohnt. Ein Museum in den verglasten Holzarkadengängen sowie Führungen informieren über die Geschichte des Kartäuser-Ordens. Das in einem Teil der Anlage untergebrachte Vier-Sterne-Hotel besticht durch das Flair der alten Klosterarchitektur.
Führungen Juni–Sept. Mo.–Fr., So. 11 u. 15 Uhr | Eintritt: 6 € | auch Bierführungen n.Voranm. | www.kartause-gaming.at

Der Klang der Wellen

Lunz am See

Wie ein Juwel glitzert 10 km südlich von Gaming der Lunzer See in seinem von Wäldern gesäumten Bett. Im Juli lockt das **wellenklänge-Festival** Freunde zeitgenössischer Musik an die Seebühne. Rund um Lunz am See (601 m; 1790 Einw.) gibt es viele lohnende Wanderziele.
www.wellenklaenge.at

DAS MOSTVIERTEL ERLEBEN

MOSTVIERTEL TOURISMUS
Töpperschloss Neubruck
Neubruck 2/10, A-3270 Scheibbs
Tel. 07482 2 04 44
www.mostviertel.at

DESTILLERIE FARTHOFER
Mit einem Sortiment von rund 40 Bränden und Likören zählt der Familienbetrieb zu Europas größten Bio-Spirituosen-Anbietern.
Mostviertelplatz 6, A-3362 Öhling
Tel. 07475 5 36 74
www.destillerie-farthofer.at

MOSTVIERTLERWIRT OTT €€
Familie Ott beweist in ihrem Landgasthof, dass Most auch hervorragend ins Essen passt. Wie wäre es also einmal mit einem Rinderbraten in Mostsoße? Mo., Di. Ruhetag.
Marktplatz 4
A-3353 Seitenstetten
Tel. 07477 4 23 04
www.mostviertlerwirt-ott.at

SCHLOSS AN DER EISENSTRASSE €€€
Historische Bausubstanz, verknüpft mit moderner Architektur und angesagtem Design, kennzeichnet dieses Haus am Ufer der Ybbs mit Blick auf die Türme von Waidhofen.
Am Schlossplatz 1
A-3340 Waidhofen an der Ybbs
Tel. 07442 5 05
www.schlosseisenstrasse.at

Aussichts- und Naturparkerlebnisse

Ötscher-Massiv

Blickfang der regionalen Bergwelt ist das östlich gelegene Ötscher-Massiv, um den sich der 170 km² große **Naturpark Ötscher-Tormäuer** erstreckt. Mit 1893 m ist der gleichnamige Gipfel der höchste Aussichtsberg im westlichen Niederösterreich, ein Drittel der Alpenrepublik bietet sich an schönen Tagen dem Auge dar. Von Lackenhof (809 m; 293 Einw.) 12 km östlich von Lunz bietet ein Sessellift eine Starthilfe für den Gipfelsturm. Tiefe Schluchten, Wasserfälle und dunkle Wälder verleihen dem Kalkstock ein sehr ursprüngliches Gesicht. An der östlichen Seite startet die Tour durch die Ötschergräben (▶ S. 264).

Naturpark Ötscher-Tormäuer: www.naturpark-oetscher.at
Ski- und Wandergebiet Lackenhof: www.oetscher.at/

Zeitlos schön

Wilhelmsburg

Auf dem Weg zurück zur Donau über die B 25 lohnt ein Besuch in Wilhelmsburg, wo ab 1795 das Wilhelmsburger Steingut und später das Lilien-Porzellan gefertigt wurden. Das pastellfarbene Geschirr mit dem Namen »Daisy« schaffte es zu Bekanntheit weit über die Grenzen Österreichs hinaus. Dieses Kapitel Industriegeschichte vergegenwärtigt das **Geschirr-Museum** an der Geburtsstätte des Porzellans in der Wincklmühle (Färbergasse 11).

April–Nov. Mi.–Fr. 8.30–12 u. 13–15, Sa. 8.30–12, jeden 1. So. im Monat 8.30–12 Uhr | Eintritt: 8,50 € | www.geschirr-museum.at

MÜHLVIERTEL

Bundesland: Oberösterreich | **Mühlviertel Tourismus:** Waaggasse 6, A-4240 Freistadt, Tel. 050 72 63, www.muehlviertel.at

»Soweit das Auge ging, sah es kein anderes Bild als denselben Schmelz der Forste, über Hügel und Täler gebreitet«, schrieb Adalbert Stifter einst über das Mühlviertler Land. Dunkle Wälder, unterbrochen von Lichtungen in hellem Grün, murmelnde Bäche und stille Moore – so präsentiert sich Oberösterreich nördlich der Donau auch heute noch.

Keines der vier historischen Viertel Oberösterreichs ist so klar abgegrenzt wie das Mühlviertel, das im Westen an Deutschland, im Norden an die Tschechische Republik und im Osten an das Waldviertel grenzt. Von der Donau im Süden steigt das Terrain stetig bis in die Höhen des Böhmerwaldes an. Seine Hügelketten und Höhenzüge bestehen aus hartem Granit. In der bäuerlichen Architektur manifestiert sich das Urgestein in den so typischen Steinbloßhöfen mit spärlichem Kalkverputz. Zum Mühlviertel gehört auch eine reiche Bierbraukultur – mit Wasser, das dem granitenen Untergrund entspringt und deshalb besonders weich ist. Auch Hopfen wird im Mühlviertel in großen Mengen angebaut.

Wohin im Mühlviertel?

Aktiv von A nach B

Böhmerwald und Mühlviertler Alm

Der nordwestliche Teil an der Grenze zu Bayern und Tschechien bildet die Ferienregion Böhmerwald, wo Wandern und Mountainbiken – auch grenzüberschreitend – hoch im Kurs stehen. Im östlichen Teil des waldreichen Hügellandes kommen Reitsportfreunde voll auf ihre Kosten. Mit 700 km Reitwegen stellt die Mühlviertler Alm eine der größten Reitregionen Europas dar. Warm ums Herz wird es Skilangläufern im Nordischen Zentrum Böhmerwald mit seinem riesigen

Loipennetz. Einstiege gibt es in Schöneben, Grüneben und Oberhaag. Am nahen Hochficht gibt es ein familiäres Skigebiet, Hundeschlittentouren durch den Wald runden das Angebot ab.
www.boehmerwald.at, www.muehlviertleralm.at

800 Jahre Motor der Region

Aigen-Schlägl

Die Doppelgemeinde Aigen-Schlägl (596 m; 3220 Einw.) im Böhmerwald wird wegen ihrer Umgebung von Wanderern sehr geschätzt. Schöne Wege führen etwa zum **Hochficht** (1338 m) oder zum Aussichtsturm **Moldaublick**. Geistig-kulturelles Zentrum sowie einer der größten Arbeitgeber der Region ist das 1218 als Rodungskloster gegründete und im 17. Jh. neu erbaute **Prämonstratenser-Chorherrenstift Schlägl**. Die ursprünglich frühgotische Stiftskirche wurde barock umgestaltet und verfügt über ein reich geschnitztes Chorgestühl (1735). Bekannt ist das Stift für seine regen musikalischen Aktivitäten von Konzertreihen bis zum Orgelwettbewerb. Die Erzeugnisse der Stiftsbrauerei – beispielsweise Österreichs erstes Bio-Roggenbier – werden rundum in der Gastronomie angeboten.

Stift Schlägl: Nur mit Führung Mai–Okt. Di.–Sa. 10.30 u. 14, So. 11 u. 14 Uhr | Eintritt: 9 € | www.stift-schlaegl.at

Brauereiführung: Mi. 10.30 sowie auf Anfrage | Eintritt: inkl. Verkostung 15 € | Anmeldung unter Tel. 07281 8 80 18 10

Holz marsch!

Schwarzenbergscher Schwemmkanal

Einen Aufschwung erlebte die Region Ende des 18. Jh.s mit dem Bau des Schwarzenbergschen Schwemmkanals, auf dem sich Holz vom Böhmerwald bis zur Donau befördern ließ. Von dort gelangte es in weiterer Folge als Brennholz in die Wiener Haushalte. Das etwa 52 km lange und nur 2,80 m breite Gerinne führt von den Böhmerwaldhöhen auf österreichisches Gebiet zur Großen Mühl und überwindet dabei die Wasserscheide zwischen Moldau und Donau. Die Fürsten Schwarzenberg als Waldbesitzer finanzierten das Unternehmen. Mit dem Bau von Eisenbahnen, dem Aufstieg der Kohle und dem Kollaps der Donaumonarchie verlor der Kanal an Bedeutung. Heute begleiten Wander- und Radwege das teils restaurierte Technik-Denkmal.

Für alle Sinne

Haslach

Blau blühende Flachsfelder waren bis in die 1960er-Jahre ein Markenzeichen des Oberen Mühlviertels. In Haslach an der Mühl (531 m; 2580 Einw.), 10 km südöstlich von Schlägl, vergegenwärtigt das **Webereimuseum** die einstige Welt der Leinenweber. Besucher können die Welt der Textilzeugung von der Faser bis zum fertigen Stoff auf laufenden Maschinen miterleben. In der Mühlviertler **Ölmühle** nebenan werden seit mehr als 600 Jahren Saaten zu Öl verarbeitet. Spezialität ist das nach einem traditionellen Verfahren aus den Sa-

men der Flachspflanze gewonnene Leinöl, das u. a. den Mühlviertler Erdäpfelnudeln das gewisse Etwas verleiht.
Ebenfalls um die Ecke und nur über Führungen erschlossen ist die **»Mechanische Klangfabrik«**, die an die 150 Musikautomaten von Barock bis ins 20. Jh. versammelt. Die Bandbreite reicht von filigranen Spieluhren über schnarrende Drehleiern bis zum Orchestrion, das pompös eine ganze Band imitierte.

Webereimuseum: Do.–So. 10–16 | Eintritt: 6,50 € | www.textiles-zentrum-haslach.at
Ölmühle: Führungen Do., 11 Uhr (5,90) u. n. V. für Gruppen | Verkauf Mo.–Fr. 8–12 u. 14.30 bis 17 Uhr | www.oelmuehle-haslach.at
Mechanische Klangfabrik: Führung Mai–Okt. Do.–So. 14 Uhr Eintritt: 8,50 € | www.mechanischeklangfabrik.at

Besuch bei den »Braucommunisten«

Freistadt

Freistadt (560 m; 7980 Einw.), ca. 30 km nordöstlich von Linz, besitzt eine gut erhaltene mittelalterliche Altstadt sowie nahezu komplette Befestigungsanlagen. Das **Mühlviertler Schlossmuseum** im Bergfried von Schloss Freistadt (14. Jh.). dokumentiert die Geschichte der Stadt und ihrer Handelsbeziehungen bis nach Böhmen, Nürnberg und Venedig. Volkskunde und Hinterglasmalerei sind weitere Themen. Wer bis zur Türmerstube in 40 m Höhe hinaufsteigt, wird mit einem schönen Blick auf Stadt und Hügelland belohnt.
1770 schlossen sich die 149 brauberechtigten Bürger zur »Braucommune in Freistadt« zusammen. Bis heute sind die Anteile an der Freistädter Brauerei fest mit dem Besitz eines Hauses in der Altstadt verbunden. Die »Commune« als Rechtsform einer Firma gilt als die letzte ihrer Art in Europa. Erzeugt werden in der heute größten Brauerei des Mühlviertels auch Spezialbiere wie der Black Bock. Live-Bierbrauen, Führungen oder ein Besuch im Bräugasthof erschließen dieses bio-zertifizierte Bier-Universum.

Mühlviertler Schlossmuseum: Juni–Sept. Di.–Fr. 9–17, Sa./So. 14–17 Uhr, Okt.–Mai Di.–Fr. | Eintritt: 6 € | www.museum-freistadt.at
Braucommune Freistadt: Führung Do. 10 Uhr, sonst auf Anfrage Eintritt: 10 € | www.freistaedter-bier.at

Weltkunst in der Abgeschiedenheit

Kefermarkt

Dass große Kunst auch in verborgenen Ecken des Landes blühen kann, beweist Kefermarkt (512 m; 2180 Einw.) 10 km südlich von Freistadt. Seine Kirche birgt ein kunsthistorisches Juwel von Weltrang: den gotischen, um 1490 von einem unbekannten Künstler geschaffenen **Kefermarkter Flügelaltar**. Keine der Schnitzfiguren gleicht der anderen, kunstvolle Details erfreuen das Auge. In der Mitte des Schreins steht der hl. Wolfgang. Mitte des 19. Jh.s wurde der von Holzwürmern befallene Altar auf Initiative des Dichters Adalbert Stifter, der auch Konservator war, gerettet.

MURAU

Bundesland: Steiermark | **Höhe:** 832 m ü. d. M.
Einwohner: 3430 | **Murau Tourismus:** Liechtensteinstraße 3–5, A-8850 Murau, Tel. 03532 27 20
www.regionmurau.at

Welcher Ort kann sich schon rühmen, er sei auf einen Minnesänger zurückzuführen? Murau, am Fuß der über 1800 m hohen Stolzalpe gelegen, kann das: Es wurde vom Ritter und Minnesänger Ulrich von Liechtenstein (1200–1275) gegründet. Heute ist die steirische Kleinstadt bekannt für ihre Bierbrauer-Künste und ihre innovative Architektur mit Fokus auf jenem Baustoff, der in der Umgebung in rauen Mengen zu finden ist: Holz.

Ein Stadtbummel beginnt am Platz vor dem Bahnhof, der ein schönes Panorama auf die tiefer liegende Mur und ihre revitalisierte Promenade, die Altstadt sowie das darüber liegende Schloss Murau erschließt. Auch Wahrzeichen neueren Datums kommen hier in den Blick, der 47 m lange hölzerne Mursteg etwa oder das Café Open Space, das als Stahl-, Holz- und Glaskonstruktion über die Stadtmauer krängt.

Wohin in Murau?

Stattliches aus Gotik und Barock

Altstadt

Alte Bürgerhäuser säumen den Weg vom Raffaltplatz über die Anna Neumann Straße zum zentralen **Schillerplatz**. Der dreieckige Platz wurde um 1270 angelegt, später wohnten hier bedeutende Hammerherrenfamilien, heute sind hier Geschäfte und Cafés zu finden. Darüber erhebt sich prominent die Kirche **St. Matthäus** (13. Jh.), ein frühgotisches Bauwerk mit schönen Fresken und einem meisterhaften Barockaltar.

Innovative Brauerei-Erlebniswelt

Murauer Brauerei

Die Murauer Brauerei hat am Raffaltplatz am westlichen Ende der Altstadt ein modernes Braumuseum eingerichtet. Die »Brauerei der Sinne« macht Preiselbeerbier und weitere Spezialitäten erlebbar, eine Schaubrauerei und eine Bierapotheke gibt es ebenso wie einen Bierkeller, in dem das Gebräu verkostet werden kann. Seit 1495 wird in Murau gebraut, seit 2016 geschieht dies CO_2-neutral.

Führung 14 u. 16 Uhr, im Winter mit Voranmeldung Tel. 03532 3 26 65 00 | Eintritt: 16.50 € (mit Verkostung) | www.murauerbier.at

Wechselhafte Geschichte

Schloss Murau

Eine überdachte hölzerne Stiege führt hinauf zum Wahrzeichen der Stadt, dem weiß getünchten Schloss Murau auf dem Grund der einstigen Liechtensteinschen Burg. Im Jahr 1565 heiratete Anna Neumann von Wasserleonburg den letzten Liechtensteiner. Sie überlebte zwei Hexenprozesse und fünf Ehemänner, über ihren sechsten Gatten kam die Burg 1617 in den Besitz der Fürstenfamilie Schwarzenberg und entstand als vierflügeliger Renaissancebau mit schönem Arkadenhof neu (1643). Die Schlossführung mit Stopps in Gemäldegalerie, Küche, Verlies und Kapelle vermittelt einen guten Eindruck von der Geschichte des Baus sowie des Hauses Schwarzenberg.

Führungen Juni–Sep. Mi. u. Fr. 14 Uhr | Eintritt: 8 €

Aus Holz gebaut

Holzwelt Murau

Rund um Murau wächst ein uralter Baustoff, der in den letzten Jahren neu entdeckt wurde. Wer mehr über die neue Architektur rund ums Holz erfahren will, ist bei einer der neun verschiedenen Führungen der Holzwelt Murau gut aufgehoben. Diese betreut auch das Holzmuseum in St. Ruprecht (▶ unten).

Programm und Anmeldung unter www.holzweltmurau.at

Per Rad oder Zug

Station am Murradweg

Viele Kurzbesucher kommen über den Murradweg, der im Salzburger ▶ Lungau startet. Die **Murtalbahn**, eine Schmalspurbahn, begleitet die Route von Tamsweg bis Unzmarkt. Im Sommer kommen auch Dampfbummelzüge zum Einsatz.

Dampfzüge: Ende Juni–Mitte Sept. Di., Do., So. | Fahrpreis: Murau-Tamsweg-Murau 29 € | www.steiermarkbahn.at

Rund um Murau

Verblüffendes aus Holz

St. Ruprecht ob Mur

Was man alles aus und mit Holz machen kann, präsentiert 12 km muraufwärts in St. Ruprecht ob Mur das steirische **Holzmuseum**. Kunst und geniales Design aus Holz sind zu bewundern, für Kinder gibt es Mitmach-Programme.

Mai–Okt. tgl. 10–16, Juli u. Aug. bis 17 Uhr | Eintritt: 11 €
www.holzmuseum.at

Snowboard- vs. Wanderparadies

Kreischberg und Krakau

Umgeben von ausgedehnten Wäldern und nicht allzu hohen Bergen, ist Murau ein Urlaubsziel abseits vom Massentourismus. Im Winter hat der **Kreischberg** 7 km westlich Kultstatus unter Snowboardern. Im Sommer gilt die nahe Krakau, eine Hochebene an der Südabdachung der Niederen Tauern, unter Wanderfreunden als heißer Tipp.

Ungewöhnliche Stiftmuseen

St. Lambrecht

Am Rand des südlich von Murau gelegenen Naturparks Zirbitzkogel-Grebenzen liegt der Markt St. Lambrecht. Er ist Sitz eines im 11. Jh. gegründeten Benediktinerstifts. Die reich ausgestattete **Stiftskirche** mit den beiden Zwiebeltürmen stammt noch aus dem 14./15. Jh., während die anderen Klosterbauten im 17./18. Jh. errichtet wurden. Führungen erschließen die sakralen Kunstschätze, das Vogelmuseum und die volkskundliche Sammlung der Abtei.

Führungen Mitte Mai–Mitte Okt. Mo.–Sa. 10 u. 14.30,
So. nach der Messe u. 14.30 Uhr | Eintritt: ab 9 €
www.stift-stlambrecht.at

★★ NATIONALPARK DONAU-AUEN

Bundesland: Niederösterreich | **Höhe:** 161 m ü. d. M.
www.donauauen.at

Zwischen Wien und der slowakischen Grenze bildet die Donau eine der letzten intakten Auenlandschaften Mitteleuropas. Geschützt ist das einzigartige Ökosystem durch den 1996 eingerichteten Nationalpark Donau-Auen, der im Südosten Wiens beginnt und sich über etwa 38 km durch Niederösterreich zieht. Bestens verbinden lässt sich ein Besuch mit Ausflügen in die römische Vergangenheit Österreichs und auf die barocke Erlebniswelt Schloss Hof.

Grünes Band

Als im Winter 1984 der Auwald bei Hainburg für den Bau eines Flusskraftwerks gerodet werden sollte, riefen Umweltschützer zum Widerstand auf – und behielten schließlich die Oberhand. Zwölf Jahre nach der Aubesetzung in Hainburg schlug die Geburtsstunde des heute 96 km² großen Nationalparks. Das Schutzgebiet, das zu einem Viertel auf Wiener Gebiet liegt, lässt sich auf Wander- und Radwegen bestens erkunden. Das Erscheinungsbild prägen der breite Donaustrom, Altarme, die durch Vernetzung mit dem Hauptfluss wieder Dynamik gewannen, und dichte Auwälder. Mit seinen unterschiedlichen Lebensräumen legt das grüne Band die Basis für eine beeindruckende Artenvielfalt. Europäische Sumpfschildkröte, Seeadler, Eisvogel, Rothirsch und Biber sind typische Bewohner der Donau-Auen. 100 Brutvogelarten, acht Reptilien-, 13 Amphibienarten und gut 50 Fischarten sind nachgewiesen, dazu mehr als 700 Pflanzenarten.

Wohin im Nationalpark Donau-Auen?

National-parkzentrum am Nordufer

Ein ganz besonderer Lebensraum

In **Schloss Orth** am Nordufer der Donau, 15 km östlich der Wiener Stadtgrenze, macht das Nationalpark-Zentrum den Lebensraum Donau-Auen mit Erlebnisausstellungen und einem Mini-Zoo auf der Schlossinsel erfahrbar. Zieseln und Nattern bevölkern die Gehege, Frösche und Libellen die Teiche. Eindrucksvoll die Unterwasser-Beobachtungsstation: Hinter bruchsicherem Glas ziehen Karpfen, Barsche und seltene Sterlets ihre Runden. Schloss Orth ist auch Ausgangspunkt für wundervolle **Ranger-Touren** zu Fuß. Und vom Donau-Ufer 2,5 km südlich starten Kanu- und Schlauchboot-Exkursionen. Tipp: Ein Fernglas leistet gute Dienste bei der Tierbeobachtung.

Ende März–Sept. tgl. 9–18, Okt. u. Nov. 9–17 Uhr | Eintritt: 12 €
www.donauauen.at

SCHIFFE SCHAUEN

Lastkähne stemmen sich gegen die Strömung die Donau aufwärts. In der Gegenrichtung ein schicker Flusskreuzer. Geht's nach Budapest? Gar ans Schwarze Meer? Die kleine Fähre hinüber nach Haslach passt auch noch ins Bild. Von Humers Uferhaus südlich von Orth hat man das Treiben auf Europas großer West-Ost-Flusstransversale im Blick und genießt dabei einen »Karpfen serbisch« (Uferstr. 20, A-2304 Orth an der Donau, Mai–Sept. tgl. außer Mi. ab 10 Uhr, Okt u. April nur Do.–So., www.uferhaus.at).

Barocke Erlebniswelt der Sonderklasse

★ Schloss Hof

Nördlich und östlich des Nationalparks breitet sich das Marchfeld aus, eine Gemüse- und Kornkammer Österreichs. In historischer Zeit fochten die Habsburger auf der Ebene große Schlachten aus (1278 bei Dürnkrut gegen Ottokar II. Premysl von Böhmen, 1809 bei Aspern gegen Napoleon). Heute führt 22 km östlich von Orth Schloss Hof zurück in die glanzvolle Barockvergangenheit Österreichs. Der »Türkenbezwinger« Prinz Eugen von Savoyen ließ das Anwesen von Johann Lucas von Hildebrandt zu einem Lust- und Jagdschloss mit opulenter Gartenanlage und Gutshof umgestalten. Heute präsentiert sich Schloss Hof an der Grenze zur Slowakei als bezaubernde barocke Erlebniswelt. Feste, Märkte und Erlebnisgastronomie sorgen für Savoir Vivre wie zur Zeit Prinz Eugens und Maria Theresias, die auf ihrem nach Prinz Eugens Tod erworbenen Anwesen unbeschwerte Sommer mit ihren Kindern verbrachte. Im Sommer gibt es gute öffentliche Verbindungen nach Wien.

Für Familien wird auch heute viel geboten. Vierhornziegen, Weiße Esel und Mangaliza-Schweine bevölkern den Gutshof. Im Nasch-und Beerengarten ist Pflücken ausdrücklich erlaubt. In einer Töpferei und weiteren Schaubetrieben lebt altes Handwerk wieder auf. Die **Sala Terrena** des Schlosses stellt die Verbindung in die meisterhaft gestaltete Landschaft her. Die sieben Terrassen des Barockgartens fallen in die Niederungen des Grenzflusses March ab und sind nach historischem Vorbild neu bepflanzt worden. Abertausende Blumen, Beete in kunstvollen Mustern, getrimmte Hecken und Baumreihen verzücken Gartenfreunde. Den finalen Akzent setzte die Rekonstruktion der Brunnenanlagen. Seit 2018 sprudelt die **Große Kaskade** wieder, ein vierstufiger Wasserfall mit zwei Becken.

Mitte März–Okt. tgl. 10–18, Winter 10–16 Uhr
Eintritt: 21 € (inkl. Audioguide) | www.schlosshof.at

Alte Festungsstadt am Südufer

Hainburg

Von Schloss Hof gelangt man über Engelhartstetten und die 228 m lange Donaubrücke an das südliche Ufer der Donau nach Hainburg (161 m; 6900 Einw.). Die östlichste Stadt Österreichs (1244 Stadtrecht) avancierte bereits im Mittelalter zu einem Bollwerk an der Ostgrenze des Heiligen Römischen Reichs. Mit seiner 2,5 km langen **Stadtmauer**, drei erhaltenen Toren und 15 Türmen aus dem 13. Jh. verfügt Hainburg über eine der ältesten Stadtbefestigungen Europas. Prunkstück ist das über 20 m hohe **Wiener Tor**. Mehrfach hatte das Städtchen unter Überfällen der Magyaren und der Türken zu leiden. Im Türkenkrieg von 1683 wurden fast alle 8000 Einwohner niedergemetzelt, weil sich das Fischertor in Richtung Donau nicht rechtzeitig öffnen ließ – aus diesem Grund heißt die Straße zum Hauptplatz heute **Blutgasse**. Über Fußwege geht es hinauf zur **Burgruine** 140 m über der Donau mit prachtvoller Aussicht über Stadt, Fluss und Auenlandschaft.

Panoramaloge

Noch eindrücklicher ist der Ausblick vom nordöstlich von Hainburg gelegenen, über eine Straße erschlossenen Braunsberg mit seinem markanten schrägen Plateau. Mit dem Thebener Kogel in der Slowakei bildet der Kalkstock die Hainburger bzw. Ungarische Pforte des Donaustroms.

Braunsberg

 Römerstadt Carnuntum

Mitte März–Mitte Nov. tgl. 9–17 Uhr | Eintritt: 13 €
www.carnuntum.at

Wo die Römersteine sprechen

7 km stromaufwärts von Hainburg gewährt die »Römerstadt Carnuntum« im Ortsgebiet von Petronell faszinierende Einblicke in das Leben an der Peripherie des antiken Weltreiches. Weltweit einzigartig sind die **Therme** und drei weitere Gebäude, die Historiker im Baustil des 4. Jh.s am Originalstandort wieder aufgebaut haben und die heute für Besucher zugänglich sind. Beim Römerfestival Mitte Juni erfüllen Gladiatoren-Schaukämpfe und Handwerksvorführungen das Ensemble mit Leben. Lust auf eine persönliche Erkundung macht die Carnuntum-App mit über 40 in 3D gescannten Objekten und mit virtuellen Touren.

Überblick und Geschichte

Nicht nur beim großen Römerfestival im Juni entführt Carnuntum seine Besucher in antike Zeiten.

Carnuntum schützte als wichtiges Glied des Donaulimes die römische Provinz Pannonien gegen die »Barbaren« im Norden. Zugleich war es ein Knotenpunkt der Bernsteinstraße, einer wichtigen Fernhandelsroute vom Baltikum bis zum Mittelmeer. Um 170 n. Chr. hielt sich Kaiser Marc Aurel mehrfach in Carnuntum auf, um die anstürmenden Quaden und Markomannen über die Donau zurückzuwerfen. Der Komplex umfasste eine Militärstadt mit zeitweise bis zu 6500 Soldaten und eine Zivilstadt mit 50 000 Einwohnern, in der Handel und Handwerk blühten. Mit dem Niedergang Roms ging es auch mit dem Vorposten im Norden bergab. Ein »ödes, schmutziges Dorf«, so urteilte ein Geschichtsschreiber im Jahr 375. In der Völkerwanderung gaben die Römer Carnuntum auf, es wurde aber nie modern überbaut. Systematische Ausgrabungen starteten bereits 1885, erst von 2006 bis 2013 erstand ein Teil der Römerstadt mit modernsten archäologischen Verfahren originalgetreu wieder auf.

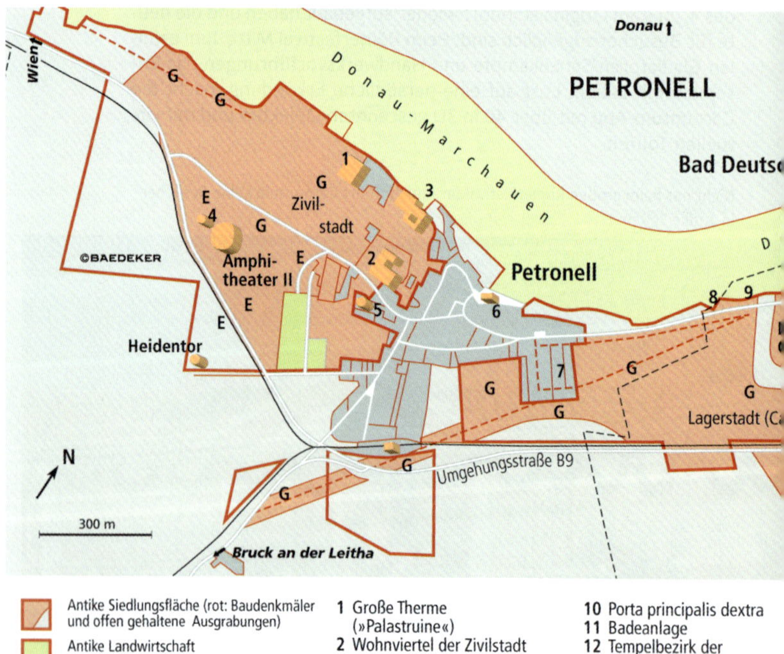

Antike Siedlungsfläche (rot: Baudenkmäler und offen gehaltene Ausgrabungen)
Antike Landwirtschaft (geplante Anlage)
Bebaute Fläche
Naturschutzgebiete

1 Große Therme (»Palastruine«)
2 Wohnviertel der Zivilstadt (Freilichtmuseum)
3 Schloss Petronell
4 Gladiatorenschule
5 Rundkirche Petronell
6 Pfarrkirche Petronell
7 Auxiliarlager (Kastell) Petronell
8 Statthalterpalast (?)
9 Heiligtum der Epona (?)
10 Porta principalis dextra
11 Badeanlage
12 Tempelbezirk der orientalischen Gottheiten (Mühläcker)
13 Canabae im Bereich Mühl
14 Schloss Deutsch-Altenbur
15 Museum Carnuntinum
16 Pfarrkirche und Karner
17 Deutsch-Altenburg

Hoher Wohnkomfort

An der Hauptstraße Petronell-Carnuntums liegt das Entree zur Römerstadt Carnuntum. Das Bürgerhaus des Lucius, eine elegante Stadtvilla (villa urbana) und eine römische Therme lassen Besucher in die Lebenswelten der höhergestellten Bürger eintauchen. Ein zehnminütiger Spaziergang erschließt das Amphitheater der einstigen Zivilstadt, wo sich im 4. Jh. bis zu 13 000 Zuseher an Gladiatorenkämpfen ergötzten.

Bürgerhaus des Lucius und Amphitheater

Blutiges Gewerbe

Zu den jüngsten Funden zählten die Überreste einer hölzernen Gladiatorenschule. Bodenradargeräte machten ihre Strukturen im Erdreich sichtbar. Die 14 m durchmessende Rekonstruktion mit zwei Zuschauerreihen ragt seit 2014 am ursprünglichen Standort empor. Das **Heidentor** (Abb. ▶ S. 517), etwa 900 m südlich der Zivilstadt, ist das einzige Denkmal aus der Römerzeit, das in Österreich durch alle Epochen hindurch sichtbar geblieben ist. Errichtet wurde das Bauwerk wohl Mitte des 4. Jh.s als Doppeltriumphbogen für Kaiser Constantius II. (reg. 337–361). Zwei mächtige Pfeiler sind heute noch erhalten.

Gladiatorenschule

17 Tempelbezirk des Jupiter Optimus Maximus Karnuntinus am Pfaffenberg (heute zerstört)

E Größere im Grundriss geortete Einzelbauten

G Gräberfeld

------ Antike Straßen

------ Gemeindegrenzen

Der Alltag am Donaulimes

Das antike Carnuntum erstreckt sich auf einer Fläche von 10 km² bis ins heutige **Bad Deutsch-Altenburg**. Dort kann man sich im Museum Carnuntinum (Badgasse 40–46) weiter in das Leben am Donaulimes vertiefen. Die neue Ausstellung »Carnuntum – Weltstadt am Donaulimes« porträtiert mit teils noch nie gezeigten Exponaten aus den Landessammlungen die Stadtgeschichte und das gesellschaftliche Leben in der Antike.

Museum Carnuntinum

★ NATIONALPARK KALKALPEN

Bundesland: Oberösterreich | **Tourismusverband Steyr und Nationalpark Region:** Stadtplatz 27, A-4400 Steyr, Tel. 07252 5 32 29 www.steyr-nationalpark.at | **Tourismusverband Pyhrn-Priel:** Bahnhofstraße 2, A-4580 Windischgarsten, Tel. 07562 52 66 www.urlaubsregion-pyhrn-priel.at

Die schroffen Kalkformationen des Sengsengebirges und des Reichraminger Hintergebirges bilden das Herz des Nationalparks Kalkalpen. Der Luchs findet hier eines seiner wenigen Rückzugsgebiete vor. Ringsum zeugen sprudelnde Karstquellen, Wildbäche und ein Canyon von der Kraft des Wassers, die diese Urlandschaft im Südosten Oberösterreichs formte.

Durch die Pyhrn-Autobahn (A 9) und mehrere Bundesstraßen ist das 1997 ins Leben gerufene Schutzgebiet verkehrsmäßig bestens erreichbar – das Innere erschließt sich aber nur zu Fuß oder per Mountainbike. Wanderwege in allen Schwierigkeitsgraden ziehen sich durch den Nationalpark. Höchste Erhebung des 208 km² großen Nationalparks ist der Hohe Nock mit 1963 m. Von Reichraming an der Enns kann man auch tief in das Schutzgebiet radeln. Der traumhafte Reichraminger Hintergebirgsradweg (R 9) folgt der Trasse einer ehemaligen Waldbahn.

Wohin im Nationalpark Kalkalpen?

★ Heimat einer scheuen Raubkatze

Zentrum an der Eisenbundestraße

Sprungbrett im Norden ist das zwischen den Ortschaften Reichraming und Großraming angesiedelte Nationalparkzentrum. Eine Ausstellung widmet sich dem Lebensraum Bergwald, wo seit einigen Jahren eine kleine Luchspopulation wieder Fuß gefasst hat. Die Wiederansiedelung der Raubkatze zählt zu den ambitioniertesten Artenschutzprojekten Österreichs. Ranger-Touren auf den Spuren der Luchse, Hirschbeobachtungen und Schneeschuhwanderungen gehören zu den Highlights im Programm des Nationalparks.

Nationalparkzentrum: Mai–Okt. Mo.–Fr. 9–12 u. 13–17, Sa., So. 9–12 Uhr, sonst kürzer | Eintritt: Ausstellung 5,80 € | www.kalkalpen.at

Ein Hauch von »Grand Canyon«

Stausee Klaus

Die Steyr flussaufwärts liegt 12 km südwestlich der Stausee Klaus, benannt nach der gleichnamigen Ortschaft (466 m; 1060 Einw.).

NATURJUWEL MIT MEHRWERT

Im glasklaren Wasser flitzen die Fischchen, am See halten die Wassersportler inne, um das Panorama einzusaugen. Der Gleinkersee (www.gleinkersee.at), der sich in einer Senke am Nordausläufer des Toten Gebirges versteckt, ist ein Sommeridyll aus dem Bilderbuch. Im Hochsommer heizt sich die smaragdgrüne Seen-Schönheit auf bis zu 25° C auf. Perfekt für einen entspannenden Badetag, gekrönt von einem Slow-Food-Menü im Gasthaus Seebauer!

Durch einen Kraftwerksbau in den 1970er-Jahren verwandelte sich der Steyr-Fluss an der Westabdachung des Sengsengebirges in einen 7 km langen See, der in allen Tönen von Türkisblau bis Smaragdgrün schillert. Am Gasthaus Seeblick liegen Tret- und Elektroboote für Expeditionen bereit. Seinen bizarren Steilwänden verdankt der Stausee den Beinamen »Grand Canyon Oberösterreichs«.

Gasthaus Seeblick: Bootsverleih Mai–Mitte Sept.
www.stauseeklaus.com

Zwei wie Hund und Katz

Das europaweit einzigartige **Wilderermuseum** in Molln (3640 Einw.) südlich des Stausees Klaus befasst sich mit dem Phänomen der Raub- oder Freischützen, die in dieser Gegend den Jagdherren besonders gern eine Nase drehten. Abgesägte Stutzen nähern sich dem Thema von der technischen Seite, akustisch untermalt wird der Besuch von frechen Spottliedern auf die Jäger. Eine weitere Ausstellung ist der

Molln

Maultrommel gewidmet, die ab 1647 hier von Handwerkern hergestellt wurde.

So. 14–17 Uhr, für Gruppen ab 5 Personen auch n. V. | Eintritt: 6 €
www.wilderermuseum.at

Action am Wurbauerkogel

Windischgarsten

Die Orte südlich und westlich des Schutzgebiets sind in der Urlaubsregion Pyhrn-Priel zusammengeschlossen. Gute Wandereinstiege in den Nationalpark bietet hier der beliebte Erholungsort Windischgarsten (602 m; 2400 Einw.). Per Sessellift geht es auf den 859 m hohen **Wurbauerkogel**, wo der gläserne **Nationalpark-Panoramaturm** eine herrliche Aussicht auf die umliegende Bergwelt – 21 Zweitausender inklusive – bietet. Sommerrodelbahn, Klettersteigpark und Bikepark sorgen für adrenalinreichere Akzente.

www.wurbauerkogel.at

Auf den Spuren einer Spitzenalpinistin

Spital am Pyhrn

Der Oberösterreicherin Gerlinde Kaltenbrunner (▶ S. 543) gelang als erster Frau das Kunststück, alle 14 Achttausender-Gipfel der Welt ohne zusätzlich mitgeführten Sauerstoff zu bezwingen. Ihre Glanzleistung dokumentiert die mit Multimedia-und Audiostationen aufwändig gestaltete **Schau »Welt-der-8000er«** 7 km südlich von Windischgarsten in Spital am Pyhrn – jenem Ort, an dem sie mit dem Bergvirus infiziert wurde. Vor dem Museum befindet sich ein ihrem »Schicksalsberg« K2 nachempfundener Kletterturm.

Mitte Mai–Okt. tgl. 9–12 und 14–17, Nov.–Mitte Mai Sa., So. nur 9–12 Uhr | Eintritt: 9 € | www.weltder8000er.at

Mit Macht an die Oberfläche

Pießling-Ursprung

Eindrucksvoll gestaltet sich das Zusammenspiel von Fels und Wasser in **Roßleithen**, das 6 km südwestlich von Windischgarsten liegt. Hier startet die kurze Wanderung zum Pießling-Ursprung, seines Zeichens **eine der stärksten Karstquellen der Ostalpen**. Genährt wird der Quelltopf von den Niederschlägen auf das verkarstete Warscheneck-Massiv. Am Fuß einer mächtigen Steilwand drängt das Nass wieder kraftvoll ans Tageslicht. Das Wasser der Pießling nutzten einst Sensenmacher, wie man auf dem Sensen-Themenweg (5,5 km, ab/bis Roßleithen) erfährt.

Rund ums Jahr eine tolle Outdoor-Arena

Stodertal

Das Stodertal südöstlich des Nationalparks bietet Sportbegeisterten mit elf Zweitausendern jede Menge Platz, um sich zu verausgaben. Der Hauptort **Hinterstoder** (600 m; 900 Einw.) hat für seine Bemühungen um die Attraktivierung des Ortsbildes und des Tourismusangebotes den »Europäischen Dorferneuerungspreis 2018« erhalten. Zu den neueren Attraktionen gehört u. a. eine Aussichtsplattform in

Form eines offenen Kubus. Beliebt ist die Tour zum traumhaft gelegenen Schiederweiher. Die **Höss-Bergbahnen** erschließen im Sommer das größte Almengebiet des Stodertales, im Winter kommen hier die Skiläufer und Snowboarder auf ihre Kosten. Das **Alpineum** vermittelt Wissenswertes über die Entwicklung des Wintersports und die Erschließung der Alpen.

Alpineum: Mo.–Fr. 9–12 u. 14–17, Sa. 9–12 Uhr | Eintritt: 5,50 €

★★ NEUSIEDLER SEE

Bundesland: Burgenland | **Höhe:** 115 m ü. d. M.

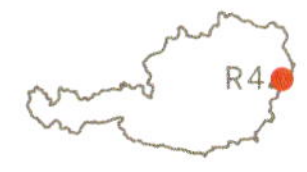

Flirrendes Licht, das Rascheln des Schilfs, Gezwitscher und Geschnatter von Tausenden von Vögeln im Frühjahr und im Herbst: Den landschaftlichen Reizen des Neusiedler Sees kann man sich nicht entziehen. Auch nicht den kulinarischen: Köstliche Weine und Schmankerl wie das knusprige Martinigansl machen die Region zu einem wahren Schlaraffenland.

Auch für Badefreuden eignet sich der Neusiedler See bestens, auch wenn es das trübe und seichte Wasser freilich nicht mit den klaren Bergseen Österreichs aufnehmen kann – dafür erreicht das Wasser an heißen Tagen selbst für Frostbeulen angenehme Temperaturen von bis zu 30 °C. Lediglich am Ostufer bei Podersdorf ist das Ufer über einen größeren Bereich frei zugänglich. Die guten Windbedingungen ziehen Segler, Windsurfer und Kitesurfer in Scharen an. Rund um den See gibt es Segelschulen und Bootsverleihe, Motorboote sind aus Naturschutzgründen untersagt. Der Wind nervt manchmal die Radfahrer auf ihren Wegen durch die am tiefsten gelegene Region Österreichs. Ordentlich in die Pedale treten muss man für den 133 km langen Neusiedler-See-Radweg mit Abstecher nach Ungarn. Die Distanzen lassen sich aber mit Radfähren verkürzen. Das Terrain ist auch für Familien sehr gut geeignet.

Der kleine Bruder des Plattensees

Porträt

Der Neusiedler See zählt zu den wenigen Steppenseen Mitteleuropas. Wie den Plattensee (Balaton) kennzeichnen auch ihn ein flaches Becken und ein stark schwankender Wasserstand. Etwa vier Fünftel des Neusiedler Sees gehören zu österreichischem Gebiet, der Süden zu Ungarn. Die Seefläche beträgt durchschnittlich 320 km². Bei etwa 35 km Länge und 5 bis 15 km Breite ist der Neusiedler See nur 1 bis 1,80 m tief. Der einzige nennenswerte Zufluss, die Wulka, bringt höchs-

Abendstimmung in Podersdorf: Ein kleiner Bilderbuch-Leuchtturm wacht über den burgenländischen Steppensee.

DEN NEUSIEDLER SEE ERLEBEN

NEUSIEDLER SEE TOURISMUS
Obere Hauptstr. 24
A-7100 Neusiedl am See
Tel. 02167 86 00
www.neusiedlersee.com

GASTHAUS ZUR DANKBARKEIT €€€
Gedeckt wird der Tisch mit den Produkten des Seewinkels: Tomaten und Paprika, Mangalitzaschweine und Steppenrinder, Weidegänse und Zander wandern in den Kochtopf. Und das schmeckt ganz köstlich.
Hauptstraße 39
A-7141 Podersdorf
Tel. 02177 22 23
www.dankbarkeit.at
Mo.–Mi. geschl.

GUT PURBACH €€€€
Pannonische Küche, zeitgemäß interpretiert, das ist das Credo in Max Stiegls renommiertem Landgasthaus. Großen Anklang findet die Innereienküche.
Hauptgasse 64, A-7083 Purbach
Tel 02683 5 60 86
www.gutpurbach.at
Di. u. Mi. Ruhetag

RESIDENZ VELICH €€€€
Drei alte Zollhäuser im Seewinkel wurden von Winzer Heinz Velich in eine schöne Residenz umgewandelt, die sich nach außen historisch, nach innen aber höchst modern gibt.
Illmitzerstraße 13
A-7143 Apetlon
Tel. 0664 2 13 13 00
www.velich.at

tens ein Viertel dessen, was durch Verdunstung wieder verloren geht, alles andere wird über Niederschläge zugeführt. Immer wieder war der See (nahezu) völlig ausgetrocknet, etwa in den Jahren 1864 bis 1870. Durch die zunehmend heißeren und trockeneren Sommer verzeichnet man mittlerweile nahezu jedes Jahr neue Tiefenrekorde beim Wasserstand – man versucht mit technischen Maßnahmen wie Schlamm und Schilf entfernen bzw. einer geplanten Wasserzuleitung die endgültige Austrocknung zu verhindern. Im Hitzesommer 2022 sank der maximale Pegelstand auf 90 cm. Der See ist fast gänzlich von einem bis zu 5 km breiten Schilfgürtel umgeben. Rund 10 bis 15 % des Schilfs werden im Winter geschnitten und dienen u. a. zum Dachdecken und Dämmen.

So lässt es sich leben!

Wein und Kulinarik

Das spezielle pannonische Klima mit geringen Niederschlägen, kühlen Wintern und heißen Sommern verwöhnt die Weintrauben. Im flacheren Gebiet dominieren kräftige Rotweine wie Zweigelt, Blaufränkisch, St. Laurent oder Merlot. Wo der See hingegen im Westen zum Leithagebirge ansteigt, werden aus den Sorten Pinot Blanc, Chardonnay und Welschriesling mineralische Weißweine gekeltert. Winzer wie Gsellmann, Hillinger, Umathum oder Kracher produzieren Weine von

Weltklasse. Zwei Weinstraßen führen westlich und östlich am See entlang. Weinfeste, »Tage der offenen Kellertüren« und geführte Wanderungen machen die Weinvielfalt der Region erlebbar.
Ein kulinarisches Hochamt wird in den Wochen um den 11. November, den Martinstag, gefeiert. Bei den Fest- und Genussreigen dreht sich alles um den vergorenen Traubensaft und das schmackhafte Martinigansl. Die Aufzucht von artgerecht lebenden Weidegänsen feiert seit einigen Jahren eine Renaissance. Weitere regionale Spezialitäten sind der Speck vom Mangalitzaschwein, Fische sowie Gemüse aus dem Seewinkel.

Wohin am Neusiedler See?

Alle Vöglein sind schon da … oder unterwegs

Der See und sein Schilfgürtel sind ein Paradies für Ornithologen, fast 350 Vogelarten hat man hier identifiziert. Im Frühjahr und im Herbst, wenn Millionen von Zugvögeln Rast um den Neusiedler See machen, steuert das Naturerlebnis dem Höhepunkt zu. Zum Schutz dieses einzigartigen Habitats hat Österreich 1993 den Nationalpark Neusiedler See-Seewinkel eingerichtet, der den südlichen Bereich des Sees und das Gebiet der Lacken, kleinere Salzseen in der Puszta östlich des Sees, umfasst. Vernetzt ist der österreichische Nationalpark (90 km²) mit dem ungarischen Fertö-Hanság Nemzeti Park, der gut 240 km² umfasst. Der grenzübergreifende Nationalpark wurde 2001 zum UNESCO-Weltnaturerbe ernannt. Im **Nationalpark-Infozentrum in Illmitz** können Ferngläser kostenlos ausgeborgt werden. Auf Birdwalks geben die Ranger ihr Wissen über Gänse, Kiebitz, Krickente, Wiedehopf, Löffler und Großtrappe weiter. Das Besucherprogramm umfasst auch Touren mit dem Pferdewagen. Wer auf eigene Faust loszieht, nutzt die Aussichtstürme als Beobachtungsloge. Einzigartig auch die Flora der Puszta-Landschaft: Hier bestreiten Lebenskünstler wie die Salzkresse ihr Dasein, deren nächste Verwandte an Meeresküsten zu finden sind.

Nationalpark-Informationszentrum: April–Okt. tgl. 8–17, Nov.–März Mo.–Do. 9–16, Fr. 9–12 Uhr | Eintritt: frei
www.nationalparkneusiedlersee.at

Ich denke oft an Piroschka

Seewinkel

Im Seewinkel zwischen Illmitz (117 m; 2370 Einw.) und **Apetlon** (121 m; 1730 Einw.) mag man sich an ungarisch inspirierte Heimatfilme erinnert fühlen. Hie und da zeichnen schilfgedeckte Häuser oder Ziehbrunnen ein Bild der Puszta, wie man es aus Österreichs östlichem Nachbarland kennt. Dazu passen die Grauen Steppenrinder, die die Landschaft durch ihr beständiges Weiden freihalten und so einen der artenreichsten Lebensräume Europas gestalten.

Mekka der Windsurfer

Podersdorf

Podersdorf (121 m; 2140 Einw.), rund 11 km nördlich von Illmitz, verfügt über den einzigen schilffreien Strand am See und ist besonders beliebt bei Windsurfern, die hier teilweise schon Ende März aufkreuzen. Der kleine rot-weiße **Leuchtturm** am Ende der Mole ist ein beliebtes Fotomotiv. Im Sommer locken das riesige **Strandbad**, ein gut ausgebautes Radwegenetz, einige Reitbetriebe und wie allerorts am See schöne Heurige.

Thermalwasser und Paradeiser

Frauenkirchen

Etwa 8 km östlich von Podersdorf gelangt man nach Frauenkirchen (124 m; 2880 Einw.), benannt nach seiner barocken Wallfahrtskirche (1702). Die Entdeckung einer Thermalquelle hat 2009 zum Bau einer **Therme** geführt, in der auch Tagesgäste wunderbar entspannen können. Im Ort lohnt auch ein Besuch beim Biopionier **Erich Stekovics** (Schäferhof 2), der seltene Tomatensorten anbaut und verkauft. Neben Paradeisern – so heißen die Tomaten in Ostösterreich – hat er auch das ganze Jahr über scharfe Chilis, Paprika-Köstlichkeiten, Tomatenessig und Co. im Sortiment.

St. Martins Therme & Lodge: Tageskarte: 36 € (Sa., So.)
www.stmartins.at | **Paradeiser Stekovics:** www.stekovics.at

Das Burgenland wie anno dazumal

Mönchhof

Der Ort Mönchhof (131 m; 2190 Einw.) ist wegen seines **Freilichtmuseums** einen Besuch wert: Dem Auge präsentiert sich ein idealtypisches burgenländisches Dorfensemble von einst – mit Anger und Teich, Gasthaus, Kino, Werkstätten, alten Höfen, Wirtschaftsgebäuden u. v. m.

tgl. Di.–So. 10–18, im Winter bis 17 Uhr | Eintritt: 10 €
www.dorfmuseum.at

Barockes Kleinod

Schloss Halbturn

Ein Abstecher nach Südosten führt zum Markt Halbturn (128 m; 1930 Einw.). Das kaiserliche Jagdschloss, 1711 von Lukas von Hildebrandt erbaut, zählt zu Österreichs schönsten Barockschlössern. Heute ist das Schloss oft Rahmen für Kunstausstellungen und Konzerte. Moderne Skulpturen im frei zugänglichen Schlosspark laden zu einem Kunstspaziergang ein.

www.schlosshalbturn.com

Wassersport groß geschrieben

Neusiedl

Der Namensgeber des Sees, Neusiedl (131 m; 8660 Einw.) an dessen Nordspitze, ist eines der hiesigen Wassersportzentren: Der 1,5 km lange Damm führt durch den Schilfgürtel zu den Badeanlagen am offenen Wasser mit **Strandbad**, Segel- und Surfschule sowie Jachtschule.

6X ERSTAUNLICHES

Hätten Sie das gewusst?

1. DA IST LEBEN DRIN

Sie rattert, blinkt und funkelt wie zehn Jahrmarktskarusselle: **Gsellmanns Weltmaschine** ist ein unbeschreibliches Ding. Chaos oder göttlicher Plan – das muss der Betrachter selbst entscheiden. (▶ **S. 371**)

2. HEAVY METAL UND MODE

Eingeätzte Schnurrbärte, Bärentatzenschuhe und andere Mode-Feinheiten: Die Prachtrüstungen im **Grazer Zeughaus** zeigen die Ritter auch von ihrer eitlen Seite. (▶ **S. 124**)

3. KLAPP, KLAPP

Die Nester auf den Dächern picobello hergerichtet, und auch sonst schaut der Storchenverein von **Rust** darauf, dass es den gefiederten Stars an nichts fehlt. So kommen die Störche Jahr für Jahr gerne wieder an den Neusiedler See. (▶ **S. 312**)

4. ROTES BIER?

Was sind Braucommunisten? Machen sie ein »sozialistisches« Bier? Auf in die **Freistädter Brauerei** – ihre Rechtsform ist ein Unikum, ihr Bier süffig und ein würdiges Beispiel für die Braukünstler aus dem Mühlviertel. (▶ **S. 293**)

5. WUNDERLICH

Fangstühle, Plateauschuhe und andere Skurrilitäten: Tirols Landesfürst Ferdinand II. hatte Sinn für die exotischen Seiten seiner Zeit. Die Wunderkammer in **Schloss Ambras** ist eines der ältesten Museen der Welt. (▶ **S. 170**)

6. RASANT

Mit einem Rennboliden eine Runde auf dem Formel-1-Ring? Als Passagier oder Fahrer? Solche Adrenalin-Kicks sind natürlich nur mit Red Bull möglich. Auf zum **Red Bull Ring** von Spielberg! (▶ **S. 236**)

Aus diesem Felsen wurde eine Kirche gebaut

St. Margarethen

Nahe der Straße von St. Margarethen nach Rust sieht man einen seit den Zeiten der Römer benutzten **Steinbruch**. Sein Leithakalk verlieh etwa auch dem Stephansdom und dem Burgtheater Halt. Vor der eindrucksvollen Felsenkulisse werden alle fünf Jahre im Sommer Passionsspiele (wieder 2026) aufgeführt. Zudem dient die Freilichtbühne als Rahmen für **Opernfestspiele**.

www.passio.at, www.operimsteinbruch.at

Zauberhafter Weinort mit gefiederten Obermietern

Rust

Als kleinstädtisches Idyll präsentiert sich der Weinbauort Rust (123 m; 1980 Einw.). 30 000 l Wein und 60 000 Gulden kostete 1681 die Ernennung zur königlich-ungarischen Freistadt. Das Städtchen besitzt noch zahlreiche **gut erhaltene Bürgerhäuser** aus Renaissance und Barock, die Altstadt steht unter Denkmalschutz. Ein reizvoller Blickfang sind die vielen **Storchennester**. Mit dem Storchenverein haben die Klapperstörche eine einzigartige Lobby: Die Mitglieder sorgen dafür, dass die Nester auf den Kaminen im Frühjahr mit der Rückkehr aus Afrika gut in Schuss sind und kümmern sich auch sonst liebevoll um die »Obermieter«.

Ein kunsthistorisches Kleinod mit Fresken aus dem 14./15. Jh. ist die **Fischerkirche**, die etwas versteckt in der Altstadt nahe dem Hauptplatz zu finden ist. Ihr Name leitet sich der Sage nach von Ruster Fischern her, die eine in Seenot geratene Königin retteten und dafür eine stattliche Geldsumme zum Bau der Kirche erhielten. Zum **Bade-**

Einmal rund um den See geht es mit dem Linienschiff »Ossiach«, das im Sommer täglich neun Anlegestellen anfährt.

platz und zum Seerestaurant führt der 1 km lange Straßendamm durch den Schilfgürtel (Parkplatz).

Der Himmel voller süßer Melodien

Mörbisch

Mörbisch (115 m; 2190 Einw.) am südwestlichen Ufer, unweit der ungarischen Grenze ist ein ansprechender kleiner Ort mit charakteristischen Laubenhäusern und langen Hofgassen. Ein 1,7 km langer Damm führt zum Badestrand, dem eine Insel vorgelagert ist. Die Mörbischer Seebühne lädt jedes Jahr im Juli und August zu den beliebten Operettenaufführungen ein.
www.seefestspiele-moerbisch.at

OSSIACHER SEE

Bundesland: Kärnten | **Höhe:** 501 m ü. d. M.

Ein paar Takte ruhiger als am Wörthersee verläuft das Leben am Ossiacher See nahe ▶ Villach, der gerne von Familien und Sportlern frequentiert wird. Und von Musikliebhabern: Wenn über Ossiachs Stiftshof klassische Klänge wehen, ist der Carinthische Sommer ins Land gezogen. Hochstimmung kommt auch auf der Gerlitzen Alpen auf, die zu Kärntens schönsten Aussichtslogen zählt.

Der drittgrößte See Kärntens lockt mit seiner schönen Lage und Wassertemperaturen von bis zu 26 °C. Von Frühjahr bis Herbst verbinden Ausflugsschiffe die kleinen Orte am Seeufer miteinander. Nicht nur Wassersportler kommen auf dem 11 km langen, 1 km breiten und bis zu 47 m tiefen See auf ihre Kosten. 28,8 km lang ist der durchgehende Radweg, Pedalritter müssen nur 85 Höhenmeter überwinden.

Wohin am Ossiacher See?

Zwischen Greifvogelschau und Affenzirkus

Burg Landskron

Wer von Villach her den Ossiacher See ansteuert, kann die Burgruine Landskron (676 m) gar nicht verfehlen. Der Name »Landes Krone«

DEN OSSIACHER SEE ERLEBEN

TOURISMUSINFORMATION OSSIACH
Ossiach Nr. 8, A-9570 Ossiach
Tel. 04243 4 97
www.visitvillach.at

OSSIACHER SEE SCHIFFFAHRT
Ossiachersee Süduferstraße 9,
A-9523 Villach-Landskron
Tel. 699 15 077 077, Mai–Okt.
www.ossiachersee-schifffahrt.at

CARINTHISCHER SOMMER
Seit 1969 lockt der Carinthische Sommer im Juli und August Musikliebhaber an den Ossiacher See – Größen wie Leonard Bernstein und Ricardo Muti haben für das Festival bereits den Taktstock geschwungen. Musiziert wird u. a. auch im Villacher Kongresshaus, in der Bergkirche in Tiffen und – besonders stimmungsvoll – in der Stiftskirche von Ossiach.
www.carinthischersommer.at

STIFTSSCHMIEDE €€€
Das Haus am See war ursprünglich die Baustellenhütte von Stift Ossiach. In deren historischem Flair kommt heute vor allem Fisch auf den Tisch. Im Holzofen werden Forelle, Zander, Wels und Co. zubereitet – am besten schmecken lässt man sie sich im Gastgarten.
A-9570 Ossiach 4,
Tel. 0676 4 01 17 93
www.stiftsschmiede.at

ALPINHOTEL PACHEINER €€€€
Dass man am Berg Komfort nicht missen muss, beweist das Alpinhotel Pacheiner. Das Vier-Sterne-Haus hat einen beheizten Infinity-Außenpool und eine Panoramasauna. Einzigartig ist die Hotel-Sternwarte, die auch externen Besuchern den Kosmos näherbringt. Pisten und Wanderwege starten vor der Haustür.
Pölling 20, A-952 Treffen
Tel. 04248 28 88,
www.pacheiner.at

deutet auf die einstige Pracht des Renaissancebaus (16. Jh.). hin, der durch Krieg sowie Naturereignisse zerstört wurde. Gleich zwei tierische Attraktionen werden hier geboten: Bei der Greifvogelschau gleiten Adler, Habichte, Eulen und Co. dicht über die Köpfe des Publikums hinweg. Und auf dem »Affenberg« eine Etage darunter kann man in einem durch Elektrozäune gesicherten Waldareal etwa 170 winterfeste Japan-Makaken aus der Nähe beobachten.

Greifvogelschau: Mai–Okt. tgl. 11, 13 u. 15, Mai, Juni, Sept. So., Juli, Aug. tgl. auch 17 Uhr | Eintritt: 16 € | https://adlerarena.com

Affenberg: nur mit Führung April–Okt. 9.30–17.30 Uhr, Führungen stündlich, Juli u. Aug. alle 20 Min. | Eintritt: 16 €
www.affenberg.com

Mit Prosecco über dem Seespiegel

★ Gerlitzen Alpe

Von der Gerlitzen Alpe (1909 m) liegt Ihnen halb Kärnten zu Füßen. Im Süden ragen die Karawanken auf, dahinter die mächtigen Julischen Alpen, im Nordwesten wogen die Kuppen der Nockberge und ganz im Westen ragen auch noch Gipfel der Hohen Tauern ins Bild. Erschlossen ist der alleinstehende, im Gipfelbereich kahle Berg durch eine von **Bodensdorf** auf 1800 m führende Straße und eine Seilbahn von **Annenheim** am Westufer aus. Sie befördert im Winter Skifahrer und Schneeschuhwanderer auf die Kuppe – oft bei herrlichem Sonnenschein, während durchs Tal noch der Nebel kriecht. Ihre besondere Thermik macht die Gerlitzen zum Eldorado für Gleitschirmflieger. Die Kärntner Flugschulen in Annenheim offerieren neben herkömmlichen Tandem-Flügen auch Specials wie einen Romantikflug mit einem Glas Prosecco.

Bergbahn: www.gerlitzen.com
Paragleiten: Tandemflug 159 € | www.kaerntner-flugschulen.at

Barockes Juwel

Ossiach

Das Benediktinerstift in Ossiach (505 m; 872 Einw.) am südöstlichen Seeufer war von seiner Gründung 1028 bis zu seiner Aufhebung 1782 das kulturelle Zentrum der Region. Heute beherbergt der Vierkant-Komplex u. a. ein Hotel. Sinnes- und farbenfroh bietet sich die ehemalige Stifts- und heutige **Pfarrkirche** dem Publikum dar, eine ursprünglich romanische Pfeilerbasilika, die im 18. Jh. barock verändert wurde. Stuckaturen in Gelb-, Rot-, Blau- und Grüntönen überziehen Gewölbe, Pfeilergebälk und Brüstungen. Die Ausstattung besorgte um 1750 Meister Jakob Kopf aus Wessobrunn in Bayern. Aus der Werkstatt von Kärntens Parade-Barockmaler J. F. Fromiller stammen Wand- und Deckengemälde.

Einöde-Winklern

An der Straße vom Seespitz nach Radenthein zieht es Puppenfreunde nach Einöde-Winklern in die **Elli Riehl Puppenwelt**. Auf kunstvolle Art hat Elli Riehl (1902–1977) Szenen des ländlichen Lebens und der

Arbeitswelt auf Puppen übertragen. 46 Jahre Arbeit mit Nadel und Faden stecken in den 700 Exponaten. Weiter nördlich locken mit dem Afritzer See und dem Brenn- bzw. Feldsee zwei schöne Badegewässer inmitten der Nockberge.

Mai tgl. 10–12 u. 14–17, Juni–Sept. 9–18 Uhr | Eintritt: 7 €
www.elli-riehl-puppenwelt.at

★ ÖTZTAL

Bundesland: Tirol

Am Talanfang und auf den Pisten der größte Trubel, am Talende im Herzen der Ötztaler Alpen die größte Bergeinsamkeit – zwischen diesen Polen spannt das längste Seitental des Inn seinen Urlaubsbogen. Sogar James Bond war schon hier. Wer sich wie 007 auf Spurensuche in das Ötztal begibt, erfährt nicht nur, welchem Bösewicht der Agent am Gletscher nachjagte, sondern auch alles über einen anderen Überlebenskünstler: den jungsteinzeitlichen Ötzi.

Die Wiege des Bergtourismus

Von den drei Tiroler Hochgebirgstälern Kauner-, Pitz- und Ötztal ist das letztere mit 55 km nicht nur das längste, es hat auch die meisten Erfahrungen mit dem Fremdenverkehr. Denn am südlichen Talende in Vent wurde der Bergtourismus sozusagen »erfunden«: Der dort amtierende Pfarrer Franz Senn (1831–1884), selbst ein begeisterter Bergsteiger, sann auf Abhilfe gegen die bittere Armut der Bergbauern und sah einen Ausweg im Tourismus. Also ließ er um 1860 die ersten Wege anlegen, bildete Einheimische zu Bergführern aus und bot Touristen Unterkunft und Verpflegung im Pfarrhaus. Der energische Seelsorger gehörte auch zu den Gründern der Alpenvereine Österreichs und Deutschlands (1862/1869). Bis heute ist das Tal bei Bergtouristen beliebt. Diese finden hier neben spektakulärer Szenerie rund um den zweithöchsten Berg Österreichs, die Wildspitze (3774 m), eine vorzügliche Infrastruktur vor. Bekannter ist das Ötztal heute allerdings für seine Skischaukeln, die neben Pistenfreuden auch ein schrilles »Après« bereit halten. In Sölden ziemlich weit hinten im Tal dreht sich von November bis April alles um den Skisport.

Fenster in die Jungsteinzeit

Ötzi

Im September 1991 stieß ein deutsches Ehepaar beim Abstieg von der Fineilspitze in der Nähe von Sölden auf eine mumifizierte Leiche.

ÖTZTAL ERLEBEN

ÖTZTAL TOURISMUS
Achweg 5, A-6450 Sölden
Tel. 057 20 00
www.oetztal.com

POSTHOTEL KASSL €€–€€€
In dem Landgasthof mit Wurzeln im 17. Jh. regiert eine bodenständige Küche. Knödel-Tris, Ötztaler Käsespätzle oder Tiroler Gröstl gehören zu den Standards, im Herbst bereichern Spezialitäten von Reh und Hirsch die Speisekarte.
Hauptstr. 70, A-6433 Oetz
Tel. 05252 63 03
www.posthotel-kassl.at

NATURHOTEL WALDKLAUSE €€€€
Das Öko-Haus in Niedrigbauweise besticht durch außergewöhnliches Holzdesign und ruhiger Lage mit Blick auf die Ötztaler Bergwelt. Im 1800 m² großen Natur-Spa kann man sich so richtig verwöhnen lassen, bei den Beauty-Behandlungen setzt man auf heimische Naturkosmetik. Jedes Zimmer verfügt über einen Aqualite-Quellwasserbrunnen.
Unterlängenfeld 190
A-6444 Längenfeld
Tel. 05253 54 55
www.waldklause.at

Der Körper des alsbald unter dem Namen »Ötzi« bekannt gewordenen Jägers hatte seit der ausgehenden Jungsteinzeit rund 5300 Jahre im Eis überdauert! Der Sensationsfund ging durch die Weltpresse. Seither hat die Wissenschaft faszinierende Einblicke in das Leben des alpinen Urahnen gewonnen. Zu bestaunen ist die Eismumie im Südtiroler Archäologiemuseum in Bozen: Bei der genauen Vermessung der Fundstelle hatte sich herausgestellt, dass Ötzi knapp in Italien gelegen hatte.

Wohin im Ötztal?

Ein actionreicher Auftakt

Als Mega-Outdoorpark mit der größten Wassererlebniswelt Europas bringt sich gleich zu Talbeginn bei Ötztal-Bahnhof die AREA 47 in Stellung für jene Besucher, die auf Nervenkitzel aus sind. Ob man sich über die Kamikaze-Rutsche in den Badesee stürzt oder sich beim Blobbing in den Ötztaler Himmel katapultiert – langweilig wird es im Sommer nie. Die üblichen Action-Sportarten wie Rafting oder Canyoning bietet der Erlebnispark – benannt nach dem 47. Breitengrad – selbstverständlich auch, ebenso wie Klettererlebnisse. AREA 47

Mai–Sept. tgl. | Tagesticket Water Area ab 30 €, diverse Attraktionen extra | www.area47.at

Das Ötzidorf entführt in die Steinzeit.

Alter Dorfkern

Oetz

Viel beschaulicher geht es in Oetz (820 m; 2350 Einw.) zu, rund 5 km südlich der Einmündung der Ötztaler Ache in den Inn. Der Ort lässt noch den Charakter des alten, eng gebauten Haufendorfes erkennen: Häuser mit gotischen Portalen, Erkern und Fassadenmalereien, darunter der Gasthof Stern, haben dem Ansturm der Moderne getrotzt. Das **Turmmuseum** am Schulweg zeigt u. a. eine Sammlung historischer Abbildungen des Ötztals. Etwa 3 km südwestlich von Oetz erstreckt sich auf einer bewaldeten Terrasse der 800 m lange **Piburger See** (915 m), einer der wärmsten Badeseen Tirols.

Turmmuseum: Mitte Dez.–Ostern Do.–So. 14–18, Juni–Okt. Mi–So. 14–18 Uhr | Eintritt: frei wählbar | https://oetztalermuseen.at

Steinzeitreise

Umhausen

Südlich von Oetz folgt mit Umhausen (1036 m; 3400 Einw.) die älteste Siedlung des Tals. Top-Attraktion des freundlichen Ferienorts ist das **Ötzidorf**, in dem das Leben zur Zeit des berühmten Ötztalers spannend aufbereitet wird. Für den archäologischen Freilichtpark sind u. a. Hütten in jungsteinzeitlicher Bauweise, ein Garten mit Urgetreidesorten sowie die Ötzi-Fundstelle rekonstruiert worden. Mit Aktivitäten wie Feuerschlagen und Brotbacken werden Gäste Teil des prähistorischen Geschehens. Angeschlossen ist der **Ötztaler Greifvogelpark**. Einen kurzen Spaziergang entfernt stürzt der Horlachbach über zwei Steilstufen 160 m in die Tiefe. Die dabei entstehenden Wasserstaubfahnen gaben dem Naturschauspiel auch seinen Namen: **Stuibenfall**. Der höchste Wasserfall Tirols ist durch Stege, eine Hängebrücke und Aussichts-Plattformen erschlossen.

Ötzidorf: Mai–Okt. tgl. 9.30–17.30 Uhr | Eintritt: 10 €, mit Greifvogelpark 18,70 € | www.oetzi-dorf.at
Greifvogelpark: Mai–Okt. Mo.–So. 11–13 u. 14–16 Uhr
Flugvorführungen 11.30, 14.30 Uhr
Eintritt: 12 €, mit Ötzidorf 18,70 €

Alt die Badetradition, modern die Therme

Längenfeld

10 km talaufwärts liegt der Kurort Längenfeld (1179 m; 4810 Einw.). Schon im 16. Jh. suchte man Linderung in den Schwefelheilquellen, die heute aus 1800 m Tiefe an die Oberfläche steigend die Becken des **Aqua Dome** am Ortsrand füllen. Die nach Feng-Shui-Prinzipien erbaute Therme ist die einzige Tirols. Das Ortsbild bestimmt die Pfarrkirche **St. Katharina** mit ihrem imposanten Turm. 3 km nordwestlich führt im Ortsteil Lehn das **Heimat- und Freilichtmuseum** zurück in das Ötztal vor der Ära des Massentourismus.

Heimat- und Freilichtmuseum: Juni–Sept. Mo.–Fr. 10–12 u. 14–17, So. 14–16, Mai u. Okt. Di. u. Do. 10–12 u. 14–16 Uhr | Eintritt: frei wählbar | https://oetztalermuseen.at

Alpine Partyhochburg

Sölden

Das Ötztal erweitert sich wieder bei Sölden (1368 m; 3030 Einw.), das mit 15 000 Gästebetten und rund 2 Mio. Übernachtungen im Jahr eine der stärksten Tourismusgemeinden Österreichs ist. Den früheren Charakter eines Bergbauerndorfes, der bis etwa 1960 im ganzen Tal vorherrschend war, hat ein touristisch-alpiner Baustil verdrängt. Die Kombination aus Schneesicherheit, modernsten Seilbahnen und Après-Ski-Angebot lockt bis in den April Skisportfreunde aus ganz Europa an. Die Stopptaste wird zuletzt im Gletscherskigebiet am **Rettenbach-** und **Tiefenbachferner** gedrückt. Aussichtsplattformen über 3000 m und seit 2018 die Erlebnisausstellung **007-Elements** über den britischen Geheimagenten James Bond bieten spektakuläre Extras.

007-Elements: Gipfelstation Gaislachkogl | Nov.–April u. Juni–Sept. tgl. 9–16.30 Uhr | Eintritt: 22 €, inkl. Berg- u. Talfahrt mit der Gaislachkoglbahn I & II 54 € | https://007elements.soelden.com

Hoch hinaus!

Vent

Südlich von Sölden, kurz nach Zwieselstein (1472 m), verzweigt (»zwieselt«) sich das Ötztal in das **Gurgler Tal** (links) und das **Venter Tal** (rechts). Das Bergsteigerdorf Vent (1895 m) steht für grandiose Alpinerlebnisse in den Ötztaler Alpen, die hier ihre größten Höhen erreichen. Nirgends locken mehr eisumkränzte Gipfel an der 3500-Meter-Marke. Königin ist die **Wildspitze** (3774 m), die etwa über die **Breslauer Hütte** (2840 m) zu besteigen ist. Wer sie be-

zwingen will oder die Ötzi-Fundstelle am Tisenjoch erkunden möchte, findet bei der Bergführerstelle Vent kompetente Begleiter.
Bergführerstelle Vent: Tel. 05254 81 06 | www.bergfuehrer-vent.at

Urtümlich und bizarr geformt

Obergurgl

In Tirols höchstem Kirchdorf Obergurgl (1907 m) erinnert das Piccard-Denkmal an eine Episode, die den einstigen Bergbauern- und heutigen Wintersportort in die Weltpresse katapultierte. Am 27. Mai 1931 legte Auguste Piccard am Gurgler Ferner eine Notlandung hin, nachdem er auf einem wissenschaftlichen Höhenflug im Ballon die Rekord-Höhe von 16 000 m und damit die Stratosphäre erreicht hatte. Heute steht auch Obergurgl ganz im Bann des Wintersports. Im Sommer ist hier ein urtümlicher Zirbenwald mit bis zu 300 Jahre alten Bäumen zu entdecken. Er gehört zu den Juwelen des 508 km² großen **Naturparks Ötztal**, welcher als übergreifendes Dach alle Schutzgebiete des Tals umfasst. In Längenfeld talauswärts nahm 2019 das moderne **Naturparkhaus** seinen Betrieb auf.
Sommer: Di.–Sa. 10–17, Winter ab 11 Uhr | Eintritt: 5 €
www.naturpark-oetztal.at

Verstecktes Tor nach Süden

Timmelsjochstraße

Im Gurgler Tal beginnt die aussichtsreiche Timmelsjochstraße, die nach Hochgurgl mautpflichtig wird. Auf der Passhöhe, dem 2509 m hohen Timmelsjoch, verläuft die Grenze zu Italien. **Erlebnisstationen** widmen sich unterschiedlichen Themen wie Geologie oder

Majestätisch thront das Ramolhaus über der Gletscherzunge des Gurgler Ferners.

Schmuggel. Zu den treuesten Fans der 35 km langen Panoramaroute ins Passeiertal zählen die Motorradfahrer, die im Gebäudekomplex an der Mautstelle ein erlesenes **Motorradmuseum** mit klassischen Bikes von mehr als 100 Herstellern vorfinden (ein Brand im Jan. 2021 zerstörte das Museum, Wiedereröffnung noch ungewiss).

Timmelsjochstraße: Juni–Okt. tgl. 7–20 Uhr | Maut: hin u. zurück 24 €
www.timmelsjoch.com
Motorradmuseum: tgl. 10–16 Uhr | www.crosspoint.tirol

PITZTAL

Bundesland: Tirol | **Tourismusverband Pitztal:** Unterdorf 18
A-6473 Wenns im Pitztal | Tel. 05414 8 69 99

Einige der höchsten Berge Österreichs, schöne Zirbenwälder und rauschende Wildbäche: Das Pitztal südlich von Imst ist eine der urtümlichsten Landschaften Österreichs.

Das südliche Seitental des Inn erstreckt sich von ▶ Imst aus 40 km in die Gletscherwelt der Ötztaler Alpen. Im Sommer präsentiert sich das Tal als riesiges, nicht überlaufenes Wander-Eldorado. Im Winterhalbjahr bietet dann der Pitztaler Gletscher am Talschluss Schneegarantie von Spätherbst bis Mai.

Wohin im Pitztal?

»Tor zum Pitztal«

Arzl

Vom Inntal kommend, erreicht man zuerst Arzl. Hier spannt sich – über die **Pitzenklamm** – eine 94 m hohe Hängeseilbrücke. Wagemutige stürzen sich mit einem Bungyseil an den Füßen in die Tiefe.

Zu Steinbock, Schmetterling und Co.

Naturpark Kaunergrat

Der Talgrund der Pitze lässt kaum Raum zur Prachtentfaltung: Wie Arzl liegt auch der nächste Ort **Wenns** (979 m; 2120 Einw.) auf einer Terrasse über dem Gebirgsbach. Vom Hauptort des Pitztals aus klettert eine Straße nach Südwesten zur **Pillerhöhe** (1558 m) empor. Kurz davor ist das schmetterlingsreiche Piller Moor zu finden, das sich auch auf Holzstegen barrierefrei erkunden lässt. **»Gacher Blick«** – so heißt der Aussichtspunkt knapp nach der Höhe mit einem fantastischen Panorama auf das obere Inntal. Dort liegt auch das Naturparkhaus Kaunergrat, Anlaufstelle für Schneeschuhtouren, Kräuterexkursionen und Steinbock-Beobachtungen. Der Kaunergrat

mit 39 Dreitausender-Gipfeln trennt das Pitztal vom Kaunertal, in seinem südlichen Bereich ist das Kerngebiet dieses 590 km² großen Naturparks ausgewiesen. Hier hält der Steinbock Audienz: Mit 1000 Exemplaren ist die Kolonie der Kletterexperten die größte Österreichs.
Naturparkhaus: tgl. 10–17, Okt–Mai bis 16 Uhr | www.kaunergrat.at

Im Bannkreis der Zirbe

Jerzens

Von Wenns gelangt man taleinwärts nach Jerzens (1107 m; 919 Einw.). Das »Zirbendorf« macht seinen bis auf 2200 m Höhe reichenden Zirben-Schutzwald mit Wandertouren und einem Zirbenpark an der Hochzeigerbahn erlebbar. Besonders knorrige, bis zu 500 Jahre alte Exemplare von »pinus cembra« begleiten den Weg auf die **Kalbenalm** auf 2117 m. Der feine Duft des robusten Nadelbaums gilt als schlafförderndd, weshalb Holz und Hackschnitzel zu Zirbenöl destilliert werden.
www.hochzeiger.com

Floß ahoi!

Talschluss

Von Jerzens sind es noch gut 25 km zum Talschluss mit gleich zwei Skigebieten. Im Sommer geht am **Rifflsee** in 2200 m Höhe die »höchste Floßfahrt« in Europa in Szene. Höhepunkt – und höchster erreichbarer Punkt Österreichs mit der Seilbahn – ist am Pitztaler Gletscher die Bergstation der Wildspitzbahn in 3440 m Höhe.

Gletscherstraße bis 2750 m Höhe

Kaunertal

Auch das dünn besiedelte Kaunertal, das sich westlich des Pitztals in das Herz der Ötztaler Alpen windet, begeistert mit Naturerlebnissen. Das 28 km lange Tal ist über das Obere Inntal oder über die Pillerhöhe aus zu erreichen. Erschlossen ist das Talende mit seinem für den Skisport genutzten Gletscher über die **Kaunertaler Gletscherstraße**, die südlich von **Feichten** (1289 m; 600 Einw.) mautpflichtig wird. Entlang der 26 km langen Strecke mit 29 Kehren gibt es viel zu entdecken. Am **Steinbock-Hang** etwa lassen sich im Frühjahr und im Herbst grasende Steinböcke beobachten.
8 km hinter **Feichten** erreicht die Straße die 130 m hohe Staumauer des 6 km langen **Gepatsch-Speichers**. Vom nahen Gepatsch-Haus (1928 m) starten zahlreiche Gipfel- und Eistouren. Am Straßenende auf 2750 m Höhe liegen die höchste Postbus-Haltestelle Österreichs und ein Gletscherrestaurant mit Aussicht auf den **Weißseeferner**. Wer will, kann sich hier einer kostenlosen Führung in eine Gletscherspalte anschließen. Schwer zu toppen ist das Panorama von der barrierefreien Plattform am **Karlesjoch** (3108 m), die mit der Seilbahn erreicht wird. Hier haben Sie Österreich, die Schweiz und Italien im Blick – und mit **Piz Palü**, **Ortler** und anderen Dreitausendern Größen der Ostalpen.
Kaunertaler Gletscherstraße: Juni–Aug. 7–19, sonst 7–17 Uhr
Maut: 25 € | www.kaunertaler-gletscher.at, www.kaunertal.com
Gletscherspalten-Führung: Juli–Aug. Mo.–Fr. 11 Uhr

RADSTADT

Bundesland: Salzburg | **Höhe:** 856 m ü. d. M. | **Einwohner:** 4880

Die »alte Stadt im Gebirge« ist von Mittelalter-Flair durchweht und doch ein moderner Urlaubsort im Herzen eines ausgedehnten Ski- und Wandergebiets.

Radstadt hatte im hohen Mittelalter große Bedeutung für die Salzburger Fürsterzbischöfe und ihren Expansionsdrang nach Süden. Während der Bauernkriege 1525/26 hielt die Stadt einer Belagerung von immerhin 5000 Bauern stand.

Wohin in Radstadt und Umgebung?

Geschichtsträchtiges Städtchen

Radstadt

Überreste der **Stadtmauer**, darunter drei wuchtige Rundtürme aus dem 16. Jh., umgeben den historischen Ortskern. Eine ständige Ausstellung des **Radstädter Heimatmuseums** im Kapuzinerturm ist den Bauernkriegen gewidmet. Auf Schloss Lerchen rollt das Heimatmuseum mit viel Anschauungsmaterial die Geschichte der Stadt auf.

RADSTADT ERLEBEN

TOURISMUSVERBAND RADSTADT

Schernbergstraße 8, 5550 Radstadt, Tel. 06452 74 72
www.radstadt.com

GASTHOF LÖCKER €€

Familie Löcker führt ein Kulinarium mit Tradition im Herzen von Radstadt. Spezialitäten des Hauses sind Bauernsteak, Holzhackernockn, Buntbarschfilet und Kaiserschmarrn. Kosten Sie dazu ausgesuchte österreichische Weine und edle Brände.
Schernbergstr. 11
A-5550 Radstadt, Tel. 06452 42 86
www.loecker.biz, Do. geschl.

SPORTHOTEL EDELWEISS €€€€

Die Nobelherberge bietet luxuriös und doch gemütlich ausgestattete Zimmer und Suiten. Wenn die Eltern auf der Piste sind, sorgt eine Kinderbetreuung für die kleinen Gäste. Das elegante Spa umfasst einen Innenpool, Saunen, Fitnesscenter, Whirlpool und Massage-Angebote. Ein Beatles-Denkmal erinnert an die wohl berühmtesten Gäste. In der nur wenige Schritte entfernten Lürzer Alm geht beim Après-Ski bis in die frühen Morgenstunden die Post ab.
Römerstr. 75, A-5562 Obertauern
Tel. 06456 72 45
www.edelweiss-obertauern.at

Entlang der Stadtmauer stellen lokale Künstler ihre Erzeugnisse und Werke aus, einen Folder dazu gibt es bei der Tourismusinfo.
Juni–Sept. Mi.–Fr. 10–12 u. 14.30–17 Uhr | Eintritt: 8 € (Schloss Lerchen und Kapuzinerturm) | www.radstadt.com

Radstadt = Radlerstadt

Ennsradweg

Radstadt ist ein Treffpunkt für Genuss- wie Extremradler. In **Flachauwinkl** südlich der Stadt beginnt der 250 km lange Ennsradweg, der über Schladming in der Steiermark bis nach Oberösterreich führt. Auch für Mountainbiker gibt es tolle Touren, darunter eine erkleckliche Anzahl an E-Bike-Strecken..
www.ennsradweg.at

Aussichtsloge

Roßbrand

Eine Königstour für Klettermaxen – zu Fuß wie auf zwei Rädern – führt auf den Roßbrand, den 1770 m hohen Hausberg von Radstadt. Bei klarem Wetter gibt der Gipfel den Blick auf rund 150 Alpengipfel frei.

Zweifache Schönheit

Altenmarkt

Der älteste Ort im Ennstal liegt 4 km westlich von Radstadt. Die schöne Bergwelt lockt im Winter wie im Sommer sportbegeisterte Urlauber an. In der **Pfarrkirche** am Marktplatz steht an einem Seitenaltar die **»Altenmarkter Madonna«**, eines der bekanntesten Kunstwerke der Erzdiözese Salzburg. Ein unbekannter böhmischer Künstler schuf die 88 cm große Statue Ende des 14. Jh.s aus kalkigem Pläner Sandstein. Das **Heimatmuseum** unweit der Kirche war einst Unterkunft der Bergknappen, die in der Region Eisenerz abbauten. Schmuckstück des Museums ist die über 250 Jahre alte mechanische »Grundnerkrippe« mit 80 beweglichen Figuren.
Heimatmuseum: Mi.–Fr., So. 16–18 Uhr | Eintritt: 5 €
www.heimatmuseum.at

Vom Bergdorf zum Wintersportort

Zauchensee und Radstadt-Altenmarkt

Rund 10 km südlich des Ortszentrums von Altenmarkt liegt auf einer Höhe zwischen 1350 und 2176 m das Skigebiet Zauchensee, das ein anspruchsvolles Pistennetz von 65 km Länge bietet. Wer es eher genüsslich mag, für den ist die Skischaukel Radstadt-Altenmarkt genau richtig. Dank ihrer Übersichtlichkeit ist sie bei Familien mit Kindern besonders beliebt.
www.altenmarkt-zauchensee.at

Ski-Mekka aus dem Nichts

Obertauern

In dem Skigebiet am Radstädter Tauernpass (1740 m) kann man von Mitte November bis spät ins Frühjahr Skisport vom Feinsten erleben und betreiben. Noch vor 100 Jahren stand an der Passhöhe südöst-

In Altenmarkt, dem ältesten Ort des Ennstals, haben urige Bauernhöfe dem Zahn der Zeit getrotzt.

lich von Radstadt kein einziges Haus, dann kamen mit den Skipionieren auch die ersten Quartiere. Heute dominieren modernste Seilbahnen und Sessellifte den Luftraum. Beiderseits der Passstraße reihen sich Hotels, Pensionen und Bars aneinander. Für Stimmung sorgen die unzähligen Ski-Hütten. Zu den berühmtesten Gästen zählten 1965 die Beatles, die hier für ihren Film „Help!" drehten. Sie mussten für die waghalsigeren Szenen auf der Piste von Skilehrern gedoubelt werden. Events wie das mit Stars aufgepeppte Ski-Opening sorgen dafür, dass man in den Schlagzeilen bleibt. Im Sommer geht es in und um Obertauern etwas ruhiger zu. Die Almen und Seen der Umgebung verlocken – mit Unterstützung durch Seilbahnen – zu Wanderungen in den Radstädter und Schladminger Tauern.
www.obertauern.com

Heißluftballons vor Bischofsmütze

Filzmoos

Der malerische kleine Ort nordöstlich von Radstadt ist Ausgangspunkt für Almwanderungen und Bergtouren am Gosaukamm (▶ Dachstein). Die pittoreske **Bischofsmütze** (2458 m) beherrscht das Bergpanorama. Alljährlich im Winter steigen in Filzmoos während der Ballonwochen farbenfrohe Heißluftballons auf.
www.filzmoos.at

Abstecher in die Steiermark

Schladming

Die Ennstal-Bundesstraße und eine Bahnstrecke verbinden Radstadt mit dem 20 km weiter östlich gelegenen Wintersportort. Die **Schladminger 4-Berge-Skischaukel**, die die Abfahrten an Reiteralm, Hochwurzen, Planai und Hauser Kaibling umfasst, ist das größte Skigebiet der Steiermark. Im Sommer ist Schladmig Ausgangspunkt für Touren durch das Dachstein-Massiv und die Niederen Tauern. Die Fußgängerzone mit Cafés, Gasthöfen und Shops bildet das Herz des Orts. Das **Museum im Bruderladenhaus** (1681) widmet sich den Wirren der Reformationszeit, aber auch dem Bergbau und der regionalen Kultur- und Naturgeschichte.

Juni, Sept., Okt. Di. u. Do. 9–12 u. 14–16, Mi. 9–12, Juli u. Aug. Di. u. Do. 9–12 u. 13–16, Mi. u. Fr. 9–12 Uhr | Eintritt: 3 €
https://museum.schladming.at

SAALFELDEN · LEOGANG

Bundesland: Salzburg | **Höhe:** 748–788 m ü.d.M
Einwohner: 16 790 (Saalfelden), 3410 (Leogang)

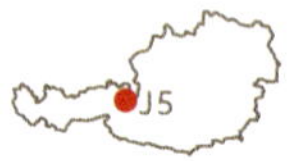

Bestens präparierte Skipisten und ein Snow-Park der Extraklasse, Mountainbike-Trails und ein dicht geknüpftes Netz von Wanderwegen: In der Urlaubsregion im Herzen des Pinzgaus ist im Sommer wie im Winter Action angesagt. Nach Sonnenuntergang grassiert im winterlichen Leogang Partyfieber. Eine Reihe von Kulturveranstaltungen wie das Saalfeldener Jazzfestival runden das Angebot ab.

Saalfelden liegt am Westrand des Steinernen Meers in einem weiten Becken, in das das schmale Leoganger Tal mit dem gleichnamigen Dorf mündet. Das riesige Skigebiet in der Bergregion an der Südseite des Tals ist von Leogang aus durch Bergbahnen erschlossen. Im Norden ragen die Leoganger Steinberge mit dem 2634 m hohen Birnhorn auf. Das Steinerne Meer im Grenzgebiet von Bayern und Österreich gehört geologisch gesehen zu den Berchtesgadener Alpen. Aus dem stark verkarsteten, rund 100 km² großen Hochplateau ragen ausgeprägte Gipfel wie die auf Pinzgauer Seite gelegene Schönfeldspitze (2653 m) auf. Eine Wanderung über die Hochfläche, führt vom Riemannhaus (2177 m) bei Saalfelden zum Ingolstädter Haus (2119 m) oder zur Torscharte und weiter zum majestätischen Hochkönig.

SAALFELDEN UND LEOGANG ERLEBEN

TOURISMUSVERBAND SAALFELDEN-LEOGANG

Mittergasse 21a, A-5760 Saalfelden
Tel. 06582 7 06 60
www.saalfelden-leogang.at

KIRCHENWIRT SEIT 1326 €€€

In den holzvertäfelten Stuben und im Gastgarten auf der Wiese werden bodenständige Salzburger Gerichte und Gourmetmenüs serviert. Starten Sie mit dem »Ox am Berg«, einem Beef Tatar mit Wachtelei, Wiesenzupfsalat und Schwarzbrot. Ob Maibock, Saiblingsfilet oder Tafelspitz – die Zutaten stammen aus der Region.
Dorf 3, A-5771 Leogang
Tel. 06583 82 16, Di., Mi. geschl.
www.hotelkirchenwirt.at

RESTAURANT RITZENSEE €€€

Auf der Sonnenterrasse des Restaurants genießen sie Pinzgauer Kaspressknödel, Edelkrebse aus heimischer Zucht und Moosbeernocken mit Blicken auf den malerischen Ritzensee in Saalfelden und die majestätische Bergwelt ringsherum.
Ritzenseestraße 35
A-5760 Saalfelden
Tel. 06582 7 23 54, Mo. geschl.
www.ritzensee.at

FORSTHOFALM €€€€

Das erste Holzhotel im Salzburger Land wurde in dezentem Design aus massivem Mondholz und mit Zirbenholzbetten und Panoramabad erbaut. Das lichtdurchflutete Sky Spa auf dem Dach begeistert Wellnessurlauber durch einen beheizten Außenpool inklusive 360°-Rundblick auf grandiose Gipfel. Im Restaurant Kukka steht der Eigengeschmack der Bioprodukte im Vordergrund.
Hütten 37, A-5771 Leogang
Tel. 06583 85 45
www.forsthofalm.com

Wohin in Saalfelden?

Baden mit Aussicht

Ritzensee

Im Wasser des rund 6 ha großen Ritzensees spiegelt sich der Gebirgszug des Steinernen Meeres wider. Die Naturbadeanlage samt Bootsverleih lädt im Sommer zu Badefreuden und Entspannen ein.
Mai–Mitte Sept., ab 9 Uhr (nur bei schönem Wetter)

Rodelglück in Blumenwiesen

Sommerrodelbahn

Von dem südwestlichen Saalfeldener Ortsteil Kehlbach führt ein Sessellift hinauf zur Huggenbergalm am Biberg. Gleich an der Bergstation bietet ein uriger Berggasthof herzhafte Schmankerl. Von dort windet sich auch eine 1600 m lange Sommerrodelbahn in 61 Kurven durch blühende Wiesen ins Tal hinunter. Im Winter warten gut 6 km Rodelspaß.
Mai.–Okt. u. Dez.–März | www.huggenberg.at

Wohin in Leogang?

Mega-Skizirkus bis nach Tirol

Skicircus Saalbach Hinterglemm Leogang

Unter dem Motto »Home of Lässig« bietet dieses Mega-Skigebiet Wintersportlern ein einzigartiges Terrain, um sich auszutoben – bis nach Fieberbrunn in Tirol. Im **Nitro Snowpark** etwa können Snowboarder neue Sprünge trainieren. Das Pistennetz weist eine Gesamtlänge von 270 km auf, dazu gibt es 150 km gespurte Loipen, eine 3,2 km lange Rodelbahn am Reiterkogel und »lässige« Skihütten zuhauf.

www.saalfelden-leogang.com

Für Adrenalinjunkies

Sommeraktivitäten

Im Sommer verwandelt sich die Region um Leogang in ein Mekka für Radler. Mountainbiker können im **Bikepark** zwischen elf Strecken wählen. Einsteiger verdienen sich im **Riders Playground** ihre ersten Sporen. Jeden Sommer finden in Leogang UCI-Mountainbike-Rennen, die zum Weltcup zählen, statt – eine Megaparty für Downhill-Fans.
Wem die Talfahrt mit dem Mountainbike zu wenig Aufregung bietet, der kann von der Mittelstation der Leoganger Bergbahn mit einer Seilrutsche talwärts düsen. Der **Flying Fox XXL** ist 1,6 km lang und bringt es auf bis zu 130 km/h!

Bikepark: Mitte Mai–Okt. | Bergfahrt mit Rad: 30 € | https://bikepark.saalfelden-leogang.com | **Flying Fox XXL:** Mitte Mai–Okt. Di.–So. 9.30–16 Uhr (Nebensaison Fr.–So.) | Flug: ab 75 €

Weit und sonnig ist das Saalachtal nördlich von Saalfelden, eingerahmt wird es von den Gipfeln der Loferer Steiberge.

Der Bergbau und seine Schutzmächte

Bergbau- und Gotikmuseum

Im Ortsteil Hütten erzählt das Bergbau- und Gotikmuseum im ehemaligen Gewerkenhaus von 1593 die Geschichte des Bergbaus seit dem Mittelalter. Es besitzt eine europaweit einzigartige Sammlung gotischer Figuren von alpenländischen Bergbauheiligen. Die hl. Barbara von Nikomedien (3. Jh.) gibt dabei den Ton an.

Bergbaumuseum: Mitte Mai–Okt. Di.–So. 10–17, Winter Mi., Do. 13 bis 17 Uhr | Eintritt: 10 € | www.museum-leogang.at

Im Gänsemarsch durch den Berg

Schaubergwerk

Das Schaubergwerk knapp 5 km westlich von Leogang im Schwarzleotal zeigt, wie die Bergleute im 14. Jh. Stollen anlegten und zunächst Kupfer, später auch Silber, Blei, Nickel und Kobalt abbauten. Die Besucher müssen sich häufig wie die Kumpel von einst gebückt und im Gänsemarsch durch die engen Stollen bewegen. Warme Kleidung und festes Schuhwerk sind ein Muss!

Führungen Mai–Okt. Mi.–So. 11 u. 13, bei schlechtem Wetter laufend bis 16 Uhr | Eintritt: 17 € | www.schaubergwerk-leogang.com

Rund um Saalfelden

Naturschauspiel über und unter Tage

Lamprechtsofen und Seisenbergklamm

15 km nordwestlich von Saalfelden ruft bei Weißbach die Schauhöhle Lamprechtsofen zu einem Besuch in die Unterwelt. Rund 700 m der insgesamt über 50 km langen Gänge kann man auf gut gesicherten Wegen erkunden.

Wenige Hundert Meter davor liegt an der B 311 der Parkplatz für die Erkundung der Seisenbergklamm. Hier rauscht der Weißbach der Saalach entgegen. In der durch einen Steig erschlossenen Schlucht gehen auch Canyoning-Touren in Szene.

Lamprechtsofen: Mai–Okt. tgl. 8.30–19, im Winter am Wochenende 9–17 Uhr | Eintritt: 7 € | www.lamprechtshoehle.at

Seisenbergklamm: Mai–Mitte Sept. tgl. 8.30–18.30, bis Okt. 9–17 Uhr Eintritt: 6,50 € | www.seisenbergklamm.com, www.naturgewalten.at

Der »Pinzgauer Dom«

St. Martin bei Lofer

3 km vor Lofer liegt der hübsche Ferienort St. Martin mit seiner pittoresk in einem Hochtal gelegenen Wallfahrtskirche **Maria Kirchental**. Man erreicht den »Pinzgauer Dom« auf einem mautpflichtigen Bergsträßchen oder in einem ca. einstündigen Spaziergang. Erbaut wurde das von imposanten Felswänden umrahmte Gotteshaus mit doppeltürmiger Fassade um 1700 nach Plänen von Johann Bernhard Fischer von Erlach. Größte Attraktion sind Hunderte von Votivtafeln, die Gläubige aus Dank für Hilfe in extremen Notsituationen gestiftet haben. Der Kirchentalwirt nebenan ist für seine Strudel bekannt.

★★ SALZBURG

Bundesland: Salzburg | **Höhe:** 424 m ü. d. M. | **Einwohner:** 156 600

»Die ganze Stadt ist Bühne«, meinte Max Reinhardt, Mitbegründer der weltberühmten Festspiele. Die Stadt Mozarts und machtbewusster Erzbischöfe, prunkvoller Barockbauten und eleganter Kaffeehäuser, die Heimat Georg Trakls und der Trapp-Familie ist ein Gesamtkunstwerk.

Jedermann, Mozart und Barock

Die barocke Altstadt mit ihren Kirchen, Kuppeln und anmutigen Arkaden – seit 1996 Teil des UNESCO-Weltkulturerbes –scheint alle Zeiten überdauert zu haben. Wenn im Sommer die »Jeeedermann!«-Rufe über den Domplatz hallen, herrscht in Salzburg ein fast schon babylonisches Sprachgewirr. Hugo von Hofmannsthals Theaterstück und die Festspiele locken alljährlich ein internationales Publikum an, 2020/2021 feierten sie ihr 100-jähriges Jubiläum.
Der Name der Stadt ist eng mit dem ihres größten Sohnes, dem musikalischen Wunderkind **Wolfgang Amadeus Mozart**, verbunden. Die berühmten Mozartkugeln sind nach ihm benannt. Auch die oscarprämierte Hollywood-Verfilmung des Musicals »The Sound of Music« um die Salzburger Trapp-Familie 1965 prägt bis heute das »zuckersüße« Bild der Stadt in Übersee.

» Mit der Nacht waren wir in Salzburg, es war schauerlich die glattgesprengten Felsen himmelhoch über den Häusern hervorragen zu sehen, die wie ein Erdhimmel über der Stadt schwebten im Sternenlicht. «

Bettina von Arnim

Zwischen Salzach und Domquartier

Marmorne Hommage an das Meer

★ Residenzplatz

Der weite Platz im Herzen der Altstadt bietet sich als Ausgangspunkt für eine Besichtigung an. In seiner Mitte zieht seit 1661 der größte Barockbrunnen Mitteleuropas alle Blicke auf sich. Tommaso di Garona gestaltete ihn als Actionspektakel mit schnaubenden Meeresrössern, muskelbepackten Athleten und einem Triton, der durch eine Muschel eine Wasserfontäne in den Himmel bläst.
Die **Neue Residenz** an der Ostseite des Platzes entstand 1588 bis 1602 als Gästehaus der Erzbischöfe. Heute gewährt hier die Ausstellung **»Mythos Salzburg«** spannende Einblicke in die Geschichte der

Stadt und ihren Wandel zu einem Besucher-Magneten allerersten Ranges. Das **Panorama Museum** ist seit März 2023 geschlossen; das Panorama von Johann Michael Sattler (1786 bis 1847) zieht in die Orangerie im Mirabellgarten um. 2025 eröffnet dort ein neues Museum: »Orangerie Salzburg – Panorama Museum / Zentrum Welterbe. Wenn sich das **Glockenspiel** im Turm der Neuen Residenz, ein technisches Wunderwerk um 1700, in Gang setzt, erklingen 35 Glocken.

Neue Residenz, »Mythos Salzburg«: Mozartplatz 1 | Mo.–So. 9–17 Uhr Eintritt: 9 € | www.salzburgmuseum.at

Panorama Museum: derzeit geschl., Eröffnung im neuen Museum am neuen Standort im Jahr 2025

Glockenspielturm: tgl. 7, 11 und 18 Uhr | Touren im Sommer: Do. 17.30, Fr. 10.30 Uhr | Eintritt: 4,50 € | www.salzburgmuseum.at

Ein verlorener Sohn kehrt heim

Mozartplatz

Briefen Mozarts können wir entnehmen, dass sein Verhältnis zu seiner Heimatstadt nicht das Beste war. Die Einweihung des Mozartdenkmals von Ludwig Schwanthaler auf dem Platz an der Nordseite der Neuen Residenz 1842 kam daher einer Heimkehr gleich. Beide Söhne Mozarts nahmen an dem Festakt teil, auf dem der Startschuss für den bis heute anhaltenden Rummel um das Musikgenie fiel.

Jede Menge Kirchen und Türme, mächtige Kuppeln und die alles übertrumpfende weiße Festung – diese Skyline hat Salzburg weltberühmt gemacht.

Das **Weihnachtsmuseum** in Haus Nr. 2 informiert anhand einer Fülle von Exponaten über traditionelles regionales Brauchtum.
Mi.–So. 10–18 Uhr, Advent- und Festspielzeit tgl., Feb.–Mitte März geschl. | Eintritt: 9 € | www.salzburger-weihnachtsmuseum.at

Meister der Schwermut

Georg-Trakl-Haus

Am Waagplatz erblickte in **Haus Nr. 1a** Georg Trakl (1887–1914) das Licht der Welt. Dessen Gedichte kreisen um Verfall, Tod und Vergänglichkeit. Am St.-Peters-Friedhof, am Mönchsberg, im Mirabell-Garten und an weiteren Orten der Stadt sind Tafeln mit seinen Gedichten angebracht. Trakl war 1914 als Sanitätsleutnant in der Schlacht von Grodek, erlitt einen Zusammenbruch und starb im Militärhospital nach Einnahme einer Überdosis Kokain.
Führungen Mo.–Fr. 14 Uhr | Eintritt: 5 € | www.kulturvereinigung.com

Kaffeehauskultur und mittelalterliches Flair

Alter Markt

Vom Waagplatz führt die Judengasse zu dem lang gestreckten Platz, der bereits um 1250 angelegt wurde. Seine Mitte markiert der **Florianibrunnen** (1687). Im **Café Tomaselli** wird seit 1700 Kaffeehauskultur zelebriert. Schon die Familie Mozart ließ sich in dieser Salzburger Institution Kaffee, Eis und Schokolade schmecken.
Alter Markt 9 | Mo.–Sa. 7–19, So. ab 8 Uhr | www.tomaselli.at

DomQuartier

Spektakulärer Kulturwalk

Rundgang mit Audioguide

Unter Wolf Dietrich von Raitenau (reg. 1587–1612) und seinen Nachfolgern stieg das kleine Fürsterzbistum zum Europäischen Player auf. Eine fiebrige Bautätigkeit, finanziert durch reiche Salzvorkommen am Dürrnberg und Gold aus den Hohen Tauern, untermauerte den Machtanspruch der Fürsterzbischöfe. In nur 14 Jahren wuchs der monumentale Dom, glanzvolle Interieurs und Kunstsammlungen befüllten die Residenz gegenüber. Zu Beginn des 19. Jh.s ging die Epoche der Fürsterzbischöfe zu Ende – und damit auch die gewachsene Einheit zwischen der Residenz als Wohn- und Amtssitz der Salzburger Herrscher und dem Dom als geistlichem Zentrum.

Bei einem Rundgang durch das DomQuartier kann man mit nur einem Ticket gleich vier Museen besichtigen. Der Rundgang beginnt in den Prunkräumen der Residenz, führt über die Dombogenterrasse in den Dom und Dommuseum und durch die Lange Galerie in den Wallistrakt mit den Sammlungen der Erzabtei St. Peter. Für den Rundgang mit Audioguide sollte man mindestens zwei Stunden einplanen.
Zugang via Residenz oder Dommuseum | Mi.–Mo. 10–17, Juli u. Aug. tgl. 10–18, Advent tgl. 10–17 Uhr | Eintritt: 13 € (mit Gratis-Download Audioguide), bei Teilbetrieb 10 € | www.domquartier.at

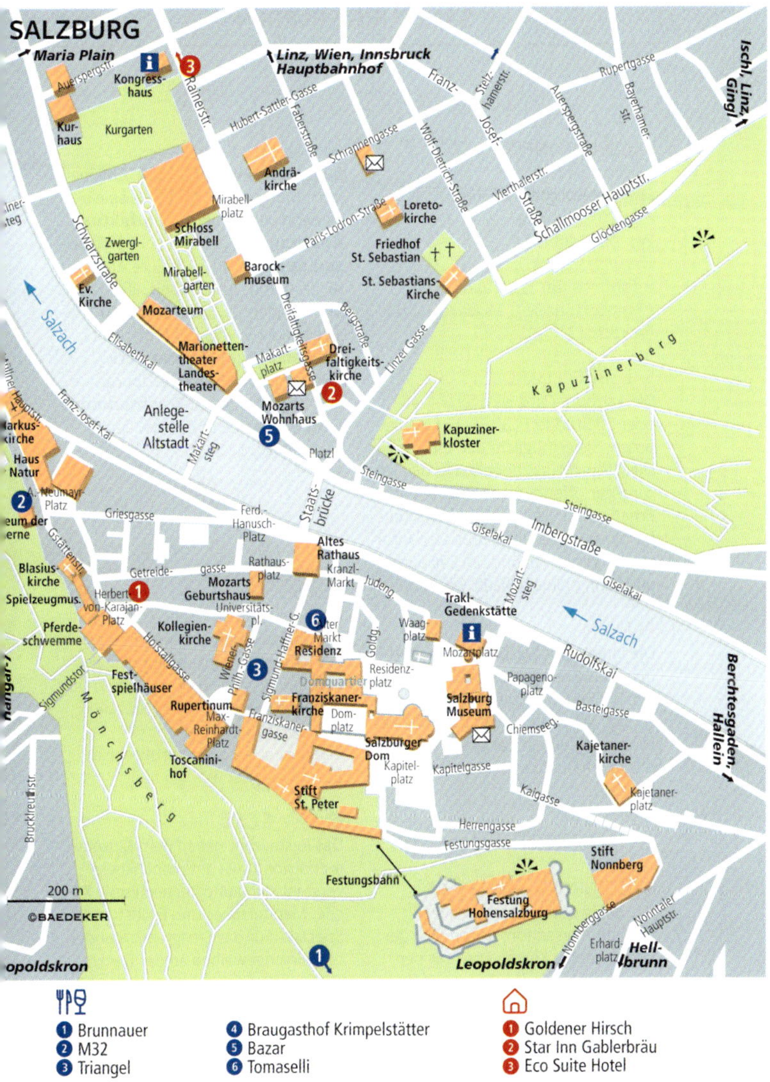

Stätte der Repräsentation und Schauplatz der Geschichte

Alte Residenz

Das Stadtpalais der Fürsterzbischöfe zählte im Barock zu den prunkvollsten Repräsentationsbauten Mitteleuropas. Treppen aus rötli-

SALZBURG ERLEBEN

SALZBURG INFO

Auerspergstraße 6
(kein Publikumsverkehr)
A-5020 Salzburg
Tel. 0662 88987-0
www.salzburg.info
Infobüros am Hautbahnhof (Ankunftshalle), Mozartplatz 5 (Altstadt)

SALZBURG CARD

Die Salzburg Card wird für 24, 48 oder 72 Stunden (30/39/45 €) angeboten. Sie ermöglicht den Eintritt zu allen Top-Attraktionen sowie die Nutzung der öffentlichen Verkehrsmittel. Erhältlich ist sie in Hotels, in Kartenbüros sowie bei allen Touristen-Informationsstellen in und um Salzburg und kann online gekauft werden.

PARKEN

Die Innenstadt Salzburgs ist weitgehend autofrei, Parkplätze sind, vor allem bei Regenwetter, knapp und kostspielig. Am besten stellt man seinen Wagen auf einem der großen Parkplätze am Stadtrand ab und nimmt den Bus.

SALZBURGER FESTSPIELE

Ein wenig Glück und Ausdauer braucht man schon, um an eine der begehrtesten Karten etwa für den »Jedermann« oder Opernaufführungen zu kommen. Tickets gibt es online, im Kartenbüro der Salzburger Festspiele oder direkt im Festspiele Shop in der Hofstallgasse 1.
www.salzburgerfestspiele.at
Kartenbüro: Herbert-von-Karajan-Platz 11, A-5020 Salzburg
Tel. 0662 8045 500

Ganz klar, die Getreidegasse ist Salzburgs Shopping-Meile Nr. 1! Originelle Mitbringsel findet man beispielsweise in der **Schirmmanufaktur Kirchtag** (Nr. 22)und bei **Spirituosen Sporer** (Nr. 39.) Gute Adressen für traditionelles Gewand, klassisch oder modern, sind **Jahn Markl** (Residenzplatz 3, www.jahn-markl.at), das **Salzburger Heimatwerk** (Neue Residenz, www.salzburgerheimatwerk.at) und **Trachtenmode Lanz** (Schwarzstr. 4, www.lanztrachten.at).

❶ BRUNNAUER €€€€

Bauernente mit Serviettenknödel oder pochierter Waller an Wurzelgemüse: In der historischen Ceconi-Villa im ruhigen Nonntal begeben Sie sich mit Richard Brunnauer auf eine kulinarische Reise quer durch Österreich.
Fürstenallee 5, A-5020 Salzburg
Tel. 0662 25 10 10
www.restaurant-brunnauer.at
Sa. u. So. geschl.

❷ M32 €€€€

Das Restaurant neben dem Museum moderner Kunst am Mönchsberg versteht sich auf österreichische Küche, Mediterranes und Frühstücks-Specials. Für das Design mit Hunderten Hirschgeweihen an der Decke, nacktem Beton und strahlenden Farben sorgte Matteo Thun.
Mönchsberg 32, A-5020 Salzburg
Tel. 0662 84 10 00, www.m32.at
Mo. geschl.

❸ TRIANGEL €€€

Auf der Speisekarte des Lokals stehen feine Gerichte wie Carpaccio vom

Bio-Rind, Räucherforelle auf Erdäpfelkas und frische Schwammerl aus dem Lungau. Fruchtsäfte und Weine gibt's ausschließlich von österreichischen Produzenten.
Wiener-Philharmoniker-Gasse 7
A-5020 Salzburg
Tel. 0664 2 50 95 73
So., Mo. geschl.
www.triangel-salzburg.co.at

4 BRAUGASTHOF KRIMPELSTÄTTER €€

Tafelspitz, Surschnitzerl oder gefüllte Krautroulade als Hauptmahlzeit und als Dessert vielleicht noch saftige Apfelkiachl? Das Krimplstätter serviert gutbürgerliche Küche und das herrliche Augustinerbier von der Brauerei nebenan. Das authentische Braugasthof-Flair gefällt auch vielen Festspielkünstlern.
Müllner Hauptstr. 31
A-5020 Salzburg
Tel. 0662 43 22 74
www.krimpelstaetter.at
So. u. Mo. geschl.

5 BAZAR €€

Seit 1882 treffen sich hier die Salzburger unter den großen Lüstern zum Frühstück, zu täglich wechselnden Mittagsmenüs oder zum Plausch bei Kaffee und Kuchen.
Schwarzstr. 3, A-5020 Salzburg
Tel. 0662 87 42 78
www.cafe-bazar.at

6 TOMASELLI €

▶ S. 332

1 GOLDENER HIRSCH €€€€

Die bereits 1407 erwähnte Nobelherberge ist beliebter Treffpunkt der Festspielprominenz. Handgefertigte Möbel im nobel-rustikalen Salzburger Landhausstil zieren die Zimmer und Suiten. Das urige Lokal s'Herzl und das Restaurant Goldener Hirsch servieren lokale Schmankerl.
Getreidegasse 37, A-5020 Salzburg
Tel. 0662 808 40
www.goldenerhirsch.com

2 STAR INN GABLERBRÄU €€€

Das Hotel residiert in einem 600 Jahre alten Braugasthof, den die Hotelkette Star Inn 2012 zu einem modernen Haus mit geräumigen Zimmern umbauen ließ. Die Shopping-Meile Linzergasse und Schloss Mirabell sind nur einen Steinwurf entfernt.
Richard Mayr Gasse 2
A-5020 Salzburg, Tel. 0662 87 96 62
www.starinnhotels.com

3 ECO SUITE HOTEL €€

Ökologisch die Bauweise, günstig die Preise: Vom 20 m²-Einzelzimmer bis zu Familiensuiten bietet das Haus an der Salzach Stadturlaub für alle Ansprüche. 20 Gehminuten braucht man ins Zentrum, schneller geht es mit dem Bus. Die Anbindung an die Autobahn ist gut, Parken kostenlos.
Adolf-Kolping-Str. 12
A-5020 Salzburg, Tel. 0662 4 66 15 12
www.ecosuitehotel.at

chem Adneter Marmor führen hinauf in die Prunkräume. Seidentapeten, venezianische Spiegel, Brüsseler Gobelins und kostbare Gemälde schmücken ihre Wände. Im **Carabinierisaal** fanden 1614 die vermutlich ersten Opernaufführungen nördlich der Alpen statt. Im **Weißen Saal** wurde am 1. Mai 1816 der Vertrag unterzeichnet, der Salzburg zum Teil Habsburg-Österreichs machte. Die Residenzgalerie zeigt u. a. Werke niederländischer Meister des 17. Jh.s (z. B. Rembrandt, Brueghel) und Österreicher des 19. Jh.s (z. B. Waldmüller, Makart).

Schätze der Kirche

Dommuseum

In den Emporenräumen der Kathedrale zeigt das Dommuseum Kostbarkeiten aus seiner Schatzkammer wie das **Rupertuskreuz** aus der Zeit des heiligen Virgil aus dem 8. und eine vergoldete **Hostientaube aus Limoges** aus dem 13. Jh., gotische Tafelbilder aus der Werkstatt Michael Pachers und die Keutzl-Mitra aus dem späten 15. Jh. Ein weiteres Highlight ist das **Museum der Erzabtei St. Peter**.

Ein Gotteshaus als Symbol absoluter Macht

Dom

Wolf Dietrich gab den Anstoß zum Bau der **ersten frühbarocken Kirche nördlich der Alpen**. Die neue Kathedrale sollte die 1598 niedergebrannte romanische Basilika nicht nur ersetzen, sondern ein kraftvolles Symbol der Gegenreformation sein und zugleich dem Anspruch des Herrschers genügen, aus Salzburg »das Rom des Nordens« zu machen. Doch die Grundsteinlegung erfolgte erst 1614 unter Wolf Dietrichs Nachfolger Markus Sittikus (1574–1619). Er beauftragte den Schweizer Santino Solari mit einem ungleich kleineren Bau. Dieser wurde in nur 14 Jahren aus dem Boden gestampft. Die beiden 79 m hohen Türme wurden erst 40 Jahre später fertiggestellt.

An der dreifach gegliederten, üppig verkleideten **Westfassade** fallen vier überlebensgroße Statuen an den **drei Eingangsportalen** auf: der erste Bischof Salzburgs, der hl. Rupert (650–718), der hl. Virgil (700–784) und die Apostel Petrus und Paulus in der Mitte. Die drei mächtigen Bronzeportale (1957/1958) selbst stehen für die drei göttlichen Tugenden Glaube, Liebe, Hoffnung. Das **Innere** (Abb. ► S. 338) des Gotteshauses überrascht durch seine lichte Helle und eine klare Raumgebung. Das tonnengewölbte Mittelschiff ist 32 m und die Vierungskuppel 71 m hoch. Ignazio Solari und Donato Mascagni malten die Fresken in den Gewölbefeldern.

Der – zumindest für die Fans moderner Kunst – vielleicht interessanteste Teil des Doms ist in der Krypta zu sehen. Der Franzose Christian Boltanski (1944) installierte dort seine **»Vanitas«**, eine Art modernen Totentanz. Der Altar dort steht auf Mauerresten des ersten Doms, der im 8. Jahrhundert entstand und beim großen Stadtbrand im Jahr 1167 zerstört wurde.

SALZBURGER DOM

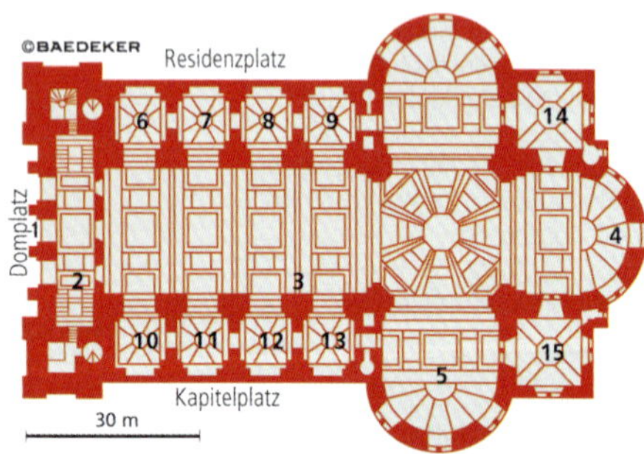

1 Eingang vom Domplatz (3 Bronzetüren)
2 Zugang zum Museum
3 Kanzel
4 Hochaltar
5 Zugang zur Krypta
6 Taufkapelle
7 St. Annakapelle
8 Verklärung-Christi-Kapelle
9 Kreuzkapelle
10 Sebastianskapelle
11 Karl-Borromäus-Kapelle
12 Martinskapelle
13 Heiliggeistkapelle
14 Rupertusoratorium
15 Virgilsoratorium

Dom: Mo.–Sa. ab 9, So. ab 13 Uhr, in der Festspielzeit zur Jedermann-Probe/Aufführung bei trockenem Wetter abweichend | 5 €
Krypta: Mo.–Sa. 10–17, So. 13–17 Uhr | **Musik zu Mittag:** Mo.–Sa. 12–12.30 Uhr | Eintritt 6 €

Wo Jedermann seinem Schöpfer begegnet

Domplatz

Seit 1920 wird jedes Jahr zur Festspielzeit auf den Stufen des Doms Hugo von Hofmannsthals »Jedermann« aufgeführt. Ein Blickfang ist die Mariensäule der Brüder Hagenauer (1771).

Kapitelplatz und St. Peter

Neues Wahrzeichen in Gold

Kapitelplatz

Auf dem weitläufigen Platz an der Südseite des Doms fällt eine riesige vergoldete Kugel auf. Sie ist Teil der Installation »Sphaera« des Bildhauers Stephan Balkenhol und Station des **Walk of Modern Art**. Heute finden im Hochsommer am Kapitelplatz unter freiem Himmel die **Siemens Festspielnächte** statt. Glanzstücke der vergangenen Festspielsaisons, aber auch aktuelle Produktionen, werden auf Großleinwand gezeigt. Der Brunnen im Süden des Platzes mit Neptunskulptur entstand 1732 als Pferdeschwemme.
Ende Juli–Ende Aug. tgl. ab 20 Uhr | Eintritt: frei | www.siemens.at/festspielnaechte/de/

Europas ältester Wasserstollen

Almkanal

An der Talstation der Festungsbahn informiert eine kleine Ausstellung über ein Meisterwerk mittelalterlicher Ingenieursbaukunst: den Almkanal, der vermutlich bereits im 8. Jh. die Stadt mit kostbarem Nass aus der Königsseeache versorgte. Ab 1136 wurde ein 400 m langer Stollen durch den Mönchsberg getrieben. An der Talstation teilt er sich in mehrere Nebenarme, die durch die Altstadt führen und in die Salzach münden. Zur sog. »Almabkehr« im September, wenn er für Instandsetzungen trockengelegt wird, bietet der Verein zur Erhaltung des Kanals Führungen durch den Stollen an. Heute wird das Wasser für die Stromerzeugung oder zur Kühlung genutzt – im südlichen Stadtteil Gneis dient der Kanal auch der sommerlichen Abkühlung unde den Wassersportlern, die hier auf der Almwelle surfen.
Termine für Führungen: www.almkanal.at

Am Anfang war ein Kloster

Stift St. Peter

Salzburg führt seinen Ursprung auf die Gründung dieses Klosters durch den hl. Rupert im Jahr 696 zurück. Die Gebäude des Klosterbezirks stammen aus dem 17./18 Jh. und gruppieren sich um drei Höfe. Obwohl die romanische Struktur der dreischiffigen Stiftskirche noch gut erkennbar ist, atmet die Innenausstattung doch den Geist des Rokoko. Verspielte Stuckaturen und farbenfrohe Gemälde schmücken seit den 1770er-Jahren Decken und Wände, vergoldete Statuen flankieren die 16 Altäre. Nahezu alle Altarbilder schuf der Kremser Schmidt (1718–1801). Das Stift St. Peter ist die älteste noch bestehende Klostergemeinschaft im deutschen Sprachraum. Und gleich neben der Kirche residiert der Stiftskeller St. Peter, die wohl älteste Gaststätte Salzburgs und heute ein Gourmetrestaurant.

Der außerordentlich stimmungsvolle **Friedhof St. Peter** hat Dichter wie Georg Trakl und Nikolaus Lenau inspiriert. Die sog. »Katakomben« in der Mönchsbergwand dienten frühen Christen höchstwahrscheinlich als Versammlungsstätten und als Einsiedeleien. Steile Felsstufen führen im Berginneren in die Maximus- und die Gertraudenkapelle (12. Jh.). Vor dem Aufstieg passiert man die **Kommunegruft**, wo auch Nannerl Mozart bestattet wurde.

Kirche: tgl. 8–20 Uhr | www.stift-stpeter.at
Friedhof: April–Sept. tgl. 6.30–20, Okt.–März bis 18 Uhr
Katakomben: Mai–Sept. tgl. 10–12.30 u. 13–18, Okt.–April bis 17 Uhr

»Best of« Romanik, Gotik und Barock

Franziskanerkirche

Westlich des Domplatzes ragt der gegen Ende des 15. Jh.s errichtete, schlanke Turm der Franziskanerkirche empor. Sie zeigt sich heute als

Das »Rom des Nordens« manifestierte sich im Dom und in anderen Kirchen der Stadt auch baulich als Hort der Gegenreformation.

augenfälliger Mix aus ganz verschiedenen Baustilen. Hinter der barocken Westfassade verbirgt sich ein spätromanisches Langhaus aus dem 13. Jh., dem sich der lichte hochgotische Chor mit Sternrippengewölbe aus dem 15. Jh. anschließt. In den barocken Hochaltar von 1709 hat J. B. Fischer von Erlach eine geschnitzte Madonna von 1498 aus dem gotischen Vorgängeraltar Michael Pachers integriert.
tgl. 6.45–19.45 Uhr | www.franziskanerkirche-salzburg.at

Westliche Altstadt

Drei Bühnen für die Hochkultur

Festspielhäuser

»Alles und von allem das Höchste«, lautete ein frühes Motto der Salzburger Festspiele. Wenn glanzvolle Opernpremieren oder Gala-Konzerte auf dem Spielplan stehen, wird die **Hofstallgasse** zur Bühne von High-Society, Schaulustigen und Fotografen aus aller Welt.
Der Komplex der Festspielhäuser erstreckt sich über die ehemaligen fürsterzbischöflichen Hofstallungen und stammt im Kern aus den 1920er-Jahren. 1924/1925 wurde die ehemalige **Winterreitschule** zum ersten Festspielhaus ausgebaut. Seit dem letzten Umbau für das Mozartjahr 2006 heißt es »Haus für Mozart«.
Das **Große Festspielhaus** nebenan ist seit 1960 die zentrale Spielstätte. Um Platz für die riesige Bühne zu schaffen, ließ der Architekt Clemens Holzmeister mehrere Tausend Kubikmeter Gestein vom Mönchsberg abtragen. Mit 100 m Breite zählt die Bühne zu den größten der Welt; der Zuschauerraum bietet 2180 Plätze.
Die Ursprünge der **Felsenreitschule** gehen auf einen Steinbruch für den Dombau zurück. 1693 ließ Fürsterzbischof Johann Ernst von Thun dreistöckige Arkaden in die Felswände schlagen, um von dort aus Reitvorführungen und Tierkämpfe besser beobachten zu können. Heute sind sie integraler Bestandteil der Kulissen und die Felsenreitschule auch dank eines mobilen Hightech-Dachs eine ebenso stimmungsvolle wie moderne Ganzjahres-Spielstätte.
Führungen tgl. 14, Juli/Aug. auch 9 Uhr (bei Proben und Aufbauarbeiten fallen sie eventuell aus) | Führungsbeitrag 7 €
www.salzburgerfestspiele.at

Für launige Interpretationen offen

Furtwängler-Park

Der Park gegenüber den Festspielhäusern wartet mit zwei Werken des **Walk of Modern Art** auf. Anselm Kiefers A.E.I.O.U.- Pavillon war die erste Installation der 2002 von der Salzburg Foundation begründeten Skulpturensammlung. Wenige Meter weiter wachsen fünf mannshohe Gurken von Erwin Wurm aus dem Boden. Der Walk of Modern Art umfasst insgesamt zwölf Installationen international bekannter Künstler. Die Salzburg Foundation will damit Kunst »zu den Menschen bringen«.
https://salzburgfoundation.at

BAEDEKER WISSEN

MOZART IN SALZBURG

Bereits mit 13 Jahren erhielt das »musikalische Wunderkind« Mozart eine – zunächst allerdings unbezahlte – Stelle als Konzertmeister der fürsterzbischöflichen Kapelle, später wurde er zum Hoforganisten ernannt. Doch in Salzburg fühlte er sich zunehmend musikalisch eingeengt, auch war seine Musik den Salzburgern kaum bekannt. U.a. wegen seiner lang andauernden Konzertreisen überwarf er sich mit Fürsterzbischof Hieronymus Colloredo und übersiedelte 1781 nach Wien.

▶ **Einige wichtige Figuren aus Mozartopern:**

Figaro

Papageno
Papagena
Königin der Nacht
Sarastro

Don Giovanni
Leporello

Constanze
Bassa Selim
Belmonte

▶ **Die Grafik zeigt Werke zeitlich gelistet nach dem KV**
Ludwig v. Köchel veröffentlichte 1862 erstmals ein Werkverzeichnis (Köchelverzeichnis) mit 626 Kompositionen von Mozart. In späteren Auflagen wurde die Liste ergänzt.

1 Eine kle
Nachtm
2 Idomen

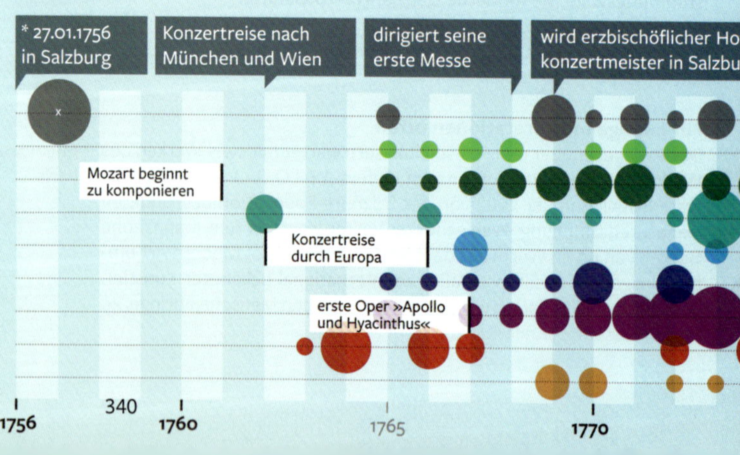

Mozart-Orte
in Salzburg
A Wohnhaus
B Geburtshaus
C Café Mozart
D Mozartplatz (Denkmal)
E Universität Mozarteum
F Stiftung Mozarteum
G Haus für Mozart
H Marionettentheater
Mirabell-
garten
KAPUZINER-
BERG
Kloster
SALZACH
Universität
Dom
MÖNCHSBERG
Festung
Hohensalzburg
©BAEDEKER
Mozart-Aufführungen
im Marionettentheater
www.marionetten.at
3 Die Entführung aus dem Serail
4 Die Hochzeit des Figaro
5 Don Giovanni
6 Die Zauberflöte
7 Requiem in d-Moll
8 Klarinettenkonzert in A-Dur
x konnten zeitlich nicht eingeordnet werden
1
2
6
11
14
Anzahl der Werke pro Jahr
Hochzeit mit Konstanze Weber in Wien
Mozart wird kaiserlicher Kammerkomponist
† 5.12.1791 in Wien
Andere
Bühnenwerke
Geistliche Werke
Kammermusik
Konzerte
Lieder
Orchesterwerke
Sonaten
Tänze
1780
1785
1790

Die Qual der Wahl zwischen allerlei Geschäften stellt sich in der Getreidegasse.

Pferde, geputzt und gebändigt

Marstall-schwemme

Am Herbert-von-Karajan-Platz gegenüber der nordwestlichen Seite des Festspielhauses steht die zweite noch erhaltene Pferdetränke aus der Zeit der Fürsterzbischöfe. J. B. Fischer von Erlach (1656–1723) baute sie, für den künstlerischen Aufputz sorgte u. a. Bernhard Michael Mandl mit seiner Rossebändiger-Skulptur.

Wissenschaft zum Anfassen

Haus der Natur

Das **Science Center** im Haus der Natur lädt Alt und Jung zu einer spielerischen Erkundung der physikalischen und technischen Welt ein. Anfassen und Experimentieren sind ausdrücklich erwünscht! Eines Salzburger Genies wird in einer Dauerausstellung gedacht: Christian Andreas Doppler (1803–1853) ist als Entdecker des nach ihm benannten physikalischen Effekts in die Geschichte eingegangen. In den 38 Schaubecken des **Aquariums** tummeln sich die Bewohner von Flüssen und Ozeanen der Welt.

Museumsplatz 5 | tgl. 9–17 Uhr | Eintritt: 9,50 €
www.hausdernatur.at

Altehrwürdige Shopping-Mall

Getreide-gasse

Österreichs wohl meist fotografierte Gasse bildet seit jeher das pulsierende weltliche Herz der Stadt. Über die Jahrhunderte sorgten Geschäfte, Handwerksbetriebe, Mühlen, Brauereien, Wirtshäuser und Warenlager für ein buntes Treiben – und für massive Verkehrsprobleme. Auch heute herrscht hier dichtes Gedränge – aber durch Besucher: Die Getreidegasse ist ein einziges Shopping-Paradies. Allerorten buhlen schmiedeeiserne Geschäfts- und Wirtshausschilder sowie traditionelle Zunftzeichen um Aufmerksamkeit. Viele der 14 **Durchhäuser**, die von der Getreidegasse auf den **Universitätsplatz** und in die Griesgasse führen, durchweht nostalgisches Flair.

Mozarts Geburtshaus

Eine liebevolle Familie

Musikfreunden rund um den Globus ist die Getreidegasse 9 ein Begriff: Hier erblickte Wolfgang Amadeus Mozart am 27. Januar 1756 das Licht der Welt. Von 1747 bis 1773 wohnte die Familie Mozart im dritten Stock des sog. Hagenauer-Hauses. Von den sieben Kindern von Leopold und Anna Maria Mozart überlebten nur Wolfgang Amadeus und seine ältere Schwester Nannerl.

In den niedrigen Räumen mit ihren knarrenden Böden werden Gegenstände aus Leben und Schaffen des Musikgenies gezeigt, darunter seine Kindergeige, ein Klavichord, auf dem er u. a. die »Zauberflöte« komponierte, Porträts und Noten. Anrührende Einblicke in das Familienleben gewähren die Briefe, die die Mozarts sich schrieben, wenn sie auf oft langen Reisen waren. Die Präsentation **»Bürgerliche Wohnung in Salzburg zur Mozartzeit«** und eine Küche im Stil der Epoche veranschaulichen den Alltag der Musikerfamilie.

tgl. 10–17.30 Uhr | Eintritt: 12 €, Besuchsdauer ca. eine Stunde
www.mozarteum.at

Kollegienkirche

Schnörkelloses Barockjuwel

Die barocke Kollegienkirche mit ihrer schwungvoll gewölbten Schaufassade und den mit Balustraden bekrönten niedrigen Türmen ist ein Hauptwerk J. B. Fischers von Erlach. 1707 geweiht, besticht das Gotteshaus innen durch seine Schnörkellosigkeit und Klarheit. Wände, Tonnengewölbe, Stuckaturen und Säulen erstrahlen ganz in Weiß.

Am autofreien **Universitätsplatz** vor der Kirche findet täglich außer Sonntag der **Salzburger Grünmarkt** statt – perfekt, um sich für eine Jause zu versorgen oder gleich einen Würstelstand zu besuchen.

Salzburger Grünmarkt: Mo.–Fr. 7–19, Sa. 6–15 Uhr

Festung Hohensalzburg

Geschichte

Nie erobert

Seit nunmehr fast 1000 Jahren thront die größte noch vollständig erhaltene Festungsanlage Mitteleuropas 120 m über der Salzach auf dem Südostgipfel des Mönchbergs. Heute ist sie das Wahrzeichen der Stadt sowie des Landes Salzburg und – mit 1,1 Mio. Besuchern – Österreichs größte Touristenattraktion außerhalb Wiens.

FESTUNG HOHENSALZBURG

Hoch über Salzburg thront das Wahrzeichen der Stadt. Die im Jahr 1077 von dem Erzbischof und Landesfürsten Gebhard I. von Helffenstein errichtete Hohensalzburg ist mit ihren mittelalterlichen und barocken Wehrbauten eine der am besten erhaltenen Burgen Europas.

Öffnungszeiten: Jan.–April u. Okt. bis Dez. tgl. 9.30–17, Mai–Sept. 8.30–20, Adventwochenenden und Ostern 9.30 bis 18 Uhr | Panoramaticket für das Burgareal 11,60 €, Basic-Ticket mit allen Museen 14 €, All-inklusive-Ticket mit Fürstenzimmern u. Magischem Theater 17,40 € (inkl. Auffahrt mit Festungsbahn, günstiger mit Fußweg) www.salzburg-burgen.at

1

1 Burghof
Der äußere Burghof (Haupthof) ist das Zentrum der Burg. Hier, inmitten von alten Linden, liegt mit der 1539 gegrabenen Zisterne und der Georgskirche das Herz der Festung.

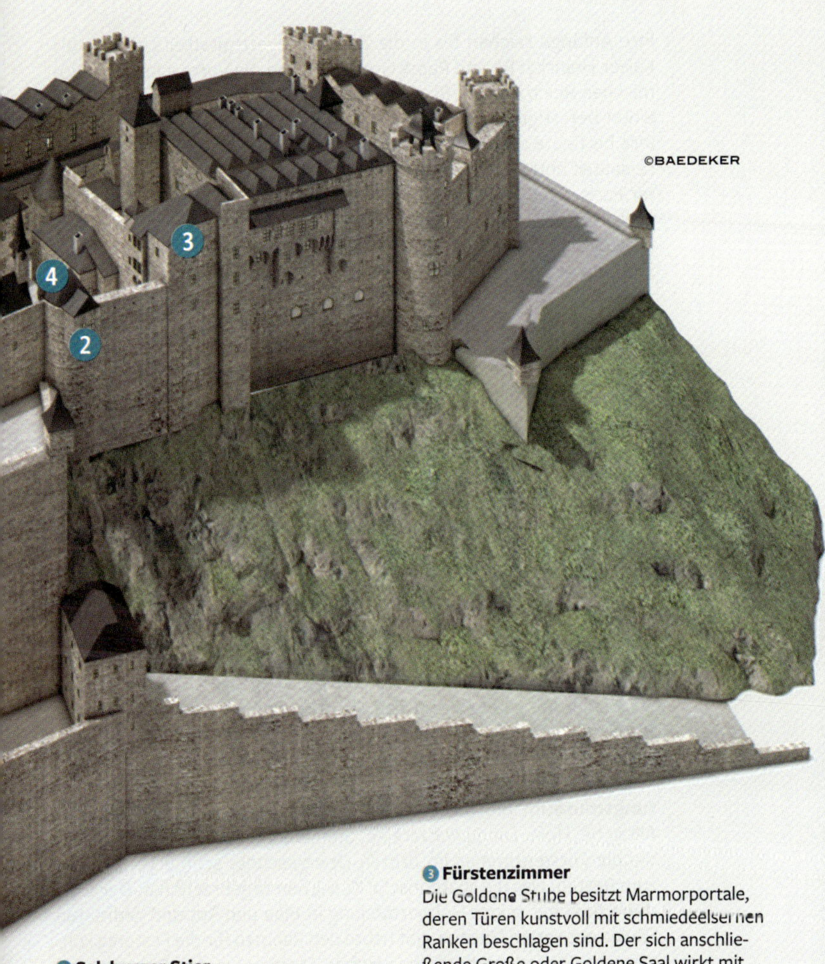

❷ Salzburger Stier
Die Freiorgel (1502) im Krautturm spielt täglich um 7, 11 und 18 Uhr nach dem Glockenspiel der Neuen Residenz. Angelegt wurde das Hornwerk mit 200 zinnernen Pfeifen unter Erzbischof Leonhard von Keutschach, der damit die Stadtbürger zum Arbeitsbeginn ermahnen wollte.

❸ Fürstenzimmer
Die Goldene Stube besitzt Marmorportale, deren Türen kunstvoll mit schmiedeeisernen Ranken beschlagen sind. Der sich anschließende Große oder Goldene Saal wirkt mit seiner blau und rot bemalten Holzvertäfelung und seinen Säulen aus Adneter Marmor außerordentlich festlich.

❹ St. Georgs-Kapelle
Die 1501/1502 unter Erzbischof von Keutschach erbaute Kirche ist dem Heiligen Georg geweiht. Das Altarbild von Frans de Neve (1672) am Hochaltar zeigt Georg als Drachentöter.

Ihre Anfänge reichen bis in die Zeit des Investiturstreits zurück, als Kaiser Heinrich IV. und Papst Gregor VII. um die Vormacht im Hl. Römischen Reich rangen. Bischof Gebhard I. (1010–1088) ließ ab 1077 einen befestigten Wohnturm samt Kirche auf dem Berg errichten. Ihre bis heute sichtbare Gestaltung erhielt die Festung rund 350 Jahre später unter Bischof Leonard von Keutschach (1442–1519). Unter Paris von Lodron (1586–1653) wurden die Verteidigungsanlagen erweitert. Die Hohensalzburg konnte niemals erobert werden. Die französischen Truppen, die während der Napoleonischen Kriege in Salzburg einmarschierten, übernahmen sie kampflos.

Reise ins Mittelalter

Burgareal

Seit 1892 fährt die **Festungsbahn** von der Talstation an der Festungsgasse auf die Burg und zurück ins Mittelalter. Der rund 20-minütige Fußweg führt an interessanten Teilen der Befestigungsanlagen vorbei. Oben hilft ein Audioguide bei der Erkundung des Burgareals. Die Tour führt zur Aussichtsplattform am **Reckturm**, die grandiose Panoramablicke über die mächtigen Basteien und die Dächer Salzburgs bis weit ins Salzburger Land bietet. Weiter geht es über den Wehrgang zum **Hornwerk »Salzburger Stier«** (1502). Bis heute ertönen die 200 Pfeifen der Walzenorgel um 7, 11 und 18 Uhr.

Festungsbahn: Jan.–März, Nov. 9–17, April, Okt., Dez. 9–20.30, Mai, Juni u. Sept. 8.30–20.30, Juli u. Aug. 8.30–21.30 Uhr ca. alle 10 Min.
Eintritt: 11 € | www.festungsbahn.at

Drei unter einem Dach

Museen

Bei Gefahr im Verzug zogen sich die Erzbischöfe meist in den **Hohen Stock** zurück, der um 1500 zu einem herrscherlichen Wohnschloss ausgebaut wurde. Vom gotischen Himmelbett über Waffen und Folterinstrumente bis hin zur komplett eingerichteten Burgküche: Das **Festungsmuseum** informiert dort über die Geschichte der Burg und den Alltag bei Hofe. Die Schnitzereien, Steinmetz- und Schmiedearbeiten, die die Fürstenzimmer im dritten Obergeschoss schmücken, zählen zum Besten, was die spätgotische Kunst hervorgebracht hat. Der **Goldene Saal** mit seiner Holzvertäfelung in Blau und Rot und gedrehten Säulen aus rotem Marmor gibt heute den Rahmen für die Festungskonzerte ab. Im Erdgeschoss des »Hohen Stocks« werden **Puppen und Bühnenbilder des Salzburger Marionettentheaters** gezeigt.

Jan.–April u. Okt.–Dez. tgl. 9.30–17, Mai–Sept. 9–19 Uhr
Basic-Ticket (mit Bahn): 14 € | www.salzburg-burgen.at

Ort zum Verschnaufen

Burghof

Im malerischen Burghof laden Sitzbänke zu einer Rast ein. Im großen **Zeughaus** an der Südseite wird eine Sammlung historischer Waffen und Rüstungen gezeigt. Im Burghof endet der heute noch betriebene sog. **Reißzug**, der bereits ab 1460 die Festung mit Gütern versorgte.

LICHTSPIELE

Im »Sky-Space«-Turm von James Turrell nahe dem Museum der Moderne führt die Natur ihre Künste vor. Durch das Dach fällt Licht, Wolken zaubern Schatten auf den Boden. Ein Fenster öffnet sich in den Wald hinaus. Die Stimmungen wechseln je nach Tageszeit und Wetter (Di. bis So. ab 10 Uhr, tgl. während der Salzburger Festspiele).

Weltentrückt

Stift Nonnberg

Noch tiefer in die Vergangenheit Salzburgs führt ein Abstecher zur Abtei Nonnberg am östlichen Ausläufer des Festungsbergs. Seit sagenhaften 1300 Jahren leben hier Benediktinerinnen an einem dem Trubel gänzlich entrückten Ort. Die **Abteikirche**, eine spätgotische Basilika mit rotem Zwiebelhelm, betritt man durch ein reich verziertes romanisches Portal. Der Kirchenraum ist in Halbdunkel getaucht. Die Nonnen leben in strenger Klausur – ertönen ihre Gesänge aus dem Konvent, fühlt man sich um Jahrhunderte zurückversetzt.

Bekannt wurde das Stift auch durch **Maria Kutschera**. Sie war Anwärterin auf das Noviziat, als das Kloster sie 1926 zum verwitweten Baron von Trapp als Erzieherin seiner vielen Kinder schickte. Ein Jahr später heiratete sie den Baron und gründete den Chor der **Trapp-Familie**. 1938 emigrierte die Familie in die USA und feierte dort Riesenerfolge. Die Geschichte war Vorlage zum Hollywood-Film »The Sound of Music«. Dieser 1965 an Originalschauplätzen gedrehte Streifen beschert der Stadt heute Hunderttausende Besucher aus Übersee, während er im deutschsprachigen Raum wenig bekannt ist.

tgl. ca. 6.30–18 Uhr | www.nonnberg.at

Kleine Stadtflucht?

Mönchsberg

Der in den Fels gebaute Mönchsberglift katapultiert Ausflügler in Windeseile von der Gstättengasse nach oben auf den 508 m hohen Berg. Der Bergrücken, der sich rund 1,7 km lang vom Festungsberg bis nach Mülln erstreckt, ist dicht mit Wald und Wiesen bedeckt. Verschlungene Wege durchziehen diese Naturoase, die von verschiedenen Aussichtslogen Salzburg aus den schönsten Perspektiven zeigt. Auch Überreste alter Wehranlagen und das ein oder andere urige Lokal wie die »Stadtalm« sind hier zu entdecken.

Mönchsberglift: Mo. 8–19, Di.–So. 8–21, Juli u. Aug. tgl. 8–23 Uhr
Berg- und Talfahrt: 4,20 € | www.stadtalm.at

Kontrast zum Barock

Museum der Moderne

Gleich an der Bergstation des Mönchsberglifts wartet das Museum der Moderne in Sonderausstellungen mit Meisterwerken der klassischen Moderne und der Gegenwartskunst auf. Der minimalistische Bau aus Sichtbeton und Glas bildet architektonisch einen Kontrast zum üppigen Barock der Altstadt (mit tollem Aussichtsrestaurant).
Di.–So. 10–18, Mi. bis 20 Uhr | Eintritt: 13 €
www.museumdermoderne.at

Erinnerung an einen großen Europäer

Stefan Zweig Centre

Auf dem Weg vom Mönchsberg zurück in die Altstadt lohnt ein Abstecher zur **Edmundsburg**. Sie beherbergt das Stefan Zweig Centre zum Leben und Werk des Autors, der sich 1942 in Brasilien das Leben nahm. Briefe, Texte und Filmausschnitte zeichnen das Bild eines Menschen, der sich nach dem Ersten Weltkrieg für Pazifismus und den Zusammenhalt Europas stark machte.
Mo. u. Mi.–Fr. 14–16 Uhr | Eintritt: 5 €
www.salzburg.info/de/sehenswertes/museen/stefan-zweig-centre

Hier dreht sich (fast) alles um die Liebe!

Schloss Mirabell und Mirabellgarten

Am Beginn der Geschichte dieses Schlosses steht die Beziehung eines geistlichen Herrn zu einer schönen Kaufmannstocher. Fürsterzbischof Wolf Dietrich von Raitenau (1559–1617) ließ den Vorgängerbau der heutigen vierflügeligen Anlage 1606 als Wohnsitz für seine langjährige Lebensgefährtin Salome Alt (1568–1633) und die gemeinsamen Kinder errichten. Als Wolf Dietrich von seinem Vetter und Nachfolger Markus Sittikus 1611 gestürzt wurde, musste auch Salome fliehen. Der Fürsterzbischof starb 1617 auf der Festung Hohensalzburg und seine Geliebte 1633 im Welser Exil.
Markus Sittikus benannte »Schloss Altenau« in »Schloss Mirabell« um. 1721 bis 1727 gestaltete Johann Lukas von Hildebrandt die Anlage zum spätbarocken Palast um, nach einem verheerenden Brand 1818 erfolgte ein Facelifting im klassizistischen Stil. Seit 1947 residieren Salzburgs Bürgermeister und Teile der Stadtverwaltung im Schloss. Im **Marmorsaal** geben sich heute viele Paare das »Ja-Wort«. Eine **prunkvolle Engelsstiege** mit Marmorbalustraden, auf denen pausbäckige Putten hocken und Grimassen schneiden, bildet dabei die Ouvertüre zur Trauungszeremonie. Stiege und Stiegenhaus gestaltete der Bildhauer Georg Raphael Donner (1693–1741).
Wohl die meisten frisch Vermählten zieht es nach der Trauung in den **Schlossgarten** für ein Hochzeitsfoto. Die barocke Anlage trägt die Handschrift J. B. Fischer von Erlachs. Den Mittelpunkt bildet der Pegasusbrunnen (1661/1913). Berühmt ist die Sichtachse von der Terrasse an der Südseite des Schlosses hin zu Festung und Dom.
Von der Faszination des Barocks an Absonderlichem und Skurrilem zeugen im **Zwergelgarten** die marmornen Statuen von kleinwüchsi-

Museum der Moderne: Nichts lenkt vom Blick auf die Kunst ab.

gen oder verwachsenen Menschen, die den Bastionsgarten bevölkern. 1810 ließ der bayerische Kronprinz und spätere König Ludwig I. die »scheußlichen« Gesellen entfernen und versteigern. Nur 17 der einst 28 Figuren wurden etwa 100 Jahre später wieder gefunden und kehrten zurück.
Im südwestlichen Teil des Schlossparks befindet sich etwas versteckt das um 1710 angelegte **Heckentheater**, wo im Sommer regelmäßig Salzburger Brauchtumsgruppen und Chöre aufspielen.

Engelsstiege: tgl. 8–18 Uhr | **Marmorsaal:** Mo., Mi., Do. 8–16, Di. u. Fr. 13–16 Uhr | Eintritt: frei | www.stadt-salzburg.at
Mirabellgarten: tgl. 6 bis Einbruch der Dämmerung | Eintritt frei
Zwergelgarten und Heckentheater: im Winter geschl.

Weitere Altstadt rechts der Salzach

Ganz große Oper

Makartplatz

Im Süden mündet der Mirabellgarten auf den Makartplatz, dessen Ostseite die Barockfassade der **Dreifaltigkeitskirche** beherrscht. Das **Salzburger Landestheater** hat durch Uraufführungen von fünf Stücken Thomas Bernhards über Österreich hinaus Bekanntheit erlangt. Das **Salzburger Marionettentheater** führt in einem Seitenflügel des Hauses Opern und Operetten sowie Ballett auf.

Marionettentheater: Schwarzstr. 24 | www.marionetten.at

Domizil einer Musikerfamilie

Mozarts Wohnhaus

1773 konnten die Mozarts der Enge der Getreidegasse entfliehen und bezogen das sog. **Tanzmeisterhaus**. Es wurde 1944 bei einem Bombenangriff zerstört, doch die Mozartstiftung ließ es in den 1990er-Jahren nach alten Plänen wieder aufbauen. Highlights der Ausstellung sind Mozarts Hammerklavier und die Geige, die er in seiner Wiener Zeit ab 1780 nutzte. Die Mozart-Ton- und Filmsammlung ist eine Fundgrube für alle, die sich mit dem Musikgenie beschäftigen.
tgl. 9–17.30 Uhr | Eintritt: 12 €, mit Geburtshaus 18,50 € | Ton- u. Filmsammlung kostenlos | www.mozarteum.at

Alma Mater für die Kunst

Universität Mozarteum

»Am Geburtsort des wunderbarsten Komponisten, der je gelebt, ist die Musik tatsächlich in einem Zustand traurigen Verfalls«, mäkelte 1829 nach seiner Salzburger »Mozart Pilgrimage« der englische Musikverleger Vincent Novello. Das ist Schnee von gestern – dank der 1841 gegründeten Universität Mozarteum. Das von Robert Rechenauer 2006 entworfene Neue Mozarteum am Mirabellplatz ist auch architektonisch bemerkenswert. Viele Konzerte sind kostenlos.
www.moz.ac.at/veranstaltungen

Shoppingparadies mit Lokalkolorit

Linzer Gasse

Die wohl wichtigste Einkaufsstraße der Altstadt rechts der Salzach ist zwar nicht ganz so berühmt wie die Getreidegasse, Fans von Dirndln und Kunsthandwerk werden hier aber mit Sicherheit fündig. Die Linzer Gasse verläuft vom Platzl an der Staatsbrücke den westlichen Rand des Kapuzinerbergs entlang.

Eine Begräbnisstätte als architektonisches Juwel

Kirche und Friedhof St. Sebastian

Kunsthistorisch bedeutsam ist die Sebastianskirche mit ihrem malerischen Friedhof. Wolf Dietrich von Raitenau ließ ihn um 1600 nach dem Vorbild italienischer Campi Santi errichten. In seiner Mitte steht die prachtvolle **Gabrielskapelle**, das noch während seiner Amtszeit errichtete Mausoleum Wolf Dietrichs, der 1617 als Gefangener seines Nachfolgers Markus Sittikus auf der Festung Hohensalzburg starb. Auf dem Friedhof fanden u. a. Mozarts Vater Leopold († 1787) und seine Witwe Constanze († 1842) ihre letzte Ruhestätte. Gleich am Eingang steht in einer Nische das Grabmal des Arztes und Naturforschers Paracelsus, der 1541 in Salzburg starb.
tgl. 9–16, Sommer bis 18.30 Uhr

Alles im Blick

Kapuzinerberg

Vom Franziskustor (Linzer Gasse 14) führt der **Stefan-Zweig-Weg** an Kreuzwegkapellen und dem Kapuzinerkloster vorbei hinauf auf den dicht bewaldeten, 638 m hohen Kapuzinerberg. Dieser bietet erstklassige Aussichtslogen wie die »Kanzel« unterhalb des Kapuzinerklosters. Nach einer halben Stunde Fußweg ist der Gipfel mit dem **Franziskischlössl** von 1629 erreicht. Vom Kloster geht es auch über die Imbergstiege und die schmale Steingasse zurück an die Salzach.

Wohin am Stadtrand von Salzburg?

Eine etwas andere Biergeschichte

Stiegl-Brauwelt

Ein erlebnisreiches Biermuseum hat die 1492 gegründete Brauerei Stiegl am Firmensitz im westlichen Stadtteil Maxglan eingerichtet. In der kleinen Hausbrauerei kann man dem Braumeister bei der Arbeit über die Schulter schauen.

Bräuhausstr. 9 | tgl. 10–18.30, Mai–Sept. bis 20 Uhr
Eintritt: 12 €, mit Führung und Verkostung 19,90 €
www.brauwelt.at

Majestäten der Lüfte

Hangar-7

Der Energy Drink Red Bull machte Dietrich Mateschitz (▶ Interessante Menschen) zu einem der reichsten Männer Österreichs. Hauptsitz des Weltkonzerns ist Fuschl (▶ S. 476). Im »Hangar-7« am Salzburger Flughafen hat der passionierte Flieger seine historischen Flugzeuge ausgestellt. Die Stahl-Glas-Konstruktion Hangar-7 beherbergt überdies noch Alpha-Jets und Hubschrauber, aber auch Formel-1-Boliden und Motorräder.

Mo.–Sa. 9–22, Sa. bis 20 Uhr | Eintritt: frei | www.hangar-7.com

Wiege der Festspiele

Schloss Leopoldskron

Im Lauf seiner Geschichte hat das 1736 bis 1744 errichtete Rokokopalais am Leopoldsweiher viele Herren gesehen. Der berühmteste war der Theatermacher Max Reinhardt (▶ S. 571), der das Schloss 1918 erwarb und dort mit Hugo von Hofmannsthal und Richard Strauss das Konzept für die Salzburger Festspiele ausarbeitete. Er machte es während der Festspiele zum Ort glanzvoller Empfänge und Theaterspektakel im Geist des Barock. Heute beherbergt es u. a. ein edles Hotel.

www.schloss-leopoldskron.com

Eine weitere Aussichtskanzel Salzburgs

Gaisbergspitze

Mit einer Höhe von 1287 m ist er der imposanteste unter den Salzburger Hausbergen. Der Rundumblick vom Gipfelplateau mit seinem markanten Rundfunksender reicht vom Tennengebirge weit im Süden bis ins Seenland im Norden und weit nach Bayern.

Barockensemble im Norden der Stadt

Maria Plain

Ein imposantes Glaubenszeugnis aus der Barockzeit bildet die Wallfahrtskirche Maria Plain in Bergheim. Die doppeltürmige Fassade des

1674 eingeweihten Gotteshauses erinnert an den Salzburger Dom. Das Innere wird von goldenem Glanz, untermalt von blauen und weißen Farbtönen, erfüllt. Seit Jahrhunderten verehrt wird das von einem Strahlenkranz eingerahmte Gnadenbild Maria Trost am Hochaltar. Es lohnt sich, das letzte Stück des historischen Pilgerwegs von der Plainbrücke aus zu Fuß zurückzulegen. Die Aussicht auf Salzburg und die Gebirgskulisse im Süden ist exzellent.
tgl. 7–19 Uhr | www.mariaplain.at

Sagenumrankter Kalkklotz

Untersberg

Abrupt und beinahe ansatzlos schraubt sich das bei Wanderern beliebte Gebirgsmassiv aus dem Salzburger Becken empor. Der Untersberg erstreckt sich von Berchtesgaden im Süden in nordöstliche Richtung bis fast vor die Tore der Mozart-Stadt. Die Grenze zwischen Deutschland und Österreich verläuft mitten durch den nördlichen Teil. Das Kalksteinmassiv ist von vielen Höhlen durchzogen, um die sich Legenden ranken. So sollen Karl der Große und Friedrich Barbarossa im Innern des Bergs ihrer letzten Schlacht entgegenschlafen. Vom Grödiger Ortsteil St. Leonhard führt die **Untersberg-Seilbahn** auf den Berg. Von dort sind es rund 30 Minuten bis zum 1853 m hohen **Salzburger Hochthron**.

Den Fürsterzbischöfen war nichts zu teuer – nachzuprüfen u. a. im Römischen Theater von Schloss Hellbrunn.

Untersbergbahn: ab Mitte Dez., Jan., Feb. tgl. 9–16, März–Juni 8.30 bis 17, Juli–Sept. 8.30–17.30, Okt. 8.30–17 Uhr, 2. April-Hälfte u. Mitte Okt.–Mitte Dez. geschl. | Berg- u. Talfahrt: 28 €
www.untersbergbahn.at

Rund um Salzburg

Zeitreise ins bäuerliche Salzburg

Das »ländliche Gegenstück« zur barocken Pracht Salzburgs ist 12 km südwestlich zu finden: Dort zeigt das Salzburger Freilichtmuseum bei Großgmain uralte Bauernhöfe vom Flachgau bis in den Lungau – insgesamt rund 100 Häuser und Nebengebäude.
Ende März–Okt. Di.–So. 9–18, Juli u. Aug. auch Mo., Mitte Okt.–Nov. bis 17 Uhr | Eintritt: 12 € | www.freilichtmuseum.com

Barocke Repräsentationsfreude

In Schloss Hellbrunn lebte Fürsterzbischof Markus Sittikus seine Leidenschaft für kunstvolle Repräsentation, Zerstreuung und Musik aus. Eine Wundertüte ist sein Lustschloss bis heute – vor allem dank der einzigartigen **Wasserspiele**, heute die wohl besterhaltenen aus der Renaissance nach italienischem Vorbild. 1613 gab der Fürsterzbischof den Landsitz in Auftrag, vier Jahre später hatte ihn Dombaumeister Santino Solari samt Parkanlage fertig. Nur kurz, er starb 1619, konnte sich der Landesherr an seinem Palazzo ergötzen.
Die **Dauerausstellung** ist ein guter Ausgangspunkt für eine Erkundung des Gesamtkunstwerks im manieristisch-frühbarocken Stil. Höfische Szenen zieren die Wände und Decken der Fürstenzimmer, in Goldbronze sind römische Kaiser dargestellt. Illusionistische Architektur-Malereien verleihen dem lang gestreckten **Festsaal** Grandezza. Erfinderische Brunnenmeister stellten die Quellen am Hellbrunner Berg in den Dienst des Amüsements, so etwa im Römischen Theater, wo der Erzbischof an den Fürstentisch lud: Auf seinen Wink hin betätigte ein Lakai einen Hebel und aus jedem Hocker schoss eine Fontäne hervor. Hydraulik und Prinzip funktionieren noch anstandslos.
Die ebenfalls mit Wasserspielen ausgestatteten **Grotten** stehen im Zeichen der antiken Mythologie. In der Vogelsang-Grotte erzeugt ein Mechanismus aus Wasserpfeifen, Blasebälgen und Walzen einen Soundteppich wie im Dschungel.
An Kunstfertigkeit unübertroffen ist das 1752 fertiggestellte **Mechanische Theater**, das mit seinen wasserbetriebenen Figuren das Leben in einem barocken Städtchen zeigt.
Der **Schlosspark** gibt einen herrlichen Picknickplatz ab. Ein kurzer Spaziergang erschließt das **Monatsschlössl** aus dem Jahr 1615, wo heute die Sammlungen des Salzburger Volkskundemuseums untergekommen sind.

Hinter dem Schlössl gelangt man zum **Steinernen Theater**, wo Markus Sittikus 1616 oder 1617 zu einer der ersten Freiluft-Opernaufführungen nördlich der Alpen lud.

April u. Okt. tgl. 9.30–17, Mai, Juni, Sept. bis 18, Juli u. Aug. bis 19 Uhr | Eintritt: 13,50 € (Schloss, Wasserspiele und Volkskundemuseum) | www.hellbrunn.at
www.salzburgmuseum.at

★★ ST. FLORIAN

Bundesland: Oberösterreich | **Höhe:** 296 m ü. d. M.
Einwohner: 6280

Wenn es um die glänzendsten Schöpfungen des Barock in Österreich geht, darf der Name des Augustiner-Chorherrenstifts St. Florian, rund 15 km südöstlich von Linz, nicht fehlen. Hier künden die Stiftsbasilika mit der Brucknerorgel und Prunkräume wie der Marmorsaal von einem Zeitalter, da sich Pracht und Macht der Habsburger und der katholischen Kirche im Gleichschritt entfalteten.

Ein Paradebeispiel barocker Opulenz: In der Bibliothek des Chorherrenstifts St. Florian reichen die Bücherregale hinauf bis zum farbenprächtigen Deckenfresko.

Benannt ist das Stift nach dem hl. Florian, der sich als römischer Beamter zum Christentum bekehrt hatte und deshalb im Jahr 304 in der Enns ertränkt wurde – nur wenige Jahre bevor Kaiser Konstantin entschied, die Anhänger Jesu zu tolerieren. Er ist Oberösterreichs Landespatron und wird darüber hinaus als Schutzpatron in Feuergefahr und Wassernot verehrt. Die ältesten Mauerreste des Klosters gehen auf das 4. Jh. zurück. Es folgten eine romanische und eine gotische Kirche. Nach dem Sieg über die Türken im Jahr 1683 und der Dankeswallfahrt des Kaisers zum Grab des hl. Florian entschloss sich die Klosterleitung zu einem barocken Neubau, ausgeführt u. a. von Carlo Carlone und Jakob Prandtauer. Er bildet einen würdigen Rahmen für die letzte Ruhestätte Anton Bruckners, dessen Namen und Wirken eng mit St. Florian verbunden ist.

Augustiner-Chorherrenstift

Stiftsführungen Mai–Okt. tgl. 11, 13 u. 15 Uhr
Eintritt: 12 € | www.stift-st-florian.at

Monumentale Raumwirkung

Stiftsbasilika

Blickfang ist die Stiftsbasilika mit zwei 80 m hohen Türmen. Sie erhebt sich an der Begräbnisstätte des frühchristlichen Märtyrers. Die monumentale Raumwirkung im Inneren entsteht durch riesige Halbsäulen auf hohen Sockeln, hoch gelegene Fenster, die 36 m hohe Kuppel, verschwenderische Stuckdekorationen und die über die gesamte Decke reichenden Fresken. Das Gotteshaus ist auch ohne Führung zu besichtigen, ebenso der Stiftsgarten.

Anton Bruckners erste Wirkungsstätte

Bruckner-grab und -orgel

Musikfreunde verbinden das Kloster mit Anton Bruckner (1824 bis 1896), der schon in seiner Jugend die St. Florianer Sängerknaben mit Musikalität und Stimme bereicherte. 1848 wurde er Stiftsorganist, bevor er 1854 nach Linz ging. Der Sarkophag des Komponisten und »Musikanten Gottes« steht in der Gruft unter der großen, nach ihm benannten Kirchenorgel. Von Ende Mai bis Mitte Oktober hat man täglich außer dienstags und samstags Gelegenheit, diese bei 20-minütigen Konzerten (14.30 Uhr) zu hören. Der renommierte Chor der Sängerknaben ist ab 1071 belegt; damals übernahmen die Augustiner das Kloster.

Orgelkonzert: 7 €
Sängerknaben: www.florianer.at

Symbol weltlicher Macht

Marmor-saal und Bibliothek

Als ein Meisterwerk Jakob Prandtauers gilt die Freitreppe (Stiegenhaus) an der Hofseite des Westflügels, die als Zugang zu den Kaiserzimmern mit Arkaden, Bögen und Pilastern über zwei Stockwerke

1 Stiftstor und Bläserturm
2 Springbrunnen
3 Treppenhaus
4 Kaiserzimmer
5 Marmorsaal
6 Bibliothek
7 Sommerrefektorium
8 Nepomukstatue

prunkvoll gestaltet wurde. Ein Symbol weltlicher Macht ist der ebenfalls von Prandtauer gestaltete Marmorsaal im Südflügel des Stifts, der heute Konzerten einen wundervoll feierlichen Rahmen verleiht.

Der Ostflügel beherbergt die Bibliothek mit einem Deckengemälde von Bartolomeo Altomonte. Mit ca. 150 000 Bänden, 950 Inkunabeln und 800 kostbaren Handschriften besitzt die Bibliothek zahlreiche bibliophile Schätze. Es ist jedoch der visuelle Eindruck, der hier zählt. Wie in allen anderen berühmten Stiftsbibliotheken sind die Kostbarkeiten der Allgemeinheit aus konservatorischen Gründen nicht zugänglich.

Rund um St. Florian

Bäuerliches Leben anno dazumal

Freilichtmuseum Sumerauer Hof

Etwa 2 km östlich von St. Florian befindet sich im Ortsteil Samesleiten das Freilichtmuseum Sumerauer Hof, ein mächtiger Vierkanthof. Seit 1856 unverändert, wurde er bis 1970 bewirtschaftet. Sehenswert ist die Ausstellung bemalter Bauernmöbel aus vier Jahrhunderten.

Mai–Okt. Di.–So. 10–18 Uhr | Eintritt: 6 €
www.ooemuseen.at

Alles rund ums Brot

PANEUM Asten

Rund 4 km nordöstlich in Asten (Kornspitzstraße 1) huldigt das 2017 eröffnete PANEUM dem Nahrungsmittel Brot. Ägyptische Kornmumien, chinesische Getreidespeicher, Zunftgeräte und Gemälde mit Brot-Bezug hat der international tätige Unternehmer Peter Augendopler zusammengetragen und zu einer »Wunderkammer des Brotes« arrangiert. Das mit Edelstahlschindeln verkleidete Museum am Sitz des Backmittelherstellers Backaldrin erinnert in seiner Grundform an einen Batzen Brotteig! Der Entwurf stammt von Coop Himmelb(l)au, einem der renommiertesten Architekturbüros der Welt.

Di.–Sa. 10–16 Uhr | Eintritt: 10 € | www.paneum.at

ST. JOHANN IM PONGAU

Bundesland: Salzburg | **Höhe:** 615 m ü. d. M. | **Einwohner:** 11 300

Grenzenloses Ski-Vergnügen und Almenkultur – dafür steht die Region rund um die moderne Bezirkshauptstadt St. Johann im Pongau. Statt abenteuerlicher Gipfelstürme sind hier Genusswanderungen durch eine idyllische Wald- und Wiesenlandschaft angesagt.

St. Johann im Pongau liegt im Salzachtal nördlich des weiten Bogens, mit dem der Fluss seinen Lauf ändert und Richtung Norden fließt. Der Ort ist ein Hauptort der Urlaubsregion Salzburger Sportwelt – ein Paradies für Aktivurlauber. Im Sommer stehen Kletter-, Wander- und Mountainbike-Touren, aber auch Rafting- oder Canyoning-Abenteuer auf dem Programm. Im Winter finden alpine Skifahrer, Snowboarder und Langläufer ideale Bedingungen vor.

Wohin in St. Johann und Umgebung?

Charmantes Alpenstädtchen

St. Johann im Pongau

Als Bezirkshauptstadt und einwohnerstärkste Gemeinde des Pongaus bietet St. Johann gute Einkaufsmöglichkeiten. Aus dem Ortszentrum ragt die neugotische **Pfarrkirche St. Johannes** auf, wegen der beeindruckenden Raumwirkung auch »Pongauer Dom« genannt.

Spektakuläres Naturschauspiel

Liechtensteinklamm

Schon von Weitem sind die tosenden Wassermassen zu hören. Die Liechtensteinklamm wenige Kilometer südlich von St. Johann ist die wohl imposanteste Wildwasserschlucht der Ostalpen. In Jahrtausende langer Arbeit hat sich hier der Großarlbach bis zu 300 m tief in das Gestein gegraben und eilt in seinem unruhigen Bett der Salzach entgegen. Einige Meter über dem Wildwasser führt eine fest verankerte **hölzerne Steganlage** mit Brücken und Stufen die Felswände entlang. Der Himmel ist stellenweise nur als kleiner Streifen zu erkennen. Für die eineinhalbstündige Tour sind rutschfeste Schuhe Pflicht! Ihren Namen verdankt die Klamm übrigens Fürst Johann II. von Liechtenstein, der 1876 durch eine Spende von 600 Gulden die Erschließung möglich machte.

Mai–Sept. tgl. 9–18, Okt. 9–16 Uhr | Eintritt: 12 €
www.josalzburg.com

Von der Sonne verwöhnt

St. Veit im Pongau

Der Luftkurort (3880 Ew.) liegt 7 km südwestlich von St. Johann auf einer sonnigen Terrasse 200 m über dem Tal der Salzach. Schmucke Bürgerhäuser, Gasthöfe und Cafés säumen den Marktplatz. An seiner Westseite bildet **St. Vitus**, die einzige vierschiffige Pfarrkirche im Land Salzburg, einen Blickfang.
Das in einem Bauernhaus von 1738 residierende **Seelackenmuseum** stellt die bäuerliche Volkskultur und die Jahrtausende alte Bergbautradition dieser Region vor.

Seelackenmuseum: Mai–Okt. Mi. 13–16 u. 19–21, So. 10–12 u. 13–16 Uhr | Eintritt: 5 € inkl. Führung (durchgehend während der Öffnungszeiten, für Gruppen ab 8 P. auf Anfrage auch außerhalb)
www.seelackenmuseum.at

Bilderbuchdorf mit See und Schloss

Goldegg

Wer seine Ferien gern abseits der Touristenzentren verbringt, ist im verträumten Goldegg richtig. Es liegt auf einem 825 m hohen Plateau und präsentiert sich als alpenländisches Idyll. Der kleine **Moorsee** unmittelbar beim Ort bietet sommerliches Badevergnügen. Das ursprünglich 1323 errichtete **Schloss Goldegg** dient heute als Veranstaltungslocation und wartet mit einem der schönsten Renaissancesäle Österreichs auf.

Mekka der Skispringer

Bischofshofen

Die 10 500-Einwohner-Stadt Bischofshofen 10 km nördlich von St. Johann im Pongau kennt jeder Anhänger des Skisprungsports – hier findet alljährlich am 6. Januar das Finale der deutsch-österreichischen »Vierschanzentournee« statt.
Das Besucherzentrum des **Geoparks »Erz der Alpen«** in unmittelbarer Nachbarschaft der Arena erinnert daran, dass in der Region schon vor Tausenden Jahren Kupfer abgebaut wurde.

Geopark »Erz der Alpen«: Mai–Okt. Mo.–Sa. 10–17 Uhr
Eintritt: 4,50 € | www.geopark-erzderalpen.at

Skiort mit talüberspannender Kabinenbahn

Wagrain

Der Grafenberg im Südwesten der Gemeinde und das Grießenkareck im Südosten sind beliebte Wander- und Skigebiete. Die Pendelbahn **»G-Link«** verbindet die beiden Berge, ihre Kabinen schweben in einer Höhe von bis zu 232 m über das Tal.
www.snow-space.com

»Tal der Almen«

Kleinarltal

Seinen Beinamen verdankt das Tal, das sich südlich von St. Johann mehr als 20 km bis zum Nationalpark ▶ Hohe Tauern erstreckt, den

Dramatischer Einfall der Natur: die Liechtensteinklamm

ST. JOHANN IM PONGAU ERLEBEN

TOURISMUSVERBAND ST. JOHANN

Ing.-Ludwig-Pech-Str. 1
A-5600 St. Johann im Pongau
Tel. 06412 60 36
www.josalzburg.com

ALMWANDERN

Der Salzburger Almenweg verbindet an die 120 Almen im Land. Wer die 350 km am Stück bewältigen will, marschiert länger als einen Monat. Aber schon während eines Schnuppertags etwa im Großarltal kann man einen Eindruck von der Vielfalt der Almenkultur gewinnen.
www.salzburger-almenweg.at

GASTHAUS BÜRGLHÖH €€

Saisonales steht in dem Panorama-Gasthaus auf 1350 m Höhe hoch im Kurs – bei den Wildwochen kredenzt Küchenchef Siegfried Rathgeb Carpaccio vom Pongauer Hirschen oder Wildfleischknöderl. Fische aus dem eigenen Teich verarbeitet er zu Spezialitäten wie Teigtascherl mit Räucherforelle oder Sashimi vom Gebirgssaibling mit roten Rüben. Klassiker wie Bratl in der Rein runden das Angebot ab.
Laideregg 51
A-5500 Bischofshofen
Tel. 06462 27 85
www.buerglhoeh.at
Mo., Di. geschl.

HOTEL LERCH €€€

Das Haus bietet einen Wellness-Bereich mit einem tollen Indoor-Outdoor-Pool. Die Zimmer sind überaus hell und behaglich. In den Stuben und auf der Terrasse des Restaurants werden Spezialitäten der heimischen Küche serviert.
Liechtensteinklammstr. 12
A-5600 St. Johann
Tel. 06412 42 51
www.hotel-lerch.at

mehr als 40 bewirtschafteten Almen. Die meisten sind von Mitte Juni bis Mitte September bewirtschaftet und versorgen die Wanderer mit Brot, Butter, Käse sowie Speck, Wurst und Schnaps – alles aus eigener Produktion. Auf einigen Almen können auch Gäste übernachten – eine Liste hält der Tourismusverband bereit. Am Ende des Kleinarltals liegt auf einer Höhe von 1120 m der tiefgrüne **Jägersee**.
Der am Wiesenhang im Talinnern klebende 900-Seelen-Ort **Hüttschlag** gehört zu den österreichischen Bergsteigerdörfern, die sich dem sanften Tourismus verschrieben haben. Die Erlebnisausstellung des **Talmuseums** bringt den Besuchern die Welt der Almen und ihre Kultur näher. Im sonnengeschwärzten Gensbichlhaus, das zum Museum gehört, lassen sich Mineralien des Großarltals, Holzschlitten und eine Näh- und Trachtenstube bestaunen.
Talmuseum: Mitte Mai–Okt. tgl. 10–18 Uhr | Eintritt: 7 €
www.talmuseum.at

ST. PÖLTEN

Bundesland: Niederösterreich | **Höhe:** 267 m ü. d. M.
Einwohner: 56 400

Vom Mauerblümchen in der Provinz hat sich St. Pölten seit der Erhebung zur jüngsten Landeshauptstadt Österreichs zu einem vor allem kulturell anregenden Pflaster gemausert. Musik- und Tanzwochen, das Frequency-Festival im Sommer und vieles mehr locken in die größte Stadt Niederösterreichs mit ihrer hübschen Altstadt.

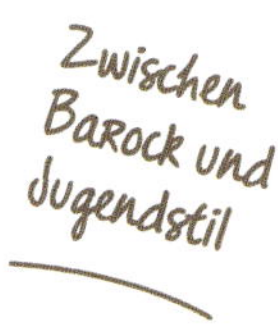

Seit 1986 ist St. Pölten die Landeshauptstadt des Bundeslandes Niederösterreich, das bis dahin von Wien aus verwaltet wurde. Das Stadtrecht erhielt die Handels- und Industriestadt 40 km westlich von Wien schon im Jahr 1159 – als erster Ort in Österreich. Bedeutende Künstler wie Jakob Prandtauer wohnten in St. Pölten und gaben der Stadt ihr reiches Barockgepräge, Jugendstil-Künstler setzten an der Wende zum 20. Jh. neue Akzente.

Wohin in St. Pölten?

Mittendrin

Rathausplatz

Der Rathausplatz, der einstige Marktplatz mit seinem auffälligen Fischgrätmuster, ist heute als Fußgängerzone das Zentrum der St. Pöltener Altstadt. An der Nordseite steht die dem Rokoko zuzurechnende **Franziskanerkirche** (18. Jh.), deren prächtige Kanzel und vier Altarbilder der Kremser Schmidt geschaffen hat. Das Rathaus (14. Jh.) an der Südseite lässt verschiedene Baustile erkennen, von Renaissanceportalen bis zur Barockfassade. Der Rathausturm ist das Wahrzeichen St. Pöltens. Im **Schuberthaus** daneben fand 1821 die erste Schubertiade mit dem Komponisten statt.

Kunst im Wandel der Zeit

Domplatz

Durch die Marktgasse gelangt man zur Kremser Gasse mit dem **Stöhr-Haus** (Nr. 41), einem Jugendstilbau des Wiener Architekten Joseph Maria Olbrich (1867–1908). Das Fassadenbild Ernst Stöhrs zeigt eine Frauengestalt, die einer Schlange aus einer Schale zu Trinken gibt. Durch die Domgasse kommt man zum **Domplatz**, dem einstigen Kern der römischen Siedlung Aelium Cetium. Heute dient er u. a. als Bühne für sommerliche Open-Air-Veranstaltungen und für den Wochenmarkt (Donnerstag und Samstag). Im barocken Bischofshof logiert das **Diözesanmuseum** mit sakraler Kunst.

Diözesanmuseum: Mai–Okt. Mi.–Fr. 10–17, Do. 10–19, Sa. 10–16, So. 11–16 Uhr | **Eintritt:** 6 € | www.museumamdom.at

Fresken- und Gemäldeschatz

Um den Dom

Der ursprünglich romanische, außen schlicht gehaltene Dom aus dem 12./13. Jh. wurde um 1722 barock umgestaltet. Beachtenswert sind die Fresken und die Gemälde von Daniel Gran und Bartolomeo Altomonte. Barock dominiert auch am Riemerplatz, Ende des 11. Jh.s als Zentrum der Siedlung konzipiert. Er ist umgeben von schönen Palais.

Dokumentation zu Jugendstil-Künstlern

Stadtmuseum

Das von Jakob Prandtauer ausgeführte einstige Karmelitinnenkloster (Prandtauergasse 2) beherbergt heute das niederösterreichische Dokumentationszentrum für Moderne Kunst und das Stadtmuseum St. Pölten: Neben einer ausführlichen Darstellung der Stadtgeschichte sind hier auch Werke St. Pöltener Jugendstilkünstler zu sehen.

Mi.–So. 10–17 Uhr | Eintritt: 5 € | www.stadtmuseum-stpoelten.at

Heute eine Gedenkstätte

Ehemalige Synagoge

Die Handschrift des Jugendstils zeigt auch die kurz vor dem Ersten Weltkrieg errichtete Synagoge an der Dr.-Karl-Renner-Promenade im Südosten der Altstadt. Bei den Novemberpogromen 1938 wurde das jüdische Gotteshaus schwer beschädigt. Heute beherbergt die ehemalige Synagoge das **Institut für Geschichte der Juden in Österreich** und dient für kulturelle Veranstaltungen. Eine Gedenkstätte erinnert an die jüdische Gemeinde vor dem Holocaust.

bis 2024 wegen Renovierung geschlossen | www.injoest.ac.at

Neue Wahrzeichen für die neue Landeshauptstadt

Regierungsviertel und Kulturbezirk

Am Ufer der Traisen südöstlich der Altstadt wuchs ab 1992 ganz im Zeichen der architektonischen Moderne Niederösterreichs Regierungsviertel in den Himmel. Wahrzeichen sind das geschwungene Landtagsgebäude und der **Klangturm** von Ernst Hoffmann. Dieser bietet von seiner Terrasse in 47 m Höhe einen schönen Rundblick auf das von Wäldern und Wiesenland eingerahmte Städtchen. Der Stahl-Glas-Bau versteht sich als Schnittstelle zum angrenzenden **Kulturbezirk**, wo das **Festspielhaus** des Grazer Architekten Klaus Kada (1997) die auffälligsten Akzente setzt. Thematisch ist das Haus breit aufgestellt – ein weit über das Land hinaus beachteter Schwerpunkt liegt auf zeitgenössischem Ballett und Tanz.

Klangturm: tgl. 8–18 Uhr | Eintritt: frei | www.klangturm.at
Festspielhaus: www.festspielhaus.at

Viel Leben im Haus der Natur

Museum Niederösterreich

Das Museum Niederösterreich vereint zwei verschiedene Dauerausstellungen unter einem Dach. Während das **Haus der Geschichte** Niederösterreichs Werdegang im zentraleuropäischen Kontext deutlich macht, präsentiert das **Haus der Natur** das Bundesland von sei-

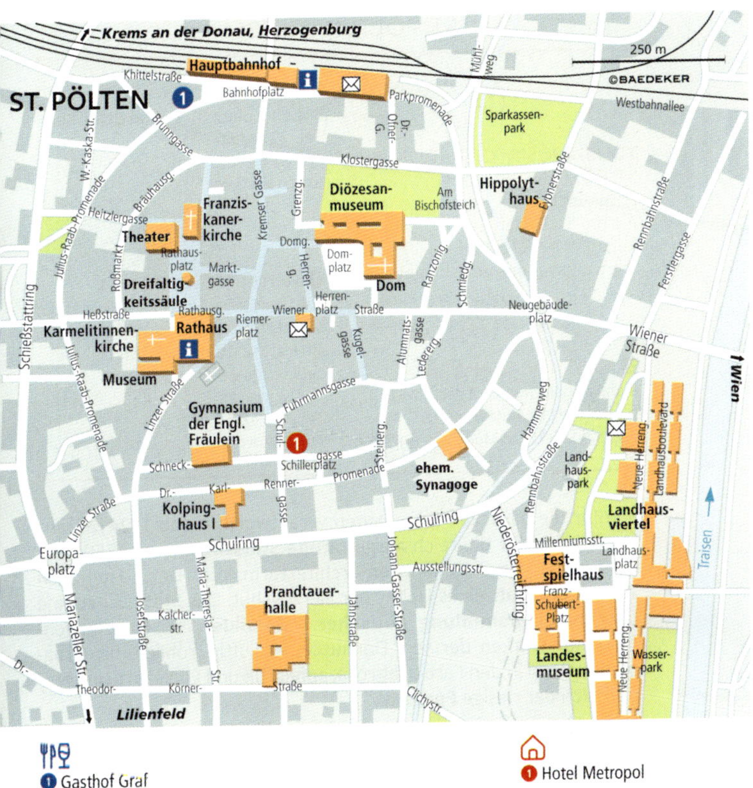

nen schönsten Seiten. Durch den Museumsbau plätschert ein Wasserlauf, der die Lebensräume vom Hochgebirge bis zum Tiefland der Donau versinnbildlicht. Fische, Amphibien und Reptilien bevölkern die Aquarien und Terrarien. Die Kunstsammlungen des Landes werden vorwiegend in ► Krems präsentiert.

Di.–So. 9–17 Uhr | Eintritt: 10 € | www.museumnoe.at

Rund um St. Pölten

Herzogshut statt Helm

Stift Herzogenburg

Das Augustiner-Chorherrenstift von Herzogenburg, 12 km nördlich von St. Pölten gelegen, stammt aus dem 12. Jahrhundert. Jakob Prandtauer, Joseph Munggenast und J. B. Fischer von Erlach zeich-

ST. PÖLTEN ERLEBEN

TOURISMUSINFORMATION ST. PÖLTEN
Rathausplatz 1
A-3100 St. Pölten
Tel. 02742 3 33 50 00
www.stpoeltentourismus.at

❶ GASTHOF GRAF €–€€
In der klassischen Gaststube wird gutbürgerliche Küche serviert, mittags sind günstige Menüs im Angebot.
Bahnhofplatz 7, A-3100 St. Pölten
Tel. 02742 35 27 57
www.hotel-graf.at
Sa. u. So. geschl.

❶ HOTEL METROPOL €€
Das Vier-Sterne-Hotel Garni liegt in der barocken Altstadt. Vom ersten Haus am Platz sind alle Sehenswürdigkeiten bequem zu Fuß zu erreichen.
Schillerplatz 1, A-3100 St. Pölten
Tel. 02742 7 07 00
www.hotel-metropol.at

nen für die barocken Stiftsbauten verantwortlich (ab 1724), Franz Munggenast für die reich ausgestattete Stiftskirche (um 1750) mit ihrer auffälligen ornamentalen Architekturmalerei. Den 70 m hohen Turm krönt statt eines Helms der Herzogshut. Das Stift besitzt eine bedeutende **Sammlung gotischer Tafelbilder** mit Hauptaugenmerk auf Werken der sog. Donauschule. Luftig-fröhlich mit Ornamentmalerei in den Farben altrosa, apfelgrün und königsblau präsentiert sich der riesige **Festsaal**.
Führungen April–Okt. Do.–Di. 11, 14 u. 15.30 Uhr | Eintritt: 11 €
www.stift-herzogenburg.at

Fest verbunden

Lilienfeld

Südlich von St. Pölten erreicht man Lilienfeld mit seinem Zisterzienserstift (1202), welches im Mittelalter das größte Kloster Österreichs war. Kreuzgang, Kapitelsaal und Laienbrudertrakt sind aus Romanik und Gotik erhalten. Die Pfeilerbasilika (13. Jh., im 18. Jh. barock ausgestattet) ist mit 83 m Länge, 21 m Breite und 24,5 m Höhe die größte Kirche Niederösterreichs. Das **Zdarsky-Skimuseum** im historischen Torturm belegt, dass auch abseits des Arlbergs und der hohen Berge Skigeschichte geschrieben wurde. Der Skipionier Mathias Zdarsky (1856–1940) konstruierte um 1890 die erste feste Skibindung, womit die kontrollierte Abfahrt möglich wurde. Sein Experimentierfeld lag in der Almregion um den 1248 m hohen **Muckenkogel**, das als Wandergebiet bis nach Wien ausstrahlt.
Zisterzienserstift: Führungen Sommer Mo.–Sa. 10 u. 14, ganzjährig So. 11.15 u. 14 Uhr | Eintritt: ohne/mit Führung 4/12 € | www.stift-lilienfeld.at | **Skimuseum:** Do., Sa., So. 16–18 Uhr | Eintritt: 5 €

SEMMERING · RAX

Bundesländer: Niederösterreich und Steiermark
Höhe: 985–2007 m ü. d. M. | **Einwohner:** 514 | **Tourismusbüro Semmering:** Passhöhe 548, A-2680 Semmering, Tel. 02664 2 00 25
Tourismusbüro Reichenau: Hauptstraße 63, A-2651 Reichenau an der Rax, Tel. 02666 5 28 65 | www.wieneralpen.at

»Der Semmering ist kein Maulwurfshügel«, schrieb Johann Gottfried Seume, als er auf seinem berühmten Spaziergang nach Syrakus 1802 die verschneite Passlandschaft 90 km südwestlich von Wien überquerte. Mit dem Bau der Südbahn 50 Jahre später erlebten der Semmering und die nordwestlich vorgelagerte Raxalpe einen kometenhaften Aufstieg zu einer bevorzugten Sommerfrische-Destination der K.-u.-k.-Monarchie. Heute schlägt der touristische Takt wieder etwas ruhiger.

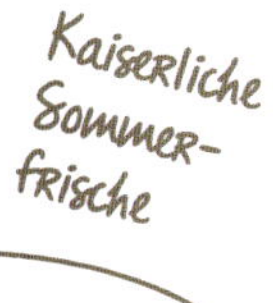

Zerklüftete Felsen, breite Bergrücken und weite Täler kennzeichnen die Passlandschaft. Erst 1160 wurde der erste Saumpfad über den 985 m hohen Pass angelegt, der das Wiener Becken vom steirischen Mürztal trennt. Mit dem Bau der Eisenbahn fanden ab 1854 auch die ersten Sommerurlauber den Weg zur nordwestlich vorgelagerten Raxalpe und weiter auf die Semmering-Passhöhe. Spaziergänger von heute wandeln auf den Spuren von Kaisern, Adeligen, Großbürgern, Künstlern und Intellektuellen. Sigmund Freud und Arthur Schnitzler zählten zu den Vertretern der Wiener Moderne, die um 1900 dem Trubel der Großstadt entflohen, um auf der Raxalpe und am Semmering Inspiration zu finden.

Rund um den Semmering

Semmeringbahn

14 – 16 – 41
Die 41 km lange Semmeringbahn zwischen Gloggnitz und Mürzzuschlag wurde 1854 nach sechsjähriger Bauzeit als erste Gebirgsbahn Europas eröffnet. Damals war der Bahnhof Semmering in 895 m Höhe der höchste auf Schienen erreichbare Punkt der Erde. Den Pass überwindet die Bahn durch 14 Tunnel und auf 16 Bogenviadukten über tiefen Schluchten. Diese technische Meisterleistung brachte Österreich eine schnellere Verbindung von Wien nach Italien und einen Zugang zum Hafen von Triest, was die Militärstrategen begrüßten. Seit 1998 ist die Bahn UNESCO-Weltkulturerbe. Ein Wanderweg entlang der Trasse bietet spektakuläre Aussicht auf die Strecke.
Ab 2030 sollen die Züge durch den 27,3 km langen **Semmering-Basistunnel** zwischen Gloggnitz und Mürzzuschlag – Österreichs viel-

leicht ehrgeizigstes Infrastrukturprojekt – rollen und die Fahrzeit um bis zu 30 Minuten verkürzen. Die bisherige Trasse soll dann zu einer Nebenbahn werden. Für Autos ist die Strecke schon seit 2004 in einer Tunnelkette verkürzt – die Blechlawinen über den Pass sind längst Vergangenheit.
www.semmeringbahn.at

Im Dornröschenschlaf

Luftkurort Semmering

Mit seinen Sommervillen im historistischen oder alpenländischen Stil versprüht der Luftkurort Semmering nostalgisches Flair. Die einstigen Palasthotels wie das **Panhans** (1888) und das **Südbahnhotel** (1902), in der Zwischenkriegszeit noch stark frequentiert, harren einer dauerhaften Nachnutzung. Wie Dinosaurier aus einem vergangenen Tourismus-Zeitalter ragen die Hotel-Kästen aus der Waldlandschaft empor. Das Südbahnhotel mit seinen historistischen Fassaden und grünen Zwiebeltürmchen erwacht nur fallweise bei sommerlichen Kulturveranstaltungen aus dem Dornröschenschlaf. Herrlich in Szene gerückt werden Landschaft und Zugstrecke auf dem **Bahnwanderweg** vom Bahnhof Semmering hinab nach **Rayerbach-Reichenau**. Einer der Höhepunkte ist die Aussichtswarte am Wolfsbergkogel.
www.kultursommer-semmering.at

Rund um die Rax

Fin-de-Siècle-Flair

Reichenau

Lebhafter als der Ort an der Passhöhe zeigt sich das nördlich gelegene Reichenau (484 m; 2540 Einw.). Kurpark und alte Villen künden auch hier von der kultiviert-noblen Sommerfrische von einst. Sehenswert ist die 1872 im Stil des Historismus erbaute **Villa Wartholz** (Hauptstraße 155), die einst im Besitz des letzten Habsburger-Kaisers Karl I. stand. Heute lädt hier ein Café-Restaurant (Mi.–So., Hauptstraße 113) zum nostalgischen Stopp. Die Sommerfestspiele im **Theater Reichenau** (Hauptstraße 28) zaubern Fin-de-Siècle-Flair auf die Bühne. Eine beliebte Runde führt in das trotz seines Namens malerische **Höllental**, das sich zwischen Raxalpe und Schneeberg zwängt – die nordöstlichsten Ausläufer der Kalkalpen. Die Region hat in den Herzen der Wiener einen Sonderplatz als Lieferant köstlichen Trinkwassers. In **Kaiserbrunn** sprudelt die Quelle, die seit 1873 die Hauptstadt durch die erste Wiener Hochquellwasserleitung mit Gebirgswasser versorgt. Das **Wasserleitungsmuseum Kaiserbrunn** (Kaiserbrunn 53) lässt diese grandiose Ingenieursleistung Revue passieren. Talauswärts, die Schwarza entlang, flaniert man auf dem Wiener Wasserleitungsweg.

Festspiele: Juli–Aug. | www.festspiele-reichenau.at
Wasserleitungsmuseum Kaiserbrunn: Mai–Okt. Sa. u. So. 10 bis 16.30 Uhr | Eintritt: frei | www.wien.gv.at

Zum Kopf durchlüften auf die Rax ...

Raxalpe

... fahren die bergaffinen Wiener bis heute gerne. Die Raxalpe westlich von Reichenau gilt als ein Hausberg der Wiener. Durch die **Raxseilbahn** in Hirschwang ist das weitläufige Hochplateau ein Ausflugsgebiet auch für Familien. Erschlossen ist der Kalkbergstock ferner durch Berghütten, zahlreiche Wanderwege und einige Klettersteige. Höchste Erhebung des Plateaus ist die 2007 m hohe **Heukuppe**. Wenn die 2000-Meter-Marke geknackt worden ist, lockt unweit das **Karl-Ludwig-Haus** zur Einkehr – die erste Alpinhütte Österreichs mit Biozertifikat!

www.raxalpe.com, www.karlludwighaus.at

Vom Semmering nach Süden

Nostalgisches für Musik- und Eisenbahnfreunde

Mürzzuschlag

Auch Mürzzuschlag (680 m; 8160 Einw.) auf der steirischen Seite der Semmering-Bahn hatte berühmte Besucher: Johannes Brahms komponierte im Hauptort des Mürztals u. a. seine 4. Sinfonie. Wissenswertes vermittelt das **Brahms-Museum**; untergebracht ist es in dem Haus, in dem der Hamburger während der Sommermonate 1884 und 1885 wohnte (Wiener Straße 4). Originalexponate wie der Streicher-Flügel sind im Museum erhalten. Der **Brahmsweg** mit dem Logo eines roten Igels folgt seinen Spazier-Runden. Später ließ sich Brahms u. a. in Pörtschach und Bad Ischl inspirieren.

Das **Südbahnmuseum** in den historischen Lokmontagehallen am Bahnhof ist mit seiner Sammlung an Lokomotiven und Exponaten über den Bau der Semmeringbahn ein Muss für alle Schienenfreunde. In den k. u. k. Waggons lebt das Flair der Ära wieder auf, als man noch nobel an die Adria reiste. Besonders ausgefallen ist die Sammlung an Draisinen und Motorbahnwagen – abenteuerlich, was einst auf den Schienen rollte, von Gleisfahrrädern bis zum VW-Kübelwagen Typ 82.

Brahms-Museum: Juli/Aug. Mi.–So. 10–12 u. 14–17 Uhr, sonst nur Fr.–So. | Eintritt: 7 € | www.brahmsmuseum.at
Südbahnmuseum: Mai–Okt. Do.–So. 10–13 u. 14–17 Uhr
Eintritt: 7,50 € | www.suedbahnmuseum.at

Der »Dom im Dorf«

Neuberg

Rund 10 km aufwärts im Mürztal erreicht man am Fuß der Schneealpe (1904 m) das entzückende Neuberg (732 m) im Mürzer Oberland. Das Ortsbild dominiert das einstige **Zisterzienserkloster** (1327 gegründet, 1786 aufgehoben) mit seiner Kirche aus dem 14./15. Jh., die den Beinamen »Dom im Dorf« trägt. Die Ausstattung des Münsters reicht vom prachtvollen, golden leuchtenden Hochaltar aus dem Jahr 1610 bis zu den Extralogen für die gehobenen Besucher, die aussehen wie an der Wand klebende Kutschen. Im Sommer

richtet Neuberg, das ein Tor zum Naturpark Mürzer Oberland ist, ein feines Musikfestival aus.
www.muerzeroberland.at

Besuch beim Waldbauernbuben

Krieglach

In Krieglach (612 m; 5370 Einw.), südwestlich von Mürzzuschlag, lebte ab 1877 der Volksdichter Peter Rosegger (1843–1918), der mit der Beschreibung seiner bäuerlichen Herkunftswelt zu einem der einflussreichsten Literaten Altösterreichs wurde. Sein Landhaus in der Roseggerstraße 44 ist als Museum mit originalem Studierstüberl eingerichtet. In **Alpl** (1100 m), Roseggers »Waldheimat« südöstlich von Krieglach, ist der Werdegang des Steirers vom Waldbauernbuben und Schneiderlehrling zum Dichter gut nachvollziehbar. Dort steht die 1902 von Rosegger gestiftete Waldschule, die Bauernkindern wie ihm den Erwerb von Bildung erleichtern und die Abwanderung verhindern sollte. Nach ihrer Schließung 1975 erfolgte die Umwandlung in ein Museum u. a. mit original erhaltenem Klassenzimmer. Von dort geht es in 30 Minuten – nur zu Fuß! – zum Unteren Kluppeneggerhof (Alpl 42), Roseggers Geburtshaus. Noch zu Lebzeiten wurde »Waldheimat« – Titel seines Erinnerungswerks – zu einer geografischen Bezeichnung für die obersteirische Region.

Peter-Rosegger-Museum: April–Okt. Di.–So. 10–17 Uhr
Eintritt: 5,50 € | www.museum-joanneum.at/peter-rosegger
Waldschule: April–Okt. Di.–So. 9–17 Uhr | Eintritt: 5 €
Geburtshaus: wie Museum

★ STEIRISCHES THERMENLAND

Bundesland: Steiermark

Es verspricht Gesundheit und Genuss. Bis zu 110 °C heiß sprudelt heilkräftiges Wasser an die Oberfläche, das bereits die alten Römer zu schätzen wussten. Heute macht der Schatz aus bis zu 2800 m Tiefe das vulkanisch geprägte Thermenland im Osten der Steiermark zu einer Erholungsregion ersten Ranges.

Gleich an fünf Standorten zwischen Bad Radkersburg an der Grenze zu Slowenien und Bad Waltersdorf rund 70 km nördlich davon kann man sich dem Wellness-Genuss hingeben. Die hügelige Landschaft lädt zum Wandern – die nächste Buschenschenke ist dabei nie weit.

Wohin im Steirischen Thermenland?

Südländisches Flair

Bad Radkersburg

Bad Radkersburg (210 m; 3180 Einw.) an der slowenischen Grenze ist die südlichste der fünf Thermalbadgemeinden. Die entzückende Altstadt bietet fast südländisches Flair. Parktherme und Saunadorf sind eingebettet in eine Parklandschaft an der Mur, die zum Spazieren oder zu einer Radtour einlädt. Wie an den übrigen Standorten stehen neben der öffentlichen Tagestherme auch exklusive Hotels für längere Aufenthalte zur Verfügung. Zum Teil verfügen diese über weitere, den Übernachtungsgästen vorbehaltene Spa-Bereiche.
www.parktherme.at

»Die stärkste Burg der Christenheit«

Riegersburg

Über Bad Gleichenberg, die älteste der Steirischen Thermalbadgemeinden mit schönem Biedermeierflair, führt der Weg zur rund 45 km nördlich gelegenen Riegersburg. Die auf hohem Basaltkegel über dem Ort thronende Burg wurde oft als stärkste Burg der Christenheit bezeichnet – heute ist sie eines der besucherstärksten Ausflugsziele der Region. Im 12. Jh. erstmals genannt, wurde die Burganlage im 16. und 17. Jh. als Bollwerk gegen die Türken ausgebaut. Seit 1822 gehört die größte Burganlage der Steiermark den Fürsten Liechtenstein.
Wer statt dem Panoramalift den 15-minütigen Anstieg zu Fuß wählt, passiert **sieben stark befestigte Tore, zwei Burggräben** und weite-

Die Aussicht von der Riegersburg muss man sich »verdienen«. Hinauf geht es zu Fuß über einen steilen Felsenpfad.

STEIRISCHES THERMENLAND ERLEBEN

THERMEN- & VULKANLAND STEIERMARK

Hauptstr. 2a
A-8280 Fürstenfeld
Tel. 03382 5 51 00
www.thermen-vulkanland.at

ROGNER BAD BLUMAU HOTEL €€€€

Wer die Hundertwasser-Architektur nicht nur von außen betrachten, sondern auch einmal darin wohnen möchte, der sollte hier Quartier nehmen.
A-8283 Bad Blumau 100
Tel. 03383 5 10 00
www.blumau.com

SCHLOSS KAPFENSTEIN €€€

Das historische Schloss aus dem 11. Jh. überblickt von einem erloschenen Vulkankegel aus eine Landschaft malerischer Hügel und Weinberge. 15 individuell gestaltete Zimmer umfasst das edle Refugium, darunter ein Fürsten- und ein Dichterzimmer.
A-8353 Kapfenstein
Tel. 03157 30 03 00
www.schlosshotels.co.at

re Wehrvorrichtungen. Die eigentliche Burg umschließt zwei von Laubengängen umgebene Höfe. Schöne Portale, Gemälde und eine Holzdecke schmücken den **Rittersaal**, sehenswert sind auch das **Fürstenzimmer** und der barocke **Weiße Saal**. Das 2017 neu gestaltete **Hexenmuseum** dokumentiert eines der dunkelsten Kapitel europäischer Geschichte mit besonderer Berücksichtigung der Steiermark. Zwischen 1546 und 1746 wurden hier rund 300 der Hexerei beschuldigte Personen, vor allem Frauen, hingerichtet. Ein zweites Museum widmet sich der Waffenkunde, ein drittes vergegenwärtigt die Zeit der Türkenkriege und der barocken Lebenslust. In der **Greifvogelwarte** auf halber Höhe des Hauptweges zeigen Adler, Geier, Falken, Milane und Uhus ihre Flugkünste. Vom Vulkanfelsen bietet sich ein herrliches Panorama über das oststeirische Hügelland. Und wer noch Reserven hat: Einen Klettergarten am Burgfelsen gibt es auch.

Riegersburg: April, Okt. tgl. 10–17, Mai–Sept. 9–18 Uhr
Eintritt: 21 € (ohne Museen 6,50 €) | www.dieriegersburg.at
Greifvogelwarte: März–Nov. Mo.–Sa. 11 u. 15, So. 11, 14 u. 16 Uhr (Vorführungsdauer 45–50 Min.) | Eintritt: 12 € (Kombikarte mit Burg 31 €) | www.greifvogelschau.at

Naschkatzen aufgepasst!

Schokoerlebniswelt Zotter

In der nahen Zotter Schokoladenmanufaktur (Bergl 56) erleben Besucher ein »Schoko-Laden-Theater«, das die Sinne betört. Von der Bohne bis zur fertigen Tafel führt die Genusstour. Über 350 verschiedene und teils sehr spezielle Schokoladen, etwa mit Käse, Hummus

oder Fisch werden von »Schokoladenkönig« Josef Zotter erzeugt, ausschließlich in Bio- und Fairtrade-Qualität. Ausgiebig probiert werden darf natürlich auch. Angeschlossen sind eine Bio-Landwirtschaft und ein Restaurant, das die Produkte aus dieser verarbeitet.
Mai–Okt. Mo.–Sa. 9–20, Nov.–April bis 19 Uhr | Online-Reservierung dringend empfohlen | www.zotter.at | Eintritt: 19,90 €

Alles blinkt, alles bewegt sich

Gsellmanns Weltmaschine

Sinn für Abstruses sollte man schon haben für einen Abstecher nach **Edelsbach**, etwas südwestlich von Riegersburg. Bauer Franz Gsellmann hat hier mit seiner »Weltmaschine«, inspiriert vom Brüsseler Atomium (!), mit Zahnrädern, Gebläsen, Küchenmaschinen, Heiligenfiguren, Blaulicht, Spieluhren und vielen anderen Dingen ein faszinierendes und völlig zweckfreies Gewirr zusammengefügt. Bis zu seinem Tod im Jahr 1981 baute und tüftelte er 23 Jahre an seinem Traum. Die von 25 Elektromotoren angetriebene Maschine, 6 m lang und 3 m hoch, läuft immer noch – heute präsentiert sein Enkel das Wunderding.
April–Okt. Mi.–So. 10–17 Uhr | Eintritt: 5 € | www.weltmaschine.at

Mehr Relaxen geht kaum

Loipersdorf

Östlich von Riegersburg liegt Loipersdorf (249 m; 1820 Einw.) mit seiner 36 000 m² großen Therme, einer der größten Österreichs. Hier können es sich Besucher in drei Dutzend Becken und einem großen Saunadorf oder auch in der Salzgrotte richtig gut gehen lassen. Auch eine 27-Loch-Golfanlage ist vorhanden.
www.therme.at

Viel Heilwasser, viel Hundertwasser

★ Bad Blumau

»Für mich ist Wasser eine Art Zuflucht, ein Refugium, in das ich mich immer flüchten kann«, sagte einmal Friedensreich Hundertwasser (▶ S. 536). Zum umfassenden Œuvre des Universalkünstlers zählt die **Hundertwasser-Therme** bei Bad Blumau wenige Kilometer nördlich von Loipersdorf. Begrünte Dächer, bunte Fassaden, goldene Kuppeln, fließende Linien sowie mehr als 2400 Fenster, von denen keines dem anderen gleicht, lassen Besucher staunen. Eingebettet ist das Resort in eine weiträumige Parklandschaft, ein **geomantischer Pfad** gehört zu den Extras. Das 110 °C heiße Wasser der Vulkania-Heilquelle, das aus 2843 m Tiefe gefördert wird, wird auch zur Stromerzeugung genutzt. Und seit einigen Jahren beheizt der Blumauer Thermalwasserschatz auch riesige Glashäuser, in denen rund ums Jahr Tomaten, Paprika und Gurken gezogen werden.
www.blumau.com | Reservierung für Tagesgäste empfohlen

Wellness auf Steirisch

Bad Waltersdorf

Bad Waltersdorf (291 m; 3930 Einw.), etwa 65 km östlich von Graz gelegen, ist die nördlichste der fünf Thermalbadgemeinden. Einen

Schwerpunkt setzt die Heiltherme mit der modernen Interpretation überlieferter Wohlfühlgeheimnisse aus der Region. Zutaten für die Behandlungen der »Traditionellen Steirischen Medizin« (TSM) sind zum Beispiel Kürbisöl, Kräuter, Hochmoor-Erde oder Heublumen.
Auf Wassererlebnisse für die ganze Familie spezialisiert ist die H_2O-Kindertherme im eingemeindeten Sebersdorf.
www.heiltherme.at

Hartberg

Dem Thema Entschleunigung verschrieben hat sich auch die Bezirkshauptstadt (359 m; 6770 Einw.) Hartberg 15 km nördlich – sie gehört zur »Città Slow«-Vereinigung lebenswerter Städte. Zwischen der gepflegten Altstadt, dem Schlosspark und den Überresten der Stadtbefestigung entspinnt sich ein geruhsames Spaziererlebnis.
www.hartbergerland.at

Schloss Herberstein

Trutzburg mit Gärten, Tieren und Skulpturen
Von außen ähnlich trutzig wie die Riegersburg, innen aber romantisch zeigt sich Schloss Herberstein in der Gemeinde **Stubenberg**. Seine Ursprünge gehen ins 13. Jh. zurück, ebenso lange wohnen die Herbersteins hier, die das Schloss an der Feistritz in allen Stilepochen repräsentativ ausgebaut haben. Zu den Schmuckstücken gehören der renaissancezeitliche **Florentinerhof** mit seinen hellen Bogengängen sowie die prachtvollen Gärten. Ein Museum präsentiert die rätselhafte **Skulpturenwelt** des Bildhauers Bruno Gironcoli (1936 bis 2010). Im Ticketpreis enthalten ist auch der Besuch in der **Tierwelt Herberstein**, die vom Land Steiermark betreut wird.
In unmittelbarer Nähe zum Schloss befindet sich der **Stubenbergsee**, eines der beliebtesten sommerlichen Ferienziele für Familien.
Mai–Sept. tgl. 9–17, Okt. 10–16, Nov. – Mitte März Do.–So. 10 bis 15.30 Uhr | Eintritt: Kombi-Tageskarte 19,50 €
https://herberstein.co.at, www.tierwelt-herberstein.at

STEYR

Bundesland: Oberösterreich | **Höhe:** 310 m ü. d. M.
Einwohner: 37 880

Das Städtchen am Zusammenfluss von Enns und Steyr erlebte bereits im Mittelalter durch Eisenverarbeitung eine Blüte. Die Einkünfte investierten die Bürger in Ausbau und Ausschmückung ihrer Stadt. Die Industrietradition lebt bis in die Gegenwart fort, einen Namen hat sich Steyr aber auch als »Christkindlstadt« gemacht.

Die Wallfahrtskirche Christkindl im gleichnamigen Steyrer Ortsteil ist vor allem in der Adventszeit ein stimmungsvolles Ziel.

Zwei Flüsse, eine Stadt

An der Einmündung der Steyr in die Enns ließen die Otakaren, Markgrafen und später Herzöge der Steiermark, im Jahr 980 die Styraburg an der Stelle des heutigen Schlosses Lamberg erbauen. In der Folgezeit entstand eine Siedlung, die 1287 das Stadtrecht erhielt und bald florierte. Über die Enns kam das Eisen vom steirischen Erzberg, die Wasserkraft der Steyr wurde zur Bearbeitung genutzt. Bereits seit dem 14. Jh. wurden in kleingewerblicher Produktion auch Waffen hergestellt. Um 1550 machten dann Eisenverarbeitung und Handelsprivilegien Steyr zu einer der reichsten Städte Österreichs. Als nach einem langen Niedergang des Handwerks Josef Werndl (1831–1889) den Tabernakelverschluss für das Hinterladergewehr konstruierte, avancierte Steyr durch dessen serienmäßige Produktion zur »Waffenschmiede Europas«. Heute unterhalten Spitzenbetriebe der Kfz-Branche wie BMW oder Magna-Produktionsstandorte in Steyr. Immer wieder hat Steyr auch mit Hochwasser zu kämpfen, aber ganz selten so extrem wie im August 2002, als die gesamte Altstadt unter Wasser stand. Der Schaden ging in die Millionen.

Wohin in Steyr?

Altstadt

Spaziergang durch die Jahrhunderte

Die Altstadt auf einer Landzunge zwischen Enns und Steyr präsentiert sich als zauberhaftes Freilichtmuseum mit äußerst stattlichen Bürgerhäusern aus verschiedenen Stilepochen. Am lang gezogenen Stadtplatz wandert das Auge vom **Rathaus** (1778) mit seiner schönen Rokokofassade zum gotischen **Bummerlhaus** (Stadtplatz 32), dessen älteste Teile aus dem 13. Jh. datieren; hier wohnte schon Kaiser Maximilian I. (► S. 545). Am Grünmarkt 2 zeichnet das **Eisenuhrenmuseum Schmollgruber** nach, wie aus einfachen Zeitmessgeräten – auch sie eine Spezialität der Steyrer Eisenkünstler – immer präzisere Maschinen wurden, die auch in der Arbeitswelt den Takt vorgeben sollten. Zu den ältesten Exponaten zählen Türmeruhren vom Ende des 14. Jahrhunderts. Durch die Pfarrgasse gelangt man zur gotischen **Stadtpfarrkirche** (15.–17. Jh.) am Brucknerplatz, ein Werk der Wiener Dombauhütte.

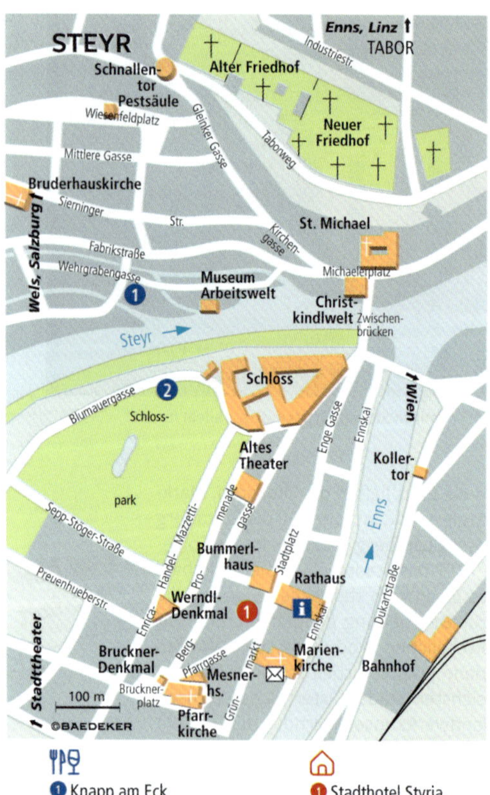

Eisenuhrenmuseum Schmollgruber: Mo.–Sa. nur nach Voranmeldung
Eintritt: 10 €
www.schmollgruber.at

Es weihnachtet sehr

Nördlich der Steyr steht die von Jesuiten im Zeichen der Gegenreformation erbaute barocke Kirche **St. Michael** (1635–1677). Das **Erste**

Österreichische Weihnachtsmuseum in den Gemäuern des Steyrer Bürgerspitals (Michaelerplatz 2) zeigt mit Tausenden Exponaten auf, wie ab etwa 1830 kunstvoller Weihnachtsbaumschmuck die bürgerlichen Stuben eroberte. Perlen und Glas, Wachs und Watte wurden verarbeitet, später auch Bakelit. Auch eine Erlebnisbahn zur »Engerl-Werkstatt« unter dem Dach hat in dem Ensemble Platz gefunden.
Ende Nov. - 6. Jan. Mo.-Fr. 13-17, Sa. u. So. 10-17 Uhr, Gruppen nur mit Anmeldung (www.steyr-nationalpark.at) | Eintritt: 5 €

Spaziergang durch die Industriegeschichte

Wehrgraben

Der 1,5 km lange Wehrgraben lädt zu einem Spaziergang durch die Industriegeschichte des Ortes ein. Der Kanal parallel zum Steyr-Fluss diente im Mittelalter Schmieden, Färbern und Papierschöpfern als Arbeitsstätte, im 19. Jh. lösten Waffenfabriken das Kleingewerbe ab. Heute bildet der denkmalgeschützte Ortsteil eine Mischung aus lebendigem Architekturmuseum und malerischem Wohnviertel. Nicht versäumen sollte man den Besuch des **Museums Arbeitswelt** (Wehrgrabengasse 7) in einer ehemaligen Messerfabrik. Wechselausstellungen zeigen die rasanten Veränderungen der Arbeitswelt vom Beginn der Industrialisierung bis ins Zeitalter der Digitalisierung auf.
Mi.-Fr. 9-17, Sa., So. ab 10 Uhr | Eintritt: 7 €
www.museum-steyr.at

STEYR ERLEBEN

TOURISMUSVERBAND STEYR

Stadtplatz 27, A-4400 Steyr
Tel. 07252 5 32 29
www.steyr-nationalpark.at

❶ KNAPP AM ECK €€-€€€

Das Lokal am Wehrgraben bietet Schmackhaftes rund um die Evergreens Schnitzel, Gulasch und Erdäpfelnudeln. Günstig sind die Mittagsmenüs. Unter den Kastanien-Bäumen im Gastgarten kann man die Seele baumeln lassen.
Wehrgrabengasse 15
A-4400 Steyr, Tel. 07252 7 62 69
https://knappameck.at
So., Mo. geschl.

❷ ORANGERIE IM SCHLOSSPARK €€

Im Restaurant wird gediegene bürgerliche Küche im stimmungsvollen Ambiente des Schlossparkpavillons serviert.
Blumauergasse 1, A-4400 Steyr
Tel. 07252 7 40 74, So., Di., Mi. geschl., www.orangerie-steyr.at

❶ STADTHOTEL STYRIA €€

Der Blick aus den großzügigen und mit allem Komfort ausgestatteten Zimmern geht auf den schönsten Stadtplatz weit und breit. Zur Entspannung lockt ein kleiner Wellness-Bereich mit Sauna und Dampfbad.
Stadtplatz 40-42, A-4400 Steyr
Tel. 07252 51 55 10
www.stadthotel-steyr.at

Advent-Hochburg Österreichs

Wallfahrtskirche Christkindl

Abertausende Besucher strömen zur Adventszeit nach Steyr und seinen Nachbarorten, die sich zusammen auch als »Christkindlregion« vermarkten. Adventsmärkte locken, prachtvolle Krippen werden aufgestellt, und bei der Schmiedeweihnacht am Stadtplatz sprühen die Funken. Damit ist auch die Geschichte der Wallfahrtskirche im Ortsteil Christkindl 4 km westlich der Altstadt (Spazierweg) verbunden. Sie beherbergt am Hochaltar eine ca. 10 cm hohe Wachsfigur, die das Jesuskind darstellt. Zu diesem »Christkindl« betete 1695 ein an Fallsucht leidender Mann aus Steyr – und genas. Ein Pilgerstrom setzte ein, 1725 wurde die von Jakob Prandtauer entworfene barocke Wallfahrtskirche eingeweiht.

Seit 1950 versieht das **Weihnachtspostamt** (Christkindlweg 6) neben der Kirche von Adventsbeginn bis zum 6. Januar Briefe aus aller Welt mit dem begehrten Poststempel »4411 Christkindl« – inzwischen sind es gut 2 Mio. jährlich!

www.christkindlregion.com

Mit der Nostalgie-Eisenbahn und per Rad

Die Steyr entlang

Für Liebhaber alter Dampfbummelzüge ein Muss ist die Fahrt mit der **Steyrtal-Museumsbahn**. Die 760mm-Schmalspurbahn mit restaurierten Loks und Waggons verbindet Steyr mit Grünburg 17 km südwestlich. Das malerische Flusstal lässt sich auch mit dem Drahtesel erkunden. Mit Badeplätzen und Erlebnisstationen präsentiert sich der 55 km lange Steyrtal-Radweg (R 8) nach St. Pankraz (► S. 303) sehr familienfreundlich.

an Sommerwochenenden und im Advent | Hin- u. Rückfahrt: 26 €
www.oegeg.at/schmalspur-steyrtalbahn

STUBAITAL

Bundesland: Tirol

Von steilen Hängen und imposanten Berggipfeln gesäumt ist das Stubaital südwestlich von ► Innsbruck. Auf Skipisten, im Sattel eines Mountainbikes oder bei einer zünftigen Bergpartie können Besucher ihren Sportdrang ausleben. Je tiefer man in das Tal vordringt, desto mehr Action und Alpinerlebnis werden geboten.

Das größte Seitental des Wipptals beginnt bei Schönberg an der Brennerstraße und führt in die vergletscherten Stubaier Alpen. »Die Gegend eignet sich sowohl für Sommerfrischler, die es bei Spaziergängen und Halbtagsausflügen bewenden lassen, als auch für Touristen, denen die Erdkruste erst 3000 m überm Meeresspiegel interessant wird«, so Erich Kästner, der 1945 hier einige Zeit lebte. Zukunftsmusik war damals noch die Errichtung des Gletscher-Skigebietes, wo man gut sechs Monate im Jahr seine Schwünge ziehen kann.

Ausflugsziel der Superlative

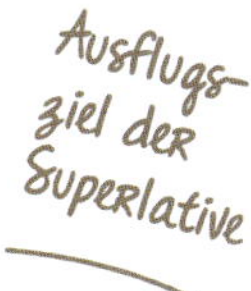

Wohin im Stubaital?

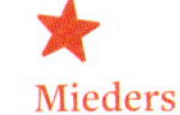

Auftakt mit Blick auf die Serles

★ Mieders

Schon der kleine Ferienort Mieders (952 m; 1980 Einw.) am Taleingang lässt die Qualitäten anklingen, die das Stubai so beliebt machen. Mit der Gondelbahn gelangt man zur **Bergstation Koppeneck** in 1600 m Höhe, wo man verschiedensten Wintersportarten frönen kann. In 40 Kurven talwärts saust die **Sommerrodelbahn**. Wanderer und Mountainbiker haben die majestätische **Serles** (2717 m) im Blick. Botanisch Interessierte lockt der blumenreiche **Blaser**, auch zum Kloster Maria Waldrast (▶ S. 171) führt eine schöne Tour.

Hohe Bergketten rahmen das typische Stubaier Dörflein Telfes bei Fulpmes ein.

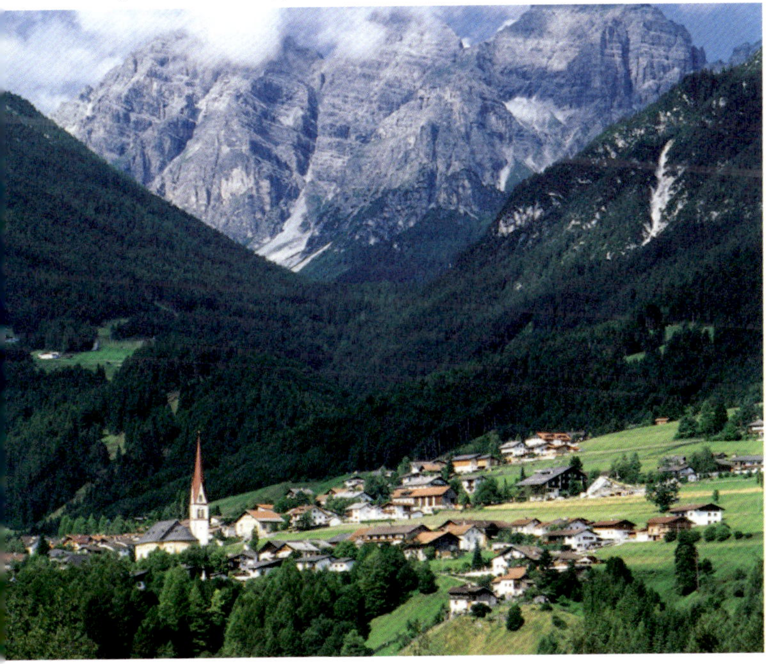

Wie Tarzan und Jane

Fulpmes

Im Luftkur- und Skiort Fulpmes (936 m; 4470 Einw.) endet die schmalspurige Stubaitalbahn aus dem 18 km entfernten Innsbruck. An der Ortseinfahrt liegt ein **Adventure Park** mit Tirols größtem Hochseilgarten. Am Kreuzjoch (Seilbahn) wartet ein **Alpenpflanzen-Lehrpfad**, die sich darüber in den Himmel schraubenden Kalkkögel erinnern in ihrer Wildheit an die Südtiroler Dolomiten.

Adventure Park: Mitte April – Ende Juni u. Mitte Sept. – Okt. Do.–Fr. 12–19, Sa., So. ab 10, Ende Juni – Aug. tgl. 10–19 Uhr | Eintritt: 29 €
www.outdoorprofi.at

Barocke Dekorationsfreude

Neustift

Neustift (994 m; 4880 Einw.) ist der am meisten besuchte Ort des Tals. Wahrzeichen ist die Pfarrkirche zum Heiligen Georg mit ihrem 52 m hohen Turm. Tirols zweitgrößte Dorfkirche wurde 1780 eingeweiht und besitzt eine prächtige spätbarocke Ausstattung. Auf dem Friedhof fand Franz Senn (1831–1884), der Mitbegründer des Österreichischen und des Deutschen Alpenvereins (▶ Ötztal), seine letzte Ruhestätte.

»Glück ab, gut Land«

Elferspitze

Der Himmel über Neustift hängt oft voller bunter Gleitschirme – die Thermik für Paraglider ist im Stubaital an bis zu 300 Tagen im Jahr hervorragend. Wer das Gefühl der Freiheit hoch über dem Boden erleben will, hat bei der **Flugschule Parafly** (Moos 18) Rückenwind. Die Elferbahnen erschließen nicht nur den Abflugsort, sondern auch ein fantastisches Wander-, Almen- und Klettergebiet.

Tandemflug ab 105 € | Flugwetter Tel. 05226 33 44 | www.parafly.at

DAS STUBAITAL ERLEBEN

TOURISMUSVERBAND STUBAI

Stubaitalhaus, Dorf 3
A-6167 Neustift, Tel. 050 1 88 11 99
www.stubai.at

LIFESTYLE PANORAMA. HOTEL ERIKA €€€–€€€€

In diesem familiengeführten Hotel haben Sie die Wahl zwischen verschiedenen Zimmerkategorien. Besonders hip sind die Kuschelsuiten »Natur pur« im neuen Holzanbau, der in Niedrigenergiebauweise errichtet wurde. Im schicken Wellnessbereich mit Inifinity-Pool gelingt das Entspannen perfekt. Aus der Küche kommt kreative Tiroler Hausmannskost mit frischen, regionalen Zutaten.

Elferweg 22
A-6167 Neustift
Tel. 052 26 23 76
www.erika.at

Zum Ursprung gischtender Kaskaden

Grawa-Wasserfall

Quellen, Wildbäche und Kaskaden – in allen Facetten zeigt sich das Wassererlebnis im Stubai. Besonders eindrücklich 13 km taleinwärts beim Grawa-Wasserfall: Er bildet das Herzstück des **Wilde-Wasser-Weges**, der die landschaftsformenden Fähigkeiten des nassen Elements mit Aussichtspunkten und Schautafeln erlebbar macht. Wer will, wandert vom Wasserfall weiter bis zum Fuß des Sulzenauferners mit Blick auf Gletscherbruch, Moränenseen und das Zuckerhütl (3507 m).

Über 100 Dreitausender im Blick

Stubaier Gletscher

Das Erlebnis am Berg steuert seinem Höhepunkt zu: Etwa 18 km hinter Neustift gelangt man auf der Stubaier Gletscherstraße auf die **Mutterbergalm** (1728 m). Hier befindet sich die Talstation der **Stubaier Gletscherbahn**, die das größte Gletscherskigebiet Österreichs mit mehreren Gondelbahnen erschließt. 62 km Pisten umfasst der von Spätherbst bis April für Skisport genutzte Stubaier Gletscher, dazu gibt es eine Höhenloipe und einen Eiskletterer-Turm. Nahe der Bergstation Eisgrat (2900 m) startet der **gut gesicherte Gletscherpfad** zum Bergrestaurant **Jochdohle** auf 3150 m (Gehzeit: 1,5 Std.). Nur 15 Minuten weiter gewährt die Aussichtsplattform **Top of Tyrol** (3210 m) atemberaubende Blicke auf die Bergwelt. Bequemer kann man sie mit der 3S Eisgratbahn und der Schaufeljochbahn erreichen. Das ganze Jahr über lockt zudem die Besichtigung einer Eisgrotte (10 Min. Fußweg von der Bergstation).

Top of Tyrol: tgl. 8–16 Uhr (erreichbar zu Betriebszeiten der Eisgrat- und Schaufeljochbahn) | Eintritt (Berg- u. Talfahrt) 32,30 €
www.stubaier-gletscher.com

Route für Bergkönner

Stubaier Alpen

Die Stubaier Alpen schließen sich als ein von vielen Tälern zerschnittenes Gefüge unmittelbar nordöstlich an die Ötztaler Alpen an. Der Hauptkamm, der sich zwischen dem Timmelsjoch und der Brennersenke erstreckt, bildet die österreichisch-italienische Grenze zu Südtirol. Die Vielfalt der zu den Zentralalpen gehörenden Kette erwandert man in acht Tagen am **Stubaier Höhenweg**. Mit 80 km Länge und über 6000 Höhenmetern stellt er hohe Anforderungen an die Kondition, Trittsicherheit und Schwindelfreiheit. Gestartet wird bei der Innsbrucker Hütte, Endpunkt ist die Starkenburger Hütte (auch umgekehrt möglich).

Ihre größte Höhe und stärkste Vergletscherung erreichen die Stubaier Alpen in ihrem Hauptkamm, der **Pfaffengruppe**. Hier ragen das spitzkegelige **Zuckerhütl** (3507 m), das Schneedach vom **Wilden Freiger** (3418 m) und die 3332 m hohe **Schaufelspitze** auf. Wer sich allein nicht drüber traut: Die Stubaier Bergführer stehen für Gipfelabenteuer bereit und vermitteln Newcomern gerne das Einmaleins für sichere Touren in Fels und Eis.

★ SÜDSTEIERMARK

Bundesland: Steiermark

Bei einem Glas Wein und einer Brettljause den Blick in eine idyllische Landschaft schweifen lassen – das zählt zu den erholsamsten Erlebnissen eines Österreich-Besuchs. Wie geschaffen dafür ist der hügelreiche Süden der Steiermark, eine idyllische Patchworklandschaft aus Weinrieden, Kürbisfeldern und kleinen Wäldern. Großer Genuss zum kleinen Preis – dafür stehen die vielen Buschenschenken der Region.

»Steirische Toskana«

Der äußerste Süden der Steiermark mit seinen Hügelmeeren, akzentuiert von vereinzelten schlanken Pappeln, wird gerne als »Steirische Toskana« bezeichnet. Im mediterran angehauchten Klima gedeihen vor allem Rebsorten wie Welschriesling, Sauvignon Blanc und Morillon, die für ihre Fruchtigkeit und Frische bekannt sind. Weingüter, Weingasthöfe, Buschenschenken und ein Netz von Weingartenwanderwegen finden Besucher zwischen Leutschach und Spielfeld in der Grenzregion zu Slowenien vor. Hier verläuft die bereits 1955 ins Leben gerufene **Südsteirische Weinstraße**. Mittlerweile hat die »Mutter der Weinstraßen« Konkurrenz von weiteren Genussrouten wie der Schilcher oder der Sausaler Weinstraße. Vor allem an den Herbstwochenenden ist die Gegend bei Ausflüglern beliebt. Wer länger bleiben will, ist mit der Option »Urlaub am Weinbauernhof« gut bedient.

Wohin in der Südsteiermark?

Klappernde Vogelscheuchen

Kitzeck

Die sog. Klapotetze tragen das Ihre dazu bei, dass die Region zu den schönsten Weinlandschaften Europas gezählt wird. Die Holzräder, die sich im Wind drehen und klappern, sollen Vögel vom Traubendiebstahl abhalten, sind aber längst auch Symbol der Weinbautradition der Südsteiermark. In Österreichs höchst gelegenem Weinbauort Kitzeck (564 m; 1180 Einw.) erfährt man im **1. Steirischen Weinmuseum** mehr zum Thema. Ein Wanderweg zum **Demmerkogel** erschließt einen mit 17 m Höhe besonders eindrucksvollen Klapotetz. Traditionell besteht die mechanische Vogelscheuche aus mindestens fünf verschiedenen Holzarten und verrichtet von Jakobi (25. Juli) bis Martini (11. November) Dienst. Der Name leitet sich übrigens vom slowenischen »klopotati« (klappern) ab.

Weinmuseum: April–Okt. Mo.–Fr. 9–14 Uhr | Eintritt: 4 €
www.steirischemuseen.at

6X DURCHATMEN

Entspannen, wohlfühlen, runterkommen

1. HOCH HINAUS

Von Weiler zu Weiler hoch über dem Drautal, und von Kulturschatz zu Kulturschatz: Auf der **Pustertaler Höhenstraße** sind weniger Besucher unterwegs als etwa auf der Großglockner-Hochalpenstraße. (▶ **S. 248**)

2. SCHÖNE AUSSICHT

Parks gibt es einige in Wien. Neben dem **Belvedere** versteckt sich ein besonderes und nicht zu überlaufenes Kleinod mit schönem Botanischem Garten. (▶ **S. 462**)

3. WEINGUT-HOPPING

Ein bisschen spazieren, dann bei einem Glas Wein, einer Brettljause oder einem Backhendl den Ausblick genießen – die **Südsteiermark** ist eine Gegend im Dienst der genussvollen Entschleunigung. (▶ **S. 380**)

4. SUNSET AM SEE

Eine Flasche Wein und der rote Feuerball der Sonne, die im Bodensee verglüht – ein Abend auf den Sunset-Stufen am **Bregenzer Hafen** dürfte auch anspruchsvolle Romantiker zufriedenstellen. (▶ **S. 68**)

5. SCHÖNER BADEN

Thermen sind oft architektonischer Einheitsbrei. Nicht die von **Bad Blumau**. Friedensreich Hundertwasser stellte Baukunst in den Dienst der Poesie. Einen Kraftweg gibt es auch. Nie hat man sich so kunstsinnig entspannt wie hier. (▶ **S. 371**)

6. ALLTAG ADE!

Auf Salzburgs Almen fällt alle Hektik ab. Schon eine kurze Almwanderung polt die Antennen auf Naturempfang. Der **Salzburger Almenweg** bietet viele Möglichkeiten. (▶ **S. 360**)

DIE SÜDSTEIERMARK ERLEBEN

TOURISMUSVERBAND SÜDSTEIERMARK
Hauptplatz 40
A-8530 Deutschlandsberg
Tel. 05 77 30
www.suedsteiermark.com

JAGAWIRT €€–€€€
In dem Wirtshof mit seinem wunderbaren Flair kann man entspannt wohnen und köstlich speisen. Der Jagawirt ist bekannt für seine artgerecht gehaltenen Schweine alter Rassen. Viele der angebotenen Wurstwaren stammen aus eigener Produktion.
Sommereben 2
A-8511 St. Stefan ob Stainz
Tel. 03143 81 05
www.jagawirt.at

KOLLERHOF €€
Man frühstückt mitten im Grünen, relaxt im Naturpool mit Aussicht auf die Weinberge oder begibt sich auf den Weinkulturweg, der vor der Tür startet. Weine verkosten im hofeigenen Buschenschank kann man natürlich auch: Der Kollerhof ist eines jener kleiner Beherbergungs-Kleinode, die einem das Leben in der Südsteiermark versüßen.
Eichberg-Trautenburg 39
A-8463 Leutschach
Tel. 03454 439
www.kollerhof.com

Trocken und lebendig, frisch und fruchtig

Koralpe

Westlich, an den sonnigen Abhängen der Koralpe, die Kärnten von der Steiermark trennt, wächst die Blaue Wildbacherrebe. Aus ihr keltert man den reschen, feinsäuerlichen **Roséwein Schilcher**, der seit einigen Jahrzehnten eine Renaissance erlebt. In den Buschenschenken der Weststeiermark wird im Herbst der süße Schilcher-Sturm getrunken – Sturm heißt der noch nicht ausgegorene neue Wein. Dazu werden gebratene Kastanien gereicht. Hier liegt zudem eines der Hauptanbaugebiete des berühmten Steirischen Ölkürbisses, deren schalenlose Kerne sich hervorragend zur Herstellung von Kürbiskernöl eignen. Kürbis, Kastanie und Käferbohne sind die drei »K«-Genussmittel der Region.
www.schilcherland.at

Von Kelten und Rittern

Deutschlandsberg

Die Bezirkshauptstadt Deutschlandsberg (372 m; 11 700 Einw.), gleichzeitig das Zentrum der Schilcherproduktion, wird überragt von einer mittelalterlichen Burg. Das dortige **Archeo-Norico-Museum** zählt zu seinen Schätzen eine frühkeltische Totenmaske und antike Münzen. Im Burgverlies illustrieren Schandmaske, Streckbank und Richtschwert die Gerichtsbarkeit von einst.
April–Okt. Di.–So. 10–18 Uhr | Eintritt: 11,50 €
www.archeonorico.at

Gut in Schuss

Stainz

Die Straße in die rund 14 km entfernte Marktgemeinde Stainz (349 m; 8690 Einw.) lädt mit schönen Ausblicken über die liebliche Hügellandschaft immer wieder zu Stopps ein. In Stainz selbst lädt Österreichs umfassendstes **Jagdmuseum** im gewaltigen Schloss zum Besuch. Die Präsentation ist innovativ, man kann Tierfährten folgen und Tierstimmen lauschen.

April–Nov. Di.–So. 10–17 Uhr | Eintritt: 11 €
www.museum-joanneum.at

Kaderschmiede der Lipizzaner

Gestüt Piber

Aus dem Gestüt Piber, 30 km nördlich von Stainz, stammen die weißen Lipizzaner-Hengste, die an der Spanischen Hofreitschule (► S. 446) in Wien Pferdefreunde in helle Verzückung versetzen. Ursprünglich kamen die Edelrösser aus Spanien. Ab 1580 wurden sie in der Nähe des Ortes Lipica in Slowenien gezüchtet, bis man 1920 die Zucht nach Piber verlegte. Nur die besten Hengste aus Piber präsentieren die Lektionen in Wien, kehren dann für eine Decksaison zurück und dürfen nach Beendigung ihrer Karriere mitunter in der Steiermark auch ihren Ruhestand genießen. Das Herz der Lipizzanerzucht sind die Mutterstuten, ihnen gilt hier ganz besondere Aufmerksamkeit. Jährlich werden rund 40 Fohlen in Piber geboren – mit grauem oder braunem Fell, das erst allmählich seine charakteristische weiße Färbung erhält. Die **Gestütsbesichtigung** führt in die Stallungen und in die Geschirrkammer, ganz nahe kann man den Tieren im Auslauf kommen. Auch Museum und Souvenirshop lohnen einen Blick.

April–Okt. tgl. 9.30–17, Führungen 9.45, 11, 13, 14.15, 15.30, Nov., Dez. Sa./So. 10.30 bis 14.30 Uhr | Eintritt: 18 € | www.piber.com

★ TRAUNSEE

Bundesland: Oberösterreich | **Höhe:** 422 m ü. d. M.

Angeln, Tauchen, Segeln, Surfen, Wakeboard oder »nur« Badespaß – der Traunsee ist ein Paradies für Wassersportler. Wanderer kommen am Grünberg und rund um den Traunstein auf ihre Kosten. In Gmunden, einst wichtiger Salzumschlagplatz und bekannt für seine Keramik-Erzeugnisse, mischen sich mediterranes Flair und traditionelles Sommerfrische-Feeling.

Der Traunsee liegt östlich des Attersees im oberösterreichischen Salzkammergut. An seinem Ostufer fallen die schroffen Felswände

des kolossalen Traunsteinmassivs steil zum See ab. Im Südwesten ragt das verkarstete Hochplateau des Höllengebirges und im Südosten das mächtige Tote Gebirge auf. Nur die schmalen Streifen Land an Traunmündung zwischen Höllen- und Totem Gebirge und am Traunausfluss im Norden des Sees sowie das nur flach ansteigende Westufer ließen überhaupt eine Besiedlung zu.

Wohin am Traunsee?

Gmunden

Vom Salzhandelsplatz zum Kurort

Der Hauptort des Traunsees erstreckt sich beiderseits des Traunausflusses rund um die Nordspitze des Sees. Stattliche, in hellen Pastelltönen gestrichene Bauten säumen den Rathausplatz direkt hinter der Schiffsanlegestelle. Sie künden von dem Wohlstand, den der Salzhandel der Stadt bescherte. Als diese Einnahmequelle zu Beginn des 19. Jh.s versiegte, begann der Aufstieg Gmundens zur Kurstadt. Am prächtigen Renaissance-Rathaus an der Südseite des Platzes fällt das monumentale Keramikglockenspiel auf. Die Pfarrkirche lohnt allein wegen des Dreikönigsaltars von Thomas Schwanthaler (1634–1707).
In den **fünf Museen des Kammerhofs**, einst Sitz der Salinenverwaltung, erfährt man alles Wissenswerte über die Geschichte der Stadt und ihrer Menschen. Geradezu einzigartig ist das **Klo & So-Sanitärmuseum**, die weltweit größte Sammlung von Sanitäranlagen. Sie spannt einen Bogen vom rosshaargepolsterten Reiseklo Kaiser Franz Josephs I. bis hin zu modernen Wasserklosetts.
Von der Schiffsanlegestelle führt die Uferpromenade am Kurpark vorbei zu der Halbinsel Toscana mit dem **Land- und Seeschloss Ort**. Das auf einer winzigen Insel gelegene Seeschloss, im 11. Jh. erstmals erwähnt und im 17. Jh. zum heutigen Erscheinungsbild umgebaut, ist durch eine 123 m lange Holzbrücke mit dem Festland verbunden. Mit seinem dreieckigen Innenhof und seinen Bogengängen verströmt es ein märchenhaftes Flair und ist deshalb beliebte Kulisse für Trauungen.
Bereits im 17. Jh. war Gmunden ein Zentrum der Fein- und Zierkeramik. Damals entstand das grüngeflammte Geschirrdekor, das ein Aushängeschild der **Keramik-Manufaktur** werden sollte. Auf einer einstündigen Werksführung kann man jeden Arbeitsschritt verfolgen. Der Werkverkauf bietet auch preisgünstige Ware mit kleinen Schönheitsfehlern an.

Museen: Mi.–So. 10–15 Uhr | Eintritt: 6 €
https://museum.gmunden.at
Schloss: Eintritt: 5 € | https://schlossort.gmunden.at
Keramik-Manufaktur: Führungen Mo.–Sa. 10.30 u. 13, Juni–Aug. So. 10.30 u. 13 Uhr | Eintritt: 9,50 €, Rückerstattung ab 50 € Einkaufswert im Manufakturverkauf | www.gmundner.at

In der Dichter-Werkstatt

Für Fans von Thomas Bernhard (1931–1989) ist der Besuch seines Anwesens mit Ausstellung in Ohlsdorf rund 8 km nördlich von Gmunden fast schon Pflicht. Der kontrovers bewertete Schriftsteller erwarb den Vierkanthof 1965 und verbrachte seine letzten zwei Lebensjahrzehnte dort. Ohlsdorf

April–Sept. Sa./So. 14–18 Uhr, sonst gegen Voranmeldung
Eintritt: 10 € | Tel. 07612 6 44 75 | www.thomasbernhard.at

Das Wunder vom reichen Fischfang

Die kleine Gemeinde am Westufer des Sees hütet mit der Fischerkanzel in der barocken **Pfarrkirche** einen ganz besonderen Schatz. Sie hat die Form eines Bootes und stellt das Wunder vom reichen Fischfang dar. Die Johanneskapelle, die gegenüber der Pfarrkirche malerisch auf einem Felssporn thront, ist ein beliebtes Fotomotiv. Traunkirchen

Für Gipfelstürmer und Genusswanderer

Der mächtige Felsklotz aus Kalkstein ragt am Ostufer des Traunsees 1691 m empor. Seine markante Silhouette ist bei klarer Luft aus über 100 km Entfernung auszumachen, was dem Berg den Beinamen »Wächter des Salzkammerguts« eingetragen hat. Für geübte Bergsteiger ist der Gipfel in drei Stunden zu bezwingen. Weniger anstren- Traunstein

DEN TRAUNSEE ERLEBEN

TOURISMUSVERBAND TRAUNSEE-ALMTAL
Toscanapark 1
A-4810 Gmunden
Tel. 07612 74451
www.traunsee-almtal.at

FISCHBRATHÜTTE TRAWÖGER €
Die über Holzkohle gegrillten Steckerlfische sind weit über die Region hinaus bekannt!
Fischerweg, A-4813 Altmünster
Tel. 0699 12 38 18 57
Okt.–April geschl.

GASTHOF RAMSAU €€€
Das gepflegte Lokal am See verwendet Produkte vom eigenen Hof.
Traunsteinstr. 239
A-4810 Gmunden
Tel. 07612 6 41 16
www.gasthof-ramsau.at

HOTEL ESPLANADE €€€
Das traditionsreiche Haus liegt direkt am See. Im Panoramarestaurant können die Hotelgäste tolle Ausblicke auf den See mit Traunstein und dem Seeschloss genießen.
Kursaalgasse 5, A-4810 Gmunden
Tel. 06 64 1 12 51 84
www.esplanade.at

UND SIE FÄHRT UND FÄHRT ...

Eine Fahrt mit dem 1872 in Dienst gestellten Schaufelraddampfer Gisela ist wie ein Ausflug in die gute alte Zeit. Während die Kolben der Uralt-Dampfmaschine schwingen und die Räder sich drehen, gleitet das Schiff mit 20 km/h durch die Fluten – ein herrlich nostalgisches Vergnügen. (Juli und August jeweils sonntags www.traunseeschifffahrt.at)

gend ist der **Miesweg**, der gut gesichert am wilden Ostufer entlang führt. Gestartet wird in beiden Fällen beim Hois'nwirt (auch Schiffsanlegestelle).

Ein dunkles Kapitel

Ebensee

In der Gemeinde im Süden des Sees an der Mündung der Traun erzählt das **Zeitgeschichte Museum** die Geschichte des KZ Ebensee, das im November 1943 als Außenstelle des KZ Mauthausen eingerichtet wurde. Rund 27 000 Häftlinge aus 20 Nationen mussten Stollen für die Rüstungsproduktion anlegen. Bis zur Befreiung durch US-Truppen im Mai 1945 kam ein Drittel von ihnen ums Leben. Auf dem KZ-Gelände 3 km hinter Ebensee ist eine **Gedenkstätte** mit Friedhof und Denkmälern für die Verstorbenen eingerichtet.

Zeitgeschichte Museum: Okt.–Feb. Di.–Fr. 10–17, März–Mitte Juni auch Sa., Mitte Juni–Sept. auch So. | Eintritt: 7 €, Kombikarte mit KZ-Gedenkstätte 10 € | www.memorial-ebensee.at

KZ-Gedenkstätte: Mai–Mitte Juni u. Mitte bis Ende Sept. Sa. u. So. 10–17, Mitte Juni–Mitte Sept. Di.–So. 10–17 Uhr | Eintritt: 6 €

Feuer und Hölle

Höllengebirge

Das nicht mehr als 17 km breite, verkarstete Hochplateau ragt wie ein Felsriegel zwischen den Südzipfeln von ▶ Attersee und Traunsee auf und ist von Ebensee mit einer Seilbahn auf den 1952 m hohen **Feuerkogel** erschlossen. Besonders lohnend ist ein Ausflug Ende Juni bis Mitte Juli, wenn die alpine Flora in Hochblüte steht. Die **Langbathseen** liegen etwa 10 km nordwestlich von Ebensee am Fuß des Höllengebirges. An heißen Sommertagen bietet das kristallklare Wasser des Vorderen Langbathsees erfrischende Kühle. Im Winter stehen Eislauf und Langlaufen auf dem Programm.

Seilbahn: Ende Mai–Anfang Nov. 8.30–17, Juli–Mitte Sept. bis 18 Mitte Dez.–Ostern ab 8.30 Uhr | www.feuerkogel.info

Blick aus Bäumen

Grünberg

Südöstlich von Gmunden erhebt sich der Grünberg, auf den eine Seilbahn hinaufführt. Ein tolles Ziel dort ist der **Baumwipfelpfad Salzkammergut** mit 39 Meter hohem Aussichtsturm und Tunnelrutsche.

https://gruenberg.info

Wilde Tiere, wilde Felslandschaft

Wildpark Grünau

Von Scharnstein, 15 km östlich von Gmunden, erstreckt sich das malerische Almtal nach Süden bis zum Almsee vor der Kulisse des Toten Gebirges. Hier lädt der Cumberland Wildpark Grünau zu Streifzügen durch eine weitgehend naturbelassene Landschaft ein. Mehr als 500 Tiere, darunter Steinbock, Rothirsch, Wisent, Luchs, Braunbär und Wölfe, leben in den Gehegen.

April–Okt. tgl. 9–17 (Ausgang bis 19 Uhr möglich), Nov.–März 10–16 Uhr | Eintritt: 12 € | www.wildparkgruenau.at

VILLACH

Bundesland: Kärnten | **Höhe:** 500 m ü. d. M. | **Einwohner:** 64 100

Die Villacher wissen, wie man Feste feiert: Im Februar ist die Stadt das Epizentrum des Faschings in Österreich (Karneval), im August lockt der Villacher Kirchtag Zehntausende in Kärntens zweitgrößte Stadt. Vor den Toren der Stadt sorgen schöne Seen und sprudelnde Thermalquellen für hohe Freizeitqualität.

Nahe dem Dreiländereck zu Italien und Slowenien, im weiten Talbecken der Drau, die hier die Gail aufnimmt, liegt Villach, die zweit-

VILLACH ERLEBEN

REGION VILLACH TOURISMUS

Preraustraße 32, A-9500 Villach
Tel. 04242 4 20 00
www.visitvillach.at

❶ KÄRNTNER GASTHOF TSCHEBULL €€–€€€

Das Traditionsgasthaus kredenzt Kärntner Schmankerl und Alpen-Adria-Küche vom Feinsten. Wie wäre es mit Ragù alla Bolognese vom Kalb oder Tagliatelle mit schwarzem istrianischem Trüffel? Das Weinangebot ist gut auf Almochs, Fisch, Nudeln & Co. abgestimmt.
Egger Seeuferstr. 26
A-9580 Egg am Faaker See
Tel. 04254 21 91
www.tschebull.cc
Mo., Di. u. Mitte Nov.–Ostern geschl.

❷ MOSER'S NUDELKUCHL €

Die Kärntner »Nudel« gibt es hier in köstlicher Vielfalt. Neben Standards wie den Kasnudeln mit Topfen-Kartoffel-Füllung werden die faustgroßen Taschen aus Nudelteig auch gerne pfiffiger befüllt, etwa mit geräuchertem Ricotta oder, auf der süßen Seite, mit Banane. Sa.–Mo. geschl.
Nikolaigasse 33, A-9500 Villach
Tel. 0664 3 04 63 93
www.dienudelkuchl.at

❶ HOTEL WARMBADERHOF €€€€

Das traditionsreiche Kurhotel verwöhnt seine Gäste mit einem umfassenden Therapie-, Wellness- und Beauty-Angebot, ergänzt um Spitzengastronomie und Konditorei. Gute Anbindung an die Innenstadt.
Kadischenallee 22–24
A-9504 Warmbad-Villach
Tel. 04242 30 01 10
www.warmbaderhof.com

❷ INSELHOTEL FAAKERSEE €€€€

Nur in der warmen Jahreszeit geöffnet, bietet das einzige Inselhotel Österreichs auf einem autofreien Eiland im Faaker See ein perfektes Setting, um den Alltag weit hinter sich zu lassen. Es bietet viele Sportmöglichkeiten und einen Bootsservice rund um die Uhr.
A-9583 Faak am See
Tel. 04254 21 45
www.inselhotel.at

größte Stadt Kärntens und das »Tor zum Süden«. Der mediterrane Charakter der Stadt äußert sich in einer Kombination aus Arkaden-Architektur, Lebenslust und vielen Besuchern aus Italien. Die Villacher Alpe im Westen und die Kette der Karawanken im Süden ergeben ein herrliches Gebirgspanorama.

Gute Zeiten, schlechte Zeiten

Geschichte

Schon zur Hallstattzeit und später unter den Römern wurde in Villach eifrig Handel getrieben. Kaiser Heinrich II. schenkte Villach 1007 das von ihm gegründete Bistum Bamberg. 1348 hinterließ ein Erdbeben

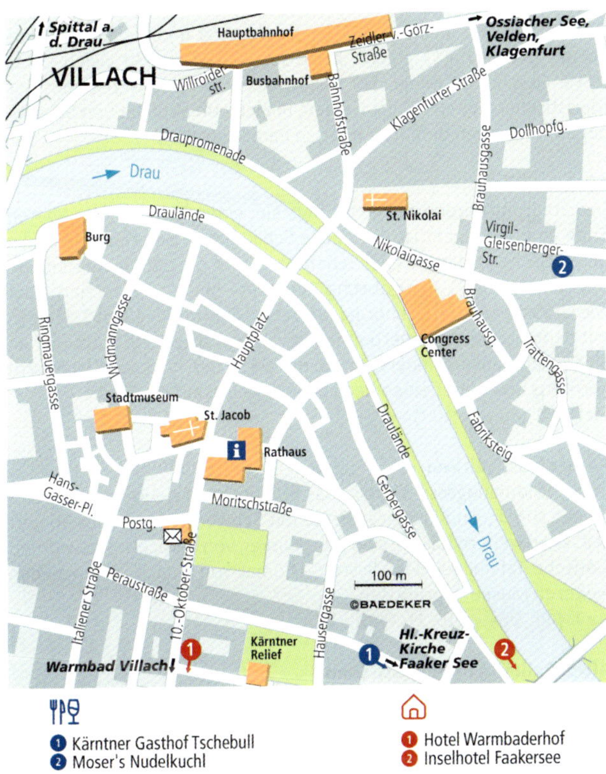

die Stadt als Trümmerfeld. 1759 erwarb Maria Theresia Villach für Österreich. Mit dem Bau der Südbahn (Wien-Triest) begann ca. 100 Jahre später der Aufstieg als europäisch bedeutsamer Bahnknotenpunkt. Auch im Straßenverkehr (Süd- und Tauernautobahn) ist Villach eine wichtige Nord-Süd-Drehscheibe. Zudem macht sich die Rivalin der Landeshauptstadt ▶ Klagenfurt als Hightech-Standort einen Namen – u. a. forscht und produziert hier der Chiphersteller Infineon.

Wohin in Villach?

Sehen und gesehen werden

Hauptplatz

Als Eisenbahn-Knotenpunkt wurde Villach im Zweiten Weltkrieg schwer bombardiert, von der Altstadt blieb wenig übrig. Doch einige der Häuser am lang gestreckten Hauptplatz stammen noch aus dem

Hochmittelalter: In Nr. 18 verbrachte der Arzt und Alchemist **Paracelsus** (1493–1541) etliche Jahre seines Lebens. Mit vielen Cafés sowie Geschäften bildet der Hauptplatz auch den Mittelpunkt des touristischen Lebens. Enge Gassen, manche überspannt von Schwibbögen, verbinden den Platz mit den Parallelstraßen.

Alles im Blick

St. Jakob

Die Stadtpfarrkirche St. Jakob ragt auf einer Terrasse am oberen Ende empor. Elegant ist das reiche Schling- und Netzrippengewölbe der gotischen Hallenkirche. Sehenswert sind die Steinmetzarbeiten: Die Kanzel (1555), der gotische Taufstein – beide reliefverziert – sowie Grabsteine für Angehörige des Adels. Nur durch einen Torbogen mit dem Kirchenschiff verbunden ist der elegante hohe Turm, der an einen Campanile erinnert. Er ist mit 94 m der höchste **Kirchturm** Kärntens und bietet einen herrlichen Ausblick auf die Stadt.
Mai–Okt. Mo.–Sa. 10–16.30, Juli u. Aug. bis 18 Uhr | Eintritt: 3 €

Paracelsus' Wirken

Stadtmuseum

In der Widmanngasse 38 zeigt das Städtische Museum seine Sammlungen zur Ur- und Frühgeschichte mit Schwerpunkt auf der Römerzeit. Zwei weitere Räume sind dem Wirken von Paracelsus gewidmet. Gotische Tafelbilder des Meisters Thomas von Villach zählen zu den weiteren Museumspretiosen.
Juni–Okt. Di.–So. 10–16.30 Uhr | Eintritt: 5 €

Altes Relief in neuem 3D-Glanz

Schillerpark

182 m² umfasst das **Kärntner Relief** (1913) im Schillerpark, eine der größten Landschaftsplastiken Europas. Es zeigt Kärnten und seine Nachbargebiete im Maßstab 1 : 10 000, seit 2016 ist das Kunstwerk, aufgepeppt mit Ton-, Bild- und Lichteffekten, auch im virtuellen Zeitalter angekommen.
Juni–Okt. Mo.–Sa. 10–16.30 Uhr | Eintritt: 4 €

An der Drau

Uferpromenade

Für einen Bummel empfiehlt sich die Promenade an der Drau, die 1960 nach Hochwasser befestigt wurde. Radwanderer können sich in Villach in den **Drauradweg** einklinken. Diese Radroute mit der internationalen Bezeichnung R 1 beginnt in Toblach (Italien). Rund 280 km verlaufen durch Osttirol und Kärnten, weiter geht es durch Slowenien und Kroatien. Das Netz an radfreundlichen Betrieben ist in Kärnten gut ausgebaut.
www.drauradweg.com

Villacher Fahrzeugmuseum

Die Traumautos des kleinen Mannes

Außerhalb des Stadtzentrums liegt in der Udinestraße 43 das Villacher Automuseum. Mehr als 250 historische und moderne Autos sind

in der großen Halle ausgestellt, darunter Leckerbissen für Autofans wie der Mercedes Evo2 oder der Chevrolet C10. Nebenan stehen im Motorradmuseum auf drei Etagen die Zweiräder im Fokus.
Ende Mai–Anfang Okt. Mo.–Sa. 10.30–16.30, Okt.–Ende Mai Mo.–Fr. 10.30–16 Uhr | Eintritt Automuseum 13 €, Motorradmuseum 7,50 €
www.automuseum-villach.at

Rund um Villach

Villacher Alpe/ Dobratsch

Natur- und Wanderidyll
Im Südwesten von Villach erstreckt sich über dem Gailtal die Villacher Alpe, auch Dobratsch genannt. Erschlossen ist der mächtige Kalkbergstock durch die 17 km lange, mautpflichtige Villacher Alpenstraße. Am Parkplatz Nr. 6 wurde der **Villacher Alpengarten** angelegt, wo Kärntens botanisches Aushängeschild, die blaue Wulfenia, und 900 weitere Arten von Alpenblumen begeistern. Das Ende der Straße ist auf 1732 m erreicht; wer den höchsten Punkt (2167 m) mit Gipfelhaus und Sendemast erklimmen möchte, muss zu Fuß weiter. Der Ausblick auf Villach, die Karawanken, die Julischen Alpen und das größte Bergsturzgebiet der Ostalpen an der Südflanke des Dobratsch entschädigt für alle Mühen. Im 2002 eingerichteten **Naturpark Dobratsch** sind 900 Schmetterlingsarten, seltene Spinnen und

Villachs Hausberg, der Dobratsch, ist ein Naturschutzgebiet, das auch aktiv erkundet werden kann.

über 100 Brutvogelarten zuhause. In schneereichen Wintern wird der Dobratsch zum Paradies für Langläufer, Tourengeher und Schneeschuhwanderer.

Villacher Alpenstraße: Pkw: 20,50 € | www.villacher-alpenstrasse.at
Villacher Alpengarten: Juni–Aug. tgl. 9–18 Uhr | Eintritt: 3 €
www.alpengarten-villach.at
Naturpark Dobratsch: www.naturparkdobratsch.at

Wo schon den Römern warm wurde

Warmbad Villach

Bereits Kelten und Römer wussten um die heilende Wirkung des Thermalwassers, das rund 3 km südlich von Villachs Zentrum aus dem Dobratsch-Massiv an die Oberfläche dringt. Funde belegen rege Kurtätigkeit. Heute wird der Schatz in Warmbad Villach gegen rheumatische Beschwerden eingesetzt. 40 Mio. l 29 °C warmes Wasser strömen Tag für Tag aus der Tiefe und füllen die Becken exklusiver Kurhotels und der **Kärnten Therme**, in der man sich ganz zeitgemäß Wellnessfreuden hingeben kann. Im **Urquellbecken** sprudelt das Wasser sogar direkt aus der Tiefe durch den Kiesboden empor. Und manchmal, wenn die unterirdischen Speicher voll sind, fungiert das **Maibachl** als »Überlaufventil«. Warmes Wasser tritt dann mitten im Wald an die Oberfläche. Die Kunde über das Naturereignis verbreitet sich rasch, dann wird im Freien und kostenfrei gebadet.

Badetempel in moderner Architektur: Die Kärnten Therme bietet alles, was man von einer zeitgemäßen Wellness-Destination erwarten darf.

Kärnten Therme: tgl. 9–21 Uhr | Eintritt: Tageskarte 27,50 €, 3 Std. 21,70 €, Reservierung empfohlen | www.kaerntentherme.com

Verleiht Flügel

Maria Gail

Prunkstück der alten Pfarrkirche Maria Gail im gleichnamigen Ort 3 km südöstlich von Villach ist der kostbare Flügelaltar (um 1520) aus der Villacher Schnitzwerkstatt.

Badeparadies mit Barrieren

Faaker See

10 km südöstlich von Villach liegt der malerische Faaker See – er ist Österreichs südlichstes und mit 292 Sonnentagen im Jahr angeblich auch sonnenreichstes Badegewässer. Die türkisblaue Färbung erhält der 2,2 km² große See von den Kalkpartikeln, die die Zuflüsse von den Hängen des Mittagskogels ins Tal spülen. Weniger zum idyllischen Bild passt, dass große Teile des Seeufers dicht verbaut und öffentlich nicht zugänglich sind. Am Ufer entlang spazieren ist Fehlanzeige. Am besten erkundet man den 2,2 km² großen See deshalb von einem der Strandbäder aus und mietet sich ein Tretboot. Für einen kurzen Sprung ins bis zu 27 °C warme Wasser wurde der kostenfreie Zugang beim Bundessportheim am Westufer eingerichtet. Etwas südlich des Faaker Sees liegt auf einem steil abfallenden Felsen die **Burgruine Finkenstein** samt Burgschänke. Im Sommer finden in der ca. 1200 Gäste fassenden Burgarena Konzerte von Klassik bis Pop statt; hier haben schon José Carreras, Udo Jürgens und Andreas Gabalier aufgespielt.
www.faakersee.at

Baden für lau

Seen nördlich der Drau

Am Silbersee, dem Vassacher See und in St. Andrä am Ossiacher See nördlich der Drau betreibt die Villacher Stadtverwaltung Bäder, die im Sommer kostenfrei genutzt werden können.

★★ WACHAU

Bundesland: Niederösterreich

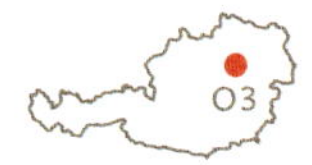

Weinberge, die in Terrassen anmutig zur Donau abfallen, sagenumwobene Burgruinen hoch über dem Strom und Winzerorte mit historischem Flair machen aus der Wachau einen der schönsten Flecken Österreichs. Die bukolische Landschaft, die zum UNESCO-Weltkulturerbe zählt und die ein Schlaraffenland für Weinliebhaber und Genießer ist, lässt sich per Schiff, zu Fuß oder mit dem Rad erkunden – unbedingt aber mit Muße!

Der 30 km lange Abschnitt der Donau zwischen ▶ Melk und ▶ Krems gehört zu den schönsten Flusstälern Europas und zu Österreichs ältesten Siedlungsgebieten. Wo der Strom zwischen dem Böhmischen Massiv im Nordwesten und dem Dunkelsteiner Wald im Südosten ein enges Felsental bildet, unterhielten bereits Eiszeitjäger ihre Lager. Das belegen Funde wie die berühmte Venus von Willendorf. Die 29 500 Jahre alte, mit Feuerstein-Werkzeugen aus feinem Kalkstein geschnitzte Statuette wurde 1908 unter einer meterdicken Löss-Schicht entdeckt und gilt als eines der ältesten Zeugnisse für figürliche Kunst.

Wohin in der Wachau?

★★ Fluss- und Kulturlandschaft

Ein Genuss für alle Sinne

Zu einer der ältesten Kulturlandschaften Österreichs wurde die Wachau durch den Weinbau. Er prägt die Region schon seit römischer Zeit. In der Renaissance besaßen 31 Klöster Weingüter in der Wachau. Kaiser Joseph II. gestattete 1784 den Ausschank eigener Weine in den Weinbaubetrieben – der »Buschenschank« entstand. Auf mehr als 1300 ha, teils auf steilen Terrassen, gedeihen heute international prämierte Weißweine. Aushängeschilder sind der Grüne Veltliner und der Riesling. Spitzenweingüter und Feinschmecker-Adressen machen aus der Wachau eine Genusslandschaft – und schöne Panoramen gehören dazu! Erkunden lässt sich diese auf vielerlei Weise: Der **Donau-Radweg** (▶ S. 86) hat in der Wachau einen seiner schönsten Abschnitte. Logenplätze halten die **Ausflugsschiffe** bereit, die zwischen Mai und September mehrmals täglich zwischen Krems/Stein und Melk pendeln. Daneben erschließen auch Motorboote und Holzzillen die Reize des Flusstals. Wer ans andere Ufer wechseln möchte, nutzt die kleinen Fähren. Herrliche Ausblicke eröffnet der **Welterbe-Steig Wachau**. Der 180 km lange **Weitwanderweg** verbindet die 13 Wachau-Gemeinden. Wer den Rundkurs von Krems nach Melk und retour bewältigt, passiert immerhin 20 Burgen, Ruinen und Schlösser sowie drei Klöster. Auch Varianten, bei denen das Gepäck von Etappenort zu Etappenort transportiert wird, sind im Angebot. Zur Marillenblüte und zur Laubverfärbung im Herbst präsentiert sich die Wachau den Wanderern am schönsten.

Wachau-Rundfahrt Krems/Melk: Hin & retour ab 29 € | www.ddsg-blue-danube.at | **Donauradweg:** www.donau-oesterreich.at/donauradweg | **Welterbe-Steig Wachau:** www.welterbesteig.at

Schönbühel und Maria Laach

Schlösser und Kirchen

Etwa 5 km donauabwärts von Melk thront über dem gleichnamigen Ort am rechten Ufer Schloss Schönbühel. Ursprünglich aus dem 12. Jh., erhielt das in Privatbesitz befindliche Schloss seine heutige Form im 19. Jahrhundert. Weitere 5 km stromabwärts zweigt in

Aggsbach Markt die Straße zum Wallfahrtsort Maria Laach (580 m) ab. Die spätgotische Wallfahrtskirche besitzt eine reiche Ausstattung. Nördlich davon erhebt sich der mit 959 m höchste Berg der Wachau: der **Jauerling** mit Aussichtswarte.
www.naturpark-jauerling.at, www.aussichtswarte-jauerling.at

Audienz bei der Venus

Willendorf

Wieder an der Donau folgt 2 km nördlich das winzige Willendorf (144 Einw.) – berühmt als Auffindungsort der Venus. Das **Venusium** zeigt eine Kopie der gerade einmal rund 11 cm großen Skulptur (Ori-

DIE WACHAU ERLEBEN

DONAU NIEDERÖSTERREICH TOURISMUS GMBH

Regionalbüro Wachau-Nibelungengau Kremstal
Schlossgasse 3
A-3620 Spitz
Tel. 02713 3 00 60-60
www.donau.com

LOIBNERHOF €€€

Klassisch österreichisch und regional orientiert präsentiert sich die haubengekrönte Küche im Landgasthof der Familie Knoll mit 400 Jahre alten Gewölben und Biedermeierinterieur. Nicht auslassen: Die köstlichen Desserts mit Wachauer Marille!
Unterloiben 7, A-3601 Dürnstein
Tel. 02732 82 89 00
www.loibnerhof.at
Mo. u. Di. geschl.

ALTER KLOSTERKELLER €–€€

Dürnsteiner Speckplatte, Grillspezialitäten, Wachauer Laberl mit Aufstrichen, eine große Auswahl von Salaten – das Lokal in der Riede (Lage) Supperin punktet mit Heurigen-Schmankerl. Von der Laube aus genießt man die Aussicht auf die Ruine Dürnstein.
Anzuggasse 237
A-3601 Dürnstein
Tel. 02711 2 92
www.alter-klosterkeller.at
Di. geschl.

HOTEL SCHLOSS DÜRNSTEIN €€€€

Hoch über der Donau grüßt Schloss Dürnstein. Das Hotel punktet mit gediegenem Ambiente, die Terrasse gilt als eine der schönsten Österreichs. Feinschmecker zieht es in das Restaurant.
A-3601 Dürnstein
Tel. 02711 2 12
www.schloss.at

RENAISSANCEHOTEL RAFFELSBERGER HOF €€

Alte Böden, Arkaden und Antiquitäten verleihen dem Garni-Hotel in den Mauern eines 450 Jahre alten Schiffsmeisterhauses eine romantische Aura. Ein kleiner Naturteich lädt zum Entspannen ein, in der Lounge kann man abends eine gute Flasche Wein genießen.
Freisingerplatz 54
A-3610 Weißenkirchen
Tel. 02715 22 01
www.raffelsbergerhof.at

ginal im Naturhistorischen Museum in Wien), ein Bodenprofil der Fundstelle sowie eine Dokumentation über ähnliche Frauenfigurinen aus der Steinzeit. An der Fundstelle, zu Fuß in wenigen Minuten zu erreichen, blickt eine Riesen-Venus über das Donautal. Datierungen der Löss-Schichten haben ergeben, dass steinzeitliche Jäger diesen Ort über einen Zeitraum von 18 000 Jahren immer wieder aufsuchten! Und vor rund 30 000 Jahren schufen sie ebenjene berühmte gesichtslose Statue mit den ausgeprägten Rundungen.
Sa. u. So. 10–12 u. 14–16 Uhr | Eintritt: 3 € | www.willendorf.info

Ruine Aggstein

Ein Raubritter-Gefängnis namens Rosengärtlein

Am gegenüberliegenden Ufer, 300 m über dem Fluss, führt die Burgruine Aggstein zurück in die Ära der Raubritter. Hier lebten einst die Kuenringer. Die im Tal vorbeiziehenden Schiffe und Wagen der Kaufleute boten ihnen fette Beute. Geiseln steckten sie bis zur Lösegeldzahlung in ein unentrinnbares Gefängnis namens »Rosengärtlein«. Die 1231 gegründete, mehrmals zerstörte und wieder aufgebaute ehemalige Burg beeindruckt durch gewaltige Ausmaße und ihr **herrliches Panorama auf das Donautal**. Erhalten sind Teile von Türmen, die Küche und das Speisehaus, die Kapelle und mächtige Mauern. In der Taverne werden die beliebten Ritteressen ausgerichtet.
Mitte März–Okt. tgl. 9–18 Uhr | Eintritt: 8,50 €
www.ruineaggstein.at

Spitz

Im Bann der Marillenblüte

Der alte Markt Spitz (1530 Einw.) mit seinen schönen Renaissance- und Barockhäusern ist für seine Marillenblüte berühmt. Im April spaziert man hier durch eine Landschaft, die in ein weiß-rosa Blütenmeer getaucht ist. Insgesamt stehen am Nord- und Südufer etwa 100 000 Marillenbäume, zum Blütenfest tragen aber auch andere Obstbäume bei. Die »Wachauer Qualitätsmarille« ist eine innerhalb der EU geschützte Ursprungsbezeichnung. Das fruchtige Ergebnis feiert Spitz am Marillenkirtag am vorletzten Juli-Wochenende. Das Dorf war in den Nachkriegsjahren als Schauplatz für Heimatfilme populär. Älteren Semestern ist der Ohrwurm vom »Mariandl aus dem Wachauer Landl« noch bekannt. Das **Schifffahrtsmuseum** im Barockschloss Erlahof thematisiert die Ruder- und Floßschifffahrt auf der Donau.
Schifffahrtsmuseum: April–Okt. tgl. 10–16 Uhr | Eintritt: 6,50 €
www.schifffahrtsmuseum-spitz.at

Weißenkirchen

Ein Weinort aus dem Bilderbuch

Vorbei an der zinnenbekrönten Wehrkirche St. Michael kommt man am linken Donauufer nach Weißenkirchen, dem wohl schönsten Weindorf der Wachau. Sein Ortsbild wird von der mächtigen Wehrkirche, alten Häusern und Höfen aus dem 16. Jh. sowie gewundenen Gässchen geprägt. Besonders interessant ist der **Teisenhoferhof**

OBEN: »Grad’ bei Dürnstein ist die Donau doch so wunderschön«, sang einst Georg Kreisler.

UNTEN: Die Weinbäuerin aus Spitz kennt sicher den Weg zur nächsten Jausenstation.

mit einer Freitreppe, Laubengängen und Türmen. Das hier untergebrachte **Wachau-Museum** zeigt vor allem regionale Kunst (Wachaumaler, Kremser Schmidt), aber auch Volkskultur.
April–Okt. Di.–So. 10–17 Uhr | Eintritt: 5 €

Dürnstein

Ein Ständchen für Richard Löwenherz
Das von alten Wehrmauern umgebene Dürnstein (220 m; 803 Einw.) ist der meistbesuchte Ort der Wachau. Sein berühmtester Besucher allerdings verweilte unfreiwillig hier und bezahlte viel Geld fürs Fortkommen: In der **Kuenringerburg**, heute eine frei zugängliche Ruine, wurde 1193 der englische König Richard Löwenherz gefangen gehalten. Die Sage berichtet, der Sänger Blondel habe seinen verschollenen König gefunden, weil dieser auf sein Ständchen vor dem Burggefängnis entsprechend zu antworten wusste. Wer den Hügel erklimmt, wird mit einem grandiosen Panorama belohnt. Ein Glanzstück barocker Architektur ist die u. a. von Jakob Prandtauer entworfene **Pfarrkirche** neben dem ehemaligen Augustiner-Chorherrenstift. Ihr blauweißer Turm steht als Architektursignal in der Landschaft.

WALDVIERTEL

Bundesland: Niederösterreich | **Waldviertel Tourismus:** Sparkassenplatz 1/2, A-3910 Zwettl, Tel. 02822 5 41 09
www.waldviertel.at

Rau das Klima, von herbem Charme die Szenerie mit dunklen Nadelwäldern, ausgedehnten Getreidefeldern und stillen Mooren: Das Waldviertel ist eine Landschaft, die ihre Reize erst beim genaueren Hinsehen preisgibt. Wer Erholung abseits vom Massentourismus sucht, ist hier genau richtig. Mit einem winzigen Nationalpark, den mystischen Wackelsteinen und mächtigen Burgen gibt es auch jede Menge zu entdecken.

»Im Waldviertel ist es acht Monate Winter und vier Monate kalt«, sagt ein geflügeltes Wort über diese etwa 90 × 60 km große Region, die zwischen der Donau im Süden und der Grenze zur Tschechischen Republik im Norden, dem Mühlviertel im Westen und dem Weinviertel im Osten liegt. Also kein geeigneter Ort für einen Urlaub? Bei näherem Hinsehen erweist sich: Die Abgeschiedenheit, die spärliche Besiedelung und das Fehlen jeglicher Industrie trugen entscheidend dazu bei, die Schönheit dieses vielfältigen Landes mit seiner artenreichen Fauna und Flora zu erhalten. Im Westen, wo die **Granitberge** Höhen von über 1000 m er-

reichen, sorgen Nadelwälder, Teiche, kleine Seen, Moore und karge Böden mitunter für skandinavisch anmutende Landschaftsbilder. In Richtung Osten werden Landschaft und Klima freundlicher.
Auch als Land der Mythen und Kultstätten vorgeschichtlicher Völker gilt das Waldviertel. Seine weltabgeschiedene Schönheit zog allerlei Menschen auf der Suche nach spirituellen Erfahrungen an. Zur mystischen Aura tragen die vielen, teils tonnenschweren Granitblöcke oder »Findlinge« bei, die – von eiszeitlichen Gletschern glatt geschliffen – über das Waldviertel verstreut liegen und die sich manchen als Orte der Kraft präsentieren. Die **Skorpionfelsen bei Kautzen** im Norden des Waldviertels sind, so wird kolportiert, ein exaktes Abbild des gleichnamigen Sternbildes – folglich wurde mit Augenzwinkern hier der »erste offizielle UFO-Landeplatz Österreichs« eingerichtet!

Wohin im Waldviertel?

Radeln am einstigen Eisernen Vorhang

Weitra

Von ▸ Zwettl im Zentrum des Waldviertels geht es Richtung Nordwesten nach Weitra, der ältesten Braustadt Österreichs (seit 1321). Das **Renaissanceschloss** nützt seinen überdachten Arkaden-Innenhof für Veranstaltungen. Neben dem Schlossmuseum und der Erlebniswelt Bier lohnt der Besuch der Ausstellung »Schauplatz Eiserner Vorhang«, die die Ära des Kalten Krieges in Erinnerung ruft. Heute schlängelt sich entlang der einst schwer bewachten Grenze der quer durch Europa verlaufende **Iron Curtain Trail** (Euro Velo 13). Eine 200 km lange Radetappe verläuft durch das Wald- und Weinviertel, mal ist man in Tschechien, dann wieder in Österreich unterwegs.
Schloss Weitra: Mai–Okt. Mi.–Mo. 10–17 Uhr | Eintritt: 8,50 €
www.schloss-weitra.at

Zerbrechliche Kunst

Gmünd

Weiter geht es nach Gmünd (435 m; 5180 Einw.), das zu kommunistischen Zeiten wie Berlin eine geteilte Stadt war. Das **Glas- und Steinmuseum** (Stadtplatz 34) vermittelt dem Besucher einen Eindruck von der Kunst der Glasherstellung, die im Grenzgebiet eine alte Tradition hat. Sehenswert sind auf dem Stadtplatz die beiden Sgraffitohäuser (Nr. 31 u. 32) mit Motiven aus der griechischen und römischen Sagenwelt. Von Gmünd startet im Sommer die auf Schmalspur fahrende **Waldviertelbahn** zu ihrer beschaulichen Reise nach Groß Gerungs (43 km). Standard sind Dieseltriebwagen, am Samstag sind jedoch Nostalgiegarnituren mit Dampflok im Einsatz. In die Gegenrichtung, nach Litschau, rollen die Nostalgiewagen am Sonntag.
Museum: Mai–Sept. Mo.–Fr. 10–13 u. 14–16.30, Sa., So. 9–12 | Eintritt 2 € | www.gmuend.at | **Waldviertelbahn:** Mai bis Nov. | Ticket: Groß Gerungs & zurück ab 25 € | www.waldviertelbahn.at

Fast könnte man meinen, ein Riese hätte den imposanten Wackelstein einst in der Blockheide abgelegt. Ob er sich wohl bewegen lässt?

Fantasieanregende Findlinge

Naturpark Blockheide

Etwa 1,5 km nordöstlich vom Zentrum Gmünds hat man im Naturpark Blockheide die Gelegenheit, einige der imposantesten Granitfindlinge des Waldviertels zu besichtigen. Bezeichnungen wie Teufelsbett, Teufels Brotlaib, Pilzstein oder Koboldstein verraten, dass die tonnenschweren und bemoosten Blöcke mitten im Wald schon seit jeher die Fantasie der Menschen angeregt haben. Einige wenige geben sich mit entsprechendem Krafteinsatz auch als Wackelsteine zu erkennen. Das **Infozentrum** am Aussichtsturm erläutert die Geologie der Blockheide und ist Startpunkt für mehrere Themenwege.
April u. Okt. tgl. 10–17, Mai–Sept. 10–18 Uhr | Eintritt: Aussichtsturm inkl. Museum 3,50 € | www.blockheide.at

Moorstapfen im Naturpark

Schrems

Auf dem Weg nach Heidenreichstein nordöstlich lohnt ein Besuch im Städtchen Schrems (5340 Einw.). Das **UnterWasserReich** in der Moorbadstraße 4, das auch als Info-Zentrum des Naturparks Hochmoor Schrems fungiert, bringt seine Besucher auf Tuchfühlung mit typischen Wasserbewohnern des Waldviertels. Welse, Hechte, Karpfen und Schleien ziehen ihre Kreise in den Aquarien. Putzig verläuft die Fütterung der Fischotter. Moorstapfen und der Blick von der

Aussichtsplattform Himmelsleiter zählen zu den Highlights des bezaubernden Torfmoors.

Naturpark ganzjährig frei, Unterwasserreich April–Okt. tgl. 10–17 Uhr, Otterfütterung 10.30, 13.30 u. 16 Uhr | Eintritt: 11 €
www.unterwasserreich.at

Zugbrücken, Geheimgang und Saufstühle

Heidenreichstein

Heidenreichstein (560 m; 3860 Einw.) ist bekannt durch seine gewaltige Wasserburg, deren älteste Teile aus dem 12. Jh. stammen und die nie erobert wurde. Sie ist stilecht über zwei Zugbrücken zugänglich und mit originalen Möbelstücken aus verschiedenen Epochen ausgestattet. Dazu gehören auch »Saufstühle« mit Riemen zum Festgurten im 27 m langen Rittersaal. Die Führung erschließt auch einen Geheimgang hinab zur Stadt.

Der Wald- und Moorpfad im **Naturpark Heidenreichsteiner Moor** vermittelt Interessantes über Naturphänomene, so über das Entstehen der geheimnisvollen Irrlichter. Das Heidenreichsteiner Moor ist übrigens Naturpark des Jahres 2021.

Wasserburg: Führungen April–Okt. Di.–So. 9.30, 11, 14, 15,30 Uhr
Eintritt: 10,50 € | www.kinsky-heidenreichstein.at
Naturparkzentrum: Winter Di. 14–19 u. So. 13–17, Ende März–Okt. Di.–Sa. 11–19, So. 14–19 Uhr | Eintritt: frei | www.moornaturpark.at
Naturparkführungen: Mai–Sept. Do., Sa. 14 Uhr
Führungsbeitrag: 7 €

Mit der Kraft der Natur

Stift Geras

Von Heidenreichstein führt die Fahrt östlich über die Stadtmauerstädte Waidhofen an der Thaya und Drosendorf nach Geras (460 m; 1280 Einw.) mit seinem 1153 gegründeten Prämonstratenser-Chorherrenstift. Frei zugänglich sind die **Stiftsbasilika** und der **Kräutergarten**, der vom »Kräuterpfarrer« Hermann Weidinger initiiert wurde. Seine Kunstschätze zeigt das Kloster in einer Sonderausstellung.

Mai–Okt. Mi.–So. 10.30–16 Uhr, Führungen 11 u. 14.30 Uhr
Eintritt: 9,50 € | www.stiftgeras.at

Pralles Leben dank »toter Grenze«

★ Hardegg

Auch Hardegg (308 m; 1300 Einw.) 19 km nordöstlich von Geras hatte mit der Sackgassenlage am Eisernen Vorhang zu kämpfen – Abwanderung war die Folge. Ohne die eingemeindeten Dörfer haben in dem Ort nur 80 Menschen ihren Hauptwohnsitz. Somit gilt Hardegg als die kleinste Stadt Österreichs. Auf einer Felsklippe oberhalb des Grenzflusses Thaya überragt die mächtige **Burganlage** (11. Jh.) den Ort – sie ist leider nicht mehr zu besichtigen.

Touristische Impulse setzte im Jahr 2000 die Errichtung des **Nationalparks Thayatal**. Der mit 13,3 km² kleinste Nationalpark Österreichs bildet im Verbund mit dem **Národní park Podyjí** auf der tschechischen Seite ein attraktives bilaterales Schutzgebiet; an der »toten Grenze« haben Flora und Fauna profitiert. Steile Ufer, Schotterbänke und Auwiesen bieten seltenen Tierarten wie der Smaragdeidechse, der Gottesanbeterin oder dem Schwarzstorch ein Zuhause. Das Nationalparkhaus ca. 1,5 km außerhalb von Hardegg Richtung Retz liefert die Ouvertüre für Erkundungen beiderseits der Grenze. Auch E-Bikes werden verliehen.

Nationalparkhaus: Ende März–Sept. tgl. 9–18, Okt. 10–17 Uhr
Eintritt: 4,50 € | www.np-thayatal.at

Blumenreiches Prachtschloss

Rosenburg

Von Hardegg kann man die Grenzreise nach Retz fortsetzen (▶ S. 405). In Richtung Süden erreicht man wenige Kilometer nach dem Städtchen Horn den malerischen Kamp. Wo der Hauptfluss des Waldviertels nach Süden dreht, thront über einem Abhang das Renaissanceschloss Rosenburg. Der reich gegliederte Schlossbau (14.–17. Jh.) besitzt Europas größten noch erhaltenen Turnierhof. Auf seiner Westseite erstreckt sich über eine Gesamtlänge von 120 m eine Kletterrosenwand. Und auch in den Gärten begegnet man den namengebenden Blumen überall. Neben Ritterturnieren gehen auf der Rosenburg sommerliche Schlosskonzerte und Komödienspiele in Szene. Viele Zuseher finden überdies die Greifvogelvorführungen des **Falkenhofs**. Im Inneren der Burg zu entdecken sind u.a. eine reiche Waffensammlung und die mit antiken Möbeln ausgestatteten **Prunkräume**.

April, Mai, Mitte Sept., Okt. Fr.–So. 9.30–17, Juni–Mitte Sept. Mi. bis Mo. 9.30–17, Greifvogel-Vorführungen jeweils 11 u. 15 Uhr | Eintritt: 16 € (Garten, Falknerei, Prunkräume) | www.rosenburg.at

Der »Gekrümmte«

Unterlauf des Kamp

In Schleifen strebt der Kamp von der Rosenburg der Donau entgegen – hier wird er seinem Namen besonders gerecht: Kamp stammt vom keltischen Wort »kambos«, der »Gekrümmte«. Die Marktgemeinde **Gars** (244 m; 3480 Einw.) hat das nostalgische Flair eines alten Kurorts. Die Burgruine, ein Relikt aus der Babenberger-Zeit, dient als Schauplatz sommerlicher Opernfestspiele. Musik lag hier schon früher in der Luft: Franz von Suppé (1819–1895) war als Sommerfrischler zu Gast in Gars und fand hier Inspiration für seinen Operetten-Hit »Boccaccio«. Im **Zeitbrücke-Museum** (Kollergasse 155) erinnert eine Gedenkstätte an den Komponisten. Im Kurpark zu finden ist ein Denkmal für den 1998 verstorbenen Musiker **Falco** (Hans Hölzel), der sich mit »Rock me Amadeus« 1986 sensationell an der Spitze der US-Charts platzierte. In seiner Garser Villa erholte sich Österreichs größter Popstar vom strapaziösen Tour-Leben.

Schönberg am Kamp 13 km südlich von Gars ist Ausgangspunkt für Lehrpfade im **Naturpark Kamptal**. Bei Langenlois bestimmen bereits Weingärten die Szenerie (▶ S. 24).

Zeitbrücke-Museum: Ende April–Okt. Sa. u. So. 10–12 u. 14–17 Uhr | Eintritt: 4 € | www.zeitbruecke.at
Naturpark Kamptal: www.naturpark-kamptal.at

★ WEINVIERTEL

Bundesland: Niederösterreich | **Weinviertel Tourismus:** Wiener Straße 1, A-2170 Poysdorf, Tel. 02552 3 51 50, www.weinviertel.at

Sanfte Hügel mit grünen Rebhängen und weite Getreidefelder, gelegentlich unterbrochen durch Wälder und einzelne Berggruppen, prägen das Bild des Weinviertels nördlich von Wien. Ein Veranstaltungskalender – und für sportliche Naturen ein Fahrrad – sind die wichtigsten Instrumente, um die Reize dieser wunderschönen Weinbaulandschaft und ihres Leitprodukts auszukosten. Der Erlebnisreigen spannt sich von Kellergassenfesten bis zu Weingarten-Führungen.

Reben rund um den vom Malteserschloss bekrönten Mailberg: Das Weinviertel ist eine über Jahrhunderte geprägte Kulturlandschaft.

Nomen est omen!

Ein besonderes Flair bekommt Österreichs größtes Weinbaugebiet durch seine rund 800 **»Kellergassen«**. Ihre Weinkeller wurden früher als Produktions- und Lagerstätten genutzt und, vor allem von der männlichen Ortsbevölkerung, auch als Treffpunkt. Man traf sich in den oft außerhalb des Ortes oder am Ortsrand gelegenen Kellergassen zum Plaudern und verkostete den neuen Wein. Heute wird der Wein – Grüner Veltliner, Riesling, Müller-Thurgau, Weißburgunder und Chardonnay sind hier zu Hause, aber auch Blauer Portugieser und Zweigelt – meist in den Weingütern selbst gekeltert, aber an vielen Orten werden die Kellergassen dennoch vorbildlich gepflegt. Von Frühjahr bis Herbst, manchmal auch zur Adventszeit, dienen sie als stimmungsvolle Veranstaltungsbühnen. Feste, Verkostungen und Führungen durch zertifizierte Guides bringen den Besuchern die uralte Weinbau-Kultur der Region nördlich von Wien näher. Zu den schönsten ihrer Art zählen die Kellergassen in **Wildendürnbach** (Galgenberg) und in **Unterstinkenbrunn** (Loamgrui).
Und noch ein Tipp: Mit seinen mäßigen Anstiegen ist das Weinviertel wie geschaffen für Genussradeln. 13 nach Weinsorten benannte **Radrouten** durchziehen die Region auf 760 km Länge, der nächste Heurige ist nie weit entfernt. Perfekte Einstimmung bieten Alfred Komareks Krimis um den radfahrenden Weinviertler Dorfgendarmen Simon Polt (www.weinviertel.at/radfahren).

Wohin im Weinviertel?

Im Zeichen der Gotik

Korneuburg

Ausgangspunkt unserer Rundreise durchs Weinviertel ist Korneuburg, ca. 15 km nordwestlich von Wien am linken Donauufer (167 m; 13 600 Einw.). Am Hauptplatz stehen spätgotische Bürgerhäuser und das hübsche neugotische Rathaus mit dem alten Stadtturm.

Romantik vom Reißbrett

Burg Kreuzenstein

Nordwestlich der Stadt erhebt sich weithin sichtbar die Burg Kreuzenstein (266 m). Sie wurde von 1874 bis 1915 an der Stelle einer 1645 von den Schweden zerstörten Anlage neu errichtet. Federführend dabei war der exzentrische Graf Johann Nepomuk Wilczek, der den Umwälzungen Ende des 19. Jahrhunderts die romantisch verklärten Ideale der Ritterzeit entgegensetzen wollte. Zu diesem Zweck ließ er aus ganz Europa Bauteile von echten Burgen, Kunstschätze, Möbel und Waffen zusammentragen und sie als romantisches Gesamtkunstwerk neu arrangieren.
Auch auf den Besucher von heute verfehlen die voll eingerichtete Rüstkammer, die Burgküche und das Fürstenzimmer samt 500 Jahre altem Himmelbett ihre Wirkung nicht. Mit mittelalterlich inspirierter Kost à la Linseneintopf aus dem Kupferkessel lockt die **Burgtaverne**.

Die **Adlerwarte** nebenan hält die mehrere tausend Jahre alten Jagd-Techniken der Falknerei hoch.

Burg: nur mit Führungen April–Okt. tgl. 10–16 Uhr, So. bis 17 Uhr, jeweils zur vollen Std. | Eintritt: 15 € | www.kreuzenstein.com
Greifvogelflugvorführungen: April–Okt. Di.–Sa. 11 u. 15 Uhr, So. 11, 14 u. 16 Uhr | Eintritt: 12 € | www.adlerwarte-kreuzenstein.at

Steinzeit-Dorf, Lipizzaner und Oldtimer

Von Hollabrunn zum Heldenberg

Vom Wein- und Heurigenort Hollabrunn (227 m; 12 100 Einw.) führt ein Abstecher südwestlich nach Heldenberg (1440 Einw.) zur Radetzky-Gedenkstätte. Diese wurde im Jahr 1848 als Pantheon nach dem Vorbild der Walhalla bei Regensburg zu Ehren der k. u. k Feldherren Radetzky und Wimpffen errichtet. Da die alten Helden aber kaum mehr Besucher anlockten, wurde der Heldenberg ab 2005 mit einer Reihe von Attraktionen aufgepeppt. Heute kann man hier im Sommer edlen Lipizzaner-Hengsten der Spanischen Hofreitschule beim Training zusehen. Ein Erlebnisdorf im Stil der Jungsteinzeit sowie eine Oldtimerkollektion und eine Greifvogelschau ergänzen das Programm.

Mai–Sept. Di.–So. 9–18, Okt. u. April bis 17 Uhr | Eintritt: einzeln ab 8 €, Lipizzaner-Training 13 € | www.derheldenberg.at

Zeitreisen in der Stadtmauerstadt

Eggenburg

In nordwestlicher Richtung kommt man nach Eggenburg (329 m; 3500 Einw.). Eine rund 2 km lange Stadtmauer (13./15. Jh.), die teilweise begehbar ist, umschließt das Städtchen. Beim größten Mittelalterfest Österreichs im September bewegt sich das Rad der Zeit zurück in die Ära der Ritter. Im **Krahuletz-Museum** – der Name geht zurück auf den Geologen Krahuletz (1848–1928), der mit seiner Sammeltätigkeit den Grundstock für dieses Museum legte – gibt es Fossilien, Mineralien und archäologische Exponate zu sehen.

Mittelalterfest: www.mittelalter.co.at
Krahuletz-Museum: April–Nov. Mo.–Fr. 9–17, Sa. u. So. 10–17 Uhr
Eintritt: 7 € | www.krahuletzmuseum.at

Bürgerhäuser, ein Labyrinth und eine Windmühle

Weinbaustadt Retz

Seit 1150 urkundlich belegt ist der Weinbau in Retz (264 m; 4290 Einw.) an der Grenze zum Waldviertel. Der altertümliche Reiz des Städtchens wird besonders auf dem **Hauptplatz** deutlich. Hier künden Bürgerhäuser wie das Sgraffitohaus (1576) oder das lachsfarbene Verderberhaus, gestaltet im italienischen Renaissance-Stil vom Aufschwung, der mit der Verleihung von Weinhandelsprivilegien im 15. Jh. einherging. Sehenswert ist auch das **Rathaus** mit seinem imposanten, bis auf die Galerie begehbaren Rathausturm.

Auf rund 21 km Länge ist Retz unterkellert: **Österreichs größter historischer Weinkeller** erstreckt sich – Maulwurfsgängen gleich –

ÖSTERREICHS WEINE

»I riach an Wein scho kilometerweit ...«: Ob von Hans Moser oder Paul Hörbiger gesungen, das weinselige Lied von Hans Lang (Musik) und Josef Petrak (Text) hört man auch heute noch beim Heurigen. Allerdings: Bier wird viel lieber getrunken – Österreich liegt beim Pro-Kopf-Verbrauch weltweit an zweiter Stelle hinter Tschechien.

Rebsorten
Verteilung nach Fläche (2022)

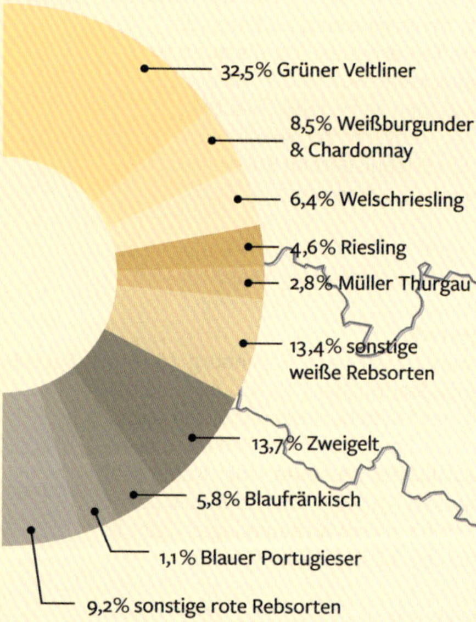

32,5% Grüner Veltliner
8,5% Weißburgunder & Chardonnay
6,4% Welschriesling
4,6% Riesling
2,8% Müller Thurgau
13,4% sonstige weiße Rebsorten
13,7% Zweigelt
5,8% Blaufränkisch
1,1% Blauer Portugieser
9,2% sonstige rote Rebsorten

DAC-Qualiätsweine
Das rot-weiß-rote Siegel mit de Betriebsnummer auf dem Verschluss signalisiert die Herkunftsbezeichnung Districtus Austriae Controllatus für Qualitätswein.

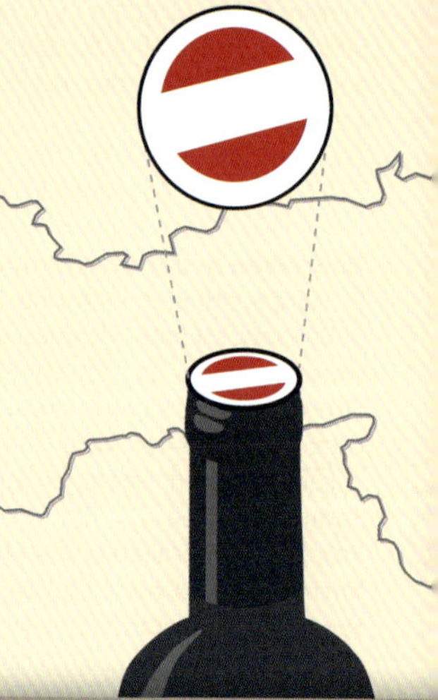

Entwicklung der Betriebsstruktur

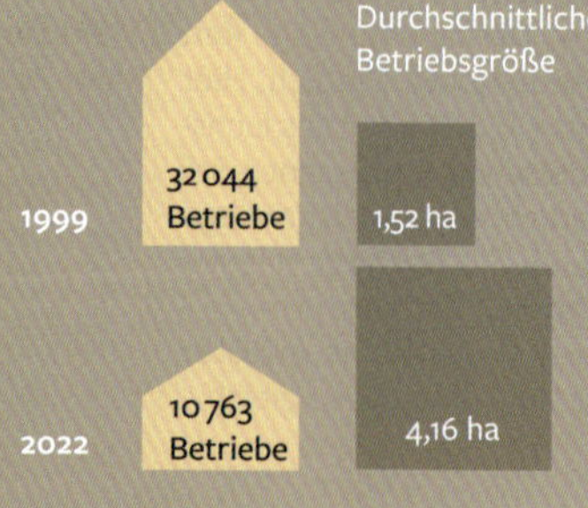

Erzeugerländer im Vergleich
Weinproduktion 2021 in Mio. hl

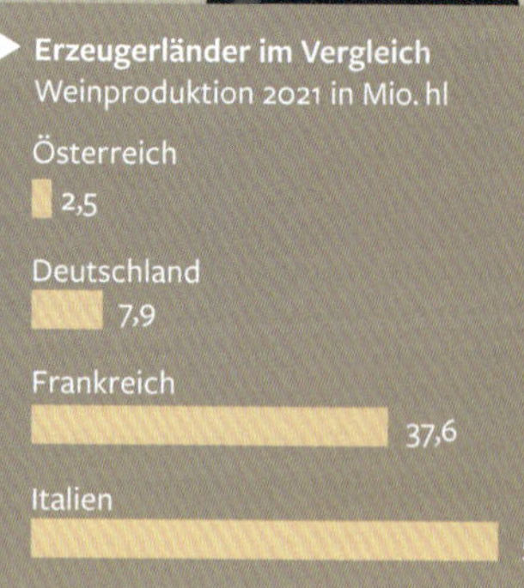

Die größten Weintrinker
Jährlicher Verbrauch in l/Person, 2021

Land	l/Person
Portugal	51,9
Frankreich	46,9
Italien	46,0
Schweiz	35,3
Österreich	30,6
Australien	28,7
Deutschland	27,5

Export 2022 in %

Land	%
Deutschland	40,5
Schweiz	11,1
USA	9,1
Skandinavien	9,0

bis zu drei Etagen unter der Stadt und kündet von der Zeit, als Unmengen von Fässern im kühlen Sand ihrer Bestimmung entgegen reiften.
Das Wahrzeichen der alten Weinstadt ist jedoch nicht etwa eine Traube oder ein Weinfass – sondern eine Windmühle! Malerisch liegt sie seit 1722 am **Kalvarienberg** über der Stadt. Heute ist sie nach einer Restaurierung die einzige betriebsfähige und vollständig eingerichtete Windmühle Österreichs. Vom dazugehörigen Heurigen schweift das Auge über die Hügelmeere bis nach Tschechien.
Rathausturm: tgl. 9–18 Uhr | Eintrittw: 2 € (Münze)
Erlebniskeller: Führungen Mai–Okt. tgl. 10.30, 14 u. 16 (Sa. auch 12), Nov.–April tgl. 14 Uhr | Eintritt: 14 € | www.retzer-land.at
Windmühle: saisonal wechselnde Öffnungszeiten, Führungen zur vollen Stunde | Eintritt: 8 € | www.windmuehle.at

Aufschwung als Thermen-Standort

Laa an der Thaya

40 km östlich, unmittelbar an der Grenze, liegt das Städtchen Laa an der Thaya (183 m; 6250 Einw.), das mit der Entdeckung von Thermalquellen seit der Jahrtausendwende einen touristischen Aufschwung erlebt hat. In den riesigen Pools und Saunalandschaften der **Therme Laa** lässt es sich herrlich entspannen. Angeschlossen ist ein Thermen-Resort.
www.therme-laa.at

Moderne Weinerlebniswelt

Poysdorf

Poysdorf am Poy-Bach (205 m; 5540 Einw.) im Dreiländereck Österreich-Tschechien-Slowakei präsentiert seine Hunderte Jahre alte Weinkultur im modernen Setting des Erlebnismuseums **Vino Versum** an der Brünner Straße im nördlichen Ortszentrum. In Presshäusern und Weinkellern sowie auf einem Freigelände kann man sich über das Einmaleins der Weinherstellung informieren und den Streifzug mit einer Weinprobe ausklingen lassen. Gegenüber liegt am Radyweg Poysdorfs längste Kellergasse.
April–Okt. tgl. 10–18 Uhr | Eintritt: inkl. Probe 9,50 €
www.vinoversum.at

Erfindungen, die keiner braucht

Herrnbaumgarten

Wer Skurriles liebt, wird große Freude haben an einem Besuch in Herrnbaumgarten, dem »verRuckten« Dorf. Hier steht – in der Poysbrunner Straße 9 – das sogenannte **Nonseum**, 1994 gegründet vom Verein zur Verwertung von Gedankenüberschüssen. Dort werden Dinge präsentiert, von denen man noch gar nicht wusste, dass sie nützlich sind, etwa ein Hutlüfter oder ein transparentes Hütchenspiel, polizeilich genehmigt!
Palmsonntag–Allerheiligen | Do., Fr. 13–18, Sa., So. 10–18 Uhr
Eintritt: 9,50 € | www.nonseum.at

Das Wahrzeichen von Retz thront weithin sichtbar oberhalb der Stadt inmitten von Weingärten.

Nitsch-Museum: Blut und Spiele

Mistelbach

In den 1960er und 70er Jahren schockten die Wiener Aktionisten das brave Bürgertum mit ihrer radikalen Performance-Kunst. Mittendrin Hermann Nitsch, dessen tierblutgetränktes Orgien-Mysterien-Theater an Ur-Riten der Menschheit anknüpfte. Heute zählt der bis zu seinem Tod 2022 im Weinviertel ansässige Maler zu den renommiertesten Künstlern des Landes und hat in Mistelbach (Waldstraße 44–46) sogar ein eigenes Museum. Das Nitsch-Museum zählt zu jenen Einrichtungen, die in der 25-jährigen Amtszeit von Landeshauptmann Erwin Pröll (1992–2017) die einst maue Kunstszene Niederösterreichs belebt haben.

März–Okt. Di.–So. 10–17 Uhr | Eintritt: 12 € | www.nitschmuseum.at

Asparn an der Zaya

Urgeschichte, praxisnah

Erlebnisreich präsentiert sich das **MAMUZ-Urgeschichtemuseum** in Asparn an der Zaya westlich von Mistelbach. Die Ausstellung im Schloss zeigt auf, dass das Weinviertel bis hin zur Wachau für Archäologen hochspannendes Territorium ist. Auf dem Freilichtgelände im Schlosspark sind Behausungen der Ur-Urahnen rekonstruiert worden. Sommerliche Mitmachprogramme reichen von »Urgeschichtlichem Handwerk«, über Survival-Kurse bis zu Kräuter-Seminaren.

Mitte März–Nov. Di.–So. 10–17 Uhr | Eintritt: 12 € | www.mamuz.at

Museumsdorf Niedersulz

Dorfgeschichten aus dem Weinviertel

Im Museumsdorf bei Niedersulz, südöstlich von Mistelbach, stehen etwa 70 Weinviertler Gebäude, die an ihrem ursprünglichen Standort abgetragen und hier wieder aufgebaut wurden. Auf dem **Lebenden Bauernhof** finden Besucher alte Haustierrassen, die seit Jahrtausenden die Menschen begleiten, wie Ziegen, Schafe, Schweine und Gänse. An den Wochenenden bringen Handwerksvorführungen Leben in das Museumsdorf.

April–Okt. tgl. 9.30–18 Uhr | Eintritt: 12 € | www.museumsdorf.at

Wildpark Ernstbrunn

Spazieren mit den Wölfen

20 km westlich von Mistelbach bittet der Wildpark Ernstbrunn Österreichs Großtierfauna vor den Vorhang. An den bewaldeten Ausläufern der **Leiser Berge** tummeln sich Steinböcke, Rotwild und Co. Stars sind eindeutig die Wölfe, deren Sozialverhalten in einem eigenen Zentrum erforscht wird. Bei Führungen kann man den Raubtieren nahe kommen – umso spannender, da in Niederösterreich vereinzelt auch wieder wild lebende Wölfe ihr Geheul anstimmen!

Palmsonntag–Okt. Di.–So. 10–17, sonst Sa., So. 10–16 Uhr | Eintritt: 9,80 € | www.wildpark-ernstbrunn.at

Prottes

Von Erdöl-Großmacht zu Windkraft

Nur die wenigsten wissen, dass die K.-u.-k.-Monarchie Österreich Anfang des 20. Jh.s das drittgrößte Erdölförderland der Welt war; der Schwerpunkt lag im Wiener Becken. Weithin sichtbare Zeichen wie Pumpenböcke und Bohrtürme prägen das Landschaftsbild im größten Erdölfeld Mitteleuropas. Die Gemeinde Prottes, ca. 42 km nordöstlich von Wien, hat einen ca. 4,5 km langen **Erdöl-Erdgas-Lehrpfad** mit 45 Stationen und rund 150 Exponaten – darunter ein ca. 30 m hoher funktionstüchtiger Bohrturm – sowie ein ihm angeschlossenes **Museum** eingerichtet. Heute weisen im Weinviertel Hunderte von Windrädern auf eine umweltfreundlichere Variante der Energiegewinnung hin.

Museum: gegen Voranmeldung Tel. 02282 21 82; Lehrpfad ganzjährig frei zugänglich | www.prottes.at/Erdoel-Erdgaslehrpfad

Bundesland: Kärnten | **Höhe:** 930 m ü. d. M.

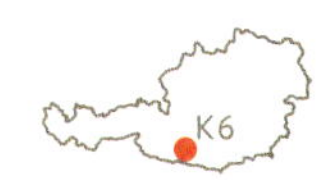

Anders als die übrigen Kärntner Seen führt der fjordartige Weißensee eine touristische Doppel-Existenz. Im Sommer als idyllischer Badesee und Wandergebiet hoch im Kurs, lockt der See südwestlich vom ▶ Millstätter See im Winter Eislauf-Sportler zu Tausenden an.

Etwas versteckt in den Gailtaler Alpen gelegen, ist der Weißensee mit 930 m der höchstgelegene Kärntner Badesee. Trotz seiner Größe – er ist rund 11,5 km lang, etwa 500 m breit und bis zu 99 m tief – erreicht sein Wasser Temperaturen von bis zu 25 °C. Lediglich ein Drittel des Ufers ist locker verbaut, und viele Beherbergungsbetriebe verfügen über einen privaten Badestrand. Vom weißen Rand leitet sich sein Name ab – der Kalkuntergrund schimmert hier in Ufernähe bis an die Oberfläche durch.

Wohin am Weißensee?

Aktiv – sommers wie winters

Das Sportangebot zu Wasser ist riesig: Man kann auf Wasserskiern oder Wakeboard über den See gleiten, mit Kajak und Schlauchkanadier ge-

DEN WEISSENSEE ERLEBEN

WEISSENSEE INFORMATION
Techendorf 78, A-9762 Weißensee
Tel. 04713 22 20
www.weissensee.com

BIOHOTEL GRALHOF €€€
Familie Knaller hat ihr uraltes Anwesen zu einem schönen Ökohotel umgebaut. Es gibt leckere Bio-Küche, ein Saunahaus am See und regelmäßig Veranstaltungen wie Jazz unterm Birnbaum. Fahrräder und Ruderboote stehen zur kostenlosen Nutzung bereit.
Neusach 7, A-9762 Weißensee
Tel. 04713 22 13
www.gralhof.at

ZIMMERMANN'S GASTHAUS
Marcus Unterwegers Küche spannt einen Bogen von lokalen Schmankerl und vegetarischen Gerichten wie Spinatknödel zu Süßwasserfischen und Klassikern der österreichischen Küche. Sündhaft gut das hausgemachte Schokoladensoufflé.
Techendorf 6, A-9762 Weißensee
Tel. 04713 22 71
www.zimmermann-weissensee.at

SO WEIT DIE FÜSSE TRAGEN

Es ist eine seltsame Prozession, die sich da unter oft strahlend blauem Himmel über das spiegelglatte Eis des Weißensees bewegt. Hier spulen Profis in windschnittiger Position ihre Kilometer ab, dort verhelfen Eltern dem Nachwuchs zum ersten Eiserlebnis. Zum Knirschen der Kufen stellt sich ein meditativer Rhythmus ein. Manchmal gluckert es unheimlich unter dem Eis. Zeit für eine Pause? Tee und Glühwein zum Aufwärmen halten die Imbissstände am Ufer bereit. Naturnaher und unterhaltsamer kann Schlittschuhlaufen wohl kaum sein.

mütlicher durchs Wasser paddeln, tauchen, segeln oder surfen. Zwischen Mitte Mai und Anfang Oktober verkehren Linienschiffe. Der Weißensee ist aber auch Ausgangspunkt für ausgedehnte Wanderungen und Bergtouren. Vor allem am **Ostufer des Sees**, wo die Wälder bis zum Wasser hinabreichen, kann man unberührte Natur genießen.

Begünstigt durch die hohe Lage und klare Nächte bildet sich in der Regel zwischen Dezember und März eine dicke Eisschicht. Zur **größten präparierten Eislauffläche Europas** wird der Kärntner See durch die Künste von Norbert Jank. Mittels spezieller Pflüge, montiert an leichten PKWs, räumen der »Eismeister vom Weißensee« und sein Team frisch gefallenen Schnee zur Seite, Besen und Hobel verleihen dem Eis eine spiegelglatte Oberfläche. So entstehen Rundkurse mit einer Breite von 6 m und einer Länge von bis zu 25 km! In guten Jahren dauern die Eisfestspiele bis zu 80 Tage. In dieser Zeit ist

der Weißensee dann das Mekka niederländischer Eislauffreunde, in deren Heimat die Grachten immer seltener zufrieren. Gefördert wurde der Eislaufboom am Weißensee übrigens durch einen Spion im Dienste ihrer Majestät. 1987 kurvte der Geheimagent Timothy Dalton alias 007 für »Der Hauch des Todes« im Aston Martin über den zugefrorenen See. Wer genug vom Kufenspaß hat, wechselt auf die Loipen oder in das kleine Skigebiet am Weißensee.
Eislaufen: Tageskarte 5 € | www.natureislauf.at

Dörflein am See

Techendorf

Häuser im Altkärntner Bauernstil, Boots- und Badehäuser in Holzbauweise und schöne Promenadenwege prägen das Ortsbild von Techendorf, dem Hauptort am nordwestlichen Ufer (766 Einw.). Eine Brücke führt zum Südufer und zur Talstation des Sessellifts auf die Naggler-Alm (1350 m) – sie ist Ausgangspunkt für Kammwanderungen zwischen dem Weißensee und dem ▶ Gailtal bzw. für Skiabfahrten zum See.

WELS

Bundesland: Oberösterreich | **Höhe:** 317 m ü. d. M.
Einwohner: 63 200

Von der »Pferd Wels« bis zur Tattoo-Convention: Nicht nur mit ihren vielen Messen, sondern auch mit diversen übers Jahr verteilten Themenmärkten in der schönen Innenstadt lockt die zweitgrößte Stadt Oberösterreichs Besucher an. Wels ist zudem ein guter Ausgangspunkt für einen Besuch der südlich gelegenen Benediktinerklöster Lambach und Kremsmünster.

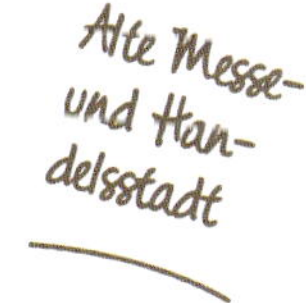

Wels liegt rund 20 km südwestlich von Linz im Alpenvorland am linken Ufer der Traun. Der Ort war zu römischen Zeiten als »Ovilava« bekannt. Hier kreuzte sich die Ost-West-Route vom Wiener Becken nach Augsburg mit der Verbindung von der Donau zum Mittelmeer. Im Mittelalter entwickelte sich Wels zu einem bedeutenden Handelszentrum weiter.

Wohin in Wels?

Epochenmix und ein Ausflug in die Antike

Stadtplatz

Der historische Stadtplatz wird gesäumt von 64 Bürgerhäusern aus unterschiedlichen Epochen. Am Westende steht der im 13. Jh.

WELS ERLEBEN

WELS MARKETING & TOURISTIK GMBH

Stadtplatz 44, A-4600 Wels
Tel. 07242 6 77 22 22, www.wels.at

GASTHAUS IRGER KNÖDELWIRT €

Traditionsreiches Gasthaus hinter dem Bahnhof. Hier können Sie sich in die oberösterreichische Landesspezialität Knödel vertiefen.
Grünbachplatz 14
A-4600 Wels
Tel. 07242 4 72 05
www.knoedelwirt.at
So., Mo. geschl.

STIFTSSCHANK KREMSMÜNSTER €€

Forellen und Karpfen kommen frisch aus dem Stiftskalter auf den Tisch. Auch saisonale Gerichte von Spargel über Eierschwammerl bis Wild finden auf der Speisekarte ihren Niederschlag – eben alles, was einst und auch heute den klösterlichen Hausherren schmeckt.
Stift 3
A-4550 Kremsmünster
Tel. 07583 75 55
www.stiftsschank.at
Di. geschl.

erbaute und im 17. Jh. umgestaltete **Ledererturm**, das Wahrzeichen von Wels und Teil der mittelalterlichen Stadtmauer. Auf der Südseite sind der stattliche **Kremsmünsterer Hof** sowie das **Rathaus** (1748) mit Rokokofassade beachtenswert. Der **Haas-Hof** auf Nr. 34 besitzt einen schönen Renaissance-Arkadenhof. Über den Minoritenplatz gelangt man zum ehemaligen Minoritenkloster mit den **Archäologischen Sammlungen** der Stadt. Ein Schwerpunkt ist die Römerzeit: Damals erkoren pensionierte Legionäre Ovilava gerne zu ihrem Alterswohnsitz. In altem Renaissance-Glanz zeigt sich seit 2018 der renovierte Wasserturm am nahen Mühlbach.

Archäologische Sammlungen: Di.–Fr. 10–17, Sa. 14–17, So. 10–16 Uhr
Eintritt: 5 €

Sterbeort Maximilians und Stadtmuseum

Burg

Die Burggasse führt in die Südostecke der Altstadt zur Burg, wo Kaiser Maximilian I. (► S. 545) am 12. Januar 1519 sein Leben aushauchte. Er ordnete an, dass seine Haare geschoren und die Zähne ausgebrochen werden. Unter Beimengung von Kalk und Asche wurde der Leichnam in einen Sack eingenäht und nach Wiener Neustadt gebracht. Die Welser Geschichte ab dem Mittelalter rollt hier das Stadtmuseum auf. Im Burghof finden auch sommerliche Konzerte und Theateraufführungen statt.

Stadtmuseum: Di.–Fr. 10–17, Sa. 14–17, So. 10–16 Uhr | Eintritt: 5 €

Rund um Wels

Ein Hort zeitgenössischer Kunst

Thalheim bei Wels

Hochkarätige zeitgenössische Kunst ist in Thalheim (Ascheter Straße 54) am südlichen Traunufer zu entdecken – zu Fuß von der Welser Innenstadt gerade mal 15 Minuten entfernt. Der Fokus des Museums Angerlehner liegt auf österreichischer Malerei ab 1950, zu sehen sind etwa Werke von Arnulf Rainer, Xenia Hausner oder Markus Prachensky. Der 2013 eröffnete Museumsbau, ein mattschwarzer Kubus, ist auch architektonisch ein Hingucker.

Sa. 14–18, So. 10–18 Uhr | Eintritt: 12 € | museum-angerlehner.at

Alles was kreucht, fleucht und schwimmt

Krenglbach

In Krenglbach etwa 7 km nordwestlich der Stadt liegt der **Zoo Schmiding**, hervorgegangen aus einem Vogelpark mit mehr als 1000 Vogelarten von nah und fern. Heute trifft man auf einem 4 km langen Rundgang zudem auf Giraffen, Nashörner, Österreichs einzige Gorillas und Sibirische Tiger. Im **Aquazoo**, der Österreichs größtes Meeresaquarium beherbergt, tummeln sich Haie (Fütterung: tgl. außer Mi. 14 Uhr) Muränen, Rochen, Piranhas; außerdem leben hier Käfer und Schmetterlinge. Das 2017 eröffnete **Evolutionsmuseum** thematisiert das Werden der Menschheit bis hin zur Entwicklung künstlicher Intelligenz.

tgl. 9–17/18 Uhr | Kombiticket: 22 €
www.zooschmiding.at, www.evolutionsmuseum.at

Theaterliebende Barock-Äbte

Lambach

16 km südwestlich von Wels liegt an der alten Fernstraße von Salzburg nach Linz auf dem linken Traunufer Lambach (366 m; 3740 Einw.). Sehenswürdigkeit Nr. 1 ist das 1056 gegründete Benediktinerkloster Lambach. Stilistisch dominiert der Barock, Führungen erschließen den Besuchern einige Besonderheiten des Stifts. Dazu zählt das einzige erhaltene **barocke Klostertheater** Österreichs. Eröffnet wurde es 1770, in jenem Jahr war auch die 15-jährige Marie-Antoinette zu Gast, die sich auf dem Weg nach Frankreich zu ihrer Hochzeit mit Ludwig XVI. befand. Das Theater bietet jährlich mehrere Produktionen an. Zu den schönsten ihrer Art in Österreich gehören die romanischen Fresken in der **Stiftskirche**, die bei Renovierungen um 1960 zum Vorschein kamen. Stilistisch sind die Malereien aus dem 11. Jh. eher von der östlich-byzantinischen Kirchenkunst beeinflusst.

Führungen Ostern–Okt. Mi.–So. 14 Uhr | Eintritt mit Führung: 12 €
www.stift-lambach.at, www.barocktheaterlambach.at

Eigenwillig

Stadl-Paura

Über die Traun gelangt man vom Kloster in einem viertelstündigen Spaziergang zur architektonisch höchst eigenwilligen **Dreifaltigkeitskirche** von Stadl-Paura. Der schöne Barockbau wurde zu Ehren der Heiligen Dreifaltigkeit errichtet, aus Dank, weil Lambach 1713 von der Pest verschont blieb. Die Zahl drei ist maßgebliches Element: Die Kirche steht auf dreieckigem Grundriss mit drei Türmen, drei Portalen, drei Altären und drei Orgeln.

Die geduldige Welt des Papiers

Laakirchen

In Steyrermühl bei Laakirchen, rund 30 km südwestlich von Wels, hat die Papierproduktion eine lange Tradition. Heute ist in den Hallen einer ehemaligen Produktionsstätte an der Traun das Österreichische **Papiermacher-Museum** zu Hause. Installationen und multimediale Elemente gestalten die Reise durch die Geschichte der Papiererzeugung äußerst kurzweilig, ökologische und soziale Aspekte kommen nicht zu kurz. Eine Brücke über die Traun führt Wanderer und Radfahrer zum **Schaukraftwerk Gschröff**.

Papiermacher-Museum: Tgl. 10–16 Uhr | Eintritt: 8 €
https://papierwelten.co.at

Ein Prunkkelch und Europas erstes Hochhaus

Benediktinerstift Kremsmünster

Das 18 km südöstlich von Wels gelegene Benediktinerstift in Kremsmünster (345 m; 6710 Einw.) trägt das Geburtsdatum 777 und ist damit eines der ältesten Klöster Österreichs. Gestiftet wurde das Kloster auf einer Terrasse über dem Kremstal der Sage nach von Bayernherzog Tassilo, nachdem Sohn Gunther bei der Eberjagd in den umliegenden Wäldern ums Leben gekommen war. An den Gründer erinnert in der Schatzkammer der **Tassilokelch**, ein goldgewirktes und mit Edelsteinen verziertes Trinkgefäß. Das 25 cm hohe und mehr als 3 kg schwere vergoldete Kupfergefäß zählt zu den schönsten Werken frühmittelalterlicher Goldschmiedekunst und ist das zentrale Ausstellungsstück der Abtei.

A Oberer Meierhof
B Äußerer Stiftshof
C Unterer Meierhof
D Prälatenhof
E Konvikthof
F Küchenhof
G Portnerhof
H Kreuzhof

1 Eichentor
2 Fischbehälter
3 Brückenturm
4 Gästetrakt
5 Konviktsspeisesaal
6 Konviktstrakt
7 Akademische Kapelle
8 Schatzkammer
9 Kunstsammlungen
10 Kapitelzimmer
11 Kaisersaal
12 Refektorium; darüber Bibliothek
13 Marienkapelle
14 Konventstrakt
15 Klerikatstrakt
16 Gymnasium
17 Sternwarte
18 Gartenhaus

Masterminds bei der Erweiterung des Stifts Ende des 17. Jh.s waren die Barockbaumeister Carlo Carlone und Jakob Prandtauer. Es entstanden Kaisersaal, Bibliothek und – ungewöhnlich – ein opulent gestalteter **Fischkalter**. Wasserspeiende Steinfiguren füllen seine fünf Becken. Üppiger Stuck und schöne Fresken zieren die Deckengewölbe der 78 m langen Stiftskirche. Die 50 m hohe Sternwarte, **Mathematischer Turm** genannt und 1759 fertig gestellt, gilt als das älteste Hochhaus Europas. Ihre Sammlungen dokumentieren die naturwissenschaftliche Entwicklung der vergangenen 250 Jahre und das Forscherinteresse der Patres. Zu sehen sind beeindruckende Fernrohre, eine wertvolle Globensammlung und ein Sextant von Johannes Kepler. Seit 1762 wird in der Wetterkammer im Turm das Wetter protokolliert; diese kontinuierlich bestehende Messreihe ist für die heutige Klimaforschung von großer Bedeutung. Der Klimawandel wird an den 24 Stationen des Klimaerlebniswegs, der durch die ausgedehnten Stiftsgärten führt, im Spannungsbogen zwischen Naturwissenschaft und Schöpfung beleuchtet. Das Gymnasium sorgt bereits seit 1549 für Bildung. Hier drückte einst Adalbert Stifter die Schulbank.

Stift: Führungen Ende März–Dez. Di.–So. 11.30 u. 14 Uhr
Eintritt: 11 € | www.stift-kremsmuenster.net
Sternwarte: Führungen Mai–Okt. Di.–So. 10 u. 14 Uhr | Eintritt: 11 €

Bundesland: Salzburg | **Höhe:** 552 m ü. d. M. | **Einwohner:** 3030

Im Osten ragt der Kalkklotz des Tennengebirges auf, im Nordwesten die schroffen Felswände des Hochkönig-Massivs: Der alte Markt Werfen liegt eingebettet in eine dramatisch schöne Gebirgslandschaft an einer Engstelle des Salzachtals. Highlights sind die mächtige Burg Hohenwerfen und die Eisriesenwelt.

Werfen liegt rund 40 km südlich von Salzburg an einer der wichtigsten Alpentransitrouten. Durch das enge Durchbruchstal, das die Salzach einige Kilometer nördlich von Werfen geschaffen hat, zogen bereits in der Bronzezeit Menschen. Heute überwindet die Tauern Autobahn (A 10) den Pass Lueg durch zwei Tunnel und führt rechts der Salzach an Wengen vorbei Richtung Süden. Der Ort entwickelte sich im Schutz der Burg Hohenwerfen und erhielt 1425 Marktrechte.

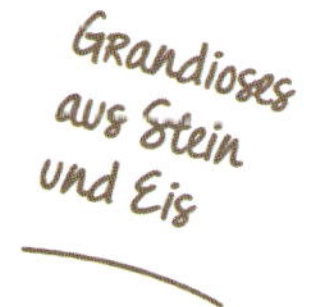

Wohin in Werfen und Umgebung?

Bollwerk der Salzburger Erzbischöfe

Das Wahrzeichen Werfens thront auf einem dicht bewaldeten Felskegel. Bischof Gebhard von Salzburg hatte wohl auch die Lage an einer Engstelle des Salzachtals im Blick, als er den Bau um 1077 initiierte.

OBEN: Zu Besuch in einem eisigen Märchen – Eisriesenwelt bei Werfen

UNTEN: Wahrlich wehrhaft – trutzige Mauern schützen die Burg Hohenwerfen.

Über die Jahrhunderte war die Festung ein wichtiger Kontrollpunkt an einer der bedeutendsten Handelsrouten. Nur einmal, in den Bauernkriegen 1525, wurde sie erobert und in Brand gesetzt. Nach der Niederschlagung des Aufstands erhielt sie ihre heutige Gestalt. 1987 startete Hohenwerfen nach einer umfangreichen Restaurierung eine neue Karriere als »Erlebnisburg«. Auf einem 20-minütigen Waldspaziergang bzw. mit dem Aufzug gelangt man in den Burghof. Im Rahmen einer Führung sind u. a. die **Burgkapelle, Wehrgänge** mit herrlichen Panoramen auf die Bergwelt und eine rekonstruierte **Folterkammer** zu sehen. Die **Greifvogelschau im Landesfalkenhof** rundet den Ausflug ins Mittelalter ab.

April u. Okt. Di.–So. 9.30–16, Mai–Sept. tgl. 9–17/18 Uhr
Flugvorführungen 11.15, 15.15, im Hochsommer 11.15, 14.15, 16.30
Eintritt: 16,90 € (inkl. Lift u. Führung) | www.salzburg-burgen.at

Eisiges Zauberreich in 1664 m Höhe

Eisriesenwelt

Die Eisriesenwelt im Tennengebirge ist mit einer Gesamtlänge von 42 km die größte bekannte Eishöhle der Welt. Sie wurde 1879 von Jägern entdeckt und ab 1912 zugänglich gemacht. Der britische Natur- und Tierfilmer David Attenborough zählte sie zu den 30 größten Naturwundern der Erde. Das Eis bildet sich durch einen Kamineffekt zwischen tiefer und höher gelegenen Eingängen: Im Winter strömen kalte Luftmassen ins Innere. Das Gestein wirkt bis ins Frühjahr als natürlicher Kühlschrank, beim Einsetzen der Schneeschmelze sickert Wasser durch die Spalten und gefriert zu einem neuen Eisüberzug.
Eine **Seilbahn** und ein **gut gesicherter Bergweg** erschließen den Höhleneingang in 1664 m Höhe. Nur ein etwa 1 km langes Teilstück ist auf Führungen zugänglich. Im Licht von Karbidlampen und Magnesiumfackeln enthüllt die Eisriesenwelt ihre ganze Pracht. Über den **»Großen Eiswall«** gelangt man in die mächtige **»Hymir-Halle«** (benannt nach dem Eisriesen der isländischen Liedersammlung »Edda«) und zur **»Hymir-Burg«**, die einem Märchenschloss gleicht.
Der gesamte Ausflug zur Eisriesenwelt und zurück dauert etwa vier Stunden. Seilbahnbetrieb und Höhlenführung sind zusammengefasst. Festes Schuhwerk und warme Kleidung sind erforderlich. Die Temperatur liegt selbst an heißen Sommertagen um 0 °C! Bei der Besichtigung sind 40 Min. Gehzeit einzuplanen (134 Höhenmeter).

Führungen Ende April–Okt. tgl. 8.30–15.45 Uhr | Eintritt: 39 €
www.eisriesenwelt.at

Ein Urlaubsort setzt auf Nachhaltigkeit

Werfenwengen

Die 1060-Einwohner-Gemeinde am Südfuß des Tennengebirges bietet ihren Gästen sanften Tourismus. Das reicht vom kostenlosen Transfer zwischen Bahnhof und Hotel bis zum umweltfreundlichen Fahrzeugpark mit Biogas-Leihwagen und E-Bikes. Nicht alltägliche Urlaubserlebnisse wie Schneeschuh-Wanderungen und Lama-Trek-

WERFEN ERLEBEN

TOURISMUSVERBAND WERFEN
Markt 24, A-5450 Werfen
Tel. 06468 53 88
www.werfen.at

RESTAURANT-HOTEL OBAUER €€€€
Das Hotel residiert in alten, allerdings restaurierten Gemäuern. Dennoch sind die Gästezimmer erfrischend modern und behaglich eingerichtet. Das vielfach ausgezeichnete Restaurant der Gebrüder Obauer zählt konstant zu den besten Österreichs. Die Weinkarte ist hervorragend.
Markt 46, A-5450 Werfen
Tel. 06468 52 12
www.obauer.com
Mo., Di., Mi. Mittag geschl.

GASTHOF WERFENERHOF €€
Der Gasthof am oberen Ende des Marktes bietet Hausmannskost und Quartier zu günstigeren Preisen. Die frischen Forellen sind ein Genuss, die Gästezimmer geräumig und liebevoll eingerichtet.
Markt 2, A-5450 Werfen
Tel. 06468 52 02
www.werfenerhof.at

king ergänzen die Klassiker Skisport und Wandern. Das **Landes-Skimuseum** spannt einen Bogen von den Anfängen des Skilaufs vor rund 5000 Jahren bis zum Rennsport der Gegenwart.

www.werfenweng.eu | **Skimuseum:** Mai–Okt. Mi., Fr. u. So. 13–17, Nov.–April Do. 14–18 Uhr | Eintritt: 5 € | www.skimuseum.at

★★ WIEN

Bundesland: Wien | **Höhe:** 172 m ü. d. M. | **Einwohner:** 1,98 Mio.

In Wien – der Stadt »an der schönen blauen Donau« – prallen Nostalgie und Zukunftsausrichtung aufeinander. Im weiten Schatten der historischen Architektur blühen moderne Konstruktionen mit schrägen Linien, viel Glas und Stahl. Die grantig-charmanten Bewohner sind weltoffen und dort traditionsbewusst, wo es ihnen in den Kram passt.

Im Wiener Kaffeehaus findet jeder das Richtige: Da gibt es den Franziskaner, den Konsul und den Fiaker den Braunen und Schwarzen – gern auch groß oder klein –, Maria Theresia oder Mozart und natürlich eine Melange (▶ S. 438). Überhaupt ist Vielfalt Trumpf in der

weltoffenen Donaumetropole, der internationale Rankings sowohl höchste Lebensqualität als auch maximale Grantigkeit attestieren. Und so überrascht es auch nicht, dass jeder Wien-Fahrer seine eigenen Assoziationen mit im Koffer hat: Walzerseligkeit und Kaffeehauskultur, Prater und Heuriger, k. u. k. und UNO, Sachertorte und Neujahrskonzert, Secession und Hundertwasser, Fiaker und Stephansdom, Maria Theresia und Sisi, Ludwig van Beethoven und Wolfgang Amadeus Mozart, Hans Moser und Helmut Qualtinger, Karl Kraus und Alfred Polgar – fast endlos ließe sich die Liste fortsetzen.

23 × 1 = 1

Wiener Bezirke

Die Vielfalt setzt sich in den 23 Gemeindebezirken fort, in die Österreichs Hauptstadt untergliedert ist – jeder hat seine Eigenheiten. Der 1. Bezirk, die Innere Stadt, entspricht der Altstadt. Er gilt als nobelste Gegend von Wien, in der immer noch der Pulsschlag der längst untergegangenen Donaumonarchie zu vernehmen ist. Eingefasst wird die Innere Stadt von der Ringstraße, an die sich wiederum der 2. bis 9. Bezirk anschließen. Der 2. (Leopoldstadt) und an ihn anschließend der 20. (Brigittenau) erinnern, dass Wien an der Donau (bzw. dem Donaukanal) liegt. Teile des 3. (Landstraße) und 4. Bezirks (Wieden) gelten als Diplomatenviertel, der 5. (Margareten), 6. (Mariahilf) und 7. (Neubau) zeugen von Handel und Gewerbe, heute blüht hier an vielen Stellen eine junge Subkultur. Der 8. (Josefstadt) wird seit jeher von Beamten favorisiert, der 9. (Alsergrund) ist Wiens Akademikerviertel. In den jenseits des Gürtels liegenden Außenbezirken 10 (Favoriten), 11 (Simmering), 12 (Meidling), 15 (Rudolfsheim-Fünfhaus) und 16 (Ottakring) wohnen die »kleinen Leute« – hier ist Wien am dichtesten besiedelt. Die westlichen Bezirke 13 (Hietzing), 14 (Penzing), 17 (Hernals), 18 (Währing) und 19 (Döbling) mit dörflichen Kernen und prächtigen Villenvierteln reichen bis zu den Weingärten und Höhen des ▶ Wienerwaldes. Die Bezirke 21 (Floridsdorf) und 22 (Donaustadt) werden oft Transdanubien genannt, weil sie jenseits der Donau liegen; sie sind geprägt von der neuen Skyline um die UNO-City. Der beschauliche 23. Bezirk (Rodaun) schließt Wien im Süden ab.

Wien erkunden

Ausführlich: Baedeker Reiseführer »Wien«

Für die Erkundung der Altstadt ist es sinnvoll, den bestens ausgebauten **öffentlichen Nahverkehr** mit S-Bahn, U-Bahn, Straßenbahn und Bus zu nutzen. Vielleicht wollen Sie fürs Tierwohl im Hochsommer auf eine Fiakerfahrt verzichten – es gibt zahllose geführte Stadtspaziergänge, die Sightseeing-Busse und Elektro-Rikschas (Faxi).

Vom Militärlager zur Weltmetropole

Geschichte

Um 50 n. Chr. legten die Römer das Militärlager **Vindobona** (von keltisch Vedunia = Wildbach) an. Eine römische Zivilstadt entstand ab dem 2. Jh. im Umkreis, um 487 zogen sich die Römer zurück.

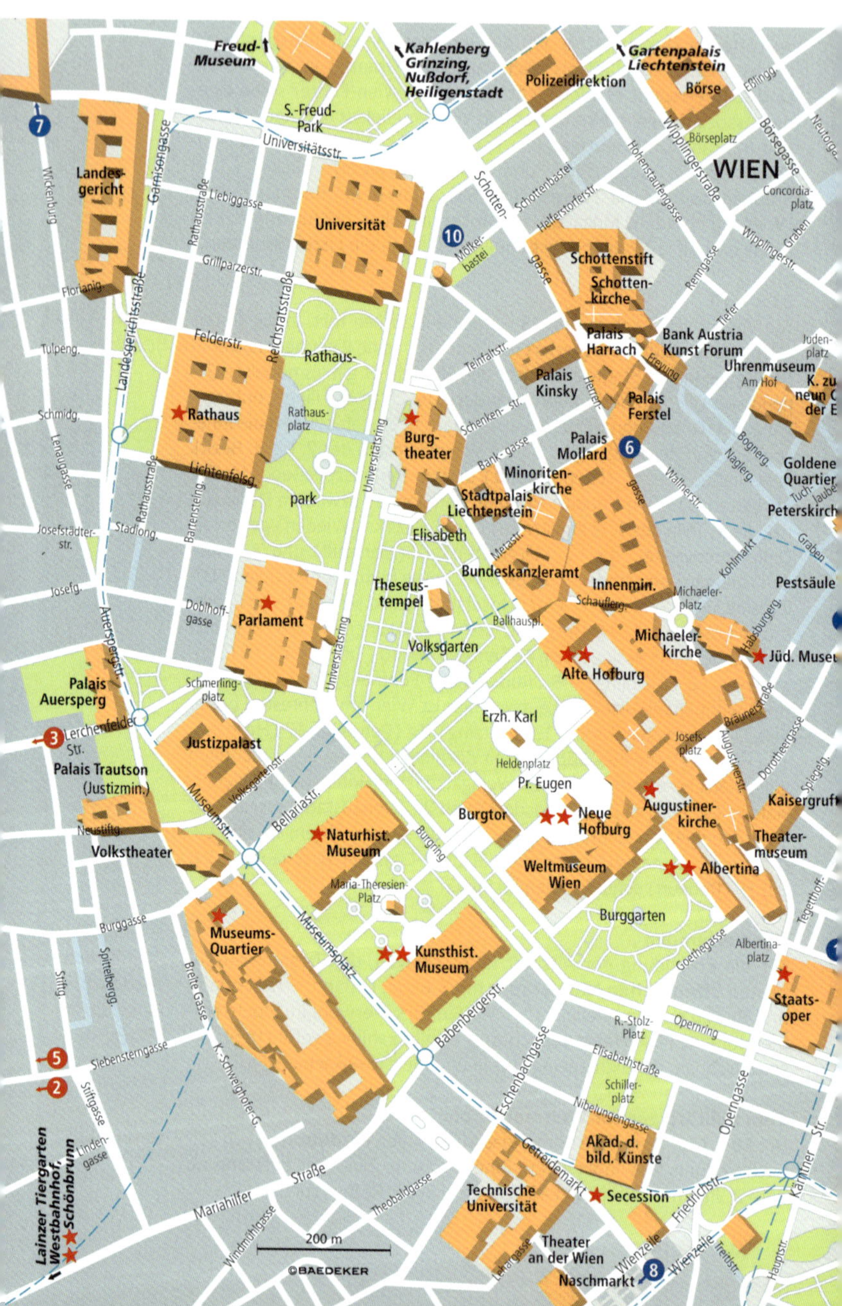
WIEN
Freud-Museum
Kahlenberg Grinzing, Nußdorf, Heiligenstadt
Gartenpalais Liechtenstein
Polizeidirektion
Börse
S.-Freud-Park
Universitätsstr.
Landesgericht
Universität
Schottenstift
Schotten-kirche
Palais Harrach
Bank Austria Kunst Forum
Uhrenmuseum
Palais Kinsky
Palais Ferstel
Rathaus
Rathaus-park
Burg-theater
Palais Mollard
Minoriten-kirche
Stadtpalais Liechtenstein
Goldene Quartier
Peterskirche
Elisabeth
Bundeskanzleramt
Theseus-tempel
Parlament
Volksgarten
Michaeler-kirche
Alte Hofburg
Pestsäule
Palais Auersperg
Justizpalast
Palais Trautson (Justizmin.)
Erzh. Karl
Heldenplatz
Pr. Eugen
Burgtor
Neue Hofburg
Augustiner-kirche
Kaisergruft
Theater-museum
Volkstheater
Naturhist. Museum
Maria-Theresien-Platz
Weltmuseum Wien
Albertina
Burggarten
Museums-Quartier
Kunsthist. Museum
Staats-oper
Opernring
Akad. d. bild. Künste
Technische Universität
Secession
Theater an der Wien
Naschmarkt
Lainzer Tiergarten
Westbahnhof, Schönbrunn
Mariahilfer Straße
200 m
©BAEDEKER

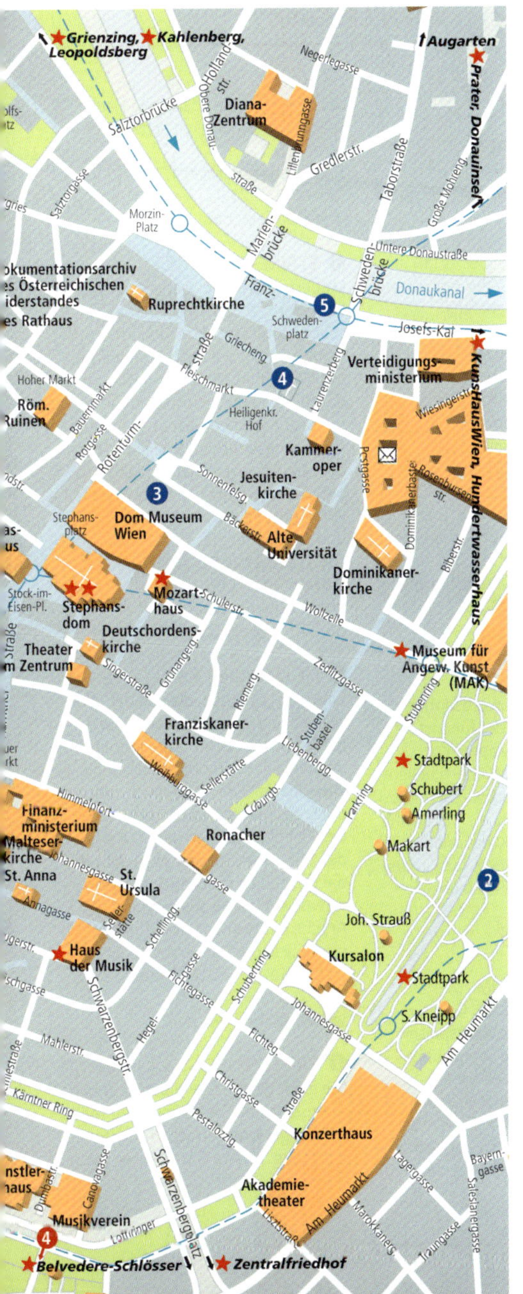

1 Restaurants im Hotel Sacher
2 Steirereck
3 Figlmüller
4 Griechenbeisl
5 Motto am Fluss
6 Central
7 Buschenschank Schöll
8 Ubl
9 Hawelka
10 yamm!

1 Sacher
2 Boutiquehotel Stadthalle Wien
3 Rathaus Wein & Design
4 Urbanauts
5 Kugel

WIEN ERLEBEN

TOURIST-INFO WIEN

Albertinaplatz/Maysedergasse
A-1010 Wien, Tel. 01 245 55
www.wien.info

Weitere Tourist-Infos gibt es im Hauptbahnhof und in der Ankunftshalle des Wiener Flughafens.

VIENNA CITY CARD

Empfehlenswert ist der Kauf der Vienna City Card, erhältlich u. a. in der Tourist-Info, in Hotels, bei Verkaufsstellen der Wiener Linien und online. Sie beinhaltet eine 24, 48 oder 72 Stunden gültige Netzkarte (17/25/29 €) für U-Bahn, Bus und Tram, dazu gibt es Ermäßigungen in vielen Museen und Geschäften, in Theatern, Restaurants und bei Stadtführungen.
www.viennacitycard.at

Luxuriös und mondän präsentiert sich das Angebot in der Innenstadt (Kärntner Straße, Graben, Kohlmarkt), die bei den Wienern beliebteste Einkaufsmeile ist wie bereits zu Zeiten der Monarchie die Mariahilfer Straße. Spannende Kreationen heimischer Designer entdeckt man in den Gassen des 7. Bezirks (Neubau).

❶ RESTAURANTS IM HOTEL SACHER €€€€

Prominente aus aller Welt speisen gern in einem der beiden Hauben-Restaurants der Nobelherberge: der »Roten Bar« und der »Grünen Bar«. Traumhaft gut schmeckt der Tafelspitz mit Apfelkren und Schnittlauchsauce, eine Spezialität des Hauses. Und eine der köstlichen Nachspeisen ist sicher nicht schwer zu erraten ...
Philharmonikerstr. 4, A-1010 Wien
Tel. 01 5 14 56 0
www.sacher.com

❷ STEIRERECK €€€€

Moderne österreichische Küche auf höchstem Niveau an einem der schönsten Plätze der Donaumetropole mitten im Stadtpark. Prominente aus Wirtschaft, Politik und Film zählt das mit zwei Michelinsternen geadelte Lokal zu seinen Gästen – eine Reservierung ist unumgänglich. In der dazugehörigen »Meierei« (€€) kann bis 12 Uhr gefrühstückt werden, sie verwöhnt mit Frühstückskreationen und 140 Sorten Käse.
Am Heumarkt 2 a, A-1030 Wien
Tel. 01 7 13 31 68,
www.steirereck.at
Sa. u. So. geschl.

❸ FIGLMÜLLER €€

Eine winzige Gasse, die von der Wollzeile abgeht, führt zu diesem stets gut besuchten Lokal. Zum rustikalen Stil mit viel Holzmobiliar wollen die Ober im Frack nicht so ganz passen, doch das macht den besonderen Stil des Figlmüller aus. In dem Lokal in der Nähe vom Stephansdom gibt es die vermutlich größten Schnitzel Wiens und Weine aus eigenem Anbau. Ein zweites Lokal ist gleich ums Eck in der Bäckerstraße 6.
Wollzeile 5, A-1010 Wien
Tel. 01 5 12 61 77
www.figlmueller.at

❹ GRIECHENBEISL €€–€€€

Die gemütlichen Gewölbestüberln in Wiens ältester Gaststätte (seit 1447) sind längst eine gefragte Touristenhochburg. Illustre Gäste waren Egon

Schiele, Oskar Kokoschka, Mark Twain und der Bänkelsänger Marx Augustin, der 1679 das populäre Spottlied »Oh, du lieber Augustin, alles is' hin« verfasste. Abends spielen Musiker Zither oder Akkordeon. Auch Wiener kommen gern mit ihren Gästen hierher, wenn sie ein typisches Lokal zeigen wollen.
Fleischmarkt 11, A-1010 Wien
Tel. 01 5 33 19 77
www.griechenbeisl.at

❺ MOTTO AM FLUSS €€€

Am Abend entfaltet die wie ein Schiff im Donaukanal liegende Location ihren vollen Zauber, wenn die Lichter der Stadt in den Wellen auf- und abtanzen. Die einfallsreiche Küche bietet am Morgen auch selbst gemachte Kräutertees, Smoothies und ausgefallenes Frühstück sowie abends gut ausgesuchte Crossover-Küche mit mediterranem Schwerpunkt. Feine Fischauswahl, wie sich das am Fluss gehört. Abends reservieren!
Franz Josefs Kai 2
A-1010 Wien
Tel. 01 25255
www.mottoamfluss.at

❻ CENTRAL €–€€

▶ S. 440

❼ BUSCHENSCHANK SCHÖLL €€

Die Familie Schöll, Weinbauern seit 1634, gründete 1935 den kleinen Grinzinger Buschenschank, der seither so gut wie unverändert blieb: eine urige Wirtschaft mit einer herrlichen, mit Wein überwachsenen Terrasse, ein aufmerksamer Wirt, unterhaltsame Livemusik und Heurigenjause.
Cobenzlgasse 108, A-1190 Wien
Tel. 0664 8 24 81 01
https://zurschoell.wordpress.com

❽ UBL €

Wer fein essen gehen will, geht woandershin, wer ein typisches Wiener Beisl sucht, geht zum Ubl ganz in der Nähe vom Naschmarkt. Hier erhalten Sie typische Wiener Küche im besten Sinn, Wiener Schnitzel, geröstete Leber, Leberknödelsuppe und andere Innereien, Tafelspitz, Beinfleisch und Blutwurst. Die knarzenden Böden, holzvertäfelten Wände und das rustikale Mobiliar zeugen von der 130-jährigen Tradition.
Preßgasse 26, A-1040 Wien
Tel. 01 5 87 64 37
Mo., Di. geschl.

❾ HAWELKA €

▶ S. 436

❿ YAMM! €€

Vegetarisch oder vegan, österreichisch oder indisch, süß oder sauer – und nur in Bio-Qualität. Die Kreationen von Küchenchef Daniel Jäger konzentrieren sich auf den Grundgeschmack der Produkte, sind aber alles andere als langweilig: Tatar mit Roter Rübe und Edamame oder Umami-Gulasch mit Austernpilzen und Wurzelgemüse stehen etwa auf der Karte.
Universitätsring 10, A-1010 Wien
Tel. 01 5 32 05 44
www.yamm.at

❶ SACHER €€€€

Nach wie vor ist »das Sacher« das berühmteste Wiener Luxushotel – hier seinen Aufenthalt zu verbringen, ist etwas ganz Besonderes. Seidentapeten, Biedermeiermöbel und kostbare Gemälde zieren die Räumlichkeiten und der gediegene Charme des Hauses passt hervorragend zu Wien. Im Dachgeschoss wartet ein moderner Spa- und Wellnessbereich. Alle Sehenswürdigkeiten der Innenstadt sind im Nu zu Fuß erreichbar, die Staatsoper liegt gleich gegenüber.
Philharmonikerstr. 4
A-1010 Wien, Tel. 01 51 45 60
www.sacher.com

❷ BOUTIQUEHOTEL STADTHALLE WIEN €€–€€€

Grüner nächtigen im Ökohotel: Der Regen wird aufgefangen und als Brauchwasser genutzt, Fotovoltaikanlage und Solarflächen erzeugen Strom, Wärmepumpen liefern das angenehme Raumklima. Das Frühstück ist weitgehend biologisch. Das ökologische Passivhaus besitzt 38 Zimmer – 42 weitere Zimmer sind im renovierten Stammhaus aus der Zeit um 1900 untergebracht.
Hackengasse 20, A-1150 Wien
Tel. 01 9 82 42 72
www.hotelstadthalle.at

❸ RATHAUS WEIN & DESIGN €€€

Der Name ist Programm: Die 39 stilvollen Zimmer und Suiten in der Nähe vom Rathaus sind geweils einem österreichischen Topwinzer gewidmet – entsprechend ist die Weinbar des Zimmers bestückt. Weinkosmetik im Badezimmer gibt den finalen Touch.
Lange Gasse 13, A-1080 Wien
Tel. 01 4 00 11 22
www.hotel-rathaus-wien.at

❹ URBANAUTS €€

Es muss nicht immer Plüsch und Lüster sein. Die Urbanauts haben ehemalige Ladenlokale zu schicken Street-Lofts umgebaut. Gäste schlummern dort, wo einst Schneider die flinken Finger fliegen ließen, im umgestalteten Schraubenlager einer Schlosserei oder einem Kiosk. Alle Räume sind modern-minimalistisch eingerichtet. Da es sich nicht um ein Hotel handelt, fehlt der Frühstücksraum; hier gehen die Gäste ins Kaffeehaus vis-à-vis.
Buchungsbüro: Favoritenstraße 17, A-1040 Wien, Tel. 01 2 08 39 04
www.graetzlhotel.com

❺ KUGEL €€€

Im Künstler- und Biedermeierviertel Spittelberg verströmt das seit 1863 bestehende Hotel Altwiener Atmosphäre. Seine 25 Zimmer sind alle individuell ausgestattet – die Superior-Zimmer haben auch Himmelbetten. Tolles Frühstück mit Gugelhupf, Krapfen und Dirndlmarmelade (Marmelade aus Kornelkirschen).
Siebensterngasse 43
A-1070 Wien, Tel. 01 5 23 33 55
www.hotelkugel.at

---

955 wurde nach dem Sieg Ottos I. über die Ungarn die Ostmark (Ostarrichi) als Grenzmark des Reiches errichtet, die Babenberger 976 zu Markgrafen ernannt. Wien entwickelte sich dank seines Flusshafens zur **Kaufmannssiedlung** im Schutz einer Burg. Urkundlich wurde Wien als Stadt (civitas) erstmals 1137 erwähnt. Zu Herzögen aufgestiegen, verlegten die **Babenberger** ihre Residenz von Klosterneuburg nach Wien. Unter Leopold VI. dem Glorreichen (1176–1230) kam der Deutsche Ritterorden nach Wien, Minnesänger wie Walther von der Vogelweide verkehrten bei Hofe. 1246 starb der letzte Babenberger.
Mit der Wahl Rudolfs I. aus dem **Haus Habsburg** 1273 zum deutschen König begann die fast 650 Jahre dauernde Herrschaft dieses untrennbar mit Wien verbundenen Geschlechts. Den **Aufstieg Wiens zur Metropole** unterstrich 1365 die Gründung einer Universität. Unter Herzog Friedrich V. (1415–1493), der als Friedrich III. 1452 zum römisch-deutschen Kaiser gekrönt wurde, wandelte sich Wien zur imperialen Residenzstadt.

1529 legten die **Türken** die gerade entstandenen Vorstädte Wiens in Schutt und Asche. 1683 standen sie erneut vor den Stadttoren, und nach monatelanger Belagerung gelang es mithilfe der von Papst Innozenz XI. initiierten **Heiligen Liga** und Jan Sobieski, sie in der Schlacht am Kahlenberg am 12. September zurückzuschlagen.
Danach begann sich das Habsburgerreich weit nach Südosten auszudehnen. Wien stieg zur glanzvollen Residenz eines europäischen Großreichs auf und ließ es zu einem **Großhandels- und Finanzplatz** werden. Bauten von barocker Prachtentfaltung unterstrichen seine Bedeutung, etwa Schloss Schönbrunn.
1806 dankte Franz II. als letzter Kaiser des Heiligen Römischen Reiches Deutscher Nation ab und regierte fortan als Kaiser Franz I. von Österreich. Nach zweimaliger nur kurzer Besetzung Wiens durch Napoleon erfolgte auf dem **Wiener Kongress** 1814/1815 die Neuordnung Europas. 1842 wurden die **Wiener Philharmoniker** gegründet, 1843 die Gasbeleuchtung eingeführt. Große Kopfbahnhöfe entstanden, Textilwirtschaft und Maschinenbau zogen immer mehr Arbeiter an. Angesichts der Pariser Februarrevolution forderten auch die Wiener bürgerliche Freiheiten, was in die Märzrevolution 1848 gegen das Regime Fürst Metternichs (▶ S. 524) mündete. Obwohl die Revolution niedergeschlagen wurde, musste Metternich ins Exil gehen. Auch Kaiser Ferdinand I., der seit 1835 regiert hatte, dankte ab.
Der erst 18-jährige **Franz Joseph I.** (1830–1916) bestieg nun den Thron. Mit der Errichtung riesiger Mietshäuser ging zwar viel von der barocken Bausubstanz verloren, angesichts der **Bevölkerungsexplosion** war sie aber dringend notwendig: Zwischen 1880 und 1905 schnellte die Einwohnerzahl von 592 000 auf 2 Mio. hoch! Anstelle der 1856 geschleiften Stadtmauer und des Glacis legte man die Ringstraße an. Dank der Donauregulierung 1870 bis 1874 konnte sich die Stadt auch links des Flusses ausdehnen.
Am 12. November 1918 wurde die Erste Republik mit Wien als Hauptstadt ausgerufen. Über Nacht wurde die Residenzstadt eines Reiches mit 50 Mio. Einwohnern und zwölf Nationalitäten zur Hauptstadt eines Kleinstaats mit nur noch 6,6 Mio. Einwohnern, davon 2,3 Mio. in Wien. Dem austrofaschistischen Dollfußregime ab 1933 folgte 1938 der Einmarsch deutscher Truppen zum **»Anschluss Österreichs an das Deutsche Reich«**. Wien wurde Hauptstadt der »Ostmark«. Die Nazis vertrieben oder ermordeten ihre politischen Gegner und die jüdischen Bürger. Im Zweiten Weltkrieg kamen mehr als 200 000 Wiener ums Leben. Mitte April 1945 zog die Rote Armee in Wien ein.
Die Siegermächte teilten Wien in vier Besatzungszonen auf. Mit der Ratifizierung des **Österreichischen Staatsvertrags** 1955 zogen die Alliierten ab, Stadt und Staat wurden wieder unabhängig. 1956 kam die Internationale Atomenergiebehörde nach Wien, die Organisation für Industrielle Entwicklung der Vereinten Nationen (UNIDO) folgte

1967. Mit der Eröffnung der UNO-City 1979 wurde Wien vierter Hauptsitz der UNO. 1990 rückte die Stadt durch die Öffnung des Eisernen Vorhangs wieder ins Zentrum Mitteleuropas, die Kontakte mit den osteuropäischen Staaten wurden neu belebt.

Wohin in der Wiener Innenstadt?

Beginn am Stephansplatz

Immer was los

Gibt's hier was umsonst? Nein, der Trubel ist völlig normal. Fast rund um die Uhr muss man sich über den Stephansplatz wie durch einen Slalom-Parcours bewegen. Umringt wird das Zentrum der Wiener Innenstadt von Geschäften, Cafés und interessanten Häusern wie dem Haus »Zur Weltkugel« (Nr. 2), dem Churhaus (Nr. 3), dem Domherrenhof (Nr. 5) oder dem Erzbischöflichen Palais (Nr. 7). Das futuristische **Haas-Haus**, in dessen Fensterfront sich die Konturen des Stephandoms spiegeln, liegt genau genommen schon am **Stock-im-Eisen-Platz** (Nr. 4–6).

Stephansdom

Gotisches Meisterwerk und ewige Baustelle

Bekanntestes Wahrzeichen Wiens und **Österreichs bedeutendstes gotisches Bauwerk** ist die Dom- und Metropolitankirche St. Stephan (► S. 430). Generationen von Baumeistern haben seit dem 12. Jh. am 107 m langen und 34 m breiten Sakralbau mitgewirkt. In den letzten Tagen des Zweiten Weltkriegs wurde St. Stephan schwer beschädigt. Wiederaufbau und Restaurierung waren eine österreichische Gemeinschaftsarbeit: Oberösterreich spendete die neue Glocke, Niederösterreich den Boden, Vorarlberg die Bänke, Tirol die Fenster, Kärnten die Kronleuchter, das Burgenland die Kommunionsbank, Salzburg den Tabernakel, Wien das Dach und die Steiermark das Portal. Und auch noch in heutiger Zeit verschwinden immer wieder Teile des Doms hinter einem Baugerüst, nun aber, weil Luftschadstoffe unablässig am Gestein nagen.

Beim um 1230 entstandenen **Riesentor** wurde zur Zeit der Babenberger Recht gesprochen. Links von der Vorhalle sind zwei eiserne Maßstäbe eingemauert: der längere stellt die **Wiener Normalelle**, der kürzere die **Wiener Leinenelle** dar. Der Name der 66 m hohen Heidentürme geht auf ein heidnisches Heiligtum zurück, das vordem hier gestanden haben soll. Im auch Adlerturm genannten Nordturm hängt die 21 t schwere, 1951 z. T. aus Trümmern der 1945 zerstörten Vorgängerglocke gegossene **»Pummerin«**. Sie wird nur zu besonderen Anlässen geläutet. Ein Aufzug bringt Besucher nach oben. Der 1365 begonnene Südturm **»Steffl«** ist 137 m hoch und gilt zusammen mit dem Freiburger Münsterturm als schönster Turm der deutschen Gotik.

Bündelpfeiler tragen den **dreischiffigen Hallenraum** mit Netz- und Sternrippengewölbe. Am linken Chorpfeiler steht als wertvollste

OBEN: Beim abendlichen Blick vom Nordturm des Stephandoms versinkt die Sonne im Westen Wiens.

UNTEN: Ein Meisterwerk gotischer Steinmetzkunst ist die Kanzel des Stephandoms.

STEPHANSDOM

BAEDEKER WISSEN

Die Entstehungsgeschichte des Stephansdoms reicht bis ins 12. Jh. zurück, aus dem 13. Jh. stammen das Riesentor und die Heidentürme. Herzog Rudolf IV. von Habsburg initiierte den Umbau zur gotischen Kirche mit Stern- und Netzrippengewölbe sowie den Südturm. Der unvollendete Nordturm erhielt 1557 einen Helm im Stil der Renaissance.

Öffnungszeiten
Dom: tgl. 6–22, So. ab 7 Uhr
Besichtigungszeiten wie Katakomben
Hauptmesse So. 10.15 Uhr
Katakomben: Mo.–Sa. 9–11.30, 13–16.30, So. 13–16.30 Uhr

❶ Südturm
Der 137 m hohe Südturm kann bis zur Türmerstube über 343 Stufen erklommen werden. Er hat einen quadratischen Grundriss, der durch ein raffiniertes Arrangement von Giebeln allmählich in ein Achteck übergeht. Die Kreuzblume der Spitze trägt eine Bronzekugel mit Doppeladler.

❷ Dienstbotenmadonna
Wohl das bedeutendste Werk der mittelalterlichen Wiener Plastik ist die auf 1320 datierte Steinstatue der Muttergottes. Die Sage berichtet von einer gräflichen Magd, die sich, als man sie des Diebstahls verdächtigte, an die Madonna um Hilfe wandte. Der wahre Täter wurde gefunden, und die gräfliche Hausfrau stiftete diese Figur.

❸ Katakomben
In den Katakomben ruhen die sterblichen Überreste von 15 Habsburgern sowie die Eingeweide der Habsburger Monarchen, die in der Kaisergruft bestattet sind.

❹ Kanzel
Auf dem Kanzelkorb sind die Porträts der vier Kirchenväter zu sehen: Augustinus, Ambrosius, Gregorius und Hieronymus, die gleichzeitig die vier Temperamente und die vier Lebensalter symbolisieren. Das Meisterwerk spätgotischer Bildhauerei stammt aus der Werkstatt von Niclas Gerhaert van Leyden. Am Kanzelfuß hat sich wohl der Baumeister Anton Pilgram (um 1460–1515), der an der Ausführung der Kanzel mitgearbeitet hatte, in der Figur eines »Fensterguckers« selbst dargestellt. Auch am prächtigen Orgelfuß (1513) hat der Künstler sich verewigt.

❺ Hochgrab Friedrichs III.
Die Arbeit an dem Marmorsarkophag zog sich über zwei Generationen hin. Der Gesamtentwurf stammt von Niclas Gerhaert van Leyden.

❻ Singertor
Das Singertor, eines der beiden Fürstentore, gehört zu den ältesten Bauteilen des Langhauses. Das Hochrelief des Türsturzes mit Darstellungen der Pauluslegende entstand um 1360.

❼ Riesentor
Haupteingang in den Dom, oft dicht umlagert von Konzertkartenverkäufern und Bettlern. Das um 1230 geschaffene Portal ist grandios mit seiner Fülle an Figuren.

❽ Ziegel und Zahlen
Rund 230 000 bunte Ziegel zieren das Dach des Doms. Er ist 107,2 m lang und 34 m breit, die Höhe des Mittelschiffs beträgt 28 m. Der Stephansdom besitzt vier Türme.

❾ Adlertor
Seiteneingang, vor dem viele Fiaker »parken«. Adlerturm nannte man einst den unvollendet gebliebenen Nordturm, in dem heute die Pummerin hängt.

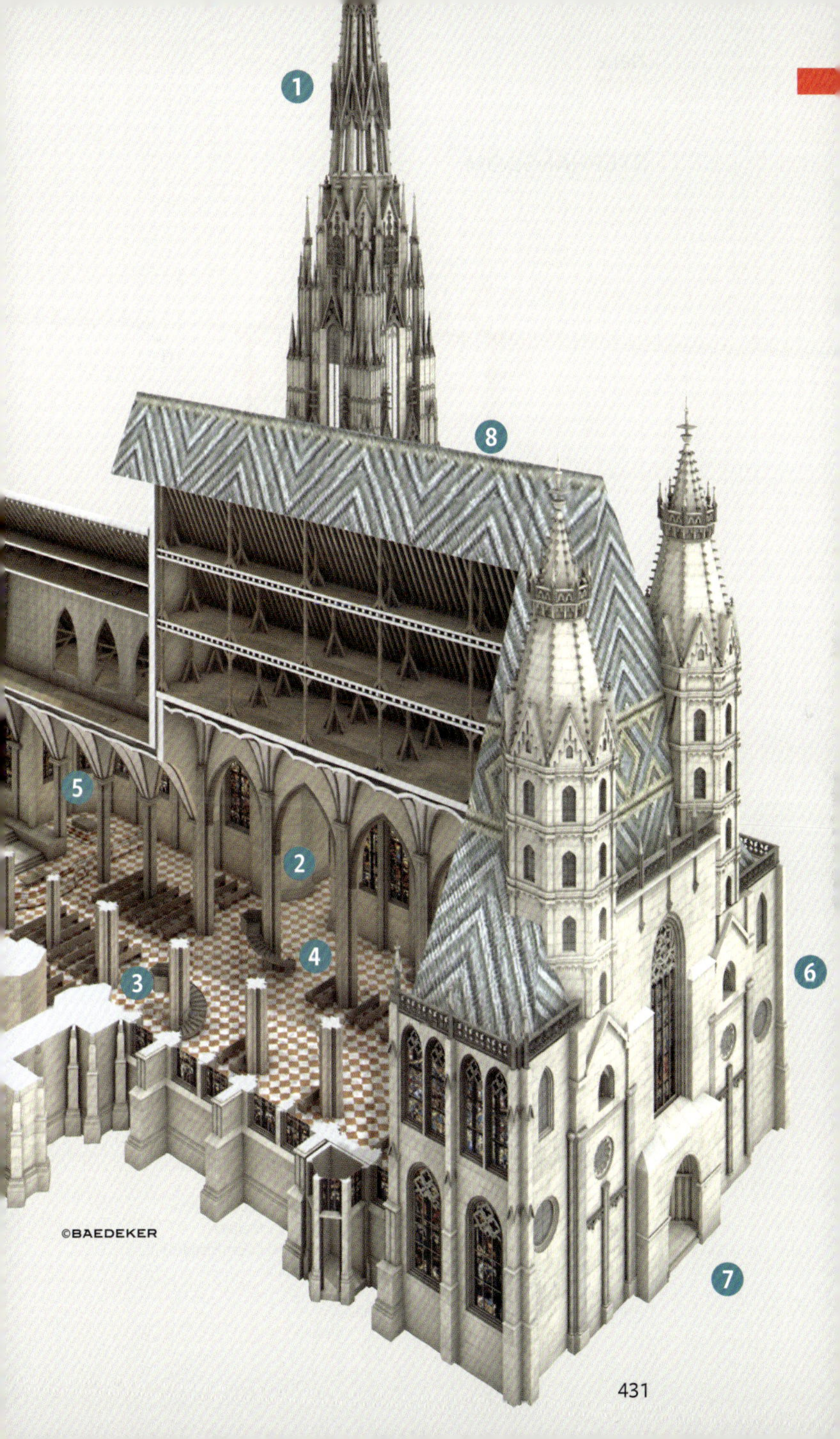
1
8
5
2
4
3
6
7
©BAEDEKER

STEPHANSDOM

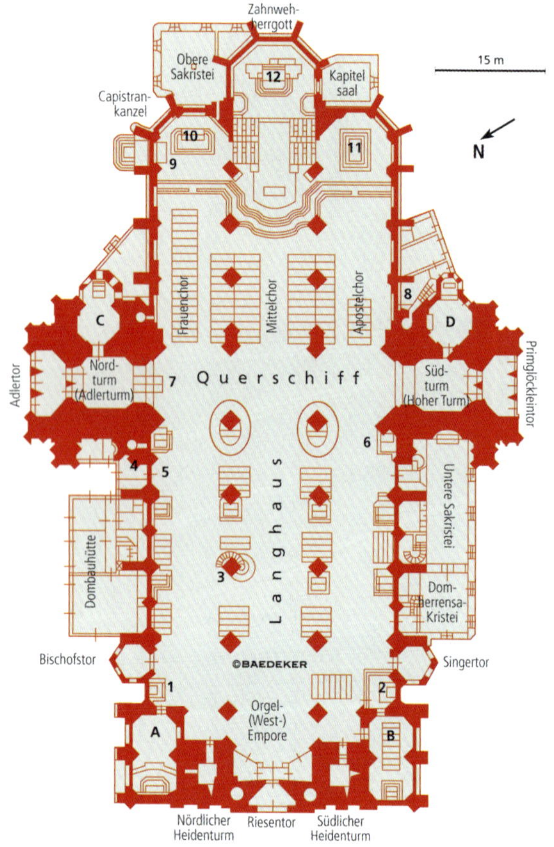

A Tirnakapelle (Kreuzkapelle; Grabkapelle des Prinzen Eugen, † 1736); darüber die Reliquienkapelle
B Eligiuskapelle, darüber die Bartholomäuskapelle
C Barbarakapelle
D Katharinenkapelle (Taufkapelle)

1 Herz-Jesu-Altar mit Puchheim-Baldachin
2 Maria-Pötsch-Altar mit Südwestbaldachin
3 Domkanzel (mit dem »Fenstergucker); am Kanzelpfeiler die »Dienstbotenmadonna«
4 Aufzug zur »Pummerin«
5 Orgelfuß (mit Pilgrams Selbstbildnis)
6 Leopold-Altar
7 Zugang zu den Katakomben
8 Aufgang zum Südturm
9 Stiftergrabmal
10 Wiener-Neustädter-Altar (»Friedrichsaltar«)
11 Grabmal Kaiser Friedrichs III.
12 Hochaltar

Figur die des hl. Christophorus (1470), vermutlich eine Stiftung Kaiser Friedrichs III. Das bedeutendste Kunstwerk ist die spätgotische **Kanzel** (1510–1515; Sandstein) möglicherweise von Meister Pilgram – genau hinschauen, am Kanzelfuß hat sich der Steinmetz als »Fenstergucker« selbst dargestellt. Auch am prächtigen spätgotischen Orgelfuß (1513), eindeutig Pilgram zugeschrieben, hat er sich mit Zirkel und Winkel verewigt. Tobias und Johann Jakob Pock fertigten 1640 bis 1660 den **Hochaltar** aus schwarzem Marmor. Im Südchor steht das mächtige **Hochgrab Kaiser Friedrichs III.**, er stiftete den Flügelaltar im Chor gegenüber. Die Statuen der **Eligiuskapelle** zählen zu den bedeutendsten Plastiken des 14. Jh.s; die Hausmuttergottes hatte eine kaiserliche Verehrerin: Maria Theresia. Das Altarkruzifix in der **Tirnakapelle**, Grabkapelle des Prinzen Eugen († 1736), stammt aus dem 15. Jh.: Jesus trägt einen Bart aus natürlichem Haar, welcher der Legende nach ständig wächst.
Die **Katakomben** bergen in mehreren für die Öffentlichkeit unzugänglichen Stockwerken die Gebeine Tausender Wiener. Da die Toten auf dem Kirchhof oft nachlässig beerdigt und früh exhumiert wurden, um Platz zu machen, breitete sich entsprechender Geruch aus. Daher entschloss man sich zum Bau der Katakomben. 1783 verbot Joseph II. dort weitere Bestattungen. Den Mittelpunkt bildet die 1363 für das Haus Habsburg angelegte **Herzogsgruft**. Seit der Anlage der Kaisergruft in der Kapuzinerkirche (▶ S. 437) wurden hier allerdings lediglich Kupferurnen mit den Eingeweiden aufbewahrt; die Leichname sind in der Kaisergruft, ihre Herzen in der Herzgruft der Augustinerkirche (▶ S. 441) beigesetzt worden.
Dom: Mo.–Sa. 6–22, So. ab 7 Uhr, Besichtigung Hauptschiff Mo.–Sa. 9–11.30 u. 13–16.30 Uhr, So. vormittags geschl. | Eintritt: frei, Hauptschiff inkl. Audioguide 6 €, All-inclusive-Ticket 20 €
www.stephanskirche.at
Türme: Tgl. 9–17.30 Uhr | Eintritt: Südturm 5,50 €, Nordturm 6 €
Katakomben: Führungen Mo.–Sa. 10–11.30 u. 13.30–16.30, So. 13.30–16.30 Uhr | Eintritt: 6 €, All-inclusive-Ticket 20 €

Schatztruhe des Stephansdoms

Dom Museum Wien

Das Dom Museum Wien zeigt eine interessante Mischung aus historischer Sakralkunst und Werken der klassischen Moderne, der Avantgarde und der zeitgenössischen Kunst. Ende 2017 eröffnete das Haus nach umfangreichen Umbauten wieder. Ein echter Hingucker ist der gläserne Aufzug, den eine freischwebende Wendeltreppe umfasst. Seine Schatzkammer enthält die **wertvollsten Stücke des Kirchenschatzes** vom Stephansdom, u. a. zwei syrische Glasflaschen (13./14. Jh.), Kreuzreliquiare, das Grabtuch von Herzog Rudolf IV., Emailletafeln (12.Jh.) mit alttestamentarischen Szenen, ein karolingisches Evangeliar (9. Jh.), Tafelbilder und eine Skulpturensammlung.
Mi.–So. 10–18 | Eintritt: 8 € | www.dommuseum.at

Die glücklichsten Jahre eines Genies

Mozarthaus Vienna

In der Domgasse Nr. 8 wohnte Mozart mit seiner Familie von 1784 bis 1787. Hier verbrachte er – so heißt es – seine glücklichsten Jahre und komponierte **»Die Hochzeit des Figaro«**. Heute ist die Wohnung eine Erinnerungsstätte und ein Muss für Freunde klassischer Musik.

Di.–So. 10–18 Uhr | Eintritt: 12 € | www.mozarthausvienna.at

Uni mit Weinkeller

Altes Universitätsviertel

Von der Schulerstraße links über die Wollzeile kommt man in die Bäckerstraße mit einer Reihe schöner alter **Stadtpaläste** (Nr. 7, 8, 12 u. 16). In östlicher Richtung folgt der Dr.-Ignaz-Seipel-Platz, einer der schönsten geschlossenen Plätze Wiens. Hier steht die Alte Universität, die 1425 einzog und 1725 unter der Leitung des Jesuitenordens umgebaut wurde – auch Theater, Karzer und Weinkeller schienen unerlässlich. In der früheren Universitätskirche, heute **Jesuitenkirche** (1703–1705), fasziniert der bewegte Raumeindruck, der durch die perspektivisch-illusionistische Malerei im Tonnengewölbe entsteht.

Ältester Platz der Donaumetropole

Hoher Markt

Gleich westlich folgt der Hohe Markt am Rand des ehemaligen Textilviertels. Im Mittelalter lagen hier Richtstätte, Fischmarkt und der Handelsplatz der »Gewandkrämer«. Mittelpunkt ist der **Vermählungsbrunnen**, dessen Figurenschmuck die Hochzeit von Maria und Josef darstellt. An der Ostseite lässt die **Ankeruhr** der gleichnamigen Versicherungsgesellschaft auf dem die Rotgasse überspannenden Schwibbogen stündlich historische Figuren paradieren, u. a. Mark Aurel, Karl den Großen, Walther von der Vogelweide, Prinz Eugen, Maria Theresia und Joseph Haydn. Beim Haus Nr. 3 an der Südseite befindet sich sowohl der Einstieg zu den unterirdischen römischen Ausgrabungen als auch das **Römermuseum**.

Di.–So. 9–18 Uhr | Eintritt: 8 € | www.wienmuseum.at

Älteste Kirche Wiens

Ruprechtskirche

St. Ruprecht am Ruprechtsplatz erreicht man über die nördlich abzweigende Judengasse. Bischof Virgil zu Salzburg soll sie im 8. Jh. an Stelle des unterirdischen Bethauses der Glaubensapostel Cunard und Gisalrich errichtet haben. Zu ihren Schätzen gehören die ältesten Glasfenster Wiens (13. Jh.) im Mittelfenster des Chors.

www.ruprechtskirche.at, www.alte-musik.co.at

Ein dunkles Kapitel der Geschichte

Judenplatz

Südöstlich vom Hohen Markt liegt der Judenplatz, seit Ende des 13. Jh.s Zentrum des mittelalterlichen Wiener Judenviertels. 1421 wurden bei der »Wiener Geserah« seine Bewohner ermordet oder vertrieben. Davon zeugt am Haus Nr. 2 »Zum großen Jordan« (15. Jh.) ein Relief der Taufe Christi mit antisemitischer Inschrift. Das

Wolfgang Amadeus Mozart bezog 1784 die Beletage in der Domgasse. Heute beherbergen die Räumlichkeiten das museale Mozarthaus Vienna.

fast 4 m hohe **Holocaustdenkmal** von Rachel Whiteread erinnert an die Ermordung von 65 000 österreichischen Juden durch die Nazis. Unter dem Denkmal hat man Fundamente der mittelalterlichen Synagoge zugänglich gemacht und ein **Museum** (▶ S. 437) eingerichtet.

So.–Do. 10–18, Fr. 10–14 Uhr | Eintritt: 15 € (inkl. Jüdisches Museum) www.jmw.at

Tick, tack

Uhrenmuseum

An der Südseite der Böhmischen Hofkanzlei zweigt ein kleines Gässchen zum »Harfenhaus«, einem der ältesten Häuser Wiens, ab. Darin logiert seit 1921 das Uhrenmuseum, in dem die Entwicklung des Chronometers vom 15. Jh. bis zur Gegenwart und eine Fülle von verschiedenen Uhren dargeboten wird.

Di.–So. 10–18 Uhr | Eintritt: 8 € | www.wienmuseum.at

Hier endete ein Imperium

»Am Hof«

Gleich westlich folgt der **größte innerstädtische Platz** »Am Hof«. Hier hatten schon die Römer ihr Lager aufgeschlagen, und die Babenberger ließen dort 1135 ihre erste Pfalz errichten. Der Platz war auch Schaubühne glänzender Feste, was Walther von der Vogelweide zum lobenden Vers **»Das ist der wunnigliche Hof ze Vienne«** verleitete. Vom Balkon der einstigen Jesuitenkirche **Zu den neun Chören der Engel** verkündete Kaiser Franz II. 1806 das Ende des Heiligen Römischen Reiches Deutscher Nation.

Barocke Pracht

Peterskirche

Weiter südöstlich steht die Peterskirche anstelle einer der Überlieferung nach von Karl dem Großen gegründeten Kirche, von der jedoch nichts erhalten ist. Der heutige Zentralbau über ovalem Grundriss stammt vom Anfang des 18. Jh.s, begonnen von Gabriel Montani und wohl von Lukas von Hildebrandt vollendet. Auch an der **prächtigen Innenausstattung** haben berühmte Künstler wie Rottmayr, Altomonte und Kupelwieser mitgewirkt.

Mo.–Fr. 8–19, Sa. u. So. 9–19 Uhr | www.peterskirche.at

Shoppen!

Graben

Der Graben war einst Wehrgraben des römischen Lagers, später Mehl- und Gemüsemarkt und ist heute luxuriöse Einkaufsmeile. Rechts biegt man ab in die Dorotheergasse, wo in Nr. 6 eine Wiener Kaffeehaus-Institution zu Hause ist: das **Hawelka**. Vor rund 80 Jahren eröffnet, wird es nach wie vor von der Familie Hawelka geführt.

Tel. 01 5 12 82 30 | Mo.–Do. 8–24, Fr. u. Sa. 8–1, So. 9–20 Uhr
www.hawelka.at

Ein abendlicher Spaziergang über Wiens Edelboulevard, den Graben, sollte bei keinem Besuch der Donaumetropole fehlen.

Jüdisches Leben in Europa

Jüdisches Museum

In der Dorotheergasse Nr. 11 thematisiert das Jüdische Museum die Beziehung zwischen Juden und Nichtjuden in Österreich und Europa. Die ständige Ausstellung basiert auf drei Sammlungen: der Sammlung von Max Berger zur Kunst des aschkenasischen Judentums, der Sammlung der Israelitischen Kultusgemeinde Wien und der Sammlung von Martin Schlaff mit 5000 Objekten zum Antisemitismus.

So.–Fr. 10–18 Uhr | Eintritt: 15 € | www.jmw.at

Kaiserliche Grablege

Kaisergruft (Kapuzinerkirche)

Die schlichte Kapuzinerkirche (1622–1632) an der Westseite des Neuen Marktes wurde samt Kloster von Anna († 1618), der Gemahlin des Kaisers Matthias, gestiftet. Der Eingang links von der Kirche führt hinab zur Kapuziner- oder Kaisergruft, der Familiengruft der Habsburger seit 1633. Dort ruhen die einbalsamierten Körper von 149 Mitgliedern des Hauses Habsburg – am prunkvollsten Maria Theresia und ihr Gemahl Franz I. Stephan, deren Doppelsarkophag monumentale Ausmaße annimmt. Die letzte Beisetzung fand 2011 statt, als der ehemalige Kronprinz und Europa-Politiker Otto Habsburg mit seiner Frau Regina hier seine letzte Ruhestätte fand.

tgl. 10–18 Uhr | Eintritt: 8 € | www.kapuzinergruft.com

Auf dem Weg zur Hofburg

Wiener Stadtansichten

Schottenstift

Stift und Kirche kamen zu ihrem Namen durch die irischen Mönche, die im 12. Jh. von Regensburg nach Wien gerufen und Schotten genannt wurden – Irland hieß damals Neu-Schottland. Das Schottenstift unterhält eine bedeutende **Gemäldegalerie** mit Werken zu religiösen Themen aus dem 16. bis 19. Jh., aber auch Porträt- und Landschaftsmalerei. Hauptattraktion sind die 19 Tafeln des spätgotischen Flügelaltars (1469–1475), der ursprünglich in der Schottenkirche stand. Im Hintergrund der Bilder sind die ältesten Wiener Stadtansichten zu sehen.

Im Nachbarhaus (Freyung 7) bietet **Kräuterhaus Kottas** Arzneikräuter aller Art an.

Gemäldegalerie: Do. u. Fr. 11–17, Sa. 11–12.30 u. 13–17 Uhr
Eintritt: 8 € | www.schotten.wien

Wiener Alltagsgeschichten

Freyung

Die Schottenkirche liegt am Platz Freyung (»Freistatt«), dessen Name daran erinnert, dass das Kloster ebenso wie der Stephansdom das Recht besaß, Verfolgten Kirchenasyl zu gewähren. Früher gab es hier Wurstelprater, Gaukler und Marktschreier, heute ist der Platz für seinen

KEIN WIENER TRINKT KAFFEE

In einem Wiener Kaffeehaus bestellt man nicht einfach einen »Kaffee« – womöglich betont auf der ersten Silbe, was mit einem leicht pikierten Blick des Kellners quittiert wird –, sondern wählt aus zahlreichen Variationen. Und zum Großen Schwarzen, zum Verlängerten oder zu einer Melange, traditionell mit einem Glas Leitungswasser serviert, lässt man sich eine der »Mehlspeisen« schmecken, von denen die Sachertorte die berühmteste ist.

▶ **Die Original Sachertorte**
und ihre Zutaten

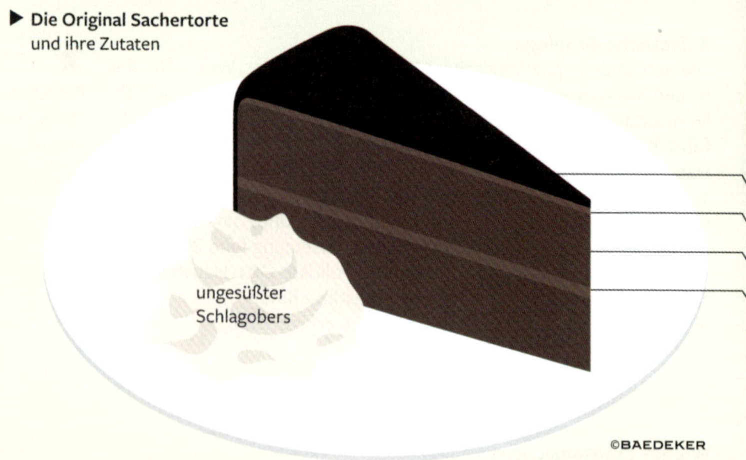

ɩiener Kaffeehaus-Literaten:

ʀTHUR SCHNITZLER
ɩLFRED POLGAR
'RIEDRICH TORBERG
:GON ERWIN KISCH
'ETER ALTENBERG
ɪERMANN BROCH
ʞARL KRAUS
ɩNTON KUH
-ELIX SALTEN

▶ **Blüte um 1900 – die Wiener Kaffeehaus-Geschichte**

1685	Gründung des ersten Wiener Kaffeehauses
1786	Café Demel
1819	Es gibt etwa 150 Kaffeesieder
1873	Café Landtmann
1876	Café Central
1876	Hotel Sacher
1880	Café Sperl
um 1900	Es gibt etwa 600 Kaffeehäuser in Wien
1903	Café Prückel
1959	Das »Kaffeehaussterben« beginnt
ab ca. 1990	Renaissance der Kaffehaus-Tradition

uvertüre (Schokoladenglasur)
Schicht Marillenmarmelade
acher Biskuitmasse
Schicht Marillenmarmelade
assend dazu: Wiener Melange

Milchschaum
Mokka

Schlagobers
Orangenlikör
Weinbrand
Mokka
ıria Theresia

Schlagobers
Mokka
Konsul

türk. Mokka
Türkischer

Weinbrand
Mokka
Mokka gespritzt

Mokka
Schlagobers
Überstürzter Neumann

heißes Wasser
Mokka
Verlängerter

Schlagobers
Mokka
Kapuziner

Schlagobers
Brandy
Mokka
Mozart/Amadeus

Biobauernmarkt (Fr. u. Sa.) sowie für die Oster- und Adventsmärkte bekannt. Der **Austriabrunnen** von Ludwig Schwanthaler wurde 1846 in München gegossen, seine allegorischen Figuren stellen die personifizierte Austria und die ehemaligen Hauptflüsse der Monarchie Po, Elbe, Weichsel und Donau, dar. Gerüchten zufolge füllte Schwanthaler die Austriafigur in München mit Zigaretten, um sie unverzollt nach Wien bringen zu können, fand aber keine Gelegenheit mehr, die heiße Ware wieder an sich zu nehmen – so ist der Tabak wohl heute noch drin. Für eine Pause bietet sich das berühmte **Café Central** an. Zu den Stammgästen zählten Peter Altenberg, Egon Friedell, Franz Werfel, Stefan Zweig (► S. 348), Karl Kraus oder Leo Trotzki.

Herrengasse 14 | Tel. 01 5 33 37 63 61 | Mo.–Sa. 8–21, So. 10–21 Uhr
www.cafecentral.wien

»
Das Café Central ist nämlich kein Caféhaus wie andere Caféhäuser, sondern eine Weltanschauung, und zwar eine, deren innerster Inhalt es ist, die Welt nicht anzuschauen.
«
Alfred Polgar

Ta – ta – ta – taaa

Pasqualatihaus

Beethovenverehrer zieht es zum Pasqualatihaus (Mölkerbastei 8), wo der Komponist ab 1804 wiederholt wohnte. Vom Hausbesitzer Pasqualati, seinem Freund und Gönner, ist überliefert, dass er, wenn **Beethoven** wieder einmal ausziehen wollte, sagte: »Das Logis wird nicht vermietet; Beethoven kömmt schon wieder.«

Di.–So. 10–13 u. 14–18 Uhr | Eintritt: 5 € | www.wienmuseum.at

Scheußlich oder genial?

Michaelerplatz

Über die Herrengasse schlendert man bis zum eleganten Michaelerplatz. Seine südwestliche Seite bestimmt die geschwungene Fassade vom Michaelertrakt der Alten Hofburg und die anschließende Winterreitschule. Hier steht außerdem ein Stück »skandalöser« Wiener Architekturgeschichte: das **Adolf-Loos-Haus**. Der Architekt entwarf 1910 den schmucklosen Zweckbau für die Herrenschneiderei Goldmann & Salatsch als Kontrapunkt zum pompösen Ringstraßenstil der Hofburg – und erregte damit das Missfallen Kaiser Franz Josephs I., der das »Haus ohne Augenbrauen« – Loos verzichtete auf Fensterumrahmungen – einfach nur scheußlich fand. Die mittlerweile rekonstruierten Schneidereiräume werden heute für Kunstausstellungen genutzt.

Barocke Herrlichkeit und Mumiengrusel

Michaelerkirche

Die Salvatorianerkirche St. Michael – einst Hofpfarrkirche des Kaiserhauses – entstand in der ersten Hälfte des 13. Jh.s gleichzeitig mit der alten Burg und dem romanischen Ausbau von St. Stephan. Später gotisiert, erhielt sie eine barocke Portalvorhalle und 1792 das Westportal mit dem Engelsturz von Lorenzo Mattielli. Ein makaberes Vergnügen ist eine Führung durch die **Gruft** der Kirche, in der rund 4000 Menschen bestattet wurden – rund 250 Särge und mumifizierte Leichen sind sichtbar.

tgl. 7–20, So. ab 8 | Gruftführungen: Fr., Sa. 10 u. 12 u. n. V.
Führungsbeitrag: 8 € | www.michaelerkirche.at

Kaiserliche und königliche Leckereien

Demel

Für Naschkatzen das feinste – und teuerste – Paradies in Wien ist die weltberühmte **k. u. k. Hofzuckerbäckerei** Demel am Kohlmarkt (Nr. 14). Das weit über 200 Jahre alte Etablissement versorgte schon Kaiserin Sisi mit Veilchensorbet und Franz Joseph I. samt Geliebter mit Krapfen.

tgl. 10–19 Uhr | www.demel.com

Der dritte Mann am Kaiserdenkmal

Josefsplatz

Vom Michaelerplatz kommt man in südöstlicher Richtung weiter zum Josefsplatz mit dem **Denkmal Josephs II.**, 1795 bis 1806 von Franz Anton Zauner geschaffen. Es wird eingerahmt von der Winterreitschule, der Österreichischen Nationalbibliothek und den Palais Pallavicini und Pálffy. Vor Haus Nr. 5 verunglückt Orson Welles alias Harry Lime im Filmklassiker »Der dritte Mann« angeblich bei einem Verkehrsunfall tödlich.

Sisi, Franzerl und jede Menge Herzen

Augustinerkirche

Die Augustinerkirche wurde von 1330 bis 1339 gebaut und war Teil eines ehemaligen Klosters (1327–1838), in dem der Prediger Abraham a Santa Clara von 1689 bis 1709 lebte. Sie diente wiederholt als **Schauplatz großer Hochzeiten**, darunter 1854 die von Franz Joseph I. mit Prinzessin Elisabeth von Bayern. An die Loretokapelle rechts vom Chor schließt die **Herzgruft** an. Durch ein Fenster in der Tür sieht man 54 Urnen, in denen die Herzen von Habsburger Monarchen und Erzherzögen aufbewahrt werden. Die große Herzurne enthält die Herzen von Maria Theresia und ihrem Gemahl, Franz I. Stephan. Ein Höhepunkt klassizistischer Grabmalkunst ist Antonio Canovas **Marmorgrab für Maria Christina von Sachsen-Teschen** († 1798), eine Tochter von Maria Theresia.

Mo., Mi. u. Fr. 7.30–17.30, Di. u. Do. bis 19.15, Sa. u. So. 9–19.30 Uhr
Gruftbesichtigung So. u. Fei. nach dem Hochamt, Treffpunkt Lorettokapelle | www.augustinerkirche.at

Vorhang auf!

Theatermuseum

Im Palais Lobkowitz am Lobkowitzplatz 2, wo Beethoven 1804 die Uraufführung seiner 3. und 1807 die seiner 4. Sinfonie dirigierte, ist das

Österreichische Theatermuseum untergebracht. Die ständige Schausammlung zeigt Bühnenbildmodelle, Kostüme und Requisiten.
Mi.–Mo. 10–18 Uhr | Eintritt: 12 € | www.theatermuseum.at

Albertina

Eine der bedeutendsten grafischen Sammlungen der Welt
Die Albertina, 1768 begründet durch Maria Theresias Schwiegersohn, den Kunstmäzen Herzog Albert von Sachsen-Teschen (1738 bis 1822), umfasst rund 65 000 Zeichnungen der deutschen (Dürer, Holbein d. Ä., Menzel, Liebermann), österreichischen (Rottmayr, Troger, Makart, Klimt, Kubin), italienischen (Fra Angelico, Mantegna, da Vinci, Raffael, Canaletto, Tiepolo), altniederländisch-flämischen (van Leyden, Brueghel d. Ä., van Dyck, Rubens), niederländischen (Both, van Goyen, Ruisdael, Rembrandt), französischen (Poussin, Watteau, Matisse, Chagall) und englischen Schule (Reynolds, Gainsborough, Romney). Dazu kommen fast 1 Mio. druckgrafische Werke von der Spätgotik bis zur Moderne, die rund 25 000 Pläne, Skizzen und Modelle umfassende Architektursammlung sowie die 1999 gegründete Sammlung historischer und zeitgenössischer Fotografie. In der Dependence **Albertina Modern** (im Künstlerhaus am Karlsplatz 5) liegt der Fokus auf zeitgenössischer Kunst von Größen wie Friedensreich Hundertwasser und Andy Warhol.
Tgl. 10–18, Mi. u. Fr. bis 21 Uhr | Eintritt: Albertina 18,90 €, Albertina Modern 14,90 €, Kombiticket 24,90 € | www.albertina.at

Albertinaplatz

Demütigung, Terror, Tod
Den Albertinaplatz beherrscht das von **Alfred Hrdlicka** gestaltete **Mahnmal gegen Krieg und Faschismus** (1988–1991). Es gedenkt der Opfer des NS-Regimes und der Toten des Zweiten Weltkriegs, die in den bei Bombenangriffen zugeschütteten Luftschutzbunkern unter dem Platz ruhen. Die **Bronzeplastik** erinnert an den 12. März 1938, als jüdische Bürger von den Nazis gezwungen wurden, auf die Straße gemalte proösterreichische Parolen mit Zahnbürsten zu entfernen.

Wiener Staatsoper

Musentempel
Das berühmte Musiktheater, von 1861 bis 1869 in den Formen der französischen Frührenaissance errichtet und bis zum Jahr 1918 Hofoper, wurde mit Mozarts »Don Giovanni« eröffnet, das nach der Zerstörung im Zweiten Weltkrieg wieder aufgebaute Haus 1955 mit Beethovens »Fidelio«. 2211 Zuschauer fasst das Haus und es bietet 110 Musikern der Wiener Philharmoniker, seit 1842 Hausorchester, Platz. An 300 Abenden im Jahr hebt sich der Vorhang und am letzten Donnerstag im Fasching steht eine ganz besondere Inszenierung an: der berühmteste unter den jährlich rund 150 Bällen in Wien, der **Wiener Opernball**.
Führungen Mo.–Sa. zu wechselnden Zeiten | Eintritt: 13 €
www.wiener-staatsoper.at

Hofburg

Kaiserliches und königliches Labyrinth

Die kaiserliche Burg war mehr als sechs Jahrhunderte Residenz der Herrscher Österreichs: Hier regierten die Habsburger bis 1918 ihren Vielvölkerstaat, heute amtiert in der Hofburg der **österreichische Bundespräsident**. Anlage

Der Komplex umfasst mit Plätzen und Gärten ein Areal von 240 000 m² und blickt auf eine 700-jährige Baugeschichte zurück. Die »Stadt in der Stadt« verfügt über 18 Trakte, 54 Stiegen, 19 Höfe, 2600 Räume und beschäftigt etwa 5000 Menschen. Lediglich Sisi-Museum und Kaiserappartements in der Alten Hofburg haben denselben Eingang und können mit einem Kombiticket besucht werden. Für alles andere – ob die Sehenswürdigkeiten in der Alten Hofburg, die Nationalbibliothek oder die Museen in der Neuen Hofburg – muss ein eigenes Ticket am jeweiligen Eingang erworben werden.

Mythos und Wirklichkeit

Eine der Hauptattraktionen ist das Sisi-Museum: In sechs Räumen in der Amalienburg begibt man sich auf die Spur der berühmten Kaiserin. Hier sieht man Wohn- und Schlafzimmer von Sisi, das Toilettenzimmer, in dem sie Turngeräte hatte aufstellen lassen, ihr Badezim- Sisi-Museum

HOFBURG

A Leopoldinischer Trakt
B Reichskanzleitrakt
C Michaelertrakt
D Festsaaltrakt

1 Burgtor (Heldendenkmal)
2 Kaiserappartements, Sisi Museum und Silberkammer
3 Schweizerhof (Zugang zu den Schatzkammern)
4 Weltliche und geistliche Schatzkammer
5 Hofburgkapelle
6 Winterreitschule
7 Lipizzaner-Stallungen
8 Zugang zur Spanischen Hofreitschule
9 Nationalbibliothek
10 Ephesos-Museum, Hofjagd- und Rüstkammer, Sammlung alter Musikinstrumente, Haus der Geschichte Österreich
11 Welt Museum Wien
12 Augustinerkirche

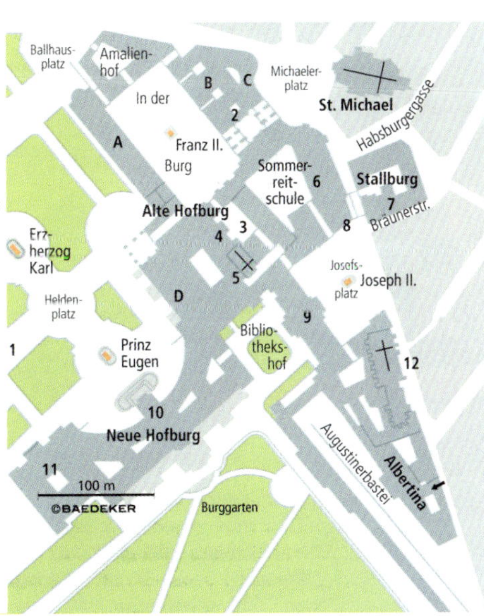

Die Architektur der Wiener Staatsoper fiel anfangs beim Publikum durch, sie wurde gar in Anspielung auf Österreichs Niederlage gegen Preußen 1866 als »Königgrätz der Baukunst« tituliert. Heute ist sie das »Erste Haus am Ring«.

mer sowie den kostbar ausgestatteten Großen und Kleinen Salon mit Erinnerungsstücken an die schöne Bewohnerin.
tgl. 9–17.30 Uhr | Eintritt: 17,50 € (inkl. Kaiserappartements)
www.sisimuseum-hofburg.at

Zu Gast bei Sisi und Franz

Kaiser-appartements

Lukas von Hildebrandt begann 1723 mit dem Bau der Kaiserappartements, Joseph Emanuel Fischer von Erlach vollendete 1739 den Verbindungsflügel zwischen dem Schweizerhof und der Amalienburg. Die **Franz-Joseph-Appartements** umfassen den Warte- und Audienzraum, den Sitzungssaal von Minister- und Kronrat, das Arbeits- bzw. Schlafzimmer des Kaisers, den Großen Salon mit dem berühmten Bild der Kaiserin Elisabeth in großer Robe und Sternenschmuck sowie den Kleinen Salon. Die **Alexanderappartements** standen Zar Alexander I. während des Wiener Kongresses zur Verfügung.

Die hohe Schule

Spanische Hofreitschule

Vor allem während des Wiener Kongresses war die barocke **Winterreitschule**, von 1729 bis 1735 von Joseph Emanuel Fischer von Erlach erbaut, Schauplatz glanzvoller Feste. Heute dient sie der Spanischen Hofreitschule für Vorführungen. Die schönen **Lipizzaner** sind in der anschließenden Stallburg untergebracht. Karten für die wochenendlichen Galavorführungen sind heiß begehrt und müssen lange im Voraus bestellt werden. Wer eher spontan ist, kommt einfach zur fast täglich stattfindenden Morgenarbeit, Tickets dafür sind an der Tageskasse erhältlich.
Sommerpause im Juli | Tel. 01 5339031 | www.srs.at

Unschätzbar wertvoll

Kaiserliche Schatz-kammer

Die Schatzkammer enthält in 21 Räumen die Reichskleinodien und Reliquien des Heiligen Römischen Reichs Deutscher Nation – u. a. die überreich mit Perlen und Edelsteinen besetzte Reichskrone. Ein besonders schönes Objekt der Begierde ist die Krone Kaiser Rudolfs II., 1602 vom flämischen Goldschmied Jan Vermeyen vollendet. Aber auch die sonstigen Exponate, Krönungs- und Ordensinsignien, Hoheitszeichen, weltliche und sakrale Kostbarkeiten, Schmuck und Erinnerungsstücke aus habsburgischem Besitz sind von unschätzbarem Wert.
Mi.–Mo. 9–17.30 Uhr | Eintritt: 14 €
www.kaiserliche-schatzkammer.at

Kirche für Ja-Sager

Burgkapelle

Im Auftrag von Kaiser Friedrich III. wurde die Burgkapelle von 1447 bis 1449 erbaut, sie ist heute zur beliebten Hochzeitskapelle avanciert. Spöttische Zungen behaupten, die 500-jährigen Holzstatuetten der 13 Nothelfer seien in einer so populären Trauungskirche durchaus am richtigen Platz. Die der Burgkapelle angeschlossene **Hofmu-**

sikkapelle war Gründungsstätte der Hofsängerknabenchöre, aus denen wiederum die weltberühmten Wiener Sängerknaben hervorgegangen sind.
Mo., Di. 10–14, Fr. 11–13 Uhr | www.hofmusikkapelle.gv.at

Prunkvoller Bücherhort

Österreichische Nationalbibliothek

Der Barockbau der Nationalbibliothek am Josephsplatz wurde nach Plänen von Vater und Sohn Fischer von Erlach 1723 bis 1726 errichtet und ist durch den Redoutensaal mit der Hofburg verbunden. Die umfangreichen Sammlungen gehen bis ins 14. Jh. zurück. Äußerst beeindruckend ist der **Prunksaal**, der über zwei Stockwerke reicht. Unter seiner mächtigen Kuppel und den herrlichen Deckenfresken sind 15 000 Bücher aus der einstigen Bibliothek des Prinzen Eugen aufgestellt. Zur Bibliothek gehören außerdem noch das **Esperantomuseum** und das **Globenmuseum** in der Herrengasse 9 sowie das 2021 nach Erweiterung und Neugestaltung wiedereröffnete **Papyrusmuseum** in der Neuen Burg.
tgl. 10–18, Do. bis 21 Uhr, Okt.–Mai (Museen ganzjährig) Mo. geschl. | Eintritt: Prunksaal 10 €, Papyrusmuseum 5 €, Kombiticket Globen- und Esperantomuseum 5 € | www.onb.ac.at

Im Prunksaal der Nationalbibliothek ist alles edel und vieles fällt – wie etwa die Holzleitern der emsigen Bibliothekare – eine Nummer größer aus als anderswo.

DORNRÖSCHENS REICH

Welch ein Augen- und Nasenschmaus! Wenn ab Ende Mai im Volksgarten die Rosen erblühen, kann man sich im Herz des alten Habsburgerreichs an der Königin der Blumen erfreuen. Mehrere Tausend Rosen gedeihen hier, darunter sehr alte Züchtungen, eine schöner als die andere. Ein Traum aus Farben und Düften, mal sinnlich-betörend, mal lieblich-dezent. Wer sich in eine dieser Schönheiten verliebt, kann ihr Pate werden.

Ein Palast, viele Museen

Neue Hofburg

Südwestlich an die Alte Hofburg schließt die Neue Hofburg an, im neubarocken »Ringstraßenstil« erbaut von Carl von Hasenauer, Gottfried Semper u. a. und Sitz hervorragender Museen: Um die Wende vom 19. zum 20. Jh. förderten österreichische Archäologen im antiken Ephesos an der Küste Kleinasiens Statuen, Reliefs und Bronzen zu Tage, die als Geschenk des Sultans an den Kaiser nach Wien gelangten und heute im **Ephesos-Museum** zu sehen sind. Es ist über das **Haus der Geschichte Österreich** am Heldenplatz zugänglich, das im November 2018 anlässlich des 100-jährigen Jubiläums der Republik Österreich eröffnet wurde. Dieses widmet sich der Zeitgeschichte der Alpenrepublik.

Bereits ein Jahr zuvor wurde das komplett sanierte und umgebaute **Welt Museum Wien** wiedereröffnet, das wertvolle Artefakte aus der ganzen Welt besitzt. Ihm angeschlossen ist die **Sammlung alter Musikinstrumente** im Mittelteil der Neuen Hofburg, die einzigartige Bestände aus der Renaissance und eine umfangreiche Kollektion von Klavieren umfasst, darunter Instrumente von Joseph Haydn, Gustav Mahler und Richard Strauss. Zu einer der bedeutendsten Sammlungen ihrer Art zählt die **Hofjagd- und Rüstkammer** der Neuen Hofburg.

Ephesos-Museum/Haus der Geschichte Österreich: Di.–So. 10–18, Do. bis 21 Uhr | Eintritt: 9 € | www.khm.at oder www.hdgoe.at
Welt Museum Wien: Do.–Di. 10–18, Di. bis 21 Uhr | Eintritt: 16 € inkl. Musikinstrumentensammlung und Rüstkammer
www.weltmuseumwien.at

Napoleon schafft Platz

Burggarten

Napoleon hatte 1809 die Burgbasteien sprengen lassen – durchaus zur Freude des Wiener Hofs: Endlich war Raum für einen kaiserlichen Garten entstanden, der allgemein »Promenade« genannt wurde. Im Burggarten südöstlich der Neuen Hofburg stehen Denkmäler berühmter Männer wie Mozart, Goethe oder Franz Joseph I. Eine Attraktion ist das **Palmenhaus**, ein gläsernes Juwel der Jugendstilzeit: Im Mittelteil beherbergt es eine schicke Cafébar, rechts hat die Bundesgartenverwaltung ein Pflanzendepot und links findet man ein **Schmetterlingshaus**.

Schmetterlingshaus: April–Okt. Mo.–Fr. 10–17, Sa. u. So. bis 18.30, Nov.–März tgl. 10–16 Uhr | Eintritt: 9 | € www.schmetterlinghaus.at

Hoch zu Ross

Heldenplatz

Das von 1821 bis 1824 erbaute, 1934 zum Heldendenkmal umgestaltete **Burgtor** ist der südwestliche Abschluss des Heldenplatzes. Die **Reiterstandbilder** stellen Prinz Eugen und Erzherzog Karl dar. Hier verkündete am 15. März 1938 Adolf Hitler vom Altan der Neuen Hofburg den »Anschluss Österreichs« – unter dem Jubel einer riesigen Menschenmenge.

Blühender Gesinnungswandel

Volksgarten

Der Volksgarten wurde ab 1819 als Privatgarten der Habsburger angelegt. Doch die hohen Herrschaften besannen sich anders, und so feierten die Wiener am 1. März 1823 die Öffnung des ersten Parks aus Hofbesitz für die Allgemeinheit. In der bezaubernden Anlage verteilen sich **Denkmäler**, darunter eines für Kaiserin Elisabeth.

Die Ringstraße entlang

Vom Befestigungs- zum Flanierring

Prunkstraße Wiens

Ab 1859 wurde die Ringstraße auf den mittelalterlichen Befestigungen angelegt, sie besteht – gegen den Uhrzeigersinn – aus Schottenring, Dr.-Karl-Lueger-Ring, Dr.-Karl-Renner-Ring, Burgring, Opernring, Kärntner Ring, Schubertring, Parkring und Stubenring. Sie umschließt die innere Stadt auf einer Länge von 4 km auf drei Seiten, die vierte Seite bildet der Franz-Josefs-Kai am Donaukanal.

»Die Burg« ...

Burgtheater

... wurde nach Plänen von Hasenauer und Semper erbaut und gehört zu den **traditionsreichsten Theaterbühnen** im deutschen Sprachraum. Hier konnte und kann man so berühmte Mimen wie Attila Hörbiger, Paula Wessely, Klaus Maria Brandauer, Erika Pluhar, Ulrich Tukur oder Eva Mattes erleben. In den Treppenhäusern sieht man Fresken von Gustav und Ernst Klimt sowie Franz Matsch, die Räume sind im französischen Barock ausgestaltet.

Kartenverkauf Tel. 01 5131513, tgl. 10–19 Uhr | Führung Do. u. Fr. 15, Sa. u. So. 11 Uhr | Eintritt: 8 € | www.burgtheater.at

Wiens Chefetage

Rathaus

Das neugotische Rathaus gegenüber (erbaut 1872–1883) ist Sitz des Wiener Stadt- bzw. Landesparlaments und Hauptverwaltungsgebäude der Stadtgemeinde. Wahrzeichen ist der **»Eiserne Rathausmann«** auf dem knapp 98 m hohen Rathausturm, der damit auch Hofburg und Parlament überragt – an Selbstbewusstsein hat es den Wiener Bürgern eben nie gefehlt.

Führungen Mo., Mi. u. Fr. (sofern keine Sitzung) 13 Uhr | Eintritt: frei

Reminiszenz an die Wiege der Demokratie

Parlament

Im Parlamentsgebäude am Dr.-Karl-Renner-Ring, das in Anspielung auf den Ursprung der Demokratie von 1873 bis 1883 in griechisch-antiker Form mit korinthischen Säulen und reichem Schmuck an Attiken und Giebeln errichtet wurde, halten seit 1918 der National- und der Bundesrat ihre Sitzungen ab. Nach einer Generalsanierung wurde das Haus 2023 feierlich wieder an die Abgeordneten übergeben.

tgl. Führungsangebot (kostenlos) | www.parlament.gv.at

Die ganze Welt in einem Haus

Naturhistorisches Museum

Am Burgring folgt das Naturhistorische Museum mit einer der bedeutendsten naturwissenschaftlichen Sammlungen Europas. Gegründet von Franz I. Stephan als Naturalienkabinett, machte es seine Gemahlin Maria Theresia 1765 öffentlich zugänglich. Das Museum bietet fantastische Mineralien- und Edelsteinfunde aus aller Welt, Fossilien, prähistorische Funde wie die 27 000 Jahre alte **»Venus von Willendorf«** oder die 32 000 Jahre alte »Venus vom Galgenberg«, sowie eine hervorragende botanische und zoologische Abteilung. Derzeit wälzt man Pläne für eine Umgestaltung und Erweiterung.

Do.–Mo. 9–18, Mi. bis 20 Uhr | Eintritt: 16 € | www.nhm-wien.ac.at

Museum total

Kunsthistorisches Museum

Gegenüber liegt der Zwillingsbau zum Naturhistorischen, das Kunsthistorische Museum mit **einer der bedeutendsten Kunstsammlungen der Welt**. Im Hauptgebäude untergebracht sind die Ägyptisch-Orientalische Sammlung, die Antikensammlung, die Gemäldegalerie

KUNSTHISTORISCHES MUSEUM

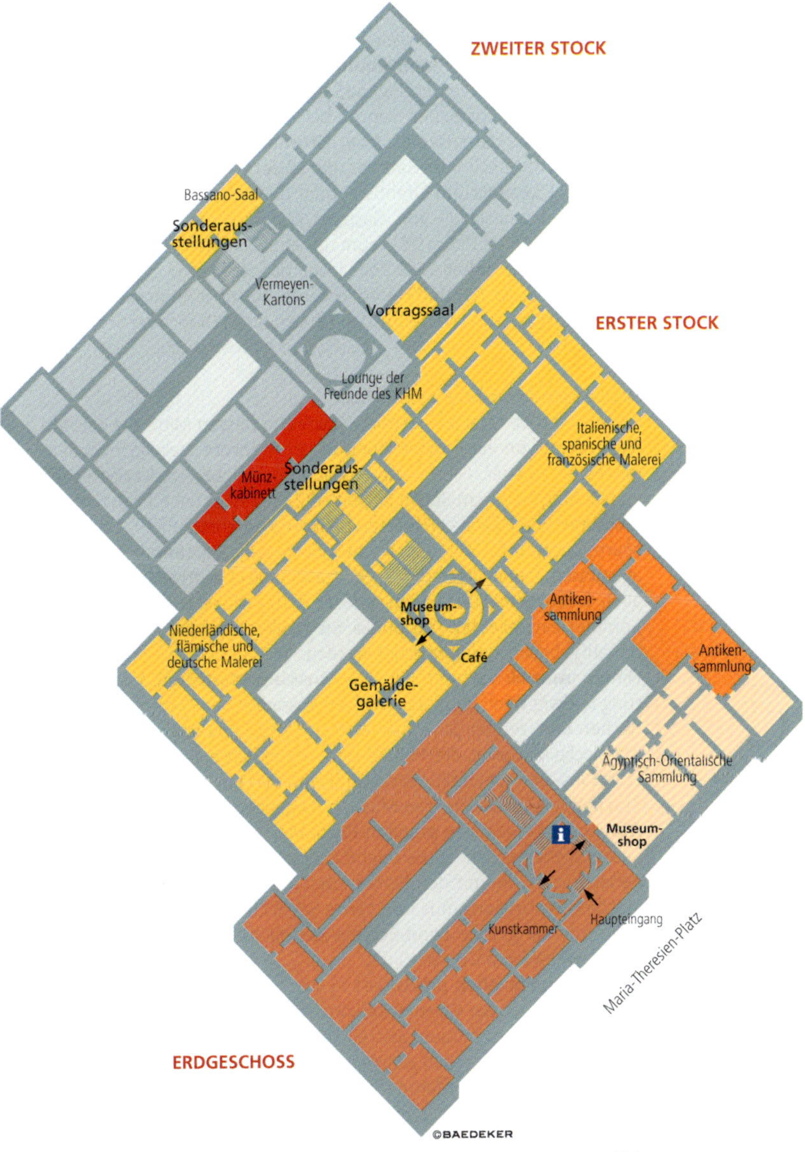

mit Meisterwerken der europäischen Malerei (u. a. von Bruegel d. Ä., Rembrandt, Rubens, Dürer, Tizian, Raffael und Caravaggio) und das Münzkabinett. Einen besonderen Schatz hütet die **Kunstkammer**: Hier präsentiert sich das von Kaisern und Fürsten ab dem späten Mittelalter gesammelte Wissen auf sehr anschauliche Weise, etwa in Form der **Wiener Planetenuhr** des kaiserlichen Kammeruhrmachers Jobst Bürgi, die bereits 1605 das heliozentrische Weltbild wiedergab – trotz päpstlichen Bannes bis 1757. Weitere Highlights sind hier die Kalksandsteinskulptur der **Krumauer Madonna** (um 1400, Raum 36), das berühmte Salzfass, die **Saliera** (1540/1543, Raum 29) aus Gold, Ebenholz und Elfenbein, oder die mit Rubinen, Smaragden, Perlen und Lapislazuli von Gasparo Miseroni verzierte **Drachenschale** (um 1570, Raum 28) – um nur einige zu nennen.
Einen Abstecher lohnt auch der Museumsshop, der u. a. auch kunstvoll gestaltete Tücher und Honig verkauft. Dieser stammt von Bienenvölkern, die auf dem Museumsdach emsig ihren Dienst verrichten.

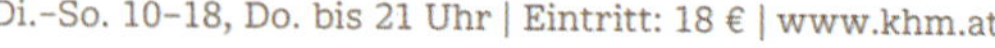
Di.–So. 10–18, Do. bis 21 Uhr | Eintritt: 18 € | www.khm.at

Heimstatt der modernen Kunst

Südwestlich des Maria-Theresien-Platzes, in dessen Mitte die Kaiserin eingerahmt von ihren männlichen Beratern thront, gelangt man zum MuseumsQuartier. Hinter den Fassaden der ehemaligen kaiserlichen Hofstallungen, einem 360 m langen, 1723 bis 1725 nach Plänen von J. B. Fischer von Erlach errichteten Baukomplex, entstand 2021 das MuseumsQuartier für zeitgenössische interdisziplinäre Kunst- und Kulturaktivitäten – einer der größten Kulturkomplexe weltweit. Das Areal – auch Gastronomie und Läden gehören dazu – ist frei zugänglich und im Sommer ein beliebter Treffpunkt. Bis 2030 soll der versiegelte Innenhof aufgebrochen und begrünt werden.
Hinter **mumok** verbirgt sich das **Museum Moderner Kunst**, Stiftung Ludwig Wien, eine der größten europäischen Sammlungen moderner und zeitgenössischer Kunst. Seine Schwerpunkte sind die Klassische Moderne, die 1960er- und 1970er-Jahre, Fluxusobjekte, Installations- und Objektkunst der jüngsten Zeit und Medienkunst.
Eines der sehenswertesten Museen im ganzen Land ist das **Leopold Museum**, das aus den privaten Beständen von Rudolf und Elisabeth Leopold entstanden ist. Es zeigt österreichische Kunst seit dem ausgehenden 19. Jh. mit den Schwerpunkten Jugendstil, Wiener Werkstätten, Expressionismus und Neue Sachlichkeit. Bekannt ist es vor allem für die größte Egon-Schiele-Sammlung der Welt und für die Spitzenwerke von Gustav Klimt.
Die **Kunsthalle Wien** präsentiert in Wechselausstellungen Tendenzen und Strömungen der Gegenwartskunst. Internationale Entwicklungen in der Architektur, eine Dauerausstellung österreichischer Architektur des 20. Jh.s und Werkschauen gibt es im **Architekturzentrum Wien** zu sehen. Zum Anfassen und Mitmachen geht es ins **ZOOM Kindermuseum**.

www.mqw.at
mumok: Di.–So. 10–18 Uhr | Eintritt: 15 € | www.mumok.at
Leopold Museum: Mi.–Mo. 10–18 Uhr | Eintritt: 15 €
www.leopoldmuseum.org
Kunsthalle Wien: Di.–So. 11–19 Uhr | Eintritt: 8 €
www.kunsthallewien.at
Architekturzentrum: tgl. 10–19 Uhr | Eintritt: 9 € | www.azw.at

Die jungen Wilden der Kunstszene

Secession

An der Wienzeile steht die berühmte Secession in der Friedrichstraße 12, Ausstellungsgebäude der gleichnamigen innovativen Künstlervereinigung der Wiener Moderne. Das vom Otto-Wagner-Schüler

RUHEPOL KAFFEEHAUS

Von der Secession aus sind es keine drei Minuten bis zum Cafe Sperl. Eine bekannte Adresse, aber noch nicht vom Publikumserfolg ruiniert. Eine große Auswahl an Zeitungen, ringsum Gäste, die genau dasselbe tun und wollen wie man selbst: Eine Melange trinken, die erste Zeitung studieren, eine zweite, vielleicht einen Topfenstrudel bestellen. Jegliche Hektik bleibt draußen. (Gumpendorfer Str. 11, www.cafesperl.at).

Josef Maria Olbrich konzipierte und 1898 eröffnete Gebäude, der erste und Epoche machende Bau des Wiener Jugendstils, ist an seiner Kuppel erkennbar: einem Lorbeerbaum aus vergoldeter Bronze, respektlos »goldenes Krauthappl« (Krautkopf) genannt. Das bekannteste Ausstellungsstück ist der gewaltige **Beethovenfries** von Gustav Klimt (▶ S. 544).

Di.–So. 10–18 Uhr | Eintritt: 12 € | www.secession.at

Naschmarkt

Der Bauch von Wien

Stadtauswärts verläuft die Wienzeile parallel zum überwölbten Fluss Wien. Geplant war hier ein Prachtboulevard bis zum Schloss Schönbrunn, letztendlich siedelte man den Naschmarkt, einen Nahrversorgermarkt für Lebensmittel, an dieser Stelle an. Bis in die 1990er hinein wurde am Naschmarkt der tägliche Einkauf erledigt, mittlerweile sind in die historischen Markstände (ab 1902) schicke Delikatessenläden und Lokale eingezogen. Heute ist der Markt eine Touristenattraktion und beliebte Genussmeile. Am westlichen Ende wird jeden Samstag ab etwa 6.30 Uhr ein Flohmarkt abgehalten – der einzig nennenswerte der Stadt.

Mo.–Sa. je nach Witterung ca. 8–24 Uhr

Wienzeile

Hübsch herausgeputzt

Beachtung verdienen die vielen schönen Häuser, die die Wienzeile beiderseits säumen, etwa die beiden prächtigen **Jugendstilfassaden** an der Linken Wienzeile Nr. 38 und 40. Etwas unscheinbarer ist an Nr. 6 das **Theater an der Wien**, neben dem Leopoldstädter Theater und dem Theater in der Josefstadt das dritte der bekannten Wiener Vorortheater. Hier wurde 1791 Mozarts »Zauberflöte« und 1805 Beethovens »Fidelio« uraufgeführt. Lange Zeit eine beliebte Musicalbühne, ist es seit 2006 Wiens Neues Opernhaus.

Karlsplatz und -kirche

Ganz schön groß(-artig)

Auf den Karlsplatz trifft man östlich der Friedrichstraße. An seiner Nordseite stehen die Handelsakademie, das Künstlerhaus und das Gebäude des **Musikvereins** mit dem Goldenen Saal. Hier lehrten Gustav Mahler und Hugo Wolf, begeisterten Furtwängler, Böhm, Karajan, Bernstein und Abbado das Publikum. Der **Goldene Saal** zählt zu den Konzertsälen mit der weltweit besten Akustik. Von hier aus wird das Neujahrskonzert der Wiener Philharmoniker in über 90 Länder übertragen. Auch Architekturfreunde erwartet am Karlsplatz eine Attraktion: die **Pavillons**, die 1901 vom Jugendstilarchitekten Otto Wagner als Stationsgebäude für die Stadtbahn entworfen wurden, hier mit Marmor und Goldauflage besonders kostbar ausgestattet. Einer davon dient für Wechselausstellungen und für die permanente Schau des Wien Museums zu Leben und Werk Otto Wagners.

Anschaulich präsentiert das **Wien Museum** an der Ostseite des

Karlsplatzes die Geschichte und Entwicklung der Donaumetropole von der Steinzeit bis zur Mitte des vergangenen Jahrhunderts. Für einen umfassenen Neubau ist es bis Ende 2023 geschlossen. Die Website informiert über in diesem Zeitraum geplante Sonderausstellungen an anderen Standorten.

Wuchtig flankiert schließlich die **Karlskirche** den Platz im Süden. Die von Vater und Sohn Fischer von Erlach erbaute Kirche ist der bedeutendste barocke Sakralbau Wiens. Kaiser Karl VI. hatte gelobt, nach dem Ende der Pestepedemie 1713 eine Kirche errichten zu lassen. Sie ist dem Pestheiligen Karl Borromäus geweiht. Alle Kronländer mussten den Bau mitfinanzieren – sogar Hamburg war mit Strafgeldern wegen der Zerstörung der österreichischen Gesandtschaftskapelle in der Hansestadt daran beteiligt. Die spiralförmigen Reliefbänder der beiden 33 m hohen Triumphsäulen zeigen Szenen aus dem Leben des Heiligen. Der Innenraum besticht durch seine gewaltige Raumwirkung, dominante Kunstwerke sind Rottmayrs Kuppel- und Orgelfresko sowie der Hochaltar.

Musikverein: Führungen Mo.–Sa. 13.45 Uhr (außer es sind Proben angesetzt) | Eintritt: 9 € | www.musikverein.at

Otto-Wagner-Pavillon: Mitte März–Okt. Di.–So. 10–13 u. 14–18 Uhr Eintritt: 5 €

Wien-Museum: www.wienmuseum.at, www.wienmuseumneu.at

Karlskirche: Mo. bis Sa. 9–18, So. 12–19 Uhr | Eintritt: 9,50 € inkl. Panoramalift zur Kuppel | www.karlskirche.at

Musik für alle Sinne

Östlich vom Karlsplatz liegt der lange Schwarzenbergplatz. Nach Überquerung des Rings steht am Ende der Schwarzenbergstraße (Seilerstätte 30) das Haus der Musik. Es ist mit einer interessanten Konzeption ausgestattet: Besucher sind eingeladen, Musik zu hören und zu fühlen. Jeder kann virtuell dirigieren, eigene Musik komponieren und dank interaktiver Einrichtung spielerisch musizieren. Wiener Musiker wie Haydn, Mozart, Beethoven, Schubert, Strauß, Mahler oder Schönberg werden durch Dokumente, Kostüme und Theaterzettel in ihrem Lebensumfeld vorgestellt.

tgl. 10–22 Uhr | Eintritt: 16 € | www.hausdermusik.at

Ein begehrtes Model

1862 wurde am Ring die **erste öffentliche Parkanlage Wiens** im Stil eines englischen Landschaftsgartens eröffnet. Sehenswert sind vor allem die Wienflussüberbauten aus dem Fin-de-Siècle sowie die vielen Denkmäler, u. a. für Franz Schubert, Franz Lehar (▶ Interessante Menschen), Robert Stolz, Hans Markart und Anton Bruckner. Mit dem meist von Touristen aus aller Welt belagerten goldenen **Johann-Strauß-Denkmal** (Abb ▶ S. 549) ist hier auch eines der am häufigsten fotografierten Standbilder der Welt zu finden.

Museum für Angewandte Kunst (MAK)

Design und Handwerkskunst vom Feinsten

Am nördlichen Ende des Stadtparks steht das Museum für Angewandte Kunst (MAK). Diesem Museum verdankt die gewerbliche, industrielle und künstlerische Entwicklung Österreichs wesentliche Impulse. Gegründet wurde es 1864 nach dem Vorbild des Londoner South Kensington Museum (heute Victoria & Albert Museum). 1868 kam eine Kunstgewerbeschule dazu – heute selbstständige Hochschule für Angewandte Kunst –, die erstmals eine systematische kunsthandwerkliche Ausbildung bot. In elf Sälen präsentiert die Schausammlung epochenbezogen Objekte aus dem umfangreichen Fundus, während sich im Tiefgeschoss jeder Studienraum einem ganz bestimmten Materialbereich widmet.

Mi.–So. 10–18, Di. bis 21 Uhr | Eintritt: 15 € | www.mak.at

Schloss Schönbrunn

April–Okt. tgl. 8.30–17.30, Nov.–März 8.30/9–17 Uhr
Eintritt: Imperial Tour (22 Räume) 24 €, Grand Tour (40 Räume) 29 €, Schlosspark frei | www.schoenbrunn.at

Geschichte

Imperiales Wettbauen

Nach dem Sieg über die Türken 1683 plante J. B. Fischer von Erlach im Auftrag Kaiser Leopolds I. ein Schloss auf dem Gloriettehügel, das Versailles an Größe und Pracht übertreffen sollte. Entstanden ist ab 1696 das dann doch etwas »bescheidenere« Barockschloss Schönbrunn – was angesichts der 1441 Zimmer und Säle kaum vorstellbar ist. Hier quartierte sich Napoleon 1805 und 1809 in den Lieblingsräumen von Maria Theresia ein, tanzte 1814/1815 der Wiener Kongress, verzichtete 1918 Karl I. auf die Regentschaft und schlug 1945 der britische Hochkommissar sein Hauptquartier auf. 1996 wurde die ehemalige **Sommerresidenz der Habsburger** in die Weltkulturerbe-Liste der UNESCO aufgenommen. Heute ist Schönbrunn die meistbesuchte Sehenswürdigkeit Österreichs. Neben den Prunkräumen im Schloss und der Wagenburg sind noch die ausgedehnten Parkanlagen mit Gloriette, Palmenhaus und Tiergarten zu entdecken.

Prunkräume

Kaiserliches Wohnen und Arbeiten

Durch seine schlichte Ausstattung steht das **Schreibzimmer** Franz Josephs I. (Raum 4) in scharfem Gegensatz zum üppigen Dekor des **Audienzzimmers** und zeigt zahlreiche Bilder und Fotos aus dem Privatleben des Kaisers, darunter viele von Kaiserin Elisabeth. Im einfachen Soldatenbett des **Schlafgemachs** (Raum 5) starb Franz Joseph I. am 21. November 1916 im Alter von 86 Jahren nach einer Regierungszeit von fast 68 Jahren. Das **Stiegenkabinett** (Raum 7) diente Kaiserin Elisabeth als Schreibzimmer, ihr Toilettenzimmer der

Die Große Galerie bildet das Zentrum der Prunkräume. In der 40 m langen Halle tanzte die höfische Gesellschaft.

Schönheitspflege und dem Sport. Im **Marie-Antoinette-Zimmer** (Raum 11) wurde zu Zeiten Franz Josephs I. gegessen – eine hastige Anlegenheit, denn sobald der Kaiser, der sehr schnell aß, fertig war, hob man die Tafel auf. Das holzgetäfelte **Kinderzimmer** (Raum 12) ist mit Porträts der 14 Kinder von Maria Theresia geschmückt. Im **Spiegelsaal** (Raum 16) nahm die Monarchin die Vereidigung ihrer Minister vor, hier musizierte 1762 der sechsjährige Mozart vor Maria Theresia. Die **Große Galerie** (Raum 21) bildete den glanzvollen Rahmen für Festbankette, Empfänge und Bälle des Hofes. Handgemalte fernöstliche Tapeten, blau-weiße japanische Vasen und hellblaue Seide dekorierten das Ende der Monarchie: Im **Blauen Chinesischen Salon** (Raum 28) unterzeichnete Kaiser Karl I. 1918 die Verzichtserklärung auf die Regentschaft. Raum 29, das luxuriöse **Vieux-Laque-Zimmer**, vereinigt ostasiatische Kunst mit Wiener Rokoko. Maria Theresias Privatsalon ist mit kostbarem Rosenholz getäfelt – daher auch der Name **»Millionenzimmer«** (Raum 32). 260 indische und persische Miniaturen unter Glas, die die Kaiserin aus Konstantinopel bringen ließ, sind in die Täfelung eingelassen. Raum 37 beherbergt das **Prunkbett** aus rotem Samt und kostbarer Gold-Silber-Stickerei, das früher in Maria Theresias Räumen in der Hofburg stand.

SCHLOSS UND PARK SCHÖNBRUNN

BAEDEKER WISSEN

Das Schloss mit zwei langen Seitenflügeln, einem weiten Ehrenhof und einer Freitreppe zum Garten wurde unter Maria Theresia zum strahlenden Mittelpunkt des Hofes. Im Schlossgarten liegen die Palmenhäuser und Wiens Tiergarten.

1 Ehrenhof
Zwei Brunnen zieren die dem Park abgewandte Hauptfront. Hier befindet sich der Hauptzugang für die Schlossbesucher.

2 Kronprinzengarten
1865 eröffnete der Kronprinzengarten an der Ostfassade des Schlosses. Im Sommer fühlen sich in diesem windgeschützten, vertieften Garten die wertvollsten Zitronenbäume aus der Sammlung der Bundesgärten wie zu Hause.

3 Großes Parterre
Rückgrat des Gartens ist das Große Parterre, das mit den streng symmetrischen Beeten den hohen Ansprüchen der barocken Gartenkunst entspricht.

4 Irrgarten und Labyrinth
Der 1700 m² große Irrgarten wurde nach historischem Vorbild von 1720 wiederhergestellt. Im Zentrum befinden sich eine Aussichtsplattform und zwei Feng-Shui-Harmoniesteine. Im Labyrinth gibt es lustige Spiele für Groß und Klein auszuprobieren.

5 Neptunbrunnen
Der Neptunbrunnen bildet die südliche Begrenzung des Gartenparterres. Um 1780 gestaltete Zauner die Dekoration, für die er Steinskulpturen nach Motiven aus der griechischen Mythologie lieferte.

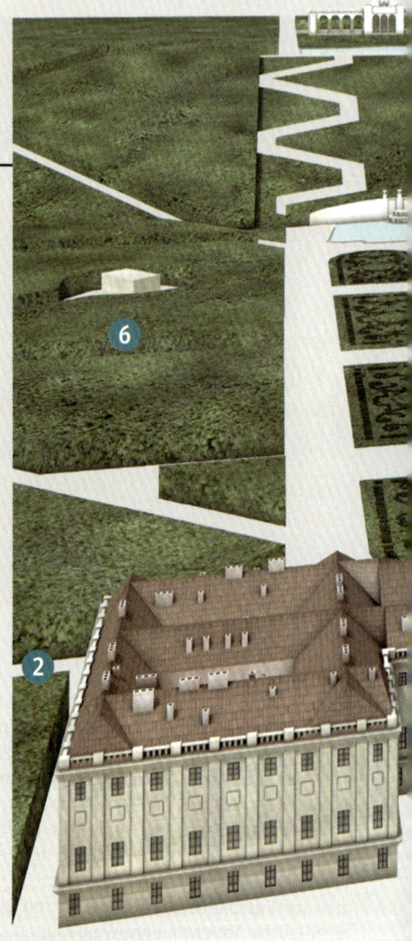

6 Schöner Brunnen
Die alte Quelle, das »Kaiserbrünnl«, gab dem Schloss seinen Namen. Kaiser Matthias (1557–1619) entdeckte sie während der Jagd. 1799 erhielt sie einen grottenartigen Pavillon, in dem die Nymphe Egeria, geschaffen von Johann Christian Beyer, das Wasser spendet.

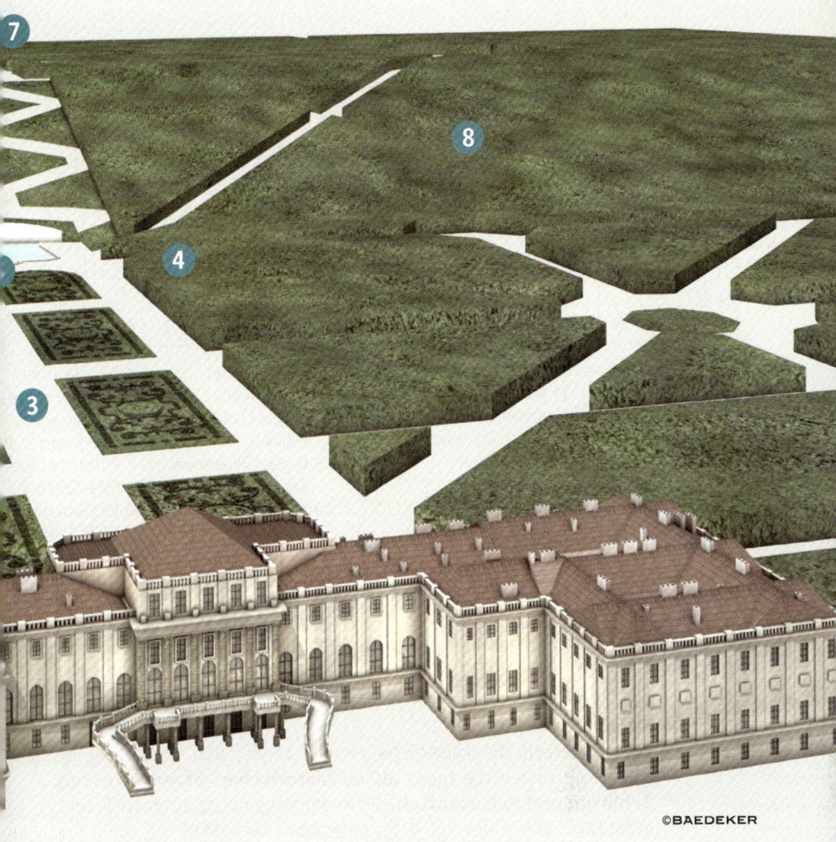

7 Gloriette

Serpentinenwege führen hinter dem Neptunbrunnen den Hügel hinauf zur klassizistischen Säulenhalle der Gloriette, die Hetzendorf 1775 dort als krönenden Abschluss der Parkanlage aufstellen ließ. Zwischen 1993 und 1997 wurde die Gloriette restauriert, wobei der Mitteltrakt seine einstige Verglasung zurückerhielt. Das ehemalige Sommerspeisezimmer des Kaisers ist von einer prachtvollen Kuppeldecke gekrönt.

8 Tierpark

Der älteste Tiergarten der Welt liegt im westlichen Teil des Parks. Hier lösen Pandas und Eisbären die Kaiser als Stars ab.

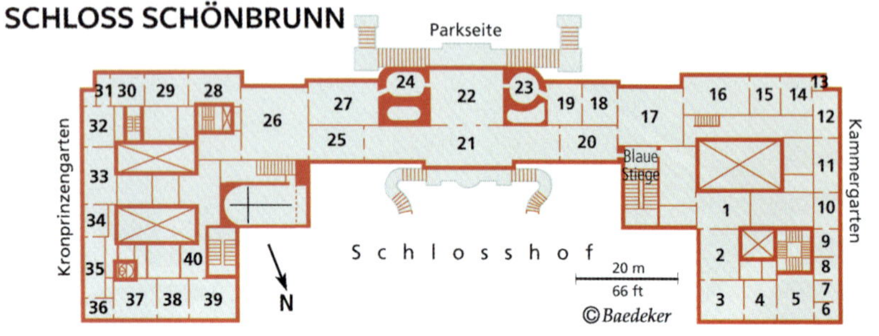

1 Gardezimmer
2 Billardzimmer
3 Nussbaumzimmer
4 Schreibzimmer von Kaiser Franz Joseph I.
5 Schlafzimmer von Kaiser Franz Joseph I.
6 Terassenkabinett West
7 Stiegenkabinett
8 Toilettezimmer
9 Gemeinsames Schlafzimmer von Kaiser Franz Joseph I. und Kaiserin Elisabeth
10 Salon der Kaiserin Elisabeth
11 Marie Antoinette Zimmer
12 Kinderzimmer
13 Frühstückszimmer
14 Gelber Salon
15 Balkonzimmer
16 Spiegelsaal
17 Großes Rosa Zimmer
18 Erstes Kleines Rosa Zimmer
19 Zweites Kleines Rosa Zimmer
20 Laternenzimmer
21 Große Galerie
22 Kleine Galerie
23 Rundes Chinesisches Kabinett
24 Ovales Chinesisches Kabinett
25 Karussellzimmer
26 Zeremoniensaal
27 Rösselzimmer
28 Blauer Chinesischer Salon
29 Vieux-Laque Zimmer
30 Napoleonzimmer
31 Porzellanzimmer
32 Millionenzimmer
33 Gobelinsaal
34 Schreibzimmer de Erzherzogin Soph
35 Roter Salon
36 Terassenkabinett
37 Schlafzimmer
38 Schreibzimmer vo Erzherzog Franz K
39 Salon von Erzherzog Franz K
40 Jagdzimmer

Mobilität der Royals

Wagenburg

Wie seinerzeit die kaiserliche Familie reiste, von unauffällig bis prunkvoll, zeigen die mehr als 60 **historischen Staatskarossen**, **Schlitten und Reisesänften**, die in der Wagenburg ausgestellt sind.
Mitte März–Mitte Nov. tgl. 9–17, Mitte Nov.–Mitte März tgl. 10–16 Uhr
Eintritt: 12 € | www.kaiserliche-wagenburg.at

Alles streng nach Plan

Schönbrunner Park

1706 angelegt, erhielt der Park seine heutige Gestalt zwischen 1765 und 1780. Er kombiniert naturbelassene Elemente, geometrische Blumenparterres, eine stattliche Reihe von Marmorskulpturen, architektonische Akzente wie den Neptunbrunnen oder die römische Ruine und barocke Spielereien wie den Irrgarten zu seinem Gesamtkunstwerk. Den **japanischen Garten** zwischen Palmenhaus und Tiergarten hat man nach alten Vorlagen restauriert. Südwestlich des Neptunbrunnens steht – als Namensgeber für das Schloss – der Schöne Brunnen. Die klassizistische Säulenhalle der **Gloriette** wurde erbaut zur Erinnerung an die Schlacht von Kolin (1757), in der das Heer Friedrichs des Großen besiegt wurde. Heute dient das von einer prachtvollen Kuppeldecke gekrönte

Sommerspeisezimmer des Kaiserhauses als Kaffeehaus. Von der **Aussichtsterrasse** hat man einen herrlichen Blick über den Park, das Schloss und die Stadt.

Park: tgl. 6.30 Uhr bis Abenddämmerung | Eintritt: frei
Gloriette: tgl. ab 9.30, April–Juni bis 17.30, Juli u. Aug. bis 18.30, Sept. u. Okt. bis 17 Uhr | Eintritt: 5 €

Tiergarten

Pandas!

An der Westseite des Schönbrunner Parks liegt der Schönbrunner Tiergarten, der auf die Menagerie Franz' I. aus dem Jahr 1752 zurückgeht und somit als **ältester Zoo der Welt** gilt. In den vergangenen Jahrzehnten hat man hier viel investiert, um die historische Bausubstanz an die Bedürfnisse artgerechter Tierhaltung anzupassen. So wurde etwa ein altes Palmenhaus zu einem modernen Orang-Utan-Gehege umgestaltet oder ein Polarium für Pinguine gebaut. Publikumslieblinge sind aber die knuddeligen Pandas – europaweit gelingt es nur fünf Zoos, die Bären zu halten.

April–Sept. tgl. 9–18.30 Uhr, Winter kürzer geöffnet | Eintritt: 26 €
www.zoovienna.at

Palmenhaus

Nur nicht mit Steinen werfen!

Nördlich vom Tiergarten steht das **größte Glashaus Europas**. Die Eisen-Glas-Konstruktion wurde 1883 von Franz Segenschmid erbaut und zeigt in drei Abteilungen exotische Pflanzenwelten.

Palmenhaus: Mai.–Sept tgl. 9.30–18, Okt.–April bis 17 Uhr
Eintritt: 7 € | www.bundesgaerten.at

Wohin noch im Wiener Stadtgebiet

Augarten (2. Bezirk, Leopoldstadt)

Feines aus Porzellan

Wiens älteste Parkanlage, der 52 ha große Augarten, erstreckt sich zwischen dem Donaukanal und dem Nordwestbahnhof. Er wurde Mitte des 17. Jh.s als kaiserlicher Lustgarten angelegt, 1775 jedoch auf Wunsch von Kaiser Joseph II. als »allen Menschen gewidmeter Erlustigungsort« für das Wiener Publikum freigegeben. Im **Augarten-Palais** ist seit 1948 das Internat der Wiener Sängerknaben, im benachbarten Gartensaal die **Porzellanmanufaktur Augarten** mit Museum untergebracht.

Porzellanmuseum u. Shop: Mo.–Sa. 10–17 Uhr | Eintritt: 8 €
www.augarten.com

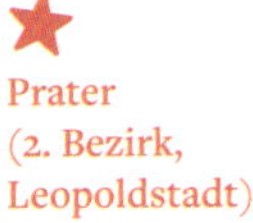

Prater (2. Bezirk, Leopoldstadt)

Fun und Action in historischem Ambiente

Fast eine Welt für sich ist der riesige Park zwischen Donau und Donaukanal: Das gesamte Areal wurde 1766 von Joseph II. für alle seine Untertanen geöffnet, nachdem es zuvor seit Kaiser Maximilian als Jagdgebiet gedient hatte; es erstreckt sich auf 600 ha vom Praterstern bis zum Winterhafen an der Donau. Im innenstadtnahen Teil liegt der **Wurstelprater**. Hier mischen sich nostalgische und typische Altwiener Fahrgeschäfte wie Autodrome, Schaukeln, Karussells, Schießbuden, Geister- und Grottenbahnen mit modernen Attraktionen wie sich mehrfach überschlagenden Riesengondeln oder ähnlich magenstrapazierenden Erfindungen. Glanzstück und eines der bekanntesten Wiener Wahrzeichen ist das **Riesenrad** am Pratereingang. Die in der Rekordzeit von acht Monaten errichtete Eisenkonstruktion des Engländers Walter Basset wurde 1897 in Betrieb genommen. Im Krieg zerstört und danach wieder aufgebaut, dreht sich das 61 m hohe Riesenrad seit 1946 ohne Unterlass. Der Platz drum herum sieht heute sehr nach Disneyland aus. Als große Attraktion gilt hier das **Wachsfigurenkabinett Madame Tussauds Wien**.

Im mittleren Teil geht der Vergnügungspark in eine **Parklandschaft** über, den die schnurgerade, 4,5 km lange Hauptallee mit einer recht ursprünglichen Auenlandschaft im hinteren Teil verbindet. Auch das Ernst-Happel-Stadion, das Stadionbad und die beiden Pferderennbahnen Krieau und Freudenau sind im und am Prater zu Hause.

www.prater.at, www.praterwien.com

Riesenrad: Ende April–Anf. Okt. tgl. 9–23.45 Uhr, sonst verkürzte Öffnungszeiten | Eintritt: 13,50 € | www.wienerriesenrad.com

Madame Tussauds Wien: tgl. 10–18, Sommerferien bis 20 Uhr Eintritt: 24 €, online günstiger | www.madametussauds.com

Kunterbunt

KunstHaus Wien (3. Bezirk, Landstraße)

Östlich der Innenstadt, in der Unteren Weißgerberstr. 13, war einst die Thonet-Sesselfabrik untergebracht. Mit dem KunstHaus setzte sich **Friedensreich Hundertwasser** ein doppeltes Denkmal: der Museumsbau, selbst ein Kunstwerk, dient als Ausstellungsort für das vielfältige Œuvre des Architekturrebellen.

Einige Querstraßen südlich des KunstHauses, Ecke Löwengasse/Kegelgasse, entstand nach dem Entwurf von Hundertwasser 1983 bis 1985 das **»natur- und menschenfreundliche Haus«** mit 50 Wohnungen. Bunt bemalte Fassaden, goldene Zwiebeltürme, abgerundete Ecken und unterschiedlich große Fenster charakterisieren den Komplex; dessen Konzeption namens »Toleranz der Unregelmäßigkeiten« setzte etliche Diskussionen in Gang.

KunstHaus: tgl. 10–18 Uhr | Eintritt: 12 € | www.kunsthauswien.com

Kunst im Schloss

Belvedere-Schlösser (3. Bezirk, Landstraße)

Das Schloss von Versailles vor Augen, ließ **Prinz Eugen von Savoyen** ab 1700 südlich des Schwarzenbergplatzes von Lukas von Hildebrandt seine Sommerresidenz erbauen. 1716 wurde der Wohnsitz des Prinzen, das Untere Belvedere, fertig gestellt, 1722 das zur Repräsentation gedachte Obere Belvedere. Beide Schlösser sind durch einen hübschen Terrassengarten verbunden, der im hinteren Teil den ältesten Alpengarten der Welt beherbergt. Von der **Terrasse** des Oberen Belvedere bietet sich ein herrlicher Blick auf die Türme Wiens und die Höhenzüge des Wienerwalds.

Im **Unteren Belvedere** sind wechselnde Ausstellungen zu sehen, doch der Besuch lohnt auf jeden Fall wegen des prächtigen Marmorsaals, der repräsentativen Marmorgalerie, der fensterlosen Wände des barocken Groteskensaals und des aufwendig gestalteten **Goldkabinetts** mit Balthasar Permosers »Apotheose des Prinzen Eugen«. Außerdem erhält man mit dem Eintrittsticket auch Zugang zur Orangerie und zu den Prunkställen, in denen einst die Leibpferde des Prinzen Eugen standen und heute rund 150 Objekte sakraler mittelalterlicher Kunst ausgestellt sind.

Im **Oberen Belvedere** wohnte bis 1914 der in Sarajevo ermordete Thronfolger Erzherzog Franz Ferdinand. Im Kuppelsaal wurde 1955 der österreichische Staatsvertrag unterzeichnet. Heute sind im Schloss Teile der Sammlungen des Belvedere ausgestellt mit Highlights von Ferdinand Georg Waldmüller sowie Ikonen der Wiener Moderne, allen voran Gustav Klimt und Egon Schiele. Ihre Werke, darunter Klimts berühmter »Kuss«, werden im Kontext des Schaffens internationaler Zeitgenossen präsentiert, so sind ihnen hier Werke

Klare Sichtachsen und zurechtgestutzte Büsche prägen den Park zwischen Oberem und Unterem Belvedere.

von Claude Monet, Vincent van Gogh oder Auguste Rodin gegenübergestellt. Unter dem Titel »Avantgarden 1920er bis 1950er« spannt sich im obersten Stockwerk der zeitliche Bogen bis hin zu László Moholy-Nagy.
tgl. 9–18 Uhr, Vorabbuchung erforderlich | Eintritt: Unteres Belvedere 14,90 €, Oberes Belvedere 16,90 € | www.belvedere.at

Zündfunke für den Ersten Weltkrieg

Heeresgeschichtliches Museum (3. Bezirk, Landstraße)

Erbaut von 1850 bis 1856 nach den Plänen von Ludwig Foerster und Theophil Hansen, ist das Heeresgeschichtliche Museum in der Arsenalstraße der **älteste Museumsbau Wiens**. Neomaurisch, -byzantinisch und -gotisch sind die vorherrschenden Stilrichtungen dieses prächtigsten Historismusgebäudes der Stadt. Das Museum enthält umfangreiche Sammlungen zur Heeres- und Marinegeschichte Österreichs vom Ende des 16. Jh.s bis zum Jahr 1945. Ein makabrer Höhepunkt ist der zerschossene Wagen, in dem Thronfolger Franz Ferdinand beim Attentat von Sarajevo saß. Daneben erinnern auch dessen blutverschmierter Uniformrock sowie Bilder und Dokumente an das Ereignis, das die Kettenreaktion hin zum Ersten Weltkrieg in Gang setzte.
tgl. 9–17 Uhr | Eintritt: 7 € | www.hgm.at

Die Aura eines großen Komponisten

Haydnhaus (6. Bezirk, Mariahilf)

Joseph Haydn erwarb das Häuschen in der damaligen Stein- und heutigen Haydngasse 19 im Jahr 1793 und bewohnte es bis zu seinem Tod 1809. Hier entstanden seine Oratorien »Die Schöpfung« und »Die Jahreszeiten«. Im **Museum** stehen heute die letzten Lebensjahre des Komponisten im Fokus; sie werden mit dem politischen und sozialen Umfeld jener Zeit verknüpft. Der **Garten** wurde nach historischen Vorbildern rekonstruiert.
Di.–So. 10–13 u. 14–18 Uhr | Eintritt: 5 € | www.wienmuseum.at

Ich, Es und Freud

Sigmund-Freud-Museum (9. Bezirk, Alsergrund)

Fast ein halbes Jahrhundert lang, von 1891 bis zu seinem Exil im Jahr 1938, wohnte Sigmund Freud (▶ S. 538) in der Berggasse 19. Hier verfasste der Begründer der Psychoanalyse seine grundlegenden Schriften zum Ödipuskomplex und zur Traumdeutung und entwickelte die Theorie vom »Ich, Es und Über-Ich«. Die Sigmund-Freud-Gesellschaft ließ im Jahr 1971 von der gediegenen 15-Zimmer-Wohnung des Seelenforschers Foyer und Warteraum sowie Behandlungs- und Arbeitszimmer rekonstruieren und – zum Teil originalbestückt – als Museum ausgestalten. 2020 wurde das Museum nach einer Generalsanierung wieder eröffnet, seitdem sind auch einige Privaträume zugänglich.
Mi.–Mo. 10–18 Uhr | Eintritt: 14 €, online ab 5 €
www.freud-museum.at

Alles Schubert

Franz-Schubert-Haus (9. Bezirk, Alsergrund)

Der Komponist Franz Schubert wurde 1797 einige Straßen weiter nördlich in der Nußdorfer Straße Nr. 54 im Haus Zum roten Krebsen geboren. Die Gemeinde Wien hat das Häuschen aus dem 18. Jh. fast unverändert erhalten. Heute sieht man Partituren, Manuskripte, Bilder und persönliche Gegenstände des Komponisten.

Di.–So. 10–13 u. 14–18 Uhr | Eintritt: 5 € | www.wienmuseum.at

»Der Tod, das muss ein Wiener sein, ...«

★ Zentralfriedhof (11. Bezirk, Simmering)

So dichtete und sang Georg Kreisler, der große, schwarzhumorige Kenner der österreichischen Befindlichkeiten. Die besondere Beziehung der Wiener zum Tod wird auf dem Zentralfriedhof spürbar, dem mit 2,5 km² Fläche größten österreichischen Gottesacker. Unterschiedlichste Denkmäler symbolisieren Totenkult, Frömmigkeit, Melancholie und doch – bei aller Trauer – auch eine unzerstörbare Lebenslust. Die monumentale Toranlage des Haupteingangs wurde 1905 nach Plänen des Jugendstilarchitekten Max Hegele errichtet, der 1907 bis 1910 auch die **Dr.-Karl-Lueger-Kirche** in der Friedhofsmitte baute. Beim Haupteingang ist ein detaillierter Plan des Friedhofs und der Ehrengräber erhältlich, ruhen hier doch allerhand berühmte Komponisten (Gluck, Beethoven, Schubert, Brahms, Johann Strauß Sohn, Millöcker, Wolf, Lanner), Maler (Makart), Schauspieler (Hörbiger, Lingen), Schriftsteller (Nestroy, Anzengruber) und noch viele andere, auch Falco und Udo Jürgens.

März u. Okt. tgl. 7–18, April u. Sept. bis 19, Mai–Aug. zudem Do. bis 20, Nov.–Feb. 8–17 Uhr | www.friedhoefewien.at

Wohnen im Roten Wien

Karl-Marx-Hof (19. Bezirk, (Döbling)

Wer sich für die Geschichte des sozialen Wohnungsbaus interessiert, sollte einen Ausflug nach Heiligenstadt zum Karl-Marx-Hof in der Heiligenstädter Straße 82–92 unternehmen. Um die Wohnungsnot zu bekämpfen, ließ die von 1919 bis 1934 sozialdemokratisch regierte Stadt fast 400 **Gemeindebauten** errichten, für die der über 1 km lange Bau als Symbol gilt. Der Karl-Marx-Hof, von 1927 bis 1930 nach Plänen von Karl Ehn um mehrere Innenhöfe gebaut, umfasste ursprünglich 1382 Wohnungen. Nach gründlicher Renovierung sind es noch 1252. Eine sehenswerte Ausstellung im **Waschsalon Nr. 2** (Halteraugasse 7), der im Erdgeschoss nach wie vor in seiner ursprünglichen Funktion aktiv ist, widmet sich dem »Roten Wien« in dieser spannenden Epoche.

Do. 13–18, So. 12–16 Uhr | Eintritt: 5 € | dasrotewien-waschsalon.at

Nicht nur für Technik-Freaks

Technisches Museum Wien (14. Bezirk, Penzing)

Das Technische Museum Wien liefert einen faszinierenden Querschnitt durch Technik, Gewerbe und Industrie. Die Palette der Exponate reicht von der Prick'schen Dampfmaschine über Musikautomaten bis zum Roboter, von der Darstellung der »Schwerindustrie« bis

6X TYPISCH

Dafür fährt man nach Österreich.

1. EIN LIED GEHT UM DIE WELT

Oberndorf 1818: Am Weihnachtsabend erklingt erstmals ein Lied, das zum Inbegriff von Weihnacht werden sollte. »Stille Nacht« hat eine unglaubliche Reise hinter sich. (▶ **S. 269**)

2. DIE WIEGE EINES GENIES

Mozart ist **Salzburgs** Superstar, sein Konterfei blickt von Hunderten Souvenirs, seine Musik ist unsterblich. Das **Geburtshaus** in der Getreidegasse vermittelt berührende Einblicke in seine Familiengeschichte. (▶ **S. 343**)

3. HOLLADRIO!

An der Audiostation lauschen, Stimmbänder vibrieren lassen und los geht's – der **Jodelweg** in Königsleiten ist ein Garant für gute Laune. Nur ein Katzensprung ist es ins Zillertal, Österreichs »Hochburg der volkstümlichen Musik«. (▶ **S. 214**)

4. BEI SISI UND FRANZERL

Des Kaisers Sommerresidenz in **Bad Ischl** zeigt die Habsburger von ihrer privaten Seite. Und rund um den Geburtstag von Franz Joseph am 18. August schwelgt ganz Ischl in Kaiserseligkeit. Sisi und ihr Franzl sind bis heute die besten touristischen Zugpferde! (▶ **S. 64**)

5. WEINSELIG

Bei Schrammelmusik und einem Glas Veltliner rutschen Einheimische und Gäste zusammen und blicken gemeinsam tief in die Wiener Seele. Eines der bekanntesten Heurigenviertel ist **Grinzing**. (▶ **S. 467**)

6. HERRLICHE HAUSBERGE

Vom Pfänder in Bregenz über den Grazer Schlossberg bis zum Linzer Pöstlingberg: In Österreichs Hauptstädten bieten grüne Hausberge Abstand vom City-Trubel. Den beeindruckendsten Blick bietet der **Kahlenberg** auf die Weltstadt Wien.(▶ **S. 467**)

zu den »Selbstverständlichkeiten« des Alltags. Im **Mini-TMW** lernen Drei- bis Sechsjährige spielerisch technische Phänomene kennen.
Mo.–Fr. 9–18, Sa. u. So. 10–18 Uhr | Eintritt: 16 € | www.tmw.at

»Es wird ein Wein sein …«

Grinzing (19. Bezirk, Döbling)

Der wohl schönste **Heurigenvorort** Grinzing weckt mit seinen alten Häusern und Gassen inmitten von Gärten und Weinbergen nach wie vor die klassische Vorstellung vom Wiener Heurigen. Jener selig machende Tropfen aus der jüngsten Weinlese wird im gleichnamigen Lokal getrunken, sobald der Föhrenbuschen über dem Eingangstor »ausg'steckt is«. Grinzinger Heurige, die nur eigenen Wein ausschenken, haben im Jahr drei Wochen bis maximal sechs Monate geöffnet, während die Heurigenrestaurants ganzjährig konzessionierte Betriebe sind, die oft zusätzlich Weine aus anderen Gegenden beziehen.

1683

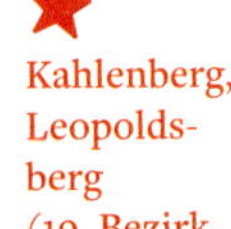

Kahlenberg, Leopoldsberg (19. Bezirk, Döbling)

Am nordwestlichen Rand Wiens sind die »Brüder« Kahlenberg und Leopoldsberg die bekanntesten Erhebungen des Wienerwaldes. Vom 484 m hohen Kahlenberg mit Café-Restaurant und **Panoramaterrasse** genießt man bei gutem Wetter einen schönen Blick auf das Wiener Becken, die Hügel des Wienerwaldes, das Schneeberggebiet und das Donautal bis ins Marchfeld. Fernsehturm und Stephaniewarte – benannt nach der Stifterin, Kronprinzessin Stephanie –, markieren den Gipfel.
Einige Meter unterhalb des Gipfels erinnert die Sobieski-Kapelle in der kleinen Barockkirche **St. Josef** an den gleichnamigen polnischen Fürsten, der mit seinem Ersatzheer in der berühmten Schlacht am Kahlenberg 1683 Wien von seinen türkischen Belagerern befreite.

An der Copa Cagrana

Donauinsel (21. und 22. Bezirk)

Das bevorzugte **Freizeitareal**, nach seinem Stadtteil Kagran auch »Copa Cagrana« genannt, verdankt seine Existenz der in den 1970er-Jahren durchgeführten zweiten Donauregulierung. Zwischen der Donau und der als Entlastungsrinne angelegten Neuen Donau entstand die lang gestreckte Insel, ein Naherholungsgebiet mit Wasser-, Wald- und Wiesenflächen sowie 42 km Badestrand. Das Zentrum der Aktivitäten heißt **Sunken City**, sie erstreckt sich von der U-Bahn-Station Donauinsel nach Norden hin – mit Blick auf die neue Skyline von Wien.

Alles im Blick

Donaupark (22. Bezirk, Donaustadt)

Der Donaupark zwischen der Neuen und der Alten Donau ist der zweitgrößte Park Wiens, er wurde 1964 zur Internationalen Gartenausstellung angelegt. Im **Donauturm** (1964), mit 252 m Wiens höchstes Bauwerk, führen zwei Schnellaufzüge zur Aussichtsterrasse in 150 m Höhe sowie zum Drehrestaurant 10 m höher.
tgl. 10–22, Mi.–Sa. bis 23 Uhr | Eintritt: 18 € | www.donauturm.at

Viel Beton, viel Glas

UNO-City (22. Bezirk, Donaustadt)

Nach New York, Genf und Nairobi ist Wien der vierte offizielle Amtssitz der Vereinten Nationen. In der UNO-City (Vienna International Center) südlich des Donauparks ragen seit den späten 1970er- und frühen 1980er-Jahren architektonisch recht eigenwillige Bürogebäude auf exterritorialem Gebiet auf. Heute sind sie umringt von **futuristischen Bürokomplexen** des neuen Stadtentwicklungsgebiets Donau-City. Die Wiener UNO-City beherbergt u. a. die UNHCR, das Amt des Hohen Flüchtlingskommissars der Vereinten Nationen, und die internationale Atomenergieorganisation IAEA.

Führungen Mo.–Fr. 11, 14 u. 15.30 Uhr, Tickets nur online, beim Besuch Ausweis erforderl. | Eintritt: 15,90 € | www.unvienna.org/visit

★ WIENERWALD

Bundesland: Niederösterreich

Klimaregulator, Frischluftlieferant, »grüne Lunge« für die nahe Metropole: Der Wienerwald westlich und südwestlich der Hauptstadt war nicht nur Quelle der Inspiration für Künstler, er dient den Wienern auch als Wochenendausflugsziel mit einem insgesamt 6000 km langen Netz an Wanderwegen und unzähligen Heurigen-Lokalen. Ein Pflichtziel ist die Abtei Heiligenkreuz.

Grüne Lunge vor den Toren Wiens

Im Wienerwald klingen die Alpen in bewaldeten und schließlich rebenbedeckten Hügeln aus. Die Erhaltung des Waldgebietes ist dem Naturschützer Josef Schöffel aus Mödling zu verdanken. Vor knapp 150 Jahren versprachen sich Spekulanten satte Gewinne durch großflächigen Holzeinschlag. Schöffel hielt energisch dagegen, wurde energisch angefeindet, brachte aber schließlich die Öffentlichkeit hinter sich. Heute zählt der etwa 1000 km² große Wienerwald zu den größten geschlossenen Laubwaldgebieten Mitteleuropas und Schöffel ist Ehrenbürger zahlreicher Gemeinden im Wienerwald – so ändern sich die Zeiten! 2005 wurde der Wienerwald als Modellregion zum **UNESCO-Biosphärenpark** erhoben.

Wohin im Wienerwald?

Musikerwinkel und Wanderidyll

Mödling

Verlässt man Wien Richtung Süden, erreicht man nach wenigen Kilometern die Stadt Mödling (246 m; 20 500 Einw.), beliebtes Sommerfrischeziel dreier Komponisten: Ludwig van Beethoven, Arnold Schönberg und Anton von Webern. Die historische **Altstadt** rund um das malerische Alte Rathaus lohnt einen Besuch. Durch Wanderwege im westlich beginnenden **Naturpark Föhrenberge** erschlossen sind die Bauten, die Fürst Johann I. Liechtenstein um 1800 als Teile eines romantischen Landschaftsparks errichten ließ. Auf einem Ausläufer des Anninger steht der von Josef Kornhäusel 1813 errichtete **Husarentempel**, Österreichs ältestes Kriegerdenkmal, mit einem fantastischen Ausblick auf Wien.

Bootspartie im Bauch der Erde

Hinterbrühl

Am Rand des Naturparks, knapp 5 km außerhalb von Mödling, kann man am größten unterirdischen See Europas Boot fahren. Die Seegrotte Hinterbrühl ist ein stillgelegtes Gipsbergwerk, das seit den 1930er-Jahren als **Schaubergwerk** eingerichtet ist. Nach Betreiberwechsel, Renovierung und Erweiterung wurde 2023 neu eröffnet.

tgl. 9.30–16.30 Uhr | Eintritt: 18 € | www.seegrotte.at

Gartenkunstwerk aus Habsburgs Zeiten

Laxenburg

Laxenburg (177 m; 2970 Einw.), rund 10 km östlich und damit schon im flachen Wiener Becken gelegen, war seit dem 14. Jh. bevorzugte Frühjahrsresidenz des Habsburger Hofes. Der weitläufige **Schloss-**

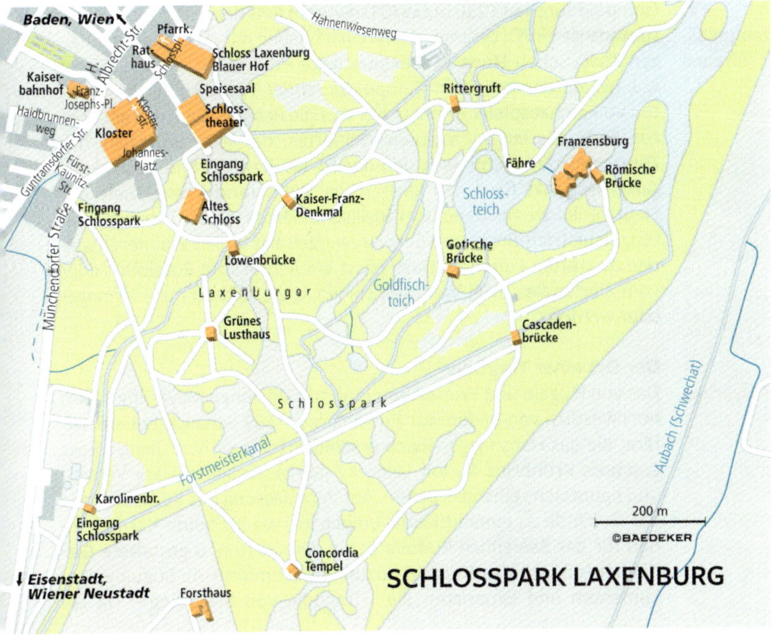

WIENERWALD ERLEBEN

WIENERWALD TOURISMUS

Informationen über Ausflugsziele bietet die kostenlose Wienerwald-App, die der Tourismusverband für Android und iOS anbietet. Auch Wanderungen und Radtouren lassen sich mit dem Online-Tool bequem planen.

Hauptplatz 11, A-3002 Purkersdorf
Tel. 02231 6 21 76
www.wienerwald.info

BIOSPHÄRENPARK WIENERWALD MANAGEMENT GMBH

Norbertinumstraße 9
A-3013 Tullnerbach
Tel. 02233 5 41 87, www.bpww.at

park (Eintritt 3 €) ist mit seinen Schlössern, Teichen (Bootsverleih), dem alten Baumbestand, Denkmälern und Brücken einer der bedeutendsten Landschaftsgärten Österreichs. Die von 1798 bis 1836 errichtete neugotische **Franzensburg** ist Schauplatz sommerlicher Komödienspiele.

Führungen Ostern–Okt. tgl. 11, 12, 14 u. 15 Uhr | Eintritt: 11 €
Park 2,80 € | www.schloss-laxenburg.at

Gumpoldskirchen

Zentrum der Heurigenkultur

Gumpoldskirchen (250 m; 3970 Einw.) am Fuß des Anninger-Höhenrückens ist ein Ortsname, der Weinliebhaber mit der Zunge schnalzen lässt. Schon **Hans Moser** nuschelte in »Die Reblaus« einst ein Loblied auf den geliebten Gumpoldskirchner Wein. An den berühmten Volksschauspieler erinnert das skurrile Reblaus-Denkmal am oberen Ende des lang gezogenen Weinortes; der Platz unterhalb des **Deutschordensschlosses** und der **St. Michaelskirche** ist zugleich Ausgangspunkt für einen lehrreichen **Weinwanderweg**. Viele der Heurigenlokale verfügen über idyllische Gärten. Kalter Schweinsbraten, Eiaufstrich-Brote und Schwarzwurzelsalat lassen Wanderer wieder zu Kräften kommen. Dazu passt ein Achtel vom Rotgipfler oder vom Zierfandler, zwei Weißweinsorten, die praktisch nur hier angebaut werden.

Mayerling

Der Ort einer Tragödie

Das von Hügeln und Wiesen eingerahmte Dörfchen Mayerling 19 km nordwestlich von Baden war Ende Januar 1889 Schauplatz einer Affäre, die das Habsburger-Reich erschütterte. In seinem Jagdschloss erschoss Kronprinz Rudolf seine 17-jährige Geliebte Mary Vetsera und nahm sich selbst das Leben. Auf Veranlassung des Kaisers wurde das Gebäude zu einem Kloster umgebaut, wo bis heute Karmelitinnen für das Seelenheil Rudolfs beten. Die 2016 neu gestaltete **Gedächtnisstätte des Karmel** dokumentiert mittels Audioguide, Dokumenten und Exponaten die »Tragödie von Mayerling«. Da die

Zeugen schwiegen oder widersprüchliche Aussagen machten und viele Dokumente vernichtet wurden, gibt diese bis heute Anlass zu Spekulationen.
April–Okt. Di.–So. 10–17.30, Nov.–März Sa. u. So. 10–17 Uhr
Eintritt: 7,20 € | www.karmel-mayerling.org

Mit Chorälen in die Hitparade

Stift Heiligenkreuz 4 km nordöstlich ist weltweit das einzige Zisterzienserkloster, das seit der Gründung ohne Unterbrechung besteht. Das Stift im Herzen des Wienerwalds wurde 1133 vom Babenberger Markgraf Leopold III. gegründet und ist knapp 900 Jahre später zudem eines der ganz wenigen Klöster Westeuropas ohne Nachwuchssorgen. Fast 100 Mönche umfasst die Gemeinschaft. 2008 machten die Heiligenkreuzer Zisterzienser weltweit Schlagzeilen, als sie mit ihren **gregorianischen Chorälen** die Hitparaden stürmten.
Das Zentrum des Klosters ist neuerdings auch mit Audio-Guides zu erforschen. Der Kapitelsaal beherbergt bedeutende Grabstätten der Babenberger, darunter das Grabmal Friedrichs II., mit dessen Tod 1246 die Herrschaft der Babenberger in Österreich erlosch. Die roten Marmorsäulen im romanisch-gotischen Kreuzgang (1220–1250) stellen die Bäume des Paradieses dar und enden in reichem Knospen- und Rankenwerk. Die barocke Totenkapelle (1711) verfügt über Kerzenhalter in Form tanzender Skelette. Einflüsse aus drei Epochen verrät die Stiftskirche: Das romanische Langhaus bildet einen starken Kontrast zum gotischen Hallenchor mit seinen kostbaren Glasfenstern (um 1300). Das prachtvolle Chorgestühl fertigte ein venezianischer Bildhauer in der Barockzeit an. Wenn sich die Mönche in ihre jeweilige »Stalle« begeben und ihre meditativen Chorgebete anstimmen, wird die Zeitreise zurück ins Mittelalter perfekt.
Mo.–Sa. 9–11.30 u. 14–17.15, So. 14–17.15, Choräle So. 9.30 und tgl. um 18 Uhr | Eintritt: 11,30 € | www.stift-heiligenkreuz.org

★★ WOLFGANGSEE

Bundesland: Salzburg | **Höhe:** 549 m ü. d. M.

Nicht erst seit den Tagen von Helmut Kohl, der in St. Gilgen mit seiner Familie alljährlich die Sommerferien verbrachte, ist der Wolfgangsee ein weithin bekanntes Urlaubsziel. Die Lage in zauberhafter Gebirgsnatur lockte bereits zur Kaiserzeit viele Sommerfrischler an. Carl Benatzkys 1930 uraufgeführte walzerselige Operette »Im weißen Rößl« machte den See dann endgültig populär.

Der Wolfgangsee liegt, eingerahmt von sanft geschwungenen Bergketten und dicht bewaldetem Hügelland, rund 35 km südöstlich von Salzburg. Er erstreckt sich über eine Länge von etwas mehr als 10 km von Nordwesten nach Südosten. Mit einer Fläche von 12,4 km² zählt er zu den größeren der Salzkammergut-Seen. Am Südufer ragt eine durch den Zinkenbach aufgeschwemmte Halbinsel weit hinaus. Die Atmosphäre in den drei Urlaubsorten am Wolfgangsee könnte unterschiedlicher gar nicht sein. Während das am Nordufer gelegene St. Wolfgang immer noch im Bannkreis des »Weißen Rößl« steht und meistens viel Rummel herrscht, geht es in St. Gilgen am West- und in Strobl am Ostufer beschaulicher zu. Allen drei gemein ist das facettenreiche Sportangebot, das von Baden, Surfen und Segeln bis zu Klettern, Mountainbiken und Wandern reicht.

Wohin am Wolfgangsee?

★★ St. Wolfgang

Operettenseligkeit

Seit der Uraufführung der Benatzky-Operette » Im weißen Rößl« entwickelte sich der Ort am sonnigen Nordufer des Sees zu einem der beliebtesten Ausflugsziele Österreichs. Die Verfilmung von 1960 mit Peter Alexander in der Hauptrolle machte aus St. Wolfgang und dem Weißen-Rössl-Hotel einen Mythos. Die herzige Liebesgeschichte zwischen der Wirtin Josepha und dem Kellner Leopold bewog einst Tausende zur Reise an die Originalschauplätze. Bis heute wirkt St. Wolfgangs Ortszentrum mit seinen **verwinkelten Gassen und historischen Giebelhäusern** wie die Kulisse einer Operettenaufführung. Kutschen rollen über den Marktplatz, die Souvenirshops quellen vor Erinnerungsstücken an das »Weiße Rössl« über. Das Hotel selbst ist heute eine aus mehreren Gebäuden bestehende Luxusherberge. An der Seepromenade stehen Motorboot-Ausflüge, Wasserski oder Parasailing auf dem Programm. Auf den Spuren des hl. Wolfgang (924–984) strömten bereits seit

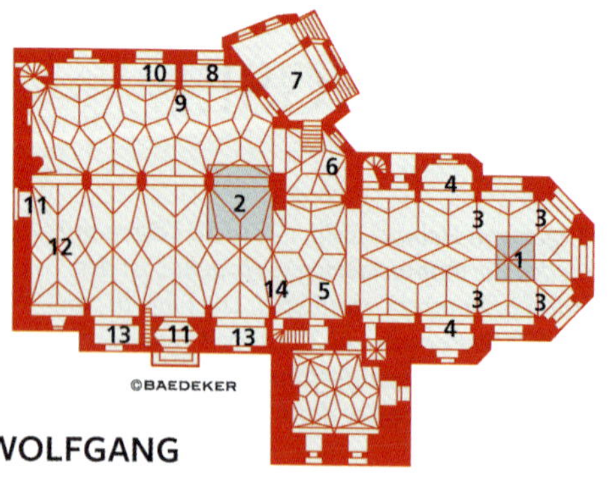

DEN WOLFGANGSEE ERLEBEN

WOLFGANGSEE TOURISMUS

Au 140, A-5360 St. Wolfgang
Tel. 06138 80 03
https://wolfgangsee.salzkammergut.at/

WOLFGANGSEE-SCHIFFFAHRT

1873 nahm der Schaufelraddampfer »Kaiser Franz Josef I.« den Betrieb auf. Das Schmuckstück der Wolfgangsee-Flotte lädt zu Ausflügen wie zu K.-u.-k.-Zeiten ein.
www.wolfgangseeschifffahrt.at

KIRCHENWIRT €–€€

Räucherfischtatar auf Feldsalat mit Bärlauchpesto, ofenfrischer Schweinsbraten oder Spinatpressknödel – was Wiesen und Wasser am Wolfgangsee hergeben, wird beim Kirchenwirt zu leckeren Gerichten verarbeitet.
Bürglstr. 2, A-5350 Strobl
Tel. 06137 72 07
www.kirchenwirt.eu
Mi., Do. geschl.

SEEGASTHOF GAMSJAGA €€

Familie Weber bittet in einem Salzkammergut-Bilderbuchhaus zu Tisch. Schmackhaft die Wildgerichte, im Sommer gibt's freitagvormittags frisch geräucherte Fische zum Mitnehmen.
Gamsjaga 2, A-5342 St. Gilgen/Abersee, Tel. 06227 32 22,
www.gamsjaga.at

WEISSES RÖSSL €€€€

Berühmt durch die Operette »Im weißen Rössl« (1930) und deren Verfilmung 1960 präsentiert sich das Traditionshaus heute als modernes Wohlfühl- und Romantikhotel in unschlagbarer Lage direkt am See.
Markt 74, A-5360 St. Wolfgang
Tel. 06138 23 06
www.weissesroessl.at

GASTHOF KLEEFELD €€

Das Haus bietet seinen Gästen gemütliche Zimmer und einen Wellnessbereich. In der Gaststube und im Erlebnisrestaurant Kleefeldstadl werden u. a. Forellen aus eigener Zucht und Wildspezialitäten serviert.
Kleefeldstraße 4, A-5350 Strobl
Tel. 06137 73 83, www.kleefeld.at

dem 10. Jh. Pilger an den Wolfgangsee. Die imposante spätgotische **Wallfahrtskirche** wurde im 15. Jh. an Stelle des abgebrannten Vorgängerbaus errichtet. Ihr wertvollster Schatz ist der prachtvolle gotische Flügelaltar von Michael Pacher (1471–1479). Im Mittelschrein des Altars ist Maria als Fürbitterin vor Christus kniend abgebildet, ihr zur Seite stehen der hl. Wolfgang und der hl. Benedikt. Etwas Konkurrenz macht diesem Schmuckstück der knapp 200 Jahre später entstandene barocke Doppelaltar Thomas Schwanthalers.

Eisenbahnnostalgie und Traumblick

Der 1783 m hohe Schafberg war schon zu K.-u.-k.-Zeiten ein beliebtes Ausflugsziel. Seit 1893 lässt er sich auch mit der steilsten Zahnradbahn Österreichs erobern. Bis heute schnaufen auch regelmäßig

SEAHAWK II

historische Dampflokomotiven die 1190 Höhenmeter vom Schafbergbahnhof in St. Wolfgang bis zur Bergstation in 35 Minuten hinauf. Von oben bietet sich ein traumhafter Blick.
www.schafbergbahn.at

Vom Bauerndorf zur Sommerfrische

St. Gilgen

Der bekannteste Besucher St. Gilgens war einst der deutsche Bundeskanzler Helmut Kohl (1930–2017), der bis zum Jahr 2000 viele Sommer am Wolfgangsee verbrachte. Der Ortskern ist für den Durchgangsverkehr gesperrt. Hier und im Uferbereich stehen schmucke Villen aus der Zeit um 1900. Besonders stimmungsvoll zeigt sich der **Mozartplatz** mit dem Rathaus und dem Mozartbrunnen. Unweit der Kirche steht das Geburtshaus von Wolfgang Amadeus Mozarts Mutter, Anna Maria Pertl (1720–1778), später lebte hier Mozarts Schwester Anna Maria (Nannerl). Heute zeigt hier das **Mozarthaus** St. Gilgen eine »Nannerl«-Ausstellung.
Im **Musikinstrumente-Museum der Völker** wird der Besuch dank der Live-Darbietungen von Kustos Askold zur Eck zum faszinierenden akustischen Streifzug rund um den Globus.
Von St. Gilgen schwebt eine Seilbahn in 15 Minuten hinauf auf den 1522 m hohen Aussichtsberg **Zwölferhorn**, der tolle Fernsichten über den Wolfgangsee und das Salzkammergut bietet.
Mozarthaus: Juni–Sept. Di–So. 10–16 Uhr | Eintritt: 6 €
www.mozarthaus.info
Musikinstrumente-Museum: Juli u. Aug. Di.–So. 9–11 u. 15–19 Uhr, Sept.–Juni Öffnungszeiten lt. Website | Eintritt: 4 €| www.hoerart.at
Zwölferhornbahn: www.zwoelferhorn.at

Auf den Spuren der Wallfahrer

Von St. Gilgen nach St. Wolfgang

Von St. Gilgen aus erschließt ein Spazierweg über den malerischen Weiler Brunnwinkl die Nordwestecke des Wolfgangsees. Ein Abstecher führt zum **Europakloster Gut Aich**, das in seinem Klosterladen Kräuterliköre und -kosmetika mit Ingredienzien aus dem eigenen Garten anbietet. Am Hotel Fürberg kann man sich in den uralten Pilgerweg einklinken, der hinauf zum Falkenstein und weiter nach St. Wolfgang führt.
Klosterladen: Mo.–Sa. 10–12 u. 12.30–17, So. 10–12 Uhr, Nov.–März Mo. u. Di. geschl. | **Klosterführung** (Mai.–Okt. Do. 14.30 Uhr): 7 €
www.europakloster.com

Erinnerung an UFA-Stars

Strobl

Im beschaulichen Strobl am Ostzipfel des Wolfgangsees erinnern Denkmäler daran, dass hier einst Schauspieler wie Emil Jannings, der erste Oscar-Preisträger überhaupt, und Theo Lingen lebten.

Der Ochsenkreuz-Bildstock steht in der Fürbergbucht vor St. Gilgen und erinnert an die wundersame Rettung eines Metzgers – welch' Ironie – durch einen Ochsen.

AUF EINE RÄUCHERFISCHJAUSE

Ein fangfrisches Saiblingsfilet aus dem Räucherofen, noch warm, dazu eine Scheibe Brot und der Blick auf den See. So einfach lässt sich das Leben in der Fischerei von Schloss Fuschl genießen. (Mo.–Sa., April–Nov. tgl. 8–18 Uhr, Schloss-Straße 2, A-5322 Hof bei Salzburg)

Im **Naturschutzgebiet Blinklingmoos** finden sich Feuchtbiotope auf kleinstem Raum. Hier gibt es botanische Raritäten zu entdecken, während aus den Tümpeln das Gequake der Gelbbauchunke erklingt. Bei Badewetter ein Muss ist der **Naturstrand Waßwiese** am Westrand des Mooses. Der Blick auf St. Wolfgang und den Schafberg ist unbezahlbar.

Das größte Almgebiet Österreichs

Postalm

Von Strobl aus führt eine mautpflichtige Bergstraße hinauf auf die 42 km² große und durchschnittlich rund 1300 m hoch gelegene Postalm, die von schönen Wanderwegen durchzogen ist. Zahlreiche Almhütten laden zur Einkehr ein.

www.postalm.at

Naturbelassenes Kleinod

Fuschlsee

7 km nordwestlich von St. Gilgen schmiegt sich der Fuschlsee (664 m) in sein Wald- und Hügelbett. An seinen weitgehend naturbelassenen Ufern geht es ruhiger zu als am Wolfgangsee. Der einzige Ort **Fuschl** am Ostufer ist ein beliebtes Sommerurlaubs- und -ausflugsziel. Das Fuschlseebad wartet mit einem 250 m langen Naturbadestrand und einem beheizten Freibecken auf. Etwas außerhalb des Orts bildet die an der Bundesstraße 158 gelegene, futuristische Zentrale des Getränkekonzerns **Red Bull** einen besonderen Blickfang.

Zu den schönsten einfachen Wandertouren im Salzburger Land zählt die Umrundung des Sees. Es geht durch schattige Wälder, über Blumenwiesen und durch ein kleines Moorgebiet. Traumhafte Badeplätze verlocken zu einem Sprung ins glasklare und saubere Wasser. Stets im Blick ist **Schloss Fuschl** auf einer Anhöhe 6 km westlich des Orts. Erbaut wurde es um 1450, exakt 500 Jahre später wurden hier Szenen für die berühmten Sissi-Filme mit Romy Schneider gedreht. Heute zieht es als Fünf-Sterne-Hotel allerlei VIPs an.

https://fuschlsee.salzkammergut.at

★ WÖRTHERSEE

Bundesland: Kärnten

Das touristische Zentrum Kärntens bietet seinen Besuchern alles, um die schönen Seiten des Lebens auszukosten. Ob man von einer Strandbar das Geschehen auf sich wirken lässt, zum Partytiger wird oder das Sportangebot auskostet: Langweilig wird es im Sommer kaum.

Mit gut 16 km Länge, bis zu 1,5 km Breite und bis zu 84 m Tiefe ist der Wörthersee der größte der Kärntner Alpenseen. Für viele sonnige Tage sorgt die etwas entfernt im Süden, Westen und Norden liegende Bergwelt, die kalte Winde abhält. Die Wassertemperatur klettert im Hochsommer auf bis zu 26 °C – beste Voraussetzungen zum Baden, Wasserskifahren, Surfen und Segeln. Am Golfplatz Dellach schlägt man mit Blick auf den karibikblauen See ab. In Velden treffen sich (Geld-)Adel und »Adabeis«, in Pörtschach macht man gerne die Nacht zum Tag, das malerische Maria Wörth lädt zum Bummeln ein. Auto- und Eisenbahn verschaffen dem lebhafteren Nordufer viel Verkehr, das Südufer wirkt etwas geruhsamer. Für Kulturinteressierte wird der Trip nach ▶ Klagenfurt am Ostufer zum Erlebnis.

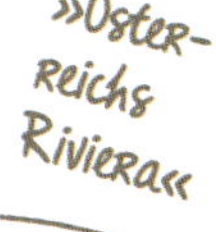

Ein **Ausflug mit dem Linienschiff** oder dem **Oldtimer-Dampfer »Thalia«** von 1909 ist der schönste Weg, den See kennen zu lernen.

Die Kirche von Maria Wörth gab dem See seinen Namen.

Am Ufer präsentieren sich »Wörthersee-Villen« aus der Zeit um 1900, die Elemente von Jugendstil, rustikaler Romantik, Barock und englischer Landhausarchitektur in sich vereinen. Spätestens als in den 1960er-Jahren gekrönte Häupter und Schauspieler von Weltruf dem Wörthersee zusätzlichen Glanz verliehen, wurde dieser endgültig zu »Österreichs Riviera« – und zum Schauplatz seichter TV-Unterhaltung. Wo die Hideaways der Wörthersee-Schickeria zu finden sind? Auch das erfährt man auf einem Schiffsausflug. Mit einer Tageskarte sind beliebig viele Stopps in einer Richtung möglich.

Wohin am Wörthersee?

Tummelplatz von Reich und Schön

Velden

Der größte und meistbesuchte Ort am See ist der elegante Kurort Velden (440 m; 9150 Einw.), der sich mit der Eisenbahnanbindung 1864 als Sommerfrische des Wiener Adels in Stellung brachte. Im selben Jahr nahm die erste Badeanstalt den Betrieb auf. Heute geben sich der Jet-Set und Adabeis ein Stelldichein in schicken Uferrestaurants, Clubs mit Seeterrasse und im 1950 eröffneten **Casino**. Wahrzeichen ist **Schloss Velden**, das die Adelsfamilie Khevenhüller Ende des 16. Jh.s als Lustschloss errichten ließ. Nach einem langen Auf und Ab wird der viertürmige Renaissance-Bau heute als feudales Schlosshotel geführt. Im Sommer verwandelt sich der Seecorso abends in eine Flaniermeile mit Straßenkunst-Darbietungen.

Immer den Blumen nach

Pörtschach

Richtig rund geht es in den Sommermonaten in Pörtschach (446 m; 2870 Einw.). Das Seebad am Nordufer unterhält seine Gäste mit Sportveranstaltungen, Events und Konzerten. Eine prachtvolle Blumenpromenade erschließt die **Halbinsel**, die sich weit in den See hinaus schiebt und die über einen Steg mit der **Blumeninsel** mit ihren markanten Pappeln verbunden ist. Stand-up-Paddling, Beachvolleyball und Rutschenspaß sind im städtischen **Promenadenbad** angesagt, das allerdings stark in die Jahre gekommen ist. Ein Hingucker ist das im Stil des Erbauungsjahres 1895 revitalisierte **Werzers Badehaus** mit exklusivem Day Spa mit beheiztem Outdoor-Pool. Der **Brahmsweg** folgt den Spuren des Komponisten Johannes Brahms, der hier von 1877 bis 1879 die Sommerfrische verbrachte.

Werzers Badehaus: Tagesticket: 39 € | https://badehaus.werzers.at

Fast schon eine Insel

Maria Wörth

Zu den meistfotografierten Motiven am See gehört der alte Ortskern von Maria Wörth (450 m; 1610 Einw.) auf einer schmalen Halbinsel am Südufer. Um 875 starteten Missionare des Erzbistums Freising von hier aus ihre Bemühungen zur Christianisierung der Slawen und

DEN WÖRTHERSEE ERLEBEN

WÖRTHERSEE TOURISMUS

Villacher Str. 19, A-9220 Velden
Tel. 04274 21 03
www.woerthersee.com

WÖRTHERSEE-SCHIFFFAHRT

Tel. 0463 2 11 55
www.woertherseeschifffahrt.at

PORTO BELLO IN SCHLOSS SEEFELS €€€€

Die Terrasse des Restaurants zählt zu den romantischsten Plätzen am Wörthersee. Manche Gäste reisen sogar per Motor- oder Segelboot an. Die Speisekarte bietet einen Mix von Wagyu-Burger über pikantes Wok-Gemüse bis zu Meeresfrüchten und Forellen-Filet.
Töschling 1, A-9212 Techelsberg
www.seefels.com

HÖHENWIRT €€€

Am Pyramidenkogel veredelt Andreas Miklautz Biogemüse aus seinem eigenen Garten, Fische aus dem Wörthersee und Schwammerl aus den nahen Wäldern zu einer »Best of Kärnten«-Küche.
Höhe 4, A-9074 Keutschach
Tel. 04273 23 28
www.hoehenwirt.at
Mo.–Mi. u. ca. Okt.–April geschl.

VILLA BULFON €€€–€€€€

Veldens ältestes Herrenhaus mit Ursprung im 15. Jh. ist eine besonders romantische Bleibe. Der angeschlossene Park erstreckt sich bis zum Ufer mit Privatstrand und Seerestaurant.
Am Corso 9–11, A-9220 Velden
Tel. 04274 26 14
www.villabulfon.at

HOTEL CARINTHIA €€

Nur wenige Meter von Kurpark und See entfernt liegt dieses Juwel der Wörther-See-Architektur. Das Hotel lockt mit interessanten Wellness- und Beautyangeboten.
Karawankenplatz 3
A-9220 Velden
Tel. 04274 21 71
www.hotelcarinthia.at

errichteten am höchsten Punkt der damaligen Insel ein Gotteshaus. Zur **Pfarrkirche**, die in ihrer jetzigen Form spätgotisch ist, steigt man über eine schindelgedeckte Treppe empor. Sehenswert ist hier die spätgotische Schutzmantelmadonna (um 1460), noch älteren Datums sind die romanische Krypta und die gut erhaltenen Apostel-Fresken der nahen, bei Hochzeitpaaren beliebten **Winter- bzw. Rosenkranzkirche** (12. Jh.).

Kärnten von oben betrachtet

Am eindrücklichsten präsentiert sich der Wörthersee von der spektakulären Aussichtswarte am Pyramidenkogel (851 m), der sich als Teil einer bewaldeten Hügelkette über Maria Wörth erhebt. Der elegante **Aussichtsturm** mit gedrehter Form – er ersetzte 2013 einen in die Jahre gekommenen Vorgängerbau – ist eines der Wahrzeichen Kärntens: Nachts wird die 100 m hohe Holz-Stahl-Konstruktion in farbiges Licht gehüllt. Über Stufen oder per Aufzug geht es zu den Aussichtsplattformen in 50 bzw. 70 m Höhe. Das 360-Grad-Panorama reicht von den Karawanken bis zu den Hohen Tauern. Mit einem Flying Fox oder in der 120 m langen Edelstahlrutsche, die sich in der luftigen Konstruktion verbirgt, gelangen Abenteuerlustige wieder nach unten. Zu erreichen ist der Pyramidenkogel in gut 90 Minuten zu Fuß von Maria Wörth aus oder über eine 8 km lange Bergstraße von Keutschach. Dort ist mit dem **Keutschacher See** ein etwas ruhigeres Badegewässer zu entdecken.

Juli u. Aug. tgl. 9–21, Juni bis 20, Mai u. Sept. bis 19 Uhr, sonst kürzer
Flying Fox: Juli u. Aug. tgl., Juni u. Sept. Sa., So. 11–16 Uhr | Eintritt: 16 €, Flying Fox 15 € | www.pyramidenkogel.info

★ ZELLER SEE

Bundesland: Salzburg | **Höhe:** 750 m ü. d. M.

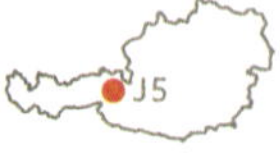

In schönster Lage zwischen den schneebedeckten Gipfeln der ▸ Hohen Tauern im Süden und den grauen Riesen des Steinernen Meeres im Norden erstreckt sich der Zeller See.

Strandbad und Gletscher

Der vom Saalachgletscher geschürfte, 4 km lange, 1,5 km breite und bis zu 69 m tiefe See erwärmt sich im Hochsommer schon mal auf 23 °C. Mit seinem kristallklaren Wasser lädt er so richtig zum Schwimmen, Wassersport und Schifffahren ein. Die drei Strandbäder in Zell am See, Thumersbach und Seespitz haben jeweils zusätzlich solarbeheizte Schwimmbecken. Die atemberaubende Kombination aus Bergen, Seen und Gletschern garantiert herrliche Rad- und Wandertouren. Im weitläufigen Skigebiet in Zell am See-Kaprun kommen Profis wie Ski- oder Snowboard-Neulinge voll auf ihre Kosten.

Wohin am Zeller See?

★ Zell am See

Von der Romanik bis zur Moderne

Die lebhafte Bezirkshauptstadt des Pinzgaus (10 100 Einw.) liegt zwischen See und Schmittenhöhe. Sehenswert sind die ursprünglich romanische Pfarrkirche **St. Hippolyt** mit zwei Apostelfresken (um 1200), der 1000-jährige Vogtturm am Stadtplatz und das Renaissanceschloss Rosenberg, das heutige Rathaus. Moderne architektonische

Der von Bergen eingerahmte Zeller See gilt vielen als Postkartenidyll.

Akzente setzt das **Ferry Porsche Congress Center** beim Bahnhof. Die **Pinzgauer Schmalspurbahn** (760 mm) startet von Zell zu ihrer 53 km langen Reise nach ▶ Krimml, von Mai bis Oktober auch mit Dampfloks – wegen schwerer Unwetter 2021 werden die Züge bis auf Weiteres auf verkürzter Strecke nur nach Niedernsill geführt.
www.pinzgauerlokalbahn.at

Im Anblick von Österreichs Giganten

Schmittenhöhe

Die Seilbahn zur Schmittenhöhe (1965 m) beginnt westlich von Zell. Im Süden sieht man den Großglockner (davor die Staubecken des Kapruner Tals) und den Großvenediger, im Norden die Kalkalpen vom Kaisergebirge bis zum ▶ Dachstein. Bei der Bergstation erinnert die Elisabethkapelle daran, dass die wanderlustige Kaiserin mehrfach zur Sommerfrische hierher kam. Auf der Schmittenhöhe beginnt eine der bekanntesten Höhenwanderungen Österreichs, der **Pinzgauer Spaziergang**, ein sechs- bis siebenstündiger Weg in rund 2000 m Höhe, der immer wieder fantastische Blicke ermöglicht. Zudem endet hier der im Mai 2021 eingeweihte, 153 km lange Panorama Trail (▶ Hohe Tauern).

Am Ostufer

Thumersbach

Schräg gegenüber von Zell am östlichen Ufer des Sees, auch per Schiff erreichbar, liegt Thumersbach mit Strandbad und Kurpark. Schöne Seepromenaden führen in zwei bis drei Stunden rund um den

DURCH DEN RAURISER URWALD

Wenn der Wanderer aus dem Dickicht auf eine verwunschene Lichtung tritt, mag er sich in ein Märchen der Gebrüder Grimm versetzt fühlen: In den Tümpeln des nach einem Bergsturz entstandenen Rauriser Urwalds spiegeln sich knorrige Zirben und Spitzfichten (ausgezeichneter Themenweg ab/bis Parkplatz Lenzanger ca. 2 Std. oder ab/bis Ammererhof ca. 1 Std., www.raurisertal.at).

See nach Zell. Thumersbach wird östlich vom **Hundstein** (2117 m) überragt, einem Pinzgauer Grasberg mit vielen Almen.

Fun und Nervenkitzel

Saalbach

Nordwestlich von Zell am See erstreckt sich das Glemmtal mit dem Hauptort Saalbach, bekannt durch den **Skicircus Saalbach Hinterglemm Leogang Fieberbrunn** (▶ S. 560). 200 Stationen und 30 Seilrutschen bietet Österreichs größter **Hochseilpark** im Talschluss von Hinterglemm. Abenteuer versprechen auch ein Canyoning-Parcours, ein Niederseilpark sowie der Jump & Slide Park mit Freestyle-Absprüngen aus bis zu 8 m Höhe.

Hochseilpark: www.hochseilpark.at

Wilde Wasser und Wälder

Rauriser Tal

In Bruck, ca. 3 km vom Südufer des Sees, beginnt die ▶ Großglockner Hochalpenstraße. Im Salzachtal bleibend, zweigt nach weiteren 12 km in östlicher Richtung das Rauriser Tal nach Süden ab. Kurz bevor die Rauriser Ache in die Salzach mündet, bildet sie die Wildwasserschlucht **Kitzlochklamm**, die über einen Steig erkundet werden kann.

DEN ZELLER SEE ERLEBEN

ZELL AM SEE-KAPRUN TOURISMUS

Brucker Bundesstr. 1 a
A-5700 Zell am See
Tel. 06542 770
www.zellamsee-kaprun.com

SCHMITTENHÖHEBAHN AG

Die »MS Schmittenhöhe« ist von Mai bis September auf dem Zeller See unterwegs. Wer auf Nostalgie steht, bucht auf der »Kaiserin Elisabeth«.
www.schmitten.at
Tel. 06542 78 92 11

FORELLENHOF €€

Familie Streitberger verwöhnt Sie mit fangfrischen Forellen aus eigenem Gebirgsquellwasser, die mannigfaltig, aber immer lecker zubereitet werden.
Pfefferweg 206
A-5754 Saalbach-Hinterglemm
Tel. 6541 71 71, www.forellenhof.at

STEINERWIRT 1493 €€-€€€

Der Gasthof existiert seit über 500 Jahren! Gespeist wird in urigen Stuben oder im modernen Restaurant. Im mittelalterlichen Kellergewölbe warten erlesene österreichische Tropfen darauf, probiert zu werden.
Dreifaltigkeitsgasse 2
A-5700 Zell am See
Tel. 06542 725 02, Mo. geschl.
www.steinerwirt.com

THERESIA GARTENHOTEL €€€€

Wellnesshotel mit Direkteinstieg in den Skicircus, großer Badelandschaft und haubengekrönter Bio-Küche.
Glemmtaler Landesstr. 208
A-5753 Saalbach-Hinterglemm
Tel. 06541 741 40
www.hotel-theresia.com

ERLHOF €€-€€€

Das 1050 erstmals urkundlich erwähnte »Gut am Erlbach« ist ein traditionsbewusstes Landhotel mit netten Zimmern und urgemütlichen Stuben – lassen Sie zum Nachtisch Platz für die Salzburger Nockerln nach Art des Hauses.
Erlhofweg 11
A-5700 Zell am See/Thumersbach
Tel. 06542 566 37
www.erlhof.at

Aus **Rauris**, dem Hauptort des Rauriser Tals, kam im 16. Jh., der Hochblütezeit des Salzburger Goldbergbaus, ein beträchtlicher Teil des Hohen-Tauern-Goldes. Heute kann man an zwei Goldwaschplätzen sein Glück versuchen.
Am Ende der Straße steht man in einem der schönsten Talschlüsse des Nationalparks: **Kolm Saigurn**. Hier finden sich Spuren des Goldbergbaus, idyllische Almen und ein besonderes Naturjuwel: der **Rauriser Urwald**.

Kitzlochklamm: Mai–Sept. tgl. 8–18, Okt. 9–16 Uhr
Dauer: 1,5 Std. | Eintritt: 9 € | www.kitzlochklamm.at
Goldwaschplätze: www.raurisertal.at

ZILLERTAL · ZILLERTALER ALPEN

Bundesland: Tirol

Grüne Wiesen am weiten Talgrund, sonnengeschwärzte Bauernhöfe an steilen Hängen und eine Bergkulisse, die zu traumhaften Wanderungen einlädt: Im Zillertal, das sich südlich des Inn bis an den Alpenhauptkamm erstreckt, werden die Urlaubsträume der Gäste aus dem Flachland wahr. Im Winter verwandelt sich die Tiroler Region in ein Skidorado.

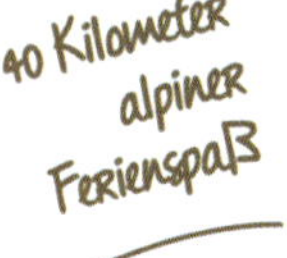

Als erstes Tal jenseits der Tiroler Grenze, das sich mit Dreitausender-Gipfel schmücken kann, war das Zillertal für Besucher aus Deutschland von jeher besonders attraktiv. Die ersten Gäste kamen im 19. Jh., und bald übernahm der Tourismus das Ruder. Eine perfekte Infrastruktur mit Seilbahnen und Unterkünften, die vom Fünf-Sterne-Hotel bis zur einfachen Berghütte reichen, machen das 40 km lange Tal heute zu einer der beliebtesten Ferienregionen Tirols: Mit einem 544 km langen Pistennetz, 180 Liften und Seilbahnen, acht Funparks für Snowboarder sowie 80 Skihütten zählt das Zillertal zu Österreichs Top-Wintersportregionen. Im Sommer kommen Genuss- wie Extremwanderer, Mountainbiker und Adventure-Sportler voll auf ihre Kosten. Bekannt ist das Zillertal aber auch für seine volkstümlichen Feste und seine Musiktradition. Namensgebend ist der Fluss Ziller, der aus Gletscherbächen gespeist wird und bei Strass in den Inn mündet. Kehrseite der Popularität sind vor allem an den Winterwochenenden kilometerlange Autokolonnen. Eine Schmalspurbahn, die Zillertalbahn, entlastet die Straßen. Taleinwärts wird die Szenerie immer malerischer und wilder, bis sie mit den Gletschern am Alpenhauptkamm ihre Krönung findet.

Wohin im Zillertal?

Sangesfreudig

Fügen

Der Hauptort des vorderen Zillertals (550 m; 4280 Einw.) profitiert von den beiden Skigebieten Spieljoch und Hochfügen-Hochzillertal sowie der Erlebnistherme Zillertal. Das **Heimatmuseum** in der Widumspfiste neben der Pfarrkirche geht der Frage nach, warum die Zillertaler so sangesfreudig sind. Dokumentiert wird die weltweite Verbreitung des »Stille Nacht«-Weihnachtsliedes. Viele Hörbeispiele des Liedes von Hawaii bis Afrika sind per QR-Code abrufbar.

Di.–Fr. 14–17 Uhr, in der Zwischensaison geschl. | Eintritt: 5 €
www.hmv-fuegen.at

Senner der Bergkäserei Stoankasern im Tuxer Tal heben Frischkäse in die Form: Das Zillertal ist auch für sein Käsereihandwerk bekannt.

Kräftige Mander und starkes Bier

Zell am Ziller

Zell am Ziller (575 m; 1700 Einw.), Wirtschafts-, Verwaltungs- und Schulzentrum des Tals, lebte vor der Tourismus-Ära auch vom Bergbau (Gold). Ein **Schaubergwerk** im Ortsteil Hainzenberg geht dieser Tradition auf den Grund. Am ersten Mai-Wochenende lockt das Gauderfest (www.gauderfest.at) die Massen an. Höhepunkte sind das Ranggeln um den Titel des »Gauder Hogmoar« und der Umzug von Trachtengruppen. Bierliebhaber freuen sich auf den »Gauder Bock« – doch Vorsicht, mit 7,8 % hat er's in sich! Das Sportprogramm rund um Zell fasst man unter dem Namen **Zillertalarena** zusammen. Das Skigebiet, mit 150 km größtes im Tal, reicht bis ▶ Krimml.

Schaubergwerk: Führung Mai, Juni tgl. 11 u. 13 Uhr, Juli–Sept. häufiger, Okt. 11.30 Uhr | Eintritt: 14 € | www.goldschaubergwerk.com
www.zillertalarena.at

So ein Käse!

Mayrhofen

Mayrhofen (633 m; 3930 Einw.) liegt im weiten Talschluss des Ziller, umrahmt von einem Kranz steil aufragender Berge. Im Winter schwillt die Einwohnerzahl auf ein Mehrfaches an. In der **Erlebnissennerei Zillertal** (Hollenzen 116) erfahren Besucher, wie Heumilch von Kuh, Schaf und Ziege zu köstlichen Produkten veredelt wird. Am angeschlossenen Schaubauernhof wird Wissen über den Ursprung der heimischen Lebensmittel erlebnisreich vermittelt. Erlebnisse für die ganze Familie von Greifvogelvorführungen über Funsportarten hält im Sommer das von einer Riesengondel erschlossene **Ahornplateau** (1966 m) bereit.

Erlebnissennerei: Mo.–Sa. 9–17 Uhr | Eintritt: 12,50 €
www.erlebnissennerei-zillertal.at
Ahornbahn: Berg- u. Talfahrt: 28 €
www.mayrhofner-bergbahnen.com
Greifvogelvorführungen: Mitte Juni–Mitte Okt. tgl. außer Di. 14 Uhr
Eintritt: 12,70 € (mit Berg- und Talfahrt 34,50 €)

Drei Täler für drei Stauseen

Ziller-, Stillup- und Zemmgrund

Bei Mayrhofen verästelt sich das Zillertal fächerartig in vier »Gründe« genannte Seitentäler. Zillergrund (Osten), Stillupgrund (Süden) und Zemmgrund (Südosten) sind im Sommer erschlossen durch mautpflichtige Straßen und warten an ihren Enden mit imposanten Stauseen auf. Die Gletscher und Schneefelder, die sie speisen, steigen zum scharfgratigen Hauptkamm der **Zillertaler Alpen** auf,

DAS ZILLERTAL ERLEBEN

ZILLERTAL TOURISMUS GMBH

Gewerbegebiet Nord 1, A-6262 Schlitters, Tel. 05288 8 71 87
www.zillertal.at

HOTEL GASTHOF BRÄU €€€

Im Zentrum von Zell serviert das »Bräu« zum eigenen Bier regionale Spezialitäten in rustikalem, aber sehr gepflegtem Ambiente. Der Gasthof besteht seit mehr als 500 Jahren.
Dorfplatz 1, A-6280 Zell am Ziller
Tel. 05282 23 13
www.hotel-braeu.at

LANDGASTHOF METZGERWIRT €€

Fleisch von heimischen Produzenten, verarbeitet in der hauseigenen Metzgerei – das sorgt für beste Qualität von Milchkalb und Rumpsteak. Die Hundsbichler Stuben verströmen mit Holztäfelung und einem Tiroler Kachelofen urgemütliches Flair.
Laimach 190, A-6283 Hippach
Tel. 05282 30 59
www.metzgerwirt-zillertal.at

STOCK***** RESORT €€€€

Diamond Spa, Außenpool am Dach und Heubäder machen deutlich, warum das Stock zu Tirols führenden Wellness-Hotels gehört. Workout mit Weitblick bietet das Panorama-Fitnessstudio. Im Sommer begleiten Hotel-Wanderguides die Gäste in die Bergwelt.
A-6292 Finkenberg 142
Tel. 05285 67 75, www.stock.at

die sich zwischen der Birnlücke (2665 m) in Salzburg und dem Brenner-Pass im Westen erstrecken. Kühn aufragende Bergmajestäten wie **Hochfeiler** (3509 m), **Großer Möseler** (3478 m), **Olperer** (3476 m) oder **Großer Löffler** (3376 m) lassen Alpinisten mit der Zunge schnalzen. Über den Hauptkamm verläuft die österreichisch-italienische Grenze.

Über 400 km² unberührte Natur

Im kleinen **Ginzling** (999 m; 197 Einw.) 10 km südlich von Mayrhofen ist das Besucherzentrum des Naturparks Zillertaler Alpen angesiedelt. Dieser erstreckt sich auf einer Höhe von 1000 bis zu 3500 m und damit über alle Höhenstufen der Zentralalpen. Malerische Bergseen, Gletscher und gipfelreiche Kämme bilden die beeindruckende Kulisse. Im Sommer bieten geführte Touren Einblicke in Flora, Fauna und Geologie des 422 km² großen Schutzgebietes. Von Ginzling aus nahm die Eroberung der örtlichen Bergriesen Ende des 19. Jh.s ihren Ausgang. Heute sind die Zillertaler Alpen durch Routen in allen Schwierigkeitsgraden und hochalpine Hütten bestens erschlossen. Durch die Gebirgsgruppe ziehen sich Fernwanderwege wie die **Via Alpina** sowie hochalpine Rundwege wie der **Berliner Höhenweg** (6–8 Tage), für den gute Kondition und Trittsicherheit Voraussetzung sind.

Naturparkhaus: tgl. 8.30–12 u. 13–17 Uhr | www.naturpark-zillertal.at

Dem Gletscher ganz nah

Das Tuxer Tal – vierter der »Gründe« – verläuft von Mayrhofen erst westlich, dann in einem Bogen nach Südwesten bis nach Hintertux (1494 m). Das Hoteldorf ist Ausgangspunkt für zahlreiche sportliche Aktivitäten. 4 km lang ist der **Wasserfallweg**, der gleich mehrere tosende Naturspektakel erschließt. Skifans bekommen beim Namen **Hintertuxer Gletscher** leuchtende Augen: Hier kann man, einzigartig in Österreich, tatsächlich das ganze Jahr über Ski fahren. Die Eisfelder der Gefrorenen Wand und des **Olperers** sind mit den Zillertaler Gletscherbahnen erreichbar. Die barrierefreie Aussichtsplattform an der **Gefrorenen Wand** auf 3250 m Seehöhe bietet einen Panoramablick vom Großglockner über die Dolomiten bis hin zur Zugspitze. Wenige Gehminuten entfernt befindet sich der Eingang zum unterirdischen **Natur-Eis-Palast** mit begehbarer Gletscherspalte. Es werden unterschiedliche Führungen angeboten, selbst Kajakfahren, Stand-Up-Paddling und Eisschwimmen ist möglich! Kinder kommen auch im Gletscherflohpark auf ihre Kosten – mitten im Sommer locken Schneeballschlacht und Bob-Rutschen!

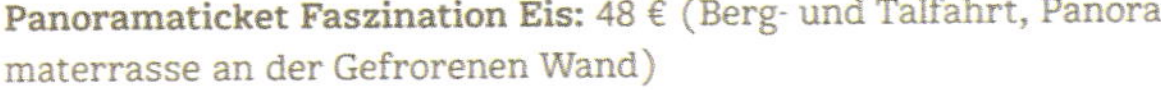

Panoramaticket Faszination Eis: 48 € (Berg- und Talfahrt, Panoramaterrasse an der Gefrorenen Wand)

Natur-Eis-Palast: ganzjährig geöffnet | Eintritt: 26 € (Basistarif mit Bootstour ohne Berg- und Talfahrt) | www.hintertuxergletscher.at

Prachtstraße

Zillertaler Höhenstraße

Die Zillertaler Höhenstraße in den Tuxer Voralpen verläuft von 550 m bis auf 2020 m Höhe, hat Steigungen von bis zu 15 % und ist 48 km lang: für Mountainbiker – und auch für so manchen Autofahrer – eine echte Herausforderung! Belohnt werden alle mit grandiosen Panoramen.

ca. Ende Mai–Ende Okt. | Maut: Pkw 8 €
www.zillertaler-hoehenstrasse.com

ZOLLFELD

Bundesland: Kärnten | **Höhe:** 505 m ü. d. M.

Im Zollfeld wird Kärntens Frühgeschichte bestens Tritt erlebbar. Kelten, Römer, Slawen, christliche Missionare und die Herzöge des Mittelalters – sie alle haben der fruchtbaren Ebene zwischen Klagenfurt und St. Veit an der Glan ihren Stempel aufgedrückt.

Ihre Zeitreise beginnt bereits in der Antike: Am Magdalensberg produzierten Kelten ab dem 3. Jh. v. Chr. Eisen. Aufmerksame Besucher stoßen von Klagenfurt bis St. Veit auch immer wieder auf Römersteine mit verwitterten Inschriften, oft eingefügt in Kirchenfassaden, die von der einst 30 000 Einwohner zählenden Römermetropole Virunum zeugen. Weiter geht es ins Mittelalter ins historische ▶ Friesach oder zur Burg Hochosterwitz, der »Mutter aller Burgen Österreichs«. Dem Landleben in jüngerer Zeit begegnet man schließlich im Kärntner Freilichtmuseum. Übrigens: Wer die Zeitreise mit einer Radtour verbinden will, findet beste Voraussetzungen vor. Das Zollfeld ist arm an Steigungen und zudem mit einer Bahnlinie erschlossen. E-Leihräder von »Kärnten rent e bike« gibt es beim Tourismusbüro in St. Veit

Wohin auf dem Zollfeld?

Ist das Lenin? In einer Kirche?

★ Wallfahrtskirche Maria Saal

Als eine der frühesten Kirchengründungen des Landes thront die Wallfahrtskirche in Maria Saal 5 km nördlich von ▶ Klagenfurt auf einer Anhöhe über dem Zollfeld. Die Gründung geht auf den um 750 vom Bistum Salzburg nach »Karantanien« entsandten Bischof Modestus zurück, der von hier aus das Land christianisieren sollte – im zweiten Anlauf nach den Wirren der Awaren- und Slaweneinfälle. Das Gotteshaus in seiner heutigen spätgotischen Form entstand zwischen 1430 und 1460. Römersteine, darunter das bekannte Relief eines Reisewagens, sind in die Fassade eingelassen. Die dreischiffige

Hallenkirche ist mit Steinen gedeckt. Erhalten hat sich in einer Seitenkapelle der **karolingische Altartisch** aus der ursprünglichen Kirche. Fresken stellen den Stammbaum Christi (1490) dar. Eindrucksvoll sind auch die beiden gotischen Flügelaltäre im Chor und der barocke Hochaltar (1714). Der Bogen spannt sich bis zu einem Fresko des Kärntners Herbert Boeckl (1928), das die Errettung des Petrus (manche erkennen darin den Kommunistenführer Lenin) zeigt.

Landleben von einst

★ Kärntner Freilichtmuseum

Von der Sonne geschwärzte Balken, geraniengeschmückte Balkone und blühende Gärten: Tief in die bäuerliche Vergangenheit des Landes tauchen Besucher im Kärntner Freilichtmuseum ein. Auf dem 4 ha großen Gelände am nördlichen Ortsrand von Maria Saal veranschaulichen originalgetreu wiederaufgebaute Höfe und Wirtschaftsgebäude von der Dörrhütte bis zur Flödermühle einstige Lebens- und Arbeitsweisen. Integriert in das Ensemble sind auch Nutzgärten und ein Naturlehrpfad. Dass die Menschen früherer Zeiten kleiner waren, erfährt schmerzlich, wer beim Betreten der Höfe nicht den Kopf einzieht!

Mai–Okt. Di.–So. 10–16, Juli u. Aug. bis 17 Uhr | Eintritt: 9 €
www.landesmuseum.ktn.gv.at

Barocker Inhalt, spätgotische Verpackung und antike Garnierung:
Die Wallfahrtskirche in Maria Saal spiegelt die (Bau-)Geschichte des Zollfelds wider.

DAS ZOLLFELD ERLEBEN

TOURISMUSREGION MITTELKÄRNTEN

Unterer Platz 10
A-9300 St. Veit an der Glan
Tel. 04212 4 56 08
www.kaernten-mitte.at

WIRTSHAUS GELTER €–€€

Die Kärntner Schmankerl begleiten köstliche hauseigene Biere. Mehrmals im Jahr finden spezielle Genusswochen statt – den Auftakt macht der Spargel aus dem Lavanttal, im Herbst werden Wild und Kärntner Bioweidegans geschmaust. Mo. bis Do. geschl.
Goggerwenig 8
A-9300 Sankt Veit
Tel. 04212 3 68 78
www.wirtshaus-gelter.at

KUNSTHOTEL FUCHSPALAST €€

Ein knallbuntes Monument stellt das im Stil des fantastischen Realismus gestaltete Kunsthotel dar. Bilderwelten begleiten die Gäste vom Foyer bis in die Zimmer, die Tiffany-Außenfassade ist sowieso ein Hingucker.
Prof.-Ernst-Fuchs-Platz 1
A-9300 St. Veit an der Glan
Tel. 04212 46 60
www.hotel-fuchspalast.at

Bedeutendstes Rechtsdenkmal Kärntens

Herzogstuhl

Etwa 1,5 km nördlich von Maria Saal steht neben der Bundesstraße der von einem Eisengitter und einem Glaskasten umgebene Kärntner Herzogstuhl, der als bedeutendstes Rechtsdenkmal des Landes gilt. Auf diesem aus Römersteinen zusammengefügten Doppelthron leisteten Kärntens Herzöge den Ständen den Eid, empfingen die Huldigung, vergaben Lehen und sprachen Recht. Die erste Zeremonie ist belegt für das Jahr 1161, die letzte für 1651.
Die Steine des Herzogstuhls stammen vom nördlich gelegenen **Virunum**, das ab 45 n. Chr. Hauptstadt der römischen Provinz Noricum war. Von der in der Völkerwanderung im 5./6. Jh. untergegangenen Stadt mit einst 30 000 Einwohnern sind vor Ort lediglich die Fundamente des Amphitheaters erhalten geblieben.

Geschichte auf Schritt und Tritt

Archäologischer Park Magdalensberg

Mehr zu erkunden gibt es am Magdalensberg (1059 m) 12 km nordöstlich von Maria Saal, wo Kelten bereits im 3. Jh. v. Chr. Eisen verhütteten und später eine römische Siedlung entstand, die mit der Gründung Virunums ihre Bedeutung verlor. Heute bringt der Archäologische Park Magdalensberg unterhalb des Gipfels Besuchern den Alltag um die Zeitenwende näher. Interessant ist die Dokumentation über das »Norische Eisen«, das aus den Bergen Nordkärntens kam und hier gehandelt wurde. Bedeutendster Einzelfund war eine lebensgroße Bronzestatue, auf die im Jahr 1502 ein Bauer beim Pflügen stieß. Das Original des »Jünglings vom Magdalensberg« aus dem 1. Jh. n. Chr. ist verschollen, eine Kopie ist auf dem Gelände zu sehen.

Mai–Okt. Di.–So. 10–16, Juli u. Aug. bis 17 Uhr | Eintritt: 7 €
www.landesmuseum.ktn.gv.at

★ Burg Hochosterwitz

Eine Festung wie aus dem Comic

Sogar Walt Disney soll sie zu seinen Zeichentrick-Schlössern inspiriert haben: Hochosterwitz, die »Mutter aller Burgen« Österreichs. Trutzig blickt die Festung von einem 150 m hohen Kalkklotz 12 km nordöstlich von Maria Saal übers Land und signalisierte Möchtegern-Eroberern: Lasset alle Hoffnung fahren! Als »Astarnuiza« wurde die Wehranlage im Jahr 860 erstmals urkundlich erwähnt. Im Jahr 1541 gelangte die Burg in den Besitz der Khevenhüller-Familie, die sie zur unbezwingbaren Festung ausbauen ließ. Gerichtet war die Botschaft in erster Linie an die Türken, die im 15. Jh. mehrmals in Kärnten eingefallen waren. Der Weg zur Hochburg wurde mit 14 raffinierten Wehrtoren gespickt. Bis heute sind die Khevenhüller im Besitz von Hochosterwitz. Ein **Aufzug** steht für diejenigen zur Verfügung, die sich den 620 m langen Anstieg in den inneren Burghof ersparen möchten. Über Tor 7 ist ein Hochrelief des Burgerbauers Georg II. von Khevenhüller zu sehen. Im Ticket inbegriffen ist der Besuch im **Museum**, wo u. a. alte Rüstungen, Waffen und historische Gemälde ausgestellt sind. Beim Ritterfest Mitte August begeistern Ritter-Darsteller von heute mit Schaukämpfen. Es findet am großen Turnierplatz zu Füßen der Burg statt, ebenso wie publikumsträchtige Open-Air-Konzerte unter dem Namen Howart.live (www.howart.live).

April–Mai u. Sept.–Okt. tgl. 10–17, Juni–Aug. 9–18 Uhr | Eintritt: 17 €, Aufzug 10 € | www.burg-hochosterwitz.com

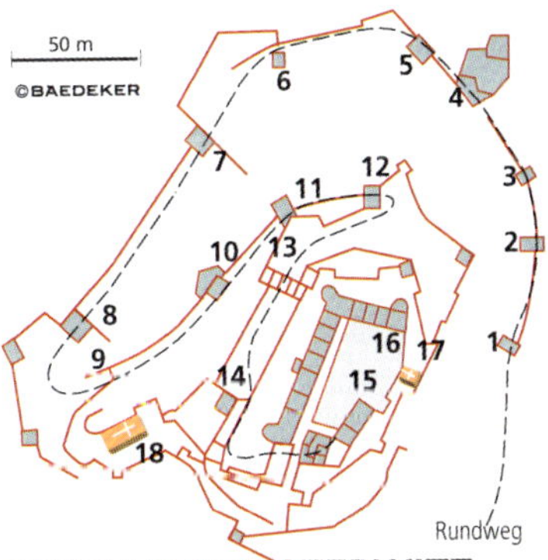

BURG HOCHOSTERWITZ

1 Fähnrichstor
2 Wächtertor
3 Nautor
4 Engeltor
5 Löwentor
6 Manntor
7 Khevenhüllerthor
8 Landschaftstor
9 Reisertor
10 Waffentor
11 Mauertor
12 Brückentor
13 Kirchentor
14 Kulmertor
15 Innerer Burghof
16 Restaurant
17 Burgkapelle
18 Kirche

St. Veit an der Glan

Blumengruß aus Kärntens alter Hauptstadt
Der Atem der Geschichte weht auch durch St. Veit an der Glan (12 200 Einw.) 14 km nördlich von Maria Saal. Von der Stadt am nördlichen Ende des Zollfelds regierten Kärntens Herzöge von 1170 bis 1518 das Land, bevor Klagenfurt zum neuen Mittelpunkt avancierte. Der von einer 10 m hohen Mauer umgebene Altstadtkern präsentiert sich als Musterbeispiel der Ortsbildpflege. Stattliche Häuser säumen den lang gestreckten Hauptplatz, den die städtischen Gärtner ab dem Frühjahr in ein Blumenmeer verwandeln. Auch zwei Brunnen verdienen Aufmerksamkeit: Der eine erinnert an **Walther von der Vogelweide**, der einige Zeit in St. Veit lebte; gegenüber, am **Schlüsselbrunnen**, spuckt eine bronzene Bergmannsfigur Wasser in ein Steinbecken aus römischer Zeit. Das **Rathaus** aus dem Jahr 1468 wurde im Barock mit einer prachtvollen Stuck- und Goldfassade versehen. Den Renaissance-Innenhof werteten die Stadtväter durch eine Glasüberdachung zum Ganzjahres-Veranstaltungsort auf.

ZUGSPITZMASSIV

Bundesland: Tirol

Was für ein Berg! Über dem Ehrwalder Becken kratzt das gewaltige Massiv der Zugspitze an der 3000-Meter-Marke. 500 000 Menschen im Jahr besuchen den Gipfel. Die einen wollen unbedingt einmal auf dem höchsten Berg Deutschlands stehen, den anderen geht es eher um die Aussicht. Erschlossen ist die Zugspitze durch spektakuläre Seilbahnen.

Die deutsch-österreichische Grenze verläuft über das zum Wettersteingebirge gehörende Massiv der Zugspitze. Der 2962 m hohe Gipfel, gekennzeichnet mit einem vergoldeten Kreuz, befindet sich allerdings auf deutschem Staatsgebiet.

Wohin am Zugspitzmassiv?

Seilbahnen zur Zugspitze

Gipfelsturm in zehn Minuten
Aus dem Ehrwalder Becken überwindet die **Tiroler Zugspitzbahn** einen Höhenunterschied von über 1700 Höhenmetern. 1991 wurde sie neu errichtet, ihr Vorläufer stammt von 1926. Eine technische Spitzenleistung stellt auch die neue **Seilbahn Zugspitze** dar, die seit

Hoch droben ragt im Wettersteingebirge der graue Zugspitzfels in den Himmel, weiter unten sprenkeln Wildblumen saftig grüne Wiesen.

Ende 2017 vom bayerischen Eibsee aus das »Dach Deutschlands« erklimmt. Auch sie benötigt nur zehn Minuten. 120 Personen fassen die Kabinen, die mit einer Rundumverglasung perfekte Aussicht bieten. Das neue deutsche Zugspitze-Zugpferd – es ersetzte die Eibsee-Seilbahn aus 1963 – stammt vom österreichischen Seilbahn-Weltmarktführer Doppelmayr.

Tiroler Zugspitzbahn: Berg- u. Talfahrt: 56 € | www.zugspitze.at
Seilbahn Zugspitze: Berg- u. Talfahrt: 68 € | https://zugspitze.de

Gedränge am Gipfel ... und am Horizont

Aussichtskanzel mit Vier-Länder-Panorama

Das österreichische und das deutsche Gipfelhaus, Sonnenterrassen, Erlebnisausstellung, wissenschaftliche Messstationen und Kuriosa wie der »höchste Biergarten« Deutschlands haben im Gipfelbereich Platz gefunden. Die Zugspitze ist eine einzigartige Aussichtskanzel: 400 Gipfel präsentieren sich bei klarem Wetter. Man erspäht den Fernsehturm in München, den Ortler, den Piz Palü und die Wildspitze. Und über eine Distanz von 140 km grüßt Deutschlands höchster Berg sein österreichisches Pendant, den Großglockner. Im Restaurant »2962« werden zum »Vier-Länder-Blick« Schmankerl aus Österreich, Deutschland, Italien und der Schweiz serviert.

DAS ZUGSPITZMASSIV ERLEBEN

TIROLER ZUGSPITZ ARENA
Schmiede 15, A-6632 Ehrwald
Tel. 05673 2 00 00
www.zugspitzarena.com

HOLZERSTUBN €€–€€€
Gulasch, Steak, Schnitzel: Hier gibt es deftige Gerichte, die den Holzknechten – von ihren historischen Werkzeugen ist das Restaurant themenmäßig inspiriert – zweifellos auch gemundet hätten. Perfekt nach einem aktiven Tag in den Bergen!
Müllerhofweg 8
A-6632 Ehrwald
Tel. 05673 3323
www.holzerstubn.at
Mo. geschl.

Kontrastprogramm am Fuß des Berges

Ehrwald

Die Orte auf der Tiroler Seite des Bergs haben sich als **Zugspitz Arena** positioniert. Hier geht es sommers wie winters sportlich zur Sache. Zentrum ist Ehrwald (994 m; 2620 Einw.). Wander- und Radwege durch das Ehrwalder Becken verbinden den Luftkur- und Wintersportort mit Lermoos und Biberwier. Die Römer legten mitten durch das Moos eine mit dicken Bohlen befestigte Straße an, deren Überreste noch im Erdreich schlummern. Auf dem **Moosweg** erfährt man mehr über den wichtigen Abschnitt der Via Claudia Augusta. In halber Höhe umkreisen Panoramawege die Zugspitz Arena. Lohnend ist (von Ehrwald) die Wanderung zum Seebensee. Und wen die Zugspitze ruft: Sie kann in einer anspruchsvollen Tour in rund sechs Stunden bezwungen werden.

Kletteralternativen zur Zugspitze

Wettersteingebirge

Auch auf dem von der Zugspitze östlich auslaufenden Wettersteinkamm bieten sich Möglichkeiten für Klettertouren. Südlich des Wettersteingebirges, von diesem durch die sanften Matten der Ehrwalder Alm (1493 m) getrennt, erheben sich die Mieminger Berge. Ihr bekanntester Gipfel ist die das Inntal weithin beherrschende **Hohe Munde** (2662 m).

Auf den Spuren von König Ludwig

Drehscheibe Fernpass

Westlich von Ehrwald verläuft die vielbefahrene Fernpass-Bundesstraße, die nach Norden zum ▶ Lechtal und weiter nach Bayern führt. Im Südwesten liegt eingebettet in eine urtümliche Wald- und Seenlandschaft der **Fernpass** (1216 m). König Ludwig II. von Bayern erholte sich gern am grünen **Fernsteinsee**. Weiter nach Süden stellt die Route eine Verbindung nach ▶ Imst her.
www.fernsteinsee.at

ZWETTL

Bundesland: Niederösterreich | **Höhe:** 520 m ü. d. M.
Einwohner: 10 700

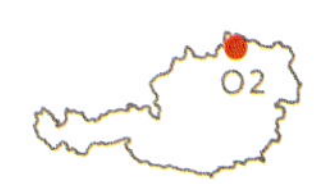

In den Wetterberichten nimmt Zwettl einen Fixplatz unter Österreichs Kältepolen ein – im Sommer machen die kühlen Nächte das Zentrum des ▸ Waldviertels ideal für eine Sommerfrische mit Wanderungen sowie Kulturausflügen.

Seiner exzellenten Wege-Infrastruktur verdankt Zwettl seit 2017 das »Österreichische Wandergütesiegel«. Steigungsarme Routen erschließen die Flusstäler von Kamp und Zwettl und eine Landschaft, die mit tiefgrünen Nadelwäldern und dem Farbenspiel der Raps-, Mohn- und Hopfenfelder einen herben Charme ausübt. Verkehrsarme Nebenstraßen machen die Umgebung der Kuenringer-Stadt auch für Radfahrer attraktiv. Zu Genusstouren werden die Touren dank Sehenswürdigkeiten wie dem Zwettler Zisterzienserstift und kulinarischen Spezialitäten, bei denen Mohn, Kartoffeln und Karpfen die Hauptrolle spielen.

Wohin in Zwettl und Umgebung?

Historische Fassaden, Hundertwasser, Bierbrautradition

Zwettl

Einiges ist von der mittelalterlichen Stadtmauer samt mehreren Wehrtürmen erhalten. Den lang gestreckten Stadtplatz säumen Bürgerhäuser aus dem 16. und 17. Jahrhundert. Einen hübschen Kontrapunkt dazu setzt die **Brunnenanlage von Friedensreich Hundertwasser**. Die hoch gelegene **Propsteikirche** (12. Jh.) gehörte ursprünglich zu einer Kuenringerburg und bildet zusammen mit dem Karner und der romanischen Michaelskapelle ein sehenswertes Bauensemble.
Bis ins Mittelalter zurück reicht die Brautradition der Stadt, bis ins Jahr 1708 zurückverfolgen lässt sich die Geschichte der **Privatbrauerei Zwettl**. Die historischen Gebäude können besichtigt werden – natürlich inklusive einer Verkostung des hauseigenen Gerstensafts.

Privatbrauerei Zwettl: Führungen (nur nach Voranmeldung) Di. 16–18, Juli/Aug. auch Mi. | Eintritt: 14,80 € | www.zwettler.at

Schatzkammer der Gotik

Zisterzienserstift Zwettl

Rund 3 km nordöstlich der Stadt erhebt sich aus einer Schleife des Flusses Kamp das Zisterzienserstift Zwettl, das nach seiner Gründung 1138 durch Hadmar von Kuenring wichtige Impulse für die Erschließung des Waldviertels setzte und zum kulturell-wirtschaftlichen Zentrum des Landes nördlich der Donau avancierte. Bekannt ist es bis auch für seine Fischzucht. Samstagvormittags werden vor allem

ZWETTL ERLEBEN

TOURISMUSINFORMATION ZWETTL

Sparkassenplatz 4, A-3910 Zwettl
Tel. 02822 50 31 29
www.zwettl.info

WIRTSHAUS IM DEMUTSGRABEN €€

Den Waldviertler Knödeln aus Erdäpfelteig wird hier ein Hochamt ausgerichtet, es gibt sie mit verschiedenen Füllungen, pikant wie süß, ja sogar als Bierknödel! Wild aus eigener Jagd ergänzt die Speisekarte in diesem auf alt belassenen Wirtshaus mit uriger Schank.
Niederstrahlbach 36
A-3910 Zwettl, Tel. 02822 5 23 64
www.demutsgraben.at
Mo. u. Di. geschl.

MOHNWIRT NEUWIESINGER €–€€

Nomen est omen – hier werden Spezialitäten mit Mohn-Bezug kredenzt, z. B. Karpfenfilet im Mohnmantel oder handgewuzelte Mohnnudeln.
Armschlag 9, A-3525 Armschlag
Tel. 02872 74 21
www.mohnwirt.at
Mo. u. Di. geschl.

HOTEL SCHWARZ-ALM €€€€

Früher grasten auf der Lichtung im Wald über dem Fluss Kamp die Pferde der Brauerei, heute baden hier die Gäste des gleichermaßen komfortablen wie ruhig gelegenen Hotels im Naturbiotop. Zudem wird erstklassige Waldviertler Küche serviert.
Almweg 1, A-3910 Zwettl
Tel. 02822 53 17 30
www.schwarzalm.at

Karpfen, im Ganzen, filetiert oder geräuchert, im Kloster verkauft. Kunstliebhaber wird vor allem der von 1210 bis 1230 erbaute gotische **Kreuzgang** erfreuen; er ist der älteste vollständig erhaltene in ganz Österreich. Die Kapitelle der 330 Säulen sind kunstvoll mit Blättern und Knospen verziert. Auch das Brunnenhaus und der Kapitelsaal (1180) künden von höchster Baukunst. Als eines der bedeutendsten Werke der österreichischen Spätgotik gilt der Chor der dreischiffigen **Stiftskirche**. Ursprünglich romanisch, wurde er zu einer mächtigen Halle mit Kapellenkranz umgebaut (1343–1383). Eindrucksvoll ist die barocke Ausstattung, darunter eine holzgeschnitzte Gruppe am Hochaltar (1733). Den 90 m hohen barocken Westturm aus Granitquadern schmücken Figuren, Vasen und Obelisken. Aus romanischer Zeit erhalten geblieben ist das Necessarium, ein Latrinengang über dem Kamp-Fluss. Stets für Überraschungen gut ist die im 18. Jh. neu gestaltete barocke Stiftsbibliothek, wo vor einigen Jahren unbekannte Fragmente des Nibelungenliedes, vermutlich aus dem 12. Jh., entdeckt wurden.

Stift: April–Okt. Audioguidetouren tgl. 9.30–16, Führungen tgl. 11, 14 u. 15, Sa./So. auch 12.30 Uhr | Eintritt: 11,50 € | www.stift-zwettl.at

BAEDEKER ÜBERRASCHENDES

6X LECKER ESSEN

Entdecken Sie kulinarische Schätze des Landes.

1. KÖSTLICHES AUS MOHN

Mohn kann auch Kulinarik. Und wie! Alles zum Thema erfährt und erschmeckt man im Mohndorf **Armschlag** in Zwettl. (▶ **S. 499**)

2. SÜSSE VERFÜHRUNG

Kann man Schokolade mit Fisch kombinieren? Oder mit Chili, Craft-Beer und Käse? Der Schokokönig Zotter kann's! Bio, Fairtrade und genussvoll geht es in der faszinierenden Schoko-Erlebniswelt in **Riegersburg** in allen Varianten zu. (▶ **S. 370**)

3. RUSTIKAL

Dem deftigen Brät gewinnt der Leberkas Pepi in **Linz** erstaunliche kulinarische Seiten ab. Ein Dutzend Varianten gibt es, mit Spinat oder sogar mit Trüffel. Wie heißt es? In Linz beginnt's! Am Bahnhof hat Pepi seinen ersten Imbiss! (▶ **S. 249**)

4. GANZ LANGSAM GENIESSEN

Im **Gailtal** folgt das Leben noch gemütlicheren Rhythmen. Auch in der Kulinarik. Österreichs erste Slow-Food-Region hat Genuss- und Erlebnispakete rund um Spezialitäten wie das würzige Lesachtaler Brot geschnürt. Mitbacken, mitkochen, genießen! (▶ **S. 109**)

5. WEIN-KURIOSUM

Uhudler?! Ein lang getragener Jodler? Nein, dahinter verbirgt sich eine Weinsorte mit einer ungewöhnlichen Geschichte. Zu entdecken im **Südburgenland**, dazu passt eine Brettl-Jause. (▶ **S. 100**)

6. KAISER DER PARADEISER

Grünes Zebra, Venusbusen, Tigerella: Erich Stekovics züchtet erlesene alte Tomatensorten. Der Besuch beim Paradeiser-Kaiser gehört am **Neusiedler See** zum Programm. Köstlichkeiten im Glas und scharfe Chilies gibt's als Take-Away. (▶ **S. 310**)

Erholungsgebiet mit skandinavischem Touch

Waldviertler Stauseen

Wer dem Kamp von Zwettl aus nach Osten folgt, erreicht bald den 12 km langen Stausee **Ottenstein**, gefolgt von **Dobra-** und **Thurnberger Stausee**. Baden, surfen, segeln, Boot fahren und angeln kann man hier ebenso wie reiten, golfen und wandern. Nadelwälder und Granitfelsen, Heideböden und dunkle Wasserflächen erinnern an Skandinavien.

Gelüftete Geheimnisse

Schloss Rosenau

Westlich von Zwettl erhebt sich auf einer Anhöhe das romantische Schloss Rosenau (620 m; Schlosshotel), das in den Jahren 1730 bis 1748 im Rokokostil erbaut wurde. Das Haus beherbergt in original erhaltenen Ritualräumen aus dem 18. Jh. das **Österreichische Freimaurermuseum**.

April–Okt. Di.–So. 9–17 Uhr | Eintritt: 9 €
www.freimaurermuseum.at

Nie bezwungen, oft gefilmt

Burg Rappottenstein

Südwestlich von Zwettl erhebt sich auf einem bewaldeten Felsen über dem Kamp Burg Rappottenstein, im 12. Jh. erbaut, um das Land vor Einfällen aus Böhmen zu schützen. Das Bollwerk mit fünf Vorhöfen und acht Toren wurde nie eingenommen. Von außen trutzig, gibt sich die Burg im Inneren freundlicher: Arkadengänge aus der Renaissancezeit vermitteln italienisches Flair. Das Ensemble wird auch gerne als historische Filmkulisse genutzt, u. a. für »Die Wanderhure« (2009) und das Doku-Drama »Maximilian I.« (2015).

Führungen Ostern, Mitte April–Juni, Okt. Sa. u. So. 11, 12, 14 u. 15, Juli–Sept. Di.–So. 11, 12, 14, 15 u. 16 Uhr | Eintritt: 11 €
www.burg-rappottenstein.at

Barockjuwel des Waldviertels

★ Stift Altenburg

Das 1144 gegründete Benediktinerstift Altenburg 39 km östlich von Zwettl wurde im Dreißigjährigen Krieg fast vollständig vernichtet. Für den Wiederaufbau im 18. Jh. holte man die besten Handwerker und Künstler ihrer Zeit ins raue Waldviertel. Joseph Munggenast entwarf um 1730 die weitläufige Klosteranlage mit einer 200 m langen Ostfront. Innen glänzt das Stift mit prächtigen Stuckdekorationen im Barock- und Rokokostil. Das Bildprogramm übernahm Paul Troger. Sein eindrucksvollstes Werk ist das **Kuppelfresko der Stiftskirche** (1731/1733), das die Apokalypse des Johannes thematisiert. Auf 700 m² versammelte der Künstler eine Heerschar pummeliger Engerl, himmlischer Lichtgestalten und Rauch spuckender Drachen. Im Kaisertrakt präsentiert wird seit 2018 die **Sammlung Arnold**. Die wichtigste Barocksammlung Österreichs in Privatbesitz umfasst Werke von Troger, Johann Michael Rottmayr, dem Kremser Schmidt und Tiroler Malern. Auch die **Kaiserstiege** und die 48 m lange, überaus reich stuckierte **Stiftsbibliothek** atmen den Geist des Barocks. Unter dem Bücherspeicher befindet sich eine **Krypta** mit makabren Totentanz-Szenen. Das durch moderne Architektur zugänglich gemachte »Kloster unter dem Kloster« vergegenwärtigt das monastische Leben und Arbeiten im Mittelalter. Einen Besuch wert sind auch die fünf theologischen **Themengärten**.

Ende April–Okt. Do.–So. 10–17 Uhr | Eintritt: 12 €
www.stift-altenburg.at

STIFT ALTENBURG

1 Pforte/Klosterladen
2 Prälatenhof
3 Kaiserhof
4 Kaisertrakt
5 Brunngarten
6 Kirchhof
7 Altane
8 Mönchszellen u. Abtshaus (14. Jh.)
9 Kreuzgang (14. Jh.)
10 Bibliothek/ Krypta

Köstliches aus Graumohn

Mohndorf Armschlag

Rund 20 km südlich von Zwettl hat sich das Dorf **Armschlag** einem ganz besonderen Agrarprodukt verschrieben: dem Graumohn. Vor rund 30 Jahren erfuhr die kulinarische Nutzung der einst weit verbreiteten Kulturpflanze eine Renaissance. Die Samen der weiß-lila-rot blühenden Pflanze mit der geschützten Bezeichnung »Waldviertler Graumohn« bilden die Basis für Graumohnöl, Mohnpralinen oder Mohnhonig. Eine typische Spezialität sind die Mohnzelten. Die handtellergroßen Kartoffel-Mehl-Teigtaschen werden mit einem Mohn-Zucker-Gemisch gefüllt. Von seiner schönsten Seite präsentiert sich die Region zur Blütezeit des Mohns im Juli. Die Mohnbauern verkaufen ihre Produkte ab Hof oder von April bis Oktober im Bauernladen.
www.mohndorf.at

H

HINTER-GRUND

Direkt, erstaunlich, fundiert

Unsere Hintergrundinformationen beantworten (fast) alle Ihre Fragen zu Österreich.

Besonders eindrucksvoll zeigen sich die Naturgewalten in Schluchten wie der Raggaschlucht im Kärntner Mölltal. ►

DAS LAND UND SEINE MENSCHEN

Dank der landschaftlichen Vielfalt aus majestätischen Bergen und der Weite des Flachlands, dunklen Wäldern und glitzernden Seen kann Österreich seine Gäste mit einer faszinierenden Pflanzen- und Tierwelt beeindrucken.

Österreich ist überwiegend ein **Mittel- und Hochgebirgsland**. Seine 2650 km lange Grenze teilt es sich mit acht Nachbarn: Etwa 800 km entfallen auf Deutschland, dann folgen im Uhrzeigersinn Tschechien und die Slowakische Republik, Ungarn, Slowenien, Italien sowie die Schweiz und das Fürstentum Liechtenstein. Den Norden des Landes durchfließt die Donau auf einer gut 350 km langen Strecke.

Landschaften

Landschaftsformen

Für ihre Größe weist die Alpenrepublik eine **hohe topographische Vielfalt** auf: Hochalpine Regionen, Wald-, Hügel- und Steppenlandschaften, anmutige Seengebiete und mediterran anmutende Landschaftsformen im Süden sind in Österreich zu finden. Fast zwei Drittel der Gesamtfläche nehmen die Ostalpen ein. Gut ein Viertel entfällt auf siedlungsgünstiges Flach- und Hügelland, das sich als ein Band von wechselnder Breite entlang der Donau bis ins Weinviertel und am Ostrand der Alpen nach Süden zieht. Ein Zehntel der Fläche umfasst den österreichischen Teil des Böhmischen Granitmassivs, Mühl- und Waldviertel.

Alpen

Österreichs Alpen reichen vom Vorarlberger Rätikon im Westen bis zu den Gutensteiner Alpen im Osten. Unterschieden werden drei vornehmlich von West nach Ost verlaufende Hauptketten: die **Nördlichen Kalkalpen** (u. a. Karwendel, Kaisergebirge, Dachstein), die **Zentralalpen** (u. a. Ötztaler Alpen, Hohe Tauern) und die **Südlichen Kalkalpen** (mit Karawanken, Karnische Alpen). Gegliedert werden die Gebirgsformationen durch Flüsse, deren Täler seit alters her wichtige Siedlungsräume und Verkehrsachsen sind. So folgt eine der wichtigsten Nord-Süd-Verbindungen durch Europa dem Lauf des Inn, der im Schweizer Engadin entspringt und durch Tirol mit seiner Landeshauptstadt Innsbruck fließt. Etwas weiter östlich fließt die Salzach, an der die Mozartstadt Salzburg liegt. Im Süden trennt das Drautal die Zentralalpen von den Südlichen Kalkalpen. Über deren Kamm verläuft seit 1919 die Grenze zwischen Österreich und Italien bzw. Slowenien.

Höchster Gipfel der Zentralalpen und damit Österreichs ist der **Großglockner** (3798 m) in den Hohen Tauern. Die gewaltigen Speicherkraftwerke der Gebirgskette, etwa im Zillertal oder oberhalb von Kaprun, zeugen von der Bedeutung der Wasserkraft für Österreichs Energieversorgung. Eine traditionelle Wirtschaftsform der Bergwelt stellen die Hunderten von **Almen** dar, die von den Bauern gepflegt werden und heute wichtige Erholungsräume sind. Große Gebiete sind geschützt – etwa in Form von **Nationalparks**. Schließlich bildet eine intakte Umwelt das bedeutendste Kapital für Österreichs wichtigstes Standbein, den Tourismus. Als Unterzeichnerstaat der **Alpenkonvention** hat sich Österreich zum Schutz und zur nachhaltigen Entwicklung der Alpen verpflichtet.
Am Übergang zum Alpenvorland findet man oft reizvolle **Seen**, teils von hohen Bergen umschlossen wie Traunsee oder Hallstätter See. Sie erinnern auch daran, dass Österreichs Alpen auch als Trinkwasserspeicher enorme Bedeutung haben.

Mühl- und Waldviertler Hochland

Nördlich der Donau erheben sich das Mühl- und das Waldviertel. Ihre bis auf 1380 m ansteigenden Höhen gehören zum **Böhmischen Massiv**, dem geologisch ältesten Teil Österreichs, und sind bis heute noch teils von dichten Wäldern bedeckt. Die raue, windige Granit- und Gneishochfläche bietet verhältnismäßig schlechte Böden und ist

Markante Felszacken prägen den Wilden Kaiser in Tirol, der zu den Nördlichen Kalkalpen gehört.

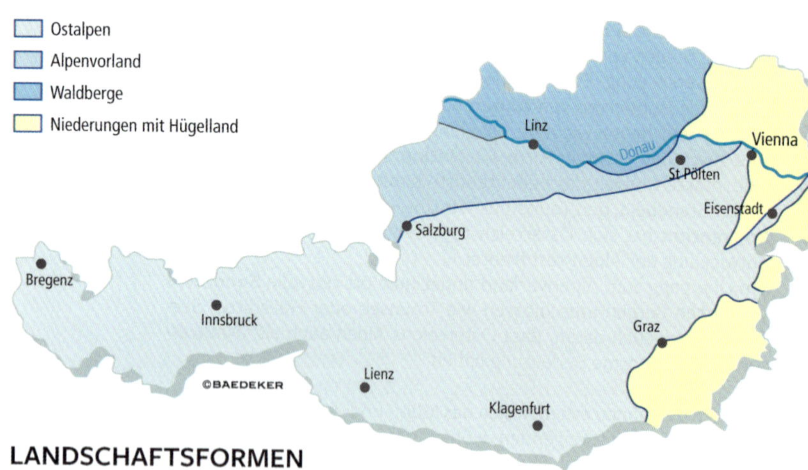

LANDSCHAFTSFORMEN

wenig besiedelt. Waren sie früher Durchgangsgebiet nach Böhmen und Mähren, lagen beide Regionen seit dem Ende des Zweiten Weltkriegs abseits der großen Verkehrsströme. Erst seit dem Fall des Eisernen Vorhangs 1989/90 ändert sich dies langsam. Hierher reist, wer Erholung in naturbelassener Landschaft sucht.

Hügel- und Flachland

Gut ein Viertel der österreichischen Staatsfläche entfällt auf siedlungsgünstiges Flach- und Hügelland. Dieser Gürtel beginnt nördlich der Stadt Salzburg im **Flachgau** und erstreckt sich als ein Band von wechselnder Breite entlang der Donau bis ins **Weinviertel** – sowie am Ostrand der Alpen nach Süden. Das zwischen dem Nordrand der Alpen und der Donau gelegene ober- und niederösterreichische Alpenvorland ist ein fruchtbares Feld- und Wiesenland. Dementsprechend prägen bäuerliche Lebens- und Siedlungsformen weithin die Landschaft. Das **Mostviertel** etwa verdankt seinen Namen dem hier häufig hergestellten Apfel- und Birnenmost – Produkte der vielen Streuobstwiesen rund um die Gehöfte.

Östlich der viel besuchten **Wachau** folgen im Weinviertel und dem nördlichen Burgenland die einzigen **größeren Ebenen** Österreichs (Marchfeld, Seewinkel u. a.). Hier liegen die Kornkammern des Landes und seine wichtigsten Wein-, Obst- und Gemüseanbaugebiete. Auch die am dichtesten besiedelte Region Österreichs, das **Wiener Becken**, gehört zu dieser Großlandschaft. Jenseits vom **Neusiedler See** herrscht bereits echte **Puszta** vor. Im steirisch-südburgenländischen Hügelland spürt man schon die Wärme des Südens. Auf lang gezogenen Kuppen und Rücken wechseln sich hier Wälder, Wiesen, Weinberge und Felder ab, gedeihen Korn und Obst in Hülle und Fülle. Das Klima der Region wird vom Mittelmeer beeinflusst und ist daher überaus mild. Thermalquellen sind eine weiteres Charakteristikum der bei Genießern beliebten Region im Südosten Österreichs.

Pflanzen und Tiere

Naturschutz

Dank ihrer landschaftlichen Vielfalt und unterschiedlicher Klimaeinflüsse vermag die Alpenrepublik mit einer faszinierenden Pflanzen- und Tierwelt zu beeindrucken. Seit man sich der Bedeutung der Artenvielfalt für den Naturkreislauf, aber auch für den Tourismus bewusst geworden ist, hat man zu entsprechenden Schutzmaßnahmen gegriffen. Sechs Nationalparks wurden eingerichtet, in aufwendigen Auswilderungsprogrammen konnten etwa **Bartgeier** oder **Luchs** an ausgewählten Stellen wieder heimisch werden.

Big Five der Alpen

Relativ häufig bekommt man die typischen Vertreter der mitteleuropäischen Tierwelt zu sehen, die Feld und Wald von Bodensee bis zum Neusiedler See bevölkern: Rehe, Füchse, Hasen und Fasane. Die bekanntesten Vertreter der österreichischen Fauna leben in den Alpen: **Gämse, Steinbock, Murmeltier, Steinadler** und **Bartgeier** – mitunter als »Big Five« der Berge bezeichnet. Die ziegenartige Gämse verfügt ebenso über sensationelle Kletterfähigkeiten wie ihr Verwandter, der Alpensteinbock mit seinen langen Hörnern. Steinböcke waren bereits fast ausgestorben, als man sie Anfang des 20. Jh.s wieder im gesamten Alpenraum anzusiedeln begann – mit großem Erfolg. Man sieht die majestätischen Tiere etwa an der Großglockner-Hochalpenstraße oder im Tiroler Naturpark Kaunergrat. Auch die an das harsche Klima bestens angepassten Murmeltiere sind bei Bergtouren häufig zu sehen bzw. zu hören. Mit schrillen Pfiffen warnen sie einander vor Eindringlingen. Sie leben in Höhlen und senken während des monatelangen Winterschlafs ihren Herzschlag von 200 auf 20 Schläge pro Minute. Zu ihren natürlichen Feinden zählt der Steinadler, er ist der König der alpinen Lüfte. Der größte Alpenvogel ist allerdings der seit 1986 im Alpenbogen wieder eingebürgerte Bartgeier mit einer Spannweite von fast 3 m.

Vogelparadies Neusiedler See

Auch in tieferen Lagen findet man eine wunderbare, sehenswerte Tierwelt. Ein international berühmtes Vogelparadies ist der Neusiedler See mit seinem Nationalpark. Fast **350 Vogelarten**, besonders Wat- und Wasservögel, sind hier zu beobachten. Besonders spektakulär wird es im Frühling und Herbst, wenn Kampfläufer, Säbelschnäbler, Wildgänse und weitere Zugvögel Rast machen. Aber auch in den Donau- und Marchauen kann man herrliche Beobachtungen machen: Nicht nur die seltenen Vogelarten, allen voran der **Eisvogel**, sondern auch der häufiger vorkommende **Weißstorch** erfreuen den Betrachter. Egal ob Hochgebirge, Steppenlandschaft oder Flussauen: Gute Chancen, seltene Tiere in freier Wildbahn zu beobachten, bieten die von Nationalpark-Rangern ausgerichteten Touren.

Sechs Nationalparks

Die sechs Nationalparks umfassen etwa 3 % der Staatsfläche und sind Hot Spots des Natur- und Artenschutzes – angefangen vom 1800 km² großen Nationalpark Hohe Tauern bis zum Nationalpark Donau-Auen, der teils auf Wiener Stadtgebiet liegt. In den Kernbereichen ist die Natur wieder völlig sich selbst überlassen. Für manche Blumen und Insekten wie einige Schmetterlingsarten besteht die beste Förderung allerdings in der Bewahrung von Lebensräumen, wie sie durch die Bewirtschaftung von Streuwiesen und Almmähdern oder den Schutz kleiner Biotope, etwa von Mooren, entstehen. Fische wiederum benötigen z. B. Fischtreppen, um vorbei an Kraftwerksbauten zu Laichplätzen stromaufwärts zu gelangen. Solche Maßnahmen sind an der Donau oder der Traun umgesetzt worden. Weniger glücklich waren Österreichs Artenschützer mit ihrem Versuch, **Braunbären** erneut in den Alpen heimisch zu machen: Das Vorhaben scheiterte am Widerstand von Jägern und Bauern. Nicht glücklich sind diese auch mit

Ein Murmeltier steht stets als Wächter bereit, um die Kolonie bei Gefahren mit lauten Pfiffen zu warnen.

– auf natürlichem Weg eingewanderten – **Wölfen**, die im nördlichen Wald- und Mühlviertel schon drei Rudel bilden; Einzelsichtungen gibt es in Kärnten, Salzburg, Vorarlberg und der Steiermark.

Am und im Wasser

Während in alpinen Gewässern vor allem **Forellen, Saiblinge** und **Reinanken** schwimmen, findet man in der Donau **Barsche, Welse, Huchen** und **Aale**. Im Nationalparkzentrum Donau-Auen in Orth östlich von Wien kann man die örtliche Aquafauna in einer Unterwasserstation beobachten. Ein Comeback am Wasser feierte der **Biber**. 1869 wurde in Österreich der letzte Biber erlegt, 100 Jahre später begann ein Auswilderungsprojekt in den Donau-March-Auen und dem Inn-Salzach-Tal. Heute leben in ganz Österreich wieder mehr als 7000 Biber.
Mit etwas Geduld kann man in Österreichs Gewässern vom Tiefland bis in die Bergregionen vielerlei Molche, Frösche und Kröten beobachten. Vor allem in den Donauauen anzutreffen ist die wie viele andere Arten streng geschützte **Europäische Sumpfschildkröte**. Sie teilt sich ihren Lebensraum etwa mit der Wärme und Wasser liebenden **Würfelnatter**. Sie ist stark bedroht, wohingegen die ebenfalls Wasser liebende **Ringelnatter** häufiger vorkommt. Österreichs häufigste Giftschlange ist die **Kreuzotter**. Sie lebt in Mooren und Gebirgen.

Schmetterlings- und Käfervielfalt

Nicht weniger wichtig im Naturkreislauf sind die Insekten. Neben den üblichen Verdächtigen gibt es viele, die man nur mit Glück und genauem Hinsehen erspäht: etwa Gottesanbeterin, Alpenbock, Hirschkäfer, Schwalbenschwanz, Ailanthusspinner, Totenkopfschwärmer und das Wiener Nachtpfauenauge, der größte in Österreich vorkommende Schmetterling. Allein im Nationalpark Hohe Tauern kommen 1300 verschiedene Schmetterlingsarten vor – und natürlich wird auch eine Schmetterlings- und Käferpirsch angeboten.

Alpenflora

Dank seiner verschiedenen Landschaftsformen, Bodenbedingungen und Klimaeinflüssen besitzt Österreich eine größere Pflanzenvielfalt als benachbarte Länder: Im Norden gibt es baltische Elemente, im Mittelgebirge atlantische, im Osten und Südosten pannonische und mediterran-illyrische Arten. Doch am schönsten und vielfältigsten präsentiert sich die Flora der Alpen mit zahlreichen Pflanzen, die nirgendwo anders vorkommen oder hier ihr letztes Refugium gefunden haben. Während des Bergfrühlings bieten **Almwiesen** ein herrliches Bild. Im Sommer bezaubern in höheren Lagen zahlreiche farbprächtige Blumen die Wanderer. Zu den Hinguckern der Alpenflora zählen **Enzian, Edelweiß, Alpenaurikel, Alpennelke** und **Arnika**. Eine andere alpine Formation ist die **Heide** mit Heidekraut und verschiedenen Beeren sowie vor allem dem **Almrausch**, der die Berghänge in ein feuriges Rot verwandelt.

Flachland-flora

Im ersten Anblick karg, aber dennoch faszinierend präsentiert sich der **Pannonische Trockenrasen**, der etwa in der Wachau anzutreffen ist. Dort wachsen neben Kuhschelle und Tragant auch verschiedene Wildrosen, Schlehdorn und Zwergmispel. In der **Salzsteppe** des burgenländischen Seewinkels können nur Überlebenskünstlerinnen wie etwa Salzkresse und Strandaster die heißen, trockenen Sommer überdauern. Im Unterholz der üppigen **Auwälder** gedeihen die verschiedensten Gräser und Büsche, aber auch Pflanzen wie Schneeglöckchen, Bärlauch und Aronstab. Typische Begleitpflanzen der **Hochmoore** sind Wollgras und Heidekraut, Zwergbirke und der Insekten verspeisende Sonnentau.

»Land des Waldes«

Wald bedeckt beinahe die Hälfte der Bodenfläche und ist damit die beherrschende Vegetationsform Österreichs. Charakteristisch ist in tieferen Lagen der **Laub-** (Eichen, Buchen) bzw. **Mischwald** (Buchen, Fichten). Entlang von Donau, March und Leitha sieht man üppige Auen mit Weiden, Pappeln, Eschen und Ulmen. Je höher es geht bzw. je weiter westwärts man kommt, desto mehr häufen sich Fichten – die Fichte ist der in Österreich am häufigsten vorkommende Nadelbaum – Lärchen und Kiefern. Die Waldgrenze liegt in den Zentralalpen bei ca. 2000 m, in den Nord- und Südalpen bei 1700 m. In den Tauern und in Tirol kommt bis über 2000 m die **Zirbe** (oder Zirbel) hinzu, eine besonders widerstandsfähige hochalpine Kiefernart. Typisch für Kalkplateaus sind die **Legföhren** (Latschen).

Bevölkerung

Starke regionale Unterschiede

Die im Vergleich zu Deutschland **geringe Bevölkerungsdichte** lässt sich mit dem hohen Anteil der Gebirgsregionen erklären: ca. 60 % des Landes sind unbesiedelt. Von den gut 9 Mio. Einwohnern lebt mehr als ein Fünftel in Wien, das höchste Bevölkerungswachstum aller neun Bundesländer hat Oberösterreich. Regional gesehen verzeichnen Eisenstadt, der Bezirk Graz-Umgebung sowie die beiden Statuarstädte Wiener Neustadt und Villach den höchsten Bevölkerungszuwachs. Die größten Bevölkerungsverluste mussten die Bezirke Murau in der Obersteiermark und Gmünd im Waldviertel hinnehmen, auch Innsbruck und Salzburg sind leicht rückläufig. Das Wachstum wird hauptsächlich von Zuwanderung getragen, da sich Geburten- und Sterberate in etwa die Waage halten.

Ausländer und Minderheiten

Zu etwas weniger als einem Fünftel hat die österreichische Bevölkerung einen Migrationshintergrund, d. h. diese Menschen sind entweder im Ausland geboren oder Zuwanderer der zweiten Generation. Damit liegt Österreich im EU-Spitzenfeld. Mehr als ein Drittel der Ausländer kommt aus einem anderen EU-Staat, die größte Gruppe

Wiltner Schützenkompanie bei einer Fronleichnamsprozession – das Brauchtum ist vor allem in ländlichen Regionen noch sehr lebendig.

darunter bilden seit Anfang 2010 die Deutschen. In Österreich als **Nachfolgestaat der multikulturellen K.-u.-k.-Monarchie** leben zudem sechs anerkannte Volksgruppen, laut Gesetz »die in Teilen des Bundesgebietes wohnhaften und beheimateten Gruppen österreichischer Staatsbürger mit nicht deutscher Muttersprache und eigenem Volkstum«. Das Burgenland ist Heimat von **Ungarn und Kroaten**, von denen letztere auch in Wien anzutreffen sind. In Südkärnten und einigen Orten der Steiermark leben **Slowenen**, in Niederösterreich **Tschechen und Slowaken**. Die seit 1993 in Österreich als Volksgruppe anerkannten **Sinti und Roma** siedeln vorwiegend im Burgenland und in Wien. Es handelt sich dabei hauptsächlich um in jüngster Zeit zugewanderte Roma, die länger ansässigen Sinti, Burgenland-Roma und Lovara sind zu einem Großteil dem nationalsozialistischen Genozid zum Opfer gefallen.

Politik

Politisches System

Österreich ist ein demokratischer und föderaler Bundesstaat. Alle fünf Jahre wählt die Bevölkerung nach einem Verhältniswahlrecht die 183 Mitglieder des Nationalrats, der gesetzgebenden Körperschaft. Die Mehrheitsverhältnisse der im Nationalrat vertretenen Parteien sind maßgebend für die Zusammensetzung der Bundesregierung, die der direkt vom Volk für sechs Jahre gewählte Bundespräsident ernennt. Allerdings besitzt dieser hauptsächlich repräsentative Aufgaben, wohingegen die Regierung mit dem Bundeskanzler an der Spitze einzig dem Nationalrat verantwortlich ist.

Macht der Länder Die neun Bundesländer – das Burgenland, Kärnten, Niederösterreich, Oberösterreich, Salzburg, die Steiermark, Tirol, Vorarlberg und Wien – wählen eigene Landtage und haben im Staatsgefüge einiges mitzureden. Österreichs Verfassung weist den Landesorganen Kompetenzen in Gesetzgebung und -ausführung sowie in der Finanzwirtschaft zu. Der **Bundesrat** als zweite Kammer des österreichischen Parlaments setzt sich aus 62 Delegierten der Länder zusammen; im Gegensatz zum deutschen Bundesrat hat sein Veto in den meisten Fällen aber nur eine aufschiebende Wirkung.

Parteienlandschaft Bis ins 20. Jh. hinein prägte die meiste Zeit eine **große Koalition** aus Sozialdemokratischer Partei Österreichs (SPÖ) und der bürgerlich-konservativen Österreichischen Volkspartei (ÖVP) die Bundespolitik; bis 1994 saß mit der nationalliberalen Freiheitlichen Partei Österreichs (FPÖ) lediglich eine dritte Kraft im Parlament, die 1983 bis 1986 als Juniorpartner in der Regierung vertreten war. In den 1990er-Jahren ließ – ähnlich wie in Deutschland – die Bindekraft der Volksparteien nach: Die inzwischen dezidiert rechtspopulistische FPÖ erzielte bei den Nationalratwahlen 2017 die nahezu gleichen Stimmenanteile wie SPÖ und ÖVP und koalierte mit der ÖVP – nach einem handfesten Skandal 2019 (Ibiza-Affäre) wurde die Regierung vorzeitig aufgelöst und neu gewählt. Erstmals gelang den Grünen danach eine Regierungsbeteiligung, als Juniorpartner der damals noch starken ÖVP. Ferner sind die liberalen NEOS im Parlament vertreten. Die Ibiza-Affäre, die die Regierung zu Fall brachte, ist symptomatisch für die politische Entwicklung in Österreich. Immer neue Korruptionsskandale erschüttern die Alpenrepublik, doch immer wieder schaffen es die Betroffenen, die Anschuldigungen im Sand verlaufen zu lassen. Im internationalen Korruptionsranking geht es stetig bergab, zuletzt, 2022, lag man nur mehr auf dem 22. Platz.

Wirtschaft

Wirtschaftsdaten Gemessen am Bruttoinlandsprodukt (BIP) pro Einwohner liegt Österreich sowohl innerhalb der EU als auch weltweit im oberen Bereich. Im Vergleich zu Europa konnte Österreich im zweiten Jahrzehnt des 21. Jh.s auf eine der niedrigsten Arbeitslosenraten verweisen. Strukturschwache Regionen wie das Burgenland profitierten massiv von EU-Förderungen. Die heimische Wirtschaft wuchs 2021 real um 4,6 % – etwas schwächer als jene der EU sowie der Eurozone.

Industrie und Forschung

Kleinere und mittlere Unternehmen bilden das Rückgrat der österreichischen Wirtschaft. Wichtigste Industriezweige sind Nahrungs- und Genussmittel, Maschinen- und Stahlbau, Chemie- und Fahrzeugindustrie, Elektrotechnik und Elektronik sowie Holz- und Papier. Aus diesen Bereichen kommt auch ein Großteil der Exporte. Weine zählen zu den beliebtesten Genussmittelprodukten der Alpenrepublik.

Die **Entwicklung der Wirtschaftsstruktur** ist durch die Verringerung der Grundstoffindustrie und das Anwachsen der Fertiggüterproduktion gekennzeichnet. Wie in den meisten Industriestaaten vollzog sich diese Entwicklung bei abnehmenden Anteilen der Industrie am Bruttoinlandsprodukt und bei den Erwerbstätigen. Als wichtiger Standort der Eisen- und Stahlindustrie hat die steirische Mur-Mürz-Furche zwar unter der Privatisierung staatlicher Betriebe gelitten, sich aber durch Umstieg auf wissensbasierte und wertschöpfungsintensive Produkte gut erholt. Im Fahrzeugbau behauptet sich die Steiermark vor allem am Standort Graz und Umgebung, wo auch der weltweit größte Auftragsfertiger für die Automobilbranche produziert. Neben der Steiermark ist auch Oberösterreich mit dem Raum Linz wichtiger Standort für Eisen-, Stahl-, Chemie- und Maschinenbauindustrie.

Wien stellt nach wie vor den **Dreh- und Angelpunkt der österreichischen Wirtschaft** dar. In der Produktion zeigt sich jedoch ein Abwanderungstrend. So ist das Industriegebiet in Wien seit dem Jahr 2000 um ein Drittel geschrumpft, weil Betriebe abwandern und Be-

Lage:
Mitteleuropa

Fläche:
83 379 km²

Einwohner:
9,11 Mio. (2023)

Bevölkerungsdichte:
109 Einwohner/km²

Berlin
524 km
Wien
Linz
Salzburg
Innsbruck
387 km
Graz

16° 22′ 23″
östlicher Länge

48° 12′ 29″
nördlicher Breite

▶ Wappen/Flagge

Das Bundeswappen zeigt das rot-weiß-rote Bindenschild der Babenberger und den österreichischen Adler. Die 1945 eingeführten gesprengten Ketten stehen für die Befreiung von der NS-Diktatur. Die Stadtmauerkrone symbolisiert das Bürgertum, die Sichel den Bauernstand und der Hammer die Arbeiterschaft.

▶ Staat

Staatsform: **Bundesrepublik**
Staatsgründung: **1918**, 2. Republik: **1945**, souverän seit **1955**
Staatsoberhaupt: **Bundespräsident**, auf 6 Jahre direkt gewählt (hauptsächlich repräsen tive Aufgaben)
Regierungschef: **Bundeskanzler**
Parlament mit zwei Kammern: **Nationalrat** mit Abgeordneten; **Bundesrat** (Vertretung der Län auf Bundesebene) mit 62 Delegierten

▶ Neun Bundesländer

A: Vorarlberg
B: Tirol
C: Salzburg
D: Kärnten
E: Oberösterreich
F: Steiermark
G: Niederösterreich
H: Burgenland
J: Wien

©BAEDEKER

▶ Religion

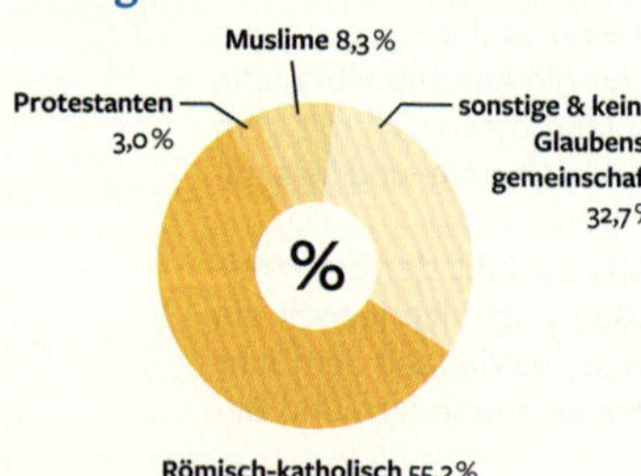

▶ Größte Städte

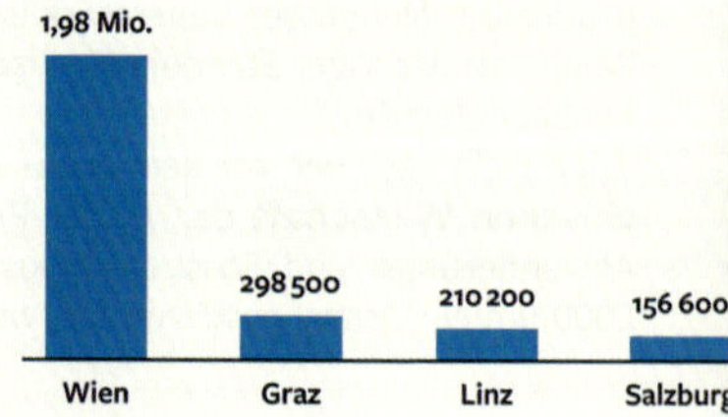

Wirtschaft

Bruttoinlandsprodukt (2022): **447,7 Mrd. €**
Bruttoinlandsprodukt je Einwohner (2022): **45 043 €**

Anteil BIP:

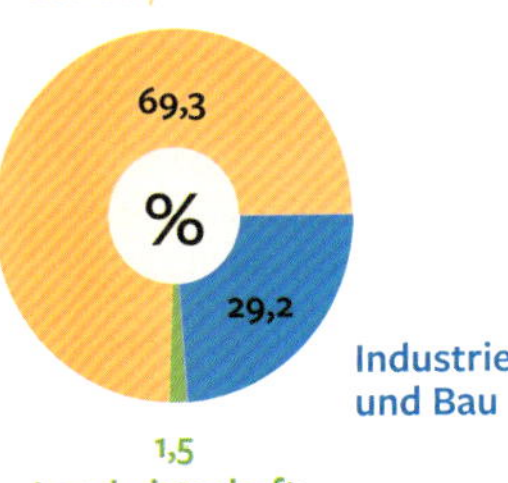

Arbeitslosenquote (2022): **6,3 %**

Gut 5 % des BIP hängen direkt mit dem Tourismus zusammen.

▶ Klimastation Wien

Durchschnittstemperaturen

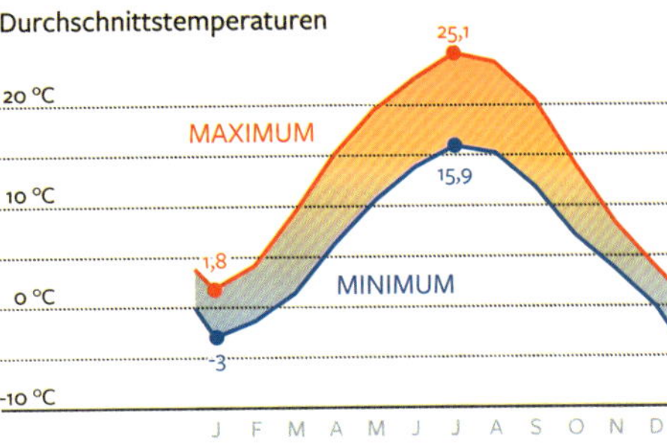

Niederschlag

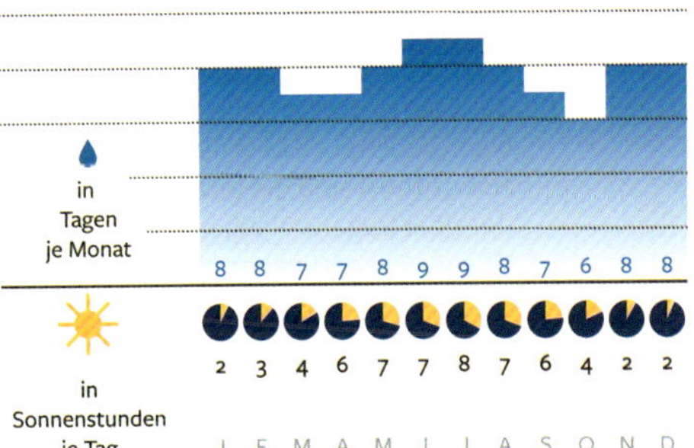

Erstbesteigungen
Die Erstbesteiger der höchsten österreichischen Gipfel könnten nicht unterschiedlicher sein: Bauern, Geistliche, Beamte, Schriftsteller, Touristen, Landvermesser, Ärzte. Aber eines hatten sie gemeinsam: Sie waren allesamt Österreicher.

Berg
Bergsteiger (Land)

vor 1800 — Großes Wiesbachhorn, 3564 m ü.d.M., Zanker/ Zorner (A)

1800 — Großglockner, 3798 m ü.d.M., Horasch (A)

1834 — Similaun, 3599 m ü.d.M., Kaserer (A)

1841 — Großvenediger, 3662 m ü.d.M., Meinlinger/ Gravenegg u.a. (A)

1848 — Wildspitze, 3768m ü.d.M., Klotz (A)

1858 — **Hinterer Brochkogel**, 3628 m ü.d.M., Wachtler (A)

1861 — **Weißkugel**, 3738 m ü.d.M., Specht (A)

1862 — Vorderer Brochkogel, 3565 m ü.d.M., Karlinger/ Senn u.a. (A)

1867 — Hintere Schwärze, 3628 m ü.d.M., Pfeiffer (A)

1872 — Glocknerwand, 3721 m ü.d.M., Pöschl (A)

triebsflächen zu Gunsten von Wohnfläche verloren gehen. Die Bundeshauptstadt tritt dem mit neuen Konzepten entgegen. Mit **mehr als 1400 Forschungseinrichtungen** ist Wien das Zentrum der Forschung in Österreich. Zukunftstechnologien rund um den Computer- und IT-Sektor, Life Sciences und Kreativwirtschaft sollen Wien als »Stadt des Wissens« positionieren. Für Zukunftstechnologien ergeben sich auch in anderen Landesteilen Chancen. So verwirklichte etwa der Münchner Halbleiterkonzern Infineon am Standort Villach in Kärnten 2021 das größte Chipfabrik-Projekt in Europa mit einem Investitionsvolumen von 1,6 Mrd. Euro.

Weltmarken

Stolz ist das kleine Land auf seine Weltmarktführer: **Swarovski** aus Wattens/Tirol beherrscht den globalen Markt bei Kristallprodukten, **KTM Mattighofen** bei den geländegängigen Motorrädern, die Industrien von **Voest Alpine** oder **Borealis** wiederum zählen zu den Global Playern in ihren Sparten. Die wertvollste Marke Österreichs ist jedoch der Energy-Drink-Hersteller **Red Bull** mit Sitz in Fuschl, dessen Marktwert 2022 bei 17 Mrd. Euro lag. Schwer in wirtschaftlichen Kennzahlen zu beziffern sind die Imagewerte und Kulturexporte wie das in 70 Länder übertragene Neujahrskonzert der Wiener Philharmoniker oder die Wiener Sängerknaben der Alpenrepublik.

Landwirtschaft

Die Land- und Forstwirtschaft spielt nur mehr eine kleine Rolle, zusammen mit dem Bergbau erwirtschaftet sie nur noch gut 1 % des Bruttoinlandsprodukts. Österreich war einer der Pioniere in Sachen **ökologischer Landwirtschaft** und **regionaler Vermarktung**. 2021 waren über 24 000 Bauernhöfe bzw. 22 % aller Landwirtschaftsbetriebe als Bio-Höfe zertifiziert; 26 % der Fläche wurden ökologisch nachhaltig bewirtschaftet. Österreich ist damit Spitzenreiter in der EU.

Erneuerbare Energien

Eine gute Öko-Performance zeigt die Alpenrepublik auch in der Energieerzeugung. Beim Anteil der erneuerbaren Energien am gesamten Bruttoendenergieverbrauch belegte Österreich 2020 mit 36,5 % einen Spitzenplatz in der EU. Die Wasserkraft ist mit einem Anteil zwischen 55 und 67 % die bedeutendste Quelle für Strom, aber auch Wind- und Solarenergie nehmen an Bedeutung zu. 1978 verzichteten die Österreicher in einer Volksabstimmung auf die Inbetriebnahme des bereits fertiggestellten **Atomkraftwerks Zwentendorf** (Niederösterreich) und erteilten damit der Atomstrom-Erzeugung eine dauerhafte Absage.

Dienstleistungen

Die Anteile des Dienstleistungssektors an der Zahl der Erwerbstätigen sowie am Umfang des Bruttoinlandsprodukts sind seit dem Ende des Zweiten Weltkriegs kontinuierlich gestiegen. Besonders groß war der Bedeutungszuwachs in den beiden vergangenen Jahrzehnten. Das Wachstum des Dienstleistungssektors betrifft alle seine Teilbereiche: Verwaltung, Bildungswesen, Gesundheitswesen, Handel, Geldwesen, Tourismus und Verkehr.

Tourismus

Der Tourismus ist ein wichtiges Standbein der österreichischen Wirtschaft, das Jahr 2019 war ein Rekordjahr: 46 Mio. Gäste (davon 68 % aus dem Ausland) haben dem kleinen Land rund 153 Mio. Übernachtungen und eine direkte Wertschöpfung von 5,6 % des BIP beschert. Die direkte und indirekte Wertschöpfung der Tourismus- und Freizeitwirtschaft lag bei stolzen 15,3 % des BIP. Die Einnahmen sind im Winter etwas höher.
Spitzenreiter ist das Bundesland Tirol mit fast 50 Mio. Übernachtungen (2019), gefolgt von Salzburg (29,9 Mio.) und Wien (17,6 Mio.). Die meisten ausländischen Besucher kommen aus Deutschland (2019: 37,3 % aller Gäste), Holland, der Schweiz, Italien, Tschechien und China.
Die Corona-Jahre 2020/21 stellten das erfolgsverwöhnte Gastland vor schwere Herausforderungen, der touristische Motor geriet ordentlich ins Stottern. Mit rund 79,6 Mio. Nächtigungen und 22,1 Mio. Gästeankünften im Jahr 2021 liegt man nun bei rund 50 % der Vor-Corona-Zahlen. Da es allen anderen auch so erging, bleibt Österreich unter den Industrienationen auf seinem angestammten 5. Platz der nominellen Tourismusexporte pro Kopf.

Die Almwirtschaft ist nicht nur eine traditionelle Form der Alpenlandwirtschaft, sondern leistet auch einen wichtigen Beitrag zur Landschaftspflege.

GESCHICHTE

Geografisch liegt Österreich in der Mitte Europas. Allerdings hat sich die Bedeutung dieser Lage im Laufe seiner über tausendjährigen Geschichte mehrmals grundlegend gewandelt: von der Grenzlage am Südostrand des Abendlandes über die Zentrallage im habsburgischen Großreich, dann zurück zur Grenzlage im geteilten Nachkriegseuropa – und seit dem Ende des Ostblocks 1989/90 inmitten eines politisch vereinten Europas.

Vor- und Frühgeschichte

Steinzeit Zu den eindrucksvollsten Steinzeitfunden weltweit gehören die in der Wachau entdeckten Frauen-Statuetten (u. a. **Venus von Willendorf**). Ab der mittleren Steinzeit (ca. 8000–5500 v. Chr.) wurden die Menschen sesshaft, Blockhäuser und Pfahlbauten (Mondsee-Kultur, um 2300 v. Chr.) ersetzten einfachere Wohnformen. Dass es schon früh auch über Österreichs Alpen hinweg Handelsaustausch gab, belegte 1991 in den Ötztaler Alpen der Fund einer ca. 5300 Jahre alten mumifizierten Leiche. Der Mann, der am Übergang von der Jungsteinzeit in die Kupferzeit gelebt hatte, wurde als **»Ötzi«** bekannt.

Bronzezeit In der Bronzezeit (ca. 2200–800 v. Chr.) wurde der Mitterberg am Hochkönig zum Zentrum des **Kupferbergbaus in den Ostalpen** – der Rohstoff wurde weit gehandelt; vom Mitterberg stammt etwa das Kupfer für die **Himmelsscheibe von Nebra**. Schmiedekunst entwickelte sich. Werkzeuge und Schmuck wurden aus Materialien wie Bronze, Bernstein und Gold hergestellt.

Eisenzeit Ab 800 v. Chr. entwickelte sich die **Hallstatt-Kultur** (800–400 v. Chr.), die nach dem Gräberfeld bei Hallstatt in Oberösterreich benannt wurde (► S. 143). Der Reichtum der Hallstatt-Menschen basierte auf den dortigen Salzvorkommen – das Salz wurde mit benachbarten Kulturräumen gehandelt (► S. 144). In der jüngeren Eisenzeit, der **La-Tène-Zeit** (ab etwa 400 v. Chr.), wanderten von Westen her keltische Volksstämme ein und unterwarfen die im Alpenraum siedelnde Bevölkerung. In der Regel lebten die Kelten, die sich über ganz Europa ausbreiteten, in Stammesverbänden. Eine Ausnahme ist der im 2. Jh. v. Chr. zwischen dem nördlichen Salzburg und dem südlichen Burgenland gelegene geschlossene Herrschaftsbereich, das **Regnum Noricum**. Die Noriker gewannen das hochwertige norische Eisen, dem Abbau von Gold widmeten sich die in Kärnten eingewanderten keltischen Taurisker (von ihnen stammt der Name »Tauern«).

Das Heidentor in der Römerstadt Carnuntum bei der heutigen Stadt Petronell sind wahrscheinlich die Überreste eines Triumphbogens aus dem 4. Jahrhundert.

Altertum

Römerzeit

Angelockt von den begehrten Handelsgütern Salz, Eisen und Gold, nahmen ab Mitte des 2. Jh.s v. Chr. die Römer wirtschaftliche Beziehungen zu den Norikern und den Tauriskern auf. Auch um die Reichsgrenze gegen die ständigen Einfälle der Germanen zu sichern – 113 v. Chr. wurden die Römer von den Kimbern wohl bei Noreia in Kärnten besiegt –, ging Rom dazu über, sich den Ostalpenraum anzueignen. Im Jahr 15 v. Chr. besetzten die beiden Adoptivsöhne von Kaiser Augustus, Drusus und der spätere Kaiser Tiberius, die Gebiete von Nordtirol und Vorarlberg und brachten ganz Noricum unter ihre Kontrolle. Das Gebiet des heutigen Österreich wurde schließlich in die drei Provinzen **»Raetia«** (westlich des Zillertals), **»Noricum«** (östlich bis zur Mürz und Mur) und **»Pannonia«** (Alpenostrand) aufgeteilt. Zu den zivilen Siedlungen zählten u. a. Brigantium (Bregenz), Aguntum bei Lienz, Virunum am Zollfeld bei Klagenfurt, Iuvavum (Salzburg), Carnuntum bei Hainburg und Vindobona (Wien).

CHRONOLOGIE

VOR- UND FRÜHGESCHICHTE

um 5300 v. Chr.	»Ötzi« stirbt in den Ötztaler Alpen. Rund 7300 Jahre später finden Touristen seine mumifizierte Leiche.
1800–800 v. Chr.	Bedeutender Kupferbergbau am Hochkönig
800–450 v. Chr.	Hallstatt und Hallein als Zentren des Salzabbaus

ALTERTUM

150 v. Chr.	Römer nehmen wirtschaftliche Beziehungen auf.
15 v. Chr.	Besetzung von Nordtirol und Vorarlberg
ab 3. Jh. n. Chr.	Germanenstämme dringen in den Ostalpenraum ein.

MITTELALTER

um 700	Christianisierung und bayerische Herrschaft
788	Karl der Große schafft Bollwerk gegen die Awaren.
976	Die Babenberger bekommen Verwaltung der Ostmark anvertraut.
1278	Der Aufstieg der Habsburger im Donauraum nach Sieg Rudolfs I. über Böhmen beginnt.
1438	Albrecht V. gewinnt erstmals die Kaiserwürde für das Haus Habsburg.
Ab 1493	Maximilian I. weitet seine Macht mit Kriegs- und Heiratspolitik aus.

FRÜHE NEUZEIT

1519–1556	Karl V., in dessen Reich »die Sonne nicht unterging«
1529	Die Erste Türkenbelagerung Wiens unter Süleyman I. dem Prächtigen scheitert.
1618–1648	Während des Dreißigjährigen Kriegs dringen schwedische Truppen bis kurz vor Wien vor.

BAROCK-ZEITALTER UND ABSOLUTISMUS

1683	Schlacht am Kahlenberg: Das Ersatzheer des polnischen Königs Johann III. Sobieski beendet die Zweite Wiener Türkenbelagerung.
1701–1714	Spanischer Erbfolgekrieg: Das Haus Habsburg verliert endgültig die spanische Krone.
1740–1780	Maria Theresia behauptet sich gegen Preußen und Bayern

ALTES REICH UND DONAUMONARCHIE (1789–1914)

1804/1806	Franz I. wird erster »Kaiser von Österreich«. Mit seiner Abdankung als römischer Kaiser endet zwei Jahre später das Heilige Römische Reich deutscher Nation.
1814/1815	Wiener Kongress

1867	Begründung der österreichisch-ungarischen Doppelmonarchie

DIE URKATASTROPHE UND IHRE FOLGEN (1914–1989)

1914–1918	Erster Weltkrieg
1918	Österreich-Ungarn zerfällt: Ende der Habsburger.
1919–1934	Die erste Republik Österreich
1934–1938	Bürgerkrieg und Austrofaschismus-Regime
1938	»Anschluss« Österreichs an NS-Deutschland
1945	Österreich wird in vier Besatzungszonen aufgeteilt.
1955	Wiedererlangung der Souveränität und Neutralität
1979	Wien als dritter UNO-Sitz nach New York und Genf
1986	»Affäre Waldheim« und Aufarbeitung der NS-Vergangenheit

VON 1989 BIS HEUTE

1995	Eintritt in die Europäische Union
2002	Euro wird offizielle Währung
2019	Ibiza-Affäre und Sturz der ÖVP/FPÖ-Regierung Die Neuwahlen gewinnt die ÖVP und bildet mit den Grünen als Juniorpartner eine Koalition.

Völkerwanderung

Nach dem Abzug der Römer wurde das Land während der Zeit der Völkerwanderung von Germanen, Hunnen, Awaren, Slawen und schließlich von den Bayern teils durchwandert, teils auch besiedelt.

Mittelalter

Herrschaft der Bayern

Mit der Herrschaft der Bayern im Donau- und Alpengebiet beginnt die österreichische Geschichte. In dieser Epoche, um 700, setzte auch die systematische Christianisierung des Ostalpenraumes ein. **Karl der Große** gliederte 788 das Stammesherzogtum der Bayern und die dazugehörigen österreichischen Gebiete in sein Reich ein. Um das weitere Vordringen von Völkerschaften aus dem Osten zu unterbinden, errichtete der fränkische Herrscher eine Grenzmark im Gebiet des heutigen Niederösterreich. Erst 955 gelang es jedoch, durch den **Sieg über die Ungarn auf dem Lechfeld**, das Deutsche Reich gegen Osten nachhaltig abzusichern und die Ostmark zwischen Enns und Traisen wieder herzustellen. Historiker bezeichnen die Schlacht auf dem Lechfeld daher als die Geburtsstunde Österreichs.

Babenberger (976–1246)

Im Jahr 976 betraute Kaiser Otto II. das bayerische Adelsgeschlecht der Babenberger mit der Verwaltung der Ostmark. Zu dieser Zeit (996) tauchte erstmals der Name **»Ostarrichi«**, der später zu **»Ös-**

GESCHICHTLICHE ENTWICKLUNG

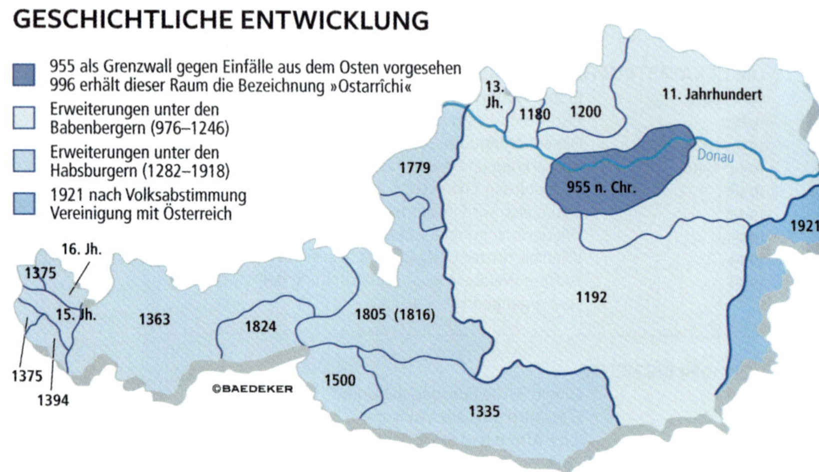

terreich« wird, in einer Urkunde auf. Sukzessiv wurde das Land kolonisiert, Klöster entstanden (z. B. Klosterneuburg). Zielbewusst und mit kluger Heiratspolitik erweiterten die Babenberger ihren Machtbereich. 1156 erhielt die Markgrafschaft weitgehende Selbstständigkeit: **Die Ostmark wurde erbliches Herzogtum** mit Residenz in Wien. Als die Babenberger um die Mitte des 13. Jh.s ausstarben, hatten sie ihr Territorium bedeutend vergrößert (1192 fiel das Herzogtum Steiermark an Österreich) und es von einer umkämpften Grenzmark zu einem stabilen und starken Herzogtum geführt.

Der Aufstieg des Hauses Habsburg

Nach dem Erlöschen der Babenberger Dynastie 1246 begann für Österreich eine Zeit der ungeordneten politischen Verhältnisse. Der 1273 zum deutschen König gewählte Rudolf I. aus dem südwestdeutschen Herrschergeschlecht der Habsburger zeigte Interesse an dem Gebiet im Osten des Reiches und besiegte 1278 in der **Schlacht auf dem Marchfeld** seinen Rivalen um die Vorherrschaft, den Böhmenkönig Ottokar II. Mit diesem Schritt begann die fast 650 Jahre dauernde Herrschaft des Hauses Habsburg über Österreich. Zielstrebig begannen nun die Habsburger ihren Machtbereich auszudehnen, von der Wiener Hofburg aus, deren verschiedenste Gebäude und Museen heute Leben und Wirken des Herrscherhauses vermitteln.
Im 14. Jh. kamen Kärnten, Krain, Tirol, Teile Vorarlbergs und Triest zu Habsburg. 1438 gewann Herzog **Albrecht V.** erstmals die Kaiserwürde für das Haus Habsburg. Von diesem Zeitpunkt an waren die Habs-

burger bis 1806 fast ununterbrochen Träger der deutschen Kaiserkrone. Den Grundstein für die Großmacht Habsburg legte Kaiser **Friedrich III.** (reg. 1440–1493): Im Jahr 1477 verheiratete er seinen Sohn, den späteren Kaiser **Maximilian I.** (reg. 1493–1519; ▶ S. 545) mit Maria von Burgund und verleibte so dem eigenen Haus die Niederlande und Burgund ein. Maximilian erweiterte durch weitsichtig geschlossene Ehe- und Erbverträge die habsburgische Hausmacht – sein Sohn Philipp heiratete die Alleinerbin Spaniens. Die Habsburger hielten sich mit großem Erfolg an ihren Leitsatz: »**Bella gerant alii, tu felix austria nube** – Mögen andere Kriege führen, Du, glückliches Österreich, heirate!«

Frühe Neuzeit

Weltreich

Maximilians Enkel **Karl V.** (1519–1556) ging als Herrscher in die Geschichte ein, in dessen Reich »die Sonne nicht unterging«. Er war römisch-deutscher Kaiser und herrschte als König von Spanien über die spanischen Besitzungen in Amerika und Afrika. Doch auf Dauer ließ sich der riesige Komplex nicht zusammenhalten. Die Herrschaft spaltete sich Mitte des 16. Jh.s in eine spanische und eine österreichische Linie auf. Der entscheidende Schritt zur europäischen Großmachtbildung des österreichischen Hauses Habsburg war 30 Jahre zuvor erfolgt: 1526 konnte der Erbvertrag mit Böhmen und Ungarn eingelöst werden und die Kronen der beiden Länder fielen an die Habsburger.

Reformation

Die von **Martin Luther** ausgelöste Reformationsbewegung stieß in Österreich vor allem bei den Landesfürsten auf großen Anklang. Um die Mitte des 16. Jh.s waren die habsburgischen Länder größtenteils evangelisch, nur noch ein Fünftel der Bevölkerung gehörte dem katholischen Glauben an. Im letzten Viertel des 16. Jh.s rollte dann jedoch in den habsburgischen Erblanden die **Gegenreformation** in großem Stil an, aus der Steiermark, Kärnten und Krain wurden die Protestanten ausgewiesen. Die zwangsweise Rekatholisierung war so erfolgreich, dass Österreich bis heute noch zum Großteil römisch-katholisch ist.

Dreißigjähriger Krieg

Im Dreißigjährigen Krieg, der als Macht- und Religionskampf zwischen Protestanten und Katholiken begann und als allgemeines europäisches Kräftemessen endete, war das Haus Habsburg neben der von Bayern angeführten Katholischen Liga in Deutschland die wichtigste Machtbasis der katholischen Partei. Die ersten Kriegsjahre wirkten sich am stärksten auf Österreich aus. Im **Böhmisch-Pfälzischen Krieg** (1618–1623) gelang es den kaiserlichen Truppen, den protestantischen Adel in Böhmen, der mit seiner Erhebung gegen den Kai-

Das zeitgenössische Gemälde der zweiten türkischen Belagerung Wiens zeigt Österreichs Hauptstadt, die Ende des 17. Jh.s noch eine massive Stadtbefestigung hatte.

ser (»Prager Fenstersturz«) den Krieg ausgelöst hatte, vernichtend zu schlagen. Ansonsten war Österreich nur in der letzten Phase der größten europäischen Auseinandersetzung des 17. Jh.s Kriegsschauplatz, als 1636 die Schweden fast bis nach Wien und später ins vorarlbergische Rheintal vordrangen. Der **Westfälische Friede von 1648** beschnitt zwar den Einfluss des Kaisers auf die deutschen Fürstenstaaten im Heiligen Römischen Reich Deutscher Nation, in Österreich selbst jedoch machte die Ausschaltung der protestantischen Stände den Weg frei zum **habsburgischen Absolutismus** in den österreichischen Erblanden.

Barock-Zeitalter und Absolutismus

Bedrohung durch die Türken

Gefährlich war für den Bestand von Österreich der Ansturm der Türken: Seit dem 15. Jh. versuchten es die Osmanen immer wieder. 1529 war Wien zum ersten Mal – ergebnislos – belagert worden. Bei der zweiten Türkenbelagerung Wiens 1683 schlug in der **Schlacht am Kahlenberg** das Reichsheer mit Unterstützung eines polnisch geführten Entsatzheeres die Osmanen. In der Folge wurden die Invasoren unter Regie von **Prinz Eugen von Savoyen** (▶ S. 462) bis hinter Belgrad zurückgedrängt. Den Habsburgern gelang es, dem Osmanischen Reich 1699 Ungarn abzujagen und damit die Großmachtstellung Habsburgs im östlichen und südöstlichen Europa zu begründen.

Das Territorium wächst

Die Türken waren nicht die einzigen Feinde des Habsburger Reiches. Nach Aussterben der spanischen Habsburger stritten sich die Häuser Habsburg und Bourbon um das Erbe. Im Gefolge des **Spanischen Erbfolgekriegs** (1701–1713/1714) mussten zwar die österreichischen Ansprüche auf den spanischen Thron aufgegeben werden, dafür erhielt Österreich aber die bisher mit Spanien vereinigten Niederlande (in etwa das heutige Belgien und Luxemburg) und Teile Italiens. Mit diesem territorialen Zugewinn war die »Monarchia Austriaca«, das lose Staatengebilde aus Königreichen, Erzherzog- und Fürstentümern, Grafschaften und Ländern, endgültig als Großmacht etabliert.

Maria Theresia und Joseph II.

Die endgültige Abwendung der Türkengefahr war zugleich das Startsignal für eine bis dahin ungeahnte Hochblüte in Kunst und Kultur: In der Barock-Ära entstanden Prachtbauten wie **Schloss Schönbrunn** und prunkvolle Klöster (▶ S. 456). Eine Belastungsprobe war der **Österreichische Erbfolgekrieg** (1740–1748), in dem Preußen und Bayern versuchten, Österreich unter sich aufzuteilen. Doch konnte sich die junge Herrscherin Maria Theresia (reg. 1740–1780; ▶ S. 545) behaupten. Ihr Sohn Kaiser Joseph II., ein aufgeklärter Monarch, trieb Reformen in allen Bereichen des Staates voran. Er erließ das **Toleranzpatent für Protestanten**, ließ die nicht gemeinnützigen Klöster aufheben und schuf mit Armenhäusern und Spitälern wohlfahrtsstaatliche Einrichtungen. In dieser Ära wirkten auch Komponisten wie Wolfgang Amadeus Mozart und Joseph Haydn.

Altes Reich und Donaumonarchie (1789–1914)

Napoleon und das Ende des Heiligen Römischen Reichs

Mit der Französischen Revolution 1789 und der Machtergreifung Napoleon Bonapartes geriet auch Österreich in unsicheres Fahrwasser. 1805 erklärte der Kaiser von Frankreich Wien den Krieg. 1806 legte Franz II. die römisch-deutsche Kaiserwürde nieder: das Heilige Römische Reich Deutscher Nation war damit aufgelöst. Doch bereits zwei Jahre zuvor hatte er als Franz I. den Titel **»Kaiser von Österreich«** angenommen und so die **Donaumonarchie** begründet. Nach dem Sieg der aus Preußen, Großbritannien, Russland und Österreich bestehenden Koalition über Napoleon trafen die Staatsmänner Europas 1814/1815 beim Wiener Kongress zusammen, um über die Neuordnung des Kontinents zu beraten. 1816 kam Salzburg, Jahrhunderte lang ein selbständiges geistliches Fürstentum, zu Österreich.

Restauration

Dem Schock, den die Französische Revolution den Adelshäusern Europas versetzt hatte, begegneten Kaiser Franz I. und sein Staatskanzler **Fürst von Metternich in Österreich** mit rigorosen polizeistaatlichen Maßnahmen und Zensur. Das Bürgertum zog sich in der sog. **Biedermeier-**Ära in die eigenen vier Wände zurück. Doch mit der Reetablierung der absolutistischen Ordnung (Restauration) ließen sich zwar liberale Forderungen auf Dauer nicht unterdrücken, 1848 allerdings war es noch nicht so weit. Die mit dem Sturz von Metternich eingeleitete **bürgerliche Revolution** wurde blutig niedergeschlagen.

Franz Joseph I.

Der erst 18-jährige Franz Joseph bestieg den Thron und regierte das Land vorerst weiterhin absolutistisch. In den folgenden Jahren verlor Österreich an Macht, musste die reiche Lombardei abtreten und erlitt 1866 im Deutschen Krieg um die Vorherrschaft in den deutschen Ländern gegen Preußen eine Niederlage, was in letzter Konsequenz dann zur Schaffung des deutschen Nationalstaats (1870/1871) unter Ausschluss Österreichs führte.

1867 ließ sich Franz Joseph I. im österreichisch-ungarischen Ausgleich zum ungarischen König krönen. Dadurch entstand die **K.-u.-k.-Monarchie**: Ungarn wurde ein selbstständiger Reichsteil. Die Slawen fühlten sich benachteiligt. Von dieser Zeit an wurde das Schicksal Österreich-Ungarns immer stärker durch das Nationalitätenproblem des Vielvölkerstaats bestimmt. Vor allem der Balkan wurde zum Streitpunkt.

Ab etwa 1867 lockerte der Monarch innenpolitisch die Zügel. Mit seiner Gattin Elisabeth, der legendären **Sisi**, prägt der Langzeit-Monarch bis heute das Bild vom österreichischen Kaisertum. Wien wurde u. a. mit dem Bau der **Ringstraße** anstelle der alten Stadtbefestigung zu einer Metropole, die mit London und Paris wetteiferte. Ab 1850/1860 erschlossen Eisenbahnen das Land. Die Industrialisierung verschärfte die **sozialen Gegensätze**, vor allem in Wien, dessen Bevölkerungzahl bis 1910 durch Zuzug aus allen Teilen des Reiches die Zwei-Millionen-Marke erreichte.

Die Urkatastrophe und ihre Folgen (1914–1989)

Der Erste Weltkrieg

Nach der Ermordung des österreichischen Thronfolgerpaars durch großserbische Nationalisten in Sarajewo am 28. Juni 1914 entzündete sich das Pulverfass auf dem Balkan. Nachdem Serbien nicht akzeptable Forderungen eines österreichischen Ultimatums zurückgewiesen hatte, erklärte Österreich-Ungarn Serbien den Krieg. Dies setzte das europäische System von Beistandsverpflichtungen in Gang – und ein regionaler Konflikt weitete sich rasant zum Ersten Weltkrieg aus. Nach Anfangserfolgen an den Fronten wurden die Mittelmächte Deutschland und Österreich-Ungarn bis 1918 von den gegnerischen Alliierten – Großbritannien, Frankreich, den USA (ab 1917) und Italien, das 1915 Österreich den Krieg erklärt hatte – besiegt. Auch die

Bemühungen von Kaiser Franz Josephs Großneffen und Nachfolger **Karl I.** um eine Sonderfriedensregelung, die den Vielvölkerstaat weiterhin erhalten sollte, nutzten nichts mehr.

Die erste Republik

Mit der Niederlage brach Österreich-Ungarn auseinander und es endete die Herrschaft der Habsburger. Der letzte Kaiser Karl I. ging ins Exil und starb 1922. Im November 1918 wurde Österreich zur Republik. Die **Gebietsabtretungen** im Friedensvertrag von 1919 waren gewaltig. Der Reststaat, auf die deutschsprachigen Gebiete in seiner heutigen Gestalt reduziert, umfasste nur noch 12 % der Fläche der alten Monarchie. Wie in Deutschland war die Wirtschaftslage schwierig, Auseinandersetzungen zwischen dem rechten und dem linken Lager, die in Scharmützel bewaffneter Verbände ausarteten, kennzeichneten die Zwischenkriegszeit.

Austrofaschismus und der »Anschluss« Österreichs

Im Februar 1934 kam es zum Bürgerkrieg, das rechte Lager unter Engelbert Dollfuß und – nach dessen Ermordung – Kurt Schuschnigg behielt die Oberhand, verbot die Sozialdemokratische Partei und errichtete ein autoritäres Regime.
Die Ära des Austrofaschismus dauerte nur kurz. Seit Adolf Hitlers Machtergreifung in Deutschland 1933 stieg der Druck eines »Anschlusses« Österreichs an das nationalsozialistische Deutsche Reich erheblich an. Dem konnten die Austrofaschisten wenig entgegensetzen. Im März 1938 ließ Hitler seine Truppen einmarschieren und schließlich den auch von vielen Österreichern gefeierten »Anschluss« vollziehen. Der Name Österreich verschwand für sieben Jahre von der Landkarte. Das NS-System wurde übertragen, Juden fielen dem Holocaust zum Opfer. Im **Zweiten Weltkrieg** kämpften Österreicher in der deutschen Wehrmacht auf allen Kriegsschauplätzen mit. Städte erlitten durch Luftangriffe schwere Zerstörungen, und Österreicher beteiligten sich an den Verbrechen des Hitler-Regimes.

Alliierte Besatzung (1945–1955)

Wie Deutschland wurde auch Österreich nach Kriegsende von den Siegermächten Sowjetunion, USA, Frankreich und Großbritannien in **vier Besatzungszonen** aufgeteilt, auch die Hauptstadt Wien teilten die Alliierten in vier Sektoren. Zehn Jahre nach Kriegsende, im **Wiener Staatsvertrag von 1955**, einigten sich die Besatzungsmächte und die österreichische Regierung auf die staatliche Einheit und den Abzug aller Besatzungstruppen, Österreich war wieder souverän, die **zweite Republik** wurde ausgerufen. Allerdings musste sich das Land dafür zu einer **»immerwährenden Neutralität«** verpflichten.

Wirtschaftswunder und neues Selbstbewusstsein

Noch im selben Jahr wurde die Alpenrepublik ein Mitglied der UNO (1979 wurde Wien UNO-Sitz). Als Mittler zwischen Ost und West gewann das neutrale Österreich, das wie Deutschland dank des Marshall-Planes in der Nachkriegszeit ein »Wirtschaftswunder« erlebte, eine

Auf dem Weg nach Westen – DDR-Flüchtlinge durchtrennen im Sommer 1989 Grenzzäune zwischen Ungarn und Österreich.

neue internationale Rolle, auch durch wichtige Konferenzen auf seinem Boden. Nach dem Ungarnaufstand 1956 und nach dem Prager Frühling 1968 bot Österreich Tausenden Flüchtlingen eine neue Heimat. Selbstbewusstsein schöpfte Österreich auch als boomendes Tourismusland, 1964 und 1976 richtete Innsbruck die Olympischen Winterspiele aus. Diplomatisch isoliert war allerdings der von 1986 bis 1992 amtierende Bundespräsident Kurt Waldheim, weil er entgegen den Fakten behauptet hatte, nie ein Mitglied des Nationalsozialistischen Studentenbunds und der SA gewesen zu sein. Durch diese **»Affäre Waldheim«** geriet die Rolle Österreichs in der Nazizeit erneut in die Diskussion. Im Jahr 1991 sprach Kanzler Franz Vranitzky von der Sozialdemokratischen Partei Österreichs (SPÖ) erstmals von einer Mitverantwortung seines Landes an den Verbrechen des Nazi-Regimes.

Von 1989 bis heute

Der Eiserne Vorhang fällt

Im Spätsommer 1989 wurde an der burgenländisch-ungarischen Grenze ganz große Geschichte geschrieben: Erstmals konnten Bürger aus den kommunistischen Staaten ungehindert in den Westen gelangen, der Eiserne Vorhang war in rascher Auflösung. Mit dem Ende des Ostblocks, mit dem **Eintritt Österreichs in die Europäische Union** (EU) 1995 und den EU-Erweiterungen nach Osten (2004, 2007,

2013) rückte die Alpenrepublik wieder in eine geopolitisch zentrale europäische Lage, von der sie vor allem wirtschaftlich profitiert.

Rechtsruck

Internationales Aufsehen erregte das Land, als im Jahr 2000 die rechtspopulistische Freiheitliche Partei (FPÖ) unter Jörg Haider als Koalitionspartner der christlich-konservativen Österreichischen Volkspartei (ÖVP) die Regierung bildete. Erstmalig hatte ein europäisches Land damit eine Partei in der Regierung legitimiert, die durch rechtsextreme und antisemitische Äußerungen immer wieder auch innenpolitisch schockiert hatte. Die Ablehnung im Ausland war so groß, dass es kurzfristig zu **EU-Sanktionen gegen Österreich** kam.

Die große Koalition schrumpft

Von 2007 bis 2017 wurde Österreich wieder von einer »Großen Koalition« aus SPÖ und ÖVP regiert, die sich allerdings mehr durch Streitereien als durch Reformprojekte auszeichnete und zunehmend an Rückhalt in der Bevölkerung einbüßte. Trotzdem bewältigte die Regierung die Folgen der internationalen Finanzkrise ab 2008 besser als viele andere EU-Länder. Das rechte Lager, das sich mit der Gründung des Bündnisses Zukunft Österreich (BZÖ) 2005 in zwei Lager spaltete, stabilisierte sich nach dem Unfalltod Jörg Haiders im Jahr 2008. Zur neuen starken Figur stieg Hans-Christian Strache von der FPÖ auf.

Turbulente Zeiten

Die Bundespräsidentenwahl 2016 machte die Risse in der politischen Landschaft überdeutlich. Aus der Stichwahl ging der Kandidat der Grünen, **Alexander Van der Bellen**, als knapper Sieger hervor.
Einen Machtwechsel führten schließlich die Nationalratswahlen 2017 herbei. Unter dem jungen Bundeskanzler **Sebastian Kurz** (geb. 1986) formierte sich abermals eine Koalition zwischen ÖVP und FPÖ. Wie in Deutschland ein großes Thema sind die Folgen der europäischen Flüchtlingskrise von 2015/16 und die generelle Frage der Migration. Die rechtskonservative ÖVP/FPÖ-Regierung hat die Asylbestimmungen deutlich verschärft.
Den größten politischen Skandal der österreichischen Nachkriegsgeschichte löste im Mai 2019 die Veröffentlichung eines heimlich gedrehten Videos durch die »Süddeutsche Zeitung« und das Magazin »Der Spiegel« aus. Die **Ibiza-Affäre** führte zum Bruch der Koalition. Aus den Neuwahlen ging die ÖVP unter Sebastian Kurz als klarer Sieger hervor, es kam zu einer Regierungsbildung mit den Grünen. Infolge schwerer Anschuldigungen und Ermittlungen der Staatsanwaltschaft wegen Korruption trat Sebastian Kurz im Herbst 2021 zurück, ihm folgte Karl Nehammer als Bundeskanzler.

Kulturell tut sich was

Nach Elfriede Jelinek (2004) wurde Peter Handke 2019 der Literaturnobelpreis zugesprochen. Im Jahr 2024 wird die ganze Welt nach Bad Ischl schauen, dann ist das Städtchen »Europäische Kulturhauptstadt« (gemeinsam mit Tartu/Estland und Bodø/Norwegen).

KUNSTGESCHICHTE

Kunst und Wissenschaft haben in Österreich einen hohen Stellenwert und werden weit über die Landesgrenzen hinaus beachtet. Von der Steinzeit bis zur heutigen Avantgarde: Die kleine Alpenrepublik hat viele großartige und international renommierte Kreative hervorgebracht.

Vor- und frühgeschichtliche Zeit

Venus-Figurinen

Der älteste kunstgeschichtlich bedeutende Fund auf österreichischem Boden ist die 1988 nahe der Stadt Krems freigelegte **»Venus vom Galgenberg«**. Die gut 7 cm hohe und rund 36 000 Jahre alte Figur wurde vermutlich von Eiszeitjägern geschaffen. Noch berühmter ist die 1908 entdeckte **»Venus von Willendorf«**. Die aus der Altsteinzeit stammende (29 500 Jahre alt), ca. 11 cm große Kultstatuette wurde nach ihrem Fundort in Niederösterreich benannt; beide Figurinen sind heute im Naturhistorischen Museum in Wien zu bewundern.

Hallstatt-Zeit

Erst wesentlich später folgt die nächste durch interessante Funde belegte Periode, die nach ihrer Hauptfundstätte in Oberösterreich benannte Hallstattzeit (800–400 v. Chr.). Zu den Kostbarkeiten dieser Zeit zählen Beigaben aus mehr als 2000 entdeckten Grabstätten, darunter reich verzierte **Bronzeblechgefäße**, die auf eine differenzierte Technik der Schmuckkunst und Metallbearbeitung schließen lassen. Wichtige Funde aus dieser Epoche, die zeitlich in der älteren Eisenzeit liegt, sind im Welterbe-Museum von Hallstatt und im Naturhistorischen Museum in Wien zu sehen. Einen umfassenden Einblick in die keltische Kultur, welche die jüngere Eisenzeit prägte, gibt das Keltenmuseum im salzburgischen ▶ Hallein. Hier ist etwa eine mit höchster Kunstfertigkeit gearbeitete Bronzeschnabelkanne zu sehen.

Römerzeit und frühes Mittelalter

Leben und Kultur der Römerzeit

Das Erbe der Römer in Österreich (ab 15 v. Chr. bis etwa 400/500 n. Chr.) ist an mehreren Standorten hervorragend dokumentiert, etwa in der Römerstadt **Carnuntum** (▶ S. 299) sowie den Römermuseen Teurnia (▶ S. 279), Lauriacum (▶ S. 88) und Aguntum (▶ S. 247). Zu sehen sind u. a. Bodenmosaike, Schmuck, Münzen, und Alltagsgegenstände. Das vielleicht bedeutendste auf österreichischem Boden gefundene Kunstwerk der römischen Epoche ist der **»Jüngling von Magdalensberg«**, die lebensgroße römische Kopie einer griechischen Statue, die 1502 bei St. Veit an der Glan (▶ S. 492)gefunden wurde.

Völkerwanderung und Karolinger

Nach der Epoche der Völkerwanderung beginnt im Zuge der Christianisierung die Ära der **frühen Klostergründungen**. Ende des 7. Jh.s wurden in Salzburg die Klöster St. Peter und Nonnberg, 748 das Kloster Mondsee gegründet. Sie werden zu Orten der Gelehrsamkeit und der Buchmalerei.
Die bis ins 10. Jh. hinein wirkende Kunst der karolingischen Epoche versuchte eine Synthese antiker und christlicher Formensprache herbeizuführen, d. h. klassische Traditionen wurden mit kunsthandwerklichen Fertigkeiten der christianisierten Einwohner Österreichs verknüpft. Ein Meisterwerk der Goldschmiedekunst ist der im Kloster Kremsmünster aufbewahrte, reich verzierte **Tassilo-Kelch**, der anlässlich der Gründung 777 vom Bayernherzog Tassilo III. gestiftet wurde.

Romanik

Im Auftrag der Kirche

Wie die gesamte Kunst des Mittelalters stand auch die Kunst der Romanik, des ersten wirklich geschlossenen abendländischen Stils seit der Antike, in Österreich fast ganz im Dienst der Kirche. Benediktiner, Zisterzienser und Augustiner trugen mit ihren Klostergründungen bzw. -umbauten zu einer kontinuierlichen Kunstentwicklung ab dem 12. Jh. in Österreich bei.

Monumentale Sakralbauten

Die Architektur des 12. Jh.s wurde im Westen und im Zentralraum vornehmlich durch die **Benediktiner** (Stifte St. Peter, Nonnberg, Mondsee, Lambach, Kremsmünster) geprägt, im Osten hauptsächlich durch die Zisterzienser, die ab dem Jahr 1135 eine Reihe von Klöstern errichteten. Als großartigstes Bauwerk der Romanik in Österreich gilt der **Dom von ▶ Gurk** (Kärnten), eine gewaltige dreischiffige Pfeilerbasilika (1174 geweiht) mit einer von 100 hellen Marmorsäulen getragenen Krypta und einem bemerkenswerten spätromanischen Freskenzyklus (um 1260) an der Westempore. Die **Zisterzienser** nahmen als Erste gotische Einflüsse auf: In den reich geschmückten Kreuzgängen von Zwettl, Heiligenkreuz und Lilienfeld, die ab Beginn des 13. Jh.s entstanden, sind gotische Elemente bereits sichtbar.

Fresken und Email-Kunst

Neben der Buchkunst in den Klöstern entfaltete sich in der Romanik die Monumentalmalerei. Reste wunderbarer romanischer Fresken sind in der Stiftskirche auf dem Salzburger Nonnberg, in der Johanneskapelle von Pürgg im Ennstal und im Benediktinerstift Lambach erhalten. Ein einzigartiges Werk aus dieser Epoche ist der **Verduner Altar** des Nikolaus von Verdun in ▶ Klosterneuburg: 1180 geschaffene und 1331 zu einem Flügelaltar zusammengefügte Email-Tafeln mit Szenen aus dem Alten und Neuen Testament.

Gotik

Haus Habsburg Erst gegen Ende des 13. Jh.s vermochte die Gotik in Österreich wirklich Fuß zu fassen. Die gotische Kunst des 14. Jh.s war eng mit dem Haus Habsburg verknüpft, das 1278 mit Rudolf I. an die Macht gekommen war.

Architektur Das 15. Jh. brachte eine Hochblüte spätgotischer Architektur. Die Bauhütte von St. Stephan in Wien erlangte große Bedeutung, der imponierendste Beweis für ihre Leistungsfähigkeit ist der **Stephansdom** (▶ S. 428) mit seinem gewaltigen, in nur 25-jähriger Bauzeit entstandenen Südturm. Im Gegensatz zur feingliedrigen Wiener Spätgotik der Stephanskirche steht der Hallentypus weiträumiger Art, wie er im übrigen Österreich bevorzugt wurde (z. B. Chor der Salzburger Franziskanerkirche). In Niederösterreich entfaltete der Zisterzienserorden weiterhin ein reges künstlerisches Leben: Chor und Brunnenhaus von Heiligenkreuz sind rein gotische Arbeiten. Ein Merkmal österreichischer Spätgotik sind die reichen Netz- und Sternrippengewölbe, eigenwilligstes Beispiel dafür ist der **Gailtaler Dom** in Kötschach-Mauthen. Künstlerisch bedeutende Profanbauten der Ära sind die **Gozzoburg** in Krems, das **Goldene Dachl** in Innsbruck und das um 1500 erbaute **Kornmesserhaus** in Bruck an der Mur.

Der Pacher-Altar in St. Wolfgang ist ein großartiges Werk spätgotischer Schnitzkunst.

Plastik und Malerei

Die Plastik blieb in der Gestalt von Säulenstatuen und Portalplastiken noch weitgehend an die Architektur gebunden. Die Reliefs am Singer- und Bischofstor (1370/80) von St. Stephan in Wien gehören zu den Hauptwerken der Gotik in Österreich. Der Hauptakzent der Malerei lag beim Tafelbild. Mit dem **Bildnis von Rudolf IV.** von 1365 entstand das erste eigenständige Porträtbild in Österreich (heute im Diözesanmuseum in Wien).
In der Spätgotik erlebten Malerei und Plastik eine Blütezeit. Neben die Steinskulptur (teils im realistischen, teils im sanft gerundeten »weichen« Stil) trat bei der Bildhauerei die gefasste Holzplastik mit prachtvollen Flügelaltären (Kefermarkt, um 1500; St. Wolfgang, Michael Pacher, 1481). Eine Eigenart Kärntens sind die **gotischen Fastentücher** (Gurk, Millstatt).

Renaissance

Übergangsepoche

Nicht zuletzt durch die Entdeckungsfahrten wandelte sich das mittelalterliche Weltbild. Von Italien ausgehend, verbreitete sich das Gedankengut der Renaissance über Europa. Diese **»Wiedergeburt der Antike«** stellte im bewussten Gegensatz zur Jenseitsbezogenheit des Mittelalters den Menschen ins Zentrum der Betrachtung. In Österreich fand diese Zeit des Übergangs ihre Verkörperung in der Gestalt Kaiser **Maximilians I.** (▶ S. 545): Wenngleich er als Hinweis auf seine Verbundenheit mit der Vergangenheit auch »der letzte Ritter« genannt wird, war er doch aufgeschlossen für alles Neue, zog Künstler an seinen Hof und förderte Kunsthandwerk wie Wissenschaften. Zu den interessantesten Kunstwerken dieser Übergangsepoche zählt das **Grabdenkmal**, das der Kaiser selbst in Auftrag gab und in der **Hofkirche zu Innsbruck** errichten ließ: Die 28 überlebensgroßen Erzstandbilder wurden zum Teil nach Plänen von Albrecht Dürer und Peter Vischer ausgeführt.

Architektur

Dass die Kunst der Renaissance in Österreich deutlich weniger vertreten ist als die Gotik oder das Barock, lässt sich auf die Auseinandersetzungen mit dem Osmanischen Reich zurückführen – alle Kräfte waren in diesen Kriegen gebunden. Die Verteidigungslinie gegen die Türken wurde schließlich verstärkt: Klagenfurt, Graz und Wien erhielten Festungsbauwerke. In Graz errichtete der Festungsbaumeister **Domenico dell'Allio** von 1557 bis 1565 auch den Haupttrakt des Landhauses mit dem schönen Arkadenhof, in Wien entstand der Amalientrakt der Hofburg mit dem Schweizertor. Weitere Beispiele dieser Bautätigkeit sind die stattliche Burg Hochosterwitz in Kärnten, die Riegersburg in der Steiermark sowie die Festungen des Burgenlandes.
Manche Städte wie Klagenfurt verdanken ihre schöne Arkadenhof-Architektur den oft aus Italien stammenden Baumeistern, die sich

nicht nur auf Bollwerke verstanden. Zu Österreichs schönsten Bauwerken der Renaissance-Ära zählen zudem die **Schallaburg** im Bundesland Niederösterreich mit ihrem prächtigen terrakottageschmückten Hof, **Schloss Porcia in Spittal an der Drau** in Kärnten und **Schloss Ambras in Innsbruck**. Hier legte Erzherzog Ferdinand II. von Tirol mit der Kunst- und Wunderkammer auch eines der ersten Museen weltweit an. In den Sammlungen spiegelt sich auch die Blüte des Kunsthandwerks in der Renaissance wider.

Manierismus

Unter dem in Prag residierenden Kaiser Rudolf II. fand das Gedankengut des Manierismus, einem eigenständigen Kunststil zwischen Renaissance und Barock, Eingang in das Kunstschaffen. Kennzeichnend ist die Abkehr von klassischen Formen und die Hinwendung zu verzerrten, asymmetrischen, teils bizarren Darstellungen in grelleren Farben. Beispiele sind die großen Werke der manieristischen Malerei im Wiener Kunsthistorischen Museum (Giuseppe Arcimboldo). In Salzburg entstanden Bauwerke einer rein italienischen, manieristisch-frühbarocken Stilrichtung, so der Neubau des Doms (1624–1628) von **Santino Solari**, der auch das **Lustschloss Hellbrunn** erbaute.

Barock

Starker Staat, starke Kirche

Mit der endgültigen Abwendung der Türkengefahr Ende des 17. Jh.s kam der Durchbruch für den Barock, der zur hervorragendsten Epoche österreichischer Kunstentfaltung wurde. Mit der Stärkung des absolutistischen Staatsgedankens ging ein Wiedererstarken der durch die Reformation erschütterten katholischen Kirche und ihr endgültiger Sieg in den katholischen Ländern durch die Gegenreformation einher. Die Folge war ein ungeheurer Aufschwung der Bautätigkeit, der zur Entstehung zahlreicher Schlösser, Kirchen sowie gewaltiger, schlossartiger Klöster führte. Vielfach bekamen ältere Bauwerke ein barockes Kleid übergestülpt, so stammen die charakteristischen Zwiebelhauben auf den schlanken gotischen Kirchtürmen aus dieser Zeit.

Berühmte Barockbaumeister

Italienische Baumeister leiteten die Barockepoche ein, darunter **Donato Felice d’Allio** (Klosterneuburg) und **Giovanni Pietro de Pomis** (Mausoleum für Ferdinand II., Graz). Nach dieser vorbereitenden Phase gipfelte die Architektur in Pracht und Prunk des Hochbarock. Die Auftraggeber waren das Herrscherhaus, der Hochadel und die Kirche. Wien erlebte eine glanzvolle Zeit auf dem Weg zur »Kaiserstadt«. Schlösser und Adelspalais wurden in großer Zahl erbaut. Herausragende Künstlerpersönlichkeiten jener Zeit waren auf dem Gebiet der Architektur **Lucas von Hildebrandt** (Schloss Belvedere, Wien; Neubau des Schlosses Mirabell, Salzburg), **Johann**

Im Barock verschmolzen Malerei und Architektur zum opulenten Gesamtkunstwerk (Deckenfresko »Triumph des Lichts« von Franz Anton Maulpertsch).

Bernhard Fischer von Erlach und sein Sohn Joseph Emanuel (Karlskirche, Nationalbibliothek, Kollegienkirche in Salzburg), **Jakob Prandtauer** (Stift Melk) und **Carlo Antonio Carlone** (St. Florian, Barockisierung des Stifts Kremsmünster).

Malerei und Bildhauerei

Begleitet wurde die Bautätigkeit des Barock von einem lebhaften Aufschwung in Plastik und Malerei. Zu den bemerkenswertesten Schöpfern plastischer Kunstwerke zählen die Bildhauer **Meinrad Guggenbichler** (Seitenaltäre der Stiftskirche Mondsee), **Balthasar Moll** (Sarkophag für Maria Theresia, Franz I., Kapuzinergruft, Wien) und **Georg Raphael Donner** (Brunnen am Neuen Markt, Wien; Pietà, Dom zu Gurk). Die wichtigsten Barockmaler, die vor allem Altarblätter und große Freskenzyklen schufen, waren **Johann Michael Rottmayr, Daniel Gran, Bartolomeo Altomonte, Paul Troger, Martin Johann Schmidt** (»Kremser Schmidt«) und **Franz Anton Maulpertsch**. Einige dieser Künstler wirkten in der zweiten Hälfte des 18. Jh.s, die kunstgeschichtlich bereits dem Rokoko zugerechnet wird.

Rokoko

Da die Dynamik des Hoch- und Spätbarock in Österreich die Mitte des 18. Jh.s überdauerte, um dann fast unvermittelt zu enden, ist das Rokoko hier wenig ausgebildet (Zisterzienserabtei Wilhering, Basilika von Wilten, Tirol; Innenausstattung von Schloss Schönbrunn, Wien).

Die Napoleonische Kriege sorgten dann für eine Drosselung der künstlerischen Produktivität, die erst nach dem Wiener Kongress (1814/1815) wieder an Elan gewann.

Vom Klassizismus zum Historismus

Klassizismus Der Klassizismus internationaler Prägung ist in Österreich nur spärlich vertreten. Beispiele sind die Gloriette im Park des Schlosses Schönbrunn von Ferdinand von Hohenberg (1775) und das Äußere Burgtor in Wien von Peter von Nobile (1824).

Biedermeier Der Klassizismus wurde bald vom privateren Stil des österreichischen Biedermeier abgelöst. Bedeutendster Architekt dieser Zeit war **Josef Kornhäusel** (Stadtensemble, Baden bei Wien; Husarentempel im Naturpark Föhrenberge, Mödling). Im Biedermeier, der durch polizeistaatliche Überwachung geprägten Ära zwischen 1815 und 1848, zog sich die Kunst ins private bürgerliche Milieu zurück. Das Beschauliche zählte viel. In der Malerei entstanden Porträts ebenso wie Blumenstillleben oder Innenansichten von Wohnungen, aber auch die teils romantische Landschaftsdarstellung etwa bei **Ferdinand Georg Waldmüller** fand zusehends Anklang. Da die eigenen vier Wände der wichtigste Bereich der bürgerlichen Kultur waren, wurden dafür praktische und formschöne Möbel entworfen. Die Hausmusik erlebte im Biedermeier einen großen Aufschwung. Auch die heitere Musik **(Wiener Walzer)** nahm an Popularität zu.

Historismus Historismus bezeichnet das Wiederaufgreifen historischer Stile und war lange Zeit eher negativ belegt. Sie seien unfähig, Eigenes, Neues zu schaffen, lautete der Vorwurf an die Vertreter von Neoromanik, Neogotik oder Neobarock. Der Rückgriff auf vergangene Kunstepochen ist jedoch kein Phänomen der zweiten Hälfte des 19. Jh.s, sondern wurde schon früher praktiziert, allerdings nicht in dieser Intensität.
Mit der 1859 begonnenen Stadterweiterung von Wien bot sich durch die Anlage der **Ringstraße** eine einmalige Gelegenheit, der Idee des Historismus in einer großzügigen Gesamtgestaltung bleibende Form zu verleihen. Als führende Ringstraßenarchitekten profilierten sich **Theophil von Hansen** (Parlament, Börse), **Heinrich von Ferstel** (Museum für angewandte Kunst, Votivkirche, Universität), **Friedrich Schmidt** (Rathaus), **August Siccard von Siccardsburg** und **Eduard van der Nüll** (Oper), **Gottfried Semper** und **Carl von Hasenauer** (Burgtheater, Neue Hofburg, Museen am Maria-Theresien-Platz).
Herausragende Maler des Historismus waren **Emil Jacob Schindler** und **Hans Makart**, der seinen neobarocken »Makart-Stil« entwickelte. Wien entwickelte sich in diesen Jahrzehnten zur klassischen Weltstadt der Musik.

Zwischen Wiener Moderne und zwei Weltkriegen

Wien um 1900

Gegen Ende des 19. Jh.s war Wien auf dem Weg zur Zwei-Millionen-Stadt, in der Prunk und Elend Seite an Seite existierten und Industrialisierung sowie Wissenschaften am Selbstbild der Menschen rüttelten. Das ergab Reibflächen für Künstler und Intellektuelle. Viele Taktgeber der Moderne trafen sich in den Salons und Cafés der Residenzstadt. Hier brüteten **Theodor Herzl** und **Leo Trotzki** an Entwürfen für neue Welten. **Arthur Schnitzler** sorgte mit seinen Stücken über unterdrückte Sexualität für Theaterskandale. Auf der berühmten Couch in der Berggasse 19 behandelte **Sigmund Freud** Patienten, die an Neurasthenie litten, dem Burn-Out des Fin de Siècle.

Wiener Secession und Gustav Klimt

Auch in der bildenden Kunst fand die »irrlichternde« Zeit ihren Niederschlag. Bereits an der Ringstraße aktiv (Fresken, Kunsthistorisches Museum) war der Maler **Gustav Klimt** (► S. 544). In seiner Karriere dokumentiert sich die dramatische Wende des Kunstschaffens an der Wende zum 20. Jh.: 1897 wurde die **dem Jugendstil verpflichtete Wiener Secession** gegründet, neben ihrem Hauptvertreter Klimt waren der Maler und Kunsthandwerker **Koloman**

Paradiesengel mit wallendem Haar und schlanken Hälsen schmücken eines der Hauptwerke der Wiener Moderne, Klimts Beethovenfries in der Wiener Secession.

Moser und der Architekt **Joseph Maria Olbrich** (Wiener Secessionsgebäude, 1897/1898). Der Art nouveau verbunden, nahm auch das Kunsthandwerk eine rasante Entwicklung, was sich in der Gründung der **Wiener Werkstätte** durch Josef Hoffmann manifestierte. Ab 1903 arbeiteten hier bekannte Künstler mit Handwerkern an der Fertigung kunsthandwerklicher Produkte (Glas, Porzellan, Schmuck, Textilien) – gut nachzuvollziehen im **Wiener Museum für Angewandte Kunst** (MAK). Namhafte Architekten dieser Zeit waren neben Olbrich auch noch **Adolf Loos**, dessen Epoche machender Bau am Wiener Michaelerplatz 1910 einen handfesten Skandal hervorrief, und **Otto Wagner**, der in Wien die klassisch schönen Haltestellengebäude der Stadtbahn und von 1904 bis 1906 das Postsparkassengebäude errichtete.

Expressionismus

Der von Gustav Klimt geförderte **Egon Schiele** setzte sich schonungslos wie kaum ein anderer mit dem menschlichen Körper, Verfall und mit Sexualität auseinander, was dem frühen Expressionisten auch den Vorwurf der Pornografie eintrug; zahlreiche Werke sind im Leopold-Museum in Wien zu sehen. Die Blüte des österreichischen Kunstschaffens war 1918 schlagartig zu Ende. Mit Klimt, Schiele, Moser und Wagner starben gleich vier herausragende Exponenten der Jahrhundertwende-Kunst in dem Jahr, als der Weltkrieg endete. Und durch den Untergang der Donau-Monarchie wurde Österreich zu einem Kleinstaat, in dem für Kunst nur wenig Geld übrig war.

Zwischenkriegszeit

In der Zwischenkriegszeit findet man nur wenige bedeutende bildende Künstler. Erwähnenswert sind der Osttiroler **Albin Egger-Lienz**, ein Expressionist von monumentaler und herber Vitalität, der Maler **Herbert Boeckl** und der Bildhauer **Fritz Wotruba**, der mit seiner archaischen Formensprache zu einem Klassiker der modernen Plastik wurde.

Nachkriegs- und zeitgenössische Kunst

Phantastischer Realismus

Bald nach dem Zweiten Weltkrieg war es der Maler und Schriftsteller **Albert Paris Gütersloh**, der die »Wiener Schule des phantastischen Realismus« nachhaltig inspirierte. Diese spezifisch österreichische Kunstausrichtung steht dem Surrealismus nahe. Ihre wichtigsten Vertreter waren **Erich (Arik) Brauer, Rudolf Hausner, Wolfgang Hutter** und **Ernst Fuchs**.

Moderne Architektur

Kaum einordnen lässt sich der im Jahr 2000 verstorbene, viel gerühmte und viel gescholtene **Friedensreich Hundertwasser** , der nicht nur durch seine Bilder, sondern auch durch seinen höchst eigenwilligen Architekturstil bekannt geworden ist. Er gestaltete

u. a. Wohnhäuser (Hundertwasserhaus, Wien), Thermen (Bad Blumau) und Kirchen, aber auch die Müllverbrennungsanlage Spittelau (Wien). Unschwer erkennbar sind die Arbeiten des Architekten und Stadtplaners **Boris Podrecca**, der nicht nur durch lebensfreundliche Gestaltung von Innenstadtplätzen auf sich aufmerksam machte, sondern auch am Millennium Tower von Wien beteiligt war. **Fritz Wotrubas** Beton-Kirche in Wien-Mauer (1976) zählt zu den Ikonen des in jüngster Zeit wieder etwas zu Ehren gekommenen **Brutalismus**. Zu den international bekanntesten österreichischen Architekten gehören außerdem die Gemeinschaft **Coop Himmelb(l)au** (Gasometer B, Wien), **Hans Hollein** (Haas-Haus, Wien) und **Wilhelm Holzbauer**.

Zeitgenössische Architektur

Moderne Architektur kommt an in Österreich. Landesweite Vorzeigeprojekte sind v. a. die großen Museumsneubauten (1996: Ars Electronica Center in Linz; 1997: Kunsthaus Bregenz; 2001: MuseumsQuartier in Wien; 2003: Lentos Kunstmuseum Linz; 2004: Museum der Moderne Mönchsberg in Salzburg; 2013: Vorarlberger Landesmuseum in Bregenz; 2019: Landesgalerie Niederösterreich in Krems) und die Arbeiten von Zaha Hadid in Innsbruck (2003: Bergiselschanze; 2007: Hungerburgbahn). Ein Wiener Blickfang ist der 250 Meter hohe, dunkle **DC Tower 1** (Donaucity Tower), ein in »grüner« Bauweise errichtetes Hochhaus des Franzosen Dominique Perrault (2014).

Aktionisten, Neue Wilde und Objektkünstler

Bedeutung nach 1950 erlangten in Österreich und darüber hinaus die Maler **Arnulf Rainer** und **Maria Lassnig** oder der Bildhauer und Grafiker **Alfred Hrdlicka** (Mahnmal gegen Krieg und Faschismus, 1988–1991, Albertina-Platz). Repressive gesellschaftliche Zustände und Spießbürgerlichkeit nahmen in den 1960er-Jahren die **Wiener Aktionisten** auf, die für saftige Kunstskandale sorgten. Ihre bedeutendsten Vertreter wie **Hermann Nitsch** (Orgien-Mysterien-Theater) und **Günter Brus** (radikale Körperperformances, später Malerei und Literatur) waren lange ein Rotes Tuch für das Establishment, sind heute aber hoch respektiert und haben eigene Museen: das Nitsch-Museum in Mistelbach (▶ Weinviertel) bzw. das Bruseum in ▶ Graz. International bekannt sind auch **Valie Export, Peter Kubelka** und **Peter Weibel** sowie als Vertreter der »Neuen Wilden« etwa **Siegfried Anzinger, Gunther Damisch** oder **Herbert Brandl**.
Österreichs zeitgenössische Kunstszene ist nicht nur außerordentlich lebendig und vielfältig, sie verdankt ihr Renommee auch einer mit Esprit betriebenen Erweiterung tradierter künstlerischer Mittel. Für Installationen, Performances und Objektkunst der Gegenwart stehen neben vielen anderen **Elke Krystufek, Erwin Wurm** und **Heimo Zobernig**. Für einen Überblick zu den jüngeren Kunstströmungen sind das Museum Moderner Kunst Stiftung Ludwig im Wiener Museumsquartier und die Wiener Galerien gute Anlaufstellen.

INTERESSANTE MENSCHEN

Pionier im Reich des Unbewussten: Sigmund Freud

1856–1939
Arzt und Psychoanalytiker

Viele seiner Theorien gelten als überholt oder sind mittlerweile widerlegt worden, doch ohne Sigmund Freud ist die moderne Psychologie nicht vorstellbar. Der Wiener Nervenarzt und Dozent für Neuropathologie gilt als Entdecker des Unbewussten und Begründer der Psychoanalyse. Das psychische Geschehen sah Freud hauptsächlich als triebgesteuert an: Demnach zielen die Triebe, besonders die sexuellen, aus der Schicht des Unbewussten auf Befriedigung. Ursache seelischer Störungen seien verdrängte traumatische Erfahrungen, vor allem die Verdrängung frühkindlicher Erlebnisse und das daraus resultierende fehlerhafte Zusammenspiel der drei Kräfte, die das menschliche Erleben bestimmen: das »Es« (Unbewusstes) und das »Ich«, das als »selbstbewusste« Instanz zwischen den Forderungen des »Es« und denen der Außenwelt, dem »Über-Ich«, vermittelt. Um derartige krank machende Erlebnisse aufzudecken, entwickelte er ein als **»Psychoanalyse«** bezeichnetes Verfahren, das sich der Traumdeutung, seltener auch noch der Hypnose bedient. Von Freud stammen einige Begriffe, die heute zum gängigen Vokabular gehören, etwa Ödipuskomplex, Lustgewinn und Todestrieb. Freud musste wegen seiner jüdischen Abstammung 1938 nach London emigrieren, wo er gut ein Jahr später starb.

Sieben Jahre Tibet: Heinrich Harrer

1912–2006
Forschungsreisender

Bekannt wurde der Kärntner Heinrich Harrer 1938, als er mit drei Kollegen **erstmals die gefürchtete Eigernordwand bezwang**. Sein sehnlichster Wunsch war die Teilnahme an einer Himalaja-Expedition, der ihm 1939 von der NS-Propaganda unvermutet erfüllt wurde: Er wurde überraschend in die Expedition zum Nanga Parbat, einem der höchsten Berge im Himalaya, einberufen. Ohne Rücksicht auf seine hochschwangere Frau nahm er das Angebot an, das gemeinsame Kind sollte er erst zwölf Jahre später kennenlernen. Denn in Kaschmir wurden die Expeditionsteilnehmer vom Kriegsausbruch überrascht und von den Briten interniert. 1944 konnte Harrer gemeinsam mit seinem Bergsteigerkollegen und Landsmann Peter Aufschnaiter aus dem Lager über die Berge des Himalaja in die geheimnisvolle verbotene Stadt Lhasa in Tibet fliehen, wo eine freundschaftliche Bezie-

Heinrich Harrer und den Dalai Lama – hier beim Weltbuddhistentreffens in Graz 2002 – verband eine lebenslange Freundschaft.

hung zwischen dem österreichischen Flüchtling und dem jungen, wissenshungrigen Herrscher, dem Dalai Lama, entstand. Während Harrer den jungen Regenten in Englisch und Geografie unterrichtete und ihm die westliche Kultur erklärte, wurde er selbst zum Schüler seines Zöglings und lernte, die Welt durch dessen Augen zu sehen. Nach seiner Rückkehr 1951 unternahm der Kärntner Forscher Expeditionsreisen zu bedrohten Völkern im Amazonasgebiet, in die Dschungelwälder Surinams, Zentralafrikas, Borneos, Neuguineas, auf die Andamaneninseln und in den Norden Kanadas. Sein Buch »Sieben Jahre in Tibet. Mein Leben am Hof des Dalai Lama« wurde 1997 mit Brad Pitt in der Hauptrolle verfilmt.

Auf zwei Brettln in neue Dimensionen: Marcel Hirscher

geb. 1989
Skifahrer

2009 stand Marcel Hirscher das erste Mal ganz oben auf dem Treppenrl eines Weltcuprennens. Zehn Jahre später erreichte er, was vor ihm noch keinem anderen Skirennläufer gelungen war: In der Saison 2018/19 entschied Hirscher den Gesamtweltcup das achte Mal in Folge für sich – eine Marke mit Potenzial für die Ewigkeit. Der »Herr des Kristalls« wurde 1989 geboren und wuchs in Annaberg im Lammertal auf. Sowohl Vater Ferdinand als auch seine aus Holland stammende

DIE TRAURIGE KAISERIN

Mit den schnulzigen »Sissi«-Filmen der 1950er-Jahre hat Kaiserin Elisabeth von Österreich so gut wie nichts gemein. Sisi fühlte sich am Wiener Hof nie heimisch, ihre Rolle als Monarchin lehnte die blitzgescheite, nach heutigen Erkenntnissen wohl manisch-depressive Kaiserin ab.

Es begann wie im Märchen: Kaiser Franz Joseph I. sollte eigentlich Helene, Tochter des bayerischen Herzogs Maximilian aus dem Haus Wittelsbach heiraten. Doch er verliebte sich Hals über Kopf in deren schöne Schwester, die fünfzehnjährige Elisabeth, geboren am 24. Dezember 1837. Die **Traumhochzeit des Jahrhunderts** am 24. April 1854 war an Pomp und Prunk kaum zu übertreffen.

Verweigerung bei Hofe

Doch nach den Flitterwochen in Laxenburg war das Märchen schon zu Ende. Der kaiserliche Alltag war überaus reglementiert – mit aller Härte versuchte der Hof, aus dem bayerischen Landkind eine würdige Kaiserin zu machen; vor allem die Mutter des Kaisers, Sisis Tante Sophie, achtete streng darauf, dass sich Sisi (die **Schreibweise Sissi** wurde erst in den Kinofilmen mit Romy Schneider verwendet) an das steife Hofzeremoniell hielt. Sisi verabscheute das Leben am Hof, hasste Wien und ihre Schwiegermutter. Franz Joseph liebte sie, doch der fand wegen der Regierungsgeschäfte kaum Zeit für seine Frau, hatte diverse Liebschaften und stand sehr unter dem Einfluss seiner Mutter, die auch die Erziehung der Kinder (drei Töchter und ein Sohn) übernahm. Von ihrer Mutter hatte Sisi sich einmal sagen lassen müssen, eine Prinzessin habe zu lernen, sich mit Anmut zu langweilen. Stattdessen versuchte sie, aus ihrer Rolle herauszutreten.

Eitel, klug und ruhelos

Über Jahre hinweg war Sisis Schönheit Gesprächsthema in Europa; sie galt als

die »schönste Monarchin der Welt«. Und das, obwohl sie sich ab 30 nicht mehr fotografieren und ab 40 auch nicht mehr porträtieren ließ, weil man sich nur an ihr jugendliches Aussehen erinnern sollte. Das Thema **Schönheit** wurde für Sisi ein zentraler Punkt ihres Lebens: Für ihr bodenlanges Haar kreierte sie eine Flechtfrisur, die ihren Kopf wie eine natürliche Krone schmückte. Sie fastete exzessiv, hatte bei einer Größe von immerhin 1,72 m eine Taillenweite von maximal 50 cm und trat nur an die Öffentlichkeit, wenn sie sicher war, makellos auszusehen. Sie konnte stundenlang reiten und legte lange Fußwanderungen in einem irrwitzigen Tempo zurück. Und hinter dem schönen Gesicht verbarg sich ein kluger Kopf: Sisi beherrschte **elf Sprachen**, las Bücher wie Homers »Ilias« und »Odyssee« im Original, ebenso Byron und Shakespeare. Sie dachte liberal, befürwortete Reformen der maroden Monarchie und deponierte ihr Geld wohlweislich in der Schweiz. Sie reiste viel in der Welt umher, besuchte u. a. England, Madeira, Spanien, Griechenland und den Vorderen Orient. Wohl zum Zeichen ihres Freiheitsdrangs und ihrer Liebe zum Reisen trug sie eine **Tätowierung** in Form eines Ankers auf der Schulter, was die ihren Leichnam obduzierenden Ärzte schockierte, da man so etwas damals nur bei Schwerverbrechern und Seeleuten vermutete. Das Tattoo soll sie sich ganz unstandesgemäß bei einer Reise in der Ägäis in einem Hafenlokal stechen lassen haben. Und das 1888, da war sie immerhin schon 51 Jahre alt.

Für die Liebe zu ihrem Mann hatte Sisi keinen Platz mehr in ihrem Leben – ihrem Gemahl besorgte sie als Gefährtin die Schauspielerin Katharina Schratt, mit der der Monarch bis zu seinem Tod 1916 eine Beziehung unterhielt. Sie war wohl unbekümmert und sehr diskret, was Sisi zu schätzen wusste.

Am 10. September 1898 wurde Sisi in Genf von dem italienischen **Anarchisten Luigi Lucheni** mit einer Feile erstochen; sie war eher Zufallsopfer denn bewusst gewähltes Anschlagsziel.

Haus und Park der Kaiservilla in Bad Ischl stecken voller Erinnerungen an die schöne und eigenwillige Kaiserin.

Mutter Sylvia arbeiteten als Skilehrer. Als Berufswunsch in der Schülerzeitung gab Marcel »Weltcupfahrer« an. Der 1,73 m große Salzburger verdankt seine acht großen Kristallkugeln den technischen Disziplinen Slalom und Riesenslalom, in denen er zum Seriensieger avancierte. Hirscher gilt als nervenstark, ehrgeizig und als großer Tüftler. Sein Ziel, sich immer zu verbessern, kleidete der mehrfache österreichische Sportler des Jahres einmal in die Worte: »Rekorde sind doch das, was von einem bleibt in der Geschichte.« Getreu diesem Motto galt er seit seinem Gewinn des siebten WM-Titels in Åre Anfang 2019 auch als erfolgreichster Athlet bei alpinen Skiweltmeisterschaften. Außerdem heimste er im südkoreanischen Pyeongchang 2018 zwei olympische Goldmedaillen ein. Kurz vor dem Saisonstart 2019/2020 verkündete Hirscher das Ende seiner Skikarriere, eine der größten im Wintersport überhaupt.

Partisan und Tiroler Nationalheld: Andreas Hofer

1767–1810
Freiheitskämpfer

Kein anderer Freiheitsheld des Tiroler Volksaufstandes gegen Napoleon und seine bayerischen Verbündeten reicht an den Mythos Andreas Hofer heran. Er war der Anführer der Aufstände gegen die bayerische Vorherrschaft. In der Schlacht von Austerlitz 1805 hatte Napoleon Österreich vernichtend geschlagen, im folgenden Friedensdiktat war Tirol von der österreichischen Krone getrennt und dem neuen Königreich Bayern zugeteilt worden. Die Bayern erhoben Steuern, tilgten den Namen »Tirol« von der Landkarte und schlugen einen harten antiklerikalen Kurs ein. 1809 begannen die Tiroler den Kampf gegen die bayerische Besatzungsmacht. Viermal führte Hofer seine Kämpfer am **Bergisel** gegen Franzosen und Bayern in die Schlacht, dreimal siegreich. Am 15. August 1809 zog Hofer bejubelt in die Landeshauptstadt Innsbruck ein und wurde für zwei Monate kaiserlicher Oberkommandant von Tirol.

Als Österreich am 14. Oktober im Frieden von Schönbrunn erneut auf seine westlichen Lande verzichtete und Napoleon die Rückgabe Tirols an Bayern anordnete, lehnten sich Hofers Freiheitskämpfer ein viertes Mal gegen die Usurpatoren auf. Am 3. November 1809 wurden sie von Napoleons Soldaten am Bergisel geschlagen. Hofer gelang zwar die Flucht über den Brenner, doch er wurde von einem ehemaligen Kampfgefährten an die Franzosen verraten und in Ketten nach Mantua gebracht. Napoleon wollte um jeden Preis Hofers Kopf. Selbst Vizekönig Beauharnais, der Stiefsohn Napoleons, setzte sich für den Rebellenführer ein, und die Bürger Mantuas sammelten 5000 Silbertaler Lösegeld für ihn. Es half alles nichts. Am 20. Februar 1810 trat der Freiheitskämpfer vor ein Erschießungskommando. Vor Ergriffenheit konnte der französische Feldwebel, der die Erschießung leiten musste, das Feuerkommando nicht geben, sodass Hofer selbst »Feuer« befahl.

»Merci Chérie«: Udo

1934–2014
Komponist, Pianist und Sänger

Über 60 Jahre lang stand der Vollblutmusiker Udo Jürgens auf der Bühne. Noch als Udo Jürgen Bockelmann verdiente der gebürtige Klagenfurter bereits 1950 erste Meriten, als er einen Komponistenwettbewerb des Österreichischen Rundfunks für sich entschied. 1966 dann der große Durchbruch – mit seinem Chanson »Merci Chérie« gewann er den Eurovision Song Contest. Das machte ihn über Nacht zum internationalen Star. Wie kaum ein anderer schaffte er es in der Folge, seinen überwiegend deutschsprachigen Liedern Tiefgang zu verleihen, etwa wenn er über das Heimweh von Einwanderern (»Griechischer Wein«) sang oder vom Fernweh und dem Wunsch, aus dem Alltag auszubrechen (»Ich war noch niemals in New York«). Aber auch Stimmungslieder, die in jedes Bierzelt passen, waren ihm nicht fremd. So trällerte er 1978 mit der deutschen Fußballnationalmannschaft den WM-Song »Buenos días Argentina«.
Privat galt Jürgens als Lebemann und Frauenheld – seiner Popularität bis ins hohe Musikeralter tat dies keinen Abbruch. Für das Jahr 2015 hatte er abermals eine große Tournee geplant, »Mitten im Leben« sollte sie heißen. Zu ihr sollte es nicht mehr kommen: Am 21. Dezember 2014 starb Jürgens bei einem Spaziergang in seiner Schweizer Wahlheimat.

14 × 8000: Gerlinde Kaltenbrunner

geb. 1970
Bergsteigerin

Die Oberösterreicherin Gerlinde Kaltenbrunner stand am 23. August 2011 auf dem Gipfel des K2 und setzte damit die österreichische Expeditions- und Bergsteigertradition eindrucksvoll fort: Als erste Frau überhaupt war es ihr gelungen, **alle 14 Achttausender der Welt** ohne zusätzlichen Sauerstoff zu besteigen. Es hatte zunächst so ausgesehen, als ob dieser Rekord – Gerlinde Kaltenbrunner hatte ihn selbst nie beabsichtigt – am K2 scheitern würde; erst beim vierten Versuch, der auch nicht ganz unproblematisch verlief, schaffte sie den Gipfelsieg.
Bereits als Kind hatte sie die Passion Bergsport, sie war 13 Jahre alt, als der örtliche Pfarrer sie zum ersten Mal zum Seilklettern mitnahm. Damals dachte sie allerdings noch an einen herkömmlichen Lebenslauf als Krankenschwester: Mit 20 Jahren begann sie, in einem Spital nahe ihrer Heimatgemeinde zu arbeiten, verbrachte ihre Urlaube aber in den Bergen Pakistans, Chinas, Nepals und Perus. Mit der Besteigung des Nanga Parbat im Jahr 2003 wurde sie schließlich bekannt genug, um den Sport zu ihrem Beruf zu machen.
Gerline Kaltenbrunner war verheiratet mit Ralf Dujmovits, der als erster Deutscher alle Achttausender gemeistert hat. Die starke Frau ernährt sich seit vielen Jahren strikt vegan.

Ein Großer des Jugendstils: Gustav Klimt

1862–1918
Maler

Wiens Hauptvertreter des Jugendstils kam in Baumgarten als Sohn eines Graveurs zur Welt. Sein Studium absolvierte Klimt an der Kunstgewerbeschule in Wien, wo er von 1897 bis 1905 die von ihm mitbegründete **»Secession«** leitete, eine avantgardistische Künstlervereinigung, die vom europäischen Jugendstil inspiriert war. Zusammen mit seinem Bruder Ernst und Franz Matsch schuf Klimt von 1886 bis 1888 die Deckengemälde in den seitlichen Treppenhäusern des Wiener Burgtheaters, ferner malte er die Zwickelfelder des Treppenhauses im Kunsthistorischen Museum aus. Erst Ende der 1890er-Jahre fand Klimt zu dem für ihn typischen Stil. Für die folgenden Arbeiten war die Verbindung von linear-flächigen, figurativen und ornamentalen Elementen kennzeichnend. Dargestellt sind auf Zeichnungen und zartfarbenen Bildern, deren dekorativer Effekt häufig durch die Verwendung von Goldfarbe verstärkt wird, vielfach Akte und Porträts von Frauen. Im Secessionsgebäude schuf Klimt 1902 den monumentalen **»Beethovenfries«** – eine Interpretation der 9. Symphonie.
Klimt war nie verheiratet, hatte aber Affären mit blutjungen Modellen und Damen der vornehmen Gesellschaft – und mehr als ein Dutzend uneheliche Kinder. Bis zu seinem Tod pflegte er eine intime Freundschaft mit der Wiener Modeschöpferin Emilie Flöge – wohl stellt das berühmte Bild **»Der Kuss«** ihn und Emilie dar. Es ist, wie viele andere seiner Werke, im Wiener Belvedere zu sehen.

Ein Leben am Limit: Niki Lauda

1949–2019
Rennfahrer, Pilot und Unternehmer

Keiner hat es für möglich gehalten: Gerade einmal 42 Tage nach seinem schrecklichen Unfall auf der Nordschleife des Nürburgrings, bei dem er am 1. August 1976 schwerste Brandverletzungen davontrug, stieg Niki Lauda in Monza wieder in ein Formel-1-Auto und fuhr ein Rennen. Er wurde Vierter – mit blutenden Wunden! Bereits ein Jahr später gewann er seine zweite **Formel-1-Weltmeisterschaft**, die erste hatte er sich 1974 gesichert, die dritte und letzte folgte 1984.
Am 26. Mai 1991 ereilte ihn ein weiterer Schicksalsschlag: Eine Maschine seiner 1979 gegründeten Fluggesellschaft Lauda Air stürzte ab – 223 Menschen verloren ihr Leben. Wie sich später herausstellte, war ein Konstruktionsfehler in der Schubumkehr die Ursache des Unglücks. Abermals kämpfte Lauda sich zurück, bis er Lauda Air schließlich 2001 an die Austrian Airlines verkaufte. Auch danach blieb Lauda ein erfolgreicher Unternehmer, 2003 gründete er die Billig-Airline NIKI, die er zwischenzeitlich an Air Berlin veräußerte und nach deren Insolvenz 2018 wieder zurückkaufte. Es sollte sein letzter großer Coup sein: Am 20. Mai 2019 starb der Rennfahrer, Pilot und Untermehmer im Alter von 70 Jahren.

Landesmutter und Kriegsherrin: Maria Theresia

1717–1780
Herrscherin

Als Kaiser Karl VI. 1740 starb, erlebte das Habsburger Reich seine schwerste Krise. Denn auf den Thron des Kaisers, der mehrere Töchter, aber keinen Sohn hatte, stieg kein männlicher Nachfolger, sondern – bestimmt durch die **»Pragmatische Sanktion«** (Erbfolgegesetz) – seine älteste Tochter Maria Theresia. Nur wenige europäische Mächte erkannten das Erbfolgegesetz an. Nicht nur der preußische König Friedrich II. wollte mit dem »Weiberrock auf dem Wiener Thron« kurzen Prozess machen, fast alle Nachbarn Habsburgs witterten die Chance, die junge Herrscherin auszuplündern. Doch die neue Regentin hielt das Reich im langwierigen **Österreichischen Erbfolgekrieg** (1740–1748) zusammen, lediglich Schlesien musste sie an Preußens Friedrich II. abtreten. Auch im Inneren leistete Maria Theresia Beachtliches: Sie leitete eine umfassende Staatsreform ein, zu deren Maßnahmen u. a. die Abschaffung der Folter und die Milderung der Leibeigenschaft gehörte. Obwohl die beim Volk beliebte Herrscherin als Kaiserin in die Geschichte einging, war sie eigentlich nur Erzherzogin von Österreich sowie Königin von Ungarn und Böhmen. Den kaiserlichen Ehrentitel verdankt sie ihrem Gemahl, Kaiser Franz I., mit dem sie 16 Kinder hatte. Sieben von ihnen starben im Kindes- oder jugendlichen Alter, die anderen wurden fast ausnahmslos in eine europaweite Heiratspolitik eingebunden.

Schöpfer eines Weltreichs: Maximilian I.

1459–1519
Kaiser

Kaiser Maximilian I. ging als »der letzte Ritter« in die Geschichte ein. Er war der letzte Kaiser, der selbst eine Schlacht anführte und dabei vom Pferd geschossen wurde. Ritterturniere im alten Stil liebte er von ganzem Herzen, eine Vorliebe aus seiner Burgunder Zeit (1477 bis 1482). Doch Maximilian hatte auch einen Blick für das Neue, war in vielerlei Hinsicht moderner als etliche seiner zeitgenössischen Herrscherkollegen. So förderte er die moderne Kriegstechnik, nämlich die neuartige, jedoch sehr schlagkräftige Infanterie der Landsknechte und die Artillerie, die mit Handbüchsen und langen Spießen ausgerüstete Söldner unterstützte. Das notwendige Geld für seine Feldzüge und seine diplomatischen Schachzüge holte er sich aus den großen Silber- und Kupferbergwerken Tirols, das ihn 1490 zum neuen Landesfürsten gewählt hatte. Er umgab sich mit Malern, Dichtern und Musikern, ließ Bauwerke von künstlerischem Rang errichten und förderte die Wissenschaften. Gleichwohl war er wegen seiner Jagdleidenschaft und seiner umgänglichen Art auch beim Tiroler Volk sehr beliebt.

Als sich Maximilian die Kaiserkrone aufsetzen wollte, ihm das feindliche Venedig jedoch den Weg zum Papst nach Rom versperrte, proklamierte er sich im Dom von Trient 1508 kurzerhand selbst zum

OBEN: Das Maria-Theresien-Denkmal zwischen Kunst- und Naturhistorischem Museum zeigt die Regentin im Kreise ihrer Berater.
UNTEN: Mozart sells! Das Porträt des berühmtesten österreichischen Komponisten prangt auf allen möglichen Souvenirs, von Tassen bis T-Shirts.

Kaiser – die Zeit der Kaiserkrönungen in Rom waren damit für immer vorbei. Maximilian hinterließ nach seinem Tod eine Dynastie, die über ein riesiges Reich regierte (Österreich, Spanien, Burgund), Erbhoffnungen auf Böhmen und Ungarn hatte und zur europäischen Großmacht aufgestiegen war.

Wen die Götter lieben: Wolfgang Amadeus Mozart

1756–1791
Komponist

Der in Salzburg geborene Komponist zeigte schon früh eine außergewöhnliche musikalische Begabung. Als sechsjähriges **»Wunderkind«** gab er in München und Wien Klavierkonzerte, denen sich weitere Auftritte in Europa anschlossen. Als erzbischöflicher Konzertmeister in Salzburg reiste er mehrmals nach Italien, was seine Musik prägte. Im Jahr 1781 kam es zum Bruch mit dem Erzbischof. Mozart zog nach Wien, wo er 1782 Constanze Weber heiratete und fortan als freier Musiker lebte. 1782 wurde das Singspiel **»Die Entführung aus dem Serail«** uraufgeführt, 1786 die Opera buffa **»Figaros Hochzeit«**, 1791 die **»Zauberflöte«**.
Mit seinen Kompositionen, seinen Konzerten und als Klavierlehrer verdiente Mozart außerordentlich gut, und er konnte sich jenen höchst aufwendigen Lebensstil leisten, der offensichtlich seinem Naturell entsprach. So erhielt er für einen Konzertabend umgerechnet ein Honorar von bis zu 4000 €; sein Jahreseinkommen betrug in seinem Todesjahr rund 85 000 €. Wenige Wochen nach der Uraufführung der »Zauberflöte« erkrankte Mozart schwer. Schließlich erlag er am 5. Dezember 1791 einem »hitzigen Frieselfieber«; woran Mozart tatsächlich starb, ist nach wie vor ungeklärt. Einer der größten musikalischen Genies wurde in einem – damals üblichen – »einfachen allgemeinen Grab« auf dem Friedhof St. Marx beigesetzt. Sein letztes Werk, das **»Requiem«**, konnte Mozart nicht mehr fertigstellen. Seine Schüler Joseph Eybler und Franz Xaver Süßmayr vollendeten die von dem musikbegeisterten Grafen Franz von Walsegg in Auftrag gegebene Komposition

Viel mehr als »Sissi«: Romy Schneider

1938–1982
Schauspielerin

Als Schauspielerin genoss die in Wien geborene Romy Schneider als einer der wenigen Stars aus dem deutschsprachigen Raum nach dem Zweiten Weltkrieg internationale Anerkennung, obwohl ihr deutsch-österreichisches Stammpublikum und ihre französischen Fans ein jeweils anderes Bild von ihr hatten. Für einen Großteil der Deutschen und Österreicher blieb sie bis zu ihrem Tod die »Sissi«, die nach Paris gezogen war, um ein Vamp zu werden, und dafür vom Leben hart bestraft wurde. Sie verziehen ihr nicht, dass sie, die mit drei Filmen

über die österreichische Kaiserin Elisabeth (▶ S. 540) die Herzen vieler Menschen im Sturm erobert hatte, das Land verließ, um das Image vom »süßen Mädel« loszuwerden. In Frankreich hingegen wurde sie als eine Frau betrachtet, die sich emanzipiert hatte und dennoch einen Mann lieben konnte. Romy Schneider selbst litt ihr Leben lang unter dem süßen »Sissi-Image«, »dem Grießbrei, der mir da angepappt war«. Den zweiten und dritten Sissi-Film drehte sie nur widerwillig unter dem Druck der Mutter, die auch in den Sissi-Filmen die Mutter spielte, und ihres Stiefvaters. Als ein vierter Teil geplant wurde, lehnte sie schließlich kategorisch ab.
Ihrer Karriere schadete dieser Schritt keineswegs – im Gegenteil: In rund 60 Filmen, darunter »Der Prozess« und »Das Mädchen und der Mörder«, feierte die Österreicherin oft riesige Erfolge, vor allem in ihrem neuen Heimatland Frankreich. Im Privatleben erlebte sie jedoch eine Katastrophe nach der anderen. Ihre Eltern ließen sich scheiden, als Romy sieben Jahre alt war. Die Verlobung mit dem französischen Filmstar Alain Delon hielt nicht lange, ebensowenig ihre Ehe mit dem Schauspieler und Regisseur Harry Meyen, der sich nach der Scheidung das Leben nahm. Auch die Ehe mit Daniel Biasini ging nach kurzer Zeit in die Brüche. Am schlimmsten aber war für sie der Verlust ihres 14-jährigen Sohnes, der 1981 bei einem tragischen Unfall ums Leben kam. So sind auch die Umstände, die zu ihrem Tod am 28. Mai 1982 führten, nicht restlos geklärt: Obwohl im Totenschein Herzversagen stand, ist auch Selbstmord nicht auszuschließen; möglicherweise unbeabsichtigt mit Tabletten und Alkohol, denen Romy Schneider verfallen war.

»Steirerman« in Hollywood – »Governator« in Kalifornien: Arnold Schwarzenegger

geb. 1947
Schauspieler und Politiker

Der 1947 im steirischen Thal geborene Arnold Schwarzenegger lebt den amerikanischen Traum: Aus einfachen Verhältnissen stammend, stieg er in den USA vom Bodybuilder zum berühmten Schauspieler und schließlich zum Gouverneur von Kalifornien auf. Mit 15 Jahren betrat der junge Arnold erstmals ein Gewichtheberstudio und war schnell vom damals vorwiegend in Amerika bekannten Bodybuilding fasziniert. Ab 1967 gewann er gleich serienweise die wichtigsten Titel (Mr. Universum, Mr. Olympia) und gilt damit bis heute als eine Ikone dieses Sports. Dieser war auch der Grund, dass er 1968 ganz in die USA übersiedelte, wo er bereits im Jahr 1970 in seinem ersten Film (»Herkules in New York«) die Titelrolle spielte. 1982 erlangte er mit »Conan, der Barbar« internationale Beachtung, der Durchbruch in Hollywood erfolgte dann 1984 mit dem Science-Fiction-Film »Terminator«.
Nach weiteren Kassenschlagern widmete sich Schwarzenegger ab 2002 ganz der Politik. 2003 bis 2011 bekleidete der mit Maria Shriver

aus dem Kennedy-Clan verheiratete Arnold Schwarzenegger das Amt des Gouverneurs von Kalifornien, was ihm den Spitznamen »Governator« einbrachte. Nach Beendigung seiner Karriere und der Trennung von seiner Frau ist er wieder verstärkt auf der Kino-Leinwand zu sehen. Außerdem nutzt Schwarzenegger seine Prominenz, um sich für den Umwelt- und Klimaschutz einzusetzen.

Walzerkönig: Johann Strauß (Sohn)

1825–1899
Komponist

Johann Strauß senior (1804–1849), der Walzerkomponist und Begründer der Strauß-Dynastie, war fest entschlossen, den Sprössling nicht Musiker werden zu lassen. Fürchtete der alte Herr die Konkurrenz aus der eigenen Familie, hatte er instinktiv die musikalische Begabung seines Ältesten erfasst? Immerhin überraschte dieser im Alter von sechs Jahren mit einem selbst komponierten Walzer. Wie der Vater es wünschte, absolvierte der Junior das Gymnasium und begann eine Banklehre, doch hinter seinem Rücken, mit Unterstützung der Mutter, nahm er Geigenunterricht und komponierte. 1844 grün-

Was hätte wohl Strauß sen. zur vergoldeten Statue seines Sohnes im Wiener Stadtpark gesagt? Heute ist sie das am häufigsten fotografierte Denkmal der Hauptstadt.

dete er ein eigenes Orchester, mit dem er im selben Jahr erstmalig auftrat. Der Herr Papa soll Gastwirte bestochen haben, dem Sohn kein Lokal zu geben, munkelte die Wiener Bevölkerung. Jedenfalls sorgte der erste Auftritt von Johann Strauß Sohn für einen grandiosen Erfolg – Strauß sen. war nicht mehr Alleinherrscher im Wiener Walzerreich. Nach dem Tod des Vaters unternahm Johann Strauß große Konzertreisen, die ihn u. a. nach Russland führten. 1863 wurde er zum **Dirigenten der Wiener Hofbälle** ernannt.
Strauß war ein Arbeitstier. Knapp 300 Werke umfasst sein Lebenswerk, darunter 169 Walzer und 16 Operetten. Zu größter Popularität brachten es seine Meisterwerke »Die Fledermaus« (1874) und »Der Zigeunerbaron« (1885), mit denen die klassische Form der Wiener Operette begründet wurde. 1890, als Strauß jun. 65 Jahre alt wurde, ergab eine Umfrage, dass er nach Königin Victoria und Bismarck zu den drei populärsten Menschen der Welt gehörte. Zwar gilt der Vater bis heute als »Erfinder« des Wiener Walzers, doch den Sohn betrachten die Wiener als ihren wahren »Walzerkönig«.

»Die Waffen nieder!«: Bertha von Suttner

1843–1914
Friedenskämpferin

Sie war Tochter eines Leutnants, hasste den Krieg und kämpfte hart. »Friedensbertha«, »Friedensfurie«, »Rote Bertha« wurde Bertha von Suttner wegen ihres mutigen Eintretens für Frieden und Völkerverständigung in einer Mischung aus Spott und Ehrfurcht genannt. Ihre Waffe im unerschrockenen Kampf gegen die Militarisierung der Politik und Rüstungslobbyisten war das geschriebene Wort. Von Schloss Harmannsdorf in Niederösterreich aus, wo sie mit ihrem Mann, dem Schriftsteller und Baron Arthur Gundaccar von Suttner, lebte, schickte sie ihre aufrüttelnden Schriften für die Bewahrung des Friedens in alle Welt. Hier schrieb sie auch »Die Waffen nieder!«, ihren berühmtesten und erfolgreichsten Roman, der, 1889 von einem zaudernden Verlagsbuchhändler in Dresden in nur 1000 Exemplaren gedruckt, innerhalb von 15 Jahren mehr als 30 Auflagen erlebte. Um die Öffentlichkeit für die Friedensidee und zur tätigen Mitarbeit zu gewinnen, gründete sie 1891 in Wien den **»Verein der Friedensfreunde«**, unternahm Vortragsreisen und knüpfte Kontakte zu vielen prominenten Schriftstellern und Politikern, darunter August Bebel und Wilhelm Liebknecht. Sie nahm auch Verbindung zum schwedischen Industriellen und Dynamit-Erfinder Alfred Nobel auf und inspirierte ihn zur Stiftung des **Friedensnobelpreises**, den sie 1905 selbst erhielt. Abgerüstet aber wurde in Europa nicht, im Gegenteil: Trotz wachsender Popularität pazifistischer Bewegungen nahm das Säbelgerassel zu. Zum Schluss sah sich Bertha von Suttner sogar von den Sozialdemokraten verlassen, auf deren Friedenswillen sie gesetzt hatte, die sich aber 1914 der militaristischen Regierungspolitik anschlossen. Als sie am 21. Juni 1914 starb, blieb ihr wenigstens die furchtbarste Enttäuschung ihres Lebens erspart, nämlich das von ihr stets befürchtete Völkermorden im »kriegsverrotteten Europa«. Eine Woche nach ihrem Tod fielen die verhängnisvollen Schüsse von Sarajevo, die den Ersten Weltkrieg auslösten.

Der Erfinder des Reiseführers: Karl Baedeker

1801–1859
Verleger

Als Buchhändler kam Karl Baedeker viel herum, und überall ärgerte er sich über die »Lohnbedienten«, die die Neuankömmlinge gegen Trinkgeld in den erstbesten Gasthof schleppten. Nur: Wie sollte man sonst wissen, wo man übernachten könnte und was es anzuschauen gäbe? In seiner Buchhandlung hatte er zwar Fahrpläne, Reiseberichte und gelehrte Abhandlungen über Kunstsammlungen. Aber wollte man das mit sich herumschleppen? Wie wäre es denn, wenn man all das zusammenfasste?
Gedacht, getan: Zwar hatte er sein erstes Reisebuch, die 1832 erschienene »Rheinreise«, noch nicht einmal selbst geschrieben. Aber er entwickelte es von Auflage zu Auflage weiter. Mit der Einteilung in »Allgemein Wissenswertes«, »Praktisches« und »Beschreibung der Merk-(Sehens-)würdigkeiten« fand er die klassische Gliederung des Reiseführers, die bis heute ihre Gültigkeit hat. Bald waren immer mehr Menschen unterwegs mit seinen **»Handbüchlein für Reisende, die sich selbst leicht und schnell zurechtfinden wollen«**. Die Reisenden hatten sich befreit, und sie verdanken es bis heute Karl Baedeker. Wien beschreibt er erstmals im 1842 erschienenen »Handbuch für Reisende durch Deutschland und den Österreichischen Kaiserstaat«:

»
Höchlichst zu empfehlen ist die Unterhaltung mit geistlichen Herren, sie geben über Gegend und Wirthshäuser die zuverlässige Auskunft.
«

Baedeker's Österreich und Ober-Italien, 9. Auflage 1860

E

ERLEBEN & GENIESSEN

Überraschend, stimulierend, bereichernd

Mit unseren Ideen erleben und genießen Sie Österreich.

So schmecken Österreichs Almen – Käseliebhaber kommen in der Alpenrepublik voll auf ihre Kosten. ▶

Brandstädt · Hütt'n

BEWEGEN UND ENTSPANNEN

Eigentlich ist Österreich ein einziges Open-Air-Fitnessstudio. Fast alle Spielarten des Outdoorsports können hier praktiziert werden, dabei lockt nicht nur der Sommer, sondern natürlich vor allem auch der Winter. Das Wandern, das sich fast schon zu einem Breitensport entwickelt hat, steht dabei ganz hoch im Kurs.

Wandern und Bergsteigen

Flächendeckend ist das Land mit einem Wegenetz überzogen, das Familienwege, anspruchsvolle Bergtouren wie auch kulinarische Themenwege bereithält – Urlauber schöpfen bei dem Thema Wandern in der Alpenrepublik aus dem Vollen. Die Grenzen vom Wandern zum Bergsteigen sind dabei besonders auf alpinem Terrain fließend. Das bietet ein gewisses Gefahrenpotenzial für Unerfahrene, denn was für einen Einheimischen als flotte Wanderung gilt, kann für den Einsteiger zu einer unlösbaren Aufgabe werden. Grundsätzlich werden Strecken je nach Höhenmeter und Wegbeschaffenheit in **leicht, mittel und schwer** eingeteilt.

Schwere, oft schwarz gekennzeichnete Touren sind Könnern vorbehalten – oder (schwindelfreien) Fortgeschrittenen in Begleitung eines Bergführers. Glücklicherweise gibt es aber auch genügend Routen, die man alleine bewältigen kann, sogar bis hinauf auf die Gipfel, die dem konditionsstarken Wanderer die Einzigartigkeit der österreichischen Gebirgswelt ganz ohne Steigeisen nahebringen. Eine **Hüttenübernachtung** mit anschließendem Bergfrühstück zählt zu den eindrucksvollsten Bergerlebnissen überhaupt. Aufgrund des geradezu unerschöpflichen Angebots empfiehlt es sich, zunächst ein Gebiet ins Auge zu fassen und dann bei den lokalen oder regionalen Tourismusbüros Erkundigungen einzuholen. Penibel dokumentierte **Tourenvorschläge** finden sich auf deren Seiten im Internet, außerdem wird man dort mit Kartenmaterial (teilweise gratis, gelegentlich auch kostenpflichtig) bestens versorgt, sodass man bereits daheim die Wanderungen planen kann.

Klettern

Wer am Berg und im Fels versiert ist, kann alleine in **Tirol** aus etwa 5000 Alpin-, 3000 Sportkletterrouten und 1500 Boulderproblemen sowie zahlreichen Eisklettertouren wählen. Weitere legendäre Klettergebiete sind der **Dachstein** und das **Gesäuse** in der Steiermark, die **Bischofsmütze** in Salzburg sowie die Region **Kärnten-Friaul-Slowenien**. Einsteigern stehen zudem nahezu überall, wo es Felsen gibt, **Klettersteige und -gärten** zur Verfügung, an denen man – teilweise unter professioneller Anleitung – in diesen zwar extremen, aber sehr schönen Sport eingeführt wird.

Wandern von Alm zu Alm am Fuß des Hochkönigs, wo sich sanfte Wiesen mit schroffen Felswänden abwechseln

Noch mehr Outdoor

Österreichs Naturschönheiten kann man sich auch sehr gut mit dem **Fahrrad** nähern (▶ S. 556) oder sie von oben betrachten, etwa beim **Paragliding** oder beim **Ballonfahren**.

Badespaß

Mit seinen fast ausnahmslos **trinkwassersauberen** Seen, Flüssen, Gebirgsbächen, Wasserfällen, Stromschnellen und Thermalquellen ist Österreich ein Paradies für Wasserratten. Wer Ruhe sucht, findet wunderschöne **Naturbadeplätze**, etwa am Wolfgangsee, am Achensee oder am Grundlsee, sie warten zudem noch mit einer atemberaubenden Gebirgskulisse auf. In Niederösterreich und Wien, wo die Sommer besonders heiß sind, geht man zur Abkühlung gerne in fließendem Wasser baden. Die eigens dafür eingerichteten **Flussbadestrände** sind zum Teil wildromantisch schön, z. B. an der Donau, am Kamp oder an der Thaya.

Rafting und Canyoning

Die Rafting- und Canyoning-Plätze der Alpenrepublik sind ein Hotspot für Adrenalinjunkies. Gute Adressen für Wildwasser-Abenteuer mit großen Schlauchbooten und/oder Kajaks sind die **Saalach** bei Lofer und die **Lammer** (Abtenau) – beide im Salzburger Land. In Tirol ist der **Inn** bei Imst erstklassiges Rafting-Territorium. In Osttirol hat es die **Isel** den Wildwasserfans angetan; sie wird von den großen

AUF ZWEI RÄDERN DURCHS LAND

Pedelecs machen's möglich! Selbst abseits der pannonischen Tiefebene und der österreichischen Seen kann man die wunderbare Landschaft der Alpenrepublik vom Fahrradsattel aus entdecken, ohne ein durchtrainierter Spitzensportler sein zu müssen. Viele Tausend Kilometer an Strecken mit ganz unterschiedlichen Anforderungen hält das Land bereit. Auch für Radwanderer ist sicher das Passende dabei.

Eine der beliebtesten Radrouten Europas, den **Bodensee-Radweg**, teilt sich Österreich mit Deutschland und der Schweiz. Ebenfalls ganz oben in der Beliebtheitsskala der europäischen Radler steht der Abschnitt des **Donauradwegs**, der von Passau nach Wien führt. Auf 326 km passiert man Highlights wie die Donauschlinge bei Schlögen, Stift Melk und die Wachau, je nach Kondition braucht man drei bis sieben Tage. Bei Wien ist der Donauradweg noch nicht zu Ende, er führt weiter nach Bratislava durch den Nationalpark Donau-Auen.

Eile mit Weile

Wer einem Fluss abwärts folgt, ist im Vorteil, denn es geht meist bergab. Auch wenn hin und wieder kleine Steigungen zu überwinden sind, haben **Flussradwege** eher gemütlichen Charakter. Daher hat man auch an weiteren großen Flüssen des Landes Radwege angelegt: an Enns und Mur, an Inn und Drau, in Niederösterreich an Traisen, Triesting, Ybbs und Pielach sowie in Salzburg an Salzach und Saalach (**Tauernradweg**). Dicht ist das Netz an fahrradfreundlichen Unterkünften an den großen Routen – Stromtankstellen für das E-Bike sind längst selbstverständlich. Etwas anspruchsvoller ist der **Kamp-Thaya-March-Radweg**, der den drei Flüssen durchs nördliche Niederösterreich folgt. An der Grenze zu Tschechien folgt dort der **Iron Curtain Trail** den Spuren der Zeitgeschichte von 1945 bis 1989/90.
Genussradler – bei ihnen steht das Naturerlebnis vor der sportlichen Anstrengung – werden darüber hinaus auf dem **Salzkammergut-**, dem **Neusiedler-See-** oder dem quer durchs Salzburger Land führenden **Mozartradweg** glücklich. Wer vom Radeln gar nicht genug bekommt, fährt auf dem **Alpe-Adria-Radweg** von Salzburg nach Grado, oder quert auf der **Via Claudia Augusta**, der historischen Römerstraße, den Westen Tirols zwischen Süddeutschland und Südtirol – wer will, fährt gleich bis Venedig weiter.
Alternativ zu einer Radwanderung bieten sich **Sternfahrten** an, vor allem im Süden und im Osten der Steiermark, in Niederösterreich sowie im Burgenland hat man dazu Touren angelegt. Spezialisierte Radreiseveranstalter bieten Urlaubern mehrtägige Packages mit Gepäcktransport entlang der schönsten Routen. Eine umfangreiche Orientierungshilfe bietet das Webportal der Österreich Werbung unter www.austria.info/at/aktivitaten/radfahren.

Ganz schön sportlich

Auch Rennradfahrer kommen in Österreich nicht zu kurz. Die größte Challenge für Bergradler bietet die **Groß-**

glockner-Hochalpenstraße, etwas weniger anspruchsvoll, aber ebenfalls ein Genuss, sind die Strecken in der Region Fuschlsee-Mondsee-Wolfgangsee, die sich selbst als Rennradregion bezeichnet. Zwei Dutzend Touren in unterschiedlichen Längen und Schwierigkeitsgraden sind ausgearbeitet. Auch Tirol hat diesbezüglich viel zu bieten.

Über Stock und Stein

Ein eigener Zweig des Radtourismus widmet sich dem Mountainbiken. Ein **dichtes Netz an Trails** überzieht die österreichische Berglandschaft; sie sind erstklassig, perfekt ausgeschildert und GPS-unterstützt dokumentiert. Zu den herausragenden Mountainbikerevieren zählen der Salzburger Pinzgau, das Salzkammergut, die Nockbike Region in Kärnten sowie die Zugspitzarena. Hier werden auch geführte MTB-Touren angeboten. Bikeparks mit künstlich angelegten Hindernissen sind das Sahnehäubchen für Freerider und Downhiller. Mit der Seilbahn geht's nach oben, dann rasant ins Tal. Es gibt sie etwa in den Tiroler Regionen Serfaus-Fiss-Ladis und Innsbruck sowie im Salzburger Leogang.

Trendsport E-Bike

Radeln mit E-Bike oder Pedelec, die gemütlichste Form des Radfahrens, ist ein Trend, der auch in Österreich gehörig boomt. Mittlerweile haben Österreichs Tourismusregionen nahezu ausnahmslos die Drahtesel mit elektrischem Hilfsmotor prominent im Programm. Tirol zählt zu den Vorreitern: In der **E-Bike-Welt Kitzbüheler Alpen – Kaisergebirge** etwa erwartet die Urlauber ein Streckennetz mit über 1000 km Radwegen, 89 Verleihpartnern und 77 Akku-Wechselstationen. Zu haben sind die E-Bikes heutzutage in Citybike- und in Mountainbike-Ausführung, mit letzteren gelangt man ohne allzugroße Eigenanstrengung auf die Alm.

Einmal quer durch ganz Kärnten führt der Drauradweg – hier bei der Villacher Friedensbrücke.

Gletschern des Nationalparks Hohe Tauern gespeist, wodurch auch in den Sommermonaten Juli und August ein optimaler Wasserstand garantiert ist – zu einer Zeit, in der andere Wildwasser nur Bächlein sind. Die **steirische Salza** mit dem kleinen Ort Wildalpen hat sich zu einem Kajakzentrum entwickelt.
Wer beim Cayoning im Neopren-Anzug gerne wasserreiche Schluchten erkunden will, ist in Österreichs Alpen ebenfalls goldrichtig. Herausfordernd wird es dort, wo Felskanten Abseilaktionen, hohe Sprünge oder ein Rutschen durch schäumendes Wasser erfordern. Professionelle Veranstalter sorgen für passende Ausrüstung und die Sicherheit der Teilnehmer. Eine Liste der Veranstalter findet man auf der Webseite der Österreich-Werbung (www.austria.info unter Aktivitäten).

Segeln, Surfen & Co.

An praktisch allen größeren Gewässern des Salzkammerguts, in Kärnten und am **Neusiedler See**, dem »Meer der Wiener«, können Skipper dem Segelsport frönen. Dank des sog. Rosenwinds ist auch der **Attersee** als Segel-Eldorado bekannt. Der blitzblaue **Zeller See** ist die seglerische Heimat der Doppelolympiasieger Roman Hagara und Hans-Peter Steinacher. Die **Segelschule Mondsee** bietet einwöchige Jugendcamps und Kitesurfing-Kurse an. Am **Traunsee** finden namhafte Regatten wie die »Internationale Traunseewoche« statt. Windsurfer finden vor allem am Neusiedler See ideale Bedingungen

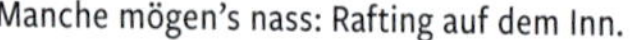

Manche mögen's nass: Rafting auf dem Inn.

vor. In Wien kann man das Einmaleins des Segelsports an der **Alten Donau** erlernen.
Daneben sind an vielen größeren Gewässern Stand up Paddeln, Kiten, Wasserski-, Wakeboard- Tauchen oder Fischen angesagt.

Reiten

Die Wälder und Wiesen an den Ausläufern der Alpen bieten optimale Bedingungen für stimmungsvolle Aus- und Wanderritte, die schönsten Reiterhöfe sind unter dem Namen **»Reitarena Österreich«** zusammengefasst. Mit einem weitläufigen Netz an Reitwegen haben sich etwa die **Mühlviertler Alm**, der **Neusiedler See** sowie **Mittelkärnten** hervorgetan. (www.pferdeland-nationalpark.at)

Golf

Wer ungern ohne seine Golfschläger verreist, findet in Österreich über 170 Plätze – und mit Sicherheit den passenden für jeden Geschmack und jedes Handicap. Die Mehrzahl der Golfclubs ist in **Niederösterreich** angelegt, im **Burgenland**, aber auch in der **Steiermark** nimmt Golfsport sowieso eine Sonderstellung ein: Aufgrund der klimatischen Gegebenheiten sind die zahlreichen Plätze hier von Februar bis November bespielbar. Golfen mit Ausblick auf die Berge bieten vor allem Tirol mit den Plätzen in Seefeld oder Kitzbühel sowie das Salzburger Land.

Wintersport

▶ S. 560

Wellness

Eine völlig andere Facette von Wasserspaß eröffnet sich in den zahlreichen Thermen. Hier hat der Osten des Landes die Nase ganz klar vorn: Vom **Südburgenland** über die **östliche Steiermark** bis an die slowenische Grenze sprudelt heilkräftiges Tiefenwasser an die Oberfläche. Traditionsreiche Kurorte wie **Bad Tatzmannsdorf**, in dem Trinkkurtourismus seit 1600 belegt ist, oder **Bad Gleichenberg**, dessen Heilquellen schon von den Römern genutzt wurden, setzen auf Gesundheitstourismus und Wellness. In anderen Orten steht Wellness ganz im Vordergrund, etwa im **Hundertwasserbad Blumau** oder in den gediegenen Hotels in **Loipersdorf**.
Gerade in den vergangenen Jahren sind nichtsdestotrotz auch in anderen Teilen Österreichs einige gelungene Thermen entstanden, die Tages- und Übernachtungsgästen viel Entspannung versprechen, dazu gehören das Tauern Spa in **Kaprun**, die Therme Geinberg im **Innviertel**, der Aqua Dome in **Längenfeld** in Tirol sowie die Therme **Laa** im Weinviertel. Besonders glücklich können sich die Wiener – und natürlich auch die Wien-Besucher – schätzen: Sie können mit der U-Bahn direkt in die 2010 völlig neu gerichtete **Therme Wien** fahren und sich dem Wellness-Genuss hingeben – ein ähnliches hauptstädtisches Angebot haben in Europa nur wenige Großstädte zu bieten. Selbstverständlich gibt es in der gehobenen Hotellerie kaum ein Haus ohne eine erstklassige Spa-Oase.

IM SCHNEEWUNDERLAND

Entwickelt wurden die Skier zwar nicht in Österreich, doch das Land gilt als Wiege des alpinen Skisports. Die Begeisterung für die Pisten hält bis heute ungebrochen an und der Austropopschlager »Skifoan« von Wolfgang Ambros gilt manchen sogar als inoffizielle Bundeshymne. Auch abseits der Pisten wird Wintersport großgeschrieben.

Ganze Täler in Österreich hängen von einer gelungenen Skisaison ab, besonders im Westen des Landes, in Tirol und im Salzburger Land. So werden die Wintersporttouristen mit bester Infrastruktur umsorgt. Zwar werden neue Seilbahnen kaum mehr genehmigt, dafür aber werden bestehende Aufstiegshilfen aufgerüstet. Schlepplifte machen Sesselliften mit Wetterschutzhauben Platz und ältere Sessellifte weichen komfortablen Seilbahnen.

Zusammenschlüsse von Skigebieten vervielfachen das Netz an Pisten. Das größte bildet derzeit die **Skiregion Arlberg** – mit 88 Liften und insgesamt 305 km markierten Abfahrten! Endlose Pistenfreude bieten auch weitere große Ski-Schaukeln, so z. B. das **Montafon** im Bundesland Vorarlberg, die **Zillertal Arena** in Tirol, **Saalbach-Hinterglemm-Leogang** und die **Salzburger Sportwelt** im Salzburger Land, **Schladming-Dachstein** in der Steiermark oder **Nassfeld-Pressegger See** in Kärnten.

Auch abseits der Pisten intensivieren die Skigebiete ihre Bemühungen, um sich von der Konkurrenz abzuheben. **Aussichtsplattformen und Gipfelrestaurants**, die auch Gourmeterlebnisse bieten, sind in vielen Skigebieten schon Standard, andernorts entstehen richtige Erlebniswelten über den Wolken (▶ S. 10). Manche Regionen wie Ischgl im Tiroler Paznauntal setzen zu Saisonstart und -ausklang auf internationale Pop-Stars, um in die Schlagzeilen zu kommen, andere pflegen ihr schrilles **Apès-Ski-Angebot**, um die Partyhungrigen zu locken – Sölden, Ischgl und Obertauern setzen hier Maßstäbe.

Ohne Schnee geht nichts

In Zeiten des Klimawandels ist Schneesicherheit das größte Problem der Liftbetreiber. Ohne zusätzliche **Beschneiung** geht vor allem in niedrigeren Lagen kaum mehr was. Etwa 70 % der Pisten in Österreich lassen sich mittlerweile künstlich beschneien – in manchen Skigebieten beträgt der Anteil sogar 100 %. Unumstritten ist der Kunstschnee aber nicht – **Umweltverbände** kritisieren die Schneekanonen, deren Bau in dem empfindlichen Ökosystem der Alpen langfristige Schäden verursachen. Deswegen setzen andere Skigebiete inzwischen vereinzelt auf **Snowfarming**, um zumindest teilweise auch ohne Kunstschnee für einen möglichst frühen Saisonauftakt gerüstet zu sein. Riesige Schneehaufen werden dafür im Frühjahr an einem kühlen Platz zusammengeschoben und mit Hackschnitzeln und Vlies abgedeckt. Wenn alles gutgeht, bleibt ein Großteil davon bestehen, um im Herbst ein zweites Mal als Unterlage für Pistenfreunde zu dienen.

Das sorgt mitunter für skurrile Bilder. Als der Nobelsportort Kitzbühel im Jahr 2018 schon im Oktober/November aus Schneedepots vom Altwinter Skifahren und Snowboardern einen weißen Teppich ausrollte, wurden noch

Skitouren wie hier in den Stubaier Alpen führen Sie zu den Wurzeln des alpinen Skisports.

Lufttemperaturen weit über dem Gefrierpunkt gemessen. Auf schmalen Schneebändern inmitten der herbstlich gefärbten Almwiesen zogen die Frühstarter ihre Schwünge.
In punkto Schneesicherheit etwas die Nase vorn haben da die **acht Gletscherskigebiete** Österreichs: Dachstein, Hintertux, Kaunertal, Kitzsteinhorn, Mölltal, Pitztal, Stubaital und Sölden. Hier ist in der Regel für einen Saisonstart im Spätherbst gesorgt, die Aus-Taste bei den Liften wird erst im April oder Mai gedrückt. Einzig am **Hintertuxer Gletscher** in Tirol kann man noch das ganze Jahr über Skilaufen.

Volkssport mit Ablaufdatum?

Dass die kleine Nation bei Weltmeisterschaften und Olympischen Spielen im alpinen Skisport verlässlich Medaillen einheimst, ist kein Wunder in einem Land, in dem Kinder quasi schon auf den Brettern stehen, bevor sie richtig laufen können. Doch der Spaß wird immer teurer. In den Top-Skigebieten bezahlt ein Erwachsener für eine Tageskarte schon deutlich über 50 €, dazu kommen die Ausgaben für Kost, Logis und Ausrüstung. Weil sich viele Familien dies nicht leisten können oder wollen, bangt man um künftige Skifahrer-Generationen und um den »Volkssport« Skilaufen. Dagegen gehalten wird mit Förderungen für Schulskikurse sowie kleineren Familien-Skigebieten mit günstigeren Tarifen. Solche findet man etwa in **Lofer** und am **Fanningberg** im Lungau (beide Salzburg), in **Fulpmes** (Tirol) sowie in Ober- und Niederösterreich.
Wer noch unsicher auf Skiern steht oder mit seinem Nachwuchs in den Winterurlaub fährt, ist mit diesen Skigebieten sicher besser bedient. Hier fällt es leichter, die Übersicht zu bewahren, die Pisten und Lifte werden weniger gestürmt. Mancherorts werden auch Comeback-Kurse angeboten.

Fun, Fun, Fun

Egal, ob man nun zwei Bretter oder nur eines bevorzugt: Österreichs Ski-Angebot ist gigantisch. Skifahrern wie Snowboardern wird gleichermaßen viel geboten – von der Anfängerpiste bis zu perfekt gestylten **Funparks** mit Jumps, Rails und Obstacles. Auch **Freestyle**, also das Fahren in offenem Gelände abseits präparierter Pisten, ist seit einiger Zeit schwer angesagt. Obwohl das natürlich auch mit Gefahren – darunter nicht nur Lawinen – verbunden ist, geben viele Skigebiete Hänge für die Off-Pistenfahrer frei. Einer der besten Freeride-Spots der Alpen ist die **Freesports Arena Krippenstein** am Dachstein im oberösterreichischen Salzkammergut, in der man auch Anfängern in den Tiefschnee hilft.

Nordischer Skisport

Zu einem florierenden Zweig hat sich der nordische Skisport in Österreich entwickelt. Langlaufloipen gehören auch in den Skigebieten zum Angebot, wirklich spezialisiert auf die nordische Kundschaft hat man sich in der **Ramsau** am Dachstein, in der ein 220 km umfassendes Loipennetz in Höhenlagen von 1100 bis zu 2700 m mit sämtlichen Schwierigkeitsstufen angelegt ist. Zudem lockt der **Böhmerwald** in Oberösterreich mit 80 km Höhenloipen rund ums Nordische Zentrum.

Sanft und ursprünglich

Abseits der Piste bewegen sich auch die vielen **Skitourengeher**, die die winterliche Herausforderung mit dem Berg suchen. Ski- und Bergführer geben vielerorts ihr Wissen weiter. Diese Variante des Wintersports ist übrigens die ursprünglichste Form des alpinen Skifahrens. Damit fällt sie heute unter das in jüngster Zeit populär gewordene Schlagwort **»sanfter Wintertourismus«** – ein Sammelbegriff, der vor allem für Alternativen zum Halligalli auf den Pisten verwendet wird. Kein Wintersportgebiet verzichtet daher heutzutage auf gut geräumte **Winterwanderwege** und **Schneeschuhtouren**, auch **Eisstock- und Rodelbahnen** für Groß und Klein sind Standard.

Vergnügen auf dem Eis

Aktivitäten auf dem Eis machen den Sport-Reigen im »Schneewunderland« komplett: vom adrenalinträchtigen Unterfangen wie **Eisklettern** bis zum gemütlichen Kurven auf Kufen. Das Eldorado für Schlittschuhläufer ist der **Weißensee** in Kärnten. Der See ist die größte beständig zufrierende und präparierte Natureisfläche in Europa. Hier kann man gemütlich seine Runden ziehen oder Gas geben. Und wen es in der Hauptstadt Wien juckt: Vor dem Rathaus geht von Januar bis März der Wiener Eistraum in Szene.

Früh übt sich, wer einmal ein Marcel Hirscher werden will.

SPORT-ADRESSEN

WANDERN UND BERGSTEIGEN

ÖSTERREICHS WANDERDÖRFER

47 Regionen in sieben Bundesländern präsentieren unter dem Namen »Wanderdörfer« ausgewählte Touren, darunter auch Klettersteige, Weitwanderungen und Wanderungen abseits von Wegen. Für mehrtägige Routen hat man Vorschläge und Pauschalen zusammengestellt.
Unterwollaniger Str. 53
A-9500 Villach
Tel. 04242 25 75 31
www.wanderdoerfer.at

ÖSTERREICHISCHER ALPENVEREIN (ÖAV)

Der Alpenverein pflegt ca. 40 000 km Wegstrecke, betreibt 238 Hütten und 200 Kletteranlagen. Neben dem eigenen Angebot findet sich im Internet auch eine umfangreiche Linkliste zu sehr guten Tourenportalen.
Olympiastr. 37, A-6020 Innsbruck
Tel. 0512 5 95 47
www.alpenverein.at

NATURFREUNDE

Die Freizeit- und Umweltschutzorganisation ist mit 170 Hütten in den österreichischen Bergen vertreten. Das Tourenportal auf der Homepage stellt nicht nur Wanderungen, sondern auch Nordic-Walking-, Rad-, Schneeschuh- und Skitouren vor.
Viktoriagasse 6, A-1150 Wien
Tel. 01 89 23 53 40
www.naturfreunde.at

WEITERE TOURENPORTALE

Der Schwerpunkt der umfangreichen und detaillierten Tourenzusammenstellung von und für Bergsportenthusiasten liegt bei Wandern und Bergsteigen.
www.alpintouren.com
www.bergfex.at

KLETTERN

BERGSTEIGER-PORTAL

Klettersteige und -gärten sind auf dieser Website ebenso detailgetreu dokumentiert wie alpine Fels- und Eisklettertouren.
https://bergsteigen.com

CLIMBERS PARADISE

Rund 10 000 verschiedene Klettermöglichkeiten in Tirol sind auf dieser Seite zusammengefasst.
www.climbers-paradise.com

MOUNTAININFO

Hier gibt es das Kletterangebot im Dreiländereck Kärnten-Friaul-Slowenien auf einen Blick; auch (grenzüberschreitende) Weitwandertouren werden vorgestellt.
www.mountaininfo.eu

RADFAHREN

AUSTRIA RADREISEN

Joseph-Haydn-Str. 8
A-4780 Schärding
Tel. 07712 5 51 10
www.austria-radreisen.at

EUROBIKE

Mühlstr. 20
A-5162 Obertrum
Tel. 06219 74 44
www.eurobike.at

RAD + REISEN eurocycle

Schickgasse 9, A-1220 Wien
Tel. 0800 0 70 05 70
(kostenfrei D, A, CH)
www.radreisen.at

KANU, RAFTING, CANYONING & CO.

TOURISMUSVERBAND GESÄUSE
Hauptstraße 35, A-8911 Admont
Tel. 03613 2 11 60 10
www.gesaeuse.at

SPORTAGENTUR STROBL
Friedau 1 a, A-8940 Liezen
Tel. 03612 2 53 43
www.rafting.at

BASE CAMP
Hallenstein 25, A-5090 Lofer
Tel. 06588 7 23 53
www.base-camp.at

FEELFREE TOURISTIK OUTDOOR ERLEBNIS
Platzleweg 5, A-6433 Ötz
Tel. 05252 6 03 50
www.feelfree.at

HIGH 5
Bahnhof 248, A-6951 Lingenau
Tel. 05513 41 40, www.outdoor.at

EDDY RAFTING AUSTRIA
Ainet 9, A-9951 Ainet
Tel. 0650 3 36 80 00
https://eddyrafting.com

AREA 47
Ötztaler Achstr. 1
A-6430 Ötztal-Bahnhof
Tel. 05266 8 76 76
www.area47.at

REITEN

PFERDEREICH
Die Mühlviertler Alm hat sich ganz der reitenden Kundschaft verschrieben: 670 km Reitwege und 50 ganz unterschiedliche Reiterhöfe stehen hier zur Wahl.
A-4273 Unterweißenbach 19
Tel. 07956 7 30 40
www.pferdereich.at

REITARENA
Die besten Angebote zum Thema Reiten in Österreich und Südtirol sind unter dem Markennamen »Reitarena« zusammengefasst.
Urzenweg 14, A-4121 Altenfelden
Tel. 0664 4 24 80 36
www.reitarena.at

PFERDELAND NATIONALPARK KALKALPEN
Wanderreiten mit trittsicheren Leihpferden, Urlaub mit eigenem Pferd, Reitcamps für Kinder, Kutschfahrten.
Stadtplatz 27, A-4400 Steyr
Tel. 047252 53 22 90
www.pferdeland-nationalpark.at

GOLF

ÖSTERREICHISCHER GOLF-VERBAND
Alles, was die Golfszene im Alpenland so bewegt, erfahren Interessierte auf der Homepage des österreichischen Golfverbands. Dazu gibt es eine gute Übersicht mit Webadressen zu sämtlichen Plätzen des Landes.
Marxergasse 25, A-1030 Wien
Tel. 01 5 05 32 45 16
www.golf.at

GOLF IN AUSTRIA
Ein Zusammenschluss der schönsten Golfhotels des Landes, die ihren Gästen u. a. Tee-Time-Reservierung schon von daheim aus anbieten.
Glockengasse 4 d
A-5040 Salzburg
Tel. 0662 64 51 53
www.golfinfo.at

WINTERSPORT

▶ Ziele

WELLNESS

STEIRISCHES THERMENLAND
▶ S. 368

ESSEN UND TRINKEN

Gutes Essen und hochwertige Getränke sind den Österreichern eine echte Herzensangelegenheit. Dabei stellen sie hohe Ansprüche an eine Mahlzeit: Sie gilt nur dann als rundum gelungen, wenn sie köstlich schmeckt, angenehm satt macht und in gemütlichem Rahmen eingenommen wird.

Wiener Küche

Rühmt man die österreichische Küche ihrer herzhaften Vielfalt wegen, so müsste man eigentlich von der »Küche der österreichisch-ungarischen Doppelmonarchie« sprechen. Wien war die **Metropole eines Vielvölkerstaats** – und jede Kultur brachte ihre kulinarischen Spezialitäten mit in die Hauptstadt. Der Schweinsbraten mit Knödeln hat bayerische Wurzeln, aus Böhmen wurden viele Mehlspeisen und aus Ungarn das Gulasch übernommen. So gesehen ist es korrekt, heute von der »Klassischen Wiener Küche« zu sprechen. Abgesehen von den süßen Mehlspeisen (► S. 566) gibt **Fleisch** – vor allem von Schwein, Rind und Huhn – den Ton an. Lamm und Wild sowie Fisch aus den zahlreichen Seen, Flüssen und Teichen bereichern die klassische Karte. Als Beilagen dominieren **Kartoffeln und Knödel**.

Österreichische Küche

In den **bäuerlichen Regionen** im Kernland Österreich blieb die Küche unbeeinflusst vom Hof bis in die Nachkriegszeit einfach, Fleisch kam vielfach nur am Sonntag auf den Tisch. Im Alltag standen vorwiegend Gerichte auf der Basis von Mehl, Kartoffeln, Butter, Käse und Schmalz auf dem Speiseplan. Diesem Ursprung verdanken wir heute so **köstliche und kalorienreiche Gerichte** wie Kasspatzn oder Kaspressknödel – Speisen dieser Art fehlen im westlichen Landesteil fast nirgendwo auf der Karte.

Regional und saisonal

Lange lebte man von dem, was das eigene Land hergab – bis Supermärkte die Welt eroberten. Seit ungefähr 20 Jahren gibt es nun eine **Rückbesinnung auf lokale Werte**, sowohl auf Seite der Produzenten als auch auf jener der Küchenchefs: Mit der Übernahme vieler Wirtshäuser durch die junge Generation, die zuvor in der Welt das Kochen gelernt hat, stieg die Nachfrage nach lokalen, saisonalen Produkten. Zusätzlich wurden in Österreich die **Genussregionen** etabliert, die zu einem Großteil auf tradierte regionale Spezialitäten setzen: Zu ihnen gehören etwa die Reinanke des Salzkammergutes, der Mohn des Waldviertels und das Berglamm Osttirols. Die alten Gaststuben landauf und landab wurden modernisiert, die alten Rezepte mit zeitgenössischer Leichtigkeit neu interpretiert und plötzlich war die **»Neue Österreichische Küche«** geboren, bei der viel frisches Gemüse, Kräuter und mancherorts wie in Kärnten auch mediterrane Einflüsse eine große Rolle spielen.

SÜSSE VERLOCKUNGEN

Was wäre die österreichische Küche wohl ohne ihre Mehlspeisen? Undenkbar! Strudel, süße Knödel, Aufläufe, Schmarren, Dampfnudeln, Schmalzgebäcke, Buchteln u. v. m. lassen den Betrachter tatsächlich ins Schwärmen geraten oder aber fürchterlich um die Linie bangen. Denn nicht das Mehl ist zwingende Zutat einer Mehlspeise, sondern der Zucker ist das verbindende Element.

Hieran ist – wer hätte es gedacht? – auch Napoleon schuld. Denn mit der napoleonischen Kontinentalsperre von 1806 kam kaum noch Zucker ins Land. Die Reichen mussten sich um Ersatz bemühen und so wurde der Anbau der billigen Zuckerrübe forciert. Den daraus gewonnenen raffinierten Zucker konnte sich jedermann leisten, er stieg schnell zum Volksnahrungsmittel auf. Die mit Zucker zubereitete Mehlspeise wurde daraufhin als Nachspeise in Restaurants und zu Hause fast »Pflicht«.

Aus fremden Landen

Etliche Spezialitäten wurden aus anderen Ländern bzw. Kulturen übernommen. So ist der **Strudel** eigentlich orientalischen Ursprungs. Von den Türken bei ihrer ersten Wienbelagerung (1529) als gastronomisches Andenken hinterlassen, ist der Strudel traditionell mit einer Apfelmasse gefüllt, es gibt ihn aber auch in anderen Variationen, etwa als Topfen- oder Nussstrudel. **Krapfen** sind in ganz Österreich verbreitet und typischerweise mit Marillenmarmelade gefüllt, aber auch andere Füllungen wie Pudding und Nougat erfreuen den Gaumen vorwiegend in der Faschingszeit. Schon bei den Griechen und den Römern gab es gefüllte Krapfen, die vor allem bei den Frühjahrsbacchanalien gebacken wurden. Apropos: Ausgrabungen im ehemaligen Römerlager Carnuntum bei Wien belegen, dass es den Gugelhupf – einen gerippten, hohen Kuchen mit einem Loch in der Mitte – bereits damals gegeben hat. Zwischenzeitlich zum Kuchen für arme Leute mutiert, wurde er im Wien der Biedermeierzeit salonfähig.

Auf eindeutig fremde Einflüsse lässt die **Palatschinke** schließen: Von den Tschechen übernahmen die Österreicher den Namen und auch das Gericht »palacinka«. Der Teig für die gefüllten Eierkuchen wird dabei etwas dicker ausgebacken als bei französischen Crêpes, danach üppig belegt, etwa mit Marmelade, Schokomasse oder einer Nussfülle, und eingerollt. Gerne serviert man dazu einen Klecks Schlagobers (Sahne).

Echt österreichisch

»Königin der Aufläufe« sind die **Salzburger Nockerl**, die angeblich dem Salzburger Erzbischof Wolf Dietrich von Raitenau (1559–1617) zum ersten Mal serviert wurden. Sie bestehen vor allem aus Luft – mit einer Hülle aus Zucker, Eiern und Mehl. »Süß wie die Liebe und zart wie ein Kuss«, sang Peter Alexander über die Salzburger Nockerl 1960 in einem Schlager. Eine weitere in Österreich entwickelte Spezialität sind die **Schmarren**. Die Pfannenspeise, ursprünglich ein ländlich-bäuerliches Gericht aus der Alpenregion, wurde verhältnismäßig spät »salonfähig«. Der wohl bekannteste Schmarren war ursprünglich ein »Kaiserinschmarren«, wurde er doch 1854 von Wiener Köchen für Kaiserin Elisabeth hergestellt. Doch die stets auf ihre Linie bedachte Sisi (▶ S. 540) fand weniger Gefallen daran als ihr Gatte Franz Joseph I. – und so entstand daraus einfach der **Kaiserschmarren**.

Weltberühmte Torten

Hohe Bekanntheitsgrade in Österreichs Süßspeisen-Kosmos genießen auch die **Linzer Torte** sowie natürlich die berühmte **Sacher-Torte**. Über die 1836 »hoffähig« gewordene Sachertorte schrieb das Appetit-Lexikon: »Sacher-Torte nennt sich eine Chocoladentorte höherer Art, die sich vor ihren Gefährtinnen noch besonders auszeichnet, indem sie unter der glänzenden Chocoladen-Robe noch ein Hemd von Aprikosen-Marmelade trägt.« In den 1950er-Jahren entbrannte in Wien ein **Tortenstreit**, wie er wohl nur in Österreich möglich ist: Das **Haus Sacher** und die **Konditorei Demel** bekriegten sich um den Anspruch, die originale Sachertorte herzustellen. Man einigte sich salomonisch: Sacher stellt die Original Sachertorte her, Demel fertigt sie unter dem Namen »Demel's«.

Schokolade und Pralinen

Seit der Jahrtausendwende machen zu guter Letzt auch die sündhaft guten Erzeugnisse der österreichischen Chocolatiers verstärkt auf sich aufmerksam. Handgeschöpft und Bio sind Standard, zelebriert werden die Edelschokoladen etwa bei **Josef Zotter** (▶ S. 370) oder der **Confiserie Berger** in Lofer. Wer in Salzburg ist, kommt um Mozartkugeln nicht herum. Und was feinste Confiserie angeht, lohnt sich ein Besuch in der **Konditorei Fürst**.

Egal, ob von Sacher oder von Demel – die beiden Wiener Schokoladentorten sind lange haltbar und leicht zu transportierende Mitbringsel. Wenn sie nicht schon vorher verspeist werden ...

TYPISCHE GERICHTE

Wiener Schnitzel, Tafelspitz, Frittatensuppe und Co.: Diese Gerichte stehen für die österreichische Küche schlechthin. Aber kennen Sie auch schon Speisen wie Tiroler Gröstl oder Kärntner Kasnudeln? Dann bitte zu Tisch.

Frittatensuppe: Für diese einfache Suppe werden Pfannkuchen in gleich große Streifen geschnitten und in eine klare Rinderbouillon gegeben. Klassischerweise sollte die Suppe natürlich aus frischen Zutaten zubereitet werden und nicht aus Brühwürfeln. Dann wird noch etwas Petersilie darüber gestreut – fertig!

Wiener Schnitzel: Dem kulinarischen Aushängeschild Österreichs wird nachgesagt, es sei dem »costoletta milanese« nachempfunden und 1857 in Wien eingeführt worden – erstmals wird das »Wiener Schnitzel« in einem böhmischen Kochbuch von 1884 erwähnt. Neuesten Erkenntnissen zufolge ist das Wiener Schnitzel indes doch ein echter Österreicher: Der früheste Beleg für »Gebachene Schnitzeln« findet sich im »Kleinen Österreichischen Kochbuch« von 1798. Beim Original handelt es sich um ein paniertes und in Butterschmalz ausgebackenes Schnitzel vom Kalb, das mit Vogerlsalat (Feldsalat), Häuptelsalat (Kopfsalat), Erdäpfelsalat (Kartoffelsalat) oder Petersilerdäpfeln (Petersilienkartoffeln) serviert wird. Übrigens: Puristen verzichten auf die »neuere« Modeerscheinung, das Schnitzel mit Zitronensaft zu beträufeln.

Würstl & Co.: Fast Food gab es in Österreich und vor allem in Wien schon vor dem Jahr 1900. Würstelstände wurden zur Zeit der K.-u.-k.-Monarchie etabliert, um Kriegsinvaliden ein Einkommen zu sichern – und bis heute trotzen sie internationaler Konkurrenz. Beliebte Snacks sind Käsekrainer und Burenwurst, eine Spur leichter sind die Frankfurter, die in Deutschland als Wiener Würstchen bekannt sind. Zu den Standards gehört auch ein deftiger Leber- bzw. Fleischkäse, eine Art Wurstpastete. Serviert wird der Imbiss warm, gebacken oder auch angebraten mit einer Semmel oder in einer solchen.

Kasspatzn: Milchwirtschaft hat im Gebirge eine lange Tradition, daher sind Kasspatzn (Kasnockn, Käsknöpfle) quer durch die Alpen verbreitet. Im Prinzip handelt es sich dabei um ein Pfannengericht aus Mehlspätzle, Zwiebeln und Käse. Besonders würzig schmecken die Kasspatzn, wenn viel Bergkäse verarbeitet wird, wie es etwa in Vorarlberg Traditon ist.

Kärntner Nudeln: Ein Quell stetigen Irrtums sind die beliebten Kärntner Nudeln. Während im gängigen Sprachgebrauch eine Nudel eine Beilage bezeichnet, handelt es sich bei den Kärntner Nudeln um gefüllte Teigtaschen, die mit zerlassener Butter bestrichen als Hauptspeise gegessen werden. Es gibt sie mit verschiedenen Füllungen, etwa mit Topfen (Quark) und Kartoffeln, gewürzt mit Minze (»Kasnudel«) oder mit Fleisch. Beliebt sind auch die süßen Kletzennudeln mit Dörrbirnen, Topfen und Preiselbeeren. Um die Verwirrung komplett zu machen, werden sie in einigen Teilen Oberkärntens auch als Krapfen bezeichnet, was wiederum anderswo für eine in reichlich Schmalz ausgebackene Mehlspeise steht.

Tiroler Gröstl: Fleisch (Bratenreste), Speck, Zwiebeln und Erdäpfel werden in der Pfanne angeröstet und darin noch heiß auf den Tisch gebracht. Das ist so der Brauch, denn früher wurde dieses recht einfache Tiroler Alltagsessen von der Bäuerin in der Pfanne zubereitet und danach sofort darin serviert. Als Halterung diente (und dient auch heute noch) der sogenannte »Pfannenknecht« aus Holz und Metall.

Tafelspitz: Gekochtes Rindfleisch findet sich bereits in der ersten Hälfte des 19. Jh.s in der kaiserlichen Hofküche. Berühmt wurde der Tafelspitz allerdings erst als Leibgericht von Kaiser Franz Joseph I., dem für die Alltagstafel das einfache Gericht genügte. Das dem Kaiser nacheifernde Großbürgertum übernahm es daraufhin in sein Standardrepertoire. Für einen Tafelspitz dürfen nur sehr gute Lendenstücke verwendet werden, die man in einem köstlich duftenden Sud aus Wurzelgemüse gut drei Stunden simmern lässt.

Eine deftige Jause ist in Österreich eine vollwertige Mahlzeit – am liebsten mit bäuerlichen Produkten aus der jeweiligen Region.

In Wien ist die Kulinarik am vielfältigsten. Preisgekrönte Gourmetlokale, junge Crossoverküche, experimentierfreudige Köche und Ethnoküche aus aller Herren Länder verwöhnen mit immer Neuem.

Getränke

In Österreich wird deutlich mehr Bier als Wein getrunken, auch wenn die **Weinregionen im Osten** des Landes internationales Renommee besitzen. Im Weinviertel, in der Wachau, am Neusiedler See und in der Südsteiermark ankert die ganze Volkskultur im Wein, wozu auch die beliebten Buschenschanken und Heurigen gehören, in die man abends in geselliger Runde einkehrt. Buschenschanken gibt es auch in den **Mostregionen**, von denen das Mostviertel in Niederösterreich einzigartig in Europa Birnenmoste keltert.

Bier ist im ganzen Land verbreitet. Viele Brauereien haben in den vergangenen Jahren ihr Sortiment um Spezialbiere erweitert. Groß ist die Zahl der kleinen Brauereien und Craft-Beer-Erzeuger, etwa im Salzburger Land, dem Mühlviertel und dem Innviertel.

Aber auch, wenn es kein Alkohol sein soll, gibt es ein breites Angebot. Abgesehen davon, dass man in Österreich nahezu überall frisches Wasser aus der Leitung trinken kann, hat sich im Zuge der neuen Qualität in der Gastronomie auch eine Saftkultur entwickelt. Landesweit werden naturtrübe **Säfte** aus Äpfeln oder anderem Obst angeboten. Und natürlich werden die Früchte auch destilliert, ein **Edelbrand** schließt jedes Mahl vorzüglich ab.

Kaffee

Wer als unkundiger Tourist in Wien einfach »einen Kaffee« bestellt, wird Irritationen auslösen. Die Vielfalt an koffeinhaltigen Heißgetränken ist in Österreich – und ganz besonders in Wien – enorm und anfangs auch etwas verwirrend (▶ S. 438).

Essenszeiten

Man kann sowohl zu Mittag als auch zu Abend eine warme Hauptmahlzeit oder eine (kleine) kalte Jause zu sich nehmen, beides ist in Österreich üblich. Je tiefer im Land, desto penibler sollte man beim Ausgehen auf die **Tageszeit** achten: Auch wenn durchgehend geöffnet ist, gibt es oft nur zwischen 11.30 und 14.30 Uhr warme Küche und dann wieder ab 17.30 bis spätestens 21 Uhr. In den größeren Zentren erhält man zu Mittag günstige Menüs. Auf Almen und in Buschenschenken wird oft eine **Brettljause**, oft mit Produkten aus eigener bäuerlicher Erzeugung, kredenzt. Sie eignet sich natürlich auch als Hauptmahlzeit und besteht typischerweise aus Käse, Speck, (geräucherten) Kaminwurzen, oft auch kaltem Schweinsbraten, mit Brot und Gebäck sowie kleineren Zutaten wie Salzgurken. An den Seen im Salzkammergut ein Klassiker sind die köstlichen **Steckerlfische**. Für den kleinen Hunger empfehlen sich die zahlreichen Cafés und Konditoreien.

FEIERN

Die Österreicher lieben es, ausgiebig zu feiern – und die Anlässe dafür sind glücklicherweise zahlreich. Sowohl optisch als auch musikalisch besonders opulent gestalten sich die traditionsreichen Festtage, die oft in einem kirchlichen Zusammenhang stehen. Dann werfen sich Alt und Jung in ihre Trachten, die örtliche Musikkapelle spielt auf und der nächste kulinarische Leckerbissen ist auch nicht weit.

Festspiele

Himmlische Genüsse ganz ohne religiösen Hintergrund versprechen die klassischen Festspiele von Weltformat, die teils schon seit Jahrzehnten etabliert sind. Zu den bekanntesten zählen die **Salzburger Festspiele**, deren Geburtsstunde am 22. August 1920 schlug, als Hugo von Hofmannsthals »Jedermann« in der Regie von Max Reinhardt erstmals aufgeführt wurde. Karten zur alljährlichen »Jedermann«-Premiere werden heiß gehandelt, der Domplatz wird zum Treffpunkt der High Society. Opernaufführungen und Konzerte ergänzen das Portfolio der Salzburger Festspiele. Zu den großen Kulturevents des Sommers zählen auch die **Bregenzer Festspiele**. Besonders atmosphärisch sind die aufwendigen Operninszenierungen auf der im Bodensee installierten Seebühne.

Ob ganz traditionell wie beim Narzissenfest in Bad Aussee oder modern in Szene gesetzt wie bei den Salzburger Festspielen – Österreichs Veranstaltungskalender bietet für jeden Geschmack das richtige.

Festivals

Wer das Besondere sucht, wird auch außerhalb der Städte fündig. Steinbrüche, Seebühnen, Burgarenen oder Parkanlagen sind im Sommer Schauplatz für Festivals. Erstklassige und international renommierte Künstler erfreuen die Besucher in stimmungsvollem Rahmen mit Opern, Operetten oder Theaterstücken, mit Jazz, Kabarett, avantgardistischen Konzerten oder modern interpretierter Volksmusik. Klassik vom Feinsten bietet etwa der Wolkenturm in Grafenegg (▶ S. 212).

Open Air

Fans der Pop- oder Schlagermusik müssen in Österreich nicht darben – schon gar nicht im Winter, wenn in den Skigebieten die Abende verlässlich in Partynächten enden. Die **großen Skigebiete** wie Ischgl oder Obertauern locken mit internationalen Mega-Stars zu Saisonstart und -ausklang. Für sommerlichen Massenansturm sorgen die vielen Open Airs, die zwischen Juni und September stattfinden. Allen voran das **Wiener Donauinselfest**, das sich zum größten Freiluftspektakel Europas entwickelt hat – bis zu 3 Mio. Besuchern wird bei kostenfreiem Eintritt Musik von Schlager bis Indie-Rock geboten. In der alternativen Szene bestens bekannt ist das **Frequency Festival**, das Stars in St. Pölten zum Rocken lädt.

VERANSTALTUNGSKALENDER

FEIERTAGE

1. Januar: Neujahrstag
6. Januar: Heilige Drei Könige
März/April: Ostermontag
1. Mai: Tag der Arbeit
Mai/Juni: Christi Himmelfahrt, Pfingstmontag, Fronleichnam
15. August: Mariä Himmelfahrt
26. Oktober: Nationalfeiertag
1. November: Allerheiligen
8. Dezember: Mariä Empfängnis
25./26. Dezember: Weihnachten

JANUAR

NEUJAHRSKONZERTE

Konzerte der Wiener Philharmoniker, der Wiener Symphoniker und des Wiener Hofburg-Orchesters.

DREIKÖNIG

Am Vorabend (5. Jan./letzte Rauhnacht) gibt es Glöcklerläufe zum Vertreiben der bösen Rauhnachtsgeister im Salzkammergut, z. B. in Ebensee. Am Dreikönigstag (6. Jan.) werden dann in vielen Orten Österreichs Umzüge veranstaltet, in Gmunden auch die Dreikönigsfahrt auf dem Traunsee.

MOZARTWOCHE

Bei der Mozartwoche in Salzburg sind international renommierte Künstler zu hören.
www.mozarteum.at

FEBRUAR/MÄRZ

WIENER OPERNBALL

Alles Walzer! Wiens größter Ball findet immer am Donnerstag vor Aschermittwoch in der eigens dafür umgebauten Staatsoper statt (▶ S. 16 & 442).

TIROLER FASNACHT

In vielen Tiroler Gemeinden mit Schwerpunkt westlich von Innsbruck wird zur Faschingszeit bei Masken-

SCHWING DAS TANZBEIN

Der Wiener Walzer ist der älteste und traditionsreichste Gesellschaftstanz. Den Ursprung bilden die Bauerntänze im mittelalterlichen Deutschland und Österreich. 1963 wurde er in das Welttanzprogramm aufgenommen und ist dort durch seine ununterbrochene Drehbewegung einer der schnellsten Tänze.

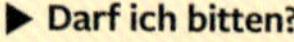

▶ **Darf ich bitten?**
Schrittfolgen beim Wiener Walzer im 3/4- oder 6/8-Takt, der bei einem Tempo von 58 – 60 Takten pro Minute getanzt wird

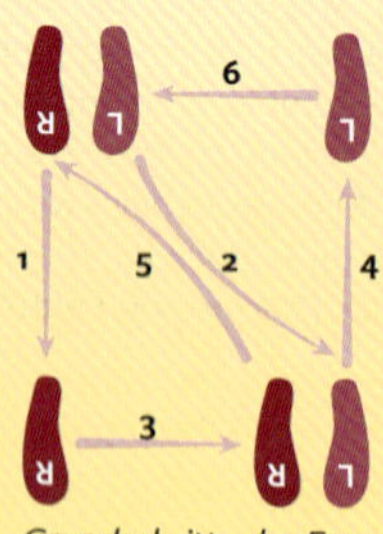

Grundschritte der Frau

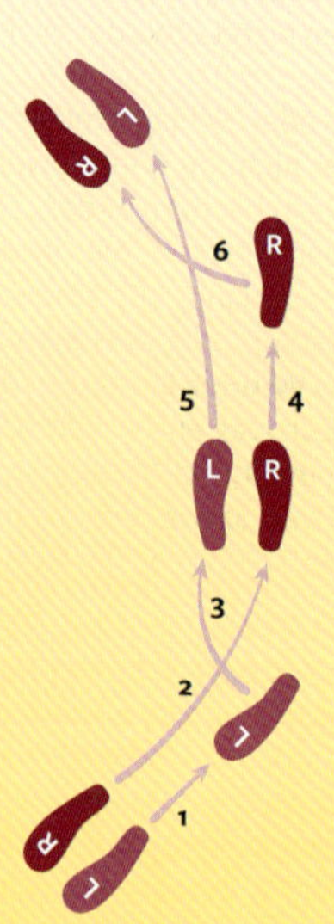

Der Grundschritt basiert auf sechs Schritten

▶ **Der Wiener Opernball**
Die Wiener Staatsoper wird einmal im Jahr zum berühmtesten Ballsaal der Welt umfunktioniert. Für dieses Event ist ein enormer Umbau des Saals notwendig.

ca. **600** Arbeiter

bis zu **20 000** Arbeitsstunden

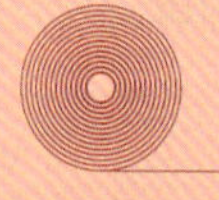

rund **6 km** Kabel werden verlegt

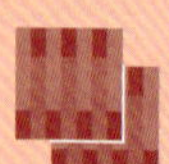

170 Parkettplatten werden verlegt

850 m² große Tanzfläche

jährlich ca. **5150** Besucher

180 Paare eröffnen den Ball

bis zu **900** Scheinwerfer werden angebracht

Die Schrittfolge ist auf zwei Takte verteilt. Das Paar bewegt sich schnell fort. Die Bewegung entspricht einer zyklischen Kurve, wodurch das Paar sich zwischen einer langen und einer kurzen Bewegung abwechselt.
L
R
6
L
5
4
R
L
3
2
R
L
R
1
L
R
R
3
4
2
5
1
L
L
R
6
Grundschritte des Mannes
▶ An der schönen blauen Donau ...
... besser bekannt als der »Donauwalzer«, wurde 1866/67 von Johann Strauss komponiert. Traditionsgemäß wird er zum Ende des Opernballs gespielt. Die ersten Takte des Themas:
©BAEDEKER
Einmal Tanzen
Der Einzug und die Tanzdarbietung des Jungdamen/herrenkomitees ist einer der Höhepunkte des Abends.
Kosten für Debütanten (in €)
120 Komiteekarte
400 (günstig) Kleidung
100 Schuhe
200 Anfahrt
200 Unterkunft
200 Verpflegung
150 Sonstiges
Krönchen
weiße lange Handschuhe
weißes Kleid
weiße Schuhe
kein Bart
weiße Fliege
weiße Baumwollhandschuhe
Frack
Lackschuhe

umzügen der Winter aus- und der Frühling eingeläutet, so etwa in Arzl, Axams, Rum, Thaur und Imst, alle drei Jahre auch in Nassereith (▶ S. 156) und alle fünf Jahre in Telfs (▶ S. 156).

MÄRZ/APRIL

SALZBURGER OSTERFESTSPIELE

Bei den 1967 gegründeten Osterfestspielen steht seit 2013 die Sächsische Staatskapelle Dresden im Fokus.
www.osterfestspiele-salzburg.at

SCHUBERTIADE

In Schwarzenberg im Bregenzerwald sowie in Hohemems werden Konzerte zu Ehren und mit Werken von Franz Schubert, aber auch von Wolf, Brahms, Schumann u. a. von Ende April bis Oktober gegeben.
www.schubertiade.at

MAI

GAUDERFEST

Tirols größtes Frühlings- und Trachtenfest findet Anfang Mai in Zell am Ziller statt.

LIFE BALL

Schräger Aids-Charity-Ball mit internationalen Stars in Wien (manchmal auch Juni).
https://lifeplus.org

NARZISSENFEST

Ende Mai werden aus Narzissenblüten kunstvolle Figuren geformt und im Auto- (Bad Aussee) und im Bootskorso (Altausseer See) vorgeführt.
www.narzissenfest.at

DONAUFESTIVAL NIEDERÖSTERREICH

Internationale Plattform für neue Performance-Kunst und Pop-Avantgarde in Krems.
www.donaufestival.at

MAI–SEPTEMBER

URFAHRANER MARKT

Zweimal im Jahr, Ende April/Anfang Mai und Ende September/Anfang Oktober, findet in Linz der größte und älteste Jahrmarkt Österreichs statt; dazu gehören Festzelte und ein buntes Unterhaltungsprogramm.
www.urfahranermarkt.at

MAI/JUNI

WIENER FESTWOCHEN

Sechs Wochen lang werden internationale Opern-, Theater- und Performance-Inszenierungen gezeigt.
www.festwochen.at

JUNI

DONAUINSELFEST

Beim größten Open-Air-Event Europas machen etwa 2000 Künstler rund 600 Stunden Musikprogramm für jeden Geschmack, aufgeteilt auf mehrere Bühnen. Der Eintritt zum Fest auf der Wiener Donauinsel ist frei.
www.donauinselfest.at

JUNI/JULI

STYRIARTE

Die Steirischen Musikfestspiele in Graz bieten Stücke von Alter Musik bis zur Romantik.
www.styriarte.com

GLATT & VERKEHRT

Volksmusik aus allen Ländern wird in Krems und in der Wachau neu interpretiert.
www.glattundverkehrt.at

JUNI–SEPTEMBER

FESTSPIELE AUF DER BURGARENA FINKENSTEIN

Operetten, Konzerte, Musicals und Kabarett werden atmosphärisch in

den Resten einer Burg aus dem 12. Jh. dargeboten.
www.burgarena.at

MUSIKSOMMER GRAFENEGG

Klassische Musik von Spitzeninterpreten und -orchestern; Kulisse der Open-Air-Bühne ist der Wolkenturm im Schlosspark von Grafenegg.
www.grafenegg.com

JULI/AUGUST

SALZBURGER FESTSPIELE

Eines der bedeutendsten Musik- und Theaterfestivals der Welt mit klassischen und zeitgenössischen Opern, Konzerten und Schauspielen.
www.salzburgerfestspiele.at

BREGENZER FESTSPIELE

Spannendes Musiktheater auf der größten Seebühne der Welt.
www.bregenzerfestspiele.com

SEEFESTSPIELE MÖRBISCH

Mörbisch am Neusiedler See hat sich als Zentrum der klassischen Operette etabliert, die Stücke werden auf einer Seebühne inszeniert. In den Orten drum herum gibt es Kultursommer.
www.seefestspiele-moerbisch.at

JULI

TIROLER FESTSPIELE ERL

Opern mit Wagner-Schwerpunkt, Konzerte und Kammermusikabende in kleinem Tiroler Ort mit zwei großen Festspielhäusern!
www.tiroler-festspiele.at

JULI/AUGUST

WELLENKLÄNGE

Weltmusik ist hier in einer bezaubernden Naturkulisse am Lunzer See in Niederösterreich zu hören.
www.wellenklaenge.at

Die Burgruine Finkenstein ist stimmungsvoller Schauplatz von Kulturevents.

IMPULSTANZ WIEN
In Spielstätten wie dem Museums-Quartier und dem Schauspielhaus in Wien werden bei dem internationalen Festival zeitgenössischer Tanz und Performance gezeigt.
www.impulstanz.at

CARINTHISCHER SOMMER
Das international renommierte Festival klassischer und moderner Musik findet jedes Jahr in und um Ossiach sowie in Villach statt.
https://carinthischersommer.at

LEHAR FESTIVAL
Die Festspiele in Bad Ischl gehen auf eine Idee des Komponisten Franz Lehár zurück. Es werden zwei Operetten gezeigt, darunter eine von Lehár.
www.leharfestival.at

AUGUST

GAMSJAGATAGE
Ein riesiges Brauchtumsfestival in Bad Goisern im Salzkammergut.
http://gamsjagatage.goisara.at

KAISERGEBURTSTAG
Alljährlich wird in Bad Ischl am 18. August der Geburtstag von Kaiser Franz Joseph I. gefeiert, sehr nostalgisch und meist mit hoher Adelspräsenz.

FREQUENCY
Das Festival der alternativen Popmusik findet in St. Pölten statt.
www.frequency.at

JAZZFESTIVAL SAALFELDEN
Top-Event für Jazzfreunde, u. a. mit Konzerten auf der Alm!
www.jazzsaalfelden.com

TÖPFERMARKT GMUNDEN
Der bekannte Markt in der Keramikstadt Gmunden lockt auch mit einem breit gefächerten Rahmenprogramm.
www.toepfermarkt.at

SEPTEMBER

ARS ELECTRONICA
Linz ist Schauplatz für das Festival elektronischer Musik mit spektakulärer Klangwolke.
www.aec.at

FESTLICHER ALMABTRIEB
Ende September wird auf den Sommeralmen das Vieh festlich geschmückt und in die Ställe der talwärts gelegenen Gemeinden geführt.

SEPTEMBER/OKTOBER

WEINHERBST
Große und kleine Feste rund um den Wein in Niederösterreich.
www.niederoesterreich.at/weinherbst

BAUERNHERBST
Erntedankstimmung im Salzburger Land: Sie wird mit vielen traditionsreichen Festen zelebriert.
www.bauernherbst.at

OKTOBER/NOVEMBER

VIENNALE
Ein großes Filmfestival in Wien, das die Meisterwerke österreichischer und internationaler Filmschaffender zeigt.
www.viennale.at

DEZEMBER

CHRISTKINDLMÄRKTE
In allen größeren Orten gibt's Christkindlmärkte, von zauberhaft bis megakommerziell.

KRAMPUSLÄUFE
Gruselige Masken und ruppiges Gebären prägen die Krampusläufe, die im Advent vor allem das Salzburger Land und Tirol in Atem halten.

SHOPPEN

Neben der obligatorischen Vielfalt internationaler Labels und Ketten halten sich in ganz Österreich Läden mit lokalen Produkten wie Trachten, erlesenem Kunsthandwerk oder kulinarischen Spezialitäten vom Edelbrand bis zu Käse-Köstlichkeiten. Gediegen und teilweise sehr luxuriös präsentieren sich vor allem die Geschäfte in den Innenstädten von Wien und Salzburg, dort findet man auch edle Antiquitäten.

Souvenirs

Wo Touristen sind, ist der nächste Souvenirladen nie weit. Unterschiedlich ist allerdings die Qualität des Sortiments – es lohnt sich durchaus, genauer hinzusehen, denn mitunter liegen zwischen Läden mit eher kitschigen Waren billiger Herstellung kleine Shops, die Erlesenes feilbieten. Ein besonders schönes Andenken an Wien sind etwa **Schneekugeln**, die im Jahr 1900 von Erwin Perzy erfunden wurden und heute mittlerweile in vierter Generation vor Ort von Hand gefertigt werden. Meist sind Modelle bekannter Wiener Wahrzeichen in Glaskugeln verschiedener Größe eingebaut, schüttelt man die Kugel, wirbeln kleine Flocken umher und simulieren ein Schneegestöber.
Landesweit in gut sortierten Souvenirshops erhält man **Glasware** und **Tischgeschirr** aus österreichischen Manufakturen, etwa von Riedel-Glas oder Gmundner Keramik (▶ S. 384).
Im Salzburger Land und im Salzkammergut lohnt es sich, nach Dirndl, Lederhosen und Trachten-Accessoires Ausschau zu halten (▶ S. 26). Die traditionelle Kleidung gibt es von klassisch bis zeitgenössisch-wild interpretiert. Ein derzeit angesagtes Label trägt den Namen von Lena Hoschek.

Kulinarische Andenken

Überall sollte man die Augen aufhalten, wenn es um kulinarische Spezialitäten geht. Am liebsten greifen die Österreicher dort zu, wo sie den Lieferanten vertrauen. Entsprechend gut ist der **direkte Zugang zu bäuerlichen Produkten**: Vorarlberger Bergkäse, steirisches Kürbiskernöl und feine Weine vom Weinviertel über das Burgenland bis in die Steiermark sind ebenso beliebte wie schmackhafte Mitbringsel. Stark gewachsen ist quer durchs Land die Zahl der Edelbrenner, von denen sich einige neben klassischen Bränden wie Obstler, Birne und Vogelbeere neuerdings auch in Gin und Whisky alpiner Prägung versuchen. Köstliches Brot, Lebkuchen, Hartwürste und Speck werden landauf, landab entweder direkt auf dem Hof, auf Bauernmärkten oder in oft sehr schönen Bauernläden verkauft.
Als kleine Mitbringsel eignen sich auch **süße Köstlichkeiten** wie Mozartkugeln oder Schokolade – selbstverständlich »made in Austria«. Dazu gehören etwa die Kreationen aus der Manufaktur Zotter, die in vielen Bio-Läden erhältlich sind.

Fröhlich, frech und formvollendet präsentieren sich die Pinocchio-Vasen im Flagshipstore der Augarten-Manufaktur, zu finden in der Spiegelgasse im 1. Wiener Bezirk.

Öffnungszeiten Im Allgemeinen sind Geschäfte montags bis freitags von 9 bis 18, höchstens aber bis 20, und samstags von 9 bis 12, in den großen Einkaufszentren und in den Einkaufsstraßen der Großstädte auch bis 18 Uhr geöffnet. In kleineren Orten legen Läden und Kioske mitunter eine Mittagspause ein.

ÜBERNACHTEN

In Österreich bettet man sich vielerorts in individuell gestalteten Quartieren – die Hotellerie des Landes liegt überwiegend in den Händen von Familienbetrieben. Wien und die Landeshauptstädte ausgenommen, sind nur wenige internationale Hotelketten im Land vertreten.

Überblick Die Auswahl ist groß, es findet sich meist für jedes Budget und jeden Anspruch das Richtige. Generell ist das Preisniveau in den Städten um einiges höher. **Trends im österreichischen Tourismus** gehen zu höherem Komfort, und – bei längeren Aufenthalten – zu Ferienwohnungen. Freies WLAN gehört heutzutage in den meisten auch einfacheren Unterkünften zum Standard. Für die Ferienmonate Juli und August sowie für die Wintermonate Dezember bis Februar sollte das Quartier in den großen Tourismuszentren unbedingt bereits daheim gebucht werden.

Urlaub auf dem Bauernhof Wenn es ums lokale Ambiente geht, ist der Urlaub auf dem Bauernhof kaum zu schlagen. Die meisten Höfe sind mit zwei bis vier »Blumen« als Bewertung kategorisiert, wobei ein Betrieb der höchsten

Kategorie durchaus auch den etwas verwöhnteren Gast zufriedenstellt. Nicht nur Familien mit Kindern sind auf einem Bauernhof gut aufgehoben. Neben den klassischen Bauernhöfen zählen in den Weinbauregionen auch **Winzerhöfe** zum Angebot. Für einen ländlichen Einfachurlaub auf einer **Almhütte** sind Nord- und Osttirol, das Salzburger Land und Kärnten gute Adressen. Über die Webseiten der Bundesländer-Tourismusbehörden kommt man zu den Angeboten in der jeweiligen Region.

Stimmungsvolle Unterkünfte

Stimmungsvolle Unterkünfte liegen im Trend. Wer nicht unbedingt auf einem Bauernhof wohnen möchte, der wird auf der Suche nach besonderem Flair etwa im Osten des Landes fündig. Zur Belebung des touristischen Angebots hat man hier stimmungsvolle Unterkünfte zusammengefasst. Sie sind unter Schlagwörtern wie **»Genießerzimmer«** in Niederösterreich und **»Landlust«** in der Oststeiermark zu finden. Urlaubern mit prall gefüllter Reisekasse stehen außerdem **Schlosshotels** und **Herrenhäuser** zur Wahl, die fürstliches Wohnen garantieren.

Ferienwohnungen

Viele Vermieter haben in den vergangenen Jahren – zumindest teilweise – auf Ferienwohnungen umgesattelt, statt auf das arbeitsaufwendigere Modell »Zimmer mit Frühstück« zu setzen. Ein Trend, der auch in den Wintersportregionen zu beobachten ist. In noblen Wintersportorten sind Ferienwohnungen und -häuser wie Schwammerl aus dem Boden geschossen. Mancherorts entstanden gleich ganze **Ferienhaussiedlungen im Alpin-Chalet-Stil**. Ein Beispiel für ein besonders luxuriöses Chaletdorf ist das Priesteregg im Salzburger Leogang. Hier kann man nach dem Sporttag im privaten Whirlpool relaxen.

Gasthöfe und Pensionen

Private Zimmervermieter gibt es viele, nicht immer ist der Standard aber der allerbeste. Gleiches gilt für viele alteingesessene Gasthöfe und Pensionen, die niedrig oder gar nicht klassifiziert sind. Dennoch sind auch in diesem Segment – oft mit der Übergabe an die nächste Generation – Modernisierungen und Upgrading auf zeitgemäßes Niveau zu beobachten. Gerade bei den Gasthöfen finden sich auch charmante Unterkünfte, denn ein behutsam und sorgfältig renoviertes altes Haus, **das Geschichte »atmet«**, hat einen besonderen Reiz. Manchen Quartiergebern der neuen Generation ist vor allem das **ökologische Bewusstsein** ein Anliegen, Design und Ökologie wunderbar zusammengeführt haben etwa das Naturhotel Waldklause im Ötztal, die Forsthofalm in Leogang oder das Boutiquehotel Stadthalle in Wien.

Wellnesshotels

Um nicht im Konkurrenzkampf unterzugehen, haben manche Hoteliers viel Geld in ihre gediegenen Wellnessbereiche investiert. Viele von ihnen haben sich sogar mit Leib und Seele dem Thema »Entspannung und Schönheit« verschrieben. Besonders in den Wintersport- oder Ganzjahressportorten Tirols und des Salzburger Landes ist das Angebot bis hinauf zur Fünf-Sterne-Kategorie groß. **Erlesene Kulinarik** gehört selbstverständlich dazu.

Camping-plätze

Der Urlaub in den eigenen »vier Wänden« wird auch in Österreich immer beliebter. Campingplätze sind vor allem im Osten und im Süden des Landes wegen des milden Klimas eine gute und auch günstige Option. Besonders beliebt sind die Kärntner Seen, wo die Plätze oft noch einen **eigenen Strandzugang** bieten, die Salzkammergutseen oder der Neusiedler See. Manche Campingplätze haben auch in der kalten Jahreszeit geöffnet. Nützliche Infos gibt es auf der Seite **www.campingfuehrer.at**.
Auf vielen Campingplätzen gibt es auch Stellplätze für die zahlreicher werdenden Wohnmobile. Für diese gibt es aber auch immer mehr eigene Anlagen, die sich quer durchs Land verteilen. Neben Wien sind Linz, Graz und Salzburg die drei Landeshauptstädte, die über moderne Stellplätze mit ÖPNV-Anschluss an die Innenstadt verfügen. Auch in Weinbaugebieten in der Steiermark oder der Wachau sowie in den Alpentälern finden sich schöne Stellplätze. Einen Überblick mitsamt Nutzerbewertungen bieten die Stellplatzfinder von ADAC (adac.de) und von promobil (www.promobil.de).

Herzliche Begrüßung im Wellnesshotel – natürlich in Rot-Weiß-Rot gehalten

Urlaubsspezialisten

Nicht jeder Urlauber braucht Tafelsilber, um glücklich zu sein. Besondere Ansprüche wollen aber erfüllt werden und so gibt es einige Urlaubsspezialisten, die sich bestimmten Themen verschrieben haben und diese in ihren Häusern konsequent umsetzen. Zu folgenden Themen gibt es Kataloge, zu beziehen über den österreichischen Tourismusverband (www.austria.info/de/unterkunfte/themenurlaub-in-osterreich): Küche & Keller (Genießerhotels), Wandern (Wanderdörfer), Reiterferien, Rennradferien, Mountainbike Holidays, Langlaufen, Angeln, idyllisches Wohnen (Naturidyllhotels).

Buchungsplattformen

Ob in der Metropole Wien oder mitten auf dem Land: Viele Privatvermieter gehen auch in Österreich dazu über, ihre Quartiere über Portale wie Airbnb an den Gast zu bekommen. Diese Unterkünfte decken ein Riesenspektrum ab, vom Extra-Häuschen am Bauernhof bis zum einfachen »Mitwohnen«. Preisvergleiche sind auch über Online-Portale wie www.booking.com und www.hrs.de mögliche. Auch die **Tourismus-Portale der Bundesländer** (▶ S. 590) verfügen über Online-Buchungsmöglichkeiten. Eine weitere gute Buchungsplattform im Internet, die vom Privatzimmer bis zum Hotel ein breites Spektrum abdeckt, ist www.tiscover.com.

P

PRAKTISCHE INFOS

Wichtig, hilfreich, präzise

Unsere Praktischen Infos helfen in allen Situationen in Österreich weiter.

Nach Österreich kommt man hervorragend mit der Bahn. Ein Halt ist Wiens neuer, ultramoderner Hauptbahnhof. ►

KURZ & BÜNDIG

GELD

WÄHRUNG
Zahlungsmittel in Österreich ist der Euro (€). 1 € = 0,98 SFr, 1 SFr = 1,01 €

BANKEN
Banken haben i. d. R. Mo.–Fr. vormittags geöffnet, dazu kommen je nach Bank und Ortsgröße ein oder mehrere offene Nachmittage. 24-Stunden-Selbstbedienungsfoyers sind fast überall Standard.

BARGELDLOSES BEZAHLEN
Vor allem in ländlichen und alpinen Regionen sollte man stets auch Bargeld dabeihaben.

SPERRNOTRUF
Deutschland: Tel. 0049 116 116
Österreich: Tel. 0043 1 2 04 88 00
Schweiz: Tel. 0041 44 659 69 00 (Swisscard); Tel. 0041 44 8 28 31 35 (UBS Card Center); 0041 58 9 58 83 83 (VISECA); 0041 44 8 28 32 81 (PostFinance)

LÄNDERVORWAHLEN

NACH ÖSTERREICH
Von Deutschland und der Schweiz: Tel. 0043

VON ÖSTERREICH
Nach Deutschland: Tel. 0049
In die Schweiz: Tel. 0041

NOTRUFE

ALLGEMEINER NOTRUF
Tel. 112 (Weiterleitung an entsprechenden Rettungsdienst)

POLIZEI
Tel. 133

FEUERWEHR
Tel. 122

UNFALLRETTUNG
Tel. 144 oder 112

BERGRETTUNG
Tel. 140

PANNENHILFE
Tel. 120 (ÖAMTC) und 123 (ARBÖ)

ADAC-NOTRUFZENTRALE MÜNCHEN
Tel. 0049 89 22 22 22 (Pannenhilfe)
Tel. 0049 89 76 76 76 (Medizinische Hilfe)

ACE-NOTRUFZENTRALE STUTTGART
Tel. 0049 711 5 30 34 35 36 (Kranken- und Fahrzeugrückholdienst)

WAS KOSTET WIE VIEL?

Einfaches Doppelzimmer: ab 80 €
Einfache Mahlzeit: ab 7 €
Eine Tasse Kaffee: ab 3,50 €
1 l Benzin 95 Oktan: ab 1,60 €

ZEIT

Mitteleuropäische Zeit (MEZ)
Sommerzeit: von Ende März–Ende Oktober (MEZ + 1 Std.)

ANREISE · REISEPLANUNG

Anreisemöglichkeiten

Mit dem Auto

Ein dichtes Autobahnnetz verbindet Österreich mit seinen Nachbarländern. Aus Deutschland führt die stark befahrene A 8 über München nach Salzburg und die österreichische A 1 von dort weiter nach Wien. Bei Rosenheim zweigt südwärts die **Inntal-Autobahn** ab, die als A 12 über Kufstein nach Innsbruck und weiter Richtung Arlberg verläuft. Am Knotenpunkt Salzburg zweigt die **Tauernautobahn** A 10 ab, über die man ins südliche Salzburger Land und nach Kärnten gelangt. Über Passau und die **Innkreis-Autobahn** (A 8) gelangt man in den Raum Wels (Oberösterreich) und von dort weiter über die A 1 nach Linz und Wien bzw. über die Pyhrn-Autobahn (A 9) in die Steiermark. Von Ulm aus führt die A 7 südwärts nach Kempten mit Verbindung zum österreichischen Bodenseegebiet und nach Vorarlberg. Von der Schweiz aus fährt man über Feldkirch und Rheintal/Walgau Autobahn (A 14) sowie die Arlberg-Schnellstraße nach Tirol.
Für die Benutzung der österreichischen Autobahnen und einiger Schnellstraßen wird eine **Maut** fällig (▶ S. 597).

Mit der Bahn

Österreichs Städte sind gut mit Schnellzügen der Österreichischen Bundesbahnen (ÖBB) zu erreichen, es bestehen tägliche Non-Stop-Verbindungen zu deutschen Metropolen und nach Zürich. Der ÖBB Railjet befördert Passagiere in knapp eineinhalb Stunden von München nach Salzburg, nach Wien sind es etwa vier Stunden. Für lange Anfahrten empfehlen sich auch die **Nachtverbindungen**, die etwa von Berlin, Hamburg und Köln aus nach Wien führen. Zudem unterhalten die ÖBB **Autoreisezüge** zwischen Innsbruck und Hamburg. Für die günstigen **Sparschiene-Tickets** der ÖBB muss man etwas länger im Voraus buchen.

Mit dem Bus

Vor allem die Städte wie Innsbruck, Wien, Salzburg oder Graz sind mit Fernbuslinien von Deutschland gut zu erreichen. Die meisten Verbindungen, etwa von Berlin (9 Std. nach Wien) oder München (2 Std. nach Salzburg), hat **Flixbus** anzubieten. **Eurolines** steuert aus ganz Europa ebenfalls Wien an, von Graz aus kommt man etwa gut nach Dresden und Berlin.

Mit dem Flugzeug

Österreichs Drehkreuz für internationale Verbindungen ist der **Flughafen Wien-Schwechat**, der rund 20 km südöstlich der Haupt-

ADRESSEN

BAHN

DEUTSCHE BAHN AG
Tel. 030 29 70
(in Deutschland; kostenlose Fahrplanauskunft und Infoservice, Nummer rund um die Uhr erreichbar)
www.bahn.de

ÖSTERREICHISCHE BUNDESBAHNEN
Tel. 05 17 17 (in Österreich; zentrale Zugauskunft)
www.oebb.at

BUS

DEUTSCHE TOURING/ EUROLINES
Mannheimer Straße 7–9
D-60329 Frankfurt am Main
Tel. 069 23 03 32
www.eurolines.de

VIB-VIENNA INTERNATIONAL BUSTERMINAL
Erdbergstr. 200 a
A-1030 Wien
Tel. *0900 12 87 12
www.vib-wien.at/de

FLIXBUS
Tel. 030 30 01 37 30 03
www.flixbus.de

FLUGHÄFEN

FLUGHAFEN GRAZ
Die Stadtbuslinie 630 verbindet den Flughafen mit Graz. Die Haltestelle befindet sich vor der Abflughalle. Die Fahrt ins Zentrum (Jakominiplatz) dauert 16 bis 28 Minuten.
Tel. 0316 2 90 21 72
www.flughafen-graz.at

INNSBRUCK AIRPORT
Das Innsbrucker Zentrum erreicht man mit der Buslinie F. Die Haltestelle befindet sich direkt vor dem Hauptgebäude des Flughafens. Zum Bahnhof dauert die Fahrt ungefährt 20 Minuten.
Tel. 0512 22 52 50
www.innsbruck-airport.com

FLUGHAFEN KLAGENFURT
Regionalzüge und S-Bahnen (S 1) fahren vom Bahnhof Annabichl/Flughafen (750 m Fußweg zum Terminal) zum Klagenfurter Hauptbahnhof. Näher am Flughafen liegt die Bushaltestelle (Linie 40/42).
Tel. 0463 41 50 00
https://airport-klagenfurt.at

SALZBURG AIRPORT W. A. MOZART
Mit der Obus-Linie 2 kommt man in ca. 25 Minuten vom Flughafen zum Hauptbahnhof Salzburg, mit der Linie 10 dauert es etwa 15 Minuten ins Stadtzentrum. Da Salzburg oft von Staus geplagt wird, sollte man genug Puffer einplanen!
Tel. 0662 858 00
www.salzburg-airport.com

FLUGHAFEN WIEN-SCHWECHAT
Der City Airport Train fährt jede halbe Stunde zum City Air Terminal an der U-Bahn-Station Landstraße/Bahnhof Wien-Mitte (Eingang City Air Terminal: Marxergasse/Ecke Invalidenstraße). Das Ticket kostet einfach 14,90, hin und zurück 24,90 €. Die S-Bahn (S 7) nutzt dieselben Gleise wie der CAT, ist langsamer, aber billiger (einfache Fahrt 4,30 €).
Tel. 01 7 00 72 22 33
www.viennaairport.com

stadt liegt. Darüber hinaus sind auch die Flughäfen Graz, Innsbruck, Linz und Salzburg einigermaßen gut ins europäische Streckennetz integriert.

Ein- und Ausreisebestimmungen

Reisedokumente

Für die Einreise nach Österreich benötigen Reisende aus Deutschland einen gültigen **Personalausweis**. Schweizer Bürger benötigen eine gültige **Identitätskarte** oder einen gültigen – bzw. weniger als fünf Jahre abgelaufenen – Reisepass. Seit der Flüchtlingskrise 2015/16 werden wieder stichprobenartig Kontrollen etwa in Zügen oder an Bayerns Grenze durchgeführt. Kinder brauchen seit 2012 ein eigenes Reisedokument (Reisepass oder Personalausweis).
Die Mitnahme der Internationalen Grünen Versicherungskarte ist empfehlenswert, aber keine Pflicht.

Zollbestimmungen

Innerhalb der Europäischen Union (EU) ist der Warenverkehr für private Zwecke weitgehend zollfrei; teils gelten aber obere Richtmengen (z. B. für Reisende über 17 Jahren 800 Zigaretten, 10 l Spirituosen, 90 l Wein). Zollfrei bei der **Wiedereinreise in die Schweiz** sind für Personen ab 17 Jahren z. B. 200 Zigaretten, 2 l Wein, 1 l Spirituosen sowie weitere Reisemitbringsel im Wert von bis zu 300 sfr (aktuelle Infos unter www.bazg.admin.ch).

Krankenversicherung

Mit der **Europäischen Krankenversicherungskarte (EHIC)** haben EU-Bürger in Österreich Anspruch auf ärztliche Behandlung. Gegen Vorlage der Quittungen übernimmt die Krankenkasse im Heimatland in der Regel einen Teil der entstandenen Kosten. Über das genaue Ausmaß und die Voraussetzungen sollte man sich vor Reiseantritt bei seiner Kasse erkundigen. Meist nicht gedeckt sind die Kosten eines Rücktransports im Krankheitsfall oder bei einem Unfall, etwa beim Ski-Fahren. Solche Fälle lassen sich etwa durch eine zusätzliche **Auslandskrankenversicherung** abdecken.

Haustiere

Wer mit einem Haustier ins EU-Ausland verreist, muss es gegen Tollwut impfen lassen. Beleg dafür ist der blaue **EU-Heimtierausweis** (ausgestellt vom Tierarzt), der auf Reisen mitzuführen ist. Die Tiere müssen zur Identifikation mit einem Mikrochip gekennzeichnet sein. In Österreich ist darüber hinaus zu beachten: Innerhalb von Ortschaften besteht **Leinen- oder Maulkorbpflicht** für Hunde; draußen in der Natur ist sicherzustellen, dass der Hund nicht jagen geht. In bestimmten Fällen, etwa in öffentlichen Verkehrsmitteln, sind Leine und Maulkorb Pflicht. Eine Liste mit hundefreundlichen Beherbergungsbetrieben gibt es beim österreichischen Tourismusverband (www.austria.info, Stichwort »Urlaub mit dem Hund«).

AUSKUNFT

TOURISMUSPORTALE

TOURISMUSPORTAL ÖSTERREICH WERBUNG

Österreichs offizielle Tourismusplattform glänzt auch online mit einer Fülle von praktischen Tipps sowie übersichtlich aufbereiteten Informationen zu Reisezielen und Kulturevents. Nützlich ist die Aufstellung für sinnvolle Österreich-Apps – vom Handyparken über den Restaurant-Guide bis hin zur ÖBB-Fahrplanauskunft.
Vordere Zollamtsstraße 13
A-1030 Wien
Tel. 01 58 86 60
www.austria.info

BURGENLAND TOURISMUS

Johann-Permayer-Str. 13
A-7000 Eisenstadt
Tel. 02682 6 33 84
www.burgenland.info

KÄRNTEN WERBUNG

Völkermarkter Ring 21–23
A-9020 Klagenfurt
Tel. 0463 30 00
www.kaernten.at

NIEDERÖSTERREICH WERBUNG

Niederösterreichring 2, Haus C
A-3100 St. Pölten
Tel. 02742 9 000 9000
www.niederoesterreich.at

OBERÖSTERREICH TOURISMUS

Freistädter Str. 119
A-4041 Linz
Tel. 0732 22 10 22
www.oberoesterreich.at

OSTTIROL INFORMATION

Mühlgasse 11
A-9900 Lienz
Tel. 050 21 22 12
www.osttirol.com

SALZBURGER LAND TOURISMUS

Wiener Bundesstr. 23
A-5300 Hallwang,
Tel. 0662 66 88 0
www.salzburgerland.com

STEIRISCHE TOURISMUS GMBH

St. Peter-Hauptstr. 243
A-8042 Graz, Tel. 0316 40 03 0
www.steiermark.com

TIROL INFO

Maria-Theresien-Str. 55
A-6020 Innsbruck
Tel. 0512 7 27 20, www.tirol.at

VORARLBERG-TOURISMUS

Poststr. 11, A-6850 Dornbirn
Tel. 05572 3 77 03 30
www.vorarlberg.travel

WIEN TOURISMUS

Albertinaplatz/Maysedergasse
A-1010 Wien, Tel 01 2 45 55
www.wien.info

BOTSCHAFTEN

DEUTSCHE BOTSCHAFT

Gauermanngasse 2–4
A-1010 Wien, Tel. 01 71 15 40
www.wien.diplo.de

SCHWEIZER BOTSCHAFT

Prinz Eugen-Straße 9a
A-1030 Wien, Tel. 01 7 95 05
www.eda.admin.ch/wien

INTERNET

WWW.BUNDESKANZLERAMT.GV.AT

Internetauftritt der österreichischen Regierung mit Informationen über die aktuelle Politik des Landes.

HOLIDAY ON WHEELS
Eine gute Info-Plattform für barrierefreie Tourismus-Angebote – von Paragleit-Tandemflügen bis zu Unterkünften. Bei den Reisezielen sind weitere Beispiele angeführt, etwa über barrierefreie Aussichtsplattformen über 3000 m Höhe bzw. Wanderwege für Rollstuhlfahrer am Berg.
www.holidaysonwheels.at

ETIKETTE

Anrede

In Österreich ist das **Duzen** auf dem Land verbreitet – besonders am Berg bzw. über 1000 Höhenmeter kommt das »Du« flächendeckend zum Einsatz. Das gilt beim Grüßen – »Griaß di« (Grüße dich), »Griaß eich/enk« (Grüße euch) – und noch mehr bei der Einkehr auf der (Ski-) Hütte. Altösterreichische Grußformeln wie das »Küss die Hand, gnä' Frau« bekommt man dagegen nur noch sehr selten zu hören.

Dresscode

Casual wear ist Trumpf, auch bei den Österreichern. Nur bei wenigen Anlässen wird erwartet, dass man die Kleidung eine Spur festlicher wählt. Dazu gehören ein Besuch in der Wiener Oper oder in großen Konzerthäusern. Auf jeden Fall schick kleiden muss sich, wer in der

Streng ist der Dresscode bei Bällen wie dem Wiener Juristenball: Die Herren tragen einen Frack und weiße Hemden, die Damen ein aufwendiges Ballkleid.

Faschingszeit die großen **Wiener Bälle** besucht – mitunter herrscht Frackzwang. Auch in feinen Restaurants wird es gerne gesehen, wenn die Kleidung nicht zu sportlich ist.

Wiener Schmäh

Besonders den Wienern wird ein eigener »Schmäh« nachgesagt – ein mitunter bissiger, manchmal morbider Humor, bei dem das Gegenüber Schlagfertigkeit benötigt, damit »der Schmäh rennt«. Ihn zu verstehen – und auch dagegenzuhalten – ist allerdings aufgrund der wienerischen **Dialektausdrücke** nicht immer ganz einfach. Ebenso eine Eigenart unter waschechten Wienern ist das berühmt-berüchtigte Raunzen, das Nörgeln und permanent Schlechtreden, wobei die Beweggründe für Außenstehende oftmals nicht erkennbar sind.

Trinkgelder

Trinkgelder sind in Österreich üblich. In **Cafés und Restaurants** beträgt es zwischen 5 und 10 % des Rechnungsbetrages. Ist der Service besonders gut, kann es auch mal höher ausfallen. Auch **Zimmermädchen und Tourguides** freuen sich über eine kleine Aufbesserung ihres Grundeinkommens.

LESE- UND FILMTIPPS

Romane und Lyrik

Arno Geiger: Unter der Drachenwand. Hanser 2018. Der 2005 mit dem Deutschen Buchpreis ausgezeichnete Vorarlberger zählt zu den wichtigsten Stimmen der österreichischen Gegenwartsliteratur. Geigers Antikriegsroman spielt am Mondsee des Jahres 1944. Eindrücklich schildert Geiger das Lebensgefühl der Menschen jener Zeit.

Maja Haderlap: Engel des Vergessens. Wallstein 2011 (BTB 2013). Die Schriftstellerin liefert einen poetischen, zugleich erschütternden Bericht über das Schicksal der Kärntner Slowenen seit der Nazi-Zeit ab. 2011 erhielt sie dafür den Ingeborg-Bachmann-Preis.

Alfred Komarek: Alt, aber Polt. Haymon 2015. Aus der Flut der Regionalkrimis stechen die atmosphärischen Weinviertel-Krimis um den Gendarmen Simon Polt hervor. In seinem vorerst letzten Abenteuer ist der bereits im Ruhestand befindliche Ermittler unter die Winzer gegangen, als er mit einem Mord zu tun bekommt.

Georg Markus: Das gibt's nur bei uns. Erstaunliche Geschichten aus Österreich. Amalthea Signum 2018. Eine Fundgrube für Ungewöhnliches und Charmantes made in Austria, darunter viele Anekdoten vom Kaiserhof und aus dem Musik- und Theaterleben.

Hubert Nowak: Ein österreichisches Jahrhundert: 1918–2018. Molden 2017. Gut recherchiertes und lesbares Werk über den Werdegang des Kleinstaats Österreich seit dem Untergang der Habsburger-Monarchie.

Joseph Roth: Radetzkymarsch. Kiepenheuer & Witsch 2010. Ein meisterhafter Abgesang auf die Donaumonarchie.

Astrid Wintersberger/H. C. Artmann: So spricht Österreich. Residenz Verlag 2013. Um Sprachproblemen vorzubeugen, leistet dieses augenzwinkernd zusammengestellte Wörterbüchlein gute Dienste.

Bildbände

DuMont Bildatlas. DuMont Reiseverlag, Ostfildern 2021. Stimmungsvolle Fotografien und inspirierende Texte entführen Sie in jeweils eigenen Bänden nach **Wien** (Text: Stefan Spath, Foto: Toni Anzenberger), **Tirol** (Walter M. Weiss, Ralf Brunner), **Kärnten** (Walter M. Weiss, Toni Anzenberger) und ins **Salzburger Land** (Stefan Spath, Christina und Toni Anzenberger).

Film

Der dritte Mann (Großbritannien 1965): Der Film-Noir-Klassiker spielt im geteilten Nachkriegs-Wien. US-Autor Holly Martins wird in die kriminellen Machenschaften seines Freundes Harry Lime hineingezogen. Es entwickelt sich ein spannendes Katz-und-Maus-Spiel, das von der Zither-Musik von Anton Karas untermalt wird.

Die Wand (Österreich/Deutschland 2011): Der Film nach dem Roman von Marlen Haushofer erzählt die Geschichte einer Frau, die sich auf eine Berghütte begibt und anderntags feststellen muss, dass sie hinter einer unsichtbaren Wand gefangen ist. Das eindringliche Spiel von Martina Gedeck und die atemberaubenden Naturaufnahmen – gedreht wurde im oberösterreichischen Salzkammergut – entfalten einen Sog, dem sich der Zuschauer nicht entziehen kann.

PREISE · VERGÜNSTIGUNGEN

Vergünstigungen

In den vergangenen Jahren wurde eine Vielzahl an touristischen **Rabattkarten** entwickelt, die dem Urlaubsgast spürbare Erleichterung im Budget bringen. Sie lassen sich grob gesprochen in drei Gruppen einteilen: Die kostenpflichtigen Städte-Cards, die gleichzeitig als Netzkarte für den öffentlichen Nahverkehr dienen, gibt es für Wien,

Linz, Innsbruck und Salzburg. Die ebenfalls kostenpflichtigen Bundesländer-Cards werden etwa in Niederösterreich, dem Salzburger Land und Kärnten angeboten. Die Regionen-Cards schließlich werden vor allem im Osten und im Süden des Landes angeboten; man erhält sie gratis, wenn man in einem der zahlreichen, preislich breit gestreuten Partnerbetriebe nächtigt. Gelungene Angebote gibt es z. B. in den Regionen Schladming-Dachstein, Neusiedler See, Steirisches Thermenland, Wörther See, Millstätter See, Zell am See, Kaprun und Serfaus-Fiss-Ladis. Für alle Karten gilt: Eintritte zu den wichtigsten Attraktionen und Seilbahnfahrten sind frei oder zumindest ermäßigt.

REISEZEIT

Klima Österreich hat ein **kühl gemäßigtes Klima alpiner Prägung**. Der **nördliche Alpenrand** weist ein feuchtes Klima auf. Die in Mitteleuropa vorherrschenden westlichen und nordwestlichen Winde bringen feuchte atlantische Luftmassen heran, die im Stau des Gebirgsrandes aufsteigen und abkühlen. Das **alpine Klima** ist weniger feucht als am Alpennordrand, bleibt aber niederschlagsreich mit kurzen und kühlen Sommern. **Nach Osten** hin nimmt das Klima **zunehmend kontinentale Züge** an. Die täglichen und jährlichen Temperaturschwankungen werden größer, die Niederschläge werden geringer. In Wien beispielsweise sind die Niederschläge nur noch halb so hoch wie in Salzburg.

Eine Besonderheit des alpinen Klimas ist der **Föhn**, der vor allem in der Westhälfte Österreichs, etwa in Innsbruck, auftritt. Er kommt hauptsächlich im Frühjahr und Herbst vor, wenn ein Tief nördlich der Alpen Luft aus einem Hoch südlich des Gebirges ansaugt. Mit dem mitunter stürmischen und warmen Föhn-Wind geht meist eine fantastische Fernsicht einher, Wetterfühlige müssen sich allerdings zu dieser Zeit oft mit Kopfschmerzen plagen.

Beste Reisezeiten Die Klimaveränderung ist auch an Österreich nicht spurlos vorüber gegangen, generell ist das Wetter mittelfristig unvorhersehbarer geworden und **extreme Wetterlagen** häufen sich. In diesem Sinne sind auch die Aussagen für die beste Reisezeit zu verstehen: Für das **Hochgebirge** gilt neben Juli und August auch der September, der meist beständigeres Wetter und klare Sicht bringt, als beste Reisezeit. Auch die **Seenregionen** des Salzkammergutes und Kärnten versprechen im Hochsommer herrliche Erfrischung.

In den **Voralpen** und im **Mittelgebirge**, wo es im Sommer recht heiß werden kann, sind Mai, Juni und September die beste Wahl, wenn

Wanderungen auf dem Programm stehen. Die Zeit der Obstblüte im April und der Herbst bis weit in den Oktober hinein haben in Gegenden mit Weinbau – Wachau, Weinviertel und Burgenland – besondere Reize. Für eine Reise nach **Wien** sind Spätfrühling, Frühsommer und Herbst am günstigsten.

Im Winter ist das **alpine Österreich** ein Eldorado für Wintersportler – und zu Ferienzeiten kann es in beliebten Gegenden durchaus zu Wartezeiten bei der Anreise und auch an den Skiliften kommen. In ausgeprägten Winter-Tourismusregionen ist in den Zwischensaisonen (etwa April/Mai und Okt./November) oft wenig los. In den größeren Städten wird rund ums Jahr ein umfassendes Programm geboten.

SPRACHE

Gemeinsame Sprache

Nicht nur die Gastronomie beschert so manchem Deutschen fragende Blicke, etwa auf österreichische Speisekarten, auch in der Alltagssprache gibt es hin und wieder Missverständnisse. Denn wie heißt es so schön: »Der Deutsche unterscheidet sich vom Österreicher durch die gemeinsame Sprache.« Ein Online-Wörterbuch mit rund 200 Wörtern aus österreichischen Dialekten findet sich auf der Seite www.oesterreichisch.net.

ÖSTERREICH-KULINARIUM

Backhendl	**paniertes und frittiertes Huhn**
Beuschel	**Lunge gekocht**
Blunzen	**Blutwurst**
Brauner	**Espresso, serviert mit einem Kännchen Milch**
10 Deka(gramm)	**100 Gramm**
Doppler	**Zweiliterflasche Wein**
Eierschwammerl	**Pfifferlinge**
Eierspeis	**Rührei**
Erdäpfel	**Kartoffeln**
Faschiertes	**Hackfleisch**
Fisolen	**grüne Bohnen**
Fleischlaberl	**Frikadellen**
Frankfurter	**Wiener Würstchen**
Frittaten	**Pfannkuchenstreifen**
Geselchtes	**Geräuchertes**
G'spritzter	**Wein mit Sodawasser**
Karfiol	**Blumenkohl**
Knödel	**Kloß**

Kracherl	**Limonade**
Kren	**Meerrettich**
Krügerl	**0,5-Liter-Glas Bier**
Kukuruz	**Mais**
Lungenbraten	**Filet vom Rind**
Marillen	**Aprikosen**
Melange	**Espressokaffee mit Milchschaum**
Melanzani	**Auberginen**
Obers	**Schlagsahne**
Palatschinke	**Eierkuchen**
Paradeiser	**Tomate**
Ribisel	**Johannisbeere**
Schanigarten	**kleiner Gastgarten auf öffentlichem Grund**
Seidel	**0,33-Liter-Glas Bier**
Semmel	**Brötchen**
Topfen	**Quark**
Verhackerts	**Brotaufstrich aus geräuchertem Schweinefleisch**
Verlängerter	**Espresso mit Wasser**
Vogerlsalat	**Feldsalat**
Weichsel	**Sauerkirsche**
Zwetschkenröster	**Pflaumenkompott**

TELEKOMMUNIKATION · POST

Postämter Postämter sind Mo.–Fr. 8–12 und 13/14–17/18 Uhr geöffnet. In kleineren Orten haben vielfach »Postpartner« den Dienst übernommen – Öffnungszeiten variieren. In den Großstädten gibt es in der Regel am Hauptbahnhof ein Postamt, das auch am Samstag geöffnet hat – die genauen Zeiten hält der Filialfinder unter www.post.at bereit.
Briefmarken erhält man in Postämtern und Tabakgeschäften (Trafiken). Briefmarken für Standardbriefe (bis 20 g) und Postkarten nach Deutschland und in die Schweiz kosten 1,20 €.

Telefon Öffentliche Telefonzellen sind auch in Österreich rar geworden. Telefonkarten erhält man auf der Post oder in Trafiken. Für die Reise kommt am besten das Handy oder Smartphone ins Gepäck. Das Mobilfunknetz in Österreich ist sehr gut, mit Ausnahme mancher Bergregionen; doch auch am Berg funktionieren im Regelfall die Notrufnummern. Mobiltelefone wählen sich in das entsprechende Partnernetz ein. Seit 15. Juni 2017 dürfen innerhalb der EU keine Roaming-Gebühren mehr erhoben werden.

Internet

Auch im mobilen Internet kann inzwischen ohne Roaming-Gebühren (bei »angemessener Nutzung«) kostenlos gesurft werden. Darüber hinaus gibt es in vielen Lokalen, etwa in nahezu allen Wiener Cafés, und in den allermeisten Unterkünften – vom Campingplatz über Pensionen bis zum City-Hotel – einen kostenlosen WLAN-Zugang ins Internet. Auch **öffentliche WLAN-Hotspots** gibt es viele, vor allem in den Städten; unter www.freewave.at erfährt man, wo.

VERKEHR

Auf der Straße

Straßennetz

Das dicht geknüpfte österreichische Straßennetz besteht aus Autobahnen, Schnellstraßen, Bundesstraßen, Landesstraßen und Gemeindestraßen. Der Straßenzustand der **Alpenstraßen** ist durchweg gut, vor allem auf Nebenstrecken sind sie aber oft recht schmal und reich an Kehren. Ausweichen muss stets derjenige, dem es vom Fahrzeug und der Situation her leichter fällt. Bergauf fahrende Fahrzeuge haben in der Regel den Vorrang vor den bergab Fahrenden. Von Oktober bis Mai muss mit **Wintersperrungen auf den Passstraßen** gerechnet werden.
www.arboe.at/infos/verkehrsinfos
www.oeamtc.at/verkehrsservice

Maut

Die Benutzung der österreichischen Autobahnen und Schnellstraßen ist gebührenpflichtig; kaufen kann man das **»Pickerl«** beim ADAC, ÖAMTC, ARBÖ oder in den Autobahnraststätten bzw. Tankstellen an der Grenze. Die **digitale Vignette** ist im Webshop der ASFINAG (https://shop.asfinag.at) erhältlich. Für zehn Tage kostet die PKW-Vignette derzeit 9,90 € (Motorrad 5,80 €), für zwei Monate 29 € (Motorrad 14,50 €) und für ein ganzes Jahr 96,40 € (Motorrad 38,20 €).
Ungeachtet der Vignette wird auf einigen Straßenabschnitten eine **Sondermaut** fällig. Dies betrifft u. a.: den Arlbergtunnel, die Brennerautobahn, die Felbertauernstraße mit Felbertauerntunnel, die Gerlosalpenstraße, die Großglockner-Hochalpenstraße, den Karawankentunnel, die Pyhrnautobahn (Bosrucktunnel, Gleinalmtunnel), die Silvretta-Hochalpenstraße, die Timmelsjoch-Hochalpenstraße und die Autoverladung an der Tauernschleuse (Böckstein–Mallnitz), die Villacher Alpenstraße, die Nockalmstraße, die Gerlitzen-Alpenstraße, die Malta-Hochalpenstraße und den Katschbergtunnel. Auch kleinere Bergstraßen können mautpflichtig sein.

Verkehrsregeln Die **Höchstgeschwindigkeit** auf Autobahnen beträgt für Pkw und Motorräder 130 km/h, für Pkw mit Anhänger 100 km/h. Auf Landstraßen gelten für Pkw und Motorräder 100 km/h, im Stadtgebiet gelten allgemein 50 km/h. Auf allen Sitzen besteht **Anschnallpflicht**, zudem gilt eine **Warnwestenpflicht**, etwa bei der Absicherung eines Unfallorts oder im Falle einer Panne.

Die Höchstgrenze für den **Blutalkoholgehalt** liegt bei 0,5 Promille. Bei Überschreiten dieser Grenze drohen empfindlich hohe Geldbußen und der Führerscheinentzug. Das Telefonieren während der Fahrt ist nur mit einer Freisprecheinrichtung erlaubt. Bei winterlichen Straßenverhältnissen zwischen dem 1. November und dem 15. April sind **Winterreifen** Pflicht; **Ganzjahresreifen mit einer M+S-Kennung** werden anerkannt. Auf Berg- und Passstraßen können auch **Schneeketten** erforderlich sein, ÖAMTC und ARBÖ haben Verleihstellen eingerichtet.

E-Mobilität Im Sommer 2022 gibt es in Österreich rund 19 000 öffentlich zugängliche Ladestationen für E-Autos.

Parken In den meisten Städten gibt es im Zentrum großflächige **Kurzparkzonen**. In kleineren Städten sind die Kurzparkzonen oft kostenfrei, hier ist eine Parkscheibe anzubringen. Ansonsten sind in der Regel Parkscheinautomaten aufgestellt. Lediglich in Wien sind eigene Kurzparkscheine zu verwenden, die vorwiegend in Trafiken (Tabakläden) verkauft werden.

Die kostenfreie App »Handy Parken« verdrängt nach und nach alle anderen, analogen Formen. In Wien ist sie schon lange verbreitet, immer mehr Städte ziehen nach.

Bahn, Bus und Schiff

ÖBB und WESTBahn Mit Ausnahme einiger Lokalbahnlinien und der WESTbahn werden die Züge und das Streckennetz von der staatlichen Eisenbahngesellschaft, den **Österreichischen Bundesbahnen (ÖBB)**, betrieben. Auf den ÖBB-Hauptstrecken ermöglicht ein vernetzter Taktfahrplan, der mit ein- und zweistündigen Intervallen konzipiert ist, rasche Umsteigeverbindungen. Eine Fahrkarte ist vor Fahrtantritt zu kaufen. Kleinere Stationen besitzen Fahrkartenautomaten, nur größere Bahnhöfe eigene ÖBB-Schalter. Seit 2011 fährt auf der stark frequentierten Strecke Salzburg–Wien auch die private **WESTbahn** zu günstigen Tarifen. Hier kauft man die Tickets im Zug oder in Tabakläden (Trafiken) am Bahnhof bzw. lädt sich die App herunter und bucht online (auch ÖBB bieten diese Möglichkeit an). Über Sonderangebote wie die »Sparschiene« der ÖBB informiert man sich am besten über die Webseiten.

INFORMATIONEN

BAHN- UND BUSLINIEN

ÖBB
Tel. 05 17 17
www.oebb.at mit Fahrplan-App

POSTBUS/ÖBB
Tel. 05 17 17
www.postbus.at

WESTBAHN
Tel. 01 8 99 00
www.westbahn.at

FLIXBUS ÖSTERREICH
Tel. 030 300137300
(in Deutschland)
Tel. 0800 802557
(in Österreich)
www.flixbus.de
www.flixbus.at

FLUGVERKEHR

ZENTRALE FLUGAUSKUNFT AUSTRIAN AIRLINES
Tel. 05 17 66 10 00
www.austrian.com

SCHIFFFAHRT

DDSG BLUE DANUBE SCHIFFFAHRT
Handelskai 265, A-1020 Wien
Tel. 01 58 88 00
www.ddsg-blue-danube.at

DONAUSCHIFFFAHRT WURM + NOÉ
Höllgasse 26, D-94032 Passau
Tel. 0851 92 92 92
Untere Donaulände 1, A-4020 Linz
Tel. 0732 78 36 07
www.donauschifffahrt.eu

Preislich attraktive Pakete gibt es bei den ÖBB u. a. für Familien, Gruppen und Frühbucher. Kinder bis zum vollendeten sechsten Lebensjahr fahren in Begleitung Erwachsener (pro Begleitperson max. zwei Kinder) kostenlos, vom vollendeten sechsten bis zum vollendeten 15. Lebensjahr bekommen sie 50 % Ermäßigung.
Fahrräder können mitgenommen werden. Im regionalen Verkehr (Regionalzüge, S-Bahn) ist eine Mitnahmekarte (mindestens 2 €, abhängig von Streckenlänge) zu lösen. Eine Anmeldung ist nicht möglich; ist nicht genug Stauraum vorhanden, muss man auf den nächsten Zug warten. Im ÖBB Fernverkehr (Railjet, Intercity, Eurocity, Schnellzug/D-Zug sowie Nightjet) ist eine Reservierung notwendig (via App und online, am Schalter/telefonisch, der Preis ist ebenfalls kilometerabhängig).
In den Railjets der ÖBB und in der WESTbahn wird kostenloses WLAN angeboten.

Schmalspurbahnen

Einige der historischen Schmalspurbahnen, zu denen auch Bergbahnen zählen, wurden in Österreich in die neue Zeit »gerettet« und ziehen mit ihrem nostalgischen Charme Eisenbahnfreunde an. Zu den schönsten Erlebnisbahnen – teilweise noch mit Dampf betrieben – gehören die **Achenseebahn** am ▶ Achensee, das **Wälderbähnle** im ▶ Bregenzerwald, die **Schafbergbahn** am ▶ Wolfgangsee, die **Steyrtalbahn** ab ▶ Steyr, die **Taurachbahn** im ▶ Lungau und die **Waldviertlerbahn** im ▶ Waldviertel. Betriebszeiten und Preise finden sich bei den Reisezielen. Als reguläre Verkehrsmittel rund ums Jahr im Einsatz sind auch die **Mariazellerbahn**, die **Zillertalbahn**, die **Pinzgauer Lokalbahn** und die **Murtalbahn** (Unzmarkt-Tamsweg).

Busverkehr

Den öffentlichen Busverkehr dominieren die Postbusse, die zu den ÖBB gehören. Fast alle touristisch relevanten Orte sind mit dem Bus erreichbar. Die **Fahrplan-Dichte** ist allerdings sehr unterschiedlich. Im Bregenzerwald oder im Ötztal gibt es zahlreiche Verbindungen bis in den Abend, im Waldviertel etwa und anderen abgelegenen Regionen ist der Postbus dagegen mit nur wenigen Verbindungen am Tag ungeeignet für Sightseeing.
Die Postbusse werden durch Linien lokaler Betreiber ergänzt, darunter etwa Wanderbusse am Hochkönig oder Tälerbusse im Lungau und Schladming.

Fernbusse

Auch innerhalb Österreichs sind verstärkt Fernbusse im Einsatz, etwa von Wien nach Graz. Die meisten Verbindungen hat **Flixbus** im Angebot.

Schifffahrt

Die Linienschifffahrt auf der Donau hat wenig Bedeutung, doch das Geschäft mit **Ausflugsfahrten**, die auch noch ein Programm an Bord bieten, boomt. Zudem stehen **Flusskreuzfahrten** hoch im Kurs. Die beiden wichtigsten Reedereien an der Donau – sie bieten neben Ausflugsfahrten auch einfache Passagen an – sind die Firma **Wurm + Noé** (Passau-Linz) sowie die **DDSG Blue Danube Schifffahrt** (Wien, Wachau, Bratislava).

REGISTER

A

B

C

D

E

F

G

H

N

R

S

T

Y · Z

BILDNACHWEIS

Adobe Stock: S. 7 und 58 (janoka82), 373 (kai-creativ), 481 (Jakob Radlgruber), 569 o. (kab-vision), 569 u. (A.L)

Bildagentur Zolles KG: 457 (Christian Hofer)

Borowski: S. 248, 369

DuMont Bildarchiv: S. 69 u., 87, 95, 99, 114, 137, 147, 204, 230, 266, 272, 328, 342, 377, 397, 403, 418, 477, 503, 506, 533, 558, 562, 572, 577, 582, 591

DuMont Bildarchiv/Christina und Toni Anzenberger: S. 29, 78/79, 131, 181, 213, 338, 349, 352, 530, 553, 555, U 7

DuMont Bildarchiv/Toni Anzenberger: S. 2, 4, 31, 105, 108, 111, 117, 133, 153, 201, 224, 277, 282, 299, 312/313, 391, 392, 429 o., 435, 489, 501, 517, 549, 557

DuMont Bildarchiv/Udo Bernhart: S. 5 o., 45, 46, 162, 170, 185, 318, 485, 509, 515

DuMont Bildarchiv/Reinhard Eisele: S. 5 u., 259, 474, 546 u., 570

DuMont Bildarchiv/Johann Scheibner: S. 242

DuMont Bildarchiv/Paul Trummer: 325, 540/541 und 541

DuMont Bildarchiv/Ernst Wrba: S. 436, 466, 546 o., 567, 568

Getty Images: S. 24 (Leonsbox), 497 (Paul Biris)

Rainer Hackenberg: S. 263

Peter Hautzinger: S. 429 u.

huber-images: S. 10/11 (Sandra Raccanello), 18/19 (Franco Cogoli), 177 (Norbert Eisele-Hein), 216 (R. Schmid), 254 u. (Günter Gräfenhain)

iStock: S. 69 o. (Kerrick), 126 (pavlemarjanovic)

laif: S. 9 (Tobias Gerber), 17 (robertharding/Neil Farrin), 21 (Mirco Ta--liercio), 22/23 (Marc-Oliver Schulz), 167 (Marcus Hoehn), 194 (Gerald Hänel), 331 und 358 (Luigi Caputo), 444/445 (Gonzalo Azumendi), 447 (Gerald Hänel), 453 (Peter Rigaud), 526 (Dirk Eisermann)

Lookphotos: S. 3 o. (Andreas Strauß), 53 (Jan Greune), 140/141 (Andreas Strauß), 159 (Andreas Strauß), 207 (Rainer Mirau), 227 (Andreas Strauß), 306/307 (Andreas Strauß), 493 (Jan Greune), 561 (Norbert Eisele-Hein)

Walter Luttenberger: S. 580

mauritius images: S. 3 u. (imagebroker/Martin Siepmann), 12/13 (Ludwig Mallaun), 14/15 (Rene Mattes), 51 und 74 (Martin Siepmann), 101 (imagebroker/Martin Siepmann), 125 (age fotostock), 188 (imagebroker/Norbert Eisele-Hein), 196/197 (Westend61/Frank Röder), 222 (Bernd Ritschel), 247 (Rainer Mirau), 254 o. (Volker Preusser), 289 (Gerhard Wild), 303 (Martin Siepmann), 311 (Alamy/christianlehner.com), 320 (Rainer Mirau), 386 (Alamy/volkerpreusser), 400 (Chromorange/Ernst Weingartner), 409 (McPHOTO), 448 (imagebroker/Günter Lenz), 463 (Rainer Mirau), 482 (imagebroker/Christian Vorhofer), 535 (Rainer Hackenberg), 585 (Rainer Mirau)

picture-alliance: S. 25 (imagebroker/Michael Weber), 297 (APA/picturedesk.com/W. Gredler-Oxenbauer), 354 (Imagno/Gerhard Trumler), 381 (allOver/Karl Thomas), 412 (imagebroker/Martin Siepmann), 522 (akg-images), 539 (dpa/Gepa)

Salzburger Heimatwerk: S. 26/27

Titelbild: Zahn/laif

VERZEICHNIS DER KARTEN UND GRAFIKEN

IMPRESSUM

Ausstattung:
158 Abbildungen, 60 Karten und Grafiken, eine große Reisekarte

Text:
Rosemarie Arnold, Walter R. Arnold, Isolde Bacher, Birgit Borowski, Achim Bourmer, Anita Ericson, Prof. Dr. Wolfgang Hassenpflug, Dr. Peter Jordan, Rolf Lohberg, Stefan Spath, Dina Stahn, Christine Wessely

Überarbeitung:
Anita Ericson

Bearbeitung:
Baedeker-Redaktion

Kartografie:
Franz Huber, München
Klaus-Peter Lawall, Unterensingen
© 2024 KOMPASS-Karten GmbH, A-6020 Innsbruck; MAIRDUMONT, D-73751 Ostfildern (Reisekarte)

3D-Illustrationen:
jangled nerves, Stuttgart

Infografiken:
Golden Section Graphics GmbH, Berlin

Gestalterisches Konzept:
RUPA GbR, München

18., aktualisierte Auflage 2024

Trotz aller Sorgfalt von Redaktion und Autoren zeigt die Erfahrung, dass Fehler und Änderungen nach Drucklegung nicht ausgeschlossen werden können. Dafür kann der Verlag leider keine Haftung übernehmen. Jede Karte wird stets nach neuesten Unterlagen und unter Berücksichtigung der aktuellen politischen De-facto-Administrationen (oder Zugehörigkeiten) überarbeitet. Dies kann dazu führen, dass die Angaben von der völkerrechtlichen Lage abweichen. Irrtümer können trotzdem nie ganz ausgeschlossen werden. Kritik, Berichtigungen und Verbesserungsvorschläge sind jederzeit willkommen. Schreiben Sie uns, mailen Sie oder rufen Sie an:

MairDumont: Baedeker Redaktion
Postfach 3162, D-73751 Ostfildern
Tel. 0711 4502-262
www.baedeker.com

Printed in China

BAEDEKER VERLAGSPROGRAMM

Viele Baedeker-Titel sind als E-Book erhältlich.

A
Ägypten
Algarve
Allgäu
Amsterdam
Andalusien
Australien

B
Bali
Baltikum
Barcelona
Belgien
Berlin · Potsdam
Bodensee
Böhmen
Bretagne
Brüssel
Budapest
Burgund

C
China

D
Dänemark
Deutsche Nordseeküste
Deutschland
Dresden
Dubai · VAE

E
Elba
Elsass · Vogesen
England

F
Finnland
Florenz
Florida
Frankreich
Fuerteventura

G
Gardasee
Golf von Neapel
Gomera
Gran Canaria
Griechenland

H
Hamburg
Harz
Hongkong · Macao

I
Indien
Irland
Island
Israel · Palästina
Istanbul
Istrien · Kvarner Bucht
Italien

J
Japan

K
Kalifornien
Kanada · Osten
Kanada · Westen
Kanalinseln
Kapstadt · Garden Route
Kopenhagen
Korfu · Ionische Inseln
Korsika
Kreta
Kroatische Adriaküste · Dalmatien
Kuba

L
La Palma
Lanzarote
Lissabon
London

M
Madeira
Madrid
Mallorca
Malta · Gozo · Comino
Marrokko
Mecklenburg-Vorpommern
Menorca
Mexiko
München

N
Namibia
Neuseeland
New York
Niederlande
Norwegen

O
Oberbayern
Österreich

P
Paris
Polen
Polnische Ostseeküste ·Danzing · Masuren
Portugal
Prag
Provence · Côte d'Azur

R
Rhodos
Rom
Rügen · Hiddensee
Rumänien

S
Sachsen
Salzburger Land
Sankt Petersburg
Sardinien
Schottland
Schwarzwald
Schweden
Schweiz
Sizilien
Skandinavien
Slowenien
Spanien
Sri Lanka
Südafrika
Südengland
Südschweden · Stockholm
Südtirol
Sylt

T
Teneriffa
Thailand
Thüringen
Toskana

U
USA · Nordosten
USA · Südwesten
Usedom

V
Venedig
Vietnam

W
Wien

Z
Zypern

Meine persönlichen Notizen

100 km
© BAEDEKER
DEUTSCHLAND
ÖSTERR
SCHWEIZ
ITALIA
Tirol
Vorarlberg
Salzb
Osttirol
Erlangen
Fürth
Nürnberg
Amberg
Plzeň
Rothenburg ob d. Tauber
Heilbronn
Dinkelsbühl
Regensburg
Cham
Stuttgart
Esslingen
Nördlingen
Donauwörth
Ingolstadt
Tübingen
Reutlingen
Ulm
Augsburg
Aichach
Landshut
Krumbach
München
Erding
Mühldorf
Biberach
Memmingen
Wasserburg
Ravensburg
Kempten
Rosenheim
Salzburg
Konstanz
Bregenz
Füssen
Garmisch-Partenkirchen
Kufstein
Hallein
Werfen
St. Gallen
Dornbirn
Reutte
Saalfelden
Kitzbühel
Feldkirch
LIECHTENSTEIN
Imst
Schwaz
Hall i.T.
Innsbruck
St. Johann i.P.
Bludenz
Landeck
Krimml
Kaprun
Bad Gastein
Sölden
Matrei i.O.
Chur
Lienz
Spittal a.d.D.
Schluderns
Meran
Brixen
Bruneck
Bozen
Cortina d'Ampezzo
Chiavenna
Malé
Tolmezzo
Sondrio
Belluno
Trento
Feltre
Vittorio Veneto
Udine
Lecco
Pordenone
Rovereto
Bergamo
Thiene
Treviso
Grado
Brescia
Vicenza
Caorle
Lignano Pineta
Milano
Verona
Mestre
Padova
Venezia
Golfo di Venezia
Zugspitze 2962
Wildspitze 3772
Großvenediger 3674
Großglockner 3798
Hochkönig 2941
Arlberg 1800
Reschenpass 1508
Brennerpass 1374
Ortler 3905
Marmolada 3342
Adamello 3554
Hohe Warte 2780
Plöckenpass 1362
Schwäbische Alb
Bayerische Alpen
Allgäuer Alpen
Lechtal
Lechtaler Alpen
Karwendel
Kitzbüheler Alpen
Zillertaler Alpen
Ötztaler Alpen
Kaisergebirge
Montafon
Silvretta
Pitztal
Ötztal
Zillertal
Oberpfälzer Wald
Bayerischer Wald
N. P. Bayerischer Wald
N.P. Berchtesgaden
Hohe Tauern
Nationalpark
Schweizer Nationalpark
Parco Nazionale dello Stelvio
Dolomiti
Valtellina
Alpi Orobie
Lombardia
Karnische
Friul
Bodensee
Starnberger See
Chiemsee
Achensee
Mattsee
Zeller See
Wolfgangsee
Lago di Garda
Lago di Como
Donau
Lech
Inn
Isar
Salzach
Neckar
Drau
Gail
Adda
Adige
Piave